Das Buch

Wie lebt man in Ländern, in denen die Religion Vehikel politischer Veränderung ist? Wie lebt man unter der Herrschaft des Islam? Das ist die Frage, die Naipaul den Ajatollahs, Studenten, Mullahs, Dichtern, Lehrern, Journalisten und anderen »Gläubigen« stellt. Iran, Pakistan, Malaysia und Indonesien sind seine Reiseziele. Es entstehen Porträts von seltener Lebendigkeit, Szenen von Schärfe und Genauigkeit. Manche dieser Porträts verdichten sich zu Gestalten von exemplarischer Gültigkeit, wie bei Behzad, dem kommunistischen Studenten aus Teheran, der auf eine Fortentwicklung der religiösen Volksbewegung hofft, am Ende der Reise jedoch, tief enttäuscht, seine eigene Verfolgung befürchten muß.

Der Autor

Vidiahar Suraiprasad Naipaul wurde am 17. August 1932 in Trinidad geboren und lebt seit 1950 in Großbritannien. Werke u.a.: ›Der mystische Masseur‹ (1957), ›Ein Haus für Mr. Biswas‹ (1961), ›Herr und Sklave‹ (1967), ›Guerillas‹ (1975), ›An der Biegung des großen Flusses‹ (1979), Romane.

dtv drei kontinente

V. S. Naipaul:
Eine islamische Reise
Unter den Gläubigen

Deutsch von Karin Graf

Deutscher
Taschenbuch
Verlag

dtv

Von V. S. Naipaul
ist im Deutschen Taschenbuch Verlag erschienen:
An der Biegung des großen Flusses (11694)

Ungekürzte Ausgabe
September 1993
Deutscher Taschenbuch Verlag GmbH & Co. KG,
München

Titel der englischen Originalausgabe:
›Among the Believers. An Islamic Journey‹
(André Deutsch, London 1981)

ISBN 3-462-01527-3
Umschlagtypographie: Celestino Piatti
Umschlagbild: Rotraut Susanne Berner
Gesamtherstellung: C. H. Beck'sche Buchdruckerei,
Nördlingen
Printed in Germany · ISBN 3-423-11734-6

Nun hatte in früheren Jahren die Weltgeschichte sozusagen aus einer Reihe unverbundener Episoden bestanden, deren Ursprünge und Ergebnisse genauso weit auseinanderlagen wie ihre Schauplätze, von diesem Punkt an aber wird die Geschichte ein organisches Ganzes: die Angelegenheiten Italiens und Afrikas sind mit denen Asiens und Griechenlands verbunden, und alle Ereignisse haben eine Beziehung zueinander und tragen zu einem einzigen Endzweck bei.

Polybios (118 v. Chr. gestorben),
Über den Aufstieg Roms

Aber nicht allein in der Dichtkunst zeichnete ich mich aus. Ich hatte großes Geschick für Mechanik, und mehrere meiner Erfindungen wurden sehr bei Hofe bewundert. Ich ersann ein Rad für eine immerwährende Bewegung, welches nur noch einer kleinen Nachhilfe bedurfte, um sich für immer herumzutreiben. Ich machte verschiedene Arten farbiges Papier; ich erfand eine neue Art Tintenfaß und war auf dem Wege, Tuch zu machen, als ich von Seiner Majestät abgehalten wurde, die zu mir sagte: »Asker, bleibt bei eurer Dichtkunst, wenn ich Tuch brauche, bringen es meine Kaufleute aus Europa.«

James Morier,
Die Abenteuer des Hadji Baba von Isfahan

Inhalt

IV Indonesien *Usurpationen*

Reprise *Die Gesellschaft der Gläubigen*

I

Iran

Die doppelte Revolution

Dieses Ghom ist ein Ort, wo – Gegenstände der Religion ausgenommen, welche die Frage betreffen, ob einer gerettet oder verdammt zu sein verdiene – niemand den Mund öffnet. Ein jeder, den ihr antrefft, ist entweder ein Abkömmling von dem Propheten oder ein Mann des Gesetzes ... Vielleicht, Freund Hadji, wißt ihr nicht, daß dieses der Sitz des berühmten Mirza Abdul Qasim ist, des ersten *Modjtahed* (Gottesgelehrten) in Persien, eines Mannes, der, wenn er sich ein gehöriges Ansehen geben wollte, das Volk jede Lehre glauben machen würde, die es ihm beliebte zu verkündigen. Sein Einfluß ist so groß, daß viele glauben, er könne sogar die Macht des Schahs selbst untergraben und seine Untertanen seine Befehle als wertlos, als unnützes Papier betrachten lassen.
James Morier, *Die Abenteuer des Hadji Baba von Isfahan*

1

Todespakt

Sadeq sollte mit mir von Teheran in die heilige Stadt Ghom, hundert Meilen weiter südlich, fahren. Ich hatte Sadeq noch nicht kennengelernt; es war alles telefonisch abgesprochen worden. Ich brauchte einen iranischen Dolmetscher, und Sadeq war mir von der Botschaft genannt worden.

Sadeq war frei, weil er sich wie viele andere Iraner nach der Revolution arbeitslos fand. Er hatte ein Auto. Als wir miteinander telefonierten, sagte er, wir sollten besser in seinem Auto nach Ghom fahren; iranische Busse seien schrecklich und führen oft, gesteuert von leichtsinnigen Menschen, mit furchterregender Geschwindigkeit.

Wir machten einen Preis für seinen Wagen, seine Chauffeur- und Übersetzerdienste aus, und was er verlangte, war annehmbar. Er sagte, wir sollten am nächsten Morgen so früh wie möglich losfahren, um der Hitze des Augusttages zu entgehen. Er würde seine Frau ins Büro bringen – sie hatte noch Arbeit – und dann sofort zum Hotel kommen. Ich sollte um halb acht startbereit sein.

Er kam ein paar Minuten vor acht. Er war Ende Zwanzig, klein und sorgfältig gekleidet, hübsch mit einem gut frisierten Kopf. Ich mochte ihn nicht. Ich sah ihn als einen Mann einfacher Herkunft, einfach erzogen, aber voll höhnischen Spotts, ehrfurchtsvoll, aber voller Ressentiments, der sich in seiner selbstgewählten Rolle nicht leiden mochte. Er war einer von denen, die ohne politisches Programm, nur mit Ressentiments die iranische Revolution gemacht hatten. Ein oder zwei Stunden lang mit ihm zu sprechen, wäre interessant gewesen; ein paar Tage mit ihm zusammenzusein, wie ich mich nun verpflichtet hatte, würde schwer werden.

Er lächelte, aber er hatte schlechte Nachrichten für mich. Er meinte, sein Auto schaffe es nicht bis Ghom.

Ich glaubte ihm nicht. Ich war der Meinung, er habe es sich einfach anders überlegt.

Ich sagte: »Das mit dem Auto war doch Ihre Idee. Ich wollte mit dem Bus fahren. Was ist denn zwischen gestern abend und heute passiert?«

»Ich hatte eine Panne.«

»Warum haben Sie mich nicht angerufen, bevor Sie von zu Hause weggingen? Hätten Sie angerufen, hätten wir noch den Achtuhrbus erwischt. Jetzt haben wir ihn verpaßt.«

»Der Wagen lief nicht mehr, nachdem ich meine Frau zur Arbeit gebracht hatte. Wollen Sie wirklich heute nach Ghom fahren?«

»Was ist denn los mit dem Auto?«

»Wenn Sie wirklich nach Ghom fahren wollen, können wir es probieren. Wenn es einmal anspringt, ist es gut. Das Problem ist, daß es nicht richtig anspringt.«

Wir gingen hinaus, um uns das Auto anzusehen. Es war verdächtig ordentlich am Straßenrand abgestellt, nicht weit vom Hoteleingang entfernt. Sadeq nahm auf dem Fahrersitz Platz. Er rief einen Passanten herbei, einen der vielen müßigen Arbeiter Teherans, und der Mann und ich begannen zu schieben. Ein junger Mann mit einer Aktentasche, wahrscheinlich ein Büroangestellter auf dem Weg zur Arbeit, kam und half unaufgefordert. Die Straße war aufgebrochen und staubig, der Wagen war sehr staubig. Es war heiß, die Auspuffgase vorbeifahrender Autos und Lastwagen machten es noch heißer. Bald schoben wir mit dem Verkehrsfluß, bald dagegen, und die ganze Zeit über saß Sadeq heiter und gelassen am Steuer.

Vom Bürgersteig kamen Leute und halfen eine Weile, dann gingen sie ihrer Wege. Mir fiel ein, daß auch ich meines Wegs gehen sollte. Dies – Sadeqs Wagen hin und her zu schieben –

brachte mich nicht nach Ghom; was so wenig vielversprechend angefangen hatte, sollte auch nicht gut enden. Ohne damals oder auch nachher irgend jemandem etwas zu sagen, verließ ich also Sadeq und sein Auto und seine freiwilligen Helfer und ging zum Hotel zurück.

Ich rief Behzad an. Auch Behzad war mir als Dolmetscher empfohlen worden. Aber es war schwierig gewesen, ihn zu finden – er war Student, frei und ungebunden in der großen Stadt Teheran; und als er mich am vergangenen Abend angerufen hatte, war ich schon mit Sadeq einig geworden. Nun erzählte ich Behzad, daß meine Pläne ins Wasser gefallen waren. Er machte keine Schwierigkeiten – und ich mochte ihn dafür. Er sagte, er sei noch frei und würde in einer Stunde bei mir sein.

Er war nicht dafür, ein Auto nach Ghom zu nehmen. Der Bus sei billiger, und ich würde mehr von den iranischen Menschen sehen. Er sagte auch, ich solle vor der Abfahrt etwas Gehaltvolles essen. Es war Ramadan, der Monat, in dem die Moslems von Sonnenaufgang bis Sonnenuntergang fasten; und in Ghom, der Stadt der Mullahs und Ayatollahs, würde es nicht möglich sein, etwas zu essen oder zu trinken. In einigen Landesteilen waren – bei der allgemeinen islamischen Erregung – Leute ausgepeitscht worden, weil sie die Fastenzeit nicht eingehalten hatten.

Behzads Verhalten unterschied sich schon am Telefon von dem Sadeqs. Sadeq, ein kleiner, aufstrebender Mann und vielleicht nur ein oder zwei Stufen über einem Bauern, hatte versucht zu suggerieren, er sei mehr als der iranische Durchschnitt. Aber das war er in Wirklichkeit nicht; in seinen lächelnden Augen lag viel von der iranischen Hysterie und Verwirrung. Behzad, der sein Land erklärte, es ganz beanspruchte, gelang es, objektiver zu wirken.

Als wir uns zu der von ihm genannten Zeit im Foyer des Hotels trafen, konnte ich ihm sofort ungezwungen entgegentreten. Er war jünger, größer, dunkler als Sadeq. Er war gebildeter; er hatte nichts von einem Dandy, nichts von Sadeqs Nervosität und primitivem Stolz.

Wir fuhren mit einem Linientaxi – ein Stadttaxi, das festgelegte Routen abfuhr – zum Busbahnhof in Süd-Teheran. Nord-Teheran – das sich in die braunen Hügel hinaufzog, Hügel, die im Dunst des Tages verschwammen – war der elegante Teil der Stadt; dort waren die Parks und Gärten, die platanengesäumten Boulevards, die teuren Appartementhäuser, die Hotels und Restaurants. Süd-Teheran war immer noch eine Stadt des Ostens, bevölkerter und gedrängter, basarähnlicher, voller Menschen, die vom Land hierhin gezogen waren; und die Menge in dem staubigen, abfallübersäten Hof des Busbahnhofs glich einer ländlichen Menge.

Irgend jemand in einem schmierigen kleinen Büro sagte Behzad, in einer halben Stunde führe ein Bus nach Ghom ab. Der besagte Bus war in der heißen Sonne geparkt und leer. Keine Taschen oder Bündel auf dem Dach, keine geduldigen Bauern, die draußen warteten oder drinnen schmorten. Der Bus sah aus, als sei er für den Tag da abgestellt. Ich glaubte nicht, daß er in einer halben Stunde abfahren würde, und Behzad auch nicht. Es gab jedoch noch ein anderes Busunternehmen in Teheran, eines, das klimatisierte Busse und reservierte Sitzplätze bot. Behzad schaute sich nach einem Telefon um, trieb Münzen auf, telefonierte, bekam keine Antwort. Die Augusthitze hatte sich gestaut; die Luft war voller Staub.

Ein Linientaxi brachte uns zu dem anderen Busbahnhof, der im Zentrum von Teheran lag. Auf Anschlagtafeln über einer langen Theke standen die Namen weit entfernter iranischer Städte; es gab sogar eine tägliche Verbindung nach Europa quer durch die Türkei. Aber der Morgenbus nach Ghom war weg; der nächste fuhr erst in vielen Stunden. Es war nun beinahe Mittag. Wir konnten nichts anderes tun, als zum Hotel zurückzukehren und noch einmal nachzudenken.

Wir gingen zu Fuß; in den Linientaxis war kein Platz. Es herrschte dichter Verkehr. Man konnte nicht sagen, daß Teheran seit der Revolution eine arbeitsame Stadt war, aber die Leute hatten Autos, und die müßige Stadt – so viele aufgegebene Projekte, so viele unbewegliche Kräne auf unfertigen Gebäuden – konnte den Eindruck verwegener Geschäftigkeit vermitteln.

Die Verwegenheit zeigte sich an der Art, wie die Iraner fuhren. Sie fuhren wie Menschen, für die das Auto etwas Neues ist. Sie fuhren so, wie sie gingen; und der Verkehrsstrom in Teheran, stockend durch individuelle Stops und Schlenker, ohne klare Fahrbahnen, war wie eine auf dem Bürgersteig drängelnde Menge. Diese Fahrweise war nicht von einem besonderen Teheraner Glück begleitet. Tür oder Kotflügel eines jeden Autos waren eingebeult oder hatten ausgebesserte Teile. In einem Artikel einer Lokalzeitung (der dem Schah den Vorwurf machte, der Stadt kein modernes Straßensystem gegeben zu haben) hatte gestanden, daß Verkehrsunfälle die häufigste Todesursache in Teheran waren; jeden Monat wurden zweitausend Menschen getötet oder verletzt.

Wir kamen an eine Kreuzung. Und da verlor ich Behzad. Ich wartete darauf, daß der Verkehr anhielt. Aber Behzad wartete nicht mit mir. Er fing einfach an rüberzugehen, befaßte sich der Reihe nach mit jedem herankommenden Wagen, blieb einmal stehen, beeilte sich dann wieder, änderte nun seine Richtung und sah sich dabei, wie ein Mann, der eine Waldschlucht auf einem umgestürzten schlanken Baumstamm überquert, nie um. Das tat er erst, als er die andere Seite erreicht hatte. Er winkte mich zu sich herüber, aber ich konnte mich nicht rühren. Oben waren die Ampeln ausgefallen, und die Autos hielten nicht an.

Er verstand meine Hilflosigkeit. Er kam durch den Verkehr zu mir zurück und führte mich dann – wie ein Teichhuhn sein Küken durch die schnelle Strömung eines Flusses führt – durch Gefahren, die mich jeden Augenblick fortzureißen schienen. Er führte mich bei der Hand, und genauso wie das Teichhuhn seinen Platz ein wenig flußabwärts von dem Küken einnimmt und so die Kraft der Strömung bricht, die das Junge sonst für immer fortreißen würde, nahm Behzad mich unter seinen Schutz und ging ein wenig schräg vor mir, so daß er als erster getroffen worden wäre.

Und als wir die Straße überquert hatten, sagte er: »Sie müssen mir immer Ihre Hand geben.«

Das hatte ich praktisch schon längst getan. Ohne Behzad, ohne den Zugang zur Sprache, den er mir verschaffte, war ich in Teheran wie ein halbblinder Mann gewesen. Und in diesen Straßen, die mit vielfarbigen aufgesprühten Slogans in der fließenden persischen Schrift bekritzelt und gegenbekritzelt waren und mit revolutionären Postern und Cartoons bepflastert, in denen Blut eine große Rolle spielte, war es besonders frustrierend, die Sprache nicht zu beherrschen. Mit Behzad nun sprachen die Wände; viele andere Dinge nahmen Bedeutung an; und die Stadt veränderte sich.

Behzad war mir mit seinen Kommentaren zuerst neutral vorgekommen, und ich hatte gedacht, das gehöre zu seiner Korrektheit, seinem Wunsch, seine Funktion als Dolmetscher nicht zu überschreiten. Aber Behzad war neutral, weil er verwirrt war. Er war Revolutionär, und er begrüßte den Sturz des Schahs; aber die religiöse Revolution, die im Iran stattgefunden hatte, war nicht die Revolution, die Behzad wollte. Behzad hatte keinen religiösen Glauben.

Wie war das gekommen? Wie hatte er in einem Land wie dem Iran und aufgewachsen in einer Provinzstadt, gelernt, ohne Religion auszukommen? Das war einfach, sagte Behzad. Er war von seinen Eltern nicht im Glauben unterwiesen worden; er war nicht in die Moschee geschickt worden. Der Islam war eine komplizierte Religion. Er war weder philosophisch noch spekulativ. Er war eine Offenbarungsreligion, mit einem Propheten und einem ganzen Satz von Regeln. Um zu glauben, mußte man viel über die arabischen Ursprünge der Religion wissen und sich dieses Wissen zu Herzen nehmen.

Der Islam im Iran war sogar noch komplizierter. Er wich vom Hauptglauben ab; und diese Abweichung hatte ihren Ursprung in der politisch-rassischen Auseinandersetzung um die Nachfolge des Propheten, der 632 n. Chr. starb. Der Islam war fast von Anfang an imperialistische Macht wie Religion gewesen, mit einer Frühgeschichte, die auffallend einer beschleunigten Version der römischen Geschichte glich. Er entwickelte sich vom Stadtstaat über die Oberherrschaft einer Halbinsel bis zur Weltmacht mit den entsprechenden Spannungen in jedem Stadium.

Die iranische Abweichung war zur Doktrin geworden, und es hatte Abweichungen von der Abweichung gegeben. Die Iraner erkannten in der Nachfolge des Propheten eine bestimmte Linie an. Aber eine Gruppe, die zu dem vierten Mann in dieser iranischen Linie, dem vierten Imam, hielt, hatte sich abgesondert; eine andere Gruppe hatte ihre eigenen Anschauungen in bezug auf den siebten Imam. Nur ein Imam, der achte (vergiftet wie der vierte), war im Iran begraben, und sein Grab in Maschad, nicht weit von der russischen Grenze, war ein Wallfahrtsort.

»Viele dieser Menschen wurden umgebracht oder vergiftet«, sagte Behzad, wie um seinen mangelnden Glauben zu erklären.

Der Islam im Iran, die Schia, war eine verwickelte Angelegenheit. Um alte Feindseligkeiten lebendig zu erhalten, um selbst nach tausend Jahren noch an der Idee der persönlichen Rache festzuhalten und eine besondere Liste von Helden und Märtyrern und Schurken zu haben, mußte man unterwiesen werden. Und Behzad war nicht unterwiesen worden; er war einfach weggeblieben. Wenn überhaupt, war er von seinem Vater, der Kommunist war, im Unglauben unterwiesen worden. Behzads Vater hatte mehr von den Armen als von den Heiligen gesprochen. Mit besonderer Ehrfurcht bewahrte Behzad die Erinnerung an den Tag, an dem sein Vater das erste Mal zu ihm über Armut gesprochen hatte – über seine eigene Armut und die Armut anderer.

Auf dem Bürgersteig vor der türkischen Botschaft saßen zwei turbantragende sonnenverbrannte Medizinmänner mit ihrem Angebot an verschiedenfarbigen Pulvern, Wurzeln und Mineralien. Ich hatte in Teheran schon andere Medizinmänner gesehen und hielt sie für die iranische Entsprechung der homöopathischen Medizinmänner Indiens. Aber die Namen der medizinischen Autoritäten, auf die sich diese Iraner beriefen, lauteten – wie Behzad mir erzählte, nachdem er ihren Geschäftsgesprächen mit einer Gruppe Bauern gelauscht hatte – Avicenna, Galen und »Hippokrat«.

Avicenna! Für mich nur ein Name, irgend jemand aus dem europäischen Mittelalter: Mir war nie in den Sinn gekommen, daß er Perser gewesen war. Dieses medizinische Warenlager auf dem staubigen Bürgersteig erinnerte an die arabische Blütezeit vor tausend Jahren, als der arabische Glaube sich mit Persien, Indien und dem Rest der klassischen Welt verband, den er überflutet hatte, und die muselmanische Zivilisation die zentrale Zivilisation des Westens war.

Behzad war weniger ergriffen als ich. Er machte sich nichts aus der muselmanischen Vergangenheit, und er glaubte nicht an die Medizin der Straße. Er machte sich auch nichts aus der Architektur des Schahs: aus den alten persischen Motiven an der Zentralbank des Iran und der arischen vor-islamischen Vergangenheit, die sie proklamierten. Für Behzad gehörte die Betonung der Vorzeit Persiens und das Alter der Monarchie lediglich zur Prahlerei des Schahs.

Er betrachtete die Bank, die Bronze und den Marmor und sagte leidenschaftslos: »Das bedeutet mir nichts.«

War seine Bilderstürmerei vollständig? Hatte er überhaupt etwas Persisches oder Iranisches an sich, abgesehen von seiner Liebe zum persischen Volk? Hatte sein politischer Glaube ihn reingewaschen?

Nein, so war es nicht. Teheran hatte eine Revolution erlebt. Aber auf merkwürdige Weise ging das normale Leben weiter, und zwischen den blutrünstigen Slogans und Plakaten standen Bilderverkäufer auf dem Bürgersteig. Sie offerierten vergrößerte Farbfotos von Schweizer Seen und deutschen Wäldern, sie offerierten Traumlandschaften mit Flüssen und Bäumen. Sie offerierten auch Gemälde von Kindern und schönen Frauen. Aber die Frauen weinten, und die Kinder weinten. Dicke, gallertartige Tränen, liebevoll gemalt, liefen ihnen die Wangen hinab.

Behzad, dessen Vater Lehrer für persische Literatur war, sagte: »Persische Poesie ist voller Trauer.«

Ich sagte: »Aber Tränen um der Tränen willen, Behzad –« Fest, wie ein Mann, der über das Offensichtliche nicht diskutieren will und sich auch keinen künstlerischen Unsinn anhören möchte, sagte er: »Diese Tränen sind *schön*.«

Dabei beließen wir es. Und vom Thema der Tränen wandten wir uns, während wir weitergingen, noch einmal der Revolution zu. Es gab zwei Plakate, die ich an vielen Stellen der Stadt gesehen hatte. Sie hatten dieselbe Größe, denselben Stil und gehörten einwandfrei zusammen. Eins zeigte eine kleine Gruppe von Bauern bei der Feldarbeit mit einem Schubkarren oder einem Pflug – was genau, konnte man auf der Zeichnung nicht erkennen. Das andere zeigte eine Menge als Silhouette, die Gewehre und Maschinenpistolen wie zum Gruß hob. Sie glichen den Plakaten einer Volksrevolution: ein erwachtes, siegreiches Volk, eine neue Würde der Arbeit. Aber wie lautete die persische Inschrift am oberen Rand?

Behzad übersetzte: »›Zwölfter Imam, wir warten auf dich.‹«

»Was bedeutet das?«

»Es bedeutet, daß sie auf den zwölften Imam warten.«

Der zwölfte Imam war der letzte in der iranischen Linie der Nachfolge des Propheten. Diese Linie endete vor über elfhundert Jahren. Aber der zwölfte Imam war nicht gestorben; er überlebte irgendwo und wartete darauf, zur Erde zurückzukehren. Und sein Volk wartete auf ihn; die iranische Revolution wurde ihm dargebracht.

Behzad konnte mir nicht weiterhelfen; er konnte mir nicht helfen, diese Verzückung zu begreifen. Er konnte nur die Fakten darlegen. Behzad war ungläubig; aber er war von Glauben umgeben und konnte seine emotionale Wirkung verstehen. Für ihn reichte es, zu sagen – wie er es ohne jede ironische Absicht tat –, daß der zwölfte Imam der zwölfte Imam war.

Später auf meiner islamischen Reise, als die komplizierten historischen und genealogischen Fakten mir vertrauter, mehr als bloße Fakten und rasch erfaßte Glaubensartikel wurden, sollte ich langsam ein wenig von der mohammedanischen Leidenschaft verstehen. Als Behzad mir die Inschrift dieser Revolutionsplakate übersetzte, war ich verwirrt.

Von diesem verborgenen Messias hatten die Iraner vor der Revolution nichts auf die Mauern Londons und anderer ausländischer Städte geschrieben. Sie hatten – auf englisch – über Demokratie geschrieben, über die Folterungen durch die Geheimpolizei des Schahs, über den ›Faschismus‹ des Schahs. ›*Nieder mit dem faschistischen Schah*‹ – dieses Schlagwort tauchte immer wieder auf.

Ich hatte die Vorgänge im Iran nicht aufmerksam verfolgt, aber wenn ich mich nur an die Graffiti der Iraner im Ausland hielt, schien es mir, daß die Religion erst spät zum iranischen Protest hinzugekommen war. Erst als die Revolution begonnen hatte, begriff ich, daß sie einen religiösen Führer hatte, der seit vielen Jahren im Exil war. Der Ayatollah Khomeini, hatte ich das Gefühl, war erst langsam offenbart worden. Während die Revolution sich entwickelte, schien seine Unantastbarkeit und Befehlsgewalt zu wachsen, und am Ende erkannte man, daß sie die ganze Zeit über absolut gewesen waren.

Allen sichtbar geworden, hatte der Ayatollah sich für die Iraner als nichts weniger denn als Interpret von Gottes Willen erwiesen. Durch sein Auftreten erklärte er alle vorhergegangenen Proteste gegen den ›Faschismus‹ des Schahs für nichtig oder belanglos. Und er nahm seine Rolle an. Und als Interpret von Gottes Willen sprach er drei Wochen bevor er aus seinem Exil in Frankreich in den Iran zurückkehrte, in einer Anzeige der *New York Times* vom 12. Januar 1979 ›die Christen der Welt‹ an.

Halb bestand die Botschaft aus Segnungen und Grüßen von Gott. »Segnungen und Grüße des allmächtigen Gottes an den gebenedeiten Jesus ... seine glorreiche Mutter ... Grüße an die Geistlichkeit ... die freiheitsliebenden Christen.« Halb war sie eine Bitte um christliche Gebete an den heiligen Tagen und eine Warnung an ›die Führer einiger christlicher Länder, die den tyrannischen Schah mit ihrer satanischen Macht unterstützen‹.

Und als Interpret von Gottes Willen, als endgültiger Schiedsrichter über das, was islamisch und was nicht islamisch war, beherrschte Khomeini den Iran. Einige Tage nach meiner Ankunft in Teheran sagte er folgendes im Radio: »Ich muß euch mitteilen, daß während des vergangenen diktatorischen Regimes Streiks und Sit-ins gottgefällig waren. Nun aber, da wir eine moslemische und nationale Regierung haben, schmiedet der Feind eifrig Komplotte gegen uns. Und daher verbietet die Religion organisierte Streiks und Sit-ins, denn sie sind gegen die Prinzipien des Islam.«

Das war mir schon nach wenigen Tagen in Teheran vertraut und intellektuell begreifbar: die besondere Autorität des Mannes, der sowohl als politischer Kopf wie auch als Stimme Gottes herrschte. Aber die darüber hinausgehende Vorstellung von der Revolution als einer Opfergabe für den zwölften Imam, den Mann, der 873 n. Chr. verschwunden war und »in der Verborgenheit« blieb, war schwerer zu fassen. Und die Nachahmung der revolutionären Embleme des späten zwanzigsten Jahrhunderts – die Plakate, die Bauern und Stadtguerilla zu feiern schienen, die Che-Guevara-Ausstattung der Revolutionswächter – machte sie noch beunruhigender.

Behzad übersetzte; die Wände sprachen; Teheran wirkte fremd. Und Nord-Teheran – ein teures Stück Europa, für teures Geld in den Sand und die Felsen der Hügel gesetzt, die Schöpfung des Schahs und der breiten Mittelschicht, durch den nicht erarbeiteten Reichtum des Öls ins Leben gerufen – glich einem Trugbild. Es gab Wolkenkratzer, internationale Hotels, Geschäfte, in deren Schaufenstern teure Waren mit internationalen Markenzeichen lagen, aber diese große Stadt war Süd-Teheran aufgepfropft worden. Süd-Teheran war die Gemeinschaft, aus der der Norden sich zu schnell entwickelt hatte. Und Süd-Teheran, dem Willen Gottes und dem zwölften Imam gehorsam, hatte den Norden gestürzt.

Moslems waren Teil der kleinen indischen Gemeinde von Trinidad, der Gemeinde, in die ich hineingeboren wurde; und man könnte sagen, daß ich mein Leben lang Moslems kannte. Von ihrer Religion aber wußte ich wenig. Mein eigener Hintergrund war hinduistisch, und ich wuchs mit dem Wissen auf, daß Moslems, wenn sie auch aus Indien stammten und uns deshalb in vieler Hinsicht glichen, anders waren. In religiösen Details hatte man mich nie unterwiesen, und vielleicht kannte niemand in meiner Familie sie wirklich. Der Unterschied zwischen Hindus und Moslems war mehr eine Sache des Gruppengefühls und mysteriös, und die Animosität, die unsere Hindu- und Moslem-Vorfahren aus Indien mitgebracht hatten, war zu einer Art Volksweisheit über die Unzuverlässigkeit und Treulosigkeit der anderen Seite herabgemildert worden.

Ich selber hatte keinen religiösen Glauben. Ich verstand kaum die Rituale und Zeremonien, mit denen ich aufwuchs. In Trinidad mit seinen vielen Rassen war mein Hinduismus eigentlich nur Anhänglichkeit an meine Familie und ihre Lebensweise, Anhänglichkeit an mein eigenes Anderssein gewesen, und ich vermutete, daß es bei den Moslems und anderen ähnliche Anhänglichkeiten und Eigenheiten gab.

Vom Iran wußte ich nur, was jeder Außenstehende wußte. Sie hatten einen Propheten und ein Buch, sie glaubten an einen Gott und lehnten Bilder ab, sie hatten eine Vorstellung von Himmel und Hölle – schon immer eine schwierige Vorstellung für mich. Sie hatten ihre eigenen Märtyrer. Einmal im Jahr wurden nachgebaute Mausoleen durch die Straßen gerollt; Männer ›tanzten‹ mit schweren Halbmonden, schwenkten die Monde in die eine, dann in die andere Richtung; Trommeln schlugen, und manchmal fanden rituelle Stockkämpfe statt.

In den Stockkämpfen wurde eine vergangene Schlacht wiederholt, aber die Prozession war ein Trauerzug zum Gedenken an die Niederlage in dieser Schlacht. Wo hatte diese Schlacht stattgefunden? Warum hatte sie stattgefunden? Als Kind fragte ich nie; erst später erfuhr ich, daß die Veranstaltung – an der Hindus ebenso teilnahmen wie Moslems – im Grunde ein Schia-Ereignis war, daß die Schlacht mit der Nachfolge des Propheten zusammenhing, daß sie im Irak ausgefochten worden war und daß der Mann, der da so besonders betrauert wurde, der Enkel des Propheten war.

Was ich als Außenstehender vom Islam mitbekam, war weniger metaphysisch und direkter als der Hinduismus. Diese Religion der Furcht und Belohnung, seltsam vermischt mit Krieg und weltlichem Schmerz, erinnerte mich in vielem ans Christentum – das auf Trinidad sichtbarer und ›offizieller‹ war; und so war es möglich, daß ich das Gefühl hatte, darüber Bescheid zu wissen. Seine Lehre, oder was ich für seine Lehre hielt, lockte mich nicht. Es schien nicht der Mühe wert, sie näher zu erforschen, und dem Wissen, das ich in meiner Kindheit in Trinidad gesammelt hatte, fügte ich in all den Jahren trotz meiner Reisen wenig hinzu. Die Herrlichkeiten dieser Religion lagen in ferner Vergangenheit, sie hatte nichts, was einer Renaissance glich, hervorgebracht. In den moslemischen Ländern, die nicht kolonialisiert waren, herrschte Despotismus, und fast alle waren, ehe das Öl kam, arm.

Der Gedanke, in bestimmte moslemische Länder zu reisen, war mir im vergangenen Winter während der iranischen Revolution gekommen. Ich war in Connecticut und sah mir manchmal abends die Fernsehnachrichten an. Genauso interessant wie die Ereignisse im Iran waren für mich die Iraner in den Vereinigten Staaten, die in einigen Sendungen interviewt wurden.

Da gab es einen Mann in einer Tweedjacke, der eine rein marxistische Sprache sprach, aber komplizierter war, als seine Sprache vermuten ließ. Er hatte etwas von einem Dandy und war stolz darauf, mit dem Jargon, den er aufgeschnappt hatte, umgehen zu können; er war wie ein Mann, der die idiomatische Beherrschung einer fremden Sprache zur Schau stellt. Er war stolz auf seine iranische Revolution – sie verlieh ihm Glanz. Aber gleichzeitig verstand er, daß die religiöse Seite der Revolution seinem Publikum weniger glanzvoll erscheinen würde, und so versuchte er, sich – mit Hilfe seines Tweedjacketts, seiner idiomatischen Sprache, seinem Benehmen – so intellektuell wie jeder Zuschauer, und zwar auf die gleiche Weise intellektuell, zu geben.

An einem anderen Abend, in einer anderen Sendung trat eine iranische Frau mit bedecktem Kopf auf, um uns zu sagen, daß der Islam Frauen beschütze und ihnen Würde gäbe. Vor vierzehnhundert Jahren, sagte sie, wurden in Arabien die Mädchen lebendig begraben, und der Islam setzte dem ein Ende. Nun, wir lebten nicht alle in Arabien (noch nicht einmal die Frau mit dem bedeckten Kopf), und seit dem sechsten Jahrhundert hatte sich vieles getan. Brauchten Frauen – besonders eine, die so streitbar war wie die Frau, die uns ansprach – immer noch den speziellen Schutz, den der Islam ihnen bot? Brauchten sie den Schleier? Hatten sie es nötig, aus dem öffentlichen Leben und vom Fernsehschirm verbannt zu werden?

Diese Fragen fielen mir ein. Der Interviewer aber, der jeden Tag Leuten vorbereitete Fragen stellte, trödelte nicht herum. Er ging zur nächsten Frage über, die die Art des islamischen Staates betraf, den die Frau im Iran sehen wollte. Schwebte ihr so etwas wie Saudi-Arabien vor? Schon streitbar genug, geriet sie darüber erst recht in Rage, und mit ihrem vom *Chador* umrahmten Gesicht sah sie aus wie eine Nonne voller Tadel. Das sei ein Fehler, den viele Leute machten, sagte sie, denn Saudi-Arabien sei *kein* islamischer Staat. Und es sah aus, als wollte sie sagen, daß Saudi-Arabien eine anerkannte Barbarei sei und daß der islamische Staat des Iran etwas ganz anderes werden würde.

Einen dritten Iraner hörte ich über die Schönheit des islamischen Gesetzes sprechen. Aber wieso studiert er selbst dann an einer amerikanischen Universität Jura? Was zog diese Iraner an den Vereinigten Staaten und der Zivilisation, die sie repräsentierten, an? Konnten sie es nicht sagen? Die Attraktion existierte; sie war mehr als ein Bedürfnis nach Bildung und Fachkenntnissen. Aber sie wurde nicht zugegeben, und in dieser Attraktion, die ein altes und stolzes Volk zu sehr demütigte, lag Spannung – die sich in Dandytum, Nachahmung, Prahlerei und Ablehnung ausdrückte.

Durch eine amerikanische oder nicht-islamische Erziehung hatte die Frau mit dem *Chador* ihre Kompetenz und Autorität bekommen. Jetzt schien sie den Wert der Person, die sie geworden war, in Frage zu stellen; sie leugnete einige ihrer eigenen Fähigkeiten. All diese Iraner im amerikanischen Fernsehen waren sich ihrer amerikanischen Zuschauer bewußt, und sie machten den Eindruck, weniger zu sagen, als sie meinten. Vielleicht war es ihnen nicht möglich, alles, was sie fühlten, zu sagen; vielleicht gab es gewisse Dinge, die sie lieber nicht sagten. (Erst im Iran verstand ich die Anspielung auf Saudi-Arabien, die die Frau mit dem *Chador* gemacht hatte. Es war eine sektiererische Anspielung und schien für ein Fernsehpublikum zu diffizil zu sein: die Araber und die Perser gehören verschiedenen Glaubensrichtungen an, erkennen verschiedene Nachfolgerlinien des Propheten an, und das böse Blut zwischen ihnen ist schon historisch.)

Aus einem vorzüglichen iranischen Roman, den ich um diese Zeit las, erfuhr ich mehr. Hinter direkten Erklärungen können Menschen sich verstecken, die Fiktion kann durch ihre scheinbare Indirektheit verborgene Impulse ans Tageslicht bringen. Der Roman, *Fremd*, von seinem amerikanischen Verleger als der erste Romen eines Iraners in englischer Sprache bezeichnet, war von einer jungen Frau, Nahid Rachlin. Er wurde 1978, noch zur Herrschaft des Schahs, veröffentlicht. Er vermeidet jede politische Stellungnahme. Sein Protest ist verhüllter, die politische Konstruktion treibt die Erregung tiefer; und trotz seines unschuldigen Gebarens ist der Roman ein Roman der Vergewaltigung, Hilflosigkeit und Niederlage.

Die Erzählerin ist Feri, eine zweiunddreißigjährige Iranerin, die in Boston lebt. Sie hat in den Vereinigten Staaten studiert, ist mit einem amerikanischen Universitätsdozenten verheiratet und arbeitet als Biologin in einem Forschungsinstitut. Einer plötzlichen Regung folgend fährt Feri für einen zweiwöchigen Urlaub zurück nach Teheran. Die Stadt, in die sie zurückkommt, ist voll von Autos und ›westlichen‹ Gebäuden (›westlich‹ anstelle von ›neu‹ oder ›modern‹ lautet der merkwürdige Begriff, den die Erzählerin benutzt); aber es ist keine verlockende Stadt. Die Straßen können räuberisch sein; und das Familienleben in den versteckten Höfen alter Häuser ist beengt und verwahrlost. Feri erinnert das an inzestuöse Annäherungen, Frauengespräche über Menstruation und Vergewaltigung, es erinnert sie an Frauen, die jeden Monat einmal der Predigt eines Muslim-Priesters zuhören und wehklagen, wenn sie wieder einmal von den Tragödien der Schia-Helden des Iran hören.

Das Leben ihrer eigenen Familie ist für Feri unvollkommen. Ihre Mutter lebt mit einem anderen Mann in einer anderen Stadt; ihr Vater hat wieder geheiratet. Feri beschließt, ihren Urlaub abzubrechen und nach Boston zurückzufahren. Um das zu tun, braucht sie ein iranisches Ausreisevisum, und um das zu bekommen, braucht sie die Einwilligung ihres Mannes. Allmählich sieht es so aus, als habe sie sich selbst gefangengesetzt und würde nie wieder in die Klarheit und Helligkeit des vorstädtischen Boston zurückkehren.

Sie begibt sich auf die Suche nach ihrer Mutter, und in einer verfallenen Provinzstadt findet sie eine traurige, verfallene Mutter. Die Mutter braucht Hilfe; aber Feri, die Biologin aus Boston, bedarf der Liebe mehr. Als sie ihre Mutter findet, wird sie wieder wie ein Kind; sie wird krank. Sie wird ins örtliche Krankenhaus gebracht. Sie ist beunruhigt über sein Niveau, aber der verantwortliche Arzt beruhigt sie. Die Ausstattung sei modern, sagt er, und er selbst sei in den Vereinigten Staaten ausgebildet. Er hätte dort bleiben können, sei aber – aus Gründen, die er nicht angeben kann, außer daß Iraner, die in die Vereinigten Staaten gehen, aus dem Gleichgewicht gebracht werden – lieber zurückgekommen; und einen Monat lang, sagt er, habe er sich damit getröstet, Moscheen und Heiligtümer zu besuchen.

Feri ist von der Einsicht des Arztes halb verführt und denkt im Krankenhaus über ihre eigene Zeit in den Vereinigten Staaten nach. Sie war dort immer eine Fremde, einsam trotz ihres Ehemanns und ihrer Freunde, sexuell und gesellschaftlich immer unsicher; sie kann nicht sagen, warum sie etwas getan hat, warum sie das amerikanische Leben gelebt hat. Sie hat schwer gearbeitet, aber jetzt scheint sogar diese Arbeit – die Experimente und Forschungen – sinnlos zu sein, Arbeit um der Arbeit willen, Arbeit, um sich anzupassen. Ihre Zeit in den USA war trotz des Studiums, der Arbeit und des Ehemanns eine leere Zeit. Und dann teilt der Arzt Feri mit, daß ihre Magenschmerzen von einem alten Magengeschwür herrühren. »Sie haben es mitgebracht«, sagt der Arzt. »Nun haben Sie kein Recht, vor dem Krankenhaus, vor mir oder Ihrem Land Angst zu haben. Was Sie haben, ist eine westliche Krankheit.«

Feris amerikanischer Ehemann, der vorher herbeigerufen wurde, trifft ein, um sie mit zurückzunehmen. Er wird als Fremder, aber fair gesehen (und diese Fairness macht einen Teil der Wirkung des Romans aus): ein Mann der Arbeit und des Verstandes, eher zurückgezogen als abgesondert, selbstgenügsam, ein Mann, den eine andere Zivilisation geformt hat und dessen Ehe mit einer Iranerin seine einzige unkonventionelle Handlung war.

Feri ist es unmöglich, mit jemandem, der so grundverschieden ist, in die amerikanische Leere zurückzugehen. Sie wird ihren Forschungsauftrag verlieren. Aber das ist ihr egal.

Sie wird tatsächlich dieses angespannte, ganz nach außen gerichtete Leben der Arbeit und des Verstandes aufgeben. Sie wird dasselbe tun wie der Arzt; sie wird Moscheen und Heiligtümer besuchen, und um das zu tun, wird sie den *Chador* anlegen. Sie hat das Gefühl, nie wirklich richtig glücklich gewesen zu sein. Indem sie alles von sich weist, befällt sie eine große Ruhe (und sie hat merkwürdigerweise – ein guter Einfall der Romanschreiberin – Ideen für ihre Forschung, die sie nun nie ausführen wird).

Und es sieht so aus – obwohl die Autorin das nicht ausdrücklich sagt –, als hätten sich Feri und der Arzt, indem sie sich vom Leben des Verstandes und des Strebens abwenden, in einem iranischen Todespakt vereinigt. In den Gefühlen ihrer Schia-Religion, die so sehr ihre eigenen sind, werden sie ihre Selbstschätzung und Ganzheit wiederentdecken und unversehrt sein. Sie werden nicht mehr einfach anderen nachfolgen müssen, ohne zu wissen, wohin der Zug mit ihnen fährt. Sie werden nicht mehr die letzten oder auch die zweiten sein müssen. Und das Leben wird weitergehen. Andere Menschen in geistig verödeten Ländern werden weiterhin die Geräte produzieren, die zu besitzen der Arzt so stolz ist, und die medizinischen Zeitschriften, die zu lesen er so stolz ist.

Diese Erwartung – daß andere weiterhin schöpferisch sind, daß die fremde, notwendige Zivilisation weiterhin fortbesteht – ist in den Akt der Entsagung eingeschlossen, und das ist sein großes Manko.

2

Die Herrschaft Alis

Im August 1979, sechs Monate nach dem Sturz des Schahs, kamen aus dem Iran immer noch Nachrichten über Hinrichtungen. Die offizielle iranische Nachrichtenagentur zählte sie genau und gab regelmäßig eine neue Gesamtzahl bekannt. Zuletzt waren Prostituierte und Bordellinhaber hingerichtet worden; diese schlimme Wendung hatte die iranische Revolution genommen. Vom Ayatollah Khomeini berichtete man, er habe die Musik per Gesetz verboten. Und die Vorschriften des Islams für Frauen traten wieder in Kraft. Gemischtes Baden war verboten; Revolutionswachen bewachten die Strände in den Erholungsorten am Kaspischen Meer und trennten die Geschlechter.

In London erzählte mir der Mann im Reisebüro, daß der Iran ein Land sei, aus dem die Leute ausreisten. Niemand führe hin; ich würde das Flugzeug für mich allein haben. Das stimmte nicht. Der Flug der Iran Air war an diesem Tag ausgefallen, und auf das Flugzeug der British Airways nach Teheran wartete eine Menschenmenge.

Die meisten der Passagiere – der internationale Mischmasch in der Haupthalle des Flughafens sortierte sich durch Tore und Gänge in mehr oder minder ethnische Pferche – waren Iraner, und sie sahen nicht wie Menschen aus, die vor einer islamischen Revolution davonrannten oder zu einer zurückkehrten. Es gab weder Schleier noch Kopfbedeckung bei den Frauen, von denen eine oder zwei recht elegant waren. Sie alle hatten eine Menge eingekauft und trugen die verschieden gemusterten Plastiktüten Londoner Kaufhäuser – Lillywhite, Marks and Spencer, Austin Reed.

Im Flugzeug saß ich zwischen einem Iraner und einer Iranerin. Die Frau mittleren Alters auf dem Fensterplatz hatte eine kupferfarbene Haut und goldenes Haar. Ihr Haar sah gefärbt aus, ihre Haut schien angemalt; und die Wirkung war östlich und antik, ägyptisch: antike Kosmetika zur Unterstützung einer antiken Schönheitsvorstellung. Sie sprach kein Englisch und benahm sich nicht wie jemand, der Flugreisen gewohnt ist. Sie kam mit der Belüftung nicht zurecht und sprach mit dem Mann zu meiner Linken. Sie war kräftig, er war schmächtig. Ich glaubte, ich säße zwischen Mann und Frau, und bot an, mit dem Mann zu meiner Linken den Platz zu tauschen.

Er erhob Einwände und sagte auf englisch, daß seine Familie auf der anderen Seite des Gangs sitze: sein kleiner Sohn und seine Tochter und seine hübsche Frau, die kein Englisch konnte, aber angesichts meines Irrtums verzeihend lächelte.

Er war Arzt. Er und seine Familie waren gerade in den Vereinigten Staaten gewesen, um ihren achtzehnjährigen Sohn zu besuchen.

Ich erkannte, daß wir in eine östliche, indische Art der Unterhaltung abglitten, und ich reagierte, wie ich glaubte, es zu müssen. Ich sagte: »Das muß aber teuer gewesen sein.«

»Es war teuer. Die Fahrt allein hat 800 Pfund pro Person gekostet. Außer für das Mädchen, es ist noch keine zwölf. Über zwölf muß man den vollen Preis bezahlen. Waren Sie schon einmal in den Vereinigten Staaten?«

»Ich habe gerade ein Jahr dort verbracht.«

»Sind Sie Arzt?«

Da ich in den Iran fuhr, glaubte ich, es sei besser, nicht zu sagen, daß ich Schriftsteller sei. Ich sagte: »Ich bin Lehrer.« Dann fand ich, ich hätte zu tief gestapelt und fügte deshalb hinzu: »Professor.«

»Das ist gut.« Und als ob er aus meinem Beruf und meiner Zeit in Amerika Mut schöpfte, sagte er: »Die Revolution ist schrecklich. Sie haben das Land zerstört. Die Armee, alles. Sie haben sämtliche Offiziere umgebracht. Teheran war eine schöne

Stadt. Restaurants, Cafés. Jetzt gibt es nichts mehr. Deshalb habe ich meinen Sohn fortgeschickt.«

Der Junge war nach der Revolution in die Vereinigten Staaten geschickt worden und hatte sich schon gut gemacht. Er war in ein Vorbereitungskolleg für das Medizinstudium in Indiana aufgenommen worden. Aber die Vereinigten Staaten waren mehr als ein Ort, an dem man Bildung erwarb. Sie waren auch – für den iranischen Arzt genauso wie für die Neureichen so vieler instabiler Länder, arabische, südamerikanische, westindische, afrikanische Politiker und Geschäftsleute – eine Zufluchtsstätte.

Der Arzt sagte: »Ich habe ein Haus dort gekauft.«

»Wieviel haben Sie bezahlt?«

»Vierundsechzigtausend. Vierundvierzig bar, zwanzig auf Kredit.«

»Können Ausländer in Amerika Grundbesitz erwerben?«

»Ich erkläre es Ihnen. Ich habe es auf den Namen meines Bruders gekauft.«

Die Zufluchtsstätte war also schon vorbereitet, und die Auswanderung hatte schon vor der Revolution begonnen. »Aber jetzt habe ich es auf den Namen meines Sohnes umschreiben lassen. Es wird nun vermietet. Für vierhundert im Monat. Das trägt den Kredit ab. Wieviel verdienen Professoren?«

Wieviel verdienten sie? Welche annehmbar erscheinende Zahl konnte ich einem Mann gegenüber angeben, der gerade sechstausend Dollar für einen Familienurlaub ausgegeben hatte? Ich sagte: »Vierzigtausend Dollar. Wieviel verdienen Sie?«

»Ich habe vormittags eine staatliche Anstellung in einem Krankenhaus. Dafür bekomme ich fünfzehnhundert.«

»Ich dachte, im Iran bezahlten sie den Ärzten mehr.«

»Aber nachmittags habe ich dann meine eigene Klinik, wissen Sie. Damit verdiene ich ungefähr dreißigtausend im Jahr.«

»Sie verdienen also ungefähr achtundvierzig.«

Um die vierzig hatte ich für mich selbst angesetzt. Sich verteidigend sagte er: »Aber ich arbeite hart. Ich bin ein Mann von vierundvierzig. Und jetzt«, fügte er hinzu und wischte seinen

Vorteil beiseite, machte unsere Chancen gleich, »weiß ich nicht, was geschehen wird. Diese Moslems sind ein seltsames Volk. Ihre Mentalität ist alt, sehr alt. Sie behandeln Minderheiten sehr schlecht.«

Was war er dann? Christ, Armenier, Anhänger des Zoroaster, Jude? Da unsere Unterhaltung so östlich gewesen war, brachte ich es nicht fertig zu fragen; und weil er mich für sicher hielt, erzählte er es mir schließlich. Er war Anhänger des Baha'ismus. Ich kannte den Begriff, nichts weiter.

Er hatte seine Stimme nicht gesenkt, als er über die Revolution und die schlimmen Methoden der Moslems sprach. Ich nahm an, daß er sich seiner Mitreisenden sicher war, daß ich mich in einer Gruppe von Baha'is befand. Und in dem angemalt wirkenden Gesicht und dem gefärbten Goldhaar der Frau neben mir sah ich eine weitere, beunruhigende Entrücktheit.

Er sagte: »Wir sind international. Wir haben einen Tempel in Amerika. Einen schönen kleinen Tempel.«

Aber obwohl der Arzt über Geld und Arbeit offen mit mir sprach, war er in bezug auf seine Religion weniger freimütig. Die Baha'is hatten – wie ich später von Behzad erfuhr – ihren eigenen heimlichen Wahn, und er stammte vom Schia-Wahn des Iran ab. Die Schiiten warteten auf den zwölften Imam; die Baha'is glaubten, daß im 19. Jahrhundert ein Abgesandter oder Stellvertreter oder der zwölfte Imam selbst gekommen und wieder gegangen sei und daß nur sie, die Baha'is, ihn erkannt hätten. Behzad sagte mir, daß sie anfangs auch revolutionär gewesen seien, dann aber von den Briten, die sich mit den Russen um die Vorherrschaft im Iran stritten, korrumpiert worden seien.

Es schien phantastisch zu sein – ich wußte, daß Behzad nur schätzte, was revolutionär war. Es war aber nicht ganz so phantastisch. Der Schia-Protest in der Frühzeit des islamischen Reiches war ein politisch-rassischer Protest der diesem arabischen Reich untertanen Völker gewesen; und der Glaube, der sich mit diesem Protest entwickelt hatte, war immer politisch oder politischer Manipulation unterworfen geblieben. Die Schiiten, die nur ihre eigene Linie der Nachfolge des Propheten gelten ließen und jedes Jahr ihre Märtyrer beklagten, jene Männer, deren gerechte Ansprüche zurückgewiesen wurden, blieben der Autorität des Staates gegenüber argwöhnisch. Die Bahai-Bewegung im 19. Jahrhundert war aufrührerisch. Ein früher Aufruf forderte ›Köpfe abzuhauen, Bücher und Blätter zu verbrennen, Orte zu zerstören und zu verwüsten und ein allgemeines Gemetzel abzuhalten‹; 1852 gab es den Versuch, den König zu töten.

Politisch, wenn auch nicht von der Doktrin her, war diese Bewegung wie die Khomeinis gegen den Schah. Politisch kam sie nicht an, und die Baha'is wurden wie viele andere Moslemsekten mit den nahezu unzugänglichen Verzwicktheiten ihres Glaubens allein gelassen oder verschlagen: Offenbarung innerhalb der Offenbarung, Abweichung innerhalb der Abweichung.

Aber mit der Verfolgung hatte der Arzt recht. Die Behauptung der Baha'is über den zwölften Imam ist für die Schiiten des Iran die sträflichste Blasphemie; und nach der islamischen Revolution – Beweis für die Rechtmäßigkeit des wahren Glaubens – mußte es freudige Volksausbrüche gegen sie und gelegentliche ›revolutionäre‹ Hinrichtungen geben. Die Zufluchtsstätte in den Vereinigten Staaten war notwendig.

Aus technischen Gründen landeten wir in Kuwait, um aufzutanken; niemand verließ das Flugzeug. Es war dunkel, aber das Morgengrauen war nicht weit. Das Licht kam schon, die Nacht verschwand. Und wir sahen, daß der Flughafen – von oben ein gewaltiges Muster elektrischer Lichter – auf Sand gebaut war. Die Luft, die durch die Ventilatoren kam, war warm. Draußen waren es vierzig Grad Celsius, einhundertundvier Grad Fahrenheit, und der Tag hatte noch nicht wirklich begonnen.

Teheran würde kühler sein, sagte der Steward. Es lag eine Flugstunde entfernt in nordöstlicher Richtung: noch mehr Wüste, hier und da längliche Flecken mit fahler Vegetation und hier und da Anhäufungen gewellter Erde, die sich manchmal zu Bergen erhoben.

Nach allem, was ich über die großen Ideen des Schahs für sein Land gehört hatte, war das Flughafengebäude in Teheran eine Enttäuschung. Die Ankunftshalle glich einem großen Schuppen. Leere rechteckige Flächen von rötlichem Staub umrandet – Geisterbilder in gespenstischen Rahmen – zeigten, wo zweifellos Fotos vom Schah und seiner Familie oder seinen Denkmälern gehangen hatten. Mit Klebeband waren revolutionäre Flugblätter und Karikaturen an Säulen und Pfeilern befestigt; und es gab – neben ebenfalls angeheftetem klebrigem Papier mit handschriftlichen Bekanntmachungen, die großen Ereignissen eine merkwürdige Informalität verliehen – Farbfotos vom Ayatollah Khomeini, auf denen er so hart und sinnlich und unzuverlässig und schurkisch aussah, wie jeder Feind ihn hätte porträtieren können.

Die Flughafen-Zweigstelle der Melli Bank – rohe Tische, drei Angestellte, viel Papier, ein mit Abfällen bedeckter Fußboden – glich einem indischen Basarstand. Eine handschriftliche Notiz auf der Theke besagte: *Liebe Gäste. Gott ist groß. Willkommen in der Islamischen Republik Iran.* Klebrige braune Papierfetzen sprenkelten die Anschlagtafel des Zolls, die Passagiere über die zollfreien Waren in Kenntnis setzte. Das braune Papier schaffte die Alkoholerlaubnis ab; das war Teil des islamischen Willkommens.

Das Gepäckband, das längst unser Gepäck hervorrollen lassen sollte, bewegte sich lange Zeit nicht. Und die iranischen Passagiere mit ihren Londoner Einkaufstüten (darunter der Arzt und seine Familie) schienen zu anderen Menschen zu werden. Auf dem Londoner Flughafen waren sie Iraner gewesen, Menschen aus dem Märchenland voll Öl und Geld, Verschwender; in der schäbigen Ankunftshalle nun, geduldig in ihrer eigenen Umgebung und unter ihresgleichen, sahen sie aus wie Leute vom Land, die in die Stadt gefahren waren.

Der Zollbeamte hatte einen kleinen schwarzen buschigen Schnurrbart. Er fragte: »Whisky?« und seine Aussprache des Wortes und sein Lächeln schienen die Frage in einen Witz zu verwandeln. Als ich verneinte, glaubte er mir und winkte mich lächelnd in die Sommerhelligkeit hinaus, um der nachrevolutionären Habgier der Taxifahrer am Flughafen entgegenzutreten, die nach sechs Monaten mehr denn je von den Erinnerungen an die alten Zeiten belebt wurden, in denen die Handlungsreisenden der Welt nach Teheran kamen, es nie genug Hotelzimmer gab und kein Fahrer nach einem Fahrgast schmachtete.

Die Farben der Stadt waren genauso staubig und fahl, wie sie von oben ausgesehen hatten. Staub wehte durch die Straßen, umhüllte die Bäume, dämpfte die Farben der Autos. Ziegel und Putz waren staubfarben, unfertige Gebäude sahen verlassen und zerbröckelnd aus, und Mauern waren wie Zeittabellen mit der persischen Schrift bekritzelt und mit Porträts von Khomeini, nach Schablonen gezeichnet, bemalt.

Am Rand der Stadt sah ich auf einem offenbar brachliegenden Grundstück ein niedriges khakifarbenes Zelt, eine Schlange von Männern und verschleierte Frauen und ein paar halb uniformierte Männer. Ich dachte an Flüchtlinge vom Land, an Schlangen von Leuten, die um Arbeitslosenunterstützung anstanden. Aber dann – als ich ein weiteres Zelt und noch eine Schlange vor einem unfertigen Wohnblock erblickte – erinnerte ich mich, daß Wahltag war, die zweite Prüfung des Volkswillens seit der Revolution. Die erste war ein Referendum gewesen, damals hatte das Volk für eine islamische Republik gestimmt. Diese Wahl galt einer ›Expertenversammlung‹, die eine islamische Verfassung ausarbeiten würde. Khomeini hatte geraten, daß Priester gewählt werden sollten.

Experten waren notwendig, denn eine islamische Verfassung konnte nicht einfach übernommen werden. So etwas gab es nicht oder hatte es nie gegeben. Eine islamische Verfassung war etwas, das zusammengefügt werden mußte; und sie mußte so sein, daß der Prophet ihr zugestimmt hätte. Das Problem war, daß der Prophet, als er, immer geleitet durch göttliche Offenbarung, im siebten Jahrhundert seinen arabischen Staat schuf, zum großen Teil als sein eigener Herr geherrscht hatte. Damals traten die

Priester auf den Plan. Sie mochten keine Vorstellung von einer Verfassung haben – eine Verfassung war letzten Endes ein Konzept, das nicht aus der muselmanischen Welt kam; aber mit ihrer Kenntnis des Korans und der Taten des Propheten würden die Priester wissen, was ›unislamisch‹ war.

Mein Hotel befand sich im Zentrum Teherans. Es war eins der älteren Hotels der Stadt. Es lag hinter einer großen Mauer; es hatte ein Pförtnerhäuschen, eine asphaltierte kreisförmige Auffahrt, Rasenbeete mit Sträuchern und Bäumen. Es war besser in Ordnung, als ich mir vorgestellt hatte; es gab sogar ein paar Autos. Aber das Gebäude, zu dem der Fahrer mich brachte, hatte eine Kette vor der Glastür. Jemand rief von der anderen Seite des Anwesens. Das Gebäude, das wir angesteuert hatten, war geschlossen. Es war der ältere Teil des Hotels; während des Booms hatten sie einen neuen Block gebaut, und nun war nur dieser Block geöffnet.

Eine Reihe junger Männer – die Taxifahrer des Hotels, denen die Autos draußen gehörten – saß müßig in einer Ecke des Foyers nahe beim Empfang zusammen. Außer dieser Ecke war das Foyer leer. In der Mitte des Fußbodens lag ein sehr großer gemusterter Teppich; die Stühle darauf waren arrangiert, als erwarteten sie eine Menschenmenge. An zwei Seiten gab es Glaswände. Auf der einen war der Hof mit den staubigen Sträuchern und Pinien und den abgestellten Hoteltaxis, auf der anderen Seite, die zur Hotelmauer hinausging, war eine kleine gepflasterte Zone um einen Swimmingpool, ohne Besucher, im Licht gleißend, mit Metallstühlen, die unter einem offenen Schuppen aufgestapelt waren.

Der Raum, in den ich hinaufgeführt wurde, war von angenehmer Größe, mit robusten Holzmöbeln und über ein Meter hohen Holzpaneelen an den Seitenwänden. Die Glaswand an der Stirnseite ging nach Nord-Teheran hinaus, eine Glastür öffnete sich auf einen Balkon. Aber die Leitung der Klimaanlage leckte durch das Abluftgitter, und die blauen Teppichfliesen im Vorraum waren aufgeweicht und fleckig.

Der Hotelmann – es war schwer, ihn bei dem Müßiggang des Hotels mit dem Berufsstatus des ›Boy‹ zu versehen, obwohl er die Uniform trug – lächelte und wies auf das darüberliegende Stockwerk und sagte: »Badezimmer«, als wäre eine Erklärung alles, was verlangt wurde. Der Mann, den er hochschickte, sprach von Kondensation; er ließ das Tröpfeln normal, sogar notwendig erscheinen. Und dann – die Erklärungen gab man abrupt auf – wurde mir ein anderes Zimmer zugewiesen.

Es war möbliert wie das erste und hatte dieselbe Aussicht. Hier gab es jedoch auf dem Fernsehapparat eine weiße Karte, in der Mitte geknickt und aufrecht stehend. Sie gab das Wochenprogramm der ›internationalen‹ englischsprachigen Ausstrahlungen des iranischen Fernsehens an. Dieses Programm war längst gestrichen. Die Karte war sechs Monate alt. Die Revolution war plötzlich über dieses Hotel gekommen.

Es war Ramadan, der Fastenmonat der Moslems; es war Freitag, ein heiliger Tag; und es war Wahltag. Teheran war außergewöhnlich ruhig, aber das wußte ich nicht; und als ich am Nachmittag spazierenging, hatte ich das Gefühl, in einer Stadt zu sein, in der sich eine Katastrophe ereignet hatte. Die Geschäfte in den Hauptstraßen waren geschlossen und durch Stahltüren geschützt. Vor jedem Stockwerk schrien Schilder die Namen importierter Güter: Seiko, Citizen, Rolex, Mary Quant of Chelsea, Aiwa; und an diesem geschlossenen Nachmittag waren sie wie Namen aus Teherans Vergangenheit.

Die Bürgersteige waren aufgerissen. Viele Ladenschilder waren zerbrochen oder hatten einige ihrer Buchstaben verloren. Staub und Schmutz waren so verbreitet und wirkten auf der Leuchtreklame so sehr wie Spuren von Rauch, daß Gebäude, die bei einem früheren Feuer ausgebrannt waren, einem nicht sofort ins Auge fielen. Bauarbeiten schien man eingestellt zu haben; Schutt- und Kieshaufen sahen alt, erstarrt aus.

An den Mauern hingen Plakate von der Revolution, und in den Straßenkiosken gab es Zeitschriften über die Revolution. Das Titelbild der einen zeigte eine Collage vom Schah als Badeschönheit: der Kopf des Schah war auf den Körper einer Frau im Bikini gesetzt, aber der Bikini war mit einem breiten schwarzen Balken durchgestrichen, um das Sittlichkeitsgefühl nicht zu verletzen. In einer anderen Karikatur saß der Schah in Jackett und mit gelockerter Krawatte auf der Klobrille, seine Hose hing ihm auf den Füßen, und in der Hand hielt er eine Maschinenpistole. Ein Koffer neben ihm trug Aufkleber *Nach Israel* und *Bahamas*, aus einer offenen Leinentasche sahen eine Flasche Whisky und eine Ausgabe der Zeitschrift *Time* hervor.

Junge Männer in engen Hemden mit offenem Kragen bummelten auf den aufgerissenen Bürgersteigen. Es waren gutaussehende Männer eines eindeutigen rassischen Typs, klein, mit breiten Schultern und schmalen Taillen. Es waren Arbeiter mit bäuerlichen Vorfahren, und an diesem Nachmittag umgab sie ein Hauch von Selbstgefälligkeit und Gefahr: die gemeinschaftlichen Freitagsgebete mußten sie aufgestachelt haben. Ihre Kleidung und besonders die Hemden hatten diesen Zug von Auffälligkeit, den ich – aufgrund dessen, was ich in Indien gesehen hatte – mit Leuten verband, die gerade ihrer traditionellen Lebensweise entkommen sind und sich jetzt, was Kleidung und auch andere Dinge betraf, die Idee zu eigen gemacht hatten, sie könnten über alles frei verfügen.

Die nachmittäglichen Autos und Motorräder fuhren vorbei, auf iranische Weise gesteuert. Ich sah zwei Zusammenstöße. Ein Geschäft hatten den Namen gewechselt. Es war jetzt ›Unser Brathähnchen‹, nicht mehr das Brathähnchen aus Kentucky, und die Figur des Südstaaten-Colonels war (außer für die, die sich an den Colonel erinnerten) auf etwas ganz Bedeutungsloses zurechtgestutzt worden. Die Revolutionswächter, junge Männer mit Gewehren, hörten schnell auf, überraschend zu wirken; sie gehörten zur revolutionären Szenerie des Feiertags dazu. Vor den Kinos standen Menschenmengen; und obwohl Ramadan war, kauften Leute Pistazien und Süßigkeiten in den – sogenannten – *Konfiserien*, die offen hatten.

Viel weiter nördlich, am Ende einer langen Platanenallee, die der Vater des Schahs angelegt hatte, lag das Royal Teheran Hilton. Es war nicht länger ›royal‹. Vom Hauptschild am Straßenrand hatte man das Wort weggenommen und es am Eingang weggehackt; innerhalb des Hotels aber hatte das Wort wie ein fest verwurzeltes Unkraut überlebt, sprang einem frisch und rein aus Servietten, Rechnungen, Speisekarten, Geschirr entgegen.

Das Foyer war nahezu leer; die Stille dort unter den Kellern und verstreuten Gästen war wie eine verlegene Stille. Zur Ausstattung gehörten iranische Samoware. (Mit diesen Samowaren als dekorativen volkstümlichen Gegenständen hatte man etwas Außenhandel getrieben: Vor ungefähr zwei Jahren hatte ich eine Reihe davon in Lampenständer verwandelt in Londoner Kaufhäusern gesehen.) Alkohol durfte nicht mehr ausgeschenkt werden; aber für die Schicken (und Nicht-Christen), die unbedingt einen nicht-alkoholischen Drink mit Stil schlürfen wollten, gab es *Orange Blossom* oder *Virgin Mary* oder *Swinger*.

Chez Maurice war das französische Restaurant des Hilton. Es war entsprechend hergerichtet, mit bräunlicher Tapete, einem dunkel getönten Sockel und doppelarmigen Wandleuchtern. Auf den Glasscheiben der einen Wand besagten weite, in kleine Bogen eingefaßte Buchstaben: *Vins et Liqueurs, Le Patron Mange Ici, Gratinée à Toute Heure.* In dem großen Raum, der hundert Menschen Platz geboten hätte, saß nur eine Fünfergruppe, und die war genauso verhalten wie die Leute im Foyer. Die Suppe, die ich aß, war genauso wie der darauffolgende Stör mit einer braunen Masse pappig gemacht. Aber immer noch falteten die Kellner Servietten auseinander und bewegten sich und bedienten mit Verve; das trug noch zu der Verlegenheit bei.

Jeder Tisch war gedeckt. Jeder Tisch hatte eine frische Rose und vorrevolutionäre Präsente: die Farbpostkarte (das Restaurant war vor vier Jahren, 1975, eröffnet worden); der kleine Notizblock mit zehn Blättern, von dem man annahm, daß Leute, die an Orten wie diesem speisten, ihn brauchten: *Chez Maurice, Teherans Exklusivstes Raustaurant, Le Restaurant Le Plus Select de Téhéran.* Sechs Monate nach der Revolution gab es diese

Spielzeuge – Blocks, Postkarten – noch; wenn sie aufgebraucht waren, würde es keine mehr geben.

Der Swimmingpool neben dem Hotel war geschlossen, laut Anschlag wegen einer chemischen Reinigung. Aber das große Betongerippe nebenan, die geplante Erweiterung des Royal Teheran Hilton, war aufgegeben worden, während das ganze Baumaterial und die Kräne auf dem Gelände zurückgeblieben waren. Es gäbe nun keine Reisenden mehr, sagte der Kellner; und die Bauunternehmer hätten das Land verlassen. Vom Hilton konnte man auf die anderen Hügel Nord-Teherans hinüberblikken und andere unfertige, hohle Gebäude sehen, die genauso aufgegeben aussahen. Die Revolution hatte die ›internationale‹ City Nord-Teherans mitten in ihrer Erschaffung erwischt.

Und ich dachte, als ich in mein Hotel zurückging, daß in dem revolutionären Poster an der Eingangstür aus Glas ein unbeabsichtigter Symbolismus lag. Das Poster war auf beiden Seiten bedruckt. Die Seite, die in den Vorhof blickte, war schlicht, ein Guerilla-Bild von Yasser Arafat von der Palästinensischen Befreiungsorganisation mit dunkler Brille und rotkariertem Halstuch.

Die Rückseite zeigte ein allegorisches Gemälde von Blut und Rache. Im Vordergrund war eine flache Landschaft: flaches, konturenloses Land, durch eine gerade schwarze Straße in zwei Hälften geteilt, die Mitte von einer durchbrochenen weißen Linie markiert. Auf dieser Straße lag, von hinten gesehen, halb zusammengebrochen eine verschleierte Frau, die ihre letzte Kraft brauchte, um ihr Kind wie zum Himmel hoch zu heben. Die Frau hatte einen blutigen Rücken; Blut war auf der schwarzen Straße. Aus diesem Blut waren die Straße hinauf riesige rote Tulpen gewachsen, die die dicke Kruste der schwarzen Straße mit den weißen Markierungen aufbrachen; und über den Tulpen, im Himmel, war das Gesicht Khomeinis, des Retters, und blickte finster drein.

Khomeini rettete und rächte. Aber die Tulpen, die er aus dem Blut von Märtyrern heraufbeschworen hatte, hatten diese moderne Straße (vom Künstler so sorgfältig wiedergegeben) endgültig zerstört; diese Straße in der Wildnis führte nun nirgends hin. Auch war in dieser Allegorie von der Revolution nur dem Rächer Persönlichkeit zugestanden worden. Die verwundete Frau, klein im Vordergrund, mit deren Schmerz der Umbruch begann, war verschleiert und gesichtslos; sie war nur ihr Schmerz. Das war die Freiheit des Allegoristen oder Karikaturisten; und es wäre nicht der Rede wert gewesen, hätte es auf den Plakaten und Zeichnungen, die ich an dem Tag gesehen hatte, nicht so viele gesichtslose Menschen gegeben.

Auf einem Wahlplakat hielt eine gesichtslose Menge – die verschleierten Frauen auf simple dreieckige Umrisse reduziert – Fotos von Kandidaten einer bestimmten Partei hoch. In einer Zeitung wurde das Gesicht Alis, des Schia-Helden, des Vetters und Schwiegersohns des Propheten, als surrealistische Kontur, transparent vor einer Landschaft gezeigt. Auf einem Plakat war Khomeini selbst gesichtslos, waren seine Züge (innerhalb des Umrisses von Turban, Wangen und Bart) durch eine geballte Faust ersetzt worden.

Gesichtslosigkeit schien allmählich ein islamisches Motiv zu werden. Und sie war in der Tat Gegenstand des Protestes in der *Iran Week* (der Aufdruck entsprach dem von *Newsweek*), einer nachrevolutionären englischsprachigen Zeitung, die ich an einem Kiosk gekauft hatte. Die Zeitung war für die Revolution, aber sie protestierte gegen das, was angefangen hatte, mit der Revolution einherzukommen, gegen diese ganze islamische Verbannung von Alkohol, westlichen Fernsehprogrammen, Moden, Musik, gemischtem Baden, Frauensport. Das Titelbild zeigte ein entstelltes Wohnzimmer, in dem die Wände durch Eisenstäbe ersetzt waren. Die Familie, die in diesem Zimmer für ihr Bild posierte – Vater, Mutter, zwei Kinder – trugen westliche Kleidung; aber wo ihre Gesichter hätten sein sollen, waren weiße Leerstellen.

Individualismus sollte dem Retter und Rächer überlassen bleiben. Aber wenn die Revolution vorbei war, sollte auch der Individualismus – in der großen Stadt, die der Schah erbaut hatte – wieder zu Ehren kommen.

Am Morgen drängte sich der Verkehr auf der Überführung zur Linken des Hotels. Die Berge im Norden sahen im Licht weich aus, verschwanden aber schnell im Dunst.

Ich rief den Hauptherausgeber der *Iran Week* an, und er bat mich, sofort herüberzukommen. Ich müsse allerdings aufpassen, sagte er: In der Straße gäbe es zwei Gebäude mit der gleichen Hausnummer 61. Und wenn ich die richtige 61 gefunden hätte, müsse ich daran denken, daß das Büro, wenn ich den Aufzug nähme, auf dem sechsten Stock sei, wenn ich zu Fuß ging, auf dem vierten.

Der Taxifahrer des Hotels hatte Mühe, überhaupt eine 61 zu finden; und die, die wir nach einer Reihe iranischer Wendungen im iranischen Verkehr fanden, war die falsche. Also gingen wir auf die Jagd, während der Morgen dahinrann; und dann sahen wir die zweite 61.

Mit dem Aufzug sechster Stock, hatte der Herausgeber gesagt, vierter, wenn ich zu Fuß ging. Aber das Schild in der Eingangshalle teilte mit, die Zeitung sei auf dem fünften, und von einem Aufzug war keine Spur. Der Fahrer und ich stiegen höher und höher.

Das Büro war unerwartet geräumig, mit einem kühl wirkenden Mädchen an einem Schreibtisch im Vorzimmer. Und nach all der Zeit, die ich gebraucht hatte, um hierherzukommen, und nach seiner eigenen raschen Einladung war Herr Abdi, der junge Hauptherausgeber, offen enttäuscht von mir. Ich repräsentierte keine englische oder amerikanische Zeitung, wie er gedacht hatte. Er sagte, er könne mir zehn Minuten geben, ich solle den Fahrer nicht wegschicken. In seinem Büro milderte er aber dann seine geschäftsmäßige Art, wurde mehr zum Iraner und bestellte gnädig Tee, der in kleinen Gläsern kam. Er sagte, daß ich, um den Iran zu verstehen, in die heilige Stadt Ghom fahren und mit den Leuten auf der Straße reden solle. Ich sagte, ich könne kein

Persisch; er sagte, sie könnten kein Englisch. Und da saßen wir nun.

Wieder weicher werdend, sagte er – aber in einer Weise, die mich erkennen ließ, daß sich nichts tun würde –, daß er versuchen würde, einen seiner Rechercheure zu erreichen, um eine Verabredung mit mir zu treffen.

Genau in dem Augenblick trat der erste Rechercheur ein. Er versprach zu sehen, was er für mich tun könne. Die Arbeit im Untergrund hätte sie alle drei Jahre lang sehr beschäftigt gehalten, sagte der erste Rechercheur, und sie hätten immer noch viel zu tun. Für einen Perser war er groß und ernst, und er hatte eine schöne lederne Aktentasche. Aber er war nicht so elegant wie sein Hauptherausgeber, der außergewöhnlich gut aussah und in dessen geschäftsmäßigem Benehmen ein Teil Bosheit lag.

Ich fragte nach dem Titelblatt der *Iran Week*. Waren iranische Familien, selbst Familien der Mittelschicht, solche »Kleinfamilien«, wie das Titelblatt andeutete? Ich hatte erwartet, daß iranische Familien traditioneller, größer seien. Scharf, als wolle er mich vom Thema der moslemischen Polygamie ablenken, sagte Herr Abdi, daß iranische Familien der Mittelschicht genauso seien, wie das Titelblatt sie gezeigt habe.

An der Wand hing eine große Karte der Karibik und des Golfs von Mexiko. Ich dachte, sie sei vielleicht um Kubas und Nicaraguas willen da, dem alten und dem neuen Zentrum der Revolution. Aber nein, Herr Abdi war nach Cayenne, Französisch-Guinea, gegangen, um für eine persische Zeitschrift, die eine Serie zum Thema Gefängnisse herausbrachte, über die Teufelsinsel zu schreiben.

Er sagte: »Es ist nicht gut, allein zu reisen. Man sollte ein Mädchen haben.«

Er hatte auf seinem Ausflug nach Cayenne ein Mädchen gehabt: westindische Frauen waren herrlich. Westindisch? Eine schwarze Frau für Herrn Abdi? Er sagte: »Ich habe mich vertan. Sie war nicht westindisch. Sie war *mexique*.« Wie in Erinnerung hob er ein wenig den Kopf, und seine schwarzen Augen wurden leer.

Das war die dandyhafte Seite der Revolution. Selbst nach einem Tag in Teheran – und trotz des Rates, nach Ghom zu fahren und mit den Leuten dort zu reden – hatte ich das Gefühl, daß sie von der Revolution Khomeinis und der Straße weit entfernt war. Und sechs Monate später, als ich am Ende meiner islamischen Reise nach Teheran zurückkehrte, war die *Iran Week* kaum zu finden.

Der nächste Tag sollte wieder ein öffentlicher Feiertag sein – der Tag der Verfassung, um der ersten schriftlichen Verfassung des Iran, die erst 1906 erlangt wurde, zu gedenken –, und auf den Geschäftsstraßen war viel los.

Auf der Nadir Schah Avenue – Nadir Schah war der persische König, der 1739 Delhi überfiel und Schah Jahans Pfauenthron stahl und zerstörte, dessen Juwelen immer noch Teil des iranischen Staatsschatzes bilden – gaben Straßenhändler und die Sonne und der Staub einem das Gefühl, daß Indien nahe sei. Und in der Firdowsi-Straße, in der die Buden der Geldwechsler der langen unbeschriebenen Mauer des britischen Botschaftsgeländes gegenüberstanden, war die Atmosphäre ein wenig wie in einer Rote-Laterne-Gegend, wo jeder herumstreifte, jeden ansprach oder darauf wartete, angesprochen zu werden.

Die Geldwechsler boten einen besseren Kurs als die Banken. Sie hatten ihre Namensschilder, und einige boten eine Auslage mit Münzen und nachgemachten Scheinen, aber sonst waren ihre kleinen Buden streng geschäftlich eingerichtet: Schreibtisch, Stühle, Telefon, Eisensafes, ein Bild von Khomeini. Und ihr Benehmen entsprach ihren Räumlichkeiten. Sie sahen auf, sie sagten nein, sie sahen weg. Sie wollten meine unterschriebenen Reiseschecks nicht. Nur Herr Nasser hatte Interesse; aber dann wollte er alle Reiseschecks, die ich hatte; und dann wollte er mir den alten Seidenteppich, der an der Wand hing, für fünfhundert Pfund verkaufen.

Einige Wechsler arbeiteten buchstäblich von Mauernischen aus. Einige hatten kein Büro; sorgfältiger gekleidet streiften sie mit ihren Aktentaschen die Firdowsi-Straße entlang.

Am oberen Ende der Straße sah ich an einem Zeitungskiosk einen kleinen Mann mittleren Alters, der eher indisch als iranisch aussah. Zuerst dachte ich, er schöpfe einfach frische Luft, dann dachte ich, er sei ein Wechsler. Ich näherte mich ihm, und er benahm sich, als sei ich ein Wechsler. Er war ein Inder, ein schiitischer Moslem aus Bombay, und er lebte seit zwanzig Jahren im Iran. Er war kein Wechsler, er war ein Käufer, und er war in die Firdowsi-Straße gekommen, um Dollars zu kaufen. Man hatte ihm Dollars zum Kurs von einhundertfünfzehn Rial angeboten. Das war ein guter Kurs, aber er war Geschäftsmann, und er dachte, wenn er auf seinem Standpunkt beharre, wenn er sich weiterhin zeige, würde er vielleicht einen der ambulanten Wechsler dazu verführen, einen oder zwei Rial herunterzugehen.

Ein junger Mann – Inder, Pakistani oder Iraner – kam und stellte sich ängstlich zu uns. Er war ein Freund oder abhängiger Verwandter des Mannes aus Bombay. Er war mit hergebracht worden, um beim Kauf der Dollars zu helfen und hatte für sich allein Erkundigungen eingezogen.

Und als habe er das Gefühl, daß eine Erklärung notwendig sei, sagte der Mann aus Bombay: »Früher waren diese Läden immer mit ausländischer Währung vollgestopft. Absolut vollgestopft. Niemand machte sich hier etwas aus ausländischer Währung. Jeder wollte Rial.« Aber der Herrschaft des Schahs trauerte er nicht nach. »Sie müssen meine Sprache verzeihen. Der Schah war ein Schweinehund.«

Das war ein hartes Wort; es ermutigte den jungen Mann, seine Ängstlichkeit abzulegen und zu reden. Das Thema der ausländischen Währung war damit abgetan; von den Ungerechtigkeiten des Schahs sprachen die beiden Männer, jeder unterstützte den anderen, trieb ihn weiter an, bis sie – auf dieser staubigen Straße mit den Platanen, den Schuhputzern, den Münzverkäufern auf dem Bürgersteig – beide denselben Grad von Leidenschaft erreicht hatten.

Als der Schah herrschte, war alles im Iran für ihn gewesen. Er hatte dem Land Milliarden entzogen; er hatte zugelassen, daß das Land von ausländischen Firmen ausgeplündert wurde; er hatte das Land mit ausländischen Beratern und Technikern gefüllt. Diese Ausländer bekamen dicke Gehälter und lebten in großen Häusern; die Amerikaner hatten sogar ihr eigenes Fernsehprogramm. Die Menschen im Iran hatten das Gefühl, ihr eigenes Land verloren zu haben. Und der Schah hatte sich nie wirklich etwas aus Religion, dem kostbaren Schia-Glauben, gemacht.

»Wie schön ist es jetzt«, sagte der Mann aus Bombay, »die Herrschaft Alis zu erleben! Frauen wieder im Schleier zu haben, weg aus dem Fernsehen. Kein Alkohol.«

Das war erstaunlich, nach all der Leidenschaft. War das alles, was die Herrschaft Alis anging? Bot das Heilzeitalter des Schia nichts Höheres? Der Mann aus Bombay und sein Begleiter konnten nicht mehr sagen, hatten auch nicht mehr zu sagen; und vielleicht konnten sie nicht sagen, daß die wahre Belohnung der Revolution – die gleichermaßen die Wiederherstellung der Ehre Alis und des wahren Glaubens wie der Sturz des Bösen war – im Himmel lag. Und der Mann aus Bombay hatte noch eine Überraschung für mich. Er blieb nicht unter der Herrschaft Alis. Nach seinen zwanzig guten Jahren unter der schlimmen Herrschaft des Schahs verließ er den Iran und ging nach Bombay zurück. Deshalb war er gekommen, um Dollars in der Firdowsi-Straße zu kaufen. Das Übergewicht seines Fluggepäcks – und ich vermutete, daß das viel war – mußte in Dollars bezahlt werden.

Er sagte, und es war, als spräche ein anderer Mann: »Ich weiß nicht, was jetzt hier geschehen wird.«

Bei der *Iran Week* wurden mir zehn Minuten gegeben. Bei der *Teheran Times* wurde mir beinahe ein Posten angeboten. Die *Times* war die neue englischsprachige Tageszeitung; ihr Motto war »Möge die Wahrheit obsiegen«. Das Büro war neu, gut ausgestattet und geschäftig, und es gab ein paar europäische oder amerikanische Helfer.

Herr Parvez, der Herausgeber, war ein Iraner indischer Herkunft, ein sanfter Mann Mitte Vierzig. Die ganze Zeit brachte man ihm Fahnenabzüge auf den Tisch, und ich hatte das Gefühl, ihn mit der Erklärung meines Besuchs nicht gerade zu fesseln. Unsere Unterhaltung begann eine seltsame Wendung zu nehmen.

Er sagte: »Sind Sie Mohammedaner?«

»Nein, aber ich glaube nicht, daß das notwendig ist.«

»Der Islam ist ein heikles Thema hier.« An der Wand hinter Herrn Parvez hing ein großes Foto von Khomeini.

»Ich weiß.«

»Wie sieht die finanzielle Basis dafür aus?« sagte Herr Parvez, sich über eine Fahne beugend.

»Wofür?«

»Für das, was Sie für uns schreiben wollen.«

Wir trennten uns – Geld war in Wirklichkeit, wie ich später erfuhr, das heikle Thema in diesem Büro: Es gab einfach nicht viel –, und ich wurde an den nächsten Schreibtisch weitergegeben, an Herrn Jaffrey, einen älteren Mann, der eine Geschichte, einen Aufmacher oder Leitartikel in der Schreibmaschine hatte, seine Arbeit aber abbrach, um mit mir zu reden.

Auch Herr Jaffrey war ein indischer Schia. Er kam aus Lakhnau. Er sagte, 1948 habe man ihm ›ziemlich barsch‹ mitgeteilt, daß er als Moslem in der indischen Luftwaffe keine Zukunft habe. Also war er nach Pakistan ausgewandert. Als Schia war er in Pakistan in andere Schwierigkeiten geraten, und zehn Jahre später war er in den Iran gezogen. Jetzt war er voller Besorgnis um den Iran.

Er sprach lebhaft; alles, was er sagte, hatte er sich längst überlegt. »Alle Moslems neigen dazu, ihren Glauben an einen Mann zu binden. In den 60er Jahren wurde der Schah geliebt. Jetzt lieben sie Khomeini. Ich hätte nie gedacht, daß die Zeit kommen würde, in der Khomeini sich die Position des Schahs anmaßt.« Khomeini hätte nach der Revolution zugunsten der Verwaltung zurücktreten sollen, das hatte er aber nicht getan, und als Ergebnis war das Land nun in den Händen von ›Fanatikern‹.

Jemand brachte Herrn Jaffrey ein Gericht mit Spiegeleiern und einen Teller *Pappadom*, knusprig gebackenes indisches Brot.

Ich sagte: »Was ist mit dem Ramadan?«

Er sagte auf seine forsche Art: »Ich faste nicht.«

Während der ganzen Revolution war er für Khomeini gewesen, denn unter der Herrschaft des Schahs waren die Alternativen einfach geworden: Religion oder Atheismus. Unter der Herrschaft des Schahs war Korruption jeder Art in den Iran gekommen: Korruption durch Geld, Prostitution, Sodomie. Der Schah war zu abgeschnitten, zu spät wurde er wach für das, was da vor sich ging.

»Und selbst in jenen Tagen dachte ich«, sagte Herr Jaffrey, »daß der Islam die Antwort sei.«

Ich konnte nicht folgen. Religion, Religionsausübung, die Antwort auf ein politisches Bedürfnis?

Ich sagte: »Die Antwort worauf, Herr Jaffrey?«

»Die Situation des Landes. Der Islam steht für vier Dinge. Brüderlichkeit, Ehrlichkeit, Arbeitswillen, angemessene Entlohnung für Arbeit.«

Ich konnte immer noch nicht folgen. Warum nicht diese vier verlangen? Weshalb über diese vier hinausgehen? Weshalb diese vier mit etwas so großem wie dem Islam verknüpfen?

»Sehen Sie«, sagte Herr Jaffrey und wurde milder, »mein Leben lang habe ich die wahre *jamé towhidi* sehen wollen. Ich übersetze das mit ›Gesellschaft der Gläubigen‹.«

Das war wieder die Herrschaft Alis: der Traum von der Gesellschaft, die rein vom Glauben regiert wurde. Aber Herrn Jaffreys Glaube war tiefer als der des Mannes aus Bombay; für ihn bedeutete die Herrschaft Alis mehr, als Frauen wieder hinter den Schleier zu bringen. Herrn Jaffreys Gesellschaft der Gläubigen entsprang einer Vorstellung aus den frühesten Tagen des Islam, als der Prophet die Gebote Gottes verkündete, sein Volk zu Krieg und Gebet führte, als jede noch so weltliche Tat dem wahren Glauben diente.

Diese Art Gesellschaft war in den Iran gekommen. Und Herr Jaffrey – mit seiner indisch-britischen Erziehung wie auch noch einer anderen Seite seiner Persönlichkeit – dachte, daß eine solche Gesellschaft durch Institutionen gesichert werden könne: indem man die Mullahs dazu brachte, in die Moscheen zurückzukehren, Khomeini dazu brachte, zurückzutreten und Politiker und Verwaltungsleute in die Verwaltung zu setzen. Um seinen Traum von der Einheit zu sichern, mußten also, auch wenn Herr Jaffrey es nicht sagte, Kirche und Staat getrennt werden. Glaube, Erziehung und politischer Instinkt hielten Herrn Jaffrey in diesem Widerspruch gefangen.

Für den Mann aus Bombay war es einfacher. Er war glücklich, die Herrschaft Alis zu sehen und wegzulaufen. Herr Jaffrey war voller Angst, daß ein Traum, der so nahe gekommen war, von Khomeini zunichte gemacht worden war.

Und ich mußte auch erkennen, daß dieser Traum von der Gesellschaft der Gläubigen mich ausschloß. In dieser Zeitungsredaktion – Schreibmaschinen, Fahnen, englische Sprache, Telefone, ›Möge die Wahrheit obsiegen‹ – war nichts von dem intellektuellen Leben, das ich schätzte, von Bedeutung; daß Gefühl und Verstand sich von Zeit zu Zeit einander annäherten, war Zufall.

In dem offenen Raum unten rief mich jemand mit geschäftsmäßiger amerikanischer Stimme an: »Kann ich Ihnen helfen?«

Es war einer der iranischen ›Direktoren‹ der Zeitung, und eine unwahrscheinlichere Gestalt im Dienste der *jamé towhidi* konnte man sich nicht vorstellen. Er war jung, gut aussehend, gut frisiert und hatte einen schwarzen Schnurrbart. Mit den Fingerspitzen drückte er ein schokoladenbraunes Jackett glatt, das stramm auf seinen Schultern saß und die rehfarbenen Hosen, das biskuitfarbene Hemd und die locker geknotete breite Krawatte herausstrich.

Er mußte gedacht haben, ich sei ein weiterer indischer Schiite mit der Gabe der englischen Sprache und dem Verlangen nach ein paar Rial; und in seiner geschäftsmännischen Art begann er, mit mir auf und ab zu marschieren, feuerte Fragen ab, blickte stirnrunzelnd zu Boden, seine Haut ein wenig feucht wegen all der Kleider, die er trug, und entgegnete auf alles, was ich sagte: »Gewiß, gewiß.« Als er begriff, daß ich nicht für die Zeitung schreiben wollte, hörte er auf, mit mir herumzulaufen. Und als ich mich verabschiedete, sagte er: »Gewiß, gewiß.«

Erinnern Sie sich an diesen Direktor. Erinnern Sie sich an diese geschäftige Zeitungsredaktion, an Herrn Jaffrey, an seiner Schreibmaschine und an die Fahnen, die auf den Tisch des liebenswürdigen Herausgebers fallen, der einem Fremden einen Posten angeboten hätte. Sechs Monate später, als ich nach Teheran zurückkam, war dieses Büro verlassen.

Eine der englischsprachigen Zeitschriften, die ich kaufte, kam aus der heiligen Stadt Ghom. Es war *Die Botschaft des Friedens*, und sie war, wie der Titel verriet, voll wütender Begeisterung.

Sie wütete über den Schah, über die ›Teufel‹ des Westens und die Übel seiner Technologie; sie wütete sogar über den armen alten Herrn Desai, den indischen Premierminister, der Alkohol verbot (vom moslemischen Standpunkt aus gut), aber Urin trank (vom moslemischen Standpunkt aus bejammernswert). Aber nicht wegen ihrer Zornesausbrüche kaufte ich die Zeitschrift, auch nicht wegen der Reden Khomeinis oder der Lebensläufe der Schia-Imame. Ich kaufte *Die Botschaft des Friedens* wegen eines Artikels über islamische Stadtplanung.

Konnte es so etwas geben? Offensichtlich; und nicht nur das, es wurde dringend benötigt. Der Islam war eine vollkommene Lebensweise, er trennte das Weltliche nicht vom Geistigen. Daher war es notwendig, nicht nur einen materialistischen industriellen Überfluß zu vermeiden, sondern auch Pläne für eine ›theozentrische Gesellschaft‹ aufzustellen. In dieser Gesellschaft mußten auch Frauen untergebracht werden. Probleme! Aber gerade die Existenz dieser Probleme bewies die Notwendigkeit einer vernünftigen islamischen Planung. Und eine Lösung war möglich.

Man baue an den Ecken eines imaginären viereckigen Platzes

vier Wohnbezirke. Gebe jedem eine Moschee, eine Poli-Klinik und einen Kindergarten: dort werden die Frauen sich beschäftigen. Die Männer werden zur Arbeit gehen. Direkt im Herzen dieses Arbeitsbezirks wird es eine Moschee geben, die groß genug ist, um die ganze männliche Bevölkerung aufzunehmen. Bei der Moschee wird es ein Zentrum zum Almosenspenden geben, denn das Almosenspenden ist für den Islam genauso wichtig wie das Gebet oder das Fasten oder die Pilgerfahrt nach Mekka.

In einem Kreis rund um die Moschee wird der Basar sein; um den Basar herum wird es einen Kreis von Büros geben; und an der Peripherie dieses Bürokreises werden die Krankenhäuser, Entbindungsheime und Schulen sein, damit die Männer auf dem Weg zur Arbeit ihre Kinder zur Schule bringen können und bei anderen Gelegenheiten in Krankenhäuser oder Entbindungsheime eilen können.

Zur Erholung können die Frauen sich treffen und schwatzen. Die Männer können reiten gehen oder das Fliegen lernen. »Dahinter steckt die Idee, nicht solchen Zeitvertreib zu ermutigen, der das religiöse Bewußtsein der Gemeinde ablenkt.«

Für den Islam sind noch gewisse andere Dinge erforderlich. Wieder aufbereitetes Abwasser darf außer zur Bewässerung nicht benutzt werden. »Der Begriff der Reinheit und das Wasser als Mittel körperlicher Reinheit haben im Islam große Bedeutung. Die reinigende Kraft für das Wasser ist das Wasser selbst, und chemische und biologische Prozesse sind vom religiösen Standpunkt aus nicht akzeptabel.«

Die Häuser in den Wohnbezirken sollen so ausgerichtet sein, daß der Gebetsruf von der Moschee sie ohne Verstärker erreichen kann. Noch ein letztes Detail gibt es. »Die Toiletten sollen so angebracht werden, daß der Benutzer weder mit seiner Vorder- noch mit seiner Rückseite nach Mekka gerichtet ist.«

Die Berge im Norden Teherans zeigten sich im Morgenlicht, verblaßten im Dunst des Tages und wurden bei Sonnenuntergang zu schwach violetten Umrissen. Die Lichter gingen an; hier und da vollführten Neonschilder ihre kleinen Hopser. Der Verkehr dröhnte. Aber während des ganzen hektisch scheinenden Tages hatten sich die Kräne auf den unvollendeten Gebäuden kein einziges Mal gerührt.

Technologie ist von Übel. Das hatte E. F. Schumacher in *Rückkehr zum menschlichen Haß* gesagt: *Die Botschaft des Friedens* zitierte ihn oft, geißelte den Westen mit seinen eigenen Worten. Aber in Teheran umgab uns die Technologie, und einiges davon war so islamisiert oder in den Dienst des Islam gestellt worden, daß seine westliche Herkunft bedeutungslos schien.

Dem Taxifahrer des Hotels konnte während der abendlichen Verkehrsstauungen mit Koranlesungen im Autoradio geholfen werden, und wenn er zurück ins Hotel kam, waren Mullahs im Fernsehen. Gewisse moderne Güter und Geräte – Autos, Radios, Fernsehen – waren notwendig; ihr Besitz war Teil des speziellen islamischen Stolzes. Aber diese Dinge wurden für neutral gehalten; sie wurden nicht mit einem besonderen Glauben oder einer besonderen Zivilisation in Verbindung gebracht; man betrachtete sie als Vorrat eines großen universellen Basars.

Geld allein kaufte diese Dinge. Und Geld war im Iran das wahre Gottesgeschenk geworden, die Belohnung für Tugendhaftigkeit. Ob Teheran arbeitete oder nicht, jeden Tag wanderten siebzig Millionen Dollar auf die auswärtigen Konten des Landes, um je nach Bedarf abgehoben zu werden: ausländische Währungen, durch ausländische Gesetze und Institutionen geschützt, um die islamische Revolution in Gang zu halten.

Aber einige Leute waren innerlich zerrissen. In leeren Restaurants, in denen man nicht mehr das Essen lieferte, das die alten Speisekarten offerierten, reagierten sie zwiespältig. Sie brauchten Kunden, aber sie konnten nicht anders, als die, die kamen, zu hassen. In meinem Hotel waren sie aus einem zusätzlichen Grund gespalten. Die Besitzer hatten nach der Revolution das Land verlassen. Das Hotel war von einem revolutionären *Komitee* übernommen worden, und für jeden unten in der Halle war es wichtig, Stolz zur Schau zu stellen. (Das war oben anders. Das

Zimmermädchen teilte mir eines Morgens durch Zeichen mit, daß ich nicht die Hotelwäscherei benutzen solle; sie würde meine Kleider waschen. Sie tat es. Als ich nachmittags zurückkam, sah ich meine feuchten Kleider im Gang ausgestellt, zum Trocknen an den Türknäufen nicht belegter Zimmer aufgehängt.)

Eines Abends besuchte mich Nicholas, ein junger britischer Journalist, und begann – aus dem Nichts – mit dem Mann an der Rezeption einen furchtbaren Streit über die Gebühren des Hoteltaxis. Der Streit entwickelte sich schnell in der leeren Hotelhalle.

Nicholas, groß und dünn mit einem kleinen Bart, war ein wenig fahrig, weil er überarbeitet war: die lange Arbeitszeit, die er als Auslandskorrespondent ableisten mußte, die Fehlinformationen, durch die er sich, wie er sagte, andauernd durchwühlen mußte, schon die bloße Anzahl der Wörter, die er jeden Tag nach Hause senden mußte. Auch machten ihn langsam die Ereignisse, über die er berichtete, gereizt.

Der Mann an der Rezeption war groß und korpulent, mit blasser Haut und schwarzem Lockenhaar. Er trug einen Anzug und strahlte Stolz aus. Sein Stolz und Nicholas' Wut ließen ihn den Kopf verlieren. Er kehrte zu den Sitten und der Sprache der alten Zeiten zurück.

Er sagte: »Wenn Ihnen das Hotel nicht gefällt, können Sie ja gehen.«

Mit der ganzen Formalität äußerster Gereiztheit sagte Nicholas: »Zu meinem Glück wohne ich *nicht* in diesem Hotel.«

Ich nahm das Auto zum festgesetzten Preis, um sie beide zu beruhigen.

Nicholas lehnte sich auf die Theke, sah aber weg. Der Mann an der Rezeption begann, den Anforderungsschein für das Taxi auszufüllen. Trotz seiner äußeren Erscheinung war er ein Mann vom Land. Er hatte eine hübsche Summe Geld ausgegeben, um seine Mutter auf Pilgerfahrt nach Mekka zu schicken; Geld und die Zukunft beunruhigten ihn, und die Bildung seiner Kinder machte ihm Sorgen. Während der Hochkonjunktur war eine amerikanische Universität für den Jungen als möglich erschienen, aber nun mußte er an andere Wegen denken.

Nicholas verschloß sich dem Mitleid. Auch er erinnerte sich an die Hochkonjunktur, als die Hotels keine Zimmer frei hatten und er und viele andere im Ballsaal eines Grand Hotels auf Feldbetten geschlafen und fünf Dollar die Nacht bezahlt hatten.

Er sagte: »Sieben Monate lang hat kein Mensch in diesem Land auch nur einen Schlag Arbeit getan. Wo sonst kann man das machen und leben?«

Die Revolution ging weiter. Die Wahlergebnisse zeigten – obwohl es Anschuldigungen wegen Wahlschiebung gab –, daß die Leute getan hatten, wie Khomeini ihnen gesagt hatte, und Mullahs und Ayatollahs in die verfassungsgebende Versammlung der Experten gewählt hatten. Ein Mann wurde hingerichtet, weil er zwei Monate lang eine Affäre mit einer verheirateten Frau hatte. Das Revolutionskomitee für Zunftangelegenheiten mahnte Friseusen (meistens Armenierinnen), damit aufzuhören, ›ihre Jugend zu verschwenden‹ und Männern das Haar zu schneiden. Und ein paar eingeschüchterte Teppichreiniger begannen, für eine ›islamische Teppichreinigung‹ zu werben – der Teppich sollte dreimal in Wasser gespült werden.

Amerikanische F-14-Jets im Wert von fünf Milliarden Dollar wurden abgeschrieben, weil ihr Flugkörpersystem zu ›kompliziert und unökonomisch‹ war. Und noch andere große Projekte von vor der Revolution wurden gestrichen, zusätzlich zu den zwei westdeutschen Kernkraftwerken, für die eine Milliarde Dollar geschuldet wurden. Die sechsspurige Autobahn zum Hafen Bandar Abbas im Süden wurde einem amerikanischen Konsortium weggenommen und einem iranischen Unternehmer übertragen: ›Im ersten Stadium der Arbeit werden zwei Spuren fertiggestellt.‹ Es gab Berichte von Sabotage: Die Israelis hatten den ›normalen Betrieb‹ der nationalen Schiffahrtslinie Arya sabotiert. Die Kurden im Nordwesten rebellierten; die Araber im Südwesten waren widerspenstig.

Die Reden nahmen kein Ende. Der Arbeits- und Sozialminister hielt eine und bekam ein Bild in der Zeitung: Die Moschee, sagte er, sei nicht nur ein Platz der Andacht, sondern auch ›ein Ausgangsort, um anti-kolonialistische Bestrebungen in der Manifestation von Einigkeit, Gedanke und Tat in Gang zu setzen‹. Einigkeit: das war das Thema des großen Feiertags-Artikels in der *Teheran Times* vom Freitag: ›Wieso hat der Islam das Potential für eine Revolution?‹

Einigkeit, Einheit, die Rücken beugten sich in Gebeten, die wie Exerzierübungen waren, der Glaube des einzelnen war der Glaube aller, der Glaube aller floß in den Glauben des einzelnen und wurde göttlich, Persönlichkeit und Hilflosigkeit waren abgeschafft: Einheit, Hingabe, Gesichtslosigkeit, Himmel.

»Wie hat Ihnen das Hilton gefallen?« fragte mich einer der Hotelportiers. Er war weniger zugeknöpft als die anderen: Er betrieb einen bescheidenen Handel mit Silbermünzen und war im Begriff, mir zwei zu verkaufen.

»Es war leer.«

»Alle Hotels sind leer. Das ändert sich in zwei Monaten. Im Augenblick gibt es keine Regierung. In zwei Monaten haben wir eine Regierung. So sagen wir wenigstens.«

Er war ein gläubiger Mann, wie die anderen im Hotel. Keine Predigt im Fernsehen war ihm zu lang.

Im Iran sprachen sie von der Einheit von Glauben und Tun. Diese Einheit hatte den Schah und seine Streitmacht überwunden. Diese Einheit war alles, dessen man noch bedurfte. Aber sie machten sich selbst etwas vor. Woran sie nach Jahrhunderten des Despotismus wirklich glaubten, war, daß der Staat etwas von allem Abgelöstes war, etwas, das sich seiner selbst annahm und sich ewig erneuerte. Und sogar während sie mit ihrem Glauben noch alles herunterrissen – Hotel, Stadt, Staat –, warteten sie darauf, daß er wieder in Gang käme und so wäre wie zuvor.

Damals beschloß ich, in die heilige Stadt Ghom zu fahren, und damals lernte ich Behzad kennen. Er führte mich durch den Verkehr und sagte: »Sie müssen mir immer Ihre Hand geben.« Ich mochte die Worte; sie kamen meinen Bedürfnissen entgegen. Ohne Sprachkenntnisse und mitten in diesen iranischen Widersprüchen mußte ich nun von einer iranischen Hand geführt werden.

Dann übersetzte Behzad die Inschrift auf dem Revolutionsplakat – ›Zwölfter Imam, wir warten auf dich!‹ –, und ich wurde auf eine neue Stufe des Staunens geführt.

3

Die heilige Stadt

Behzad und ich fuhren mit dem Auto nach Ghom. Es war nach Mittag, als wir ins Hotel zurückkamen; und obwohl sie nichts zu tun hatten, wollten die Taxifahrer des Hotels die lange Fahrt in die Wüste nicht machen. Nur ein Mann – es war derjenige, der mich einmal abends gezwungen hatte, der Koranlesung in seinem Autoradio zuzuhören – bot sich an, und er verlangte siebzig Dollar. Behzad sagte, das sei zu viel, er kenne jemanden, der es für weniger täte.

Wir warteten lange auf Behzads Fahrer, und dann fanden wir heraus, daß er zwischen unseren Verhandlungen am Telefon und seiner Ankunft im Hotel mit dem Preis hochgegangen war. Er war ein kleiner, knorriger Mann, und er sagte, er sei kein Moslem. Das meinte er aber nicht. Er meinte nur, daß er kein Schiite oder Perser sei. Er war ein ›Stammesangehöriger‹, ein Lur aus Luristan im Westen.

Ghom hatte ein berühmtes Heiligtum, das Grab der Schwester des achten Schia-Imams; schon seit tausend Jahren war es ein Wallfahrtsort. Die Stadt hatte auch eine Reihe theologischer Schulen. Khomeini hatte in Ghom gelehrt und gelesen; und bei seiner Rückkehr in den Iran nach dem Sturz des Schahs hatte er Ghom zu seinem Hauptaufenthaltsort gemacht. Dort war er von Ayatollahs, hochwürdigen Personen aus eigenem Verdienst, umgeben, und einen dieser Gefolgsleute, Ayatollah Khalkhalli, hoffte ich zu sehen.

Khomeini empfing und predigte und segnete; Khalkhalli hängte. Er war Khomeinis Henkersrichter. Khalkhalli hatte viele dieser schnellen islamischen Prozesse geführt, die alle mit

Hinrichtungen geendet hatten, mit offiziellen Fotos davor und danach: Männer, bevor sie getötet wurden, und dann tot, nackt auf den Schiebebahren des Leichenhauses.

Khalkhalli hatte kürzlich Interviews gegeben, in denen er seine Aktivitäten als Richter betont hatte, und in Teheran ging die Geschichte rund, er stehe nicht mehr in Gunst und versuche, mit diesen Interviews seinen Ruf am Leben zu halten. Der *Teheran Times* teilte er mit, daß er in Teheran ›wahrscheinlich‹ vierhundert Leute zum Tode verurteilt habe. In einigen Nächten, sagte er, wurden die Leichen von dreißig oder mehr Menschen in Lastwagen aus dem Gefängnis geschafft. Er beanspruchte auch, die Hinrichtungsbefehle für eine große Anzahl von Menschen in der Provinz Khusistan unterschrieben zu haben. Khusistan war die arabische Provinz im Südwesten, wo das Öl war.

Einer anderen Zeitung erzählte er, daß es ein Komplott – ausgeheckt in der Botschaft Südkoreas – gegeben habe, Howeida, den Ministerpräsidenten des Schahs, und andere wichtige Leute aus dem Teheraner Gefängnis zu befreien. Sowie er, Khalkhalli, von dem Komplott gehört habe, habe er beschlossen, die Fälle voranzutreiben, um dem CIA und dem Zionismus eins auszuwischen. »Ich habe alle ihre Fälle in einer Nacht durchgearbeitet und sie dem Erschießungskommando gegenübergestellt.« Er erzählte der *Teheran Times*, wie Howeida gestorben war. Die erste Kugel traf Howeida am Hals; sie tötete ihn nicht. Howeida wurde dann von seinem Urteilsvollstrecker – einem Priester – befohlen, den Kopf hochzuhalten; die zweite Kugel traf ihn in den Kopf und tötete ihn.

»Ob dieser Mann mich wohl empfängt?« hatte ich den Korrespondenten einer Agentur gefragt, als wir über Khalkhalli sprachen.

»Er würde sie liebend gern empfangen.«

Und Behzad dachte, das könne arrangiert werden. Behzad sagte, er würde Khalkhallis Sekretär anrufen, wenn wir nach Ghom kämen.

Das Telefon, der Sekretär: Der moderne Apparat machte einen seltsamen Eindruck. Aber Khalkhalli sah sich als Mann des Zeitalters. Er sagte – das stammte aus der *Teheran Times* –, ›die religiösen Führer versuchten, im Iran die Herrschaft des Heiligen Propheten Mohammed durchzusetzen. In den Tagen des Propheten seien Schwerter zum Kampf benutzt worden, an deren Stelle seien jetzt Phantomjäger getreten.‹ Phantoms: nicht amerikanisch, nicht das Produkt einer ausländischen Wissenschaft, sondern so international wie Schwerter, Teil des Vorrats im großen Weltbasar, durch Kauf islamisch geworden.

Eine ähnliche Verwirrung herrschte auch in Behzads Kopf, obwohl Behzad nicht religiös war, sondern Kommunist und von seinem kommunistischen Vater von der Religion ferngehalten worden war. Behzads Vater war in der Schahzeit ins Gefängnis gesperrt worden, und Behzad hatte den Traum seines Vaters von einer ›wahren‹ Revolution geerbt. Solch eine Revolution hatte nicht stattgefunden im Iran; aber Behzad zwang sich unter Zuhilfenahme sämtlicher Dialektik, die er gelernt hatte, in dem religiösen Eifer von Khomeinis Revolution den Grundzug von etwas, das man wahr nennen konnte, zu sehen. Und als wir in Richtung Süden durch Teheran – das zuerst einem Basar und dann immer mehr einer Ansiedlung in einer verunreinigten Wüste glich – fuhren, war er ängstlich darauf bedacht, mir die Stadt eines proletarischen Aufstands zu zeigen.

Niedrige Ziegelgebäude hatten die Farbe des Staubs; Wände sahen unvollendet aus; grelle Inneneinrichtungen wirkten so vergänglich wie ihre Farbe. In dem flachen Land nach Süden hatten die Leute, die vom Land her einwanderten, Teheran immer wieder vergrößert; und Anhäufungen traditioneller quadratischer Häuser aus Tonziegeln mit flachen Dächern wirkten wie Dörfer.

Wir kamen an einem großen Fabrikschuppen vorbei. Unter jedem Fenster war an den Wänden eine Art beigefarbener Pelz haftengeblieben. Behzad erzählte mir, daß das eine Tuchfabrik und ein Ausgangspunkt der Revolution gewesen sei. Die Armee war dort einmarschiert, und viele Arbeiter waren umgekommen.

Hinter der Ölraffinerie, die Flammen aus ihrem Schornstein stieß, waren wir in der wirklichen Wüste. Nun gab es keine Bäume mehr, und die Aussicht war grenzenlos: Hügel, Berge, kleine Bergketten. Die Straße stieg und tauchte in breite Täler hinab. Hügel und Berge waren sanft gewellt, und manchmal lag von fern und aus bestimmten Blickwinkeln auf dem Braun der zarteste grüne Schimmer von Grasbüscheln und Pflanzen, die, wie man dann sah, in Wirklichkeit recht weit verstreut waren.

Von einer Hügelkette aus sahen wir zu unserer Linken den Salzsee, der auf der Karte eingezeichnet war. Er sah klein und weiß aus, als würde er gleich zu Salz zusammenbacken; und um das Weiß war ein hellgrüner Rand. Behzad sagte, daß manchmal alles blau aussähe. Die Geheimpolizei des Schahs hatte von Hubschraubern aus viele Leichname in ihn entladen. Und der See war größer, als er aussah. Als wir ihn passierten, sahen wir, daß er vollkommen verlassen war; das grüne Wasser, das das weiße umrandete, war sehr weit weg. Das Land war zerklüfteter danach. Die Hügel waren weniger rund, ihre Umrisse zeichneten sich schärfer gegen den Himmel ab.

Es war Wüste, aber auf der Straße war viel los; und gelegentlich gab es am Straßenrand Stände, an denen man Erfrischungsgetränke und Melonen haben konnte. Behzad meinte, wir sollten etwas essen oder trinken, ehe wir nach Ghom kämen, in Ghom, wo das Fasten im Ramadan strikt eingehalten wurde, würde es vor Sonnenuntergang nichts zu essen oder zu trinken geben.

Auf einem Parkplatz für Busse und Lastwagen hielten wir an. Dort gab es ein großes, roh zusammengezimmertes Café in mediterranen Farben und auf einer Erhebung neben der Straße einen Stand mit Wassermelonen. Der Wassermelonenmann, der unter einer dünnen Baumwollmarkise, die so gut wie keinen Schatten gab, an seinem Stand saß, schlief mit dem Kopf auf den Armen.

Wir weckten ihn auf und kauften eine Melone, und er lieh uns Messer und Gabel. Behzad halbierte die Melone und schnitt das

Fleisch heraus, und wir alle drei – der Fahrer schloß sich uns unaufgefordert an – hockten uns um die Melone und aßen sozusagen vom selben Gericht. Behzad, konnte ich sehen, mochte diesen Moment des Bedienens und Teilens. Man konnte sagen, daß es ein moslemischer Moment war; diese Art des Teilens praktizierten die Moslems – und der Fahrer hatte sich uns ganz selbstverständlich angeschlossen. Aber der Fahrer war ein Arbeiter; Behzad teilte sein Essen mit jemandem aus dem Volk, und er unterwarf diesen Moment in der Wüste seinem eigenen Ritual.

Auf der Erhebung hatte man zwei Schößlinge eingepflanzt. Einer hatte keine Rinde mehr und war tot; der andere war halb tot. Dazwischen lag eine alte, sonnenverbrannte, häßliche Frau in Schwarz, ein unerklärliches Häufchen menschlichen Abfalls in einer Stunde Entfernung von Teheran. Fetzen Zeitungspapier vom Stand trieben im Sand umher und wurden von den Baumstämmen aufgehalten. Auf der anderen Straßenseite stand ein Lastwagen im Leerlauf mit qualmendem Auspuff; und die ganze Zeit strömte der Verkehr vorbei.

Wir hockten im Sand und aßen. Der Fahrer spuckte die Melonenkerne auf die Straße. Ich tat, wie der Fahrer tat, und Behzad tat – aber ehrfurchtsvoller – dasselbe. Plötzlich stach der kleine Lur mit dem kantigen Kopf seine Gabel in die Melone und sprang ohne ein Wort zu sagen von dem erhöhten Platz. Er war fertig; er hatte genug Melone. Er ging über den schmuddeligen Wüstenhof zum Café, um eine Toilette zu suchen, und Behzads Moment war vorüber.

Ich hatte mir eingebildet, Ghom sei eine heilige Stadt, auf Hügeln erbaut: voller Steilwände und Schatten und in den Fels gehauener enger Gassen, mit Zellen oder Höhlen, in denen fromme Männer meditierten. Es lag flach in der Wüste, und man näherte sich ihm wie jeder anderen Wüstenstadt: an Schuppen und Tankstellen vorbei. Die Straße wurde hübscher, Schuppen wichen Häusern. In einem Kreisverkehr blühte ein Garten – persische Gärten haben dieses Plötzliche, Umschlossene, Oasenähnliche. In der Ferne glitzerte eine Kuppel zwischen Minaretten. Es war die Kuppel des berühmten Heiligtums.

Behzad sagte: »Diese Kuppel ist aus Gold.«

Sie war im letzten Jahrhundert vergoldet worden. Aber die Stadt, in die wir einfuhren, war durch Öl reich geworden, und sie sah aus wie eine rekonstruierte Basarstadt, charakterlos bis auf die Goldkuppel und ihre Minarette.

Behzad sagte: »Wie soll ich Sie vorstellen? Als Korrespondent? Khalkhalli mag Korrespondenten.«

»So will ich aber nicht mit ihm reden. Ich will wirklich bloß mit ihm plaudern. Ich will begreifen, wie er zu dem wurde, was er ist.«

»Ich werde sagen, Sie sind ein Schriftsteller. Was soll ich sagen, wo Sie herkommen?«

Das war ein Problem. England wäre am richtigsten, würde aber irreführend sein. Trinidad wäre täuschend und genauso irreführend. Südamerika war eine Möglichkeit, aber die damit verknüpften Vorstellungen waren falsch.

»Können Sie sagen, ich sei von den amerikanischen Inseln? Kann man sich darunter in Persien etwas vorstellen?«

Behzad sagte: »Ich werde sagen, daß Sie aus Amerika, aber kein Amerikaner sind.«

Wir hielten auf die Kuppel zu und parkten auf einem Parkplatz vor dem Heiligtum. Es war Nachmittag, und in der Stadt war es heißer als in der Wüste; die vergoldete Kuppel sah heiß aus. Der Lur-Fahrer murmelte trotz unseres sakramentalen Wassermelonenmahls etwas von Essen. Ramadan oder nicht, er wollte das Auto nehmen und aus Ghom hinausfahren, um etwas zu essen zu suchen, und er wollte wissen, was wir vorhatten.

Auf der anderen Straßenseite, in der Nähe des Wassermelonenstands am Eingang zum Heiligtum, gab es eine gläserne Telefonzelle deutscher Herstellung. Behzad ging hin, um Khalkhallis Sekretär anzurufen.

Der aufgeschüttete Wall um das Heiligtum war mit Slogans

auf persisch besprüht und bemalt. Zwei gab es auf englisch – WIR WOLLEN DIE REPUBLIK, KHOMEINI IST UNSER FÜHRER –, und sie mußten für die ausländischen Fernsehkameras bestimmt gewesen sein. Der zweite Spruch war eine wörtliche Übersetzung von *Khomeini e Imam*, war als Übersetzung aber unvollkommen, deutete nur (mit Hilfe des ersten Spruches) an, daß die Treue vom Schah auf Khomeini übergegangen sei, und erklärte nicht die göttliche Autorität des Führers oder den Zugang zum Himmel, den er gewährte. Im Iran, wo man seit elfhundert Jahren auf die Rückkehr des zwölften Imam wartete, war *Imam* ein bedeutungsschweres Wort, und besonders hier in Ghom, wo die Schwester des achten Imam beerdigt war. Zugang zum Himmel, Ablehnung der nicht-göttlichen Herrschaft war der Zweck der ›Republik‹, die hier verkündet wurde.

Behzad öffnete, den Hörer in der Hand, die Tür der Telefonzelle und winkte mich herbei.

Als ich zu ihm ging, sagte er: »Der Sekretär sagt, daß Khalkhalli betet. Er wird Sie heute abend um neun empfangen, wenn er sein Fasten beendet hat.«

Es war halb vier. Wir hatten dem Fahrer gesagt, wir würden uns nur drei oder vier Stunden in Ghom aufhalten.

Behzad sagte: »Was soll ich dem Sekretär sagen?«

»Sagen Sie ihm, wir kommen.«

Dann gingen wir, um dem ungeduldigen Lur die schlechte Nachricht – oder auch die gute: er wurde nach Stunden bezahlt – mitzuteilen. Er sagte etwas, das Behzad nicht übersetzte. Und dann fuhr er auf der Suche nach Essen weg und ließ Behzad und mich mit unseren Überlegungen zurück, wie man fünfeinhalb Stunden in der lähmenden, glühenden Stadt verbringen konnte, in der es während der nächsten fünf Stunden nichts zu essen oder zu trinken gab.

Die Läden gegenüber dem Heiligtum verkauften Souvenirs – Teller mit Khomeinis Bild, billige Tonvasen – und Süßigkeiten: flache runde Kuchen, braun und weich, die sehr süß aussahen und am Rand auseinanderbrachen. An Reisende durfte während des Ramadans Essen verkauft werden, sagte Behzad, aber es sei der Mühe nicht wert. Es waren nicht viele Leute da. Eine verkrüppelte alte Frau, zweifellos eine Pilgerin, rollte sich langsam an den Läden vorbei. In einer Bude überraschten wir einen dikken Jungen dabei, wie er an einem braunen Kuchen, der zu seinem Vorrat gehörte, knabberte; aber er hielt uns für harmlos und lächelte (obwohl ein paar Tage zuvor einige Leute ausgepeitscht worden waren, weil sie gegessen hatten).

Die Souvenirläden verkauften auch kleine Tonplaketten mit geprägten arabischen Buchstaben. Der Ton stammte aus den arabischen Städten Mekka und Medina (ein gutes Geschäft für die Leute da drüben), damit die Gläubigen, wenn sie sich beim Gebet niederbeugten und ihre Stirn auf diese Plaketten legten, geweihten Boden berührten. Hoch oben auf der Wand des Heiligtums stand in glasierten blauen und weißen Kacheln ein, wie ich vermutete, Zitat aus dem Koran. Behzad konnte es nicht übersetzen; es war auf arabisch, und das konnte er nicht lesen.

Arabien! Seine Gegenwärtigkeit im Iran sollte mich nicht überrascht haben, sie tat es aber. Denn mit einem Winkel meines Geistes näherte ich mich dem Iran über die Geschichte des klassischen Altertums und empfand Ehrfurcht vor seinem Alter – dem Eroberer Ägyptens, dem Rivalen Griechenlands, ungeschlagen von Rom; und mit einem anderen Winkel meines Geistes näherte ich mich ihm über Indien, wo, zumindest im Nordwesten, die Vorstellung von Persien immer noch mit der Vorstellung von der höchsten Zivilisation einhergeht – wie sie das restliche Europa von Frankreich hatte – mit seiner Sprache, seiner Poesie, seinen Teppichen, seinem Essen. In Kaschmir ist *Farsi khanna*, persisches Essen, die beste Küche, und vom *chenar*, der verpflanzten Platane oder Sykomore Persiens (die in der persischen wie in der indischen Malerei der Mogulenzeit eine so hervorragende Rolle spielt), sagt man sogar, daß ihr Schatten Heilskraft habe. In Ghom mußte man diese Vorstellungen aufgeben. Hier betrachtete man das spartanische Arabien als Ursprungsland.

Behzad schlug vor, wir sollten das Heiligtum besuchen. Wenn jemand fragte, sollte ich sagen, ich sei ein Moslem. Ich sagte, ich könne nicht so keck auftreten. Ich wisse nicht, wie ich mich verhalten solle. Stimmte es, daß man mit dem rechten Fuß eine Moschee betrat und mit dem linken die Toilette? Oder war es genau anders herum? Waren es die Sunniten, die bei ihren Waschungen das Wasser vom Arm zu den Fingern laufen ließen? Ließen die Schiiten im Gegensatz dazu das Wasser von den Händen zu den Ellbogen laufen? Und wie verbeugte man sich oder erwies seine Ehrerbietung? Es gab zu viele Fallen. Selbst wenn ich Behzad folgte und alles tat, was er tat, würde ich nicht überzeugend aussehen.

Behzad sagte: »Mich könnten Sie nicht nachahmen. Ich weiß auch nicht, was man tun muß. Ich gehe nicht in Moscheen.«

Aber wir konnten in den Innenhof gehen, und dazu brauchte man seine Schuhe nicht auszuziehen. Der Hof war geräumig und sehr hell. Auf der einen Seite war ein Uhrturm mit einer nüchternen modernen Uhr ohne Zahlen. Auf der anderen Seite war der Eingang zum Grabmal. Es war hoch und stand etwas zurückgesetzt und glänzte wie Silber, wie eine silberne Höhle, wie eine in der Mitte durchgeschnittene Kuppel mit Silbergewölbe. Aber was wie Silber aussah, war nur Glas, Tausende von Scheiben, die das Licht in verschiedenen Winkeln auffingen. Und hier waren endlich die Pilger, sonnenverbrannte Bauern, ganze Familien, die von weit her kamen. Sie kampierten in den offenen Kammern entlang der Mauern des Innenhofes (jede Kammer war die Grabstätte einer berühmten oder königlichen Person), und sie gehörten verschiedenen rassischen Typen an: ein älteres Persien, eine Vermengung von Stammes- und transkontinentalen Bewegungen.

Eine mongolische Gruppe bestand aus Turkmenen, sagte Behzad. Ich kannte kaum das Wort. In dem englischen Roman von 1824, *Hadji Baba* (den ich im Hotel als Raubdruck der Oxford World's Classic Ausgabe gekauft hatte), kamen turkmenische Banditen vor. In einem Londoner Auktionslokal hatte ich einmal eine indische Zeichnung aus dem 17. Jahrhundert gesehen, die einen ins Joch gespannten turkmenischen Gefangenen zeigte, dessen Hände an einen Holzblock im Nacken gefesselt waren. Die Turkmenen waren also einstmals gefürchtete Menschen aus Zentralasien. Wie sie sich in die persische Geschichte einfügten, wußte ich nicht, und ihre Kriegs- und Banditenvergangenheit schien diesen niedergedrückten Campern am Heiligtum weit entrückt zu sein. Klein, sonnenverbrannt, zerlumpt, waren sie wie Kehrricht am Rand einer Zivilisation, die selbst schon lange Zeit am Rand der Welt stand.

In der Nähe der Moschee war das zweistöckige gelbe Ziegelgebäude, in dem Khomeini gelehrt und gelesen hatte. Es war neutral, schwer zu beschreiben, und im Augenblick fand dort nichts statt. Behzad und ich gingen in den Basar. Für die meisten Standinhaber war Siesta-Zeit. In einem Brotstand, in dem sich süße flache perforierte Rundbrote stapelten, lag der Mann auf einem Bord oder einer Theke an der Seitenwand ausgestreckt und schien einen Teil seines Vorrats als Kissen zu benutzen. Behzad kaufte eine Zeitung. Es war sehr heiß; es gab nicht viel zu sehen; Ghoms Leben blieb verborgen. Wir begannen, nach Schatten zu suchen, nach einem Platz zum Sitzen und Warten.

Wir stießen auf ein kleines Hotel. Es war eng innen, aber neu möbliert. Die beiden Männer, die hinter der Empfangstheke saßen, taten so, als sähen sie uns nicht, und wir setzten uns in die kleine Vorhalle; sonst war niemand da. Nach einigen Minuten kam einer der Männer vom Empfang und befahl uns zu gehen. Das Hotel sei wegen des Ramadan geschlossen; deshalb, fügte er entwaffnend hinzu, seien er und sein Freund bei unserem Eintritt auch nicht aufgestanden.

Wir gingen wieder hinaus in das Licht und den Staub, wieder an den Souvenirläden mit den braunen Kuchen und arabischen Tonplaketten vorbei und bekamen die Erlaubnis, uns in das leere Café gegenüber dem KHOMEINI IST UNSER FÜHRER-Spruch zu setzen. Es war ein großes Lokal, primitiv aufgemacht und möbliert, aber die Säulen waren mit Marmor verkleidet.

Es gab nichts zu trinken – ein in Flaschen abgefülltes Cola-Getränk schien nur voller chemischer Gefahren zu sein –, und das Lokal war warm und roch nach gekochtem Hammel. Aber der Schatten war erfrischend, und die entspannte Erschöpfung, die mich augenblicklich überfiel, trug dazu bei, die Minuten verstreichen zu lassen.

Am Tisch in der entgegengesetzten Ecke bei der Ausschanktheke saß eine Familiengruppe, wie ich dachte: Vater, zwei Jungen und ein kleines Mädchen in einem langen schwarzen Kleid und Schleier. So klein, dachte ich, und schon verschleiert. Aber sie war lebhaft; sie redete die ganze Zeit und wurde von den anderen ermuntert, die alles, was sie sagte, komisch zu finden schienen. Von Zeit zu Zeit lächelte der Mann mich an, als fordere er mich zur Bewunderung auf. Auf einmal kreischte das Mädchen laut auf, lief die Treppe zur oberen Galerie hoch, kreischte dort oben noch etwas und ermunterte zu neuem Lachen unten. Sie kam wieder herunter und zeigte den anderen, was sie mitgebracht hatte. Sie drehte sich – zum ersten Mal konnten wir ihr Gesicht sehen –, und sie kam zu Behzad und mir.

Sie war kein Mädchen. Sie war sehr klein, ungefähr ein Meter zwanzig, sehr alt und wahrscheinlich verrückt. Sie zeigte uns, was sie von oben mitgebracht hatte: einen Teller mit weißem Reis und einem kleinen Klacks braunschwarzen Hammelfleischs. War sie erfreut über das, was sie bekommen hatte, oder beklagte sie sich? Behzad sagte es nicht. Er hörte zu, solange sie sprach, sagte aber nichts zu ihr. Dann ging sie hinaus.

Ich sagte zu Behzad: »Ich dachte, es sei eine Familie. Ich dachte, ihnen gehörte das Lokal.«

Behzad sagte: »O nein. Das ist nicht die Familie. Es sind Arbeiter.«

Wir gingen hinaus, um noch einmal Khalkhallis Sekretär anzurufen und herauszufinden, ob die Verabredung nicht beschleunigt werden könnte. Es war ungefähr halb sechs und ein wenig kühler. Es waren jetzt mehr Leute auf den Straßen. Unser Fahrer war zurückgekommen; er hatte nichts zu essen gefunden. Behzad telefonierte. Beim Verlassen der Telefonzelle kam er mit zwei bärtigen jungen Männern ins Gespräch, die die Tracht der Mullahs trugen. Ich hatte sie nicht kommen sehen; ich hatte Behzad angeschaut.

Bis dahin hatte ich Mullahs nur im Fernsehen gesehen, in Schwarzweiß, und meistens nur die Köpfe und Turbane. Die Förmlichkeit der Tracht im wirklichen Leben war eine Überraschung für mich. Sie ließ die beiden Männer auf der Straße in die Augen fallen: schwarze Turbane, weiße kragenlose Tuniken, lange hellgrüne oder hellblaue Talare mit zwei Knöpfen und ohne Aufschläge und die dünnen schwarzen Baumwollumhänge, die den Roben der Studenten und Dozenten in Oxford und Cambridge und St. Andrews in Schottland glichen. Hier lag zweifellos der Ursprung für das geistliche Gewand dieser Universitäten, die im Mittelalter Zentren der religiösen Gelehrsamkeit waren, wie Ghom es immer noch war.

Die Tracht, vielleicht schon immer theatralisch, ein Zeichen der Würde, verlieh auch körperlich Würde und Stattlichkeit. Das sah ich, als Behzad die jungen Männer herüberbrachte. Sie waren in Wirklichkeit recht klein und jünger, als ihre Bärte vermuten ließen.

Behzad sagte: »Sie wollten doch Studenten kennenlernen.«

Darüber hatten wir im Auto gesprochen, wußten aber nicht, wie wir das anstellen sollten.

Behzad fügte hinzu: »Khalkhallis Sekretär sagt, wir könnten um acht kommen.«

Ich war mir sicher, daß wir jederzeit hätten hingehen können und man uns nur um Khalkhallis Würde willen hatte warten lassen.

Die beiden jungen Männer kamen aus Pakistan. Sie wollten wissen, wer ich sei, und als Behzad ihnen erzählte, ich käme aus Amerika, sei aber kein Amerikaner, schienen sie befriedigt; und als Behzad ihnen weiter erzählte, daß ich begierig sei, etwas über den Islam zu erfahren, wurden sie sofort freundlich. Sie sagten, sie hätten in ihrem Wohnheim ein paar Bücher auf englisch, die ich nützlich finden würde. Wir sollten erst dahin fahren, und dann würden wir zur Hochschule fahren, um Studenten aus vielen Ländern zu treffen.

Behzad verteilte uns im Auto. Mich setzte er neben den Lur-Fahrer, der durch die Turbane und Talare und Bärte ein wenig eingeschüchtert war; Behzad selbst setzte sich zu den Pakistanis. Sie dirigierten den Fahrer zu einer unerwartet angenehmen Wohnstraße. Aber sie konnten die Bücher, die sie mir geben wollten, nicht finden, und so fuhren wir weiter, nicht zur Hochschule, sondern zu einem Verwaltungsgebäude gegenüber.

Und dort am Eingang wurden wir von einer Amtsperson kontrolliert: einem Mann mittleren Alters, gekleidet wie die Studenten, aber mit einer schwarzen Wollkappe anstelle eines Turbans. Er war nicht so leicht wie die Studenten von Behzads Erklärung zufriedengestellt. Er war, um die Wahrheit zu sagen, voller Mißtrauen.

»Er ist aus Amerika?«

Behzad und die Studenten, nun alle auf ihre Geschichte festgelegt, sagten: »Aber er ist kein Amerikaner.«

Der Mann mit der Wollkappe sagte: »Er braucht nicht mit den Studenten zu reden. Er kann mit mir reden. Ich spreche englisch.«

Auch er war aus Pakistan. Er war dünn, mit dem hageren Gesicht Jinnahs, des Gründers dieses Staates. Seine Wangen waren eingefallen, seine Lippen vom Fasten ausgetrocknet und weiß.

Er sagte: »Wir veröffentlichen hier Bücher und Zeitschriften. Die werden Ihnen alle Informationen geben, die Sie benötigen.«

Er sprach Persisch oder Urdu mit einem der Studenten, und der Student ging weg und kam mit einer Zeitschrift wieder. Es war *Die Botschaft des Friedens*, Band Eins, Nummer Eins.

Hier also brüteten sie es aus, diese Wut auf die Teufel der

westlichen Demokratien, die Heiligengeschichten von den Schia-Imamen. Hier lasen sie Schumacher und Toynbee und verwandten deren Worte – über Technologie und Ökologie –, um den Westen zu geißeln.

Ich sagte zu dem Mann mit der Wollkappe: »Aber ich kenne Ihre Zeitschrift.«

Das brachte ihn aus dem Gleichgewicht. Er sah ungläubig aus. »Ich habe Band Eins, Nummer Zwei gelesen. Die mit dem Artikel über islamische Stadtplanung.«

Er schien nicht zu verstehen.

»Ich habe sie in Teheran gekauft.«

Grimmig bat er uns herein. Und nachdem wir unsere Schuhe ausgezogen hatten, gingen wir in sein Büro hinauf. Die Terrazzotreppe war breit, die Flure waren breit, die Zimmer waren geräumig und mit Teppichfliesen ausgelegt.

Der Mann mit der Wollkappe, der Direktor, für den ich ihn nun hielt, setzte sich hinter seinen neuen Stahlrohrschreibtisch. Einer der Studenten saß zu seiner Linken. Behzad und ich und der andere Student saßen auf einer Stuhlreihe an der gegenüberliegenden Wand. Und so förmlich, wie wir plaziert waren, begannen wir.

Der Student zur Linken des Direktors sagte, daß der Islam das einzige sei, was Menschen menschlich mache. Er sprach voll Zärtlichkeit und Überzeugung, und um zu verstehen, was er meinte, war es notwendig, daß man zu verstehen vermochte, wie für ihn die Welt ohne den Propheten und die Offenbarung eine Welt des Chaos sein würde.

Der Direktor bohrte in der Nase und schien zuzustimmen. Auf seinem Schreibtisch standen Gummistempel, ein neuer Globus, ein Hefter, ein Telefon neuen Designs. Auf den Bücherregalen standen Aktenordner, ein Oxford English Dictionnary und ein Persisch-Englisches Wörterbuch.

Es gab vierzehntausend Theologiestudenten in Ghom, erzählten sie mir. (Und doch hatten wir, da wir zur schlimmsten Zeit des Tages angekommen waren, die Straßen leer gefunden.) Die kürzeste Studiendauer betrug sechs Jahre.

»Sechs Jahre!«

Der Direktor lächelte über meinen Ausruf. »Sechs ist nichts. Fünfzehn, zwanzig, dreißig Jahre können einige Leute studieren.«

Was studierten sie in dieser ganzen Zeit? Dies war kein Ort der Forschung und des Erlernens von Neuem. Sie waren Männer des Glaubens. Was an ihrem Fach bedurfte so langer Studien? Nun, da war einmal das Arabische selbst; da war die Grammatik mit all ihren Unterabteilungen; da waren Logik und Rhetorik; da war die Rechtswissenschaft, wobei das iranische Rechtssystem Gegenstand eines Kurses und die Grundsätze der Rechtswissenschaft Gegenstand eines anderen waren; da war die islamische Philosophie; da waren die islamischen Wissenschaften – Biographien, Genealogien, ›Querverweise‹, Überlieferungen über den Propheten und seine ihm nahestehenden Gefolgsleute.

Ich hatte etwas Zwangloseres, Persönlicheres erwartet: der Lehrer ein heiliger Mann, der Student sein Jünger. Diese straffe Organisation des Lernens oder diese Hinweise auf antik-klassische Methoden hatte ich nicht erwartet. Ich begann zu verstehen, daß die Studienjahre notwendig waren. Der Glaube grenzte hier immer noch die Welt absolut ein. Und wie im Europa des Mittelalters war der theologischen Gelehrsamkeit kein Ende gesetzt.

Einer der großen Lehrer Ghoms, ein Mann, der immer noch las und fünfmal am Tag die Gebete leitete, hatte einen fünfundzwanzigbändigen Kommentar zu einem wohlbekannten Buch über die Vorstellung der Schiiten vom Imam verfaßt (oder das Material dazu herausgebracht). Sieben von diesen Bänden waren veröffentlicht. Nun arbeitete eine ganze Gruppe von Gelehrten – ohne Zweifel verglichen sie ihre Vorlesungsmitschriften kritisch untereinander: die mittelalterliche Methode der Textüberlieferung – an den restlichen achtzehn. Khomeini selbst, berühmt für seine Vorlesungen in Rechtswissenschaft und islamischer Philosophie, hatte achtzehn Bände über verschiedene Themen herausgebracht. Dieses geregelte Leben des Gebets und der

Vorlesungen, des Kommentars und der Neuinterpretation war gegen Ende der Schahzeit fast dahingeschwunden. Khomeini war verbannt worden; die Sicherheitskräfte hatten Ghom besetzt; und selbst die pakistanischen Studenten waren von der Geheimpolizei ständig belästigt worden.

Der Student, der zur Linken des Direktors saß, sagte und senkte dabei die Stimme: »Wenn es hier keine Revolution gegeben hätte, wäre der Islam ausgelöscht worden.«

Die Studenten kamen beide aus Priesterfamilien in Provinzstädten des Pandschab und hatten immer gewußt, daß sie dazu bestimmt waren, Mullahs zu werden. Sie verbrachten nur acht Jahre in Ghom. Sie hatten den zweijährigen Arabischkurs mit Logik und Rhetorik belegt (Rhetorik hieß nicht mehr als die klassische Methode, eine Beweisführung planmäßig anzulegen); aber in Literatur machten sie nichts. Geschichte gehörte nicht zu ihrem Studium, aber es stand ihnen frei, privat zu lesen. Sie waren der islamischen Philosophie wegen nach Ghom gekommen. An keiner anderen Universität beschäftigte man sich mit diesem Fach so gründlich; und ihre Anwesenheit in Ghom, Khomeinis Stadt und Maraschis und Schariatmadaris (alles große lehrende Ayatollahs), würde ihnen, wenn sie nach Pakistan zurückkehrten, bei den Schiiten Ansehen verleihen.

Der Student zu Behzads Linken sagte: »Ich vergleiche diesen Ort mit Berkeley und Yale.«

Ich sagte zu Behzad: »Das ist aber seltsam, daß er das sagt.«

Behzad sagte: »Er hat nicht Berkeley oder Yale gesagt. Das habe ich gesagt, um es Ihnen deutlicher zu machen.«

Die drei Pakistanis, Direktor und Studenten, redeten untereinander, und der Student am Schreibtisch des Direktors griff zum Telefon und begann zu wählen.

Behzad sagte: »Sie möchten, daß Sie ihren Lehrer, Ayatollah Schirazi, kennenlernen. Er ruft ihn gerade an, um eine Verabredung zu treffen.«

Mit dem kindlichen Teil meines Geistes war ich wieder verblüfft darüber, daß in dieser Welt mittelalterlicher Gelehrter, in die ich hineinspaziert war, Ayatollahs, große Männer, wegen Verabredungen telefonierten. Und ich hatte Herzklopfen vor dem Treffen mit Schirazi – wie ich es vor der plötzlichen Aussicht (nehmen wir an, das sei möglich) auf eine Disputation mit Peter Abaelard oder Johannes von Salisbury oder selbst einem geringeren Gelehrten des Mittelalters gehabt hätte. Ich hatte keine Ahnung von Schirazis Fachdisziplin; ich würde nicht wissen, was ich ihm sagen sollte.

Der Student, der das Telefongespräch führte, legte den modernen Hörer auf. Seine Scheu und Ehrerbietung wurden durch eine gehobene Stimmung ersetzt. Er sagte: »Ayatollah Schirazi empfängt Sie um sieben Uhr. Sobald ich ihm von Ihnen erzählt hatte, hat er in ein Treffen mit Ihnen eingewilligt.«

Das Gesicht des Direktors hellte sich zum ersten Mal auf, als hätte Schirazis Bereitwilligkeit, mich zu empfangen, endlich meine Anwesenheit in seinem Büro, mein Gespräch mit arglosen Studenten gerechtfertigt. Er hatte die ganze Zeit in der Nase gebohrt, auf eine Weise, die mir das Gefühl gab, daß das Ramadan-Fasten, das seine Lippen ausgetrocknet und weiß verfärbt hatte, auch seine Nasenöffnung angegriffen hatte und ihn reizte. Nun entspannte er sich; er wollte mich durchs Haus führen. Wir erhoben uns alle; das förmliche Interview war vorbei.

Beim Verlassen des Hauses versuchte ich etwas über die Gebühren und Ausgaben der Studenten herauszubekommen. Aber ich konnte keine offene Antwort bekommen, und Behzad gab mir zu verstehen, ich solle nicht weiter drängen, und sagte geradeheraus, daß die religiöse Stiftung in Ghom für die Studenten bezahle, egal, wie lang sie blieben.

In einem Raum auf der anderen Seite des breiten Korridors arbeitete ein Kalligraph an der Abschrift eines Korans. Er war in den Vierzigern, bekleidet mit Hose und Hemd, und saß an einem Schrägpult. Seine Hand war in der Bewegung gleichmäßig, unfrei, ohne Schnörkel oder Eleganz; aber er ließ uns gerne zusehen, wie er hantierte, immer wieder die breite Feder in die schwarze Tinte tunkte. Sein Gesicht trug die Zeichen alter Anspannung, aber nun, da er seine neuentdeckte Arbeit als Schreiber in seiner modernen, sicheren Zelle tat, hatte er seinen Frieden gefunden.

Der Direktor zeigte uns Fotos von einem Treffen moslemischer Universitätsrektoren, das vor zwei Jahren in Ghom stattgefunden hatte. Und wieder, obwohl ich es nun hätte wissen sollen, kam es für mich überraschend: dieser Beweis für die Existenz der Subwelt oder Parallelwelt der mittelalterlichen Gelehrsamkeit in islamischer Gestalt, die Ende des zwanzigsten Jahrhunderts noch intakt war. Der Rektor der Al-Ashar-Universität in Kairo, sagte der Direktor, sei von dem, was er in Ghom gesehen habe, so beeindruckt gewesen, daß er erklärt habe, Studenten aus Ghom würden ohne Rückstufung in Al Ashar angenommen.

Wir gingen die Treppe hinunter. An der Wand stapelten sich die Veröffentlichungen des Zentrums – nicht nur *Die Botschaft des Friedens*, sondern auch zwei neue Taschenbücher auf persisch. Das eine war ein Bericht über die Tochter des Propheten, Fatima, die den Vetter des Propheten, Ali, den Helden der Schia, geheiratet hatte; dieses Buch hieß *Die Frau des Islam*. Das andere Buch oder Büchlein mit sepiagetöntem Umschlag sei, sagte der Direktor, von einem Iraner geschrieben, der ein anscheinend niederschmetterndes Jahr in England verbracht hatte. Dieses Buch hieß *Der Westen ist krank*.

Schirazis Haus lag an einem von fensterlosen Mauern eingefaßten ungepflasterten Weg in einem anderen Stadtviertel. Der Weg senkte sich von beiden Seiten zu einer flachen Abflußrinne in der Mitte, aber diese Abflußrinne war nur voller Staub.

Wir klopften an eine in die Mauer eingelassene geschlossene Tür; und Kinder auf dem Weg hänselten die Pakistanis, drohten ihnen mit dem Zorn Schirazis, wenn sie hineinkämen. Das schien ein traditionelles Spiel zu sein, ein zugelassener Spott, bei dem der Glaube in keiner Weise lächerlich gemacht wurde, bei dem der ›Kleriker‹, der Religionsstudent in seiner Studententracht, eine anerkannte Zielscheibe war, wie er es vielleicht im europäischen Mittelalter gewesen war. Für die beiden Pakistanis jedoch war es ein schwieriger Moment, denn sie versuchten, die Kinder zu verscheuchen, ihre Würde zu bewahren, mir und Behzad gegenüber weiterhin höflich zu bleiben und sich auf den bevorstehenden bedeutsamen Empfang vorzubereiten.

Die Tür wurde geöffnet. Wir betraten ein Vestibül, zogen die Schuhe aus und gingen eine mit Teppich belegte Treppe hoch zu einer Galerie, die zur Linken ganz um einen gepflasterten Hof mit Feigenbäumen lief. All das wurde von einem hohen weißen Sonnensegel überdeckt, das Licht und Farbe abkühlen ließ, so daß nach dem Staub und der Wärme der Straße das mittsommerliche Wüstenklima plötzlich wohltuend, ideal für den Menschen erschien.

Ich wäre gern stehengeblieben, um den abgeschirmten Hof mit den Feigenbäumen zu betrachten. Aber die Verwunderung wandelte sich fast augenblicklich zum Schock: Ein paar Meter vor mir stand in der mit Teppich ausgelegten Galerie ein barfüßiger Mann mit einer Maschinenpistole israelischer Machart: Schirazis Leibwächter. Er blieb in der Galerie. Wir bogen nach rechts in einen mit Teppichen ausgelegten leeren Raum und nahmen schweigend neben einem elektrischen Ventilator Platz, um zu warten. Die pakistanischen Studenten lächelten gleichzeitig erwartungsvoll und aufmunternd.

»Er kommt«, sagte Behzad. »Stehen Sie auf!«

Wir erhoben uns alle. Zeremonie kommt einem Auftritt zugute, und Schirazis Auftritt war beeindruckend, königlich. Er war ein kräftiger Mann mit vollem, fleischigem Gesicht; sein Bart, genauso ordentlich getrimmt wie sein Schnurrbart, machte es schwer, sein Alter zu erraten. Sein Talar mit den zwei Knöpfen war zimtfarben; sein schwarzer Umhang war aus feinster Baumwolle.

Die Studenten schienen vor ihn hinzustürzen – ein Wirbel schwarzer Umhänge und Turbane. Während er sich die Hand küssen ließ, schien er ihnen seinen Segen zu geben. Und dann setzten wir uns alle. Er sagte nichts; er schien nur zu lächeln. Die Studenten sagten nichts.

Ich sagte: »Es ist sehr gütig von Ihnen, mich zu empfangen. Ihre Studenten hier haben von Ihnen als großem Gelehrten gesprochen.«

Behzad übersetzte, was ich gesagt hatte, und Schirazi begann zu sprechen, langsam, melodiös, mit einer Intonation, die mir neu war. Er sprach lange, aber Behzads Übersetzung war kurz.

»Es war gütig von Ihnen, gesagt zu haben, was Sie gesagt haben. Es ist gütig von Ihnen, zu sagen, was Sie gesagt haben.«

Schirazi sprach weiter, immer weiter.

Behzad übersetzte: »Erziehung kann nicht früh genug beginnen. Ich fände es gut, wenn Kinder als Babys in die Schule gebracht würden. Im menschlichen Gehirn ist ein Tonbandgerät. Hitler hatte diese Idee.« Und von sich aus fügte Behzad hinzu: »Er möchte wissen, welches Ihre Religion ist.«

»Was kann ich sagen?«

»Sie müssen es mir sagen.«

Ich sagte: »Ich bin noch ein Suchender.«

Schirazi, sein Gesicht ruhig, seine großen Augen lächelnd, abschätzend, redete ausführlich. Seine Vortragsweise war klar, besonnen, rhythmisch. Sein vollippiger Mund öffnete sich weit, ließ seine sauberen Zähne sehen.

Behzad sagte: »Er will wissen, was Sie waren, bevor Sie ein Suchender wurden. Sie müssen in irgendeinen Glauben hineingeboren worden sein.«

Ich war nervös wegen der pakistanischen Studenten. Ihnen war – mit einiger Berechtigung, aber mehr um der Einfachheit willen – gesagt worden, ich käme aus Amerika, sei aber kein Amerikaner. Nun zu hören, daß meine Vorfahren Hindus waren, würde sie verunsichern, dachte ich; die Antagonismen zwischen Hindus und Moslems auf dem indo-pakistanischen Subkontinent reichten tief. Sie würden sich genarrt fühlen; und sie waren so entgegenkommend, so offen gewesen. Sie hatten dieses Treffen mit ihrem großen Lehrer arrangiert, und selbst jetzt wandten sie den Blick – eher selig als gehorsam oder sogar ehrfürchtig – nie von Schirazi ab.

Ich sagte zu Behzad: »Können Sie ihm sagen, daß ich nie einen Glauben hatte? Sagen Sie ihm, ich sei weit weg, auf den amerikanischen Inseln, geboren und ohne Glauben aufgezogen worden.«

»Das können Sie ihm nicht sagen. Sagen Sie, Sie seien Christ.«

»Sagen Sie ihm das.«

Und kaum daß Behzad anfing zu sprechen, bereute ich, was ich ihn gebeten hatte, zu sagen. Schirazi nahm mir meine Ausflüchte nicht ab; er wußte, daß etwas nicht stimmte. Und ich beschloß, nie wieder auf meiner islamischen Reise, weder aus Nervosität noch aus dem Wunsch, etwas zu vereinfachen, eine Situation so für mich zu komplizieren und dadurch die Reaktion der Leute auf mich zu verfälschen. Abgesehen von der Anstrengung wäre es nun auch viel interessanter gewesen – und hätte meinen Zwecken besser gedient –, Schirazis Reaktion auf mich als Mensch ohne Religion und mit götzendienerisch-mystisch-animistischem Hintergrund zu erleben.

Schirazi sprach auf seine spezielle rhythmische Weise – die Sprechweise der Mullahs, wie Behzad mir später sagte – mit mehr arabischer als persischer Klangfärbung und Intonation. Er machte ›Islam‹ zu ›Ess-lam‹ und ›Allah‹ wurde ein dreisilbiges Wort, das rund, mit offenem Mund ausgesprochen wurde: ›Ollor-hah‹.

Er fragte: »Welcher christlichen Kirche gehören Sie an?«

Ich dachte nach. »Der protestantischen.«

»Dann sind Sie der Wahrheit näher.«

»Wieso?«

»Katholiken sind unwandelbar.«

Das meinte er nicht. Er gab nur den christlichen Einteilungen eine schiitische Drehung. Die Schiiten mit ihrer eigenen Linie der Nachfolge des Propheten, die von den anderen Moslems mißachtet wird, sehen sich selbst als eine zur Schlacht gerüstete Minorität.

Danach gestaltete sich die Unterhaltung so schwierig, wie ich befürchtet hatte. Ich fragte, ob er Geschichte – die Geschichte der islamischen Zivilisation – studiert habe. Er verstand das falsch; er glaubte, ich habe eine Frage über moslemische Theologie gestellt und sagte, natürlich kenne er die islamische Geschichte: Als der Prophet den Leuten seines Dorfes erstmals die Botschaft überbrachte, wollten sie sie nicht haben, und so mußte er zum nächsten Dorf gehen. Und immer – ob ich nun versuchte, ihn dazu zu bringen, über die wissenschaftlichen Bedürfnisse der moslemischen Länder oder seine Vorstellung vom Iran nach der Revolution zu reden – glitten wir von seiner Theologie in seine verworrenen Überzeugungen ab. Mit dem wahren Islam würde die Wissenschaft zur Blüte gelangen: Der Prophet sagte, die Menschen sollten hingehen und lernen. Mit dem wahren Islam gäbe es Freiheit (er meinte die Freiheit, islamisch und schiitisch zu sein, dem göttlichen Gesetz unterworfen zu sein), und mit der Freiheit käme alles andere (wobei diese Vorstellung von Freiheit von ersterer ganz getrennt war).

Es entstand eine lange Pause.

Ich sagte: »Sie sehen so ausgeglichen aus.«

Er sagte: »Ich danke Ihnen.« Das Kompliment erwiderte er nicht.

Ich wollte freigelassen werden.

Ich sagte zu Behzad: »Sagen Sie ihm, ich hätte das Gefühl, zu viel von seiner Zeit in Anspruch zu nehmen.«

Schirazi sagte mit seinem Lächeln: »Ich bin frei, bis ich das Fasten beende.«

Es war erst halb acht. Ich sagte, bloß um die Unterhaltung in Gang zu halten: »Fragen Sie ihn, wann er das Fasten beendet.«

Behzad sagte: »Das kann ich ihn nicht fragen. Sie vergessen, daß ich ein Moslem bin. Ich sollte diese Dinge eigentlich wissen.«

Jemand anders kam herein, ein heiliger Mann mit einem weißen Turban, ein Turkmene, bleich von seiner Ramadan-Zurückgezogenheit, nicht so sonnenverbrannt oder mager wie die turkmenischen Familien, die im Hof des Heiligtums kampierten. Bei ihm war ein sehr bleiches kleines Mädchen. Schirazi war herzlich und entgegenkommend. Wir erhoben uns, um Abschied zu nehmen. Die Studenten fielen wieder vor Schirazi nieder und küßten seine Hand. Schirazi lächelte und lächelte auch weiter, als – unsere Audienz war nun vorüber – das kleine Mädchen auf ihn zustürzte, um ihm die Hand zu küssen.

Das Sonnensegel über dem Hof und den Feigenbäumen war abgenommen worden. Das Licht war nun golden, die Schatten waren nicht mehr hart. Unsere Schuhe warteten am Fuß der Treppe auf uns, und in dem kleinen Raum neben dem Vestibül beugte der barfüßige Leibwächter mit der Maschinenpistole sich nieder, um mit einem weiteren Kind zu spielen.

Draußen auf dem ungepflasterten Weg, wo der Staub wie ein Teil des goldenen Abends war, wandten die pakistanischen Studenten mir strahlende Gesichter zu, und einer sagte: »Wie hat er Ihnen gefallen?«

Für sie war das Treffen gut verlaufen. Sie luden Behzad und mich ein, mit ihnen zu Abend zu essen, das Fasten gemeinsam zu beenden und das einfache Essen der Studenten zu teilen. Aber diese Einladung war (wie die Einschränkung mit dem einfachen Essen der Studenten bewies) nur eine Höflichkeitsfloskel, ihre Art, die Zusammenkunft zu beenden, uns zum Auto zu begleiten und die Routine ihres Ramadan-Abends, die wir unterbrochen hatten, wiederaufzunehmen.

Der Weg und die Straße an seinem Ende waren voll geschäftiger Gestalten in schwarzen Umhängen: es war wie ein alter Druck von einer Straßenszene in Oxford. Aber hier waren die Priestertrachten nicht geliehen, hier waren sie Eigentum und hatten noch Bedeutung: Hier lebte das islamische Mittelalter und der hoch systematische Aufbau seines Lernens noch, der die Menschen des dunklen Zeitalters in Europa geblendet hatte.

Und da war noch mehr als das alte Oxford in den Straßen. Diese Wüstenstadt – mit ihren fensterlosen Mauern, die tiefer gelegene Höfe verbargen, ihren mit Bäumen gesäumten geraden

Bürgersteigen, ihren umschlossenen, dicht bepflanzten Gartenvierecken – verkörperte das Muster kleiner Städte, die ich weit weg im spanischen Amerika, von Yucatan im Südosten Mexikos bis zur Pampa Argentiniens gesehen hatte. Spanien war der Mittler gewesen: zwischen 710 und 720 n. Chr., genau achtzig Jahre nach Persien, von den Arabern erobert und der großen muselmanischen Welt des Mittelalters, der großen Weltzivilisation der Zeit einverleibt. Spanien hatte, bevor es sich auf dem amerikanischen Kontinent ausbreitete, diese moslemische Welt zurückgewiesen und aus dieser Zurückweisung Kraft und den eigenen Fanatismus gewonnen. Aber hier im Iran, fünfhundert Jahre später, gab es diese Welt noch, mit vagen Vorstellungen von ihrer vergangenen Größe, aber in Unkenntnis (wie der Artikel über islamische Stadtplanung in *Die Botschaft des Friedens* bewies) der Beiträge, die sie einmal geleistet hatte und des entfernten Kontinents, dessen Schicksal sie einmal indirekt beeinflußt hatte.

Die pakistanischen Studenten hatten unserem Lur-Fahrer Anweisungen gegeben. Während wir zu Ayatollah Khalkhalli, Khomeinis Henkersrichter, fuhren, sagte Behzad: »Wissen Sie, weshalb ich Schirazi nicht sagen konnte, Sie seien in keiner Religion erzogen worden? Er hat nämlich versucht, herauszufinden, ob Sie Kommunist sind. Wenn ich ihm gesagt hätte, daß Sie keine Religion haben, hätte er gedacht, Sie seien Kommunist. Und das wäre schlecht für Sie gewesen.«

Khalkhallis Haus war das letzte in einer Sackgasse, einer ziemlich neuen Straße mit jungen Bäumen auf dem Bürgersteig. Es war kurz vor Sonnenuntergang; der Wüstenhimmel war voller Farben. Männer mit Gewehren standen herum, und wir hielten ein, zwei Häuser vorher. Behzad stieg aus, redete mit jemandem und rief mich dann. Das Haus war neu, aus Beton, nicht groß, es lag ein wenig zurück vom Bürgersteig und hatte einen kleinen gepflasterten Vorplatz.

Auf der Veranda oder Galerie wurden wir von einem kleinen,

massig gebauten jungen Mann in einem engen blauen Pullover einer Leibesvisitation unterzogen, dessen grobe Hände unsere Beine entlangfuhren oder sie abklopften; dann gingen wir in einen kleinen, mit Teppichen ausgelegten Raum. Dort waren ungefähr sechs oder acht Leute, darunter ein afrikanisches Paar, das gerade aufgerichtet und schweigend auf dem Boden saß. Der Mann trug einen dunkelgrauen Anzug und war schwer unterzubringen, aber der Tracht der Frau nach hielt ich sie für Somalis, Menschen aus dem nordöstlichen Kap Hoorn.

Diese Menge – oder richtiger: diesen kleinen Hof – hatte ich nicht erwartet. Ich hoffte auf eine persönlichere Unterhaltung mit einem Mann, der, wie ich dachte, Macht eingebüßt hatte und sich vielleicht ein wenig vernachlässigt fühlte.

Ein Henkersrichter, eine Gestalt revolutionären Terrors, die jung und alt, Mann und Frau der islamischen Gerechtigkeit überantwortete: Aber der ungefähr ein Meter fünfzig große, bärtige kleine Kerl, der, ihm voran ein ehrfurchtsvoller Bittsteller, gleich danach aus einem inneren Raum kam – und es war tatsächlich der Mann selbst –, war pausbackig und fidel mit lustigen Augen hinter der Brille.

Er bewegte sich mit steifen, unelastischen kleinen Schritten. Er war hellhäutig, trug ein weißes Käppchen, keinen Turban oder klerikalen Umhang oder Talar; und mit seiner zerknitterten braungestreiften Tunika oder Hemd mit langem Schoß, das oben ein paar Kleidungsstücke aus Baumwolle bedeckte und über weite weiße Hosen hinabhing, sah er ziemlich unordentlich aus.

Diese unordentliche Kleidung – bei einem, der, Schirazis körperliche Erscheinung vorausgesetzt, Schirazis vornehmen klerikalen Stil hätte annehmen können – war vielleicht etwas, was Khalkhalli kultivierte oder wofür er berühmt war: Die Iraner im Raum begannen zu lächeln, sobald er auftauchte. Der Afrikaner heftete vor Ehrfurcht glänzende Augen auf ihn, und Khalkhalli erwies ihm die Güte und begrüßte ihn gesondert. Nach dem Beweis der Güte gegenüber dem Afrikaner war Khalkhalli Behzad und mir gegenüber grob. Der Wechsel in seinem Verhalten war abrupt, vorsätzlich, geschauspielert: Es war der Clown, der zeigen wollte, daß er eine andere Seite hatte. Es beunruhigte mich nicht; es zeigte mir, daß meine Anwesenheit in dem Raum, ein weiterer Fremder, der von weither gekommen war, ihm schmeichelte. Er sagte: »Ich habe zu tun. Ich habe keine Zeit für Interviews. Warum haben Sie nicht angerufen?«

Behzad sagte: »Wir haben zweimal angerufen.«

Khalkhalli gab keine Antwort. Er nahm einen anderen Bittsteller mit in den inneren Raum.

Behzad sagte: »Er überlegt es sich.«

Ich aber wußte, daß er es sich schon überlegt hatte, daß er der Vorstellung eines Interviews nicht widerstehen konnte. Als er herauskam, sagte er – bevor er jemand anders in sein Zimmer führte – mit derselben, nicht überzeugenden Grobheit: »Schreiben Sie Ihre Fragen auf.«

Auch das war ein zufällig aufgelesener Stil, aber er bereitete mir Schwierigkeiten. Ich hatte gehofft, ihn zum Reden über sein Leben bringen zu können; ich wäre gern hinter seine Gedanken gekommen, hätte gern die Welt gesehen, wie er sie sah. Ich hatte allerdings auf eine Unterhaltung gehofft. Welche Fragen ich ihm stellen wollte, konnte ich nicht sagen, bis er angefangen hatte zu reden. Aber ich mußte tun, wie er verlangte: die Iraner und Afrikaner warteten darauf, zu sehen, daß ich seine Anweisungen ausführte. Wie konnte ich diesen Henkersrichter dazu bekommen, ein wenig mehr als seine offizielle Seite zu offenbaren? Wie konnte ich diesen halben Clown mit seiner mittelalterlichen Gelehrtheit dazu bekommen, seine Leidenschaft anschaulich zu machen?

Mir fiel nichts Außergewöhnliches ein, ich beschloß, direkt zu sein. Auf einen Briefbogen des Hotels, den ich mitgebracht hatte, schrieb ich: *Wo wurden Sie geboren? Was ließ Sie zu dem Entschluß kommen, Religion zu studieren? Was war Ihr Vater? Wo haben Sie studiert? Wo haben Sie zuerst gepredigt? Wie wurden Sie Ayatollah? Was war Ihr glücklichster Tag?* Es funktionierte nicht. Als er endlich herauskam, freute er sich, Behzad mit der Liste der Fragen zu sehen, und er setzte sich mit gekreuzten Beinen direkt vor uns. Unsere Knie berührten sich fast. Zuerst antwortete er ohne Umschweife. Er war in Aserbeidschan geboren. Sein Vater war ein sehr religiöser Mann. Sein Vater war Bauer.

Ich fragte: »Haben Sie Ihrem Vater geholfen?«

»Ich war Schafhirte als Junge.« Und dann begann er den Clown zu spielen. Die Stimme erhebend und eine Handbewegung machend, sagte er: »Jetzt weiß ich ganz genau, wie man einem Schaf den Kopf abschneidet.« Und die Iraner im Raum – einschließlich einiger Leibwächter – bogen sich vor Lachen. »Ich habe jede Arbeit gemacht. Sogar verkauft. Ich kann alles.«

Wie war aus dem Hirtenjungen ein Mullah geworden?

»Ich habe fünfunddreißig Jahre lang studiert.«

Das war alles. Er konnte zu keiner Erzählung, zu keiner Geschichte von Kampf und Aufstieg angestachelt werden. Er hatte einfach gelebt; er hatte nicht über Erfahrungen reflektiert. Und eitel wie er war (»Ich bin sehr klug, sehr intelligent«), interessierten ihn die Fragen nach seiner Vergangenheit nicht. Er wollte mehr über seine gegenwärtige Macht oder die Nähe zur Macht sprechen; und den Rest der niedergeschriebenen Fragen ignorierend, begann er genau das zu tun.

Er sagte: »Ich wurde von Ayatollah Khomeini unterrichtet, wissen Sie. Und ich war der Lehrer des Sohns von Ayatollah Khomeini.« Er schlug mir auf die Schulter und fügte zur Belustigung der Iraner schalkhaft hinzu: »Ich kann also nicht sagen, daß ich Ayatollah Khomeini *sehr* nahestehe.«

Sein Mund öffnete sich, blieb offen, und bald schien er vor Lachen zu ersticken, ließ mich seinen Gaumen, seine Zunge, seinen Schlund sehen. Als er sich wieder erholte, sagte er mit einer kurzen, schnellen, wegwerfenden Bewegung der rechten Hand: »Nun werden die Mullahs herrschen. Wir werden eine zehntausendjährige islamische Republik haben. Die Marxisten werden mit ihrem Lenin weitermachen. Wir werden auf Khomeinis Weg weitergehen.«

Er verstummte. Ordentlich die Beine unter sich kreuzend, faßte er mich ins Auge, wurde ernst und schien durch seine Brille zu mir hochzublicken. In die Stille hinein, die er verursacht hatte, sagte er: »Ich habe Howeida getötet, wissen Sie.«

Die Ehrlichkeit seines Gesichts gehörte für die Iraner zum Witz dazu. Sie, die auf dem Teppich hockten, fielen vor Lachen um.

Dies, seine Arbeit als Revolutionsrichter, war ihm am nächsten. Über seine Verurteilung des Ministerpräsidenten des Schahs hatte er viele Interviews gegeben, und er wollte die Geschichte noch einmal erzählen.

Ich sagte: »Sie haben ihn selbst getötet?«

Behzad sagte: »Nein, er hat nur den Befehl gegeben. Howeida wurde vom Sohn eines berühmten Ayatollahs getötet.«

»Aber ich habe das Gewehr«, sagte Khalkhalli, als sei das fast genausogut.

Wieder rollten die Iraner sich vor Lachen über den Teppich. Und selbst der Afrikaner, der seine glänzenden Augen kein einziges Mal von Khalkhalli abgewandt hatte, begann zu lächeln.

Behzad sagte: »Ein Revolutionswächter hat ihm das Gewehr gegeben.«

Ich sagte: »Haben Sie es bei sich?«

Khalkhalli sagte: »Ich habe es nebenan.«

So hatte er mich letzten Endes in diesem Raum voll Gelächter gezwungen, sein Stichwortgeber zu sein.

Es war jetzt Zeit, das Fasten zu beenden, keine Zeit zu trödeln, Zeit für alle Besucher, außer den Afrikanern, zu gehen. Seit ein paar Minuten schon stellten junge Männer Essen auf den Fußboden der Veranda. Während Khalkhalli uns entließ, schien er uns schon zu vergessen. Bevor wir noch unsere Schuhe angezogen und uns zum Tor begeben hatten, ließen er und das afrikanische Paar sich zum Essen nieder. Es war ein üppiges Essen, der Clown aß ernsthaft.

Und endlich konnte unser Lur-Fahrer essen, und Behzad konnte den sakramentalen Moment des Essenteilens mit ihm wiederholen. Wir fuhren in die Stadtmitte, in die Nähe des Heiligtums zurück, und sie aßen in dem Café, wo wir am frühen Nachmittag im Geruch nach gekochtem Hammel gewartet hatten.

Sie aßen Reis, Hammel und persisches Fladenbrot. Das war alles, was das Café bot. Ich ließ sie beide da, kaufte an einem Stand ein paar Nüsse und getrocknete Früchte und spazierte am Fluß entlang, zwischen Familien, die am Flußufer kampierten und im Dunkeln aßen. Auf der dem Flußufer gegenüberliegenden Straßenseite schienen elektrische Lampen auf Melonen und andere Früchte in den Buden: eine erfrischende Nachtszene nach der gleißenden Farblosigkeit des Tages.

Als ich zum Café zurückging und mich auf der anderen Seite des Flusses befand, kam ich an einem erleuchteten Schuhgeschäft vorbei. Es hatte ein großes Farbfoto von Khomeini.

Ich blieb stehen, um dieses unzuverlässig wirkende Gesicht noch einmal zu betrachten: die gerunzelte Stirn, die Augenbrauen, die harten Augen, die sinnlichen Lippen. Im Licht des Geschäfts schaute ich mir die Handvoll Nüsse und *Kishmish* (Rosinen) an, die ich gerade in den Mund stecken wollte. Es war eine Stecknadel darunter. Ohne diese Pause vor Khomeinis Bild hätte ich meinen Mund so verletzt, wie ich es mir lieber nicht vorstellte, und der Tag, den ich Ungläubiger in Khomeinis heiliger Stadt Ghom verbracht hatte, hätte mit einer bösen Überraschung geendet.

Die Schnellstraße nach Teheran war voll. Der Mond schien, aber die Lampen der Autos und Busse machten jede Sicht zunichte. Nur in Ausschnitten konnte man die Wüste und das Mondlicht und die Umrisse der Hügel sehen. Behzad war müde; er döste ein. Als er wieder wach wurde, bat er den Fahrer, das Autoradio wegen der Nachrichten anzumachen.

Die Nachrichten waren schlecht für Behzad. *Ayandegan*, die Zeitung der Linken, die Zeitung, die Behzad las und von der er mir erzählt hatte, war von der islamischen Staatsanwaltschaft in

Teheran geschlossen worden. Die Zeitung wurde beschuldigt, ›unter den revolutionären Moslems des Iran abweichlerische Ideologien und Glaubensrichtungen‹ zu verbreiten und zu versuchen, ›Meinungsverschiedenheiten unter den verschiedenen moslemischen Gruppen des Iran zu erzeugen‹ – eine Anspielung auf die rassischen und nicht-schiitischen Minderheiten; daß sie ihre Auflagenzahlen fälschten, in einige Landesteile unvollständige Zeitungsausgaben schickten, um Zeitungspapier für die Veröffentlichung von Material, das auf die Spaltung der Nation abzielte, zurückzuhalten. Das Vermögen der Zeitung war der Stiftung für Bedürftige übergeben worden, und Revolutionswächter hatten ihre Redaktionsräume besetzt.

Behzad erhob trotz Schirazi und Khalkhalli immer noch Anspruch auf die Revolution als die seinige, weil er in der einen Volksbewegung die Möglichkeit und sogar die Anfänge einer anderen sah. Die Revolution jedoch hatte sich nun gegen ihn gewandt. Aber Revolutionäre mußten geduldig sein, und Behzad hatte von seinem revolutionären Vater Geduld gelernt. Der Verlust der Zeitung war schwerwiegend – er wäre niederschmetternd gewesen für mich, wenn die Sache meine gewesen wäre –, aber Behzad ertrug seine Enttäuschung gut.

Er schlief nicht mehr ein. Von Zeit zu Zeit, während wir durch die Wüste fuhren, wurde er geistesabwesend. Wir passierten den weißen Salzsee zur Rechten, in die, wie er gesagt hatte, die Geheimpolizei des Schahs Leichen abgeladen hätte, den Friedhof zur Linken, wo Märtyrer der Revolution beerdigt waren und den wir besucht hätten, wenn wir bei Tageslicht zurückgekommen wären, und dann zur Rechten die Teheraner Raffinerie, aus deren hohen Schornsteinen Flammenstöße sprangen – schlafend verdiente der Iran Geld.

Gegen Mitternacht kamen wir zum Hotel zurück. Und an der Hoteleinfahrt erhob der Lur Extragebühren, über die er seit Stunden gegrübelt haben mußte. Er berechnete sowohl Entfernung als auch Zeit, er berechnete die späte Uhrzeit, und er war letzten Endes teurer als das Hoteltaxi, das wir abgelehnt hatten.

Aber der Tag war härter gewesen, als er berechnet hatte; das Mittagessen, das er so dringend haben wollte, war ihm versagt worden; ich hatte so lange mit wachsender Weichherzigkeit seinen eckigen kleinen Hinterkopf betrachtet; seine Leidenschaft für Reis und Hammel war, als endlich die Essenzeit für ihn kam, so gewinnend gewesen, das magere und kantige Gesicht, das er mir zuwandte, um mehr zu fordern, war in der schummrigen Innenbeleuchtung des Wagens so mitleidheischend; er entsprach so vollkommen Behzads Ideal vom guten und ehrenhaften Arbeiter, daß ich ohne Einwände zahlte.

4

Der Nachtzug aus Maschad

Behzad kam aus einer Provinzstadt, einer der berühmten alten Städte Persiens. Sein Vater war Lehrer für persische Literatur. Über seine Mutter hatte Behzad nichts zu erzählen – er sprach von ihr nur als von seiner Mutter –, und ich vermutete, daß ihr Hintergrund einfacher war. Er hatte eine Weile eine amerikanische Schule besucht und sprach gut Englisch, mit einem neutralen Akzent. Jetzt war er vierundzwanzig und studierte Naturwissenschaften an einem Teheraner Institut. Er hatte ein ungezwungenes, wohlerzogenes Benehmen und persisches Feingefühl. Er war groß, schlank, athletisch. Er fuhr Schi und machte Bergtouren, und er war ein ernst zu nehmender Schwimmer.

Der provinzielle Hintergrund, auf der einen Seite wahrscheinlich rein traditionell, die amerikanische Schule, das wissenschaftliche Institut in der Hauptstadt, die sportliche Betätigung: Man hätte sagen können, daß sich Behzad, der fast sein ganzes Leben unter dem Schah gelebt hatte, die Welt in einer Weise erschlossen hatte, die seinen Großeltern unbekannt war.

Aber das war meine Sicht. Ich war doppelt so alt wie Behzad. Ich war in einer statischen Kolonialzeit geboren; und in Trinidad, wo ich meine ersten achtzehn Jahre verbrachte, hatte ich die Armut und geistigen Beschränkungen einer Agrarkolonie kennengelernt, in der es, wie einmal ausgerechnet wurde, nur achtzig verschiedene Berufe gab. Ich hatte deshalb in Ländern wie dem Iran ein Auge für Veränderung. Für Behzad war das anders. 1955 im Iran geboren, nahm er das Vorhandensein des nationalen Reichtums als selbstverständlich hin; er nahm die Expansion seiner Gesellschaft als selbstverständlich hin; er hatte nur ein Auge für das, was in dieser Gesellschaft noch ungerecht war.

Ich sah ihn als einen Aufsteiger, sogar als privilegiert an. Er fand sich arm, und zum Beweis sagte er, daß er kein Jackett besitze, im Winter trage er nur einen Pullover. Die Vorstellung von Armut hatte Behzad von seinem Vater, der als Kommunist unter der Herrschaft des Schahs einige Zeit im Gefängnis gewesen war. Und diese Vorstellung von Armut war weit entfernt von meiner auf Trinidad vor fünfundzwanzig Jahren.

Als er noch ein Kind war – das mußte Mitte der sechziger Jahre gewesen sein –, hatte Behzad eines Tages seinen Vater gefragt: »Warum haben wir kein Auto? Warum haben wir keinen Kühlschrank?« Damals hatte sein Vater ihm von Armut und Ungerechtigkeit erzählt und angefangen, ihn in die Idee der Revolution einzuführen. In Behzads Heim hatte die Revolution die Religion als beseelende Idee ersetzt. Für Behzad war sie sogar wie die Religion mit dem Begriff der Sohnesliebe versehen. Und Behzad war in seinem eigenen Glauben so starr wie jeder Mullah in Ghom in seinem. Er beurteilte Menschen und Länder nach ihren revolutionären Qualitäten. Abgesehen von persischer Literatur, für die er ein besonderes Gefühl hatte, hatte er nur revolutionäre Schriftsteller oder Schriftsteller, die er für revolutionär hielt, gelesen, und ich war mir nicht sicher, daß er sie zeitlich einordnen konnte: Scholochow, Steinbeck, Jack London. Es hatte ihn nie gelockt, davon abzuschweifen.

Als wir zwei Tage nach unserem Ausflug nach Ghom durch das Zentrum Teherans spazierten, erzählte er mir, daß es im Westen keine wahre Freiheit gäbe. Die Arbeiter wären unterdrückt, tauschten ihre Arbeitskraft gegen das Allernotwendigste ein. Wahre Freiheit habe es nur einmal in der Welt gegeben, zwischen 1917 und 1953 in Rußland.

Ich sagte: »Aber da gab es eine Menge Leid. Eine Menge Leute wurden eingekerkert und getötet.«

Darauf stürzte er sich. »Aber *was* für Menschen?«

Er hatte keinen religiösen Glauben. Aber er war im schiitischen Iran aufgewachsen, und seine Vorstellung von Gerechtigkeit für die Unschuldigen und Leidenden war nicht zu trennen von der Vorstellung von Strafe für die Bösen. Sein Traum von der Regierungszeit Stalins war eine Abwandlung des Traums von der Herrschaft Alis – dem wahren Nachfolger des Propheten.

Ich sagte: »Haben einige Ihrer Freunde nun das Lager gewechselt und beschlossen, Moslems zu sein?«

»Ein paar. Aber sie wissen nicht, was sie sind.«

Er zeigte mir die Stadt der Revolution. In dieser baumgesäumten Geschäftsstraße, in diesem ausgebrannten Gebäude (dessen geschwärzte Fensterlöcher in der von Abgasen beschmutzten Straße zuerst gar nicht auffielen) hatten die Soldaten des Schahs ihre Stellungen eingenommen. Sie hatten auf Demonstranten gefeuert. Und hier in diesem Türeingang war ein Mann gestorben. Nach sechs Monaten war das Blut kaum noch zu sehen: nur dunkle Tupfen auf dem schmutzigen Beton. An zwei Stellen hatte jemand mit schwarzem Filzstift in so kleinen persischen Schriftzeichen, daß sie für eine private Mitteilung hätten sein können, geschrieben: *Dies ist das Blut eines Märtyrers.* ›Märtyrer‹ war ein klar umrissener religiöser Begriff, aber Behzad konnte ihn auch politisch auslegen.

Auf der Revolutionsallee, früher Schah Reza, gegenüber dem großen mit einem Eisengeländer umgebenen Komplex der Teheraner Universität gab es Verlage (untermischt mit Herrengeschäften) und Straßenbuchhändler und Kassettenverkäufer und Bilderverkäufer. Auf den Kassetten waren Reden Khomeinis und anderer Ayatollahs; auch gab es – trotz Khomeinis Musikverbot – populäre persische und indische Lieder. Einige Buchverkäufer hatten Bücher auf persisch über die Revolution, ihre Ideologen und Märtyrer. Einige hatten gewichtigere Stapel kommunistischer Literatur, persische Taschenbücher zusammen mit gebundenen Ausgaben von Lenin oder Marx auf englisch, die aus Rußland kamen. Die eine Revolution schien fließend in die andere überzugehen.

Und es gab Fotoalben von der Revolution. Die Hauptthemen dieser Alben waren Tod, Blut und Rache. Es gab Fotos von Leuten, die in der Schahzeit getötet worden waren, Fotos vom Aufstand: Blut auf den Straßen, Leichen in den Leichenschauhäusern, in denen mit Blut Schlagwörter auf die weißen Fliesen geschmiert worden waren, lange Reihen von Leuten, die nach der Revolution hingerichtet worden waren und tot vorgezeigt wurden, Seite um Seite, Leichnam auf Leichnam. Ein Leichnam war der Howeidas, des Ministerpräsidenten des Schahs, der eines Abends spät durch Khalkhallis Befehl in den Tod gehetzt wurde und auf den zweimal geschossen worden war, erst in den Hals, dann in den Kopf: Und das schwarze Einschußloch in Howeidas Altmännerhals war auf dem Foto deutlich zu erkennen.

Dies waren die Souvenirbücher der Revolution, von konkurrierenden Verlegern herausgebracht. Die andere Seite der iranischen Sentimentalität war hier, im Vorrat der Bilderverkäufer, ebenfalls erhältlich: Traumlandschaften mit Wasser und Bäumen, Gemälde von Kindern und schönen Frauen, denen dicke unerklärliche Tränen die Wangen hinabliefen. Behzad liebte diese Tränen.

Sämtliche Gebäude im Universitätskomplex – vom Vater des Schahs gegründet – waren durch Slogans entstellt. Die Universität war der große Versammlungsort in Teheran, und selbst an einem Tag wie heute, einem Tag ohne festgeplantes Ereignis, war sie voll diskutierender Gruppen. Behzad sagte: »Das geht die ganze Zeit so.« Worüber redeten sie? Er sagte: »Immer dasselbe. Islam, Kommunismus, die Revolution.« Es sah aus wie eine friedliche Kampusszene; es war schwer, diese jungen Männer in Jeans und hübschen Hemden mit der Blutrünstigkeit in Verbindung zu bringen, die in den Büchern und Alben auf der anderen Straßenseite gefeiert wurden.

Aber Gewalt lag in der Luft, und gerade als wir beim Haupttor herauskamen, beobachteten wir folgenden Vorfall: Ein Student in einem weißen Hemd, klein und mit Brille, befestigte unsachgemäß und mit komischer Anstrengung ein Flugblatt am Eisengitter des Tors. Das Flugblatt war ein Protest gegen die Einstellung von *Ayandegan*, der Zeitung der Linken. Ein Arbeiter, der neben einem Lebensmittelstand am Rand des Bürgersteigs stand, ging langsam hinüber, malte einen roten Hammer mit Sichel auf das Flugblatt, durchkreuzte das ganze Blatt mit einem X, ohrfeigte den Studenten zweimal, inmitten der Menge auf dem Bürgersteig, und befestigte dann ohne Eile das verunstaltete Flugblatt sicherer.

Der Student hatte sich geduckt, um seine Brille und die Augen zu schützen. Niemand rührte sich, um ihm zu helfen. Selbst Behzad unternahm nichts. Er sagte nur, als wende er sich an mich um Gerechtigkeit: »Haben Sie das gesehen? Haben Sie das *gesehen*?«

Die beiden Revolutionen, die Revolution Khomeinis und das, was Behzad als die wahre Revolution des Volkes angesehen hätte, schienen ineinander überzugehen. Aber sie waren verschieden. Das Wochenende zuvor waren Behzad und einige aus seiner Gruppe in ein Dorf gefahren, um Aufbauarbeit zu verrichten. Sie hatten Schwierigkeiten mit den Revolutionswächtern bekommen: Jedes Dorf hatte sein *komiteh*, junge Männer mit Gewehren, die nun in weiten Teilen des Iran das Gesetz verkörperten. Die Wächter, Moslems, wollten keine Kommunisten im Dorf.

Wer waren diese moslemischen Militanten? Behzad sagte: »Sie sind *Lumpen*. Kennen Sie das Wort?« Die Wächter im Dorf waren *Lumpen* wie der Arbeiter, der den Studenten geohrfeigt hatte. Das dogmatische Wort half Bezhad; es befähigte ihn, seinen Glauben an das Volk aufrechtzuerhalten.

Am nächsten Morgen bot die Universität ein anderes Bild. Es war wieder Freitag, Feiertag, und dies war der dritte aufeinanderfolgende Feiertag, an dem auf dem Universitätsgelände Gebete für die Massen abgehalten wurden.

Behzad und ich gingen vom Hotel aus zu Fuß, und als wir zur Revolutionsallee kamen, sah es so aus, als ginge halb Teheran mit uns. Keine Busse oder Lastwagen hatten diese Leute herangeschafft, sie waren zu Fuß gegangen. Vor der Universität herrschte dichtes Menschengewühl; Autos fuhren vorsichtig; einzelne kleine Gruppen unter den Marschierenden brüllten Slogans, die in dem unergründlichen Stimmengewirr kaum zu hören waren.

Wir gingen an den Straßenbuchhändlern und Bilderverkäufern vorbei und bogen am Ende des Geländes rechts ab, immer dem Zaun um die Universität folgend. Die breite Seitenstraße, die sich nach Nord-Teheran hinaufzog, war zu beiden Seiten mit Platanen und schmalen, schnell fließenden Wasserkanälen gesäumt. Ein bärtiger junger Mann vor dem Universitätszaun, ein ambulanter Buchhändler, hielt mit jeder Hand eine Broschüre hoch und rief: »Diese Bücher sind gegen Kommunismus und Imperialismus.«

Behzad sagte mitleidig: »Für die sind die Wörter dasselbe.«

Wir gingen an dem Mann vorbei und weiter am Gitter entlang, als Bezhad mich zurückzog. Er sagte: »Hier müssen wir islamischem Gesetz folgen. Diese Seite der Straße ist für Frauen.«

Wir überquerten die Straße, gingen ein Stück an dem schnellen Wasserkanal hoch und beobachteten von dem (so dachten wir) für Männer reservierten Bürgersteig aus im kürzer und schmaler werdenden Schatten einer Platane, wie die Menge von der Revolutionsallee hochkam, die Frauen mit schwarzen Schleiern und schwarzen Kleidern auf der einen Seite, die Männer auf der anderen. Entrückte, ekstatische Männer hockten sich an den Wasserkanal, nahmen ihre rituelle Waschung vor und stürmten dann weiter; es war, als fände ein Wettbewerb in Ekstase oder der Zurschaustellung von Ekstase statt. Immer, wenn Behzad und ich aufhörten, uns zu unterhalten, hörten wir das Geräusch von Füßen, das Geschnatter der weiterziehenden Menge, das gelegentliche Schreien eines Babys. Ein feiner Staub erhob sich über dem Universitätsgelände.

Von Zeit zu Zeit kamen Gruppen herauf, die Sprüche von Einheit schrien, einmal kam eine Gruppe in der Tarnuniform der Fallschirmjäger mit G3-Gewehren. Revolutionswächter erschienen auf der Bildfläche, hielten den Strom in Fluß, hielten

Männer und Frauen getrennt. Einmal sah ich einen Kurden oder einen Mann in kurdischer Tracht: ein ganz lockerer, gegürteter Kattunkittel mit sehr pluderigen Hosen, die sich zu den Knöcheln hin verjüngten. Einmal kam erstaunlicherweise auf unserem Bürgersteig eine dralle junge Frau in engen Jeans und auf hohen Absätzen vorbei, die etwas ganz anderes vorhatte. Sie ging so schnell sie mit ihren hohen Absätzen konnte, und sah niemanden an.

Die Menge, Männer und Frauen nun in verschiedenen Strömen, staute sich. Die Männer bewegten sich vorwärts, die Frauen wurden langsamer, ballten sich, aufgehalten durch das Gewühl am Eingang für Frauen ein Stück höher. Über die Lautsprecher kam eine Rede mit einer sich überschlagenden, leidenschaftlichen Stimme; das vergrößerte die Ekstase noch. Der Bürgersteig auf der Frauenseite füllte sich. Frauen begannen, sich auf Zeitungspapier und billigen Matten auf der Straße selbst niederzulassen, zuerst in dem vom blendenden Sonnenschein durchwirkten Schatten der Platanen, dann überall. Sie überfielen unseren Bürgersteig, oder den Bürgersteig, den wir für unseren gehalten hatten. Ohne sich um uns zu kümmern, wühlten sie in ihren Körben, breiteten ihre Stücke Teppich und Stoff und Papier zu unseren Füßen aus und entpuppten sich, nachdem sie Teil des anonymen, eindrucksvollen schwarzgekleideten Stroms gewesen waren, als Bauersfrauen mit verhärmten Gesichtern, die ihr Fleckchen Bürgersteig oder Straße grimmig verteidigten.

Ein Angehöriger der Revolutionswächter kam auf Behzad zu und sprach barsch mit ihm. Behzad sagte: »Er sagt, wir müssen die Frauen beten lassen.«

Die Che-Guevara-Ausstattung der Wache, die dunkle Brille, das Gewehr, die Ausrüstung der Revolution, dienten dieser Sache: die Unvereinbarkeit war in diesem Augenblick aufreizend. Aber Behzad sagte sanft: »Wir wollen mit dem Volk gehen.«

Wir schlossen uns den Marschierenden auf der Straße an, wurden Teil des Geräuschs von Füßen, und Behzad sagte: »Ich gehe gern mit dem Volk.« Dann sagte er: »Das ist keine religiöse Angelegenheit. Das ist eine politische Angelegenheit.«

Das Tor für Frauen war schwarz von Frauenschleiern und -gewändern, die Frauen drinnen konnten sich nicht mehr rühren, die Frauen draußen warteten darauf, hineinzukommen. Staub stieg von der schwarzen Masse auf. Die Kreuzung am nördlichen Ende des Universitätskomplexes wurde von Männern im Kampfanzug und mit Gewehren freigehalten. Die nördliche Seite der Universität war den Männern vorbehalten, sie hatten sich schon über die Hälfte der Straße ausgebreitet. Jedes Tor war bewacht. Und durch eins der nördlichen Tore (für Männer gab es viel mehr Tore als für Frauen) führte Behzad mich hinein, nachdem er einem der Revolutionswächter auf dessen beiläufige Frage erwidert hatte, daß ich, aber ja, ein Moslem sei.

Behzad wollte die Menge sehen. Ich war nervös, von den Gebeten überrascht zu werden. Behzad verstand. Er sagte, es würde schlecht für uns aussehen, wegzugehen, wenn die Gebete anfingen, und wenn wir blieben, wüßten wir natürlich nicht, was wir tun sollten, und das würde noch schlechter aussehen. Aber die Gebete würden noch eine ganze Weile nicht anfangen. Noch war Zeit für die Reden, und die würden immer weitergehen, so wie diese erste Rede zum Warmwerden (von einem geringeren Ayatollah und der Übersetzung nicht wert) immer noch andauerte und über die Lautsprecher dröhnte.

Das wirkliche Gewühl war im Zentrum um die Universitätsmoschee. Aber selbst wenige Meter von den Toren entfernt hatten sich Männer im Halbschatten jedes kleinen Baumes oder Strauchs zum Gebet niedergelassen. Einige hatten Taschentücher oder zusammengefaltete Stoffstücke auf dem Kopf, einige trugen wie Leute in einem Sportstadion Hüte aus Zeitungspapier und Kappen aus Pappkarton. Zwei Arbeiterleute kamen herein, im Laufschritt und immer noch ihre Ekstase auslebend. Sie rempelten uns im Laufen absichtlich an, und ein Mann rief: »Wenn der Vater des Schahs gewußt hätte, daß die Universität eines Tages so sein würde, hätte er nie damit angefangen.«

Der Ayatollah am Mikrophon forderte die sitzende Menschenmenge zu Gesängen auf. Und immer wieder kamen die Antwortstrophen, übertönten die Verstärkung aus den Lautsprechern. Die Gesänge handelten von Einheit. Einheit, Vereinigung, Gesichtslosigkeit in einer ungeheuren menschlichen Erstarrung: Was der Masse eine Freude war, bedrückte mich schnell – wenn vielleicht auch nur, weil ich nie zuvor mit fast einer Million Menschen auf begrenztem Raum zusammengewesen war –, und als wir durch einen der östlichen Ausgänge hinaus- und zum Hotel hineingingen, war es eine Erleichterung zu merken, daß es auch noch andere Leute gab, die andere Dinge taten.

Wir nahmen im Speisesaal des Hotels etwas zu uns. In der Küche lief laut ein Radio: Die Reden an der Universität dauerten immer noch an.

Die einzigen anderen Leute in dem großen Speisesaal waren eine Gruppe hängengebliebener Italiener, die schon seit ein paar Tagen im Hotel waren. Ihre Firma mußte für ihre Hotelkosten aufkommen, und sie hatten wahrscheinlich kein eigenes Geld. Sie waren elegant, Mitte Dreißig, und alle trugen Hosen mit dem femininen italienischen Schnitt: eng, mit hoher Taille und runder Hüfte. Sie gingen selten aus; sie aßen jede Mahlzeit im Hotel; und ihre Munterkeit und das Bewußtsein ihrer Eleganz nahmen von Tag zu Tag, von Mahlzeit zu Mahlzeit ab. Das Hotel, das einmal für sein Essen berühmt gewesen war, hatte seit der Revolution seinen Küchenchef verloren.

Und was, nach dem Fußmarsch und der Ekstase und dem Warten in der Sonne, hörten die Massen an der Universität und unsere livrierten Kellner?

»Es ist die Aufgabe der Iraner, daß die Flamme des Islams weiterbrennt.« Das hatten sie schon vorher gehört, aber die Vertrautheit war wie ein Ritual. Und der Sprecher war der vielgeliebte Ayatollah Taleghani, der Leiter der Gebete. Taleghani hatte die Massengebete an der Teheraner Universität als Demonstration revolutionärer Einheit – Einheit wie in den Tagen des

Propheten und der Wüstenstämme – angeordnet. Taleghani war ein alter Mann und sollte ein paar Tage später sterben. Er wurde selbst von den Linken für den gemäßigsten und intelligentesten der Ayatollahs gehalten, aber bei seinem Tod sollte sich herausstellen, daß er zu der Zeit Vorsitzender des Revolutionsrates war.

Der Prophet selber, sagte Ayatollah Taleghani, hatte vielleicht die iranische Revolution im Sinn gehabt, als er voraussagte, die Perser, die Nachkommen von Salman al-Farsi, würden ›in einer Zeit, in der die Welt vom Glauben abgefallen sei, die Vorkämpfer des Islam‹ sein.

Im Jahre 637 n. Chr., gerade fünf Jahre nach dem Tod des Propheten, begannen die Araber scharenweise in Persien einzufallen, und die ganze große Vergangenheit Persiens, die vorislamische Vergangenheit, wurde zu einer Zeit der Dunkelheit erklärt. Der Stolz blieb in Persien: Die Perser hatten sich angewöhnt zu glauben, sie seien die reinsten Moslems. Das lag ihrer Schia-Leidenschaft, ihrer Feindseligkeit gegenüber allem Nicht-Schiitischen zugrunde.

Die Ayatollahs, hohe Würdenträger, hatten sich wegen des Ramadan zerstreut, jeder blieb wie ein mittelalterlicher Baron während dieses Monats der Zurückgezogenheit in der Nähe des Ursprungs seiner Macht. Khomeini herrschte von Ghom aus, und in Ghom war Khalkhalli nahe bei Khomeini. Taleghani leitete die Gebete in Teheran. Und in Maschad, fünfhundert Meilen in nordöstlicher Richtung, in der Nähe der Grenze zu Rußland und Afghanistan, pflegte Schariatmadari seine türkische Anhängerschaft und war angeblich schlechter Laune. Es hieß, ihm gefiele der Wahlausgang für die Versammlung der Experten nicht.

Maschad war eine gute Basis für einen Ayatollah. In Maschad war ein noch heiligeres Grabmal als das Grab der Schwester des achten Imam in Ghom, in Maschad war das Grab des achten Imam selbst. Er starb 817, ein Jahr nachdem er dazu ernannt worden war, die Oberherrschaft über das ganze muselmanische

Reich zu übernehmen, und die Schiiten sagen, er sei vom Sohn eines der Herrscher aus Tausendundeiner Nacht, Harun el Raschid, vergiftet worden. Die Konflikte zwischen Herrschergeschlechtern, Palastintrigen, das Auf und Ab der persischen Geschicke innerhalb des islamischen Reiches: das ist der Gegenstand der schiitischen Theologie.

Behzad und ich hätten an dem Tag nach Maschad unterwegs sein sollen. Aber es hatte Probleme gegeben. Erst sah es so aus, als käme Behzads Mutter nach Teheran, dann sah es so aus, als käme Behzads Freundin zum Wochenende. Die Freundin war wichtig. Sie war fünfundzwanzig, hatte Wirtschaftswissenschaft studiert, aber keine Arbeit im Iran nach der Revolution, und wenn ich recht verstand, war sie aufs Land gefahren, um dort einige Zeit zu verbringen. Dann stellte sich seltsamerweise heraus, daß sie in Maschad war.

So konnten wir also schließlich nach Maschad fahren, und Behzad und sein Mädchen konnten zusammen nach Teheran zurückreisen. Aber im Ramadan zog Maschad viele Besucher an, und die beiden Schlangen um sieben Uhr früh am Bahnhof galten schon den nächsten beiden Tagen. Wir hatten deshalb beschlossen zu fliegen und hatten auch das Glück, nachdem wir gewartet hatten, bis Iran Air öffnete, die letzten Tickets für den folgenden Tag zu bekommen.

Es waren Erster-Klasse-Tickets, aber Behzad (der sagte, er trage den größten Teil seiner Garderobe in seiner kleinen Aktentasche) machte sich ohne Verlegenheit auf dem geräumigen Sitz breit. Die Stewardessen waren unverschleiert: Bei Iran Air herrschte, zumindest hoch oben in der Luft, noch ein vorrevolutionärer Stil.

Das Land, über das wir flogen, war überwiegend braun. Die ebenen grünen Felder im Osten Teherans ließen wir schnell hinter uns, und bald flogen wir über kahle Berge, mal eine Kette, die einem Tausendfüßler glich, und Krater, dann mächtig und zerklüftet, dann wieder solche mit sanften Abhängen, geädert von Wasserläufen, die der schmelzende Schnee geschaffen hatte. Muster und Struktur änderten sich ständig; die Farben reichten von Ocker über Dunkelrot bis zu Dunkelgrau. Es war erstaunlich, daß man gelegentlich grüne Flecken sah, die Windungen einer Straße in einem Tal oder eine Straße, die schnurgerade quer durch eine braune Einöde gekratzt war. Jede Stelle, an der Menschen leben konnten, war bekannt; das Land war alt. Eine Stunde hinter Teheran wurden die Felder häufiger, ein staubiges Grün auf Braun oder ein staubiges Grün auf Hellrot; und dann, nachdem wir die Berge hinter uns hatten, kam die weite Ebene, in der Maschad lag: abgelegen, isoliert und in diesem alten Teil der Welt schon immer ein Treffpunkt und Wallfahrtsort, lange vor dem Islam und dem achten Imam.

Das Hyatt Omar Khajjam Hotel hatte viel zu tun, trotz seines Namens. Der Pilgerbetrieb der oberen Schichten bewahrte seinen ganzen amerikanisch-internationalen Luxus: eine große Marmorhalle, ausgeklügelte Beleuchtung, einen Swimmingpool (mit verschiedenen Zeiten für die Geschlechter), eine sonnige Cafeteria, von dem grünen, noch nicht ausgewachsenen Garten durch eine Glaswand abgeteilt, ein dunkleres, mit Teppich ausgelegtes, anspruchsvolles Restaurant mit einem Maître im schwarzen Anzug. Merkwürdig war dieser Stil in der heiligen Stadt Maschad, und noch merkwürdiger war es, in dieser Hotelumgebung unter den Präsenten im Zimmer eine Tonplakette aus Mekka oder Medina zu finden, geschmackvoll in ein braunes Gesichtstuch eingehüllt: der heilige Boden Arabiens, eine Aufmerksamkeit des Hyatt.

Was für mich unvereinbar war, war es für Behzad weniger. Im Restaurant sagte er: »Sehen Sie sich diese Familie an. Die alte Frau ist fromm oder religiös. Sonst keiner. Die alte Frau ist wegen des Imam hergekommen. Die Töchter und Schwiegersöhne sind wegen des Hotels gekommen, um zu schwimmen und sich zu entspannen und zu essen. Sie können in der Ramadanzeit essen, denn Reisende dürfen essen, und in Maschad sind sie Reisende.«

Das Hyatt Omar Khajjam lebte also in alter Pracht weiter – in der Buchhandlung gab es noch englischsprachige Bücher, die den Schah priesen. Andere Hotels der Hyatt-Kette hatten nicht so viel Glück; und unter dem Sortiment von Hoteldruckschriften in meinem Zimmer war die flotte Ausfertigung für das Kaspische Hyatt Regency wie eine traurige amerikanische Stimme aus einer Vergangenheit, die kaum von Dauer gewesen war. *Erinnern Sie sich noch, daß die kaspische Küste keinen Treffpunkt hatte?* ABER NUN GIBT ES DAS HYATT.

Behzad konnte nicht zu seinem Mädchen durchkommen. Deshalb gingen wir nach dem Mittagessen aus. Für die Verschönerung von Maschad hatte der Schah viel Geld ausgegeben. Die großen öffentlichen Bauten um das Gelände des Heiligtums am anderen Ende der Stadt waren nicht vollendet. Die Kuppeln und Minarette und Innenhöfe lagen im Herzen eines riesigen staubigen, der Sonne preisgegebenen Kreises.

Innerhalb der Absperrung, aber noch vor den Innenhöfen sahen wir einen Betrunkenen, der von Wachen oder Polizisten zu einem Polizeigebäude gezerrt wurde. Eine kleine Menschenmenge sah zu. Behzad sagte, der Mann würde wahrscheinlich ausgepeitscht werden, aber nicht öffentlich. Direkt nach der Revolution hatte es als Teil der wiederbelebten islamischen Lebensform öffentliche Auspeitschungen gegeben, sie hatten aber auf die Öffentlichkeit keine gute Wirkung gehabt.

»Keine gute?«

Behzad sagte: »Die Leute mochten den Mann nicht, der das Peitschen besorgte. Für ihn wurde es hinterher schwer.«

Die Höfe der Moschee und des Grabmals waren voller Bergbewohner, die in den offenen Zellen über den Grabgewölben an der Seite kampierten und im Schatten herumlagen, klein, sonnenverbrannt, arm, ärmer vielleicht noch als die Pilger, die wir in Ghom gesehen hatten.

Man hatte das Gefühl, daß Zentralasien hier, im Angesicht der Berge, näher war. Und in den Hof des Heiligtums trat eine Vision: eine große, halb verschleierte Frau in einem kurzen, mit Volants besetzten Rock in Hellgelb. Sie ging mit durchgedrücktem Rücken, ihre Schultern waren zurückgeworfen, jeder Schritt auf den hohen Absätzen war abgemessen, präzise, fest, ihr prachtvoller gelber Rock und alle ihre Unterröcke drehten sich vom Schenkel gerade hoch, schwangen einmal zur einen und dann zurück zur anderen Seite: die Schritte einer Tänzerin, eine Darbietung. Die kaukasische Welt Lermontows und Tolstois, immer noch hier!

Behzad wußte nicht, wo sie herkam, er wußte nur, daß sie arm und vom Dorf war. Wir beobachteten sie beim Überqueren des Hofes – eine ältere, unverschleierte Frau und ein Mann waren bei ihr – und sahen sie die Kabine neben dem Eingang zum Heiligtum betreten, um ihre Schuhe mit den hohen Absätzen bei dem Wärter zu lassen. Wir warteten darauf, daß sie herauskam, aber vergeblich: die Kabine hatte einen Seitenausgang zum Heiligtum. So viele Leute aus den Bergen hier, so viele anstrengende Reisen; doch eine Reise, für die, am Ende wenigstens, ein Dorfmädchen seinen besten Volantrock anzog.

Behzad sagte: »Wissen Sie, worum sie beten? Sie beten um Geld, um Arbeit, einen Sohn.«

Im Museum sahen wir an dem alten Messingtor zum Grabmal des Imam Zeugen alter und immer noch lebendiger Gebete. Wenn ein Besucher des Heiligtums ein Gebet darbrachte oder eine besondere Wohltat erbat, band er einen Streifen Stoff an das Tor, und alle unteren Sprossen oder Streben – Messingzylinder verbunden mit Messingkugeln – waren über und über mit diesen Stoffstreifen bedeckt. Wenn der Stoff sich löste, wurde das Gebet erhört, und selbst im Museum rieben Leute die Hände über die Tuchstreifen, damit ein oder zwei abfielen und sie einem Moslembruder halfen, seinen Wunsch erfüllt zu bekommen. Hinter dem Tor war der Fußboden mit Stoffstücken übersät, die abgefallen waren und Staub angesammelt hatten. Die unteren Teile des Tors waren so oft angefaßt worden, daß einige der Messingteile abgefallen waren.

Einige Leute mit besonders schwierigen Gebeten oder Wünschen hatten billige Schlösser (die meisten davon in China hergestellt) hoch oben an Löchern in den Messingkugeln befestigt. Wie konnten die Schlösser ohne Schlüssel geöffnet werden? Hatten sie den Schlüssel weggeworfen? Hieß das nicht, die Vorsehung zu versuchen? Behzad war sich nicht sicher. Er meinte, es sei wahrscheinlicher, daß der Schlüssel einem Freund übergeben worden sei, der vielleicht eines Tages nach Maschad kam und von allen den Schlössern das richtige erwischte.

Behzad hatte keine Adresse von seiner Freundin. Er hatte nur eine Telefonnummer, und darunter meldete sich nie jemand, nicht mittags und auch jetzt, am Abend, nicht.

Die Telefonate, die er für mich führte, waren genauso fruchtlos. Man hatte mir den Namen eines islamischen Gelehrten an der Universität Maschad gegeben, aber er hatte eine Scheu vor Ausländern. Er sagte, er sei nach Teheran versetzt worden und mit Packen beschäftigt und könne keine Besuche empfangen. Als ich ihn auf einen Kaffee einlud, sagte er, er bekäme eine Migräne und habe sich im Augenblick hingelegt. In zwei oder drei Tagen könne es ihm bessergehen; ich solle ihn morgens anrufen.

So trennten Behzad und ich uns abends nicht wie vorgehabt. Nach dem Abendessen und weiteren Telefonaten gingen wir zu dem Ramadan-Hauptquartier von Ayatollah Schariatmadari. Der Sekretär des Ayatollah sagte, der Ayatollah empfange zwischen zehn und elf am Abend, nachdem er sein Fasten beendet habe. Dann hielte er einen Vortrag, dann ginge er schlafen, um zum Gebet Punkt vier Uhr dreißig vor der letzten Mahlzeit vor Beginn des Fastens wieder auf zu sein. Der Ramadan zwang dem Frommen diesen Rhythmus des Essens und Fastens und Schlafens und Essens auf.

Der lächelnde, freundliche Maître sagte, als er hörte, wohin wir gingen: »Seien Sie vorsichtig. Maschad ist ein Ort, an dem Ausländern jeden Augenblick etwas Schlimmes zustoßen kann.« Die Warnung war berechtigt und gut gemeint. Aber dann ließ die Höflichkeit den Maître hinzufügen: »Ihnen jedoch nicht. Indern passiert nichts. Ägypter, Pakistanis – in Ordnung. Amerikaner,

Deutsche – das ist schlecht. Der Schah hat sie hierhergebracht und sie zu Herren des Landes gemacht. Er war schlecht.« Er lächelte wieder – sein Schnurrbart reckte sich hoch, seine Augen funkelten. »Oder dumm.«

Das Haus, in dem Schariatmadari empfing, lag in einer kleinen, verwinkelten Gasse abseits der Hauptstraße. Nach dem abendlichen Verkehr und den Lichtern war es dunkel und ruhig. Dreck und Staub dämpften die Schritte der Gläubigen, aber es gab keine Masse, keine Eile.

Das Tor war bewacht, aber nachlässig, von zwei jungen Männern, die auf Stühlen davor saßen und ihre Gewehre nicht zeigten. Nachdem Behzad erklärt hatte, ließen sie uns herein. Und es war, als betrete man ein kleines Märchenland: ein eingefriedeter Garten mit elektrischen, weißen Kugellampen, die Pfirsichbäume mit reifenden Früchten, Blumen, Rosen, Rasenflächen beleuchteten. Der ebene Boden an der Stirnseite war mit Teppichen belegt und wurde von einigen Männern zum Gebet benutzt; ein roter Teppichläufer lief an einer Seite des Gartens eine hohe, efeubedeckte Mauer entlang. An der gegenüberliegenden Seite stand neben einem blaugekachelten Swimming-pool mit wenig Wasser ein Zelt mit weiteren Lichtern, und auf Teppichen saßen Leute.

Wir zogen unsere Schuhe aus und gingen gerade durch bis hinter den Swimming-pool und ließen uns gegenüber den schwarzen Kissen nieder, gegen die Schariatmadari sich lehnen würde, wenn er kam. Das Haus neben dem Zelt war neu, aus Beton und Glas; ein modernistisches schmiedeeisernes Geländer führte die gekachelte Treppe hinauf. Es konnte Schariatmadaris eigenes Haus oder das Haus einer religiösen Stiftung sein, bezahlt vom Zehnt der Gläubigen: Behzad war sich nicht sicher. Ein alter und ein junger Mann gingen herum und boten Tee und Zucker und Wasser an; auf dem Teppich standen Schalen mit Zuckerklümpchen.

Behzad sagte: »Schariat will sich beliebter machen. Er nutzt seine Chance. Khomeini ist vollauf mit der Regierung beschäftigt. Also ist Schariat hier und macht sich beliebter.«

Wir alle erhoben uns, als Schariatmadari eintraf. Und es war schwer, dem huldvollen alten Mann politische Verschlagenheit zuzuschreiben, wie er so den roten Teppich heraufkam und zu lächeln schien, es aber vielleicht gar nicht tat: Es war vielleicht nicht mehr als die vereinte Wirkung der Brille, des Bartes und der Form seines Mundes. Sein Bart war weiß, die Hautfarbe rosig und weiß, seine Gesichtsform seltsam schottisch. Sein Priestergewand war makellos. Unter den Mullahs in der Menge, von denen viele dickwanstig und verlottert und vielleicht auch (wie der Volksmund berichtete) überbeweibt waren, war er wie ein Prinz. Sein schwarzer Umhang war aus sehr dünnem schwarzen, bestickten oder gemusterten Stoff, mit eleganten Bändern zum Zubinden; der zimtfarbene Talar schimmerte durch.

Er sah nach dem aus, was er war: eine Gestalt hoher mittelalterlicher Gelehrsamkeit. Philosophie und Astronomie zählten zu den Fächern, die er in den zwanziger Jahren in Ghom bei einem berühmten Theologen studiert hatte: Astronomie war Teil der moslemischen intellektuellen Expansion Jahrhunderte zuvor gewesen, seitdem aber längst mit der Philosophie zu einer theologischen Disziplin erstarrt.

Sobald er sich gegen seine schwarzen Kissen gesetzt hatte, liefen die Leute, um ihm die Hand zu küssen. Zwei Männer begannen, die Menge zu kontrollieren, und stellten die Schlange auf, die aus dem Zelt herausging und sich auf dem roten Läufer entlang der efeubedeckten Mauer nach unten bog. Jungen und Männer führten seine rechte Hand zu den Lippen, zur Stirn, zu den Augen. Ein Mann küßte Schariatmadaris Hand zweimal, das zweite Mal für den Fotoapparat eines Freundes; es gab viele Fotoapparate.

Schariatmadari schien die ganze Zeit zu lächeln, ohne die Leute, die vor ihm niederfielen und mit seiner Hand machten, was sie wollten, wirklich wahrzunehmen. Er war schon völlig von den Bittschriften in Anspruch genommen, die zwei oder drei Leute, die den Mullahs und den Kontrolleuren der Menge trotzten, ihm gegeben hatten. Mullahs mit ihren feinsten Turbanen, schwarz und weiß, und Bärten, schwarz und weiß, drängten sich um ihn. Die sich neigenden Körper, die bleichen Farben der Talare, die schräggelegten Köpfe, die Turbane, die Bärte, all das im starken Licht vor der weißen Stirnwand: der Effekt war malerisch, beinah gestellt.

Ein Glaube wie dieser – der Glaube an den Glauben, Glaube an die Führung des guten Menschen – hatte die Revolution gemacht. Schariatmadari war in dem Konflikt mit Khomeini nun auf der verlierenden Seite, ein Opfer des Glaubens anderer. Aber er war einer der Führer der Revolution gewesen, und selbst Behzad erfüllte es mit Ehrfurcht, sich in seiner Gegenwart aufzuhalten.

Die Schlange der Handküssenden hörte auf vorzurücken, als Schariatmadari auf einer der Bittschriften zu schreiben begann. Es war schwer, die schreibende Hand des Ayatollah zu nehmen und zu küssen – obwohl ein oder zwei Leute das versuchten.

Wir saßen ganz vorn, und wir hatten kein klares Anliegen. Wir hatten keine Bittschrift, keine Kamera; wir küßten die Hand nicht. Wir begannen, Aufmerksamkeit auf uns zu ziehen; einoder zweimal warf Schariatmadari selbst uns einen kurzen fragenden Blick zu. Behzad meinte, es sei Zeit, sich zu entfernen. Wir fanden unsere Schuhe wieder und bahnten uns einen Weg in den hinteren Teil des Gartens. Immer noch kamen Mullahs herein. Einer war blind. Er bewegte sich mit winzigen Schlürfschritten über den roten Läufer, während er mit beiden Händen weitausholende kreisförmige Bewegungen machte. Niemand schenkte ihm Beachtung; die Leute duckten sich einfach unter seinen Händen und ließen ihn in Ruhe. Auf der anderen Seite des Gartens hatten sich im Halbdunkel die Frauen in dem für sie bestimmten Teil versammelt.

Wir warteten, bis Schariatmadari zu sprechen begann. Und nach der Erhabenheit der Umgebung, dem Garten und dem Wasser und den Lichtern und den Pfirsichbäumen mit ihren illuminierten pelzigen grünen Früchten, nach der Erhabenheit des Mannes selbst, hatte Schariatmadari wenig zu sagen. Der Schah war schlecht und hatte Schlechtes getan. Er hatte Polygamie verboten und dadurch den Frauen Schaden zugefügt. Der Islam beschützte die Frauen; er beschützte sie besonders im Scheidungsfall. Das war schon vorher oft gesagt worden; es konnte von jedem Mullah gesagt worden sein.

Aber das Ereignis blieb ein Ereignis – ein Ramadan-Abend mit einem Vortrag eines Ayatollah, und als wir an den Männern mit den Gewehren vorbei hinaus auf die Gasse gingen, fanden wir sie voller Leute, die gerade eintrafen.

Die Hauptstraße war belebt von Autos und Motorrollern; ein Geschäft, das alle Arten iranischer Nüsse und getrockneter Früchte verkaufte, blendete mit fluoreszierenden Lichtern und Glas; Abgase hingen wie stinkender Kochdunst in der Luft.

Und wieder, sobald wir ins Hotel zurückkamen, rief Behzad an, und sein Mädchen antwortete nicht.

Am nächsten Morgen konnte er seine Sorge nicht verbergen. Er hatte den Glauben, die Leitung sei nicht in Ordnung, aufgegeben.

Er sagte: »Ich hoffe, sie hat nichts gemacht und ist verhaftet worden. An einem Ort wie Maschad kann es gefährlich sein mit diesen Revolutionswächtern.«

»Warum sollten sie sie verhaften?«

»Sie ist Kommunistin.«

Mein eigener Gelehrter, der Mann, der nach Teheran versetzt worden war und packte und Migräne hatte und darniederlag, hatte immer noch Migräne.

Er sagte: »Kennen Sie die *Enzyklopädie des Islam*? Eine holländische Veröffentlichung. Sie wird Ihnen alle Information, die Sie über den Islam und Maschad haben wollen, geben.«

Migräne oder nicht, ich war nicht der Meinung, daß ich nach Maschad gekommen war, um mir sagen zu lassen, ich solle gehen und ein altes Buch lesen.

Der Gelehrte sagte: »Ich habe Kopfschmerzen. Haben Sie schon das Grabmal besucht? Das Museum? Die Bibliothek? Fahren Sie zu Firdowsis Grab. Ja, fahren Sie zu diesem Grab.«

Und dahin fuhren wir. Es lag einige Meilen außerhalb Maschads in der weitläufigen trockenen Ebene, die, wenn man sie bewässert, grün wird: eine verlassene Grabstätte für Persiens großen Dichter, der vierhundert Jahre nach der Eroberung Persiens durch die Araber ohne arabische Worte schrieb und, wie Behzad mir sagte, gegen die Persien auferlegte arabische Kultur war.

Das Grab war nicht alt, wie ich erwartet hatte. Es war neu, vom Schah erbaut; ein quadratischer Marmorturm mit vorislamischen Säulen an den Ecken, Teil des Versuchs, mit dem der Schah die vorislamische Vergangenheit des Iran wieder wachrufen wollte. Die Wand neben den Stufen, die zum Grabgewölbe hinabführten, war mit Skulpturen von berühmten Szenen aus Firdowsis Epos geschmückt, die dem alten Stil nachempfunden waren. Aber alle Inschriften waren unleserlich gemacht, jeder Hinweis auf den Schah oder die königliche Familie oder die Monarchie war ausgelöscht worden. Die Buchstaben hatte man mit Zement oder Gips nachlässig zugeklatscht. Und überall auf dem Marmor waren Fotos von Khomeini.

Es war, als hätte der Gelehrte in Maschad mich weniger Firdowsis wegen zu dem Grabmal geschickt als wegen dieses Beweises der Volkswut. Und Wut sah ich auch – deutlicher in dieser reichen rekonstruierten Stadt als in Teheran –, als wir nach Maschad zurückkehrten: die ausgebrannten Gebäude (darunter das Broadway Cinema mit seiner englischen Beschriftung und der Las Vegas-Fassade), die zerstörten, niedergebrannten Sockel in den Gärten ohne ihre königlichen Statuen, die ganzen an Persepolis angelehnten vorislamischen Motive an der Architektur des Schahs verhöhnt. Die heilige Stadt war auch eine Stadt der Wut.

Beim Mittagessen ging es Behzad besser.

Er sagte: »Ich habe mit der Schwester meiner Freundin gesprochen. Es geht ihr gut. Das Telefon ist kaputt. Ich habe mit der Vermittlung gesprochen, und man hat mir die Nummer ihrer Schwester gegeben. Ich besuche sie heute abend. Ich war beunruhigt.«

»Ist die Schwester auch Kommunistin?«

»Meine Freundin ist die einzige Kommunistin in der Familie. Alle anderen sind religiös.«

Man war religiös oder kommunistisch: Es gab keinen Mittelweg oder sonst irgendwas im Iran.

Nach dem Mittagessen beschlossen wir, Fahrkarten für den Zug nach Teheran am folgenden Tag zu kaufen. Aber der Taxifahrer teilte Behzad mit, daß der Fahrkartenschalter am Bahnhof um sechs Uhr öffnete und um zwölf schloß.

Behzad sagte: »Dann gehe ich und stelle mich morgen früh um sechs an.«

Ich sagte: »Glauben Sie, es stimmt, was der Fahrer sagt?«

»Warum sollte er lügen?«

»Das wollte ich nicht sagen. Ich wollte nur wissen, ob es korrekt ist, was er sagt.«

Wir fuhren nicht zum Bahnhof. Wir fuhren zum Heiligtum, zur Bibliothek. Sie war geschlossen.

Behzad sagte: »Was sollen wir tun?«

»Sollen wir zum Bahnhof fahren?«

Wir fuhren hin. Der Fahrkartenschalter war offen, und sie verkauften Fahrkarten für den Zug nach Teheran. Behzad gab keinen Kommentar. Es gab in jedem Abteil vier Liegen. Ich fand, wir sollten alle vier kaufen. Behzad schien zuzustimmen. Aber dann sagte er: »Sie mögen die armen Klassen nicht, nicht wahr?«

Arme Klassen! Reisten die Armen erster Klasse? Aber ich gab seiner Erpressung nach, und wir kauften drei Karten. Für die dritte, für seine Freundin, bezahlte Behzad.

Der Zug, deutscher oder Schweizer Herstellung, wartete am Bahnsteig. Die äußere Scheibe des einen Doppelfensters war wie von einem Kiesel oder Stein zerschlagen. Behzad sagte: »Die Revolution.«

Wir fanden unser Abteil, aber dort zu warten war unmöglich. Die Klimaanlage würde erst funktionieren, wenn der Zug sich bewegte, und die Hitze in dem mehr oder weniger hermetisch verschlossenen Abteil war kaum zu ertragen. Eine Familienszene in einem anderen Abteil – komplett bis hin zum Wasser in einem großen grünen Plastikeimer – weckte meine Unruhe wegen unseres eigenen freien Liegeplatzes. Ich behielt diese Unruhe aber für mich, und wir gingen auf den Bahnsteig hinaus, der kühl war unter seinem hohen, freitragenden Betondach, um auf Behzads Mädchen zu warten.

Kurz darauf verließ Behzad mich mit der Bemerkung, er käme rechtzeitig zurück. Das tat er nicht. Ich war allein im Abteil, als Behzads Freundin, kurz bevor der Zug abfuhr, auftauchte. Sie war klein, trug eine Brille, hatte eine aufgesprungene Haut (vielleicht von der Sommerhitze), war weder hübsch noch unscheinbar. Sie trug eine blaue Hose und ein Hemd. Und sie wurde von mehr als einer Schwester verabschiedet. Sie schien mit einer Familie oder einem großen Teil davon zum Bahnhof gekommen zu sein. Ihre Familie! Religiöse Leute! Ich begann, etwas von Behzads Schwierigkeiten während des Wochenendes und dem irreführenden Spiel, das er mit mir und anderen getrieben hatte, zu verstehen.

Er kam ins Abteil, nachdem der Zug den Bahnhof verlassen hatte. Er stellte mich seiner Freundin die ganze Zeit nicht richtig vor, nannte mir nie ihren Namen; er entschuldigte sich nur für sie und sagte, daß sie kein Englisch spreche. Sie nahm mich zur Kenntnis, sah mich aber nie direkt an. Alte Zwänge übten eine Wirkung auf sie aus, genauso wie auf Behzad.

Und doch war es mit einer unverschleierten Frau in Hosen im Abteil, die ungeniert und vielleicht ein wenig zu rastlos ihre Beine bewegte, leicht, zu vergessen, daß Frauen im Iran einen Schleier oder eine Kopfbedeckung trugen und daß dies der stillste aller Tage im schiitischen Kalender war, der Jahrestag des Todes von Ali: An diesem Morgen hatte es im Radio neben dem Bett im Hyatt Omar Khajjam keine Musik gegeben.

Am Rande von Maschad passierten wir ein Dorf mit Häusern aus Lehmziegeln und flachen Dächern. Dorfjungen am Fuß des hohen Bahndamms begannen verbissen, aber ohne Boshaftigkeit, den Zug mit Steinen zu bewerfen. Verbissen waren sie nur, weil der Zug so schnell vorbeifuhr und sie so viele Würfe wie möglich schaffen wollten. Behzad hatte gesagt, das zerbrochene Fenster in einem Wagen sei durch die Revolution verursacht worden. Und vielleicht war es das auch; vielleicht stammte der Sport aus dieser heldenhaften Zeit. Aber ich war froh, daß er mit seinem Mädchen beschäftigt war und nicht hinsah.

Mit seinem Mädchen war er so ungezwungen wie ein Kind; nie hörte das Gespräch zwischen ihnen auf. Bald begannen sie Karten zu spielen – sie hatte ein Spiel mitgebracht. Sie könne nur ein Spiel, sagte Behzad, als er sich meiner für eine Minute erinnerte, und das sei ein sehr simples Spiel. Sie spielten dieses Spiel, bis sie seiner überdrüssig wurden.

Eine Landschaft der Berge, Hügel und bewässerten Ebene. Die Hügel lagen vereinzelt, und der Zug schlängelte sich zwischen ihnen durch. Die Felder waren golden nach der Ernte, und am späten Nachmittag färbten die entfernten Hügel sich in ein warmes Braun. Das Land war hier und da von Wasserläufen aufgebrochen, die manchmal tief einschnitten und kleine Steilufer geschaffen hatten; aber nun, mitten im Sommer, waren die Wasserläufe zu plätschernden Bächen geschrumpft, ein paar Zentimeter breit und ein paar Zentimeter tief. Lämmerherden weideten auf den Stoppelfeldern. Manchmal konnte man Männer beim Getreideworfeln sehen. Aber die moderne Straße und die glänzend lackierten Lastwagen waren nie weit weg, und die Hochspannungsmasten marschierten über die Ebene.

Die Dörfer waren lehmfarben, und die Häuser hatten gewölbte Dächer aus Lehmziegeln (Holz für Balken war hier nicht leicht zu bekommen) mit schrägliegenden Rinnen am Rand, die das Wasser abführten. Vom Zug aus schienen die Kuppeln sich zu bündeln, die vorstehenden Rinnen, deren schwarze Schatten sich auf den Lehmwänden noch schärfer neigten, deuteten Miniaturkanonen an; und an den Ecken der Dorfwälle standen runde Türme wie Wachtürme. Die Hügel wurden runder, und die Falten und Runzeln in ihnen waren wie Runzeln in menschlicher

Haut. Langsam näherte sich die Wüste. Der Boden war genarbt von Brunnen mit aufgeworfenen Erdrändern, die wie riesige Maulwurfshügel waren; und oft umschlossen in dieser unfruchtbaren Landschaft Lehmwände wunderbar grüne Pappelhaine.

Die Sonne ging an Behzads Wagenseite unter. Das Land war staubig: Behzad sagte, die Wüste sei nahe. Er stimmte nicht mit mir überein, daß das Land gut bestellt sei und für die Dorfstraßen und die Stromversorgung viel getan worden sei. Er war mit seiner Freundin zusammen, mit ihr hatte er einen Blick für Ungerechtigkeit entwickelt, und ein Gefühl für Ungerechtigkeit war eins der Dinge, die sie verband. Er erzählte mir – und übersetzte für das Mädchen, was er gesagt hatte –, daß fünfundsiebzig Prozent der Dörfer im Iran keine Straßen und keine Elektrizität hätten.

Aber das Land war gewaltig, schwierig, seine Dörfer weit verstreut. Und obwohl Behzad sagte, daß wir uns nun in unbewässerter Wüste befänden – und obwohl er die Deckenbeleuchtung einschaltete und der schwindenen Sicht noch Spiegelreflexe hinzufügte – konnte ich, bis es dunkel wurde, sehen, daß die gleichmäßige Ebene in Streifen und Flecken noch kultiviert war.

Behzads Freundin bot etwas zu essen an – sie hatte damit, vielleicht aus Gewohnheit, an diesem Ramadan-Tag bis zum Sonnenuntergang gewartet. Ihre Adidastasche war schwer von Plastiktüten mit Pasteten und Krapfen – von denen Behzad sagte, daß er sie nie vorher gegessen habe – und getrockneten Feigen und anderen getrockneten Früchten. Das alles hatte sie aus Maschad mitgenommen, um es ihren Freunden in Teheran zu geben. Ich nahm ein paar getrocknete Früchte – eine kleine Sorte Feigen, runzlig, aufgesprungen, lehmfarben, weich und zuckrig innen, eine Frucht, der man anmerkte, daß sie in diesem Land, das wir durchfahren hatten, gewachsen war und die Erinnerung an Sonne und Wüste und eingefriedete Gärten barg. Behzad nahm einen Krapfen, seine Freundin ein Rosinenbrötchen.

Sie lehnte sich gegen das Fenster, streckte ihr linkes Bein auf dem Sitz aus und begann ein nagelneues persisches Büchlein mit einem roten Stern und rotem Hammer und Sichel auf dem gelben Umschlag zu lesen. Behzad sagte, das Büchlein sei gerade von der Partei – einer unabhängigen Partei, die nicht mit Moskau verbunden war – herausgegeben worden, um zu erklären, warum sie nicht an den Wahlen für die Versammlung der Experten teilgenommen habe.

Behzads Mädchen las mit Entschlossenheit, aber was sie las, schien sie nicht zu fesseln. Sie hörte auf, die Seiten zu wenden, legte das offene Buch mit dem Gesicht nach unten auf den Sitz, und sie und Behzad unterhielten sich. Sie nahm ihr Bein vom Sitz, und sie begannen wieder Karten zu spielen, dasselbe simple Spiel.

Wir hielten an einem Bahnhof. Und nach Behzads Zurechtweisung in Maschad wegen meiner Haltung den ›armen Klassen‹ gegenüber, die mich davon abgehalten hatte, die vierte Koje zu kaufen, kicherten nun sowohl er als auch sein Mädchen nervös, um Fremde draußen zu halten. Er zog an der Seite zum Gang die Vorhänge zu.

Der Zug fuhr an. Es klopfte, und fast gleichzeitig wurde die Tür aufgeschoben. Es war der Schlafwagenbegleiter. Er schmiß blaue Säcke mit Bettzeug hin: eine Decke, ein Kissen, Bettücher, ein Kissenüberzug.

Es klopfte noch einmal. Behzad zog die eine Seite des Vorhangs weg, ich die andere. Es war ein kleiner junger Mann in Soldatenuniform mit Revolver. Er schob die Tür auf, sprach mit Behzad und schloß die Tür. Er trug schwarze Stiefel.

Ich sagte: »Einer von der Armee?«

Behzad sagte: »Er ist vom *komiteh*. Er sagte, wir dürften nicht Karten spielen. Wissen Sie, wie er mich nannte? ›Bruder‹. Ich bin sein Bruder im Islam. Ich darf nicht Karten spielen. Das ist eine neue Vorschrift.«

Nach dem Schock wurde er wütend. Seine Freundin ebenso. Sie sagten nichts, ihr Gesicht wurde verschlossen. Behzad fiel nun die Rolle des Mannes zu, und an mich, den Zeugen seiner Demütigung, wandte er sich, um seinen Zorn auf englisch abzureagieren.

»Das mit den Karten ist mir egal. Die Macht, darum geht es mir.

Er tut so etwas nur, um mir seine Macht zu zeigen. Um mir ihre Macht zu zeigen. Ich begreife nicht, wie Mohammed etwas von Karten wissen sollte. Die waren zu seiner Zeit noch nicht erfunden.«

Ich sagte: »Aber er hat sich gegen das Glücksspiel ausgesprochen.«

»Stimmt. Aber wir haben nicht um Geld gespielt.«

»Das konnte der Mann vom *komiteh* nicht wissen.«

»Er wußte es. Natürlich wußte er es.«

Ich entwickelte ein eigenes Bewußtsein des Schreckens. Das Auftauchen des Mannes in Khaki hatte die Reise geändert, einem Land Irrationalität verliehen, das ich, solange es hell war, mit einem Interesse betrachtet hatte, das nun unangemessen und absurd erschien: Lastwagen, Straßen, Leitungsmasten und Dörfer waren nicht das, als was sie erschienen waren.

Behzad sagte: »Da sehen Sie, was ich Ihnen immer gesagt habe. Die Macht muß dem Volk gehören, den Arbeitern und Bauern. Die oberen Klassen wollen immer nur ihre Macht zeigen.«

Ich war der Meinung, daß die Macht nun dem Volk gehörte, daß das, was gerade geschehen war, eine Demonstration dieser Macht war.

Ich sagte: »Gehört der Mann vom *komiteh* zu den oberen Klassen?«

»Er gehört zur Oberklasse. Die Armee dient immer den oberen Klassen. Deshalb nenne ich ihn einen Angehörigen der Oberklasse.«

Wir diskutierten nicht. Das wollte keiner von uns, und seine Spitzfindigkeit wäre für mich so schwierig gewesen, wie die von Ayatollah Schirazi in Ghom es gewesen war.

Er hatte nicht Karten spielen wollen; seine Freundin kannte nur das eine einfache Spiel. Jetzt waren sie wie Kinder, denen man zu spielen verboten hatte. Die Karten lagen auf dem Sitz zwischen ihnen, immer noch nicht eingesammelt. Das Mädchen hatte sie einfach mit einer Geste, die wie ein Seufzer war, hinfallen lassen. Ihr Gesicht, das schon verschlossen war, wurde hart.

Ich dachte, es wäre vielleicht einfacher für sie gewesen, wenn sie allein gewesen wären und viel einfacher für Behzad, wenn ich nicht als zusätzlicher Zeuge da gewesen wäre. Ich machte mir Gedanken wegen seines Stolzes.

Ich sagte: »Der Mann vom *komiteh* ist nicht wichtig. Vergessen Sie ihn. Sie brauchen nicht jede Schlacht zu schlagen. Schlagen Sie nur die wichtigen.«

So etwas sagt man zur Beruhigung. Er sagte: »Die Karten sind mir egal. Deswegen mache ich kein Theater. Aber wenn es um Bücher geht – wenn sie meine Freundin fragen, warum sie das Buch liest –« Er brachte den Satz nicht zu Ende.

Das ungelesene Büchlein lag immer noch mit dem Umschlag nach oben auf dem Sitz. Schon als sie es hinlegte, war mir aufgefallen, daß sie den gelben Umschlag mit dem roten Stern und Hammer und Sichel zur Schau stellte, daß sie ihn von Leuten, die auf dem Gang vorbeigingen, wahrgenommen haben wollte.

Immer noch, ohne etwas zu sagen und mit einer Gebärde femininer Mattigkeit, sammelte sie die Karten ein.

Behzad sagte: »Sie wissen, wogegen die etwas haben, nicht wahr? Sie sehen, daß meine Freundin« – immer noch vermied er aus alter Befangenheit den Namen – »keinen *Chador* trägt. Deshalb wollen sie uns ihre Macht fühlen lassen.«

Sie stand auf, nickte zum Gang hin, und sie und Behzad gingen hinaus und entfernten sich, um allein zu sein, wie ich dachte, und auch um Leute herauszufordern, die ein Mädchen ohne Schleier und in Hemd und Hose an diesem Ali geweihten Tag vielleicht nicht billigten.

Sie blieben eine Weile weg.

Als sie zurückkamen, sagte Behzad: »Der Mann, der das Bettzeug gebracht hat – ich glaube, er hat uns angezeigt. Er hat uns Karten spielen sehen und uns angezeigt.«

Er liebte das Volk. Aber wer war im Iran nun das Volk?

Weniger als eine Stunde später sagte das Mädchen, es wolle schlafen gehen. Behzad bat mich, die Platzverteilung vorzuschlagen. Da ich an ihre Ungestörtheit dachte, schlug ich vor, daß sie in einer der oberen Kojen schlafen sollte, ich unter ihr, Behzad in der unteren Koje mir gegenüber, und daß die Koje über ihr heruntergezogen werden sollte, damit man im Spiegel nichts sehen konnte.

Sie verstand, was ich gesagt hatte, und begann beinah sofort die Leiter hochzuklettern.

Behzad sagte: »Aber –«

Und seinem Auge folgend, sah ich, als sie auf der untersten Leitersprosse stand, zum erstenmal, daß ihr linker Fuß nicht gesund war, daß ihr linkes Bein, das ich für zu rastlos gehalten hatte, kürzer war als das rechte, daß ihre linke Hüfte ein wenig zurückgebildet war.

Sie bestand darauf, hochzuklettern. Und Behzad schlief nicht in der unteren Koje mir gegenüber. Er schlief auf der oberen Liege, in der Nähe seines Mädchens. Er trug keinen Schlafanzug; er hatte keinen oder trug in seiner kleinen Aktentasche keinen bei sich. Für den Iran war er erstaunlich kühn.

Spät abends waren wir in Wüste und Gebirge gewesen. Am Morgen gab es von Erdwällen umgebene Brunnen, Bewässerungskanäle, die Lehmwände von Hainen und Gärten, Menschen, die auf ordentlichen fruchtbaren Feldern arbeiteten; Dörfer; die Randgebiete Teherans. Ein Zugbegleiter brachte Tee, der in Gläsern serviert wurde und auf persische Art getrunken werden sollte, mit einem Zuckerklümpchen im Mund.

Behzad hatte nicht gut geschlafen; er blieb gequält. Als wir fast in der Stadt waren – an der Rückfront der unwahrscheinlichsten Häuser waren Klimaanlagen angebracht –, sahen wir den *komiteh*-Mann im Gang: jungenhaft, sehr klein, ohne Getue und, als er in unser Abteil hereinschaute, ohne offensichtliche Erinnerung an sein Eindringen am gestrigen Abend.

Behzads Freundin verabschiedete sich, ohne daß sie mich zu sehen schien. In all den Stunden, die wir zusammengewesen waren, hat sie mich nie direkt angesehen. Ich ließ beide auf dem Bahnsteig des Teheraner Bahnhofs vorangehen: Sie war klein und humpelnd, er groß und athletisch, beschützend, leicht zu ihr hinabgebeugt. Freunde erwarteten sie, sie nahmen sie Behzad ab. Junge Menschen der Revolution, Menschen, die Gefahr mit sich herumtrugen; aber die Stadt, in die sie zurückgekommen waren, war an diesem Tag für sie eine Stadt des Unglücks.

Am Wochenende hatte es Krawalle zwischen Moslems und Linken gegeben, und die Linke hatte schwer gelitten.

Eine Woche zuvor, als Behzad und ich aus Ghom zurückkamen, hatten wir im Autoradio von der Schließung von *Ayandegan*, der Zeitung der Linken, gehört. Die Woche über hatten sich linke Proteste aufgebaut, und moslemische Gruppen hatten mit dem Gegenangriff begonnen.

Nach den Gebeten am Freitag vor der Teheraner Universität – die Behzad aufgrund seiner eigenen revolutionären Rührung beim Anblick der Menge als politisches Ereignis und nicht als religiöses betrachtet hatte – waren Hunderte von Moslems zu den Redaktionsräumen von *Ayandegan* marschiert. Dreißig Druckereiarbeiter der Zeitung hatten sich geweigert, das Gebäude zu verlassen; nun wurden sie von Revolutionswächtern hinausgeworfen. Fünf der hinausgeworfenen Männer von *Ayandegan* wurden verletzt und mußten ins Militärkrankenhaus gebracht werden; zwanzig wurden verhaftet. Am Sonntag hatte es bei einer linken Demonstration vor der Teheraner Universität ernsthafte Auseinandersetzungen mit Stöcken und Messern gegeben; noch viel mehr Leute wurden verletzt. Am Montag – während wir uns für den Zug aus Maschad fertigmachten – hatten moslemische Gruppen die Zentrale von Behzads kommunistischer Organisation gestürmt, jeden hinausgeworfen, Dokumente hinausgeworfen, alle Waffen an sich genommen – Handgranaten, Granatwerfer, Kanister mit Tränengas, belgische und russische Gewehre.

Zu diesen Neuigkeiten waren Behzad und seine Freundin zurückgekommen. Sie hörten sie – wie ich später erfuhr – von den Freunden, die gekommen waren, um das Mädchen abzuholen. Nach seiner Demütigung vom vergangenen Abend erzählte mir

Behzad aber nichts davon. Er brachte mich ins Hotel zurück und verließ mich – seine Verpflichtungen mir gegenüber waren damit erfüllt –, so daß ich die Nachrichten selbst in der *Teheran Times* herausfinden mußte.

Zeitungsnotizen: festgelegte Sprache, festgelegte Formulierungen, die alles der Vorstellungskraft überließen. Aber nur wenig später, als ich unterwegs zum Mittagsbuffet im Intercontinental Hotel war, nahmen die Zeitungsnotizen eine kaum glaubliche Gegenwärtigkeit an.

Ein Wolkenkratzer mit Garten und Skulptur; eine Seitenstraße, versperrt von einem Auto mit Blinklicht auf dem Dach; Männer im tarnfarbenen Kampfanzug mit Gewehren; Sandsäcke an den Grundstücksecken des Wolkenkratzers mit in Stellung gebrachten Maschinengewehren. Und auf der anderen Seite der geschäftigen Straße standen die aus dem Haus vertriebenen Kommunisten, junge Männer in Hosen und offenen Hemden, die wie städtische Arbeiter aussahen. Eine persische Schlachtordnung, beide Seiten wartend und angespannt beobachtend, während das Leben in der Stadt weiterlief, so wie die Bauern sich früher ihren bäuerlichen Aufgaben widmeten, während die Armee kämpfte, um zu entscheiden, wer herrschen sollte.

An dem Nachmittag hörte ich auf der Firdowsi-Straße, der Straße der Geldwechsler, eine Sirene, und ein offener Lastwagen voll Moslems mit Gewehren raste vorbei, gefolgt von einer Art Polizeiwagen. Später ertönte auf der Straße der Islamischen Republik, früher Schah, wieder die Sirene, und wieder sah ich die Moslems mit Gewehren. Kein Notfall hatte sie herausgerufen. Sie fuhren nur schnell durch die Stadt, die Sirene war ihr Kampfsignal; und sie taten es, wie Behzad gesagt hätte, um ihre Macht zu zeigen.

Zwei Tage später, an meinem letzten Abend in Teheran, sah ich Behzad für ein paar Minuten. Seine Haut war vom Sonnenbrand dunkel. Er hatte mit den vertriebenen Kommunisten auf der den Sandsäcken und Maschinengewehren gegenüberliegenden Straßenseite gestanden. Er war traurig, aber ruhig. Er hatte seine Schlacht gefunden. Ich fragte nach seiner Mutter, die nach Teheran gekommen war und bei ihm wohnte. Aber – noch immer die alte Befangenheit – von ihr erzählte er wenig, und über seine Freundin sagte er gar nichts.

Solche Gefühlsbewegung, solche Tapferkeit; und seine Sache war, unvermeidbar im Iran, genauso simpel wie die seines Feindes und letzten Endes nicht mehr als eine Spielart der seines Feindes. Beide Seiten hingen ab von einer offenbarten Wahrheit und einer speziellen Lesart historischer Ereignisse, beide verlangten absoluten Glauben. Und beide wurden von derselben Leidenschaft genährt: Gerechtigkeit, Einheit, Rache.

Ich fuhr weiter nach Pakistan. Mein erster Plan war gewesen, mit dem Bus in Etappen nach Süden und Osten zu fahren, durch alte Städte mit wunderschönen Namen: Isfahan, Kerman, Yazd (von Bedeutung für Anhänger des Zoroaster, Perser eines vorislamischen Glaubens, die längst vertrieben waren und deren Nachkommen in Indien als Parsi, Perser, überlebten), Zahedan. Aber nach Ghom und Maschad hatte ich genug von Wüstenreisen mitten im Sommer; ich wollte nun auch nicht an absolut abgelegenen Orten in *komitehs* hineinlaufen; und ich konnte keine zuverlässige Information über Beförderungsmittel über die pakistanische Grenze bekommen. Ich beschloß zu fliegen, direkt nach Karatschi.

Es gab nicht viele Flüge. Ich wählte den um sieben Uhr dreißig morgens, und die Pakistan International Airlines sagte, man müsse drei Stunden vorher da sein. Ich war pünktlich, und ich glaubte, das Richtige getan zu haben. Eine halbe Stunde später, als die Dämmerung anbrach, war die Schlange lang und bewegte sich äußerst langsam vorwärts.

So wie am Londoner Flughafen der Warteraum für den Iran voller Iraner gewesen war, die in Europa und in den Vereinigten Staaten eingekauft hatten, war der Teheraner Flughafen nun voller pakistanischer Gastarbeiter, die im Iran eingekauft hatten. Sie nahmen eine Menge mit zurück: Schachteln, Truhen, große, mit

Seilen zugebundene Pappkoffer, braune Kartons, die mit berühmten Namen bestempelt waren: Aiwa, Akai, Toshiba, National, Namen des neuen universalen Basars, in dem Güter nicht an eine besondere Bildung, Leistung oder Zivilisation geknüpft waren, sondern einfach Güter waren, Teil der natürlichen Freigebigkeit der Welt.

Das Flugzeug, das um sieben Uhr dreißig abfliegen sollte, traf nicht vor zehn ein. Um elf Uhr fünfundzwanzig wurden wir zum Flugzeug gebracht, dann aber noch eine weitere Stunde aufgehalten, während Phantoms der iranischen Luftwaffe, die in Amerika hergestellt waren, abhoben. Ich glaubte, sie trainierten. In Wirklichkeit hoben sie auf Khomeinis Befehl ab, um die rebellischen Kurden im Westen anzugreifen. In Karatschi erfuhr ich später, daß zwei Phantoms abgestürzt waren, und die Nachricht war merkwürdig bedrückend: so ein schmuckes und tödliches Flugzeug und die nicht richtig ausgebildeten Männer darin so verletzlich, halbe Opfer und doch Männer, die an diesem Morgen dem Willen Gottes und des zwölften Imam gehorchten und voller Mord steckten.

Nach Kurdistan, den Phantoms folgend, ging auch Ayatollah Khalkhalli, Khomeinis islamischer Richter, der der Macht so nahe war, wie er erst vor zehn Tagen in Ghom geprahlt hatte. Er zog in der Augusthitze geschwind von Ort zu Ort und hatte im Nu fünfundvierzig Leute zum Tode verurteilt. Er hatte fünfunddreißig Jahre lang studiert und war nie um ein islamisches Urteil verlegen. Als sich in einer kurdischen Stadt die Familie eines Gefangenen beschwerte, daß dem Gefangenen drei Zähne ausgeschlagen und die Augen herausgequetscht worden seien, befahl Khalkhalli für den Folterer eine ähnliche Strafe. Drei Zähne wurden dem Mann auf der Stelle ausgerissen. Die geschädigte Familie erbarmte sich dann, vergab dem Übeltäter und ließ ihn seine Augen behalten.

Das war islamische Gerechtigkeit, schnell, persönlich, befriedigend; sie entsprach den einfachen Bedürfnissen der Gläubigen. Aber in den vergangenen Zeiten hatte man uns von diesem iranischen Bedürfnis nichts gesagt. Dieses besondere Versprechen der Revolution war verwischt oder verfälscht worden, und wir hatten meistens gelesen *Nieder mit dem faschistischen Schah*. Nur Iraner und einige ausländische Wissenschaftler wußten, daß Khomeinis Vater, als Khomeini noch ein Kind war – während die Kadscharddynastie noch im Iran herrschte –, von einem Regierungsbeamten getötet worden war, daß der Täter öffentlich gehängt worden war, daß Khomeini von seiner Mutter zur Hinrichtung gebracht und ihm gesagt worden war: »Nun lebe in Frieden. Der Wolf hat die Früchte seiner Übeltaten geerntet.«

In der *New York Times* im Januar 1979, als Khomeini noch in Frankreich im Exil lebte, hatte er in seiner Anzeige an die ›Christen der Welt‹ als an Menschen einer ebenbürtigen Zivilisation appelliert. Es war ein anderer Khomeini, der im August, am Jerusalem-Tag (dem Tag, an dem die Phantoms gegen die Kurden geschickt wurden), sagte: »Die Regierungen dieser Welt sollten wissen, daß der Islam nicht besiegt werden kann. Der Islam wird in allen Ländern der Welt siegreich sein, und der Islam und die Lehren des Korans werden überall auf der Welt obsiegen.«

Das hätte man den Lesern der *New York Times* nicht sagen können. Ebensowenig das, was am letzten Freitag im Ramadan gesagt wurde (und ein gutes Beispiel für die mittelalterliche ›Logik und Rhetorik‹, die in Ghom gelehrt wird, ist: gewisse Schlüsselwörter werden wiederholt, in verschiedenen Kombinationen eingesetzt und schließlich verdreht): »Wenn Demokraten über Freiheit reden, sind sie von den Supermächten angestiftet. Sie wollen unsere Jugend an Orte der Korruption führen ... Wenn sie das wollen, ja, dann sind wir Reaktionäre. Ihr, die ihr Prostitution und Freiheit in allen Dingen wollt, seid Intellektuelle. Ihr betrachtet eine korrupte Moral als Freiheit, Prostitution als Freiheit ... Die, die Freiheit wollen, wollen die Freiheit, Bars, Bordells, Kasinos, Opium haben. Aber wir wollen, daß unsere Jugend ein neues Zeitalter in der Geschichte formt. Wir wollen keine Intellektuellen.«

Das war sein Aufruf an die Gläubigen, die Leute, die Behzad

als *Lumpen* beschrieben hatte. Er verlangte nur Glauben. Aber er kannte auch den Wert des iranischen Öls für Länder, die von Maschinen lebten, und er konnte die Phantoms und die Panzer gegen die Kurden schicken. Interpret von Gottes Willen, Führer der Gläubigen, er drückte die ganze Verwirrung seines Volkes aus und ließ sie wie etwas Herrliches, wie den vertrauten Glauben erscheinen: die Verwirrung eines Volkes mit hoher mittelalterlicher Kultur, das sich des Öls und des Geldes, eines Gefühls der Macht und Gewalt und des Wissens einer großen neuen umfassenden Zivilisation bewußt wurde. Diese Zivilisation konnte man nicht unterwerfen. Man mußte sie zurückweisen; gleichzeitig mußte man sich auf die stützen.

II

Pakistan

Die Salzhügel eines Traums

Gonzalo: Hätt' ich, mein Fürst, die Pflanzung dieser Insel –
Antonio: Er säte Nesseln drauf.
Sebastian: Oder Kletten, oder Malven.
Gonzalo: Und wäre König hier: was würd' ich tun?
Sebastian: Dem Trunk entgehn, weil er keinen Wein hätte.
Gonzalo: Ich wirkte im gemeinen Wesen alles
Durchs Gegenteil; denn keine Art von Handel
Erlaubt' ich, keinen Namen eines Amts;
Gelahrtheit sollte man nicht kennen; Reichtum,
Dienst, Armut gäb's nicht; von Vertrag und Erbschaft,
Verzäunung, Landmark, Feld- und Weinbau nichts;
Auch kein Gebrauch von Korn, Wein, Öl, Metall,
Kein Handwerk; alle Männer müßig, alle;
Die Weiber auch, doch völlig rein und schuldlos;
Kein Regiment –
Sebastian: Und doch wollte er König sein!
Antonio: Das Ende seines gemeinen Wesens vergißt den Anfang.

Der Sturm

I

Vertreibungen

Die Herrschaft Alis war in den Iran gekommen: Der iranische Staat zerfiel. Der Außenstehende konnte diesen Zusammenhang herstellen. Aber der Gläubige konnte mit diesen großen Ereignissen jonglieren und eins von dem anderen getrennt halten; und selbst während er sich darauf vorbereitete zu fliehen, konnte er sich noch über den Sieg für den Islam freuen. Pakistan konnte genauso betrachtet werden. Es konnte als zersplittertes Land gesehen werden, das wirtschaftlich stagnierte und despotisch regiert wurde und dessen begabtes Volk der Hysterie nahe war. Aber Pakistan war auch das Land, das vor mehr als dreißig Jahren als Heimat für die Moslems Indiens ins Leben gerufen worden war und aus diesem Grund als Wegbereiter der Neubelebung des Islams in Ehren gehalten werden mußte.

Ein Artikel in der *Teheran Times* verband die beiden Länder. »Die Geschichte Pakistans und der islamischen Revolution im Iran erinnern an die Macht der Religion und die Hohlheit säkularer Kulte. Wie die Welt funktioniert, ist das Anliegen der Wissenschaft, und wie die Gesellschaft regiert werden soll, ist die Sache der Politiker, aber die Bedeutung des Ganzen ist das Hauptanliegen des Iran und Pakistans. Im Islam verbinden sich Politik und Religion. Der Iran und Pakistan können sich zusammentun, um der Welt zu beweisen, daß der Islam nicht bloß ein Glaube der Vergangenheit ist, der alte Rituale praktiziert.«

Das war die Logik des Glaubens. Der Schreiber räumte ein und schob beiseite, was in beiden Ländern fehlte – Wissenschaft, die Fähigkeit, einen Staat des zwanzigsten Jahrhunderts zu verwalten. Und durch eine Art intellektueller Augenwischerei, eine verbale Verschwommenheit (»die Bedeutung des Ganzen«) bot er dann die Verehrung der Religion als eine Leistung an, die alles andere übertraf. Um das zu tun – und das Chaos ohne Ironie als sein Gegenteil darzustellen (»erinnern an die Macht der Religion und die Hohlheit säkularer Kulte«) – mußte der Schreiber viel auslassen.

Er hatte auf »die Geschichte Pakistans« hingewiesen. Aber er hatte sich nicht näher mit dieser Geschichte befaßt, und ihre Beschaffenheit hatte er ignoriert: die Entwurzelungen und der Massenauszug nach der Gründung des Staates 1947, das Fehlen einer parlamentarischen Regierung, die Verwandlung eines Landes des Glaubens in ein Land des Plünderns, das Anwachsen des Regionalismus, die Armeeherrschaft 1958, die blutige Abspaltung des weit entfernten Bangladesh 1971. In dem Artikel gab es keinen Hinweis darauf, daß in Pakistan wieder einmal die Armee herrschte, daß wieder einmal das Kriegsrecht herrschte, keinen Hinweis darauf, daß Bhutto, der einzige gewählte Ministerpräsident des Landes, 1977 von der Armee abgesetzt wurde, unter Mordanklage verhaftet, vor Gericht gestellt und zum Tode verurteilt und nach neunzehn Monaten im Gefängnis gehängt worden war, keinen Hinweis darauf, daß diese Hinrichtung, die gerade erst vier Monate her war, das Land entsetzt, demoralisiert und weiter gespalten hatte.

Diese ganze Geschichte, all dieses säkulare Versagen und Leid, war durch die Logik des Glaubens hinweggezaubert worden.

Die Wüste des Iran geht in die Wüste von Pakistan über. Aus einer Höhe von 9000 Metern sahen die Ödländer des Iran und des zu Pakistan gehörenden Belutschistan braun und schwarz aus, aber blaß, mehr ein Widerschein als Farbe.

In Belutschistan gab es etwas Erdgas, aber die Wüste Pakistans hatte kein Öl. Der Iran war ein Land des Öls und des Geldes; hier war die Wüste Wüste. Der Iran mit einer Bevölkerung von fünfunddreißig Millionen verdiente siebzig Millionen Dollar pro

Tag an seinem Öl; Pakistan mit einer doppelt so großen Bevölkerung verdiente einhundertvierzig Millionen im Monat an seinen Reis-, Leder- und Baumwollexporten. Der Iran hatte gerade vor einem amerikanischen Bundesgericht eine Rückzahlung von dreißig Millionen Dollar von der American Bell International-Gesellschaft durchgesetzt; Pakistan konnte in einem Jahr nur zwanzig Millionen Dollar für die Straßen der Provinz Sind ausgeben, die riesig war. Der Iran konnte Milliarden an militärischer Ausrüstung abschreiben – Öl verwandelte sich in Geld und dann in Wasser; hier war es eine Nachrichtenmeldung wert, daß Pakistan sich wegen eines Darlehens von einhundertfünfzig Millionen Dollar an den Iran wandte.

Hier – die Welt schrumpfte immer mehr – stand in den Nachrichten, daß dreißig pakistanischen Sportorganisationen einhundertvierzigtausend Dollar Zuschuß gewährt worden sei. Ein größeres Land als der Iran, aber eine zwergenhafte Wirtschaft, und das spiegelte sich in den Zeitungsanzeigen für Versicherungen, Tropenkleidung, Fernsehapparate, ein Schädlingsbekämpfungsmittel für Baumwolle (in Zusammenarbeit mit der englischen Firma May and Baker hergestellt), Zement, einen Spannungsstabilisator, Messing- und Kupferdreiecke und -stäbe, eine kosmetische Seife, eine bestimmte Marke Rasierklingen.

Formen einer hochentwickelten Verwaltung, die in einer zwergenhaften Wirtschaft überlebten, konnten manchmal den Anschein erwecken, als spiele da ein ganzes Volk. In *Dawn*, der führenden englischsprachigen Zeitung von Karatschi, war eine doppelspaltige, acht Zentimeter lange Anzeige von der Zentrale der Organisation für Verteidigungswissenschaft und -technologie im Verteidigungsministerium, die einen Kühlschrank und vier Schränke (»Holz mit verglasten und mit Scharnieren befestigten Türen«) zu kaufen suchte.

Sechzehn Zentimeter gab man in dieser Zeitung der Verkündigung eines ›Regierungsplans zur Förderung praktischer Fertigkeiten von Jugendlichen‹. Worin bestand dieser Plan? Die Regierung gab eintausend Dorfschulen je zweitausend Rupien, zweihundert Dollar, um Arbeitstische und Handwerkszeug zu kaufen. Dafür sechzehn Zentimeter? Wie? Folgendermaßen: ›... Das Ausbildungsprogramm wird den unmittelbaren Bedürfnissen der jeweiligen Gemeinde angepaßt und auf die Interessen der Lernenden abgestimmt, damit der größtmögliche Nutzen aus diesem Programm gezogen wird. Die Regierungsbeamten erklärten, daß dieses Programm auf dem Baukastenprinzip beruhe, das sich genau an den für die einzelnen Gemeinden gültigen Fertigkeiten orientiert ...‹

War das Geld knapp, wurde das Manko durch Sprache ausgeglichen. *Stufenweise Mechanisierung der Landwirtschaft* lautete die ermutigende Schlagzeile in *Dawn*. Und das war die Geschichte: ›Das Mechanisierungsprogramm für die Landwirtschaft wird in der Provinz Sind aufgestockt, indem mehr Maschinen zur Feldbestellung eingesetzt werden, erfuhr man hier gestern ...‹

Aber die Stellenangebote für Arbeiter in Saudi-Arabien mit einem Verdienst von zweihundert Dollar im Monat waren schon weniger lustig zu lesen. ›Bewerber werden nur als Alleinstehende angestellt, ungeachtet ihres tatsächlichen Status. Klimatisierte Junggesellenunterkünfte mit doppelter Belegung, ausgestattet mit den notwendigen Möbeln und gemeinsamen Koch- und Waschgelegenheiten, werden gegen Abzug angemessener Leihgebühren zur Verfügung gestellt.‹ Von diesen Verdiensten im Ausland lebte Pakistan ebensosehr wie von seinen Reis-, Leder- und Baumwollexporten.

Und doch gab es auch Nachrichten von einer in Pakistan hergestellten ›islamischen‹ Atombombe; und auf der Leitartikelseite stand ein langer Kommentar über den Widerstand ›internationaler Zionisten‹ gegen diese Bombe. Pakistan war arm, aber es war ein Land des Glaubens, mit den Besessenheiten des Glaubens. *Indira bekommt von Israel Geld für KGB-Information:* das war eine Geschichte vom Londoner *Dawn*-Korrespondenten: Frau Gandhi hatte, als sie Ministerpräsidentin Indiens war, Informationen vom KGB erhalten, und sie hatte diese Informationen an

Moshe Dayan, den Außenminister Israels, weitergegeben, und er habe ihr sechs Millionen Dollar gegeben. Als Quelle dieser Geschichte wurde ein unveröffentlichtes Buch eines ugandischen Diplomaten angegeben (Uganda war unter Amin Teil der moslemischen Welt).

Abseits dieser jüdisch-indisch-russischen Mauscheleien bereiteten fromme Pakistanis sich auf die Pilgerfahrt nach Mekka vor. Die pan-islamische Dampfschiffahrtsgesellschaft hatte zwölf Fahrten zu dem arabischen Pilgerhafen Dschidda arrangiert (in der ›Touristenklasse‹ zweihundertachtzig Dollar für die Hin- und Rückfahrt einschließlich sechsundzwanzig Dollar für das Essen, in der Ersten Klasse vierhundertzwanzig Dollar inklusive fünfundsiebzig Dollar für das Essen), und General Zia, der Präsident und oberste Kriegsrechtsverwalter, hatte verfügt, daß jedes Pilgerschiff von einem anderen Provinzgouverneur oder Bundesminister verabschiedet werden sollte. General Zia selbst sollte ein, zwei Tage später still das Flugzeug nach Saudi-Arabien nehmen, um seine eigene Andacht ohne Aufsehen zu verrichten (und er sollte mit einem bescheidenen Darlehen der Saudis in Höhe von einhundert Millionen Dollar zurückkehren).

Hinter den Kulissen rumorte es, als setzten sich die Ereignisse im Iran fort. In Pakistan riefen verschiedene Leute nach strengeren islamischen Gesetzen, und an der Universität von Karatschi hatte es eine Schießerei mit Maschinengewehren zwischen Studenten der Linken und der Rechten gegeben – Begriffe, die für jedes Land neu definiert werden mußten und hier mit »Rechte« Menschen bezeichneten, die gegen Bhutto waren und den Islam benutzten, ihn in Verruf zu bringen, und mit »Linke« solche, die sich wegen Bhutto grämten und sich danach sehnten, seine Feinde herabzusetzen.

Im Iran hatte man trotz des Geredes über die Schlechtigkeit des Schahs das Gefühl, das Geld habe bis weit nach unten gereicht. Geld und die ausländischen Güter und Werkzeuge, die man damit erwarb, gaben eine Illusion von islamischer Macht. Siebzig Millionen nicht mit eigenen Händen verdiente Dollar am

Tag hielten das müßige Land in Wallung und nährten die Idee der Revolution. In Pakistan hatte Armut denselben Effekt. Die Spannungen aufgrund von Armut und politischem Notstand verschmolzen mit den Spannungen des Glaubens. Zweiunddreißig Jahre nach seiner Gründung als religiöser Staat, als indisch-mohammedanischer Heimat gärte es in Pakistan immer noch, und der Islam war immer noch ein Thema: Scheitern führte immer wieder zurück zur Bekräftigung des Glaubens.

Der Idee eines losgelösten indisch-mohammedanischen Staates konnte man, nachdem sie einmal formuliert worden war, nicht widerstehen. Die Idee wurde von einem verehrten Dichter, Sir Mohammed Iqbal (1876–1938) 1930 in einer Rede an die Allindische Moslemliga, die stärkste moslemische politische Organisation im nicht geteilten Indien, vorgetragen.

Iqbal argumentierte folgendermaßen: Der Islam sei nicht nur ein ethisches Ideal, er sei auch eine ›gewisse Art der politischen Ordnung‹. Für einen Moslem sei die Religion keine Sache des persönlichen Gewissens oder der persönlichen Glaubensausübung, wie es das Christentum für einen Menschen in Europa sein könne. Nie habe es, sagt Iqal, eine spezifisch christliche Staatsreform gegeben, und nach Luther sei ›die universale Ethik Jesu‹ in Europa ›durch nationale Ethik- und Verfassungssysteme ersetzt‹ worden. Im Islam könne es keinen Luther geben, weil es keine islamische Kirchenordnung gebe, gegen die ein Moslem sich auflehnen könne. Und berücksichtigt werden müsse auch ›die Natur der religiösen Erfahrung des Heiligen Propheten, wie sie im Koran offenbart ist ... Es ist eine individuelle Erfahrung, die eine soziale Ordnung hervorbringt.‹

Den Islam zu akzeptieren, bedeutet, gewisse ›rechtliche Konzepte‹ zu akzeptieren. Diese Konzepte – die Offenbarungscharakter haben, aber aus diesem Grund nicht herabgesetzt werden dürfen – haben ›staatsbürgerliche Bedeutung‹. »Das religiöse Ideal des Islam ist deshalb organisch mit der Gesellschaftsordnung, die es geschaffen hat, verbunden. Die Ablehnung des einen wird schließlich die Ablehnung des anderen nach sich ziehen. Demzufolge ist der Aufbau eines Staatswesens auf nationalen Grundsätzen, wenn das die Ablösung des islamischen Prinzips der Solidarität bedeutet, für einen Moslem einfach undenkbar.«

Iqbal sagt in Wirklichkeit auf philosophische Weise, daß der Islam in einem nicht geteilten Indien in Gefahr geraten würde, daß er den Weg des Christentums in Europa gehen und aufhören würde, er selbst zu sein. Moslems brauchten, um dem Islam treu zu bleiben, eine moslemische Regierungsform, einen moslemischen Staat. Besonders die Moslems in Indien brauchten solch einen Staat, deutet Iqbal an; denn ›Indien ist vielleicht das einzige Land der Welt, in dem der Islam als volksbildende Kraft sein Bestes erreicht hat.‹ Und Iqbals Lösung war einfach: Die Gebiete mit einer Moslemmehrheit im Nordwesten Indiens sollten herausgelöst und zu einem gesonderten moslemischen Staat zusammengeschlossen werden.

Siebzehn Jahre später (und neun Jahre nach Iqbals Tod) geschah das – und zu der Moslemmehrheit im Nordwesten kam die Moslemmehrheit in der östlichen Hälfte Bengalens, tausend Meilen entfernt. Aber dieser Moslemstaat war begleitet von einem Holocaust auf beiden Seiten der neuen Grenzen. Millionen wurden getötet, und Millionen wurden entwurzelt. Und erst nachher wurde klar, daß dieser Plan zur Schaffung Pakistans, der anscheinend so logisch war und den Bedürfnissen der Moslems entsprach, einen einfachen schrecklichen Fehler hatte.

Die moslemischen Leidenschaften waren am stärksten bei den Moslems, die sich am meisten bedroht fühlten, und die befanden sich in dem Teil des Subkontinents, der indisch bleiben sollte. Nicht alle diese Moslems, nicht die Hälfte, nicht ein Viertel konnten nach Pakistan auswandern. Die politischen Organisationen der Moslems mit der größten Erfahrung waren eher im indischen Indien als in Pakistan verwurzelt. Indische mohammedanische Politiker, Kämpfer für Pakistan, die nach Pakistan gingen, wurden über Nacht zu Männern, die ihre Wählerkreise verloren hatten. Sie wurden zu Männern mit schwindendem Zulauf und Ruf, Männer ohne eine Sache, und sie waren nicht bereit, in einem Land, das sich als fremd entpuppt hatte, Wahlen zu riskieren. In dem neuen Staat entwickelte sich kein politisches Leben; Institutionen und Verwaltungen blieben, was sie zur Zeit der Briten gewesen waren.

Man begann in Pakistan ein bestimmtes Wort für die Einwanderer aus Indien zu benutzen: *Mohadschirs*, Ausländer. In der Provinz Sind, besonders dort, wo Karatschi eine *Mohadschir*-Stadt wurde, entwickelte sich die Ablehnung der Ortsansässigen zu einem separatistischen Gefühl.

In dem neuen Staat florierte nur die Armee. Zuerst sah man sie als Verteidiger und möglichen Erweiterer des islamischen Staates an. Dann wurde offensichtlich, daß sie die einzige organisierte Gruppe des Staates war. Sie wurde zum Herrscher, ein Land im Land. Die Streitkräfte stammten hauptsächlich aus dem Nordwesten und hatten die kulturellen Vorurteile des Nordwestens, mit der Zeit zwangen sie den östlichen Flügel Pakistans zur Abspaltung als Bangladesh. Damals war es Pakistans Glück, in Bhutto, einem Mann aus Sind und sozusagen dem ersten eingeborenen Führer des Landes, einen nationalen Führer zu bekommen. Er gehörte der Volkspartei an; nahezu sechs Jahre lang herrschte er despotisch. Dann wurde er von der Armee abgesetzt und gehängt, und das zerrissene Land wurde weiter auseinandergerissen.

Eine Katastrophe folgte der anderen. Die bengalischen Moslems hatten Bangladesh, die Menschen West-Pakistans hatten Pakistan. Die Moslems aus Bihar hatten nichts. Sie waren von Bihar im Osten Indiens ins pakistanische Bengalen gezogen. Aber von Sprache und Kultur her waren sie den Moslems im Westen näher. Als Bengalen unabhängig wurde, waren sie weder in Bangladesh noch in Pakistan erwünscht, und sie wurden zu einer verlorenen Gemeinschaft, gerieten durch ihren Traum vom moslemischen Staat auf ein totes Gleis.

Der Staat verfiel. Aber der Glaube nicht. Das Scheitern führte nur wieder zum Glauben zurück. Der Staat war als Heimat für die Moslems gegründet worden. Wenn der Staat scheiterte, dann nicht, weil der Traum falsch oder der Glaube falsch war: Es konnte nur daran liegen, daß die Menschen vom Glauben abgefallen waren. Man begann, nach einem immer reineren Glauben zu rufen. Und bei diesem Streben nach dem islamischen Absoluten – der Gesellschaft der Gläubigen, in der jede Handlung von Andacht erfüllt war – verloren die Menschen die politischen Ursprünge ihres Staates aus dem Blick. Sie vergaßen die säkularen Ambitionen Jinnahs, des politischen Gründers des Staates, der (weniger philosophisch als Iqbal) lediglich einen Staat wollte, in dem Moslems nicht von Nicht-Moslems erdrückt würden. Selbst Iqbal wurde aufgegeben. Außergewöhnliche Ansprüche wurden mit der Zeit für Pakistan aufgestellt: Es war als das Land der Reinen gegründet; es sollte der erste wahrhaft islamische Staat seit den Tagen des Propheten und seiner engen Gefährten sein.

Gegen Ende meiner Zeit in Pakistan lernte ich einen Mann mittleren Alters, einen Beamten und Dichter, kennen. Er hatte mich aufgesucht, um mir seine Bücher zu geben. Doch der Zustand seines Landes lag ihm nun mehr am Herzen als Dichtung. Er sprach von Pakistan mit einem globalen Zorn, der ihn fast zu Tränen brachte.

»Als ich ein Kind in Indien war«, sagte er, »und hörte, wir hätten Pakistan bekommen – ich kann Ihnen nicht sagen, was ich da empfunden habe. Für mich war es göttlich, dieses Land Pakistan.«

Aber fing das Scheitern nicht genau da an? Wäre es nicht besser gewesen, die Schaffung Pakistans wäre als politische Errungenschaft gesehen worden, als etwas, auf dem man aufbauen konnte anstatt als Sieg des Glaubens, als etwas, das in sich vollkommen war? War das nicht der Fehler in Iqbals Rede? »Eine Lektion habe ich aus der Geschichte der Moslems gelernt«, sagte Iqbal am Ende seiner Rede. »In kritischen Momenten ihrer Geschichte war es der Islam, der die Moslems gerettet hat und *nicht umgekehrt.* « Wäre es für die Moslems nicht besser gewesen, sich weniger auf den rettenden Glauben zu verlassen und sich mit Realitätssinn hinzusetzen und Institutionen auszuarbeiten? War das letzten Endes nicht ein wesentlicher Bestandteil der Geschichte der Zivilisation: die Umwandlung von ethischen Idealen in Institutionen?

Der Dichter stimmte nicht zu. Das moslemische Staatswesen hätte ganz natürlich aus dem Glauben entstehen müssen. Das Gefühl, daß Pakistan Gott war, hätte das Land zur höchsten Blüte führen müssen.

Was war dann schiefgelaufen?

Die Menschen seien schlecht, sagte er. Sie lebten nicht dem Glauben gemäß.

In Pakistan endete man fast immer damit.

Eines späten Nachmittags traf ich in einem staubigen Dorf im Innern Sinds, mehr als hundert Meilen östlich von Karatschi, den Maulana oder Lehrer einer theologischen Schule. Es war eine berühmte Schule, aber aus Gründen, denen ich nicht folgen konnte, war sie in Bhuttos Zeit verfallen.

Die abbröckelnden Gebäude aus sonnengetrockneten Ziegeln sahen wie Dorfhäuser, Bauernhäuser aus – nichts von der Großartigkeit Ghoms: keine Schreibtische aus Stahlrohr oder modernistische Telefone oder Teppichböden. Das Gästehaus war eine kleine Hütte mit einem Zimmer und einem ummauerten Hof, alles aus sonnengetrockneten Ziegeln und uneben, alles zu Staub zerfallend. Das Zimmer hatte einen Ventilator an der Decke, drei Flechtbetten mit zusammengerolltem Bettzeug, in der Wand eine Nische mit Rundbogen, in die drei Borde eingelassen waren, und das war alles. Der Ziegelboden war kahl. Roh ausgeschnittene Fenster und Türen nach hinten und nach vorne ließen den Staub herein. Wir waren nicht weit vom Indus entfernt, und Grundwasser, das vom Fluß her durchsickerte, nährte die Felder und ließ Bäume wachsen, aber alles schien aus Staub zu wachsen.

Das Zimmer des Maulana war besser eingefriedet als das Gästehaus, aber nicht weniger kahl. Er hatte auf seinem Flechtbett gelegen; er setzte sich auf, um mit mir zu reden. Er trug einen Turban und hatte einen Bart, ein alter Mann, aber immer noch energisch und nicht milde. Im Dämmer des späten Nachmittags, der durch eine sehr schwache Glühbirne bald noch dämmriger würde, in dem Staub und der Kahlheit seiner bäuerlichen Umgebung war er beseelt von einer religiösen Leidenschaft, die wie eine feindselige Gesinnung war: Die Leidenschaft für den wahren Glauben verband sich, wie sie das leicht tun kann, mit der Vorstellung von einem gefährdeten Islam, der Notwendigkeit eines heiligen Kriegs, einem Feindbild.

Er erkundigte sich nach mir und meinen Reisen. Ich erzählte ihm, ich sei im Iran gewesen.

Er sagte: »Khomeini ist ein guter Mann. Er ist islamisch.«

»Wieso sagen Sie das?« Ich hatte erwartet, daß er, der so orthodox und verbissen war, Khomeinis Schia-Islam als Abweichung mißbillige.

Er sagte: »Er hat die Frauen vom Fernsehschirm verbannt.«

Das war alles, was er über den Iran seit der Revolution wußte.

Er sagte: »Wir haben hier keine islamische Regierung.«

Wie konnte er das sagen? Die Regierung hatte angeordnet, daß die Beamten jeden Tag ihre Arbeit unterbrachen und ihre Gebete aufsagten. Sie hatte die dem Koran entsprechenden Strafen wie Auspeitschen und Steinigen zum Gesetz erklärt. Man redete davon, eine Koran-Steuer zu erheben, die den Armen als Almosen ausgezahlt werden sollte. Der Präsident hatte gerade seine Pilgerfahrt nach Mekka gemacht. Was wollte der Maulana mehr?

Er sagte: »Sie haben die Zinsen in den Banken nicht abgeschafft.« Der Prophet hatte Wucher in Acht und Bann getan; ein Banksystem, das sich auf Zinsen stützte, war nicht islamisch.

Was für ein Banksystem wollte er dann? Wie wollte er die finanziellen Angelegenheiten des Landes geregelt haben?

Er wußte es nicht. Er hatte nicht darüber nachgedacht. Aber daraus machte er sich nichts. Er sagte: »Wenn Pakistan auf islamische Weise Geld verdient, kommt alles andere von selbst.«

Dieser Gedanke gefiel ihm – Logik war eins der Fächer, die an seiner Schule unterrichtet wurden –, und er wiederholte ihn langsam.

Er war ein halber Politiker, ein Mann mit lokalem Einfluß, und in seiner Kritik an der Regierung steckte zweifellos ein lokaler oder persönlicher Groll. Aber er war nicht unredlich, er lebte nach seinen Regeln. Seine Welt war auf eine Hütte in einem verfallenden Dorf zusammengeschrumpft. Er nahm hin, daß selbst das noch weiter verfiel, wenn nur erst dem Glauben gedient war.

Einige Meilen entfernt hetzten Bauern im schwindenden Licht auf einem umgepflügten Feld einen Bären mit Hunden. Die kläffenden Hunde wurden von ihren Abrichtern festgehalten. Der angekettete Bär schnüffelte an der aufgeworfenen Erde und sonderte Speichel ab. Die Hunde, vier an der Zahl, wurden losgelassen. Sie sprangen und bissen hart zu und warfen den Bären um; die Menge brüllte. Aber alles, was den Tatzen des Bärs in die Quere kam, nahm Schaden. Der Bär richtete sich auf, und wieder brüllte die Menge; und jedesmal, wenn der Bär sich danach herumwälzte, brüllte die Menge. Dann nutzte der Bär seine biegsame Wirbelsäule, setzte sich auf den Boden und begann, indem er sich plötzlich nach vorn fallen ließ, die zwei Hunde, die er abgedrängt und in die Enge getrieben hatte, zu zermalmen. Auf dem einen saß er, und den anderen drückte er mit seinem Fall nach vorn zu Tode; und der Hund, der gerade getötet wurde, sah mit einer plötzlichen fassungslosen Sanftmut unter dem braunschwarzen Fell des Bären hervor. Der Rücken des Hundes, auf dem er saß, war gebrochen. Dann gingen die Hundeabrichter hin, um die beiden überlebenden Hunde, die sich festgebissen hatten, zu retten.

Der Kampf dauerte drei Minuten. Er war eine Dorfbelustigung und genau wie der Glaube Teil des vollkommenen, alten Lebens der Wüste.

Die Briten kamen spät, 1834, nach Sind und herrschten nach einer unbedeutenden Schlacht an einem Ort, nicht weit von dem

Feld mit der Bärenhatz, etwas länger als hundert Jahre. Die einheimischen Städte Sinds lagen im Inland, am Fluß Indus. Karatschi war 1843 ein Fischerdorf an der Küste. 1947, als die Briten abzogen, war es ein moderner Hafen und die Hauptstadt der westlichen Hälfte des neuen Moslemstaates Pakistan. Damals hatte es dreihunderttausend Einwohner. Ein Drittel davon waren Hindus oder Nicht-Moslems und mußte wegziehen; aber es gab Millionen indischer Moslems, die darauf warteten, einzureisen. Nun, mehr als dreißig Jahre später, nach der großen indisch-moslemischen Einwanderung und dem anhaltenden Zuzug aus dem Innern Pakistans hat Karatschi fünf oder sechs Millionen Einwohner – niemand kannte die genaue Zahl.

Ich hatte Karatschi schon vorher, 1962, gesehen, aber kurz, und meine Erinnerungen daran waren phantasmagorisch. Ich fuhr zum erstenmal nach Indien, ins Land meiner Vorväter – und fuhr in bequemen Etappen dorthin. Von Alexandria nach Bombay reiste ich auf einem Frachter, und Karatschi war ein Hafen, den er anlief.

In den Docks von Karatschi gab es Afrikaner, und sie waren eine Überraschung: Nachkommen von Sklaven, die, nach der Annexion durch die Briten 1843 freigelassen, auf die Straße geworfen worden waren, wo sie mehr oder weniger blieben. Es gab Kamelkarren, die ersten, die ich je sah, mit hohen schrägen Deichselstangen. Es gab ein Hotel mit zwei Zwergen in weißen Uniformen und grünen Turbanen am Eingang.

Afrikaner, Kamelkarren, Zwerge mit grünen Turbanen: auf solche Erinnerungen konnte man sich nicht verlassen. Sie waren eher wie Vorstellungen, die die Nervosität eingab: meine Nervosität, das erste Mal auf dem Subkontinent zu sein, mein verworrenes Gefühl von Unglück bei der Erinnerung (durch Gebäude und Namen) an die britische Herrschaft, Nervosität und Unglück, die durch die feuchte, salzige Hitze eine körperliche Schärfe bekamen, vor der ich mich nach ein paar Stunden lieber im Schiff verbarg.

Nun verdichteten sich die zerfließenden Erinnerungen und erwiesen sich als wahr. Es gab Afrikaner in Karatschi, Hafenarbeiter. Abseits vom motorisierten Verkehr der Hauptstraßen gab es Kamelkarren. Die Kamele trotteten mit hocherhobenen langen Köpfen. Die lose herabhängenden Mäuler und großen runden Spalthufe, die sie säuberlich hochhoben, gaben jedem Kamel ein triumphierendes Aussehen, wie ein lächelnder Athlet, der fortwährend als Erster durchs Ziel läuft.

Und da waren nicht nur Kamele. Da waren die Esel, die ich vergessen hatte, obwohl es die kleinsten Esel gewesen sein mußten, die ich je gesehen hatte, flink, freundlich und so klein, daß sie in einer spielerischen Einbildung noch kleiner wurden und Größe und Charakter eines roten Setters bekamen – beinahe. Ihre Hinterteile, vom Geschirriemen schwarz eingeschnitten, waren schlank wie die von Hunden, ihre Beine waren zart. Wenn sie nichts zu tun hatten, standen sie zwei und zwei still auf dem graslosen Boden; und nach ihrer Freundlichkeit im Trott sahen sie traurig aus und noch trauriger wegen dieser verlassenen Gemeinschaft.

Und das Metropol Hotel hatte tatsächlich zwei Zwerge als Portiers. Sie traten nicht länger in Erscheinung, aber es war ihnen nichts geschehen. Man hatte sie nur (wurde mir gesagt) hereingenommen. Die Club Road, wo sich das Metropol befand, war hektischer als 1962, und die Zwerge waren nicht mehr so jung, wie sie damals gewesen waren. Auch am Metropol hatte die Zeit Spuren hinterlassen. Es war nicht mehr das erste Hotel Karatschis. Es war vom Intercontinental übertroffen worden. Und andere Hotels des neuen Zeitalters waren im Aufstieg – das Sheraton, das Hyatt Regency (ganz islamisch voranpreschend, selbst nach dem Iran), das Holiday Inn.

Es war die Fünf-Millionen-Stadt, die ich sehen wollte. Aber der Junge oder junge Mann, den der Taxi-Dienst mir zuteilte, hatte andere Vorstellungen. Er wollte mich zu den Chaukandi-Gräbern, siebzehn Meilen außerhalb Karatschis, fahren; es war nötig, nein zu sagen.

Er war klein und mondgesichtig, der Fahrer, verwöhnt und halsabschneiderisch. Er trug eine Kombination aus schieferblauer Baumwollhose und weitem langschößigem Hemd. Er vermittelte mir ein Gefühl der Gefahr: der Aussteiger, der Provinzler mit städtischen Eitelkeiten. Aber er hatte Stil, das war nicht zu leugnen.

Ich sagte: »Ich vermute, Sie sind Student?«

Das gefiel ihm. Er sagte: »Meine Geschichte ist traurig. Weil sie so traurig ist, will ich Ihnen nichts davon erzählen. Ich werde Ihnen die Sehenswürdigkeiten Karatschis zeigen.« Und er seufzte.

Er hielt nicht weit entfernt, in einer der prächtigen Wohnstraßen der älteren, von den Briten gebauten Stadt. Die lange Mauer des Hauses, gegenüber dem wir gehalten hatten, war oben mit Stacheldraht umzogen.

Der Fahrer umarmte das Steuer wie ein Mann, der plötzlich abgespannt ist, und sagte: »Bhuttos Haus.«

Ich hätte es lieber nicht gesehen, das Haus des vor vier Monaten gehängten Mannes, das Haus, in dem noch seine Frau und Tochter lebten. Aber in Pakistan war es schwer, wie ich schon gemerkt hatte, sich vom Leiden Bhuttos fernzuhalten, den Entwürdigungen seiner langen Monate im Gefängnis, der Art seines Todes. Dieses Ereignis war schon mehr als politisch. Es war wie die Legende von einem Heiligen oder Märtyrer, und es war eine muselmanische Legende mit ihrer Mischung aus Pietät und Zorn und Andeutungen von Rache.

In dem Gefängnis in Lahor – war mir später erzählt worden – hatte man ihn in eine Zelle gesteckt, in die die meiste Zeit des Tages die grausame Sommersonne fiel. Er bat darum, daß sein Trinkwasser abgekocht werde; sie brachten ihm eine Thermosflasche mit kochendem Wasser; es war Abend, ehe das Wasser so weit abgekühlt war, daß er es trinken konnte. Er lebte einfach, aß ein ungesäuertes Fladenbrot am Tag, aber er gab zweitausend Rupien, zweihundert Dollar jeden Tag für seine Mitgefangenen aus. Er, der einmal ein Dandy gewesen war, wusch seine Kleider selbst. Mit jeder Stufe seiner rechtlichen Degradierung nahm auch die Qualität seines Essens ab.

In dem Gefängnis in Rawalpindi – in dem er gehängt werden sollte – wurden seine Wärter ständig ausgewechselt, weil sie zu mitfühlend wurden. Dann aber fand man einen Wärter, der den Verurteilten verhöhnte. »Warum wollen Sie *Time* oder *Newsweek* lesen, wenn Sie in ein paar Tagen tot sind?« Zur Zeit seines Todes wog er achtzig Pfund. Als sie kamen, um ihm die Kluft eines Gehenkten anzuziehen, sagte er: »Ich werde meine eigenen Kleider tragen. Wenn mir einer das anziehen will, dann soll er es bloß versuchen.« In einer Geschichte ging er zum Galgen. Als seine Hände gefesselt wurden, bat er darum, sie wieder loszubinden. Er sagte: »Es tut weh.« In einer anderen Geschichte wurde er auf einer Bahre zum Galgen getragen. In einer dritten Geschichte wurde er in seiner Zelle umgebracht: Eines Morgens früh wurde ein Gefangener geweckt und ihm befohlen, einen Gehenkten zu waschen. Er ging in eine Zelle und erblickte Bhutto tot, aber so kalt und steif, daß ihm die Kleider abgerissen werden mußten. All das war erst vier Monate her.

Der Fahrer gab das Lenkrad frei und sagte: »Ich zeige Ihnen die Sehenswürdigkeiten.«

Wir fuhren ans Meer: Brecher, eine Brise, der glänzende flache Strand einer schlammigen Bucht und auf der anderen Seite der Bucht die Betonskelette neuer Appartementhäuser: Geld, mitten im wirtschaftlichen Engpaß, ein Eigentumsboom in Karatschi. Der Fahrer sagte: »Appartements sind jetzt modern, keine Bungalows mehr.«

Auf dem Sand waren Stände, an denen Spielzeug und Souvenirs verkauft wurden. Ich dachte an Essen. Ich sagte: »Fasten Sie?«

»Nein, ich bin böse auf Gott. Sind Sie Mohammedaner?«

»Nein.«

»Mohammedaner sind schlecht. Sie lügen zuviel. Zu viele Lügen kommen von den Moslems. Es ist eine traurige Geschichte. Ich will Ihnen nichts davon erzählen.«

Wir fuhren weiter an der Küste entlang. Er zeigte mir ein großes marmorverkleidetes Gebäude am Ende der Straße. »Raten Sie mal, was das ist. Raten Sie und sagen Sie's mir.«

Ich sagte: »Es ist ein Hotel.«

»Kasino. Aus Bhuttos Zeit.«

Es war unvollendet. Ein kleineres Betonskelett daneben war auch noch nicht fertig.

»Unterkünfte für die Angestellten. Bhuttos Zeit. Kein Kasino jetzt. Kein Glücksspiel. Kein Pferderennen. Diese Regierung ist schlecht. Sie ist gegen *alles*.«

Wir fuhren weiter in ein Wohngebiet: große Grundstücke, Gärten, große Betonhäuser. »Hier wohnen reiche Leute. Ausländer, Araber. Auch ein paar Pakistanis. Das Haus ist das Haus des Königs von Abu Dhabi.« Es war ein großes Haus auf einem großen Grundstück, und drumherum war eine hohe Mauer. »Fünfhundert Diener. Das ganze Haus ist bloß für einen Monat im Jahr. Der König von Abu Dhabi kommt für einen Monat zum Schießen her. In Pakistan gibt es zu viele von diesen Vögeln. Jetzt will ich Ihnen mein Haus zeigen.«

»Sie wohnen hier?«

»Ich zeige es Ihnen. Ich sage Ihnen, es ist eine traurige Geschichte.«

Ein paar Straßen weiter – die Grundstücke hier waren kleiner – hielten wir vor einem Haus. Nur das obere Stockwerk war über der Mauer zu sehen. Der Fahrer hupte. Niemand antwortete. Er bat um Entschuldigung, stieg aus dem Auto und rief. Er stieß das Tor auf, und ich sah ein wichtigtuerisches Betonhaus, das kleiner war, als es vorgab. Niemand kam aus dem Haus. Aber über der Mauer des gegenüberliegenden Hauses tauchte mitten zwischen dem Grünzeug des Gartens der Kopf eines Dieners auf. Der Diener und der Fahrer sprachen vertraut in Urdu miteinander.

Der Fahrer stieg wieder ins Auto und sagte: »Es ist keiner da. Es ist jetzt alles weggenommen. Alles.«

»Wer hat es weggenommen?«

»Diese Regierung. Wer sonst? Mein Vater gehörte zur letzten Regierung.«

Stimmte das? Eine der Beschuldigungen gegen Bhutto hatte gelautet, daß er während seiner Amtszeit das soziale Gleichgewicht in Pakistan zerstört habe, Pöbel hochgebracht und ihm Autorität verliehen habe. War der Vater des Fahrers einer der Leute, die Bhutto hochgebracht hatte? Das Haus lag in einer reichen Gegend, war aber nicht großartig, war gewiß weniger großartig, als es dem Mann, der es erbaut hatte, vorgekommen sein mochte. Der Fahrer schien das Haus gut zu kennen; er kannte den Diener des gegenüberliegenden Hauses. Was war aus dem Vater geworden? Der Fahrer sagte, er allein müsse nun für seine Mutter, seine zwei Schwestern und einen Bruder sorgen. Er habe sein Studium aufgegeben, um Taxi zu fahren. Das Taxi gehöre ihm nicht. Er bekomme dreihundertfünfzig Rupien im Monat vom Geschäftsführer des Taxiunternehmens, und das sei alles.

Und doch schien er, nachdem er mir seine Geschichte erzählt, mir den Beweis seines früheren Reichtums gezeigt hatte, nicht zu unglücklich zu sein. Er brachte mich zu einer modernen Moschee mit einer großen Betonkuppel (»Keine Säulen«, sagte er stolz) und einem Minarett wie ein Kirchturm. Er zeigte mir das Grab Jinnahs, des Gründers Pakistans, und er erzählte mir die traurige Geschichte (schon wieder eine traurige Geschichte) dieses Führers, der knapp drei Monate nach Errichtung des Staates gestorben war. Wäre Jinnah am Leben geblieben, sagte der Fahrer, wäre es anders gekommen in Pakistan.

Eine traurige Geschichte, aber das Grab war beeindruckend; der Fahrer mochte es. Er mochte die neuen Gebäude Karatschis, er mochte den modernen Stil. Er erzählte mir, daß pakistanische Architekten die besten der Welt seien. Die Araber wollten sie immer für den Bau ihrer Moscheen haben.

»Wir sind Moslems in Pakistan. Die Moslems lieben Gott. Ich liebe Gott.«

»Aber Sie haben doch gesagt, Sie seien böse auf Gott.«

»Böse, ja. Aber Gott ist Gott. Gott ist nicht wie die Menschen. Jetzt zeige ich Ihnen, wie es vor Pakistan war.«

In dichtem Verkehr fuhren wir in das alte, handeltreibende Karatschi. Motorroller kreischten und knatterten. Die heiße Luft war grau und braun vor Qualm.

Ich sagte: »Was hat Ihr Vater gemacht?«

Er tat so, als verstände er nicht.

»War er Beamter?«

»Ich habe Ihnen doch gesagt, er gehörte zur Regierung.«

Er sagte das so, daß es sich wie ein Beruf anhörte. Aber er war nicht bereit, mehr zu sagen, und ich war mir nicht sicher, ob er mir mitteilte, daß sein Vater ein Politiker war oder jemand, der unter Bhutto irgendwie reich geworden war.

Er hielt an einem Parfümgeschäft, um für seine Schwestern Parfüm und Henna für die Feierlichkeiten am Ende des Ramadans zu kaufen. Henna, um die Handflächen der Mädchen zu röten, ein Geschenk für das Fest – das war die familiäre Seite des älteren Sohnes, der von Schwestern und Mutter verwöhnt war. Er sagte, dies sei der einzige Laden in Karatschi, in dem man solche Dinge kaufen könne. Er blieb lange in dem Geschäft; er schien die Leute zu kennen.

Afrikaner in der Werktagskleidung der Sindis gaben der Straße, deren Architektur extravagant, orientalisch war, eine Atmosphäre wie in Tausendundeiner Nacht. Die Basargebäude des Karatschi ›vor Pakistan‹ waren einfache Betonkonstruktionen, aber sie waren phantastisch dekoriert: schmiedeeiserne Balkone, sarazenische Bögen, korinthische oder dorische Säulen, gotische oder pseudogotische Fenster. Alle zu Gebote stehenden Stile der späten britischen Perioden waren in hellem Entzücken durcheinandergeworfen worden wie bei einem einmal im Jahr stattfindenden Fest, bei dem keine Köstlichkeit ausgelassen werden durfte. Die Inspiration für das Gotische – zuerst verwirrend – war später leicht ausfindig zu machen. Sie ging von dem viktorianisch-gotischen Denkmal namens Mereweather Turm aus, das die Briten mitten im Handelsviertel von Karatschi gebaut hatten. Was hatte es mit diesem Turm auf sich?

Der Fahrer sagte: »Es ist ein *Turm*. Wie der in Paris.«

Und dann brachte er mich zu den Mekka-Pilgern in das Empfangszentrum, das die Regierung für sie am Hafen eingerichtet hatte. Es war so ordentlich, daß es wie eine Armeekaserne aussah; und auf den gut gefegten Wegen spazierten wie gepflegte Bühnengestalten in einem künstlichen Bühnenbild ältere Männer aus allen Provinzen Pakistans in ihren Provinztrachten: Leute aus dem Pandschab, aus Belutschistan (mit einem etwas anderen Turban), aus Sind (mit ihren flachen Kappen), Pathanen von der afghanischen Grenze. Ihre Gesichter waren ruhig, zufrieden. Es waren Menschen, für die – egal, was draußen geschah, egal, wer regierte – der Himmel schließlich in Reichweite war.

Der Fahrer sagte: »Nur weil wir wie Pakistanis aussehen, können wir hierherkommen. Wenn Sie Amerikaner wären, würde ich Sie nicht herbringen.«

Wie die Pilger war mein Fahrer von der Leidenschaft zur Ruhe gekommen. Und seine religiösen Gefühle hatten nach der Moschee, Jinnahs beeindruckendem weißen Grab und dem Pilgerzentrum genau die entgegengesetzte Kurve genommen. War er vorher böse auf Gott und ein indifferenter Moslem gewesen, so war er am Ende ein genauso leidenschaftlicher und sicherer Moslem wie jeder andere geworden.

Blieb noch seine traurige Geschichte. Ich hatte meine Zweifel daran. Aber die Wahrheit kann grausam sein, und später glaubte ich, daß die Geschichte in groben Zügen stimmte. Ich glaubte, daß sein Vater in Bhuttos Zeit schnell aufgestiegen war, aufgestiegen bis in die nahe Nachbarschaft eines arabischen Königs, aber mit Bhuttos Sturz alles verloren hatte und auf irgendeine Weise entfernt worden war: ein Bauerndrama, eine kleinere Ausgabe von Bhuttos Tragödie, Teil des brutalen öffentlichen Lebens des moslemischen Staatswesens, in dessen Praxis die einzige Moral (und auch der ewige Trost) der Besitz des Glaubens war.

»Jetzt zeige ich Ihnen, wie es vor Pakistan war«: das war eine Möglichkeit, um die Peinlichkeit der Geschichte herumzukommen. Vor 1947 hatte es hier kein Pakistan gegeben; es gab nur die indische Provinz Sind und die von den Briten gebaute Stadt Karatschi. Diese Vergangenheit hatte in Gebäuden und Namen überlebt: Club Road, Bleak House Road, Clifton McNeil Road, Jutland Lines, Jacob Lines, Abyssinia Lines, Clayton Quarters, Napier Barracks, Soldier Bazaar. Es gab sogar rein indische Überbleibsel: Tamil Colony, Ranswamy, Dadabhoy Nouroji Road. Eine Motilal Nehru Road gab es nicht mehr, aber ein Gandhi Garden war noch da.

Und eines Nachmittags, als ich vom Intercontinental die zwei Meilen lange Straße hinunterging, die durch dem Mangrovensumpf abgewonnenes Land zum Chinna Creek und der Napier Mole Bridge führte, überraschte es mich, am Rand des Hafenbeckens neben der Brücke und inmitten der Bauarbeiten für das neue Hafenbecken auf einer Mauer eine Erinnerungsplakette mit Hindunamen zu sehen.

Die Mauer war die Vorderwand eines Ghats, einer Badetreppe, die 1943 – vier Jahre vor Pakistan – von der Hinduistischen Wohltätigen Ghat-Vereinigung gebaut worden war. Sie hatte zwei mit Schnitzereien verzierte und noch mit ihren alten Schildern versehene Türen: »Dieser Eingang ist reserviert für hinduistische Frauen«, »Dieser Eingang ist reserviert für hinduistische Männer.« Die Schnitzereien der einen Tür zeigten hoch aufgerichtete Elefanten, die andere friedliche Schwäne.

Die Badetreppe war noch da. Man konnte sie (wenn die Treppe der Frauen auch mit Beton ummauert war) von der Napier Mole Bridge aus sehen: Die unteren Stufen waren schwarz von den öligen Rückständen des Hafenbeckens. Etwas höher waren Steinsitze; die Wand auf dieser Seite, zum Wasser und den Mangroven gegenüber dem Hafen hin, war leuchtend grün gestrichen; auf den Kuppeln im Mogul-Stil saßen Tauben. Auf der Napier Mole Bridge selbst gab es einen Stein, der den Bau der Brücke 1864 mit den Namen der britischen Ingenieure festhielt.

Ein ungefähr zwölfjähriger Junge gesellte sich auf der Brücke zu mir. Er hatte mich beobachtet. Er wies mit dem Kopf auf die verschmutzte Badetreppe und sagte: »Moslems können da nicht hingehen. Hindus können hingehen, Parsis, Engländer. Aber Moslems nicht.« Ihm war das Verbot das Wichtige an dem Ghat. Er war ein Hindu, vom Rest der hinduistischen Sind-Bevölkerung, aber er hatte keinen blassen Schimmer von der Geschichte (und ungefähr eine Woche danach sollte ich ihn in einem Hotel auf einem mohammedanischen Hochzeitsempfang sehen).

Das Ghat stand den neuen Hafenarbeitern offensichtlich im Weg. Später sollte ich den Mann kennenlernen, der eingeschritten war, um zu verhindern, daß das Ghat abgerissen wurde. Er sagte, daß das Ghat schon längst kein Ghat mehr sei. Es gäbe zwei Wärter, und die benutzten den Ort als ihr Zuhause. Irgend jemand habe angeboten, ein Neonschild auf dem Kuppeldach anzubringen, um etwas zum Unterhalt des Ghat beizusteuern, aber der Mann, der das Ghat gerettet hatte, hielt es für besser, wenn es blieb, wie es war, umspült von den verschmutzten Fluten des Hafens, und in seinem eigenen Tempo verfiel.

Die Hindus waren alle verschwunden. Aber das war vergangene Geschichte. Und seitdem hatte es eine größere Beraubung gegeben. Karatschi mit seinen eingewanderten Millionen war eine Stadt Pakistans; es gehörte nicht mehr Sind allein. Sind hatte den Großteil der Moslems aus Indien aufgenommen, und das moslemische Staatswesen, wie es sich in Pakistan entwickelt hatte, konnte das Gefühl der Sindis, daß sie belagert und kolonisiert wurden und ihr Land und ihre Sprache bedroht waren, nicht ausgleichen. Nun sprach man gegen das Sindi-Gerede von Separation davon, Karatschi als Bundesdistrikt aus der Provinz Sind herauszulösen.

Der Traum von der moslemischen Heimat hatte seltsame Folgen gehabt. Und am seltsamsten von allen war diese: Der Staat, der einigen wie Gott persönlich vorgekommen war, wie eine vollkommene irdische Belohnung für die Gläubigen, lebte nicht so sehr von seinen landwirtschaftlichen Ausfuhren oder den Einnahmen aus seinen kleineren, zweitrangigen Industrien als vom Export seiner Menschen. Die Zeitungsanzeigen nannten das ›Export menschlicher Arbeitskraft‹.

Die Idee vom moslemischen Staat als Gott hatte sich nie in etwas weniger Verstiegenes verwandelt, hatte sich nie in politischer oder ökonomischer Organisation niedergeschlagen. Pakistan – vom Meer bis zum Himalaya tausend Meilen lang und mit einer mehr als siebzig Millionen starken Bevölkerung – hatte eine Wirtschaft, die von Geldsendungen aus dem Ausland lebte. Der Eigentumsboom in Karatschi wurde zum Teil getragen von den Überweisungen überseeischer Arbeiter, und die waren überall, legal und illegal. Sie waren nicht nur in moslemischen Ländern, Arabien, den Golfstaaten, Libyen, sie waren auch in Kanada, den Vereinigten Staaten und vielen Ländern Europas.

Das Geschäft war organisiert. Wie Buchhalter Steuergesetze studieren, studierten die Experten Pakistans für den Export menschlicher Arbeitskraft die Einwanderungsgesetze der Welt und spekulierten um die Wette mit ihren Auswandererbataillonen: hier konnte man Touristenvisa überziehen (die meisten europäischen Länder), dorthin konnte man abhängige Verwandte verfrachten (England), da konnte man Studentenvisa in eine Aufenthaltserlaubnis umwandeln (Kanada und die Vereinigten Staaten), um politisches Asyl konnte dort gebeten werden (Österreich und West-Berlin), hier, direkt unterhalb des nördlichen Polarkreises, brauchte man gar keine Visa (Finnland). Sie füllten ganze Flugzeugladungen. Der Flughafen von Karatschi war für diesen Emigrantenverkehr ausgerüstet. Einige kamen durch, andere wurden zurückgeschickt. *Deutsche schießen auf vier Pakistanis: Illegale Einreise*. So lautete ein Artikel im *Dawn*, der von der Türkei über die Emigrantenroute gekommen war und die verspätete Geschichte einer ganzen Gruppe erzählte, die fluchtunfähig gemacht (Menschen wurden ins Bein geschossen) und gefangengenommen worden war.

Im Ausland warfen die Emigranten sich auf die Barmherzigkeit von Bürgerrechtsorganisationen. Sie suchten den Schutz des

Gesetzes der Länder, in die die Flugzeuge sie gebracht hatten. Sie oder ihre Repräsentanten sprachen korrekt über den Unterschied zwischen armen und reichen Ländern, Süden und Norden. Sie sprachen vom Verbrechen der rassischen Diskriminierung und der Bruderschaft des Menschen. Sie appellierten an die Ideale der ausländischen Zivilisationen, denen sie zu Hause jeglichen Wert absprachen.

Und in den Augen der Gläubigen war das kein Widerspruch. Zu Hause war zu Hause, zu Hause war nicht wie draußen, daran änderten ökumenische Worte, draußen gesprochen, nichts. Das moslemische Staatswesen war wie Gott selbst, etwas, das für sich stand und unablässig geläutert und verteidigt werden mußte. Wie der Artikel in der *Teheran Times* besagte, als er über die islamische Welle schrieb: »Angesichts der gegenwärtigen Verbesserung und Anpassung an Bedürfnisse, die in voller Übereinstimmung mit dem heiligen Koran und der Sunna (dem alten richtigen Weg) stehen, können der Iran und Pakistan durch Reinheit des Zwecks und aufrichtige Zusammenarbeit die Wahrheit bekräftigen, daß der Islam eine vollkommene Lebensweise ist.«

2

Phantasmagorie Karatschi

Pakistan genoß in der moslemischen Welt einen hervorragenden Ruf. Es war der islamische Pionier des zwanzigsten Jahrhunderts, und eine Zeitlang hatte es Berichte über seine ›Experimente‹ mit dem Islam gegeben. Pakistan, hieß es, experimentiere mit dem islamischen Gesetz, mit einer auf dem Koran fußenden Almosenabgabe, die mit der Zeit einen islamischen Wohlfahrtsstaat tragen würde, und einem Banksystem, das die Zinsen abschaffe.

Diese Experimente wollte ich mir anschauen. Aber nach ein paar Tagen in Karatschi wurde klar, daß ich Hilfe brauchte, daß ich, auf mich gestellt, nichts sehen würde. Die *Teheran Times* hatte behauptet, daß es in Pakistan eine islamische Bank gäbe, ›errichtet unter der Schirmherrschaft des großen pakistanischen Moslemgelehrten Maulana Maudoodi‹. Aber in Karatschi sah ich nur überall die grünen Schilder der Habib Bank. Das Hauptgebäude von Habib im Zentrum von Karatschi war ein Betonbau von New Yorker Pracht, und gerade hatte Habib eine Niederlassung in Europa eröffnet. Die Zeitungsanzeigen, die das verkündeten, sagten, das sei ›durch die Güte Allahs‹ geschehen. Aber Habib war keine ›experimentelle‹ Bank.

Ich brauchte Hilfe, und ich ging zu Herrn Deen, dem Regierungsbeauftragten für Information. Sein Büro lag in einem Betonschuppen, der wie eine ehemalige britische Kaserne aussah. Von einem breiten zentralen Korridor aus führte eine Schwingtür im Barstil zu Herrn Deens Zimmer. Der Baumwollteppich war abgewetzt, sein rot-weißes Muster durch Staub und Sonne verblaßt. Die mit hellbrauner Leimfarbe gestrichenen Wände blätterten ab und ließen den Kalk durch; die Fenster, äußerst roh geschreinert, wurden durch ein Metallgitter mit Diamantmuster geschützt; draußen ließ jemand einen Motorroller laufen und verursachte in einer blauen Rauchwolke einen ohrenbetäubenden Lärm. Die kleinen Fenster, die oben in die Wand eingelassen waren, sollten heiße Luft hinauslassen, und ein Deckenventilator wirbelte über der alten, von der Regierung gestellten Couchgarnitur, die, wie ich beim Hinsetzen merkte, ein wenig wackelig war: eine Regierung mit bescheidenen Mitteln.

Und Herr Deen war von meiner Bitte wie benommen. Er war höflich gewesen; er hatte den Lieferwagen des Büros – er nannte ihn ›das Ding auf vier Rädern‹ – geschickt, um mich vom Hotel abzuholen. Aber er war ein vielbeschäftigter Mann. An dem Morgen war er mit der Abfahrt der Pilger nach Mekka beschäftigt – die Regierung hatte das zu einem bedeutenden Ereignis erklärt –, und er ging die offiziellen Fotos von der gestrigen Szene am Hafen durch. Es war deutlich, daß Herr Deen manche Fotos unbefriedigend fand. Und nun: islamische Gerichte, islamische Banken, islamische Experimente? Er schien in seinem Gedächtnis zu kramen.

Hatte ich also die falschen Zeitungen gelesen?

»Die Leute reden über diese Dinge«, sagte Herr Deen mit dem Überdruß eines ständig belästigten Beamten. »Aber die Leute, die reden, erwarten, daß andere die Arbeit tun.«

Es gab einen Islamischen Ideologierat, der zehn Tage im Monat tagte, aber das war in Islamabad, der Hauptstadt, viel weiter nördlich. Herr Deen wußte nicht, was er in Karatschi für mich tun konnte. Er war Mitte Fünfzig, er trug eine graue Hose und ein weißes Hemd, und die gestreifte Krawatte, die hinter ihm an der Wand hing, hätte in einem anderen Land die Krawatte irgendeines Klubs sein können.

Herr Sherwani, ein Kollege, trat ein. Er war massig, sein Fleisch schlaffer als das Herrn Deens, seine Haut war glatt, und er trug ein Sporthemd mit kurzen Ärmeln. Herr Deen erklärte ihm, was ich suchte, und Herr Sherwani sah mich streng an. Zu Herrn Deen sagte er auf Urdu: »Aber er sieht ja genauso aus wie

Qutub. Als ich ins Zimmer kam, dachte ich: ›Das ist ja Qutub!‹« Herr Deen sah mich mit einem neuen Interesse an und sagte in einer Anwandlung von Traurigkeit, ja, ich sähe aus wie Qutub. Qutub, sagten sie mir, sei ein pakistanischer Maler.

Herr Sherwani sagte: »Wie alt sind Sie?«

Ich sagte: »Siebenundvierzig.«

»Ich bin achtundvierzig. Und ich bin gesünder als Sie. Nein, das können Sie nicht leugnen. Ihre Augen sind müde. Es sind die Augen eines alten Mannes. Das zeigt Vitaminmangel an.«

Herr Deen sagte: »Er will den Islam in Aktion sehen.«

Ich fand, das habe Herr Deen gut ausgedrückt.

Herr Sherwani sagte: »Er sollte den Koran lesen. Marmaduke Pickthall – das ist die beste Übersetzung für Sie.«

Ich hielt mich an Herrn Deens gute Formulierung. Ich sagte: »Ich will den Islam in Aktion sehen.«

Herr Sherwani sagte, daß viele Leute sagten, sie seien Moslems, daß es aber sehr wenige echte Moslems gäbe. Der Islam sei eine vollkommene Lebensweise und aus dem Grund für die meisten Leute zu schwierig. Ich erwähnte den Iran; Herr Sherwani sagte mit ungeheuer väterlicher Toleranz, daß die Schia des Islam eine Abweichung darstellten.

Ein Mann kam mit ein paar Fotos ins Büro. Herr Deen zog sich von der Unterhaltung zurück, sah sich die Fotos an und wurde dem Mann gegenüber, der sie gebracht hatte, heftig.

Herr Sherwani – der den Streit am Schreibtisch und den laufenden Motorroller draußen ignorierte – fragte, ob ich an eine Religion glaube. Ich sagte nein, und zu meiner Überraschung war er entzückt. Er sagte, das bedeute, daß ich keine religiösen Vorurteile habe; es sei wichtig, daß man beim Studium des Islam keine Vorurteile habe.

Der Mann, der die Fotos gebracht hatte, verließ das Büro, und Herr Deen folgte ihm hinaus.

Herr Sherwani sagte zu mir: »Ein Mann wie Sie – ich werde Ihnen etwas prophezeien. Wenn Sie Ihre Nachforschungen abgeschlossen haben, werden Sie Mohammedaner.«

Herr Deen kam zurück, und Herr Sherwani sagte zu ihm: »Ich habe ihm gerade gesagt: Er wird Mohammedaner werden.«

Herr Deen, dessen Gesicht noch von den Kümmernissen seines Amtes erfüllt war, lächelte mich an. Und dann begannen er und Herr Sherwani zu erörtern, was sie für mich tun könnten. Ein paarmal hörte ich ›Ideologierat‹. Ich hatte das Gefühl, mich ihnen beiden aufzudrängen, ihre Zeit mit einer nicht amtlichen Angelegenheit in Anspruch zu nehmen. Aber Herr Deen sagte: »Es ist mal etwas anderes als das, was Journalisten sonst immer von uns verlangen.« Und so redeten die beiden weiter. Wie konnten sie einem Besucher den Islam anschaulich vorführen?

Pilger, beschlossen sie. Am nächsten Morgen legte ein weiteres Pilgerschiff nach Dschidda ab. Beamte der Dienststelle würden das Ereignis betreuen, und ich könnte sie begleiten. Herr Sherwani hielt das für eine sehr gute Idee: Solange ich die nach Mekka fahrenden Pilger nicht sah und sprach, würde ich die Tiefe ihres Glaubens nicht verstehen. Und Moscheen, beschlossen sie. An diesem Abend sollte ich die Moscheen Karatschis besuchen. Kein Abend könnte besser sein, sagte Herr Sherwani; denn dies war der Abend im Ramadan, an dem der Prophet im Jahre 612 seine erste Offenbarung erhalten hatte. Gebete, an diesem Abend dargeboten, waren tausendmal mehr wert als an anderen Abenden. Im schiitischen Iran war der Ramadan ein Monat der Trauer, angefüllt mit dem Unglück der schiitischen Helden, denen es nicht gelungen war, als Nachfolger des Propheten anerkannt zu werden. Für die sunnistischen Moslems in Pakistan war der Ramadan ein glücklicherer Monat, der Monat der Offenbarung und Stiftung der Religion.

So sah also mein Programm aus: abends die Moscheen mit Herrn Sherwani und am Morgen der Hafen und die Pilger nach Mekka.

Herr Sherwani sagte zu mir: »Ich will Ihnen eine Geschichte erzählen. Hören Sie zu. Ein englischer Lord hatte zwei Söhne. Die begannen genauso wie Sie. Sie dachten, sie würden hinreisen und alles über den Islam herausfinden. Also reisten sie. Sie fuhren nach Adschmir in Indien, zu dem berühmten Moslem-Heiligtum dort, und sie begannen, bei einem moslemischen Lehrer zu studieren. Der Lehrer hatte zwei Töchter. Die zwei Söhne des englischen Lords wurden Moslems und heirateten die beiden Töchter des Lehrers. Wenn Sie Mohammedaner werden, werden Sie sich an diese Geschichte erinnern.«

Englische Lords, Doppelhochzeiten, arabische Könige mit fünfhundert Dienern für einen Monat: in Karatschi – in dem es schon Kamele, Zwerge und Afrikaner gab – nahm Tausendundeine Nacht schnell Gestalt an.

Herr Deen nahm mich im Lieferwagen des Büros mit zum Hotel zurück. Herr Deen kam aus Indien; er war sofort nach der Teilung aus Indien eingewandert. Er hatte viele Gelegenheiten, offizielle und inoffizielle, gehabt, Delhi wiederzusehen. Aber aus einem Grund, den er nicht erklären konnte, hatte er nicht gewollt. Er hatte Indien verlassen; die Vergangenheit war vorbei; die Wunde sollte nicht wieder aufgerissen werden.

Am Abend holte Herr Sherwani mich mit einem jüngeren Kollegen von der Informationsabteilung ab, und wir fuhren im Lieferwagen des Büros zu einigen Moscheen Karatschis. Der jüngere Kollege schwieg still, Herr Sherwani besorgte das Reden, und ich hatte das Gefühl, für ihn war das eine gute Art, sich auf die lange Nacht des Gebets einzustellen: von Moschee zu Moschee zu gehen und dazwischen zu jemandem, der sich zum Zuhören erboten hatte, vom Glauben zu sprechen.

Die Moscheen waren überfüllt und hell erleuchtet. Neonröhren waren dekorativ eingesetzt; blauweiß glitzernde Stäbe und Schnüre mit farbigen Glühbirnen waren wie illuminierte Teppiche über die Wände gehängt. Auf Rezitationen aus dem Koran auf arabisch – einige Mullahs stellten zur Schau, wie gut sie das Buch kannten, wie schnell sie rezitieren konnten, wie selten sie Atem holen mußten – folgten Erläuterungen auf Urdu. Und wie eine Biene, die an jeder Blume nippt, betete Herr Sherwani in jeder Moschee und schloß sich bei jeder Gelegenheit den Antwortgesängen der Gemeinde an. In den Moscheen der bessergestellten Viertel hatte man das Gefühl, daß die Männer jeder für sich in ganz private Andacht vertieft waren. In den ärmeren Gegenden herrschte das Gefühl der Gemeinsamkeit. In einer Moschee in einem armen Viertel wurden Süßigkeiten verteilt, während der Mullah skandierte, und Kinder belagerten den Süßigkeitenverteiler so, daß er den Stand zu verlieren drohte und, seinen Karton hochhaltend, von den flinken kleinen Beinen vieler Kinder über den Hof gerollt zu werden schien. Es sah aus, als würde eine tote Küchenschabe von Ameisen wie auf verborgenen Rädern weggeschafft. Die Heiligkeit des Ereignisses wurde durch das Getümmel nicht verletzt, denn das Ereignis war ein gemeinschaftliches, und die Kinder und die Süßigkeiten gehörten dazu.

Der Islam war das Heil eines jeden Menschen; auch war er der Glaube selbst, die Geschichte des Propheten und ebenso die Gemeinde, durch unzählige gemeinsame Taten und Veranstaltungen zusammengeschweißt. Einigkeit, Glaube und Disziplin: das sei der Gegenstand des Islam, sagte mir Herr Sherwani, und erst später erfuhr ich, daß er die Worte bei Jinnah, dem Gründer Pakistans, entliehen hatte. Und noch etwas lag dem Gemeinschaftsgefühl zugrunde: die Angst um das Jenseits. Sie war wichtig, sie war fundamental, sie band alle Bestandteile des Glaubens zusammen: die Angst, ob man am Jüngsten Tag in die ewige Pein oder Glückseligkeit entging. Herr Sherwani sagte, daß ihm durch seine eigenen Andachtsübungen bloß ein flüchtiger Einblick ins Jenseits vergönnt sei; die wahrhaft Frommen könnten weiter sehen.

Herr Sherwani verlor stetig mehr von seiner Jovialität, seinem Wunsch zu erklären. Die Gebete hielten ihn immer mehr gefangen, und bald brachte er mich wie ein Mann, dem es um seine Zeit leid tat, ins Hotel zurück und eilte von dannen. In dieser Nacht der Offenbarung, in der die Gebete so kostbar waren, wollte Herr Sherwani bis zum Beginn des morgigen Fastentages durchbeten.

Ein gläubiger Moslem zu sein, hieß, immer besondere Dinge

verrichten zu müssen; es hieß, ständig von Regeln geleitet zu werden; es hieß, in einem Glaubensfieber zu leben und sich immer der Besonderheit des Glaubens bewußt zu sein.

Aber die Welt ging weiter. Noch eine Enthüllung wurde in dieser Nacht vorbereitet, und am Morgen stürzte sie uns mit einer großen Titelgeschichte in der Regierungszeitung, der *Morning News*, entgegen: VERSCHWÖRUNG, PAKISTAN ZUM HANDLANGER DES AUSLANDS ZU MACHEN – *Benazirs Angebot, einen von den USA unterstützten Coup zu arrangieren – Fotokopie eines Briefes an Murtaza freigegeben.*

Was da auf sechs vollen Zeitungsspalten reproduziert wurde, waren Briefe von Bhuttos Tochter Benazir an ihren Bruder in London. Sie waren in dem Haus geschrieben, das der Taxifahrer mir gezeigt hatte; ein Brief war neun Tage, ein anderer vier Tage vor Bhuttos Hinrichtung geschrieben worden. Es waren Familienbriefe, und sie der Öffentlichkeit preiszugeben, war ein Vergehen; es waren – unter den Umständen äußerst klare – Vorschläge einer Schwester an einen Bruder, was man mittels Bittschriften und Druckausübung tun könne, um den Vater zu retten. Der Kern der *Morning News*-Geschichte war, daß Benazir Bhutto als Gegenleistung für amerikanische Hilfe bei der Rettung ihres Vaters anbot, das pakistanische Atomprogramm zu verraten. Die handschriftlichen Briefe wurden als Beweis präsentiert, aber sie waren schlecht reproduziert, und eine Abschrift wurde nicht geliefert. Und tatsächlich war die Zeitungsgeschichte erfunden.

Das war die andere Seite des gläubigen Lebens. Der Glaube war voller Regeln. In der Politik gab es keine. Es gab keine politischen Regeln, weil der Glaube dazu gedacht war, nur Gläubige zu schaffen; der Glaube konnte keine säkularen Verbindungen und Trennungen anerkennen. Für jedermann im offenen politischen Leben war der Islam Zweck, Mittel und Absolution. Das konnte zu dieser weltlichen Bosheit führen.

Herr Sherwani mußte genug von mir haben, oder vielleicht hatten ihn offiziellere Pflichten beansprucht. Als ich am Morgen zu Herrn Deens Büro ging, erfuhr ich, daß ein anderer Beamter mit mir zum Hafen gehen sollte, um die Pilger nach Mekka abfahren zu sehen.

Der Beamte war eine junge Frau in einem grünen Sari. Sie war schlank, fast dünn, und ihr Englisch präzise. Sie hatte, ganz ungewöhnlich, ein Journalistik-Diplom an der Universität von Karatschi gemacht. Danach hatte sie eine Prüfung für den pakistanischen Staatsdienst bestanden und danach einen achtmonatigen Kursus für den Verwaltungsdienst absolviert. Information hatte sie sich nicht ausgesucht, sie war der Abteilung zugewiesen worden, und sie fand sie frustrierend. Im Informationsministerium mußte sie nur das tun, was man ihr auftrug; das war nicht gut genug für jemanden, der ein Diplom in Journalistik hatte und richtig schreiben wollte.

All das sagte sie recht offen in Herrn Deens Büro, und sie redete nicht, um mich oder Herrn Deen zu beeindrucken. Sie war so unglücklich und verkrampft, wie ihre Magerkeit andeutete, und ich fragte mich, warum sie – egal, wie wichtig der Bundesverwaltungsdienst in Pakistan war – den Job beibehielt. Ich fragte sie, was ihr Mann mache. Sie sagte, daß in ihrer Familie alle im Militärdienst, bei der Armee seien, und auch ihr Mann sei beim Militär gewesen. Gewesen? Ja, ihr Mann sei tot. »Er kam bei einem Hubschrauberabsturz ums Leben.«

Die Familie ihres Mannes gewährte ihr nun finanzielle Unterstützung, aber sie übte den Beruf aus, weil sie das Geld brauchte, vornehmlich für die Erziehung ihrer Kinder. Sie erzog sie auf englisch und auf Urdu, weil man im Ausland – und sie meinte Saudi-Arabien und die moslemischen Länder – keine Stelle bekäme, wenn man nicht Englisch spräche.

Sie erzog also bereits ihre Kinder dazu, Pakistan zu verlassen, Emigranten zu werden.

Sie sagte: »Ich muß. Wir sind eine Minderheit. Wir sind keine Moslems.«

Sie trug einen Sari. Bedeutete das, daß sie eine Hinduistin oder Parsi war?

Bevor ich fragen konnte, sagte sie: »Wir glauben an den Propheten. Aber vor drei Jahren wurden wir von der Regierung zu Nicht-Moslems erklärt. Wir sind Ahmadis.«

»Aber warum wurden Sie zu Nicht-Moslems erklärt? Welcher Druck stand dahinter?«

»Da müssen Sie Benazir Bhutto fragen. Benazir wird Ihnen sagen, warum ihr Vater uns zu Nicht-Moslems erklärte. Er war sehr freundlich zu uns, und dann ging er hin und machte das.«

Die Sekte begann, sagte sie, mit einem Mann namens Ahmad, der im letzten Jahrhundert in Nord-Indien geboren wurde. 1906 (sie vertat sich mit dem Datum: es war 1890, aber das erfuhr ich erst ein paar Wochen später) kam er aufgrund vieler Zeichen, die er erhalten hatte, zu der Erkenntnis, daß er der Mahdi oder verheißene Messias sei. Er war ein frommer Mann; er bekämpfte die Überzeugung, konnte ihr aber am Ende nicht widerstehen. Es gäbe Moslems, die glaubten, daß der Messias erst am Jüngsten Tag komme, aber eine andere Auslegung der Prophezeiung besagte, daß der Messias erscheinen würde, wenn der Islam im Niedergang begriffen sei, und 1906 sei das der Fall gewesen.

Ich sagte: »Sie sind also wie die Baha'is im Iran? Sie glauben, daß der verborgene Imam oder jemand wie er im letzten Jahrhundert erschienen sei.«

Aber von den Baha'is hatte sie noch nie etwas gehört. Sie war zum Ahmadiyyat konvertiert. Und die Ahmadis selbst, erzählte sie mir, waren geteilt. Einige – wie sie selbst – glaubten an den Nachfolger des Messias, andere nicht. Aber wie war sie, eine Mohammedanerin, dazu gekommen, diese Vorstellung vom Messias anzunehmen? Diese Vorstellung war den Moslems verhaßt. Moslems glaubten, daß Mohammed der letzte Prophet sei; die Vorstellung von diesem indischen Messias kam einem Abstreiten dieser Finalität nahe und war somit nahe daran, etwas dem Propheten Wesentliches abzustreiten. Als Mohammedanerin mußte sie bei diesem Gedanken einmal Entsetzen empfunden haben. Wie war ihr der Sprung gelungen?

Sie sei gemischter Abstammung, sagte sie. Von der einen Seite her gehöre sie zur Schia, von der anderen zur orthodoxen Sunna. Sie war also, könnte man sagen, auf einen heterodoxen Glauben vorbereitet. Und – sie hatte einen Ahmadi geheiratet. Deshalb war es für sie notwendig gewesen, auch eine zu werden. Die Häresie war ihr also bestimmt gewesen, sie hatte sie kommen sehen und sich bewußt zu eigen gemacht. Ihr Mann hatte mit ihr geredet und sie unterrichtet, und nun war sie von dem Glauben so überzeugt, daß sie von dem Messias, Ahmad, mit einem kleinen Zittern in der Stimme sprach: der gute Mann, der fromme Mann, dem das Messiastum aufgezwungen worden war und der die vielen Zeichen Gottes nicht verleugnen konnte.

Die Häresie – für die nur Moslems voll und ganz empfänglich waren – beherrschte nun ihr Leben, konnte sie sogar aus ihrer moslemischen Heimat hinausführen. Ein Regierungsbüro mit abblätternder Farbe und wackligen Möbeln: ein Mädchen in einem grünen Sari mit einem Diplom in Journalistik von der Universität Karatschi, eine Beamtin in einem moslemischen Land: das war fesselnd genug. Aber direkt unter der äußeren Erscheinung, unter dem leicht Faßbaren lag in Karatschi der Glaube und das Fieber des Glaubens, das viele Formen annahm und einer Begegnung fast immer eine phantasmagorische Qualität verlieh.

Die Phantasmagorie hielt an. Ich ging in den Korridor hinaus, um auf das Mädchen im grünen Sari zu warten. Und ich war so erfüllt von dem, was ich gerade gehört hatte, und wartete so zuversichtlich darauf, irgendwann mit ihr zu den Anlegestellen für die Pilger zu fahren, daß ich nicht genügend darauf achtete, wohin ich von Männern, die kein Englisch sprachen, geführt wurde, nicht erkannte, daß ich von ihr getrennt worden war, den Zweck einer kurzen Autofahrt nicht erkannte, nicht erkannte, daß ich in eine andere Abteilung, ein anderes Büro geführt wurde und mich schließlich in einem großen, ringsum geschlossenen Raum, einem bedeutend großartigeren Büro als dem von Herrn

Deen, fand. Ein älterer Mann saß an einem vollgestopften Schreibtisch zwei oder drei Männern gegenüber, und man hieß mich, in einer Ecke Platz zu nehmen, im Zug einer Klimaanlage, im Sessel einer Couchgarnitur, die statt mit Herrn Deens schlichter Baumwolle mit Kunstleder bezogen war.

Das war Ahmeds Büro (ein weiterer Ahmed, nicht der längst tote Visionär, von dem ich gehört hatte). Neben seinem Schreibtisch war ein Bord mit fünf Telefonen, und selbst Ahmed hatte Mühe zu sagen, welches von ihnen klingelte. Durch irgendwelche bürokratischen Verstrickungen, denen zu folgen ich nicht in der Lage war, hatte der Ahmed dieses Büros mich übernommen. Herr Deen und Herr Sherwani, geplagte Männer, hatten mich unauffällig abgetreten – und mit ihnen war das Ahmadi-Mädchen in dem grünen Sari entschwunden.

Und mit den beiden Männern aus Ahmeds Büro ging ich auch zum Hafen. Aber ihr Englisch war nicht gut; sie sprachen lieber untereinander auf Urdu; am Hafen waren sie von ihren amtlichen Pflichten so in Anspruch genommen und von dem hochoffiziellen Charakter des Abschiedsgeleits für die Pilger (der Gouverneur von Belutschistan sollte ihm beiwohnen) so eingeschüchtert, daß ich die ganze Sache sozusagen ohne Ton und wie aus Entfernung sah: das weiße Schiff, das sich als britisch, alt und da, wo es nicht weiß gestrichen war, verschlampt herausstellte; Kojen und Bündel in dem vollgepackten Laderaum, ältere Männer und Frauen, die wie Flüchtlinge und Pilger, büßend und erwartungsvoll zugleich aussahen; Abfall, der schon zu kleinen Haufen zusammengefegt wurde; auf dem schmalen Oberdeck einige Männer, die – gleichgültig gegenüber den hektischen Offiziellen und eine fromme Handlung an die andere hängend – ihre rituelle Waschung vor dem Beten verrichteten, denn Andacht ist im Islam auch immer eine korrekte und beruhigende körperliche Tat.

General Rahimuddin, der Gouverneur von Belutschistan, traf ein. Auf dem Pier marschierte die Dudelsackkapelle in Tartans auf und ab und spielte auf: der von den Briten ererbte militärische Stil, der zu einem General mit Käppi, dunkler Brille, Sternen und Kommandostab paßte, aufgepfropft auf diese Pilgerfahrt nach Mekka, eine Pilgerfahrt, die älter als der Islam war, in alten arabischen Stammeskulten wurzelte und vom Propheten in die Praktiken des Islam aufgenommen worden war: die Geschichte lagerte sich hier in Schichten ab.

Ein Vertreter des Hafens hielt eine Rede, und Lautsprecher trugen seine Stimme in alle Winkel des Schiffs und auch auf den Pier darunter, wo sich außerhalb der überdachten, festlich aussehenden Einfriedung mit den Dudelsackbläsern und Soldaten eine kleine Schar Arbeiter angesammelt hatte. Der General hielt eine geringfügig längere Rede. Die offizielle Verabschiedung der Pilger, wie sie vom Präsidenten angeordnet war, war damit vorbei (die Presseerklärung der Regierung im *Dawn* zwei Tage später war achtzehn Zentimeter lang), und ich wurde zu Ahmeds dunklem klimatisierten Büro zurückgebracht.

Herrn Deen oder Herrn Sherwani sah ich nie wieder. Das Mädchen oder die Witwe in dem grünen Sari sah ich nie wieder. Ihre Geschichte ließ mich nicht los. Doch die Ahmadi-Sekte war ungesetzlich, von vielen mit Abscheu betrachtet, und erst gegen Ende meiner Zeit in Pakistan konnte ich etwas mehr über sie in Erfahrung bringen.

Ahmed übernahm mich. Das Interesse, das er am Morgen an mir gezeigt hatte, war vielleicht ein offizielles gewesen – in Pakistan herrschte Kriegsrecht und auch eine Nervosität gegenüber Ausländern wegen des pakistanischen Atomprogramms – aber das änderte sich beinah sogleich, nachdem ich in sein Büro gebracht worden war. Während er seinen Untergebenen gegenüber am Schreibtisch saß, hatte er mich aufmerksam betrachtet; und ich hatte seine Musterung bestanden.

Man hatte ihm wohl berichtet, daß da ein Ausländer sei, der sich nach islamischen Institutionen erkundigte. Eine seltsame Geschichte; aber als er herausfand, daß sie stimmte, wurde er mehr als interessiert. Dafür gab es einen Grund. Ahmed, der auf die Sechzig zuging, war ein Büßer. Seinem eigenen Bericht zufolge hatte er als junger Mann ein liederliches Leben geführt und wurde immer noch von der Fleischeslust geplagt. Er hatte spät zur Religion gefunden und wurde nun davon verzehrt. Er war von seinem eigenen Glauben eingeschüchtert. Er wollte nicht nur darüber reden wie Herr Sherwani. Ich glaube, er wollte auch einen Zeugen dafür haben, jemanden von der anderen Seite, der Seite, die er zurückgelassen hatte.

Er war gut gebaut, aufrecht und energisch und immer noch attraktiv, dunkel, mit einer Hakennase und einer vollen geschwungenen Unterlippe. Er stammte aus Sind, und er sagte (vielleicht zu romantisch), daß er der ursprünglichen vor-arischen Rasse Sinds angehöre, den Erbauern der großen Städte Mohendscho Daro und Harappa, den Schöpfern der Zivilisation im Industal, das die Arier auf ihrer Wanderschaft 1500 v. Chr. überflutet hatten. Die meisten Menschen in Pakistan, sagte er, benähmen sich, als sei 1947, als Pakistan geschaffen wurde, der Anfang der Welt gewesen. Durch seine Abstammung aus Sind sah er die Geschichte anders.

Und ein Gefühl für Geschichte steckte auch hinter seinem Gefühl für den Islam. Er war die jüngste der großen Weltreligionen und gerade deswegen die, die sich am meisten entfaltet hatte. Er verwarf die Religionen der Vergangenheit nicht, er sah sie als Stadien in der geistigen Entwicklung des Menschen. Man nehme zum Beispiel die Offenbarungsreligionen. Moses, sagte er, sei nur Gesetz; das sei zu hart. Jesus sei nur Erbarmen. Ahmed sagte: »In einer Welt, in der es Menschen wie Afrikaner und Neger gibt, ist das nicht sinnvoll. Wenn man einem Primitiven die andere Wange hinhält, ärgert ihn das.« Die Schönheit des Islam liege in seiner Mischung aus Gesetz und Erbarmen. Um den Islam in seiner schönen Form zu sehen, um die Nächstenliebe, deren er fähig war, zu verstehen, sollte ich einige der alten Heiligtümer im Innern Sinds besuchen – er würde das arrangieren. Einen Ort gab es, der mit einem moslemischen Heiligen und Mystiker verknüpft war und den zu besuchen er mich besonders drängte. Dort würde ich eine Bruderschaft sehen, darunter geistig Schaffende, die die Welt aufgegeben hatten, um in der Wüste zu leben und den Armen zu dienen und sie zu nähren.

So umriß Ahmed an einem Nachmittag in einem Zug, in einem erregten Erguß sozusagen, seinen Glauben, seine Haltung und seine Pläne für mich. Er fuhr mich zum Intercontinental zurück, und auf dem Parkplatz redeten wir noch bis kurz vor Sonnenuntergang. Am Ende drückte er mir mit einer Zärtlichkeit, auf die ich nicht vorbereitet war, seinen Zeigefinger mitten auf die Stirn. Er sagte: »Hier erwischt es Sie. Wenn Sie ein Geschäftsmann wären, würden Sie hohen Blutdruck bekommen. Sie sind ein Intellektueller. Sie befassen sich mit der Wahrheit. Deshalb erwischt es Sie hier, in den Augen. Sie müssen Ihre Augen schonen. Sie müssen grüne Dinge anschauen.«

Schon wieder meine Augen! Und prompt fiel am nächsten Morgen ein Glas aus meiner Brille und zerbrach auf dem Fliesenboden meines Zimmers. Der erste Dienst, den Ahmed mir erweisen mußte, bestand also darin, mich zu einem Optiker zu bringen.

Unsere Freundschaft war plötzlich, aber ich empfand sie als echt, und solange sie dauerte, stützte ich mich darauf. Meine Suche nach islamischen Institutionen und Experimenten – die Suche, die mich zu Ahmed geführt hatte – dauerte an, und Ahmed war der vernunftbegabte Mensch, zu dem ich zurückkehrte, nachdem ich mich in den Islam anderer Menschen vorgewagt hatte.

Herr Mirza war mir als einer der hervorragendsten Männer Pakistans dargestellt worden, einer der tiefsinnigsten Geister des Landes und jemand, der mir alles sagen würde, was ich über die Islamisierung von Institutionen wissen wollte. Aber der Mann, der mir von Herrn Mirza erzählt und das Treffen arrangiert hatte, war einer von Herrn Mirzas unbedeutenderen Verwandten. Und als eine Art Bittsteller aus der Familie wurde ich von dem großen Mann in seinem klimatisierten Büro auch empfangen und dann (als ich an die Reihe kam) angesprochen, als sei ich eine Gebetsversammlung.

Viele Bücher gab es in dem Raum, vergilbte politische Bücher aus den 30er und 40er Jahren auf englisch, die auf eine Studienzeit in England hindeuteten. Zwei junge Männer saßen aufmerksam, nach vorne gebeugt und mit glänzenden Augen vor Herrn Mirzas Schreibtisch, und Herr Mirza sagte gütig, er tausche gerade ein paar Worte mit ›jungen Kollegen‹ aus. Ich hielt die jungen Männer für genau das, aber diese Erklärung war nur Bestandteil der allgemein bekannten Bescheidenheit des großen Mannes. Die jungen Männer waren wie ich selbst gebracht worden, um Weisheit zu empfangen.

Und ein Austausch von Worten fand nicht statt: ein leises gleichmäßiges, nicht enden wollendes, ununterbrochenes Gebabbel ergoß sich aus Herrn Mirza. Wir lebten in einer satanischen Zeit; die Menschen interessierten sich nicht für die Wahrheit; Universitätsprofessoren interessierten sich nicht für die Wahrheit. Wir hätten nun eine Menge Information, aber zu viel Information wäre genauso schlecht wie zu wenig Information. Niemand könnte die Zukunft voraussagen; der ›Imponderabilien‹ wären zu viele: Tolstoi habe die Geschichte richtig gesehen.

War Herr Mirza der einzige, der sich für die Wahrheit interessierte? Wohin führte all das? Es führte zurück zur satanischen Natur des Zeitalters, zur Notwendigkeit des islamischen Glaubens.

Die jungen Männer, benommen vor Freude, standen auf, und Herr Mirza gewährte ihnen mit besonderer Güte eine Verabschiedung, die einer Segnung glich. Und dann bekam ich mein Teil. Für mich jedoch kein Tolstoi, ich bekam einen obskuren Araber. »Ein arabischer Gelehrter des zehnten Jahrhunderts – er war vielleicht der größte der arabischen Philosophiegelehrten der abbasidischen Periode – er starb 1011, so daß seine Schriften in die Zeit der Jahrhundertwende fallen und er mehr zum zehnten als zum elften Jahrhundert gehört – er also sagt, daß Propheten nicht wie andere Menschen sind.«

Aber ich war nicht gekommen, um so etwas von Herrn Mirza zu hören. Ich war gekommen, um etwas über die Anwendung des Islams auf Institutionen, die Regierung, das Gesetz herauszufinden.

»Lassen Sie mich das zu Ende bringen«, sagte Herr Mirza; er konnte es nicht ertragen, unterbrochen zu werden. Und er fuhr fort. Propheten seien diejenigen, durch die Gott seinen Willen äußerte; der Islam sei der Idee geweiht, daß einmal die Zeit käme, in der Propheten nicht länger nötig wären.

Wohin hätte das uns oder Pakistan gebracht? Es hätte uns zu dem kritischen Punkt gebracht, daß die Gesetze und Institutionen Pakistans, so wie sie waren, nicht göttlich wären. Trotz seines Rufs und seiner Bücher hatte Herr Mirza nicht über diesen Punkt hinaus gedacht. Seine Bildung war Bestandteil seiner Eitelkeit, aber er war wie der einfachste Mullah. Und tatsächlich hatte Herr Mirza, der als Islamisierer so rein wie nur irgendeiner war, politische Ambitionen. Mit dem Verschwinden Bhuttos und der Unterdrückung von Bhuttos Partei, mit einer islamisierenden Militärregierung hoffte Herr Mirza, nach oben getragen zu werden.

Ich sagte, ich wolle gehen. Herr Mirza war enttäuscht; er habe mir noch mehr zu sagen. Er bot mir seinen Wagen an. Ich nahm an. Während wir auf das Auto warteten, versuchte er, sein eigenes Interview zu organisieren. Er sagte: »Vermutlich denken Sie, ich sollte in einem Kloster und nicht geschäftlich tätig sein.«

»Das denke ich nicht.«

»Aber sehen Sie, im Islam gibt es da keine Trennung. Er ist eine vollkommene Lebensweise.«

Er holte eine Gebetskette hervor und begann sie murmelnd klackern zu lassen. Ich sah an seinem linken Ohr vorbei und dann an seinem rechten Ohr vorbei. Klack, klack, machten die Perlen, und er sagte: »Ich bin gottberauscht.« Ich sah über seine linke Schulter und dann über seine rechte Schulter. Klack, klack, machten die Perlen, und ich ließ ihn weitermurmeln, bis der Wagen kam.

Herr Salahuddin, der Herausgeber einer Zeitung, hatte den Ruf, wie Herr Mirza die ›harte islamische Linie‹ zu verfolgen.

Ihm fehlte aber Herrn Mirzas mystischer oder intellektueller Zug, und ich zog seine Direktheit vor.

In Pakistan mit seinen fünfzehn Prozent des Lesens und Schreibens Kundigen waren die Zeitungsauflagen niedrig. Die englischsprachige *Dawn* (erzählte mir ein Journalist von der konkurrierenden *Morning News*) habe eine Auflage von dreißigtausend, die *Morning News* selbst, die in Bhuttos Zeit auf viertausend abgesunken sei, habe einen Satz gemacht und liefe nun mit zehntausend ganz gut. So stellte Herr Salahuddin, der eine Zeitung auf Urdu mit einer Auflage von fünfunddreißigtausend herausgab, eine Macht im Land dar. Der Redaktionsassistent, der mich abholte, berichtete mir, daß Herr Salahuddin unter Bhutto drei Jahre im Gefängnis verbracht habe. Herr Salahuddin, sagte der Assistent, sei ein Mann mit Prinzipien.

Das Büro war ganz oben in einem ziemlich neuen vier- oder fünfstöckigen Betongebäude im Zentrum Karatschis. Eine geborstene, holprige, ungepflasterte Straße, die von einer Basarstraße abzweigte; schwarzhäutige Kinder, die Fußball spielten, irgendein menschliches Wrack, das man in einem selbstgebauten Kastenwagen in der Sonne stehengelassen hatte. Ein unebener Schotterhof, eine Lifttür, die sich direkt auf den Hof hin öffnete. Seltsam dieser Lift, der einfach da war, ein wenig surreal.

Aber er funktionierte. Und oben auf dem Gebäude, auf der Veranda, standen wie in einer Parodie auf ein Wartezimmer (und als Fortsetzung der Parodie auf eine moderne städtische Straße) drei Rohrsessel, alle ohne Sitzfläche. Die Räume waren durch halbhohe Trennwände in kleine Würfel geteilt, von denen einer in den anderen führte. Türen zu beiden Seiten der Zelle des Herausgebers öffneten sich zu Büros. In einem von ihnen arbeiteten die Kalligraphen, die ein redigiertes Exemplar auf transparente Fahnen übertrugen, die später im Offsetverfahren gedruckt werden sollten. Auf den Scheiben der kleinen Fenster summten Fliegen, an der Wand hing eine Bleistiftzeichnung von Jinnah.

Herr Salahuddin war ein kleiner Mann Anfang Vierzig. Er hatte einen grau durchwachsenen Knebelbart, einen klar geschnittenen Mund und glänzend schwarze Augen. Ich versuchte ihn mir im Gefängnis vorzustellen: Ich fand, daß das Gefängnis sein Feuer nicht vermindern würde. Er war in Indien geboren und mit zwölf nach Pakistan gekommen. Den Moslems in Indien stehe es frei, ihre Religion auszuüben, sagte er, Pakistan sei nicht nur für die Glaubensfreiheit errichtet worden. Pakistan sei als ein islamischer Staat gedacht, der nach islamischen Grundsätzen verwaltet werde. Was bedeutete das? Hatte es einen solchen Staat schon einmal gegeben? Er sagte: »Der Staat, der zur Zeit des Propheten und der ersten vier Kalifen zweiunddreißig Jahre lang existierte.«

Da hatten wir ihn wieder – den Traum nicht nur von dem frühen islamischen Staat, der Schöpfung des Propheten, sondern auch von der Zeit, in der die Moslems richtig geführt, göttlich gelenkt wurden: eine Verbindung aus Geschichte und Theologie, die unzerstörbare Legierung des Glaubens. Diese reine Zeit konnte wiederkommen, die Moslems konnten wieder in solcher Reinheit leben. Sie mußten nur den Regeln folgen. Die Regeln waren da, sie konnten im heiligen Buch und den Traditionen gefunden werden. Die vielen Regeln des Iran würden nicht Gott zuliebe weitergegeben, sagte Herr Salahuddin, sie seien zum Wohle der Menschen da. Freiheit komme mit Gehorsam, die Regeln machten die Menschen frei.

Und in seinem Büro in Karatschi, in das die ganze Zeit Männer kamen, die mit der Zeitung zu tun hatten, einige davon mit Bündeln von Rupien, und wo nebenan die Kalligraphen an ihren langen Pulten saßen und ihr Exemplar für den Druck vorbereiteten, war das Herrn Salahuddins Anliegen: der islamische Staat und seine besondere Freiheit. Er war unter Bhutto ins Gefängnis gegangen, und ich hatte das Gefühl, er war bereit, wieder ins Gefängnis zu gehen.

Er gab mir einige Broschüren zum Mitnehmen. Einige waren altmodisch: Ich hielt sie für Neuauflagen von mohammedanischen missionarischen Veröffentlichungen, die zur Zeit der europäischen Kolonisation erstmals veröffentlicht worden waren, als der Islam, ausgelaugt und politisch gleich Null, jeder europäischen Unterstützung bedurfte, die er bekommen konnte.

Der Koran und die moderne Wissenschaft, verfaßt von einem Franzosen, zeigte, daß der Prophet viele moderne europäische Ideen vorweggenommen hatte. *Islam – die erste und endgültige Religion* (eine gekürzte und komprimierte Ausgabe von *Reiz des Islams* und *Islam – unsere Wahl*) bewies, daß alle anderen Religionen in ihren heiligen Büchern das Kommen Mohammeds prophezeit hatten. Auch von Napoleon gab es eine Huldigung und Darstellung des islamischen Vorhabens: »Ich hoffe, die Zeit ist nicht fern, in der ich in der Lage sein werde, sämtliche weisen und gebildeten Männer aller Länder zu vereinigen und ein einheitliches Regime nach den Grundsätzen des Korans zu errichten, die allein wahr sind und die allein die Menschen zum Glück führen können.«

Auf Napoleon folgten Kommentare von Engländern aus der viktorianischen Zeit, lauter ›Staatsmänner und Diplomaten‹ mit Adelstiteln, deren Namen in der moslemischen Welt offenbar immer noch nachklangen, zu Hause jedoch nicht so gut bekannt waren, wie sie es hätten sein sollen: Leute wie Al-Haj Lord Headley Al-Farooq (1855–?), ›Peer, Autor und Staatsmann‹, Angehöriger der Armee wie auch Ingenieur und außerdem Herausgeber des *Salisbury Journal*; Sir Abdullah Archibald Hamilton (1867–?), ›Staatsmann und Baronet‹, wieder ein Angehöriger der Armee (›Leutnant im Royal Corps‹); Sir Jalaluddin Lauder Brunton (ohne Angabe von Daten), ›Staatsmann und Baronet‹, ohne Angabe der Laufbahn (›ein englischer Baronet und in der Öffentlichkeit wohlbekannter und renommierter Mann‹). Zu ihnen gesellten sich der englische Gelehrte, Professor Haroun Mustapha Leon, M. A., Ph. D., L. L. D., F. S. P., ein ›gewissenhafter Geologe‹ und ›fähiger Philologe‹, ein M. A. von der Potomac-Universität (USA), der 1882 zum Islam übertrat, als er an einer Artikelreihe über ›Die Etymologie der menschlichen Sprache‹ für den *Isle of Man Examiner* arbeitete.

Der Amerikaner in dieser Aufstellung weißer Moslems war

Mohammed Alexander Russel Webb, ›Diplomat, Autor und Journalist‹, Herausgeber der *St. Joseph Gazette* und des *Missouri Republican*, der 1846 geboren wurde und 1961 im Alter von einhundertfünfzehn Jahren starb: eine Mark Twain ähnliche Figur aus ›Hudson, Columbia‹, der ›das Triefen, oder besser vielleicht Gefasel von einer orthodox presbyterianischen Kanzel‹ für den Islam zurückwies und sein immens langes Leben mit islamischer Missionsarbeit zubrachte.

Durch Herrn Salahuddin kam ich auch in Kontakt mit Khalid Ishaq. Khalid Ishaq war einer der führenden Rechtsanwälte Karatschis. Er war so erfolgreich, daß er viel von seiner Zeit gemeinnütziger Arbeit widmen konnte. Er war Mitglied des Islamischen Ideologierats, der zehn Tage im Monat in der Hauptstadt tagte und herauszufinden versuchte, was in bezug auf die Islamisierung getan werden konnte; er war auch Mitglied einer Regierungskommission, die – etwas verzweifelt, wie ich fand – die Korruption untersuchte.

Auch er war ein Einwanderer aus Indien. Er war ein großer, kräftig gebauter Mann Anfang Fünfzig. Er hatte das Auftreten eines Rechtsanwaltes, den bedächtigen, trockenen Humor, das Auge für menschliche Gerissenheit, die Vorliebe für kleine Anekdoten. Dieses Verhalten paßte mühelos zu seiner Leidenschaft für den Glauben. Der Islam, das spürte ich, war für ihn mehr als eine private Überzeugung; für ihn, einen Moslem vom Subkontinent, der in Pakistan noch unsicher war, war der Islam seine Zivilisation und Kultur; er war die Grundlage seiner Vorstellung von sich selbst; er war etwas, dem er als Mensch und Rechtsanwalt dienen und Schutz bieten mußte.

Herr Salahuddin hatte mir erzählt, daß Khalid Ishaq eine voluminöse Bibliothek habe und jeden Monat zwanzigtausend Rupien, zweitausend Dollar, für Bücher ausgebe. Das bereitete mich nicht auf das vor, was ich in Khalid Ishaqs Haus erblickte.

Ich sagte, als wir in seinen Hof einfuhren, daß er ein großes Haus habe. Ja, sagte er in seiner präzisen Rechtsanwaltsart, es sei ein großes Haus, aber es sei nicht groß genug. Und das war es auch nicht. Bücher füllten Zimmer um Zimmer; Kasten auf Kasten, Kasten vor Kasten; meterweise Regale und Schränke vor den Regalen. Ein großer Raum war vielbändigen Korankommentaren vorbehalten – schweren arabischen Wälzern. »Und«, fügte er hinzu, »Kommentare zu den Kommentaren.« Er kaufte alles.

Entsprach seine Frömmigkeit seinem Sammlereifer? Er hatte Sinn für Humor: Ich dachte, ich könnte ihm die Frage stellen. Er sagte: »Ich würde nicht sagen, daß ich sehr fromm bin. In den letzten dreiunddreißig Jahren habe ich kein einziges Gebet versäumt.« Seit 1946 hieß das, dem Jahr, bevor Pakistan ins Leben gerufen wurde; und er meinte das fünfmalige Gebet am Tag.

Wir saßen in seinem Büro, einer Lichtung in den Bücherstapeln, einem großen Raum mit einem großen Schreibtisch und mit Sitzgelegenheiten an einem Ende, die für eine ganze Aufsichtsratssitzung gereicht hätten. Wir saßen unter Ventilatoren; das Surren dämpfte den Lärm der Motorroller und Motorroller-Taxis auf der Straße.

Es gab eine einfache Erklärung seiner Leidenschaft für den Islam. »Unsere Leute lehnen den Westen emotional ab. Materiell mögen wir vom Westen abhängig sein. Unsere Leute gehen vielleicht ins Ausland, um sich zu verbessern. Aber wie lange sie auch bleiben, sie wollen immer zurückkommen, und sei es zum Sterben.« Und aus dieser emotionalen Ablehnung der Welt draußen schöpfte Khalid Ishaq die Notwendigkeit für spezifisch islamische Institutionen – keine westlichen Institutionen und keine sozialistischen, sondern Institutionen im Einklang mit den emotionalen Bedürfnissen der Leute.

Um diese Bedürfnisse zu verstehen, mußte man die Idee der Gleichheit im Islam verstehen. »Der Diener hier bringt uns Tee und etwas Süßes. Das ist seine Aufgabe. Er weiß aber auch, daß wir bei einer anderen Gelegenheit einfach als Menschen beieinandersitzen können.« Und die Moschee spielte eine Rolle: Jeden Freitag hörte jeder, ganz gleich, in welcher Lage er sich befand, von den Mullahs, daß Gesetze der Menschen nicht befolgt werden durften, wenn sie gegen die Lehren des Korans waren.

Das islamische Unternehmen war also gewaltig: Es war die wohlüberlegte Schaffung eines Staatsmechanismus – allein vom Koran geleitet –, der in der modernen Welt funktionieren und anders als alles sein würde, was sich bisher entwickelt hatte. Es war ein äußerst intellektuelles Unterfangen. Hatte Pakistan das Talent dazu? Gab es ein intellektuelles Leben in Pakistan? Nicht viel, sagte Khalid Ishaq, Bücher seien teuer, und das Fernsehen bereite jeglichem intellektuellen Leben, das es in Pakistan gäbe, ein Ende.

Was war bis jetzt vom Ideologierat erreicht worden? Nicht viel, schien Khalid Ishaq anzudeuten. Sie versuchten immer noch, das Problem mit den Bankzinsen zu umgehen. Es gab die Idee, die sie auch bei der Regierung vorgebracht hatten, daß jeder die gleichen Kleider tragen und dieselbe Automarke fahren solle, aber daraus war nichts geworden.

Es gäbe Schwierigkeiten, sagte Khalid Ishaq. Erst einmal wären da die ›Modernisten‹ unter den Islamisierern. Das seien Leute, die sich erst im hohen Alter oder aus privaten Gründen vom weltlichen Leben der Religion zugewandt hatten. Sie läsen ein paar Bücher über den Islam und dächten, sie wüßten eine Menge, aber sie wußten sehr wenig. Diese Leute seien in Wirklichkeit Mystiker und hätten keine Ahnung von Religion. (Ich glaubte hier eine Kritik an Herrn Mirza zu entdecken.) Und dann gäbe es die Mullahs. An die Mullahs habe die Militärregierung sich gewandt, als sie sich zur Islamisierung entschloß.

»Die Mullahs hatten in Wirklichkeit keine Ahnung, was von ihnen verlangt wurde. Sie konnten nur an ›den guten Menschen‹ oder ›die guten Menschen‹ denken, denen alles überlassen werden sollte. Ich habe diese Leute kennengelernt, und ich glaube wirklich, daß diese Leute noch nicht einmal den Schimmer einer Ahnung von der Notwendigkeit für Institutionen irgendeiner Art haben. Sie wissen nicht, worüber wir reden.«

Danach hatte ich das Gefühl, daß es in Pakistan keine islamischen Experten gab, die ich aufsuchen konnte, daß es so war, wie Herr Deen von Anfang an gesagt hatte: Die islamischen Experimente waren etwas, von dem die Leute erwarteten, daß andere damit anfingen. Das große islamische Unternehmen Pakistan existierte zwar, aber nur als Ideal, gleichzeitig Ausdruck höchsten Glaubens und Ausdruck der politischen Instabilität, in der die Moslems der moslemischen Heimat lebten.

Der Dichter Mohammed Iqbal hatte, als er 1930 seine Idee eines separaten indisch-moslemischen Staates zur Debatte stellte, von einem moslemischen Staatswesen oder einer moslemischen Gesellschaftsordnung so gesprochen, als ob das ganz natürlich aus dem ›islamischen Prinzip des Zusammengehörigkeitsgefühls‹ herauswüchse. Solch ein Staatswesen existierte in Pakistan. Aber der islamische Staat, von dem die Leute nun sprachen, war abstrakter als der Iqbals. Dieser islamische Staat konnte nicht einfach verfügt werden, er mußte erfunden werden, und bei dieser Erfindung war der Glaube keine große Hilfe. Der Glaube konnte im Augenblick nur die einfachen Negierungen liefern, die emotionalen Bedürfnissen entsprachen: kein Alkohol, keine weibliche Unkeuschheit, keine Bankzinsen. Aber bald sollten in Pakistan zu diesen Negierungen noch andere hinzukommen: keine politischen Parteien, kein Parlament, kein Dissens, keine Gerichtshöfe. So wurden existierende Institutionen für unislamisch gehalten und untergraben oder abgeschafft, der Glaube wurde verfochten, weil nur der Glaube ganz zu sein schien, und in dem Vakuum konnte nur die Armee herrschen.

Khalid Ishaq fuhr mich zum Intercontinental zurück. Als wir auf der Club Road waren, bog er in die Anlage der Karatschi Gymkhana ein, des britischen Klubs aus der Kolonialzeit. Es war spät, die Beleuchtung war schwach, es herrschte Ruhe. Im Bridgeraum waren ein paar ältere Herren, aber die breite Veranda mit dem alten, dunklen, ungleichmäßigen Holzfußboden, die an dem ganzen Gebäude entlanglief, war leer. Die Briten hatten Karatschi und die Gymkhana erbaut. Zu dieser Stunde vermittelte der Klub immer noch das Gefühl, ihnen zu gehören; aber ihr Traum von der Schaffung eines Imperiums war in einem anderen aufgegangen.

Ahmed holte mich zu einem Essen in seinem Haus ab, und ich ging ins Foyer des Intercontinental hinunter, um auf ihn zu warten. Sobald ich auf dem Sofa Platz genommen hatte, verließ ein junger Mann, der mir kaum aufgefallen war, seinen Platz und warf sich neben mich – mit einer so plötzlichen, heftigen und vertraulichen Bewegung, daß ich aufschreckte.

Er trug das lange Hemd der Pakistanis und die losen Baumwollhosen; er hatte den gedrungenen Körperbau und das runde Gesicht des Taxifahrers, der mich durch Karatschi gefahren hatte. Sein Englisch war schwerfällig und schlecht zu verstehen. »Cafeteria« – war es das, was er sagte?

»Cafeteria«, flüsterte er, »wo ist Cafeteria?«

Ich zeigte zum Schnellrestaurant. Aber daran war er nicht interessiert. Er sagte: »Sonst nichts da? Oben?«

»Zimmer.«

»Zimmer. Nur Zimmer? Sie wohnen hier?«

»Ein paar Tage.«

»Nur Zimmer, eh? Der Pool, wo ist der Pool? Sie wissen, wo er ist?«

»Er ist geschlossen.«

»Geschlossen. Die islamische Regierung hat ihn geschlossen.«

Im Foyer war viel los. Die Crews der ausländischen Luftfahrtgesellschaften – die das Hotel hauptsächlich benutzten – kamen und gingen. Ein hochgewachsenes junges deutsches Mädchen, mit üppigen Hüften und einem seitlich gebundenen Pferdeschwanz, zog die Aufmerksamkeit des jungen Mannes auf sich.

Er sagte: »Die Frau ist Geschenk Gottes für den Mann. Was denken Sie?«

»Ja. Kommen Sie oft hierhin?«

»Das erste Mal für mich.«

Und es stellte sich heraus, daß er erst seit fünfundzwanig Minuten im Foyer war. Er war mit einem Freund gekommen – dem älteren dünneren Mann in brauner ländlicher Kleidung auf dem anderen Stuhl.

Der junge Mann neben mir sagte: »Wir kommen, um den Betrieb zu sehen.«

Er sagte, er sei Student. Ich fragte, was er studiere. Er sagte, er habe in Wirklichkeit ein Geschäft; er habe gesagt, er sei Student, weil er Arzt werden wolle; seine Familie wollte, daß er Arzt würde und Erfolg habe. Er war vierundzwanzig; er kam aus Sukkur, von dem er behauptete, daß es vierhundert Meilen in nordöstlicher Richtung liege (es war näher). Er verkaufte Stoffe in Sukkur. Er war mit seinem Bruder nach Karatschi gekommen, »um ein paar Geschäfte zu machen«. Er hatte seine Geschäfte erledigt; er hatte sich ein bißchen gelangweilt, und der Freund aus Sukkur auf dem anderen Stuhl, der in den Gepflogenheiten Karatschis mehr Erfahrung hatte, hatte vorgeschlagen, sie sollten ins Intercontinental kommen, um ›den Betrieb‹ zu beobachten.

Sie hatten an diesem Ramadan-Tag ihr Fasten noch nicht beendet (am Schnellrestaurant des Intercontinental hing ein Schild, auf dem stand, daß Moslems während der Fastenstunden nicht bedient würden), und der Freund schien erschöpft zu sein und sogar beinah einzuschlafen. Seine Augen waren halb geschlossen; sein Kopf fiel immer nach vorn. Ich sagte: »Ihr Freund schläft gleich ein.« Ich glaubte, der junge Mann gäbe zur Antwort: »Mein Freund ist blind, kann nicht sehen.« Es schien wahr zu sein. Aber der junge Mann sagte bloß: »Mein Freund kann kein Englisch.«

Und der Freund hatte Glück mit dem Betrieb. Eine französische Gruppe stieg aus dem Lift, ein Mann und zwei Frauen. Die wahre Schönheit der Gruppe war der Mann, schlank, ganz in Weiß, das Frotteegewebe seines Pullovers kontrastierend zu dem glatten Drillich seiner Hose. Er blieb stehen, aber eine der beiden Frauen seines Hofstaates setzte sich neben den schläfrigen Mann aus Sukkur.

Er wachte auf, und trotz seiner verschlafenen Augen zappelte er so lange herum, bis er sie berührte. Er wußte Bescheid über den Betrieb im Intercontinental; er wußte, daß Ausländer und ihre schamlosen Frauen, alles keine Moslems, mit einer derartig offenen Geringschätzung behandelt werden konnten. Die Frau nahm einige Farbfotos aus der Tasche. Der Mann aus Sukkur beugte sich über ihre Schulter, um sie anzusehen. Aber die Bilder waren nicht so spannend, wie er vielleicht erwartet hatte, und der Schlaf gewann die Oberhand über ihn. Er starrte abwesend vor sich hin, zu erschöpft, um das Kommen und Gehen bei den Aufzügen zu beachten.

Ich stellte Ahmed vor, als er kam. Das war eine Fehleinschätzung. Ahmed war ein Pakistani, kein Besucher, und er war nicht amüsiert. Als wir im Auto waren, sagte er, daß die Männer aus Sukkur (die er förmlich begrüßt hatte, weil er dachte, sie seien Freunde von mir) Dörfler, Provinzler seien. Solche Leute kämen ins Intercontinental, um unverschleierte Frauen und Frauen in Bikinis zu sehen. Es gäbe reiche Pakistanis, die aus demselben Zweck kämen, sie mieteten Zimmer mit Blick über den Swimmingpool. Palästinenser – Moslems – hätten zu der Manie beigetragen. Einige von ihnen (es klang nach Guerillas, die von Hilfsgeldern lebten, doch das sagte Ahmed nicht) wären mit europäischen Frauen nach Karatschi gekommen, die sich in Bikinis am Swimmingpool des Intercontinental rekelten; die Geschichte hätte sich verbreitet.

Für Dörfler wie die Männer aus Sukkur hatte Ahmed nichts übrig. Das waren die Männer – Dörfler, die irgendwie von dem Betrieb im Intercontinental erfahren hatten, die die Kaltschnäuzigkeit besaßen, den Portiers zu trotzen, und dachten, sie hätten die Welt begriffen –, die Kommunisten wurden. So einfach konnte Politik in Pakistan sein.

Ahmed sagte: »Die Welt ist völlig durcheinandergeworfen heutzutage. Die Leute sind verwirrt. Im Leben vieler Menschen gibt es keine Symmetrie mehr.«

Ich trug ihm Khalid Ishaqs Argument von der emotionalen Ablehnung des Westens vor. Wieviel von dieser Ablehnung war

Selbsttäuschung? Konnte eine so umfassende Zivilisation, eine Zivilisation, von der die Leute hier so stark abhingen, wahrhaftig abgelehnt werden?

Ahmed war sich nicht schlüssig. Er sagte, er selber sei nicht gerne im Ausland. Er stehe immer ›unter Spannung‹. Das liege am ›Zeitfaktor‹. Wenn er im Ausland, in einer großen Stadt sei, sei er beherrscht von der Notwendigkeit, pünktlich zu sein. Das belaste ihn, es quäle ihn, er höre auf, sich als Herr seiner selbst zu fühlen. Dann sagte er: »Aber wenn die Leute hier über die emotionale Ablehnung des Westens sprechen, meinen sie gewöhnlich nur eins. Frauen.«

Auf das Thema Frauen reagierte Ahmed empfindlich. Er sah sich als liberal, aber seine Liberalität war, mehr als er hätte zugeben können, von moslemischen Ängsten durchsetzt. Da er erst in mittleren Jahren gottesfürchtig geworden war, bedrückte ihn die moslemische Vorstellung von der Verpflichtung, Rechenschaft abzulegen. Ich glaube, er fürchtete eine Vergeltung für seine Frauengeschichten in der Vergangenheit; und seine Töchter, entzückende, liberal erzogene Mädchen, standen im Mittelpunkt seiner Ängste. Während der Bangladesh-Krise hatten Berichte, daß pakistanische Soldaten bengalische Frauen vergewaltigten, ihm unaussprechliche Qualen verursacht. Vergewaltigung war für einen Moslem mehr als ein körperlicher Angriff auf eine Frau; sie zerstörte ihre Ehre und zerstörte so ihr Leben; sie zerstörte so die Ehre ihrer Familie. Ahmed sagte: »Solange das dauerte, zwei Monate lang, konnte ich nicht schlafen.«

Das Haus lag in einer der vielen neuen Siedlungen Karatschis. Es war ein großes Betonhaus. Aber obgleich Ahmed eine wichtige Persönlichkeit war, lebte er einfach. Das Eßwohnzimmer, von einer schwachen Deckenlampe beleuchtet, sah kahl aus: Es hatte nur die nötigsten Möbel und zwei Fernsehapparate, von denen einer kaputt war.

Ahmeds Sohn trat ein. Er war in den Zwanzigern und von Beruf Arzt. Er arbeitete in einem Krankenhaus am Ort und hatte nicht vor, ins Ausland zu gehen. Er sagte, er wolle dem pakistanischen Volk dienen, und ich glaubte ihm. Er war kleiner als sein Vater, heller, mit arischem Gesichtsschnitt, ein sanfter Mann, so in sich gekehrt wie sein Vater überschäumend. Er war es zufrieden, seinen Vater für sich sprechen zu lassen.

Wie ein Mann, der immer noch eine öffentliche Erklärung seines Glaubens abgab – und seine Stimme füllte den Raum dabei – sagte Ahmed: »Ich wollte, daß alle meine Kinder in Krankenhäusern dienen. Als Ärzte, Krankenschwestern, selbst als Putzkräfte. Denn in Krankenhäusern lindert man das Leid anderer.«

Ahmed sagte, er habe seinem Sohn die Religion nicht aufgezwungen; er habe ihm die Wahl überlassen. Und der Sohn war mit einer Ernsthaftigkeit, die ins 19. Jahrhundert paßte, von der ganzen Frage des Glaubens in Anspruch genommen.

Er sagte: »Am Anfang beteten die Menschen Steine an. Dann Feuer. Heute finden wir diese Praktiken komisch. Ob die Menschen morgen nicht die Praktiken von heute komisch finden?«

Ahmed ließ ihn das sagen. Dann sprach er wieder für seinen Sohn. »Wenn Leute vorbeikommen, die um Geld für religiöse Zwecke bitten, wissen Sie, was er ihnen dann sagt? Er sagt ihnen, es wäre besser für die Leute, wenn sie Blut für die Kranken spendeten.«

Zu Boden blickend, nickte der Sohn, erkannte dankend an, was sein Vater gesagt hatte, scheute aber das Lob.

Das Essen wurde von Ahmeds Frau gebracht. Ahmed und ich waren die einzigen, die aßen. Der Sohn sollte nur bei uns sitzen und ebenso der Mann, der jetzt eintraf. Das Gespräch wandte sich, wie so oft in Pakistan, der Situation Pakistans zu.

Ahmed sagte: »Ich will Ihnen die Geschichte dieses Landes in zwei Sätzen erzählen. Im ersten Viertel dieses Jahrhunderts beschlossen die Hindus Indiens, daß alles, was schieflief, mit Ausländern und ausländischem Einfluß zu tun hatte. Im zweiten Viertel dieses Jahrhunderts wachten dann die Moslems auf. Sie empfanden einen doppelten Haß. Sie haßten die Ausländer, und sie haßten die Hindus. So wurde das Land Pakistan auf

Haß und nichts anderem aufgebaut. Die Leute hier waren nicht reif für Pakistan, und Leute, die es nicht verdienen, sollten nichts verlangen.«

Das sagten viele konservative Moslems: daß die Moslems Indiens als Moslems für einen moslemischen Staat nicht rein genug gewesen seien.

Ahmed sagte: »Dann begannen sie, das Eigentum der Hindus, die Pakistan verlassen hatten, zu verteilen. So viele der Leute, die aus Indien hierherkamen, haben etwas umsonst bekommen. Das war die Haltung am Anfang. Das ist die Haltung heute. Aber ich bin zu alt, um jetzt unglücklich zu sein. So etwas kommt vor, wissen Sie. Man merkt, daß man alt ist, und hört einfach auf, sich über gewisse Dinge Sorgen zu machen. Die jungen Leute sollen sich sorgen. Ich bin neunundfünfzig. In diesem Alter ist das Leben bloß noch ein Tod auf Raten.«

An dieser Stelle kam ein sehr mächtiger Mann, ein zu groß gewachsener Bauer, schien es, ins Haus, und Ahmeds Gereiztheit verschwand. Er stand auf, um seinen Besucher zu begrüßen, und führte ihn beflissen herein. Der Neuankömmling war riesig, weit über ein Meter achtzig und gebaut wie ein Ringer. Auf dieser Masse saß widersinnigerweise ein Babygesicht: ein Gesicht, das weder von Leidenschaft, Erbitterung noch Erwartung gezeichnet war. Er trug die ländliche Pakistani-Kleidung, die nicht besonders sauber war, und eine flache Sindi-Mütze. Für einen so schweren Mann bewegte er sich sehr still und mit kleinen Schritten. Er sprach kein Englisch, sprach überhaupt kaum, und als er sich an den Tisch setzte – ein gutes Stück davon ab – schien er immer noch weit weg zu sein.

Ahmed sagte: »Sie erinnern sich, daß ich Ihnen von einem alten Heiligtum im Innern Sinds erzählt habe, das Sie auf meinen Wunsch besuchen sollten? Ich habe Ihnen von den Menschen dort erzählt, die die Welt aufgegeben haben, um den Armen zu dienen – Sie erinnern sich? Er kommt von dieser Stätte.«

Aber das Gesicht war weniger das Gesicht eines Menschen, der das Dienen gewählt hatte, als das Gesicht eines Verirrten und

Duldsamen, eines Menschen, dem irgendeine wesentliche Qualität abging.

Ahmed sagte: »Ich will Ihnen eine Geschichte von diesem Mann erzählen. An seinem Bein entwickelte sich eine Geschwulst, und die Ärzte sagten, er habe Krebs und sie könnten nichts für ihn tun. Er ging zu Homöopathen. Sie wollten ihm Schlangengift spritzen: dazu hätte er sich von der Schlange beißen lassen müssen.«

Mir entfuhr ein Ausruf.

Ahmeds Sohn sagte: »Ein Schlangenbiß ist wie eine Spritze.«

(Ein paar Wochen später las ich in der Zeitung, daß die Polizei einen Mann suchte, der sich auf diese Schlangenbißinjektionen spezialisiert hatte.)

Ahmed sagte: »Aber er konnte den Gedanken an den Schlangenbiß nicht aushalten. So ging er zurück zu seinem Heiligtum und betete. Er betete tagelang. Und eines Tages bekam er Mut. Er nahm ein Messer und schnitt die Geschwulst weg. Seitdem hat er keine Beschwerden mehr gehabt.«

Ahmed sagte etwas auf Urdu oder Sindi, und der große Mann zog seine losen Hosen hoch, um die Narbe auf der Innenseite seines festen elefantenartigen Schenkels zu zeigen. Die Narbe – mit unregelmäßiger Form und glänzend zerfurchter Haut – war zwölf Zentimeter lang und an manchen Stellen über zwei Zentimeter breit.

Ahmeds Sohn ging hin und sah nach.

Fast sofort sagte er: »Es war kein Krebs. Es war ein gutartiger Tumor. Sehen Sie – er hat noch einen am Kopf, hier.«

Die Narbe war da, die mutige Handlung blieb bestehen. Aber die Verlegenheit – zusammen mit dem sanftmütigen Riesen, der am Tisch sitzen blieb, dem Englisch aber nicht folgen konnte – wurde durch ein erneutes Gespräch über Pakistan überwunden.

Ahmed sagte: »Hier hält jeder jeden zum Narren. Politiker, Beamte, jeder.«

Und Ahmed und sein anderer Besucher (der bis dahin wenig gesagt hatte) stimmten überein, daß die Menschen sich dem Islam zuwandten, weil alles andere fehlgeschlagen sei. Sogar an den Universitäten überschwemmte die islamische Welle das akademische Leben.

Aber sei das nicht, fragte ich, die besondere Falle eines Landes wie Pakistan? Konnten die Menschen nun nicht akzeptieren, daß sie Moslems in einem moslemischen Staat waren und daß Pakistan das war, was der Glaube daraus gemacht hatte? War es sinnvoll – nach der jahrhundertealten islamischen Geschichte – zu sagen, daß der Islam nicht ausprobiert worden sei?

Ahmed wurde ernst. Er sagte: »Nein, er ist nie ausprobiert worden.«

3

Der kleine Araber

Vierzig Meilen östlich von Karatschi lag die kleine Stadt Banbhore, eine alte Hafenanlage aus dem ersten Jahrhundert vor Christus. Banbhore war wichtig geworden, weil hier bei Ausgrabungen die Überreste der angeblich ersten Moschee auf dem Subkontinent freigelegt worden waren, einer Moschee, die im ersten Jahrhundert des Islams, kurz nach der Eroberung Sinds durch die Araber im Jahr 712, erbaut worden war. Ahmed brachte mich am letzten Freitag des Ramadans, der auch der letzte Ramadan-Tag war, dorthin.

Der Monat Ramadan endet und das Id-Fest wird ausgerufen, wenn der neue Mond sichtbar wird. Man erwartete, daß der Ramadan am Donnerstag endete, aber das Mondbeobachtungskomitee der Regierung hatte den Mond noch nicht gesichtet. Also dauerte der Ramadan in Pakistan einen Tag länger, und Herr Salahuddin, der Zeitungsherausgeber, mußte seine Festbeilage zurückhalten und einen nicht festlichen Leitartikel durchziehen. Wenn das Id-Fest auf den Freitag gefallen wäre, hätte Ahmed damit zu tun gehabt, Besuche zu empfangen und abzustatten, und wäre nicht in der Lage gewesen, mich nach Banbhore zu bringen.

Wir fuhren nicht direkt dahin. Zuerst fuhren wir zu einer Moschee, um ein paar Leute zu finden, die ich Ahmeds Meinung nach kennenlernen sollte. Sie waren nicht da. Wir fuhren eine Weile durch die Randgebiete Karatschis. Dann wurde es Zeit für das Mittagsgebet, und Ahmed wurde rastlos und beschloß, zur Moschee seines Bezirks zurückzufahren.

Ich fragte ihn, ob er buchstäblich an das Leben nach dem Tode glaube.

Er sagte: »O ja.« Er riß die Augen weit auf und nickte, genau wie er seine Augen aufgerissen und genickt hatte, als er gesagt hatte, der Islam sei noch nicht ausprobiert worden. »O ja. Ich bin gespannt darauf. Sie wissen doch, ich bin in mancher Hinsicht wie ein Kind.« Dann versuchte er, seine Überzeugung zu erklären. »Menschen sterben. Aber solange ich mich an sie erinnere, existieren sie in meinem Gedächtnis. Ich kann nicht sagen, sie seien verschwunden, solange ich mich an sie erinnere.« Er erwartete, daß man sich in einer ähnlichen Weise an ihn erinnere – aber im Geiste –, bis die sich erinnernde Person verschwand. Einfachere Leute hatten ihre eigenen Vorstellungen: Sie glaubten an ein Paradies, das ein Duplikat dieser Welt war, wo aber alles seine Richtigkeit hatte und – wo es Frauen gab. Aber tatsächlich, sagte Ahmed (oder so verstand ich ihn), würden die Frauen im Paradies keine Periode haben: Sie würden rein sein.

Ich hätte gern mehr über diese Vorstellung von Reinheit gehört, hatte aber das Gefühl, daß Ahmed mit seiner Empfindlichkeit gegenüber Frauen und Sex das Interesse für lüstern gehalten hätte. Ich bedrängte ihn also nicht; ich nahm mir vor, es für später aufzuheben.

Die Moschee in einer heißen und staubigen Straße war neu, aus Beton und unscheinbar mit ihren ocker- und schokoladenfarbenen Wänden. Draußen auf der Straße waren Matten für die nicht mehr unterzubringende Menge ausgebreitet. Es war Zeit für die freitäglichen Hauptgebete; der Mullah hatte seine Koranlesung beendet. Ahmed nahm seine Gebetsmatte aus dem Auto und kniete sich zwischen die Menge auf der Straße in den Sonnenschein. Ich wartete im Auto.

Später, als wir durch Karatschi fuhren, sah ich gedruckte Plakate: *Wir haben Opfer für Pakistan gebracht, nicht für Bangladesh.*

Ahmed sagte mir nicht, welche Gruppe dafür verantwortlich war. Aber die Plakate mit ihrer Anspielung auf weitere Spaltungen und Feindseligkeiten in seinem Land ärgerten ihn. Er sagte: »Sie haben nichts geopfert. Wenn es Pakistan nicht gäbe, wäre ich ein drittklassiger Angestellter. Gute Jobs haben Leute wie ich bekommen, als wir nach Pakistan kamen.« Nachher sagte er: »In zweihundert Jahren wird es hier noch genauso sein.« Und noch später – die Verärgerung wirkte immer noch nach und verwandelte sich in eine Art Schwermut – sagte er: »Als ich ein junger Mann war, sagte man mir, mein Land sei Hindustan und es sei das beste Land der Welt. Der Dichter Mohammed Iqbal sagte mir das. In den 30er Jahren sagte man mir dann eines Tages, daß mein Land nicht mehr Hindustan sei, und die Menschen, die ich für meine Brüder gehalten hatte, seien meine Feinde. Dann sagte man mir, Pakistan sei mein Land. Dann merkte ich, daß dieses Land zusammengeschrumpft war. Jetzt spüre ich, wie es wieder schrumpft.«

Sieben Jahre lang, bis zur Schaffung Pakistans 1947, hatte Ahmed in der Royal Indian Navy, der Marine des ungeteilten, britisch beherrschten Indiens, gedient. Er hatte an der Meuterei der Marine 1946 in Bombay teilgenommen. Aber dreißig Jahre später waren seine Erinnerungen an die Marine nicht heroisch oder politisch; es waren Erinnerungen an Versündigungen. Er trank. »Eine Flasche Whisky kostete drei Rupien. Bier gab es umsonst.« Und dann gab es Frauen. »Meine Freunde und ich bildeten gewöhnlich Kooperativen. Und dann kauften wir eine Frau für den ganzen Abend und liebten sie der Reihe nach.«

Ich wollte mehr von diesen Kooperativen erfahren – ich mochte das Wort, abgesehen von allem andern. Aber es war Feiertag; Ahmed war in Büßerstimmung, er geißelte sich für seine Vergangenheit und anscheinend auch für den Zustand seines Landes.

Ich sagte: »Das Alter paßt auf die Leidenschaften auf.«

»Glauben Sie wirklich, glauben Sie wirklich?«

Ich mochte ihn dafür.

Er fuhr schnell, das tat er immer. Seine Fahrweise hatte etwas von seiner befreiten und anregenden Art zu sprechen. Karatschi war ungeheuer groß. Die Stadt hatte sich über die flache Wüste ausgebreitet, es gab viele Wohnsiedlungen und einige davon sahen imposant aus; die von Überweisungen lebende Wirtschaft konnte den Eindruck eines reichen Landes erwecken. Schließlich waren wir draußen in der Wüste: die Hitze des frühen Nachmittags, die Weite, das niedrige Gestrüpp nutzloser Bäume. Ohne den Indus und die Seen-Reservoire hätte es Karatschi nicht geben können.

Ich sagte: »Was sagten Sie eben über die Kooperativen?«

Er sagte gereizt, zugleich erklärend und sich bestrafend: »Wir haben es mehr wegen der Verruchtheit als wegen des Vergnügens getan.«

Es war deutlich, daß er nicht mehr sagen würde. Ich konnte nicht noch einmal fragen, und ich wünschte, ich wäre meiner ersten Eingebung gefolgt und hätte die Sache für einen anderen Tag aufgehoben.

Wüste. Aber das Land Sind war alt: Siebzehn Meilen von Karatschi entfernt kamen wir zu einem Friedhof, der sich in dem weiten Ödland über viele Morgen erstreckte: zwei- bis vierhundert Jahre alte Gräber, aus verziertem weichen Stein, Block um Block ohne Mörtel zu kleinen abgestuften Pyramiden zusammengesetzt: eine tote Tradition, die vielleicht ältere Geheimnisse barg, aber im modernen Pakistan nun einfach da war, in der Wüste.

Das moderne Pakistan: Die Straße führte an dem riesigen Gelände vorbei, das für Pakistan Steel, das erste größere Industrieprojekt des Landes, reserviert war: ein Stahlwerk und ein neuer Hafen: ein widersprüchliches Projekt (wie ich später entdeckte), das jeden Tag Millionen kostete und letzten Endes wahrscheinlich unökonomisch war, weil man alles einführen müßte. Die Russen bauten es. Auf der anderen Seite der Straße lagen in einiger Entfernung die Wohnblocks der Russen. Aber der Hafen hatte den Namen Bin Qasim erhalten, nach dem arabischen Feldherrn, der Sind erobert und den Islam ins Land gebracht hatte.

Danach trafen wir, immer noch auf der Straße zu den Ruinen von Banbhore, auf etwas weniger Verwunderliches: ein großes

Modelldorf, Reihe um Reihe zweiräumiger Hütten mit Betonmauern und roten Dächern, aber absolut leer, leer seit seiner Erbauung vor sechs Jahren, und nun setzte schon der Zerfall ein. War das Dorf zu weit weg von den Menschen gebaut worden? Hatten die Leute nicht in diesem bürokratischen Phantasiegebilde gerader Linien und roter Dächer leben wollen? Ahmed sagte nichts Genaues und wollte nicht zu viel sagen. Er sagte nur, die Häuser seien nicht ›zugeteilt‹ worden.

Sie waren vor sechs Jahren gebaut worden. Das mußte zu Bhuttos Zeit gewesen sein; und Ahmed war einer derjenigen, die mit Bhutto nicht zurechtgekommen waren. Er hatte in der Tat den Regierungsdienst quittiert, als Bhutto 1971 an die Macht kam. Bhutto war ›nachtragend‹, und Bhutto dachte, er habe mit Ahmeds Familie eine alte Rechnung zu begleichen. So trat Ahmed zurück; er wäre sowieso von Bhutto entlassen worden, sein Name stand auf der Liste der zweitausend Leute, die Bhutto entlassen wollte. Ahmed sagte, er habe bei seinem Rücktritt nur ein paar Rupien gehabt. Er baute gerade sein Haus, und das hatte das meiste von dem, was er besaß, verschlungen. Er borgte und lebte ein Jahr lang von geliehenem Geld, verrichtete viele verschiedene kleine Arbeiten, bis er einen Posten als Berater eines Industriellen bekam.

Er beriet den Industriellen in bezug auf das Vorgehen von Regierungsministerien. Vorherige Berater hatten behauptet, große Summen für Bestechung auszugeben. Ahmed bestach niemanden. Er setzte seine Autorität und Kenntnis der Vorschriften ein, um die Arbeit des Industriellen zu erledigen; und der Industrielle war verblüfft und dankbar. Bald bekam Ahmed ein ungewöhnlich hohes Gehalt. Er baute sein Haus zu Ende, er bezahlte alle seine Schulden ab. Und dann dachte er, weil er das Ende seines aktiven Lebens kommen spürte, für ihn sei die Zeit gekommen, an andere zu denken. Deshalb war er (nach Bhuttos Sturz) in den Regierungsdienst zurückgekehrt, wo er ein Viertel von dem verdiente, was er bei dem Industriellen bekam. Ahmed liebte und bewunderte den Industriellen immer noch. Er sei ein wahrhaft religiöser Mann, sagte Ahmed, ein gläubiger Moslem, der dem Gebot des Korans folge und einen Anteil seines Reichtums für wohltätige Zwecke beiseite lege.

Ein sandiger Weg zweigte von der Hauptstraße nach Banbhore ab. Es war eine kurze Strecke, aber der Weg wand und gabelte sich zwischen der Strandvegetation, und Ahmed mußte einen Bauern mit nacktem Oberkörper, der frisch geschnittene Zweige hinter sich herschleifte, nach dem Weg fragen. Als wir auf den freigelegten Wall einer befestigten Stadt mit halbrunden Bollwerken stießen, fühlte man sich plötzlich sehr weit weg: ein primitiver Außenposten an der östlichen Grenze des arabischen Reiches, ein Ort der Verbannung.

Die Stadt lag an einer Bucht, war aber nun ein Stück vom Wasser entfernt. Die Bucht erweiterte sich in der Ferne zum Meer hin. In der Mitte der Bucht waren Salzbänke; auf einer weißlichen Landzunge, die unerträglich heiß aussah, standen Häuser der Salzarbeiter aus der jüngsten Zeit; auf einer weit entfernten Bank waren kleine weiße Pyramiden aus Salz.

Die Stadt konnte nie reich gewesen sein. Im Museum war eine Goldmünze ausgestellt, die anderen Münzen waren aus unechter Bronze, in wabenförmigen Formen aus hartgebranntem aschfarbenen Ton gegossen. Aber die Moschee war da, oder der Grundriß der Moschee, der Moschee in Kufa im Irak nachempfunden: das war der Schatz Banbhores.

Kufa war mit den richtig geführten Moslems ganz zu Beginn des Islams verknüpft; es war eine der ersten Heeressiedlungen, die die Araber unter den bezwungenen Völkern nördlich von Arabien errichtet hatten; von Kufa aus herrschte Ali, der Vetter und Schwiegersohn des Propheten, von 656 bis 661 als vierter Kalif. Eroberung erst, Islam später; das war die Devise der arabischen Expansion. So wiederholte Banbhore im ersten Jahrhundert des Islams das Beispiel Kufa und verband Sind und Pakistan mit diesen großen Tagen. Die Moschee von Banbhore war, wenn sie wirklich so war, wie man das von ihr erzählte, etwas Ungewöhnliches. Die Überreste waren in Ordnung gebracht worden;

der Fußboden rund um die wenigen noch erhaltenen alten Fliesen war neu verlegt worden.

Überall in der ausgegrabenen Stadtfläche lagen Bruchstücke verzierter Töpferware. Und überall, mit der Erde vermischt und noch häufiger als Töpferware, gab es auch Knochensplitter, weiß und sauber und scharf. Ahmed sagte, es seien menschliche Knochen. Aber in solcher Menge! Die Knochen lagen nicht nur auf der Oberfläche; die bei den Ausgrabungsarbeiten ausgehobenen Gräben zeigten diese Mischung aus Knochen und Erde bis ganz nach unten. Die Knochen waren wie ein Baumaterial. War die Stadt auf einem Friedhof erbaut worden? Aber warum waren die Knochen so zertrümmert? Wenn Ahmed recht hatte und die Knochen tatsächlich von Menschen waren, dann enthielt Banbhore noch ein Geheimnis.

Ich hielt mit Ahmed das Ramadan-Fasten ein, und das brachte ihn durcheinander. Immer wieder sagte er, er hätte für mich etwas zu trinken mitnehmen sollen. Er sagte das zwar, aber als wir von Banbhore wegfuhren, schien er es nicht eilig zu haben, nach Karatschi zurückzukommen. Er, der normalerweise schnell fuhr, fuhr jetzt fast langsam. Ich dachte, er sei vielleicht selbst von dem langen Fastentag und der Sonne und dem Salz in Banbhore ermüdet. Plötzlich, nachdem wir das Pakistan Steel-Gelände, das nun nach dem arabischen Eroberer Bin Qasim benannt wurde, passiert hatten, fuhr Ahmed von der Straße ab und hielt an einem niedrigen Gebüsch. Ich dachte, er wolle sich ausruhen. Aber nein: Er hatte sich nur nach einem Platz umgesehen, an dem er von der Straße wegkommen und beten konnte. Er sagte: »Auf der Straße kann man nicht halten. Diese Typen in den Bussen und Autos machen sich ein Vergnügen daraus, einen zu rammen.«

Ich reichte ihm seine Gebetsmatte. Er ging forsch zum Straßenrand, aufrecht und militärisch aussehend in seinem graublauen pakistanischen Anzug, dem langen Hemd und der losen Hose; und ohne den vorbeifahrenden Verkehr zu beachten, betete er lange. Als er zurückkam, sagte er, daß er nachts unruhig schlafe, wenn er am Tag ein Gebet ausgelassen habe; seine Frau wecke ihn dann auf, und er hole das fehlende Gebet nach.

Danach fuhren wir schnell nach Karatschi zurück, nicht zu seinem Haus, sondern zu dem des Industriellen, für den er gearbeitet hatte. Es befand sich in einer der reicheren Wohnungs›gemeinschaften‹. Eine breite zementierte Auffahrt führte an einer Seite des großen Grundstücks hoch. Königspalmen säumten die vordere Kante des Rasens, der nach hinten zu auf eine Terrasse führte, die sich am ganzen Haus entlangzog.

Auf dieser Terrasse lag in einem Lehnstuhl ein älterer Mann in Braun; er war gelähmt. Es war der Großvater, das Oberhaupt der Familie und früher einmal das Oberhaupt der Firma. Zwei Jungen, seine Enkel, waren wie kleine Araber gekleidet mit dem cremefarbenen Gewand und der Kopfbedeckung mit den schwarzen Borten. Sie waren gerade mit ihrem Vater in Mekka gewesen, und es war klar, daß sie die Pilgerfahrt mit Stil unternommen hatten. Der Vater war ein hochgewachsener Mann, in Weiß, der Farbe der Pilger, gekleidet, und mit einem weißen Käppchen. Er hatte sanfte Gesichtszüge und eine sanfte Stimme. Er war so, wie Ahmed ihn beschrieben hatte: In seiner Pilgerkleidung schien er ebenso ein Mann der Religion wie ein Geschäftsmann zu sein.

Er, Ahmed und ich setzten uns draußen auf den Rasen. Um meinetwillen bat Ahmed darum, daß etwas zu trinken gebracht würde. Der Diener brachte drei Gläser mit einer roten Flüssigkeit. Die Farbe beunruhigte mich, ich ließ meine Zunge die Flüssigkeit berühren, ohne etwas zu schmecken, und weil ich nicht den Anschein erwecken wollte, als verschmähte ich ihre Gastfreundschaft, fragte ich, ob ich statt dessen ein Glas Coca-Cola haben könne.

Ahmed war schockiert. Mit deutlicher Verärgerung sagte er, daß die rote Flüssigkeit eine Köstlichkeit sei; sie würde benutzt, um den Übergang vom Fasten zu erleichtern; sie würde aus besonderen Kräutern hergestellt und sei sehr teuer, dreiundzwanzig Rupien eine kleine Flasche. Ich hätte sie gerne probiert, aber nachdem Ahmed den Preis erwähnt hatte, hatte ich das Gefühl, meine Vulgarität nur noch zu verschlimmern, wenn ich nicht bei meiner Wahl bliebe. So brachte der erstaunte Diener ein Glas mit Coca-Cola heraus. Und während dieser ganzen Aufregung auf dem Rasen um mein Getränk – das ich nicht wirklich brauchte – lächelte der Mann mit dem weißen Käppchen liebenswürdig.

Ich machte ihm ein Kompliment zu seinem Haus. Er sagte, nach Mekka sähe es noch schöner aus, wegen des Grüns. Ich erkundigte mich nach den Hotels in Mekka. Ich hoffte, etwas über die Auswirkungen des neuen arabischen und moslemischen Geldes zu hören, aber er sagte nur, daß die Hotels in der Nähe der großen Moschee und der Kaaba teurer und die weiter draußen gelegenen weniger teuer seien.

Die Familie war aus Bombay eingewandert, und ein Zweig war in dieser Stadt noch geschäftlich tätig. Aber Moslems in Indien wurden ›nicht darin bestärkt, aufzusteigen‹. Einige waren ›aufgestiegen‹, aber im allgemeinen wurde man nicht ›bestärkt‹. In Pakistan war das leichter. Alles war neu, fing gerade an, und es gab mehr günstige Gelegenheiten, auch wenn es bislang noch keine ›Infrastruktur‹ gab.

Ich fragte, worin für ihn der Unterschied bestehe, in Bombay oder in Pakistan zu sein. Er sagte, daß es für ihn als Geschäftsmann keinen Unterschied gäbe, Geschäft sei Geschäft. Aber wenn man in Indien oder in einem anderen fremden Land sei, sei man nie sicher, ob das Fleisch korrekt behandelt worden sei, man müsse fragen und könne nicht immer eine Antwort bekommen, manchmal müsse man ohne auskommen. In Pakistan gäbe es dieses Problem nicht. Manchmal, wenn man im Ausland sei, hätte man das Bedürfnis, in eine Moschee zu gehen. Aber Moscheen seien nicht immer leicht zu finden; man müsse fragen. Hier, sagte er, und wies erst zum einen Ende des Rasens und dann zum anderen, hier rufe zur Gebetszeit ein Muezzin von dieser Seite und ein Muezzin von dieser Seite. In Pakistan sei es kein Problem, eine Moschee zu finden.

Ich hatte jemanden erwartet, der weniger gelassen, komplizierter war. Aber Ahmed hatte von dem Industriellen weniger als von einem Industriellen als von einem frommen Mann gesprochen, einem guten Moslem, jemandem, der die Vorschriften in Geist und Tat befolgte. Die Vorschriften machten einen Mann frei: das hatte mir Herr Salahuddin, der Zeitungsherausgeber, eröffnet.

Und Herr Salahuddin hatte mir auch eröffnet, daß im Islam ein Kind ebenfalls zur Vollkommenheit finden könne: so wie der ältere und rundlichere der Söhne des Industriellen zu ihr gefunden zu haben schien. Der Junge, sagte sein Vater, habe schon zweimal die Pilgerfahrt nach Mekka gemacht; in diesem Ramadan, der jetzt zu Ende gehe, habe er den Rest der Familie durch seine außergewöhnliche Genauigkeit dazu angehalten, nicht nachzulassen. Er, der arabisch gekleidete Junge mit den Grübchen, tat so, als wüßte er nicht, daß über ihn geredet wurde. Als er so am Rand der Terrasse stand und in kindlichem Vergnügen ein Stück schwarzen Gummischlauchs verbog, wurde er ernst und in sich gekehrt, runzelte ein wenig die Stirn, kümmerte sich nur um seine Sache, war ein kleiner Araber.

Es war fast sieben. Andere Familienmitglieder, Frauen, kamen langsam aus dem Haus auf die Terrasse und versammelten sich um den gelähmten Großvater im Lehnstuhl. Es war Zeit, das Fasten abzubrechen, und Zeit für uns, zu gehen.

Und doch war diese Neigung zum Arabischen in Pakistan merkwürdig: der kleine Junge in den arabischen Kleidern, das Pakistan Steel-Projekt, dem man den Namen des arabischen Eroberers gegeben hatte. Der Dichter Iqbal hatte, als er 1930 seinen Plan für einen indisch-moslemischen Staat vorlegte, gesagt, daß der Islam Indiens etwas Besonderes sei, ›als volksbildende Kraft ... sein Bestes erreicht hat‹. »Ich verlange deshalb im wahrsten Interesse Indiens und des Islams die Bildung eines moslemischen Staates«, hatte Iqbal gesagt. »Für Indien bedeutet das Sicherheit und Frieden ..., für den Islam eine Gelegenheit, sich von dem

Stempel, den der arabische Imperialismus ihm aufgedrückt hat, zu befreien.«

Aber die Welt hatte sich geändert seit 1930; die Araber hatten wieder etwas zu sagen in der Welt. Pakistan hatte sich geändert seit 1947. Nun, da es mehr suchte als Iqbals moslemisches Staatswesen, da es im Mißerfolg einen nicht möglichen reinen Glauben suchte, beschwor es seine arabischen Ursprünge, mystisch, aber gleichzeitig wirklich, wieder herauf. In Banbhore, einem abgelegenen Außenposten eines der frühesten arabischen Reiche, ging man über menschliche Gebeine.

4
Tödliche Geschichte

In der Vorstellung des Islams strömen die Araber des siebten Jahrhunderts, von der Botschaft des Propheten entflammt, aus Arabien und verbreiten sich nach Osten und Westen, werfen in Verfall geratene Königreiche nieder und setzen den neuen Glauben durch. Sie rücken schnell vor. Im Westen dringen sie 710 in das westgotische Spanien ein, im Osten ziehen sie im selben Jahr über Persien hinaus, um das große hinduistisch-buddhistische Königreich Sind zu überfallen. Die Symmetrie der Expansion untermauert die Vorstellung von einer elementaren Energie, einem Lavafluß des Glaubens. Aber die arabische Darstellung der Eroberung Sinds – enthalten in dem Buch *Schah-Name*, das ich in einem neuaufgelegten Taschenbuch der englischen Übersetzung (erstmals 1901 in Karatschi erschienen) in Pakistan las – erzählt eine weniger apokalyptische Geschichte.

Die Araber mußten hart kämpfen. Sie wandten irgendwann zwischen 634 und 644, während der Herrschaft des zweiten Kalifen oder Nachfolgers des Propheten, ihre Aufmerksamkeit Sind zu und unternahmen in den nächsten sechzig oder siebzig Jahren zehn Versuche, es zu erobern. Das Ziel der letzten Invasion war, wie das *Schah-Name* klarmachte, nicht die Verbreitung des Glaubens. Die Invasion war ein kommerziell-imperialistisches Unternehmen, das Profit zeigen mußte. Religion war ein untergeordnetes Motiv, aber erst einmal wurde von den eroberten Völkern nicht die Bekehrung zum Islam verlangt, sondern Zoll und Steuern, Schätze, Sklaven und Frauen.

Die Invasion wurde von Kufa aus von Hadjdjadj, dem Provinzgouverneur des Irak, überwacht. Als er während des Feldzugs den Kopf des geschlagenen Königs von Sind zusammen mit sechzigtausend Sklaven und dem für den Herrscher bestimmten fünften Teil der Beute aus Sind erhielt, »legte er seine Stirn auf den Boden und brachte Dankgebete dar, beugte zweimal die Knie vor Gott, pries ihn und sagte: ›Nun habe ich alle Schätze, ob offen oder verborgen, und sämtlichen anderen Reichtum und das Weltreich.‹« Er bestellte die Einwohner Kufas in die berühmte Moschee dieser Stadt und teilte ihnen von der Kanzel aus mit: »Gute Nachrichten und Glück für die Menschen Syriens und Arabiens, die ich zur Eroberung Sinds und dem Besitz der ungeheuren Reichtümer beglückwünsche ... die der große und allmächtige Gott ihnen verliehen hat.« Den Islam anzunehmen stand den bezwungenen Menschen frei. Aber die Eroberer waren Araber, und das Weltreich war ihres.

Es gibt Ähnlichkeiten mit der Eroberung Mexikos und Perus durch die Spanier, und sie sind nicht zufällig. Die arabische Eroberung Spaniens, die zur selben Zeit vonstatten ging wie die Eroberung Sinds, prägte Spanien. Achthundert Jahre später verhielten sich die spanischen Conquistadores in der neuen Welt mit ihrem Glauben, Fanatismus, ihrer Zähigkeit, Armut und Gier wie die Araber. Das *Schah-Name* ist in vieler Hinsicht wie *Die wahrhafte Geschichte und Eroberung von Mexiko* von Bernal Diaz, dem spanischen Soldaten, der im hohen Alter über seine Feldzüge mit Cortez in Mexiko 1520 und später schrieb. Das Thema beider Werke ist dasselbe: Eine imperialistische Macht mit einem starken Sendungsbewußtsein und einer umfassenden Kenntnis der Welt zerstört eine abgelegene Kultur, die nur sich selbst kennt und noch nicht einmal andeutungsweise versteht, gegen was sie kämpft. Die Welt-Eroberer, Errichter langlebiger Systeme, haben einen größeren Überblick; die Menschen sind durch umfassendere Ideen aneinandergebunden. Die Menschen, die unterworfen werden sollen, sehen weniger, wissen weniger; ihre abgestuften oder zersplitterten Gesellschaften sind bereit zur Übernahme. Und interessanterweise waren sowohl 1520 in Mexiko wie 710 in Sind die Menschen durch Prophezeiungen von Eroberung geschwächt.

Es gibt einen Unterschied zwischen der *Eroberung von Mexiko* und dem *Schah-Name*. Bernal Diaz, der Spanier, schrieb über Ereignisse, an denen er teilgenommen hatte. Das *Schah-Name* ist arabische oder moslemische Genredichtung, eine ›vergnügliche Geschichte der Eroberung‹, und wurde fünfhundert Jahre nach der Eroberung Sinds geschrieben. Der Autor war ein Perser, seine Quelle ein arabisches Manuskript, das von der Familie des Eroberers Bin Qasim aufbewahrt worden war.

Die dazwischenliegenden fünf Jahrhunderte haben der persischen Schilderung keine zusätzliche moralische oder historische Perspektive hinzugefügt, kein neues Verwundern oder Mitleid, keine Vorstellung von dem, was grausam und was nicht grausam ist, wie selbst Bernal Diaz, der Spanier, sie hatte. Für den Perser, der 1216 schrieb, sind die arabischen Eroberungen – »die Eroberungen von Khurasan, Adscham (Persien), Irak, Scham (Syrien), Rum (Byzanz) und Hind (Indien«) – etwas Ruhmvolles, sie stellen die Geschichte der Ausbreitung der wahren Zivilisation dar. Über die Eroberung zu lesen ist vergnüglich, weil die Eroberung › auf geistiger Redlichkeit und weltlicher Vorzüglichkeit beruht ... auf die gelehrte Philosophen und edelmütige Könige stolz wären, denn alle Menschen gelangen zu einer Annäherung an die Vollkommenheit, indem sie den Glauben der Menschen Arabiens als den wahren anerkennen«. In dieser Lobpreisung der Eroberung steckt eine Ironie: nicht viele Jahre nach der Niederschrift dieser Worte sollten die vorrückenden Mongolen in Persien und dem Irak eintreffen, und die arabische Zivilisation, die das *Schah-Name* feierte, sollte zerstört, auf Jahrhunderte zum Schweigen gebracht werden.

Das *Schah-Name* beginnt mit einer Darstellung der einheimischen Dynastie Sinds, die von den Arabern gestürzt werden soll. In diesem Teil der Schilderung kommen wenige Daten vor, und sie enthält Elemente des Märchens. Die Dynastie wurde von Schah begründet. Schah war ein brahmanischer Asket, der mit seinem Bruder im Tempel eines Dorfes lebte. Eines Tages ging er zum Palast des Königs und bot seine Dienste als Schreiber und

Sekretär des Hofmeisters an. Schah war hochgewachsen und sah gut aus; er sprach gut und schrieb schön. Zuerst wurde er Korrespondenzschreiber, dann, als der Hofmeister starb, Hofmeister und dann erster Minister.

Eines Tages geschieht es, daß die Königin, die normalerweise zurückgezogen in den Wohngemächern des Palastes lebte, den gutaussehenden brahmanischen ersten Minister erblickt. Sie verliebt sich in ihn und erklärt sich ihm. Er hat Angst. Er sagt der Königin, daß es vier Dinge gibt, denen Menschen nie trauen und die sie nie selbstverständlich hinnehmen dürften – einen König, Feuer, Wind und Wasser. Aber die Königin bettelt; sie bittet darum, nur einmal am Tag Schah ansehen zu dürfen. Und am Ende setzt sie sich durch. Schah, der brahmanische Asket, wird der Liebhaber der Königin, und seine Macht im Königreich Sind steht nur der des Königs nach.

Einige Jahre gehen ins Land. Der König wird krank und ist dem Tode nahe. Die Königin, die keine Kinder hat, fürchtet, daß sie von den Verwandten des Königs nun herabgesetzt und verdrängt wird. Durch Schah gibt sie den Befehl, daß heimlich fünfzig Ketten in den Palast gebracht werden. Der König stirbt; die Nachricht wird nicht bekanntgegeben; die Ärzte werden festgehalten. Alle Anwärter auf den Thron werden im Namen des Königs zum Palast bestellt. Sobald sie eintreffen, werden sie gefesselt und eingekerkert. Dann werden die armen Verwandten des Königs bestellt. Sie alle haben Beschwerden, jeder arme Verwandte hat seinen besonderen Feind unter den Anwärtern, und nun gibt man ihm wie auf Befehl des Königs Gelegenheit, seinem Feind den Kopf abzuschlagen und sein Eigentum in Besitz zu nehmen.

Als alle Thronanwärter umgebracht sind, wird verkündet, daß der König Schah zu seinem Regenten ernannt habe, dann wird verkündet, daß der König tot sei. Den mächtigen Adligen macht man Geschenke, die Königin setzt Schah die Krone auf, und das Volk erkennt ihn freudig an. Dem Bruder des toten Königs (Herrscher in einem Nachbarstaat) paßt das nicht. Er marschiert in Sind ein, beansprucht den Thron für sich und fordert Schah zum Zweikampf. Schah sagt: »Ich bin ein Brahmane. Brahmanen kämpfen nicht zu Pferde.« Der Bruder des toten Königs steigt ab. Schah springt auf ein Pferd und schlägt seinem Herausforderer den Kopf ab. Und damit hat es sich.

Macht ist Macht; die erste Pflicht eines Königs ist es, sich an der Macht zu halten. Regeln gibt es nicht. Ein König, wie Schah es nun ist, muß beständig seine Untertanen beschwichtigen, ob hoch oder niedrig, ob Baron oder Kastenloser. Und für diese Beschwichtigung ist jedes Mittel erlaubt. »Zu den für einen König vorgeschriebenen Verhaltensregeln gehört es, daß ein Feind durch Listen und Täuschungen gefügig gemacht wird.« Ein König muß immer in Bewegung sein, seine Gegenwart muß in jedem Winkel seines Königreiches gespürt werden. Nie dürfen die Leute »auf den vermessenen Gedanken kommen ... daß es niemanden gäbe, der die Abgaben von ihnen eintreibt«. Könige brauchen Abgaben, denn es kann der Tag kommen, an dem der Feind zu stark ist, um abgewehrt zu werden, und man um den Frieden verhandeln muß.

»Denkt daran, daß der König für einen solchen Tag Schätze sammelt und sie in der Erde vergräbt, denn mit Hilfe des Goldes werden Truppen aufgestellt ... und wird Krieg geführt ... in dem sie ihr Leben für ihr Land und ihren guten Namen opfern. Außerdem kann ein Feind mit Hilfe des Goldes auch leicht zum Rückzug gezwungen werden. Mit Hilfe des Goldes kann ein Mann alle Angelegenheiten dieser Welt befriedigend lösen, einen Feind zurückschlagen und seine Rache befriedigen. Gleichzeitig kann er mit seiner Hilfe die notwendige Vorsorge für seine Reise in die nächste Welt treffen.«

Schah – die Königin verschwindet bald aus der Geschichte – herrscht vierzig Jahre lang. Schah schlägt den ersten arabischen Angriff, eine Seeattacke auf den Hafen Debal (der Banbhore sein könnte), zurück. Bei Schahs Tod geht das Königreich an Schahs Bruder und dann an Schahs Sohn Dahar über.

Dahar hört eines Tages von einem sagenhaften brahmanischen

Astrologen. Und da es sich für einen König geziemt, weise Brahmanen zu konsultieren, besteigt Dahar seinen Elefanten und besucht den Astrologen. Für Dahar selbst sagt der Astrologe nichts als Gutes voraus, aber das wird überschattet von dem, was der Astrologe über Dahars Schwester sagt. Der Mann, den Dahars Schwester heiratet, sagt der Astrologe, wird über das Reich herrschen. Dahar ist bestürzt. Sein erster Minister (der Buddhist ist), weiß eine Lösung: Da die erste Pflicht eines Königs seinem Thron gilt, soll Dahar mit seiner Schwester eine Scheinehe eingehen. Fünf Dinge gibt es, sagt der erste Minister, die »einen traurigen Anblick bieten«, wenn sie den ihnen zustehenden Platz verlieren: ein König, der sein Reich verloren hat, ein Minister, der seinen Posten verloren hat, ein heiliger Mann, der seine Jünger verloren hat, Haare und Zähne, wenn sie ausfallen, die Brüste einer Frau, wenn sie im Alter schlaff herabhängen.

Dahar ist schockiert über den Rat seines ersten Ministers. Der erste Minister geht heim, nimmt ein Schaf, reibt Erde und Senfsamen in seine Wolle, bewässert es. Nach ein paar Tagen sprießt der Senfsamen, das Schaf wird grün. Dann wird das Schaf durch die Stadt getrieben, und die Leute eilen herbei, um es zu sehen. Aber nach drei Tagen läßt die Verwunderung nach, das grüne Schaf wird als gegeben hingenommen. Der erste Minister sagt: »O König, was auch geschieht, ob gut oder schlecht, die Leute zerreißen sich drei Tage lang das Maul darüber. Danach erinnert sich keiner mehr, ob es gut oder schlecht war.« So unterzieht sich Dahar mit seiner Schwester der Zeremonie der Eheschließung.

Von diesem Vorfall wird viel hergemacht, obwohl er keine wichtigen Konsequenzen hat. Er dient – in dieser persisch-arabischen Schilderung – nur dazu, hervorzuheben, daß das Königreich Sind moralisch verfallen ist und die Sache der Dynastie *Schahs* nicht gedeihen kann.

Die Aufmerksamkeit wendet sich nun den Arabern zu. Die Erzählung ändert sich, wird historischer, beginnt sich auf die Kette der Erzähler arabischer Geschichte zu stützen (»Das wird berichtet von Hazli, der es von Tibui, dem Sohn des Musa, hörte, der es wiederum von seinem Vater hörte ...«) Wir befinden uns sofort in einer organisierten, disziplinierten, weniger willkürlichen Welt, einer Welt des Gesetzes, in der die Menschen, auch wenn sie auf Macht, Ruhm und Reichtum bedacht sind, doch auch einer über ihnen stehenden Sache dienen. Der Soldat gehorcht dem General, der General dem Provinzgouverneur, der Provinzgouverneur dem Kalifen, und alle dienen sie dem Propheten, dem Islam und Gott.

Nach dem Fehlschlagen der ersten beiden Expeditionen gegen Sind bestellt der dritte Kalif, Osman (644–656), einen detaillierten Bericht über die Verhältnisse in »Hind und Sind« – seine Kriegsregeln, seine Strategie, die Art seiner Regierung, die Struktur seiner Gesellschaft. Der Befehl ergeht an Abdullah, und Abdullah gibt ihn an Hakim weiter, und Abdullah ist von dem, was Hakim zu sagen hat, so beeindruckt, daß er Hakim direkt zum Kalifen schickt.

»O Hakim«, sagt der Kalif, »hast du Hindustan gesehen und alles darüber erfahren?«

»Ja, o Herrscher der Gläubigen.«

»Gib uns eine Beschreibung davon.«

»Sein Wasser ist dunkel und schmutzig. Seine Früchte sind bitter und giftig. Sein Land ist steinig, und seine Erde ist salzig. Eine kleine Armee wird dort bald vernichtet werden, und eine große wird bald Hungers sterben.«

»Wie sind die Menschen? Sind sie gläubig oder brechen sie ihr Wort?«

»Sie sind verräterisch und betrügerisch.«

Bei dieser letzten Information bekommt der Kalif einen Schrecken und verbietet die Invasion in Sind.

Aber unter den späteren Kalifen kommt der Gedanke immer wieder auf. Die siebte Expedition wird von Sinan geleitet, der sich – die Zeit vergeht – dadurch hervortut, daß er zu Lebzeiten des Propheten geboren wurde und seinen Namen vom Propheten bekam. Es gab eine Überlieferung, nach der der Prophet zu

Sinans Vater Salmah gesagt hatte: »O Salmah, ich beglückwünsche dich zur Geburt eines Sohnes.« Aber obwohl der Prophet ihm im Traum erscheint, kommt Sinan in Sind um. Und zwei weitere Expeditionen danach enden auch schlecht.

Gegen Ende des siebten Jahrhunderts wird Hadjdjadj Provinzgouverneur von »Irak, Sind und Hind«. Hadjdjadj muß sich zuerst mit einer religiös-rassischen Unstimmigkeit in Kufa und dem Irak auseinandersetzen. Dann schickt auch er eine Armee nach Sind: König Dahar von Sind hatte moslemische Rebellen unterstützt.

Hadjdjadjs Armee wird von König Dahars Sohn geschlagen. Der arabische Befehlshaber wird getötet, und Araber werden gefangengenommen. Der herrschende Kalif will nichts mehr von Sind hören. Das Land sei zu weit weg, schreibt er Hadjdjadj, die Menschen seien zu listig, die Expeditionen zu teuer, und zu viele Moslems würden getötet. Hadjdjadj aber bittet um noch eine Chance: Er verspricht, dem königlichen Schatz die Summe, die für eine neue Invasion ausgegeben wird, doppelt zurückzubezahlen. Der Kalif willigt ein; er erteilt einen schriftlichen Befehl zur Invasion Sinds. Hadjdjadj wählt sechstausend erfahrene Soldaten aus Syrien aus, ernennt seinen siebzehnjährigen Schwiegersohn Mohammed Bin Qasim zum General und überwacht jede Einzelheit der Vorbereitungen.

Die Armee – mit der vollen Ausrüstung an Lastkamelen und kamelreitenden Soldaten (ein Kamel für jeweils vier Soldaten) – soll den Landweg nehmen. Das Material für Belagerungen – einschließlich Naphtapfeilen, Harnischen, Sturmböcken und eines speziellen Katapults, zu dessen Bedienung fünfhundert Männer gebraucht werden – sollen übers Meer geschafft werden. Bin Qasim soll nichts ohne Ermächtigung Hadjdjadjs tun; ein Netz von Läufern stellt sicher, daß Briefe in sieben Tagen von Sind nach Kufa gelangen. Hadjdjadj vermischt in seinen Briefen militärische Instruktion konstant mit religiösen Ermahnungen. »Grabt Gräben um euer Lager ... Wacht den größten Teil der Nacht, und laßt die von euch, die den Koran lesen können, ihn eifrig lesen ...« Die Armee muß immer in offenem Gelände lagern; in Kampfzeiten muß die Armee immer in fünf Teile gegliedert sein: Zentrum, Vorhut, Nachhut, linker Flügel, rechter Flügel, Kavallerie an den Flügeln.

Bin Qasim erreicht den Hafen Debal. Die auf dem Seeweg geschickten Vorräte treffen am selben Tag ein. Aber Hadjdjadj gibt den Befehl zur Schlacht nicht vor dem achten Tag. An diesem Tag kommt ein Brahmane aus der Stadt. Er teilt den Arabern mit, daß die Stadt von einem Talisman behütet wird: den vier langen Flaggen aus grüner Seide, die von den Armen des Fahnenmastes auf der Kuppel des großen Tempels von Debal hängen. Solange der Fahnenmast steht, sagt der Brahmane, werde die Bevölkerung von Debal kämpfen.

Das ist der erste der Treuebrüche, die der arabischen Eroberung zu Hilfe kommen. Aber es sind nicht wirklich Treuebrüche. Es sind lediglich die Taten von Menschen, die nur verstehen, daß Macht Macht ist, und glauben, sie wechseln nur die Herrscher aus; sie können nicht begreifen, daß etwas ganz Neues bevorsteht.

Bin Qasim fragt den Konstrukteur seines Katapults, Jaubat, ob er den Fahnenmast zu Fall bringen kann.

Jaubat sagt: »Wenn wir zwei Ladestöcke von dem großen Katapult entfernen, werde ich mit drei Steinen die Flagge und den Mast abschießen und die Kuppel des Tempels zerstören!«

»Zehntausend Diram für dich, wenn du das schaffst«, sagt Bin Qasim. »Aber wenn es dir nicht gelingt? Und wenn du das Katapult des Kalifen beschädigst?«

Jaubat sagt: »Dann sollen Jaubat die Hände abgeschlagen werden.«

So lautet die Übereinkunft (die aber von Hadjdjadj genehmigt werden muß). Und während die Araber am nächsten Tag die Stadt aus vier verschiedenen Richtungen angreifen, wird das große Katapult dorthin gestellt, wo Jaubat befiehlt, die fünfhundert Männer des Katapults ziehen an den Seilen, die Steine werden abgeschossen, und der Fahnenmast und die Kuppel werden zerschmettert. Und dann geschieht, was der Brahmane gesagt hat: die Verteidiger Debals öffnen ihre Tore und bitten um Gnade. Aber Hadjdjadj hat genaue Instruktionen für diesen ersten Sieg erteilt: Die Einwohner Debals sollen nicht geschont werden. Die arabische Armee muß drei Tage lang alles niedermetzeln: das teilt Bin Qasim den Menschen Debals mit. Nach dem Gemetzel die Beute: der Schatz und die Sklaven. Der fünfte Teil, das königliche Fünftel, wird, »um dem religiösen Gesetz gehorsam zu sein«, für den Kalifen beiseite geschafft; Hadjdjadjs Schatzmeister kümmert sich darum. (Und es ist merkwürdig, wenn man bedenkt, daß der königliche fünfte Teil der Spanier, den Kolumbus und Cortez und andere in der neuen Welt beiseite geschafft haben, seinen Ursprung in den religiösen Gesetzen der Araber haben sollte.) Der Rest der Beute in Debal wird gerecht, arabischen Gepflogenheiten entsprechend, verteilt: ein Kavallerist bekommt zweimal soviel wie ein Kamel- oder Fußsoldat.

Der Krieg ist noch lange nicht vorbei. Sind ist groß und hat viele befestigte Städte. Aber Debal gibt die Vorlage ab: die Belagerung; der Verrat durch Adlige oder Brahmanen oder buddhistische Priester, die nichts vom Töten halten; der Einfall der Araber; das Töten; das Überprüfen und Verteilen der Beute, nachdem der fünfte Teil für den Kalifen abgezogen worden ist (und an einem Ort dauert das Austeilen der Beute genauso lange wie das Töten).

Im Distrikt Siwistan beginnen die Menschen, das Wesen der Invasoren zu verstehen. Ein Späher vom Stamm Chanas sieht die Araber beim Gebet im Lager: Die ganze Armee steht aufrecht, ein Bild der Gleichheit, Einigkeit und Einheit, der General führt seine Männer im Gebet, ist aber einer von ihnen. Bei den Chanas erfolgt die Wirkung sofort. Geschlossen gehen sie zu den Arabern – die nun gerade zu Abend essen – und ergeben sich. (Die Pakistanis von heute, die gesehen haben, wie chinesische Soldaten oben im Norden die Seidenstraße von Sinkiang nach Pakistan bauen, sind von der Disziplin und Einigkeit der Chinesen ähnlich eingeschüchtert.)

Nach dem Massaker in Debal wird beim Töten ausgewählt. Händler, Handwerker und Bauern dürfen ihr Gewerbe und ihre Religion weiterhin ausüben; Brahmanen bleiben weiterhin in der Verwaltung tätig. Alles, was von den Ungläubigen verlangt wird, ist der Zoll und die besondere Steuer. Aber Hadjdjadj besteht darauf, daß die Klasse der Krieger umgebracht wird und ihre Angehörigen versklavt werden. Als er Dahars Kopf und Bin Qasims Siegesbericht bekommt, schreibt er streng: »Mein lieber Vetter, ich habe deinen mein Leben bereichernden Brief erhalten. Meine Freude und Wonne bei seinem Empfang kannten keine Grenzen ... Aber die Art, Gnade zu gewähren, die das Gesetz vorschreibt, unterscheidet sich von der, die du dir zu eigen gemacht hast ... Der große Gott sagt im Koran: ›O ihr wahren Gläubigen, wenn ihr auf die Ungläubigen trefft, enthauptet sie.‹ Der obige Befehl des großen Gottes ist ein großer Befehl und muß respektiert und befolgt werden. ... Ich schließe mit den besten Empfehlungen. Geschrieben von Nafia im Jahr 93.« Und selbst beim späteren Feldzug kommt er noch einmal darauf zurück. »Auf meinen ausdrücklichen Befehl hin sollen alle Kämpfer umgebracht und ihre Söhne und Töchter eingekerkert und als Geiseln gehalten werden.«

Nach seinem Einfall in die große Stadt Brahminabad kam also Bin Qasim »als nächstes an den Hinrichtungsort und befahl, daß in seiner Gegenwart alle Männer, die dem Militär angehörten, mit Schwertern enthauptet würden. Man sagt, daß bei dieser Gelegenheit ungefähr sechstausend Männer hingeschlachtet wurden, an anderer Stelle heißt es sechzehntausend«.

Und König Dahar begriff das Wesen dieses Krieges nie, begriff nie, daß mehr als sein Thron auf dem Spiel stand. Für ihn hatte der Krieg etwas von Ritterlichkeit und tödlichem Spiel. Er hätte verhindern können, daß Bin Qasim den Indus überquerte; dazu hatte man ihm auch geraten. Er aber hielt das für unwürdig. Selbst danach hätte er noch zurückweichen und die Wüste mit den Invasoren fertig werden lassen können, auch dazu hatte man ihm geraten. Aber auch das hielt er für unwürdig. Er starb in der

Schlacht. Naphtapfeile setzten die Sänfte auf seinem Elefanten in Brand. In der Sänfte befanden sich zwei Dienerinnen, eine, die Betelblätter für den König zum Kauen zubereitete, und eine, die ihm Pfeile reichte; auch ein Brahmane war dabei. Der Elefant, durch das Feuer auf seinem Rücken erschreckt, stürzte in den seichten See neben dem Indus, und berittene arabische Bogenschützen töteten Dahar noch in seiner Sänfte. Dahar war wie ein Krieger auf den Tod und die Leichenverbrennung vorbereitet in die Schlacht gezogen. Sein Körper roch, als er (verraten von dem Brahmanen, der in seiner Sänfte gewesen war) gefunden wurde, nach Moschus und Rosenöl. Die Dienerinnen wurden gefangengenommen, sie identifizierten später den abgetrennten Kopf des Königs für Bin Qasim.

Die Schwester, die Dahar um seines Königreiches willen zum Schein geheiratet hatte, verbrannte sich mit anderen Frauen ihres Haushalts. Dahars richtige Frau (nun Eigentum des arabischen Kalifen und Staats) wurde mit einem Teil der Beute aus Sind von Bin Qasim gekauft. Und die beiden Töchter Dahars wurden unter der Aufsicht abessinischer Sklaven zum Kalifen geschickt. Sie wurden in den Harem des Kalifen aufgenommen. Er gestattete ihnen, sich ein paar Tage auszuruhen. Dann verlangte er, daß sie nachts zu ihm gebracht wurden. Er wollte wissen, wer die ältere war; sie wollte er zuerst nehmen. Durch einen Dolmetscher fand er es heraus. Die ältere hieß Surijdew. Als der Kalif versuchte, sie zu umarmen, sprang sie auf und sagte: »Lang lebe der König! Ich niedrige Sklavin bin nicht würdig für das Schlafgemach Ihrer Majestät, denn der gerechte Amir, Imaduddin Mohammed Bin Qasim, behielt uns beide drei Tage bei sich und schickte uns dann zum Kalifen. Vielleicht entspricht dies Eurem Brauch, denn sonst sollte eine solche Schande nicht vom König zugelassen werden.«

Der Kalif biß sich in die Hand. Sofort befahl er, einen Brief an Bin Qasim zu schicken, in dem er ihm auftrug, »sich in rohes Leder zu hüllen und zum Hauptsitz des Kalifen zurückzukommen«.

Bin Qasim war an der indischen Grenze. Er gehorchte. Er forderte seine Männer auf, ihn in eine frische Haut zu hüllen, die Haut in eine Kiste zu legen und die Kiste zum Kalifen zu schikken. Er starb innerhalb von zwei Tagen. Der Körper wurde, als er in Bagdad ankam, vom Kalifen den Töchtern König Dahars vorgeführt. »Seht«, sagte er, »wie prompt unsere Befehle von unseren Offizieren ausgeführt werden.« Und dann sagte Surijdew, sie habe gelogen, um sich an Bin Qasim zu rächen. Sie und ihre Schwester waren beide Jungfrau, sie waren von Bin Qasim nicht angerührt worden.

»Der Kalif ordnete auf der Stelle an, die beiden Schwestern bei lebendigem Leibe einzumauern. Seitdem ist das Banner des Islams bis zum heutigen Tage immer höher gestiegen und hat Tag um Tag größeren Ruhm errungen.«

Mit dieser scheinbaren Inkonsequenz endet die Schilderung. Die Abberufung Bin Qasims zeugt von einem politischen Wechsel im Irak oder in Syrien zu der Zeit, aber die Darstellung im Stil von Tausendundeiner Nacht und die Degeneration, die darin liegt, erinnern daran, daß fünfhundert Jahre zwischen dem *Schah-Name* und der Eroberung Sinds liegen: gleich wird der Mongolensturm über Minarett und Serail hereinbrechen.

Die Eroberung Sinds durch die Araber unterscheidet sich von den moslemischen Invasionen ins eigentliche Indien, die ungefähr drei Jahrhunderte später erfolgten. Aber Sind, das von Bin Qasim erobert wurde, war ein großes Land, umfaßte ungefähr das Gebiet des heutigen Pakistans und südlichen Afghanistans, und das *Schah-Name* könnte ein Bericht über die Anfänge des islamischen Staates genannt werden. Aber es ist eine blutige Geschichte, und die Teile, die in die Schulbücher gelangen, sind die Märchengeschichten. Ein arabisches Schiff war mit Geschenken für den Kalifen unterwegs, das Schiff wurde von König Dahar vereinnahmt, und Moslems wurden gefangengenommen. Die Frauen unter ihnen schrien: »Hadjdjadj, rette uns!« Um sie zu retten (lieber als die arabischen Soldaten, die bei der vorherigen

Expedition gefangengenommen worden waren) marschierte Hadjdjadj in Sind ein. Selbst in den Märchen müssen Kleinigkeiten verändert werden. Die Flaggen auf dem Tempel von Debal – der Talisman, der von dem Katapult niedergerissen wurde – waren grün (in meiner Übersetzung aus dem Jahr 1900 von Kalichbeg, einem Einwohner Sinds). Aber grün ist die Farbe des Islams, so werden, zumindest in einem Lesebuch, die Flaggen für die Kinder rot gemacht. In kleinen wie in großen Dingen muß man dem Glauben dienen.

Im September 1979 stand am Tag der Verteidigung Pakistans in der *Pakistan Times* ein langer Artikel über Bin Qasim als Strategen. Die Einschätzung war militärisch, neutral, gerecht gegenüber den Soldaten beider Seiten. Sie zog den Tadel des Vorsitzenden der Nationalen Kommission für historische und kulturelle Forschung auf sich.

»Wenn man das Bild eines Helden heraufbeschwört, ist es notwendig, sich einer angemessenen Ausdrucksweise zu bedienen. Ausdrücke wie ›Invasoren‹ und ›Verteidiger‹ und ›die indische Armee‹, die tapfer, aber nicht schnell genug kämpft, um ›über den sich zurückziehenden Feind herzufallen‹, häufen sich bedrohlich in dem Artikel. Ferner wird er durch unausgewogene Bemerkungen wie folgende entstellt: ›Hätte Radscha Dahar den Indus heldenhaft verteidigt und Qasim von der Überquerung abgehalten, hätte die Geschichte dieses Subkontinents vollkommen anders verlaufen können.‹ Man weiß nicht, ob der Schreiber dem Sieg des Helden Beifall zollt oder die Niederlage seines Rivalen beklagt.«

Die Zeit vor dem Islam ist eine finstere Zeit: das gehört zur moslemischen Theologie. Geschichte muß der Theologie dienen. Die freigelegte Stadt Mohendscho Daro im Industal – 1500 v. Chr. von den Ariern überrannt – ist eines der archäologischen Prachtstücke Pakistans und der Welt. Die Ausgrabungen werden nun dadurch beeinträchtigt, daß die Erde sich voll Wasser gesogen hat und salzhaltig ist; und man hat sich mit Bitten um Geld an Weltorganisationen gewandt. Ein im *Dawn* hervorgehobener Brief bot eigene Ideen für das Gelände an. Verse aus dem Koran, sagte der Schreiber, sollten eingraviert und in Mohendscho Daro an ›geeigneten Plätzen‹ aufgestellt werden: »Sprich (zu ihnen, o Mohammed): Reist im Land umher und seht die Folgen für die Schuldigen ... Sprich (o Mohammed, zu den Ungläubigen): Reist im Land umher und seht die Konsequenzen für die, die vor dir waren. Die meisten von ihnen waren Götzenanbeter.«

So kompliziert die Theologie für die Menschen Pakistans die Geschichte. Und für Leute, die das Gefühl haben, daß ihr Land nicht funktioniert, daß sie im Heimatland der Moslems immer noch Fremde oder enteignet oder von Enteignung bedroht sind, für solche Leute sorgt der Wunsch, Verwandtschaft mit einem siegreichen Islam zu beanspruchen, für weitere Verwirrung.

Nach der orthodoxen Theologie waren nur die ersten vier Kalifen richtig geleitet. Danach geht das Kalifat in eine Dynastie über: die islamischen Ideale der Brüderlichkeit sind verraten. Sind wurde folglich von den Arabern in einer schlechten Zeit erobert, aber die Araber brachten den Glauben, also wird die schlechte Zeit eine geheiligte Zeit. Die Mongolen zerstörten das arabische Reich im Osten. Also waren die Mongolen schlecht. Aber die Mongolen wurden Moslems und errichteten das große Mogul-Reich in Indien, also wurde das eine wunderbare Zeit. Die Türken vertreiben die Mongolen, aber auch die Türken werden Moslems und mächtig, und auch sie sind nicht länger schlecht. So wird die Geschichte – die als eine ›vergnügliche Geschichte der Eroberung‹ beginnt – hoffnungslos verwirrend. Und aus dieser mehr als kolonialen Verwirrung heraus fabrizieren einige Pakistanis Persönlichkeiten für sich, in denen sie islamisch und Eroberer und – in Pakistan – ein wenig wie vom Glanz Verbannte sind. Sie werden zu Türken oder Mongolen. Oder Arabern.

Das *Schah-Name* zeigt die Araber des siebten Jahrhunderts als ein Volk, das durch den Islam angeregt, aufgeklärt und diszipliniert wird, sich schnell entwickelt, Lehren und neue Methoden und neue Waffen (Katapulte, griechisches Feuer) von den Menschen, die es unterwirft, übernimmt, auf intelligente Weise neugierig ist auf die Menschen, die zu unterwerfen es vorhat. Der gegenwärtige fundamentalistische Wunsch in Pakistan, zu diesen reinen islamischen Zeiten zurückzukehren, hat nichts mit einem historischen Verständnis der arabischen Expansion zu tun. Die Fundamentalisten meinen, um wie diese frühen Araber zu sein, brauchten sie nur ein Mittel: den Koran. Der Islam, der die Araber des siebten Jahrhunderts zu Welteroberern machte, trübt nun den Verstand ihrer Nachfolger oder angeblichen Nachfolger.

Der Dichter Iqbal hegte die Hoffnung, daß ein indisch-moslemischer Staat den Islam ›von dem Stempel, den der arabische Imperialismus ihm aufdrückte‹, befreien könne. Nun stellt sich heraus, daß die Araber die erfolgreichsten Imperialisten alle Zeiten waren; denn von ihnen erobert zu werden (und dann wie sie zu sein), heißt in den Köpfen der Gläubigen immer noch, gerettet zu werden.

Geschichte beginnt in den pakistanischen Schulbüchern, die ich mir ansah, mit Arabien und dem Islam. In den einfacheren Texten folgen auf einen Überblick über den Propheten und die ersten vier Kalifen und vielleicht noch die Tochter des Propheten fast bruchlos die Lebensbeschreibungen des Dichters Iqbal, Jinnahs, des politischen Gründers Pakistans, und zweier oder dreier Märtyrer, Soldaten oder Piloten, die in den heiligen Kriegen gegen Indien 1965 und 1971 starben.

Geschichte, mit der so selektiv verfahren wird, führt schnell zu Unwirklichkeit. Vor Mohammed ist Finsternis: Sklaverei, Ausbeutung. Nach Mohammed ist Licht: Sklaverei und Ausbeutung verschwinden. Aber taten sie das wirklich? Wie kann das gesagt oder gelehrt werden? Was ist mit all den Sklaven, die aus Sind zum Kalifen geschickt wurden? Was ist mit den Abkömmlingen der afrikanischen Sklaven, die in Karatschi herumlaufen? Es gibt keine erschöpfende Antwort: So beginnt der Glaube die wirkliche Welt aufzuheben und zu überlagern.

Die Militärherrschaft; das Verbot politischer Parteien. Nur fünfzehn Prozent der Bevölkerung können lesen und schreiben, und der Fundamentalismus erstickt die Universitäten. Es gibt keine Industrie, keine Wissenschaft. Die Wirtschaft lebt von Überweisungen aus dem Ausland; die Emigranten, legale und illegale, strömen aus dem Land. Aber in den Textbüchern zur Sozialkunde für die sechste Klasse an englischsprachigen Schulen liest das Kind:

›Onkel‹, sagte Salman, ›in meinem Geschichtsbuch habe ich gelesen, daß früher das Kastensystem in Indien großen Einfluß hatte. Jeder mußte den Beruf seiner Familie übernehmen. Andere Arbeit durfte er nicht annehmen.‹ ›Oh!‹ sagte der Onkel. ›Die Zustände in Indien haben sich bis heute nicht sehr geändert. Aber wir sind ein demokratisches Land. Hier steht es jedem frei, den Beruf seiner Wahl zu ergreifen. Das ist das Geheimnis unseres Fortschritts.‹

5

Haiderabad Boogie-Woogie

Ahmed wünschte, daß ich ins Innere Sinds, zu einem berühmten Heiligtum in der Nähe der Stadt Haiderabad führe. Sind war voll von den Grabmälern moslemischer Heiliger. Der Islam hatte schon lange die alten heiligen Stätten der Buddhisten und Hindus übernommen; aber Erinnerungen an die alte Einstellung zur Religion waren geblieben, und islamische Puristen billigten die mystischen oder asketischen oder beinahe götzendienerischen Praktiken an diesen Orten nicht immer.

Aber Ahmed hatte seine eigenen Gründe. Dem Heiligtum oder Sufi-Zentrum, das ich mir ansehen sollte, war ein Orden oder eine Bruderschaft – mehrere hundert Jahre alt, sagte er – angeschlossen, die der Welt entsagt hatte, um in der Wüste zu leben und den Armen zu dienen. Sie hatten eine Armenapotheke, und jeden Tag zur Mittagszeit gaben sie an alle Armen, die kamen, Essen aus. Diese Vorstellung von Opfern und Dienen fesselte Ahmed. Und eines Morgens setzte er mich in ein Auto und schickte mich hundert Meilen nordwärts nach Haiderabad.

Man fuhr von Karatschi aus nur durch Wüste. Die ›Autobahn‹ war eben und schnell. Der Indus war an der Stelle, wo man ihn überquerte, breit, sein schlammiges Wasser bewegt; kleine Fischerboote mit schmuddelig weißen Segeln gaben der an sich nicht bemerkenswerten Wüste plötzlich eine antike Atmosphäre. Haiderabad – eine charakterlose Wüstenstadt mit niedrigen ockerfarben gestrichenen Betongebäuden – schmorte. Aber hier und da gab es Tümpel mit fauligem Wasser: die Wüste war von Wasser überstaut.

Und als ich im Circuit-Haus eintraf, wo ich angeblich übernachten sollte, gab es Probleme. Zwei Angestellte, die kaum Englisch sprachen, begrüßten mich und teilten mir mit, daß ein Minister gekommen sei, meine Buchung sei annulliert worden und ich solle in einem Hotel übernachten. »Kategorie A, Kategorie A«, wiederholten sie. Aber das Gebäude, in das sie mich brachten, war – trotz der zentral gesteuerten Klimaanlage – primitiv und dunkel, und in meinem Badezimmer war der Toilettendeckel zerbrochen.

Ich brauchte dann doch nicht die Nacht dort zu verbringen. Razak, der junge Mann, der mich herumführen sollte, hatte ein anderes Programm für mich. Ahmeds Sufi-Zentrum sollte bis zum nächsten Tag warten. An diesem Abend plante Razak, mir andere Heiligtümer und religiöse Stätten zu zeigen, die Stunden entfernt in entgegengesetzter Richtung lagen. Mitten am Nachmittag fuhren wir los.

Razak war ein Sindi. Auf dieser religiösen Rundreise mit einem Besucher war er gleichzeitig Pilger, der nicht genug von den heiligen Stätten bekommen konnte, und Bürokrat, der streng auf sein Programm und seinen Zeitplan achtete. Er war intelligent und freundlich, aber die Sprache regte uns gegenseitig auf. Ich überforderte ihn von Anfang an. Ich sagte zum Beispiel, als ich einen Mann in der Tracht Sinds am Straßenrand sah: »Sie haben also auch Afrikaner hier, Razak.« Er entgegnete scharf: »Das sind keine *Afrikaner*. Das sind Neger, *hiesige* Neger.« Razaks Englisch war präzise, präzise wie dieser Satz. Aber mehrere Pakistanis – eine ganze Reihe pakistanischer Lehrer – trennten ihn von der Umgangssprache, und was aus ihm herauskam, verlangte ein hohes Maß an Konzentration. Ich sagte: »Macht man etwas aus diesem Schilfrohr, Razak?« Er sagte: »Kopp Waren.« Damit mußte ich mich abmühen. Nach einer Weile sagte ich: »Was sind Kopp Waren, Razak?« Und jetzt quälte er sich mit seiner Gereiztheit ab. Er sagte: »Kopp Waren benutzt man, um Gebrauchsgegenstände hineinzulegen.« Korbwaren: eine präzise, für ihn aber zweifellos auch beschwerliche Definition. Und so konnte es sein: ich war Harpo für seinen Chico Marx, oder

Chico für seinen Harpo. Obwohl Razak mir viel hätte erzählen können, fuhr ich also unwissend durch diesen seit Urzeiten bevölkerten Teil Sinds. Ich wußte kaum, warum gewisse Orte Razak erregten: erst später verstand ich zum Beispiel, daß die Einöde von Mansura Standort von König Dahars großartiger Stadt Brahminabad gewesen war. Das erste Heiligtum erwies sich als Fehlschlag. Der heilige Mann hier, erzählte Razak mir, habe hunderttausend Anhänger. Wir kamen ein paar Stunden nach Einbruch der Dunkelheit an, und das Anwesen zu betreten, war wie das Betreten einer mittelalterlichen Stadt. Jungen öffneten das Haupttor für uns und schlossen es hinter uns wieder. Die Gassen waren gepflastert und hatten in der Mitte eine Abflußrinne. Leute saßen auf Podien vor dem Hof des großen Mannes. Ein Mann ging mit unserem Anliegen hinein, ein anderer kam heraus, um es zu beantworten. Er war dünn und ältlich, blau gekleidet und trug an der linken Hand einen Stoffhandschuh. Er sagte, der große Mann empfange nur morgens, jetzt ruhe er sich gerade aus.

So fuhren wir weg und zum Heiligtum von Shah Abdul Latif. In dem dunkel gekachelten Hof der Moschee war Musik: die zweihundertfünfzig Jahre alten frommen Lieder des Heiligen. Und als ich am Ende des langen Tages der Musik zuhörte – inmitten einer kleinen Schar, in der einige schliefen und Menschen kamen und gingen – hatte ich wie schon im Garten von Ayatollah Schariatmadaris Haus in Maschad wieder das Gefühl, daß der Islam Gemeinschaft und Schönheit erreicht und den Menschen ein Gefühl der Vollkommenheit gegeben habe – wenn nur die Welt draußen ausgeschlossen werden konnte und die Menschen dazu gebracht werden konnten, zu vergessen, was sie wußten.

In meinem Zimmer im Rasthaus funktionierte die Klimaanlage nicht. Wenn ich das Fenster öffnete, kamen Insekten herein. Und wegen der Insekten schlief ich auch nicht draußen wie Razak und die anderen. Um im Freien zu schlafen, mußte man sich wie eine Mumie von Kopf bis Fuß einwickeln; dazu brauchte man Übung. Also blieb ich in meinem heißen Zimmer und ruhte und wartete auf den Morgen. Wir sollten früh losfahren, nach Haiderabad zurück und dann weiter, um Ahmeds Sufi-Zentrum rechtzeitig vor der mittäglichen Ausgabe des Essens an die Armen zu erreichen: darauf hatte Ahmed Wert gelegt.

Auf der anderen Seite von Haiderabad war das Land stellenweise bestellt, stellenweise gab es nur Gestrüpp oder Sand. Die Helligkeit tat weh, die Hitze tat weh. Dorfhunde standen bewegungslos in gelben, durch Wasserstauung entstandenen Tümpeln. Wir befanden uns in einem der berühmten Flußtäler der Frühzivilisation. Aber man hatte nicht das Gefühl, in einem Tal zu sein; das Land glich einer unendlichen Ebene, bis man bemerkte, daß das flache Land verschiedene Höhen hatte und die oberen Ebenen mit Felsen bedeckt waren, so daß es aussah, als sei der Indus das bloße Überbleibsel eines gewaltigeren Wasserstroms, der alles, was nicht von Felsen geschützt war, flachgewalzt hatte. Ein paar Meilen lang fuhren wir am Westufer des Flusses entlang. In der Ferne waren zerklüftete Hügel. Sie waren aus reinem Fels, der an manchen Stellen geborsten war. Irgendeine große Erschütterung hatte diese Bergkette geschaffen, die Gesteinsschichten hochgedrängt und wie Blätterteig zusammengefaltet, und dann hatte eine Überschwemmung sich durch den Fels getrieben. Hier machte der Fluß eine Biegung. Und nicht weit weg war die Stadt mit dem Heiligtum.

Die Marktstände in der Hauptstraße waren mit Fotos von Bhutto behangen. Bhutto hatte während seiner Amtszeit dem Heiligtum neue vergoldete Tore gestiftet oder es zumindest veranlaßt. Man konnte sie von draußen, von jenseits des äußeren Eiseneingangs, sehen. Eine in die Mauer eingelassene Plakette erinnerte an Bhuttos Geschenk, aber seit seinem Tod war die Plakette mit einem goldgerandeten grünen Tuch überdeckt. Pilger betrachteten, ehe sie hineingingen, sowohl die Tore als auch das grüne Tuch.

Wir ließen unsere Schuhe bei dem Mann, der unter einem Sonnensegel aus Stoffflicken saß. Er wirkte würdevoll unter seinem Turban, war flink, professionell; er band jedes Paar Schuhe zusammen, befestigte an jedem Paar eine Nummer und verlangte eine halbe Rupie pro Paar. Die Gebühr erschien mir hoch, eine Konkurrenz gab es nicht, und ich fragte Razak, ob der Stand vererbt würde oder sonstwie geschützt sei. Er sagte, daß diese Schuhaufbewahrungsstände am Heiligtum von der Regierung versteigert wurden und daß bis zu viertausend Rupien, vierhundert Dollar, dafür geboten würden. Der erfolgreiche Bewerber war in mehr als einer Hinsicht im Geschäft.

Innen herrschte Gedränge und Geschiebe. Auf dem abgetretenen Marmorfußboden schliefen Leute. Sie kamen von weit her, und für die Armen gab es keinen anderen Platz: Es waren die Armseligen der Wüste aus diesen weit zerstreuten kargen Feldern und Dörfern am Indus, Menschen, denen das Heiligtum – und alle Heiligtümer, die hier zwischen dem Fluß und der zersplitterten Hügelkette aus Fels sogar schon in vorislamischen Zeiten gestanden hatten – immer Schutz und Trost geboten hatte. Der Marmorboden war schmutzig; Kleinkinder krabbelten darauf herum und viele Fliegen, die immer versuchten, sich auf dem Fußboden und den Körpern niederzulassen.

Der eigentliche Schrein – das Grab des Heiligen – war mit einem wunderschön gearbeiteten silbernen Geländer umgeben, das von den Händen der Gläubigen abgenutzt war. Ein Eckpfosten war gebrochen, vielleicht von einem Pilgeransturm an einem speziellen Tag; selbst jetzt herrschte eine gewisse Hektik. Es gab mehrere Baldachine, einen über dem anderen, und direkt unter der Decke hing ein Drahtnetz, vielleicht um Vogelkot aufzufangen. Von einer Baldachinstange hing an einer kurzen Kordel ein Stein, um den ein silbernes Band gezurrt war. Der Stein hatte die Form eines Herzens, er war hellbraun und vom Anfassen so glatt und glänzend, daß er aus Fleisch zu sein schien. Ich dachte, die Form sei von Bedeutung. Aber Razak sagte, der Heilige habe diesen Stein zu Lebzeiten auf dem Bauch getragen; der Prophet habe dasselbe getan. (Wahrscheinlich handelte es sich jedoch um die asketische Übernahme einer alten arabischen Folter: Bilal, der abessinische Sklave, der als einer der ersten die

Botschaft des Propheten angenommen hatte, wurde ausgesetzt und in der Wüste von Mekka mit einem schweren Stein auf der Brust gefesselt.)

Leute fuhren mit Händen über den Stein, liebkosten ihn, und führten die Hände dann an ihre Lippen und Augen oder berührten ihr Herz oder schienen sich selbst zu umarmen. Draußen glühte die Stadt im Industal vor Hitze, hier herrschte solche Leidenschaft. Die Berührung war wichtig: nicht nur des Steins und des silbernen Geländers, sondern auch des Tuchs, das über das Grab des Heiligen drapiert war, an dessen einem Ende eine Mitra und ein Chorhemd, die seltsam christlich aussehen, lagen und ein Turban, der für einen Kopf zu stehen schien. Es war ein Land des Glaubens, aber es war auch ein Land des Staubs und des Sands, in dem man trockene Nasenlöcher hatte und in der Nase bohrte; und die Bauersfrau, die mit der Hand übers Geländer strich, ehe sie mit derselben Hand den Mund ihres kleinen Sohnes berührte, rieb und kratzte zwischendurch auch an ihren Nasenlöchern.

Wir gingen weiter zum *Koli* oder Sufi-Zentrum. Es lag am Ende einer kurzen Basargasse. Die Erdoberfläche der Gasse hatte sich in schwarzen Schlamm verwandelt. Das lag am Spül- und anderem Wasser der Lebensmittelstände zu jeder Seite, die geöffnet waren und gut zu tun hatten, obwohl im *Koli* Essenszeit für die Armen war: viele Hände am Eingang hielten braune Fladenbrote.

Zur Rechten lag, als wir mit Lärm und Gedränge und Musik eintraten, das Heiligtum: die Gräber der *Pirs*, der heiligen Männer, die sich hier niedergelassen hatten, um den Heiligen zu preisen, und die Herrscher oder Leiter der Bruderschaft geworden waren. An der Wand des Heiligtums war ein Mondrian der Wüste mit modernen Badezimmerkacheln zu Werke gewesen und hatte eine größere und direktere Version vom *Broadway Boogie Woogie* des abstrakten Malers geschaffen: eine Art Haiderabad Boogie-Woogie mit stufenartig angeordneten Linien in Gelb, Weiß, Blau, Rot, Schwarz und so weiter. Darauf zu stoßen, war ein Vergnügen, weil es Ausdruck einer so reinen Freude war. Gleich davor war der Eßplatz, ein offener Säulenpavillon. Ein Mann hielt Wache über Pyramiden brauner Fladenbrote, die mit Stoff abgedeckt waren, Brote, die durch ihre Farbe nicht nur die Bekömmlichkeit ungeschroteten Korns andeuteten, sondern auch die Erde des Industals. Ein Mann schöpfte aus einem großen schwarzen Eisenkessel eine dünne Linsensuppe. Links unter dem überdachten Eingang des Gebäudes teilte ein anderer Mann Wasser aus; ein Junge, der sich seiner Wichtigkeit voll bewußt war, hielt den Schlauch, der vom Hahn zum Wasserfaß führte.

Razak hatte sich mit einem Mann in einem blauen Gewand eingelassen, der von Einfluß zu sein schien. Der Mann in Blau war klein und vierschrötig mit geschorenem Schädel, seine Züge hatten etwas Zentralasiatisches. Er sagte, daß der *Pir* ausgegangen sei und in drei Stunden zurückkommen würde. In Pakistan betrug die normale Zeitspanne der offiziellen Verspätung eine halbe Stunde; drei Stunden bedeutete ›heute nicht mehr‹. Es gab also niemanden, mit dem man reden konnte? Der Mann in Blau sagte, der *Munschi*, der Sekretär, stehe zur Verfügung. Er fragte nach unseren Namen und Einzelheiten. Als Razak sie mitteilte, sagte der Mann in Blau auf englisch in einer merkwürdig ausdruckslosen Art, während uns seine Augen immer noch abschätzten, daß er uns einlade, seine Gäste zu sein, über Nacht zu bleiben, so lange zu bleiben, wie wir wollten. Der *Pir* würde in drei Stunden zurück sein, in der Zwischenzeit würden wir den *Munschi* sehen, man würde uns zu essen geben, wir würden seine Gäste sein.

Er beauftragte jemanden, uns nach oben zu führen. Wir suchten uns einen Weg durch Pfützen (vom Wasserschlauch) und wurden durch eine verwirrende Vielzahl kleiner von Veranden umschlossener Höfe zum oberen Stockwerk in ein sauberes Zimmer geführt, in dem Bettzeug ausgebreitet war und zwei Lager aus Polstern und Kissen waren. Ein Ventilator war angestellt, ein Fenster war geöffnet. Es war kühl und unsagbar entspannend. Draußen liefen zwei Plattenspieler oder verstärkte Radios, aber der Ventilator dämpfte den Lärm, die Lieder – keine Filmmusik, sagte Razak: fromme Lieder – hoben sich gegenseitig auf und ergaben in der Kühle einen fernen angenehmen Hintergrund.

Der *Munschi* kam nicht. Nicht nach fünf Minuten, nicht nach zehn Minuten. Aber das Essen kam, heraufgebracht von einem Jungen oder jungen Mann in brauner pakistanischer Tracht. Er war von großer Schönheit; es war seltsam zu denken, daß er das Leben des Opferns und Dienens gewählt haben sollte. Razak (der schon ganz hübsch rundlich wurde mit seinen siebenundzwanzig) tat so, als teile er meine Besorgnis wegen des Essens, aber ziemlich bald fiel er dann darüber her und aß mit schwelgerischer Konzentration alles auf. Der *Munschi* tauchte immer noch nicht auf, und als der Junge in Braun mit dem Tee (aufgegossen nach der Art indo-pakistanischer Basare: Zucker, Wasser, Tee und Milch zusammen aufgekocht: süß und bitter und erfrischend) kam, überredete ich ihn dazu, zu bleiben und von sich selbst zu erzählen.

Das war nicht leicht. Nicht weil er verschlossen war, sondern weil er keine zusammenhängende Vorstellung von seinem Leben zu haben schien. Erfahrungen trieben unverbunden in seinem Gedächtnis umher, und man mußte viele kleine Fragen stellen. Er war seltsam passiv. Seine Worte (die Razak übersetzte) waren leise, mit niedergeschlagenen Augen gesprochen.

Er war seit einem Jahr in der Gemeinschaft. In einem Jahr würde er fortgehen; er hatte nicht vor, sich ein Leben lang zu verpflichten. Aber wäre es, wenn er wieder eine Arbeit haben wollte, nicht besser für ihn gewesen, die Zeit dafür zu nutzen, ein Gewerbe oder ein Handwerk zu erlernen? Er sagte, er sei Rohrleger bei den Wasserwerken gewesen und habe vierhundertfünfzig Rupien im Monat verdient; diese Stelle könne er wieder bekommen.

Er kam aus Peschaur, der nördlichen Grenzprovinz an der Grenze zu Afghanistan. Seine Familie hatte hundert Morgen Land und einen Traktor, aber es gab sechs Brüder, und er hatte sich dem großen Zug nach Süden angeschlossen. Er war erst nach Karatschi gegangen (wo es, wie man sagte, eine Million abgewanderter Pathanen aus der Frontier Province geben sollte), dann war er nach Haiderabad gekommen. Ein Freund hatte ihm von der Gemeinschaft erzählt und ihn zu dem Haus gebracht. In dem Haus hatte er zwei Männer aus seinem Dorf im Norden gesehen. So war er wiedergekommen, zwei- oder dreimal. Aber er konnte sich nicht entschließen; erst nachdem er den *Pir* kennengelernt hatte, hatte er beschlossen zu bleiben.

Erfahrungen trieben unverbunden in seinem Gedächtnis umher: Er schien kein Ziel zu haben. Er war ein Vagabund. Durch ihn war es möglich, das vagabundierende Leben im europäischen Mittelalter ein wenig zu verstehen. Die religiöse Gemeinschaft in der Wüste war eine Zwischenstation, sie half ihm durch einen Abschnitt seines Lebens. Und zweifellos gab es in Pakistan – mit seiner Abwanderungswelle innerhalb des Landes und nach draußen – noch mehr seinesgleichen, die sich treiben ließen, das Leben in Etappen nahmen, so wie es gerade kam.

Ich fragte, ob auch Ausländer in die Gemeinschaft kämen und ob sie sich, wenn sie kamen, seltsam benähmen. Bei dieser Frage wurde er lebhaft, sah auf und wurde vor Aufregung wie ein kleiner Junge. Er sagte, einmal sei ein Bengale gekommen und einen Monat lang geblieben. Er hatte kein Geld, nichts. Eines Tages kam ein Mann in einem Auto und nahm den Bengalen mit nach Karatschi. Als der Bengale wiederkam, fuhr er sein eigenes Auto.

War es Glück? War es Schiebung?

Es gab eine aufregende Antwort, ganz klar. Aber sie wurde nie gegeben, weil gerade in dem Augenblick der Mann in Blau – mit dem geschorenen Schädel, dem feisten Bauch, den stämmigen Schultern und den abschätzenden Augen – hereinkam. Und der Junge in Braun wurde nervös, hörte auf zu reden, sah wieder zu Boden, nahm die Teetassen auf und ging hinaus.

Er hockte sich vor uns nieder, saß auf den Fersen, während die Knie auf dem Bodenbelag ruhten. Da der *Munschi* nicht kam (obwohl er das nicht sagte), wünschte er selbst mit uns zu sprechen.

Auf englisch sagte er: »Was möchten Sie wissen?«

Die Klarheit seiner Aussprache überraschte mich: sie war besser geworden, seit er im Hof mit uns gesprochen hatte. In dieser neuen Klarheit lag Aggression, aber es war eine beherrschte Aggression: Sie konnte sich verhärten oder mildern: er war sich immer noch nicht im klaren über mich. Ich sagte, ich könne ihm noch nicht sagen, was ich wissen wolle, ich sei zufrieden mit dem, was er mir zu sagen habe.

Er sagte, und die englischen Worte strömten aus ihm heraus: »Ich will Ihnen berichten. Es gibt verschiedene Kategorien von Gläubigen. Manche wollen Geld, manche wollen ein gutes Leben nach dem Tode. Ich möchte Allah begegnen. Das kann man nur durch ein Medium. Mein *Murschid* ist mein Medium. Ich will meinen *Murschid* lieben. Ich will meinen *Murschid* in mein Herz aufnehmen. Allah ist mit meinem *Murschid*. Und wenn mein *Murschid* mein Herz betritt, ist Allah mit mir. Daran zweifle ich nicht. Ich kann Allah nur durch mein Medium und in der Form meines *Murschids* begegnen. Durch das Medium und in der Form.«

Der *Murschid* war nicht der *Pir* oder Herrscher der Gemeinschaft, wie ich dachte. Der *Murschid* war der ursprüngliche Heilige, dessen Grab wir besucht hatten.

Der Mann in Blau erklärte das mit einer politischen Analogie. »Der Qaid-e-Azam (Jinnah) gründete Pakistan.« Er entsprach dem *Murschid*. »Aber heute gehorchen wir dem Präsidenten, Zia ul-Haq.« Der Präsident entsprach dem *Pir*. Der Mann in Blau zeigte auf Razak. »Sie gehorchen Zia ul-Haq.« Er zeigte auf mich. »Sie gehorchen Zia ul-Haq. Ich gehorche Zia ul-Haq.« Ich begann, in seiner Sprechweise etwas Beschwörendes zu entdekken.

Er sagte: »Nicht ich habe Ihnen Gastfreundschaft erwiesen. Das ist mein *Murschid*. Ich kenne Sie nicht. Sie kennen mich nicht. Aber ich diene Ihnen nach besten Kräften, weil ich meinen

Murschid liebe. Ich will meinen *Murschid* in mein Herz aufnehmen.«

Es gab ungefähr hundert Gläubige in der Gemeinschaft. Sie speisten jeden Tag zwischen achthundert und tausend Menschen; sie hatten auch eine Armenapotheke (sie befand sich in einem kleinen abgetrennten Raum unten, wo der Mann frisches Wasser austeilte). Aber wo bekamen sie das Geld her?

Der Mann in Blau sagte, daß der vorherige *Pir* ein Heiliger gewesen sei. »Er war nur für Allah da. Er fastete den ganzen Tag, und er betete die ganze Nacht. Ich sage Ihnen, das ist nicht leicht zu machen, die Hände so zu halten.« Er legte seine Handflächen aneinander und hielt sie offen, wie es die Moslems, wenn sie ihre Gebete sagen, machen, als läsen sie in ihren Händen wie in einem Buch. Und dann stand er auf und machte vor, wie man mit offenen Händen betete und wiederholte, was er gesagt hatte. »Nur für Allah. Fastete den ganzen Tag, betete die ganze Nacht. Versuchen Sie nur einmal zehn Minuten lang, Ihre Hände so zu halten.« Er setzte sich wieder auf seine Fersen. »Er vollbrachte Wunder. Fünfzig Jahre lang nahm er kein Essen zu sich. Drei Jahre lang nahm er kein Wasser zu sich. Die Leute sagten ihm, er würde nutzlos sein, wenn er kein Wasser trinke, und da erst beschloß er, Wasser zu sich zu nehmen.«

Aber wie bekamen sie das Geld, um die Gemeinschaft zu erhalten?

Der Mann in Blau sagte: »Das sage ich Ihnen doch gerade. Wegen all dieser Opfer ist diese Stätte nun möglich. Unser jetziger *Murschid* hat so viele *Murids*, Jünger, auf der ganzen Welt. Sie kommen in Scharen her. Sie geben eine Rupie, fünf Rupien, zehn Rupien. Und wir handeln mit Waren. Nicht ich habe Ihnen Gastfreundschaft erwiesen. Das ist mein *Murschid*. Es gibt verschiedene Kategorien von Gläubigen. Ich will Allah begegnen. Wichtig dabei ist, daß ich das nur durch das Medium und in der Form meines *Murschids* tun kann. Verstehen Sie?«

Ich bat ihn, mir genau zu beschreiben, was er empfand, wenn er den Stein streichelte, der über dem Grab des *Murschids* hing.

Zu meiner Überraschung schien er nicht zu wissen, wovon ich redete. Und als ich nochmals fragte, sagte er, er sei hier mit der Gemeinschaft zu sehr beschäftigt. Der Junge in Braun stand in der Tür – sein Gesicht drückte bereitwilligen Eifer aus –, aber als er sah, daß der Mann in Blau noch vor uns hockte, drehte er sich um und ging auf seinen nackten Füßen leise weg. Die Geschichte von dem Bengalen und dem Auto nagte an mir, sie begann mich zu quälen, während der Mann in Blau immer weiter redete, sich wiederholte, die Abfolge der bereits gesprochenen Sätze durcheinandermischte.

Er erzählte mir noch ein Wunder des vorherigen *Pirs*. Ein *Fakir*, einer der Asketen der Gemeinschaft, war gestorben. Man teilte es dem *Pir* mit. Er ging in das Zimmer, in dem der tote Mann lag. Bei seinem Eintritt hob der Tote die rechte Hand zum Gruß der Moslems. Der *Pir* wurde sehr zornig. Er stieß den Toten mit seinem Stock an und sagte: »Du mußt größere Kontrolle über deinen Körper erwerben. Du weißt doch sicher, daß es sich für einen Toten nicht gehört, mich zu grüßen.«

Ich fragte den Mann in Blau, ob er nicht den Jungen mit etwas Tee für mich hochschicken könne. Ich fragte mehrmals. Aber wir sollten den Jungen in Braun nicht mehr für uns allein haben. Wir würden später Tee bekommen, sagte der Mann in Blau, aber erst müßten wir die Küchen besuchen, und wir sollten uns natürlich die Gräber der alten *Pirs* ansehen. Er hatte nicht vor, uns nun zu verlassen, und ich begann zu begreifen, daß das seine Art war, uns von dem Anwesen wegzuführen. Ich versuchte, ihn dazu zu bringen, über sich selbst zu reden, und es war genauso schwer wie bei dem Jungen in Braun.

Er gab nur zufällige Fakten von sich, sie hatten in seinem Kopf kein System ergeben; er wußte nur, wo er sich jetzt befand. Auch er war ein Vagabund, Teil des halb mittelalterlichen Wanderlebens in Pakistan. Trotz seiner zentralasiatischen Züge (die durch den geschorenen Schädel noch betont wurden) kam auch er wie der Junge in Braun aus der Grenzprovinz. Er hatte an einem Landwirtschaftskolleg studiert, aber keinen Abschluß gemacht. Einige Jahre lang hatte er Gelegenheitsarbeiten gemacht. Dann stieß er auf die Gemeinschaft. Er sah den jetzigen *Pir* und beschloß sofort zu bleiben. Er fragte niemanden um Erlaubnis, er blieb einfach (und Razak fügte hinzu, daß er nun ›die rechte Hand‹ des *Pirs* sei). Sein Vater war Bauer in der Frontier Province. Wie viele Morgen? Sechzehn. Gutes Land? Sehr gutes. Irgendwelche Brüder? Keine Brüder. Wer würde dann den Betrieb übernehmen, wenn sein Vater starb? Er glaubte, ich habe gefragt, ob er in der Landwirtschaft gebraucht würde, und er sagte, es gäbe Unternehmer mit Maschinen. Was würde mit den sechzehn Morgen geschehen, wenn er sie erbte? Er sagte, das wisse er nicht; diese Seite des Lebens habe er aufgegeben.

Wir gingen hinunter, um uns die Küchen anzusehen. Die Ausgabe des Mittagessens war vorbei, aber immer noch wurde gekocht. Wir mußten unsere Schuhe ausziehen, um durch dicken kitzelnden Staub vom Hauptgebäude zum Küchengebäude zu gehen. Dort kochte man Tee in riesigen Kupferkesseln, und dort zwischen den Klaftern Feuerholz stand der Junge in Braun, ohne etwas zu tun; er hielt sich fern. In einem offenen Schuppen vor den tiefen Feuerlöchern stand ein Mann über einem hohen Marmorbecken und knetete braunen Teig, bis über die Ellbogen hatte er sich hineingeknetet. Fliegen hatten sich auf dem gekneteten Teig in dem Marmorständer neben ihm niedergelassen. Ein weiterer Mann kochte Linsensuppe, noch einer stand in dem Feuerloch und kümmerte sich um den Backofen. Alle hatten geschorene Köpfe, ihre Augen strahlten, ihre Wangen waren rund. Sie waren freundlich, freuten sich, beobachtet zu werden; sie befanden sich an der Quelle der Nahrung und des Überflusses; sie wußten, sie dienten den Armen und Gott. Auf nordindischen Gemälden wiederholten sich diese Kochszenen: genau diese Gesichter meinte ich schon einmal gesehen zu haben.

Unter der Anleitung des Mannes in Blau berührten wir nacheinander die Gräber aller *Pirs*, die hier im *Koli* begraben waren. Und dann setzten wir uns in den heißen gekachelten Hof, mitten in die Fröhlichkeit der abgestuften farbigen Linien des Haiderabad Boogie-Woogie. Scheu kam der Junge in Braun mit dem Tee heraus. Er ging nicht weg. Unsere Zeit war fast um. Ich fragte direkt nach dem Bengalen.

Der Junge in Braun sagte: »Er ging nach Karatschi, und er kam zurück. Ich habe es Ihnen schon gesagt.«

»Bengale?« sagte der Mann in Blau. »Wir haben Leute aus der ganzen Welt hier. Ich kenne Sie nicht. Sie kennen mich nicht. Aber ich diene Ihnen –« Und abrupt unterbrach er sich, während er auf einem weißgekachelten Sims saß, als hätten ihn die nachmittägliche Hitze, der Staub, die Wüste, das Leben, die Langeweile entkräftet.

Als wir im Auto saßen und die nasse schwarze Basargasse mit den Lebensmittelständen, an denen man bezahlen mußte, hinunterfuhren, sagte Razak: »Erinnern Sie sich, was er über die Beschaffung von Waren gesagt hat? Er sagte, er treibe Handel. Im *Koli* sollte er nicht Handel treiben.« Razak sprach als guter Moslem.

Zwischen dem Fluß und dem Felsengebirge fuhren wir zurück: Ordentlich lagerten die Felsschichten übereinander und wurden dann von einer Sintflut durchbrochen, der Felsen schälte sich schichtweise ab, so daß das Gebirge stellenweise den Rängen eines riesigen steinernen Amphitheaters glich, das sich stark zu einer Seite neigte.

An einem solchen Durchbruch hielten wir an. Das Mittagessen hatte Razak mit Tatkraft erfüllt. Und eine Flasche mit einem pakistanischen Seven-Up, Bubble-Up (es war ein Vergnügen, ihn bloß den Namen aussprechen zu hören) hatte ihn munter und der großen Hitze gegenüber gleichgültig gemacht.

Der Berg wuchs in dem Maße, in dem wir auf ihn zugingen. Als wir uns im Schatten des Berges befanden, wurde es kühler. Es war ein Platz, der Ehrfurcht weckte. Aber die Hindu-Tempel, kleine Gebilde mit pyramidenförmigen Dächern, nicht alt, aus der Zeit vor 1947, die diese Ehrfurcht zum Ausdruck brachten, waren zerstört, entleert, entweiht und dann mit Inschriften auf Urdu beschmiert worden: Der Feind war endgültig vertrieben. Und es war ein berühmter Platz: Von der Strömung, die den Berg zerschmettert hatte, und der schwächeren Strömung, die danach die Gesteinsschichten ausgewaschen und glatte Löcher und Höhlen geschaffen hatte, war nur eine salzige Quelle geblieben, die wegen ihrer Heilkraft bekannt war: blaugrün in der Felsspalte und einen weißen Schleim auf dem Stein hinterlassend, glitt ihr kleiner Strom nun dahin und glättete immer noch. In diesem Rinnsal gab es mehr als Kiesel; es enthielt Meeresfossilien.

Razak hatte das Auge des Naturkundigen. Er bückte sich und hob Steinstücke auf, auf denen ich Muschelmuster erkennen konnte; in meine Hand legte er eine vollkommen versteinerte Muschel und eine kleine Muschelschale, die einer Schneckenmuschel ähnlich war. Islam, Buddhisten, Hindus, Arier, Vor-Arier; und im Industal hatte es sogar eine Zivilisation gegeben, bevor die antiken Städte Mohendscha Daro und Harappa erbaut worden waren. Aber das größere Wunder, das die Gedanken weit forttrug, war, daß dieses ganze Land einst auf dem Grund des Meeres lag. Und diese spärliche salzige Quelle, die aus heißem Felsen aufstieg, legte immer noch Zeugnis für die Meeresvergangenheit eines Landes ab, das nun so weit vom Meer entfernt, so voller Licht und Hitze war und so nach Wasser dürstete.

Und als wir zurückkamen, gab es wieder Probleme im Circuit House von Haiderabad. Ich war für die vergangene Nacht eingetragen gewesen; für diese Nacht war für mich nichts reserviert. Das Haus war leer, niemand wurde erwartet. Aber Razak mußte eine volle Stunde telefonieren, wobei er von einem Beamten an den nächsten weitergegeben wurde, ehe die Erlaubnis erteilt wurde.

Am Morgen hatten wir nicht weit zu fahren. In Haiderabad selbst gab es in einer der mit Lehmmauern umgebenen Festungen, die vom letzten der moslemischen Amire oder Prinzen Sinds erbaut worden waren, ein Heiligtum, das die Geisteskranken aufsuchten, um geheilt zu werden.

Es lag oberhalb einer Flucht von Marmorstufen. An ihrem Fuß saßen bemitleidenswerte verfallene Frauen, eine mit einem kleinen Jungen, und warteten auf Almosen; zwei oder drei Stufen darüber schlug ein Mann eine Trommel und sang. Oben standen zwei kleine Gebäude, durch eine schmale gepflasterte Gasse voneinander getrennt. In dem Gebäude zur Linken hatte der Heilige meditiert, in dem Gebäude zur Rechten war er begraben. Das Grab war rundherum abgesperrt, und der Wächter des Heiligtums, ein fetter und freundlicher kleiner Mann, saß inmitten eines geselligen Schwarms Fliegen auf dem Fliesenboden der von Säulen gestützten Vorhalle. Für die Gesundheit suchenden Menschen mußte er wirken wie der Süßwarenhändler für Kinder, der Mann, der alles hatte. Er hielt ein Schwätzchen mit einem verblödeten Mann mit rot unterlaufenen Augen, und während sie redeten, schienen sie auch einen Tauschhandel mit irgendwelchen Bohnen zu betreiben.

Zwei oder drei Leute kamen und machten die Runde um das Grab, gingen langsam durch die Gasse zwischen den beiden Gebäuden, um die Ausstrahlungen von beiden geweihten Stätten gleichzeitig mitzubekommen. Reibend befühlten sie das silbern gestrichene Eisengeländer des Grabs und ließen dann ihre Köpfe auf dem Metall ruhen.

An der Rückseite standen zwei junge Mädchen mit bedeckten Köpfen vor dem Grab. Sie waren nicht krank; sie benutzten das Heiligtum bloß als Treffpunkt, um in der Art Haiderabads zu schwatzen und zu kichern. Aber ein Mann war da, der von einem echten *Dschinn* oder Geist besessen war, ein junger Mann, dunkel, physisch heruntergekommen, halb irre. Um sich mit diesem Mann zu befassen, erhob sich der Wächter des Heiligtums sogleich. Die Fliegen schwärmten ein paar Zentimeter hoch und ließen sich dann wieder nieder.

Man konnte den Wächter hinter dem Gebäude schreien hören. »Komm her!« Der *Dschinn* in dem Mann heulte, weil er unter den heiligen Ausstrahlungen litt. Aber wie ein Mann, der sich von einem *Dschinn* keinen Unsinn gefallen läßt, führte der

Wächter den Mann weiter und schrie dabei die ganze Zeit den *Dschinn* rücksichtslos an, und der Mann mit dem *Dschinn* gab vor, sich zurückzuziehen. Trotz all seiner Not wußte er, was von ihm erwartet wurde. Und in diesem äußerst kranken Mann steckte immer noch ein Rest Eitelkeit. Er wußte, sein Fall war so schlimm, daß er zu diesem Heiligtum gebracht werden mußte, und er drehte sich nach Razak und mir, seinen einzigen Zuschauern, um, um sich zu versichern, daß wir auch sahen, wie stark der *Dschinn* war, von dem er besessen war, wie der *Dschinn* heulte und sich weigerte, näher an die Ausstrahlungen des Heiligen heranzugehen. Aber dahin mußte er, in diese Gasse zwischen den beiden Gebäuden; dort würde er bleiben, bis er für geheilt erklärt wurde. *»Du setzt dich hierhin! Du hörst mich!«* schrie der Wächter. Nach kurzem Widerstreben fügte der *Dschinn* sich, und der Wächter, nun wieder leutselig, kehrte zu seinen Bohnen und seinen Fliegen zurück, die sechs Zentimeter weit aufschwärmten, um ihn zu begrüßen, und sich dann wieder niederließen.

Ein Afrikaner – *Sidi* war der ortsübliche Ausdruck, der keinen beleidigte – kam. Sein Haar war ordentlich gekämmt; er sah nicht unpäßlich aus. Er setzte sich neben das abgeriegelte Fenster des Meditationshauses in die Nähe des Mannes mit dem *Dschinn*, der nun friedfertig, sogar entrückt war. Und innerhalb kurzer Zeit änderte sich das Gesicht des Afrikaners: seine Augen wurden glasig, seine Wangen eingefallen, sein Schmerz wurde offenbar. Dann kam eine kleine Frau mit einem Kind auf der Hüfte. Sie war wieder schwanger. Und dann sah ich, daß sie selbst kaum mehr als ein Kind war, zwölf oder dreizehn, aber angeregt von der Vorstellung, erwachsen genug zu sein, bedeutende Nöte zu erleben. Jeder schauspielerte (wenn der Mann mit dem *Dschinn* auch nach seinem Anfall von Eitelkeit zu weit weg schien); jeder kannte seine Rolle. Aber war das noch schauspielern, wenn die ganze Welt oder die Welt, die man kannte, in dem Stück enthalten war?

Das war das Entscheidende, auf das hinzuweisen Razak – der

von dem *Dschinn* eingeschüchtert war – sich mit seinem Englisch abmühte. Er habe zwei oder drei andere Leute gesehen, die von *Dschinns* besessen waren, sagte er. Aber dann sagte er, er sei sicher, daß in anderen Ländern, anderen Zivilisationen die Menschen an andere Dinge glaubten, Geisteskrankheiten andere Formen annähmen und es andere Heilungsmethoden gäbe.

Durch die Wüste nach Karatschi zurückzufahren, den uralten Indus wieder zu überqueren, hieß auch, durch aufsteigende Entwicklungsstufen zurückzufahren, Generationen zu überspringen. Es war leicht zu erkennen, wie die große Stadt – ganz zu schweigen vom Intercontinental mit seinem besonderen Betrieb – sie aus ihren Dörfern herauszog und so viele dem Vagabundenleben überantwortete.

Als wir uns Karatschi näherten, fuhren wir eine Strecke hinter einem Lieferwagen her, der Köpfe von frisch und korrekt geschlachtetem Vieh transportierte. Sie waren enthäutet und glänzten in der Sonne, hatten aber noch ihre Hörner.

Ich war froh, daß Ahmed mich ins Landesinnere geschickt hatte. Ich hatte viel mit ihm zu bereden. Aber als ich nach Karatschi kam, fand ich heraus, daß Ahmed selbst meine erste Reservierung im Circuit-Haus gestrichen hatte – es hatte an dem Tag gar keinen besuchenden Minister gegeben. Nachdem er mich nach Haiderabad geschickt hatte, und bevor ich dort angekommen war, war etwas geschehen, das Ahmed veranlaßt hatte, seine Meinung über mich zu ändern.

Bevor wir uns kennenlernten, hatte er nichts von mir gewußt. Seine Reaktion auf mich war eine rein menschliche gewesen, und darauf hatte ich angesprochen. Aber nun hatte man ihm vielleicht gesagt, daß ich nicht das sei, wofür ich mich ausgab. Er wurde kühl am Telefon; er hielt zwei Verabredungen nicht ein. So konnte ich nicht über das Sufi-Zentrum mit ihm reden. Ich konnte nicht mit ihm darüber diskutieren, ob die Vermischung der beiden Typen von Religion – der Religion der Offenbarung und Vorschriften, der Religion der Askese und schrankenlosen Meditation – nicht beide herabsetze. Auch konnte ich nichts mehr über die ›Kooperativen‹ seiner Jugend oder seine Vorstellung von der Reinheit der Frauen ohne Periode im Paradies herausbekommen. Genau wie bei der Geschichte des Jungen von dem Bengalen, der sich ohne einen Pfennig nach Karatschi aufgemacht hatte und mit einem Auto zurückgekommen war, mußte ich mich mit dem zufriedengeben, was ich hatte.

Ich mochte Ahmed. Daß er sich zurückzog, machte mich unglücklich und begierig, Karatschi zu verlassen.

6

Die Unordnung des Gesetzes

Beim Friedensgericht in Karatschi – direkt hinter dem Zentralbasar – wurden die Gefangenen gewöhnlich paarweise gefesselt in den Hof geführt. Die Ketten waren an ihren Handgelenken befestigt, und das freie Ende der Kette hielt ein Polizist in khakifarbener Uniform. Alles war freundlich, und im Gedränge des Hofes, das dem Gedränge auf einem Basar glich, starrte niemand oder achtete zu sehr darauf. Die Gefangenen plauderten mit den Polizisten, und manchmal blieben sie an den *Pan*-Ständen stehen, um Betelnüsse zum Kauen zu kaufen. Die Gesichter waren zum großen Teil wie Gesichter auf der Straße, obgleich ein Mann sehbehindert war und zwei aneinandergekettete barfüßige kleine Kerle, Brüder vielleicht, geistig zurückgeblieben aussahen. Es gab nicht genug Ketten. Manche Gefangene wurden an Seilen geführt, die an ihren Oberarmen befestigt waren, und sie sahen ein wenig wie Zirkusäffchen aus; aber das war genauso freundlich.

Auf einer von Markisen überschatteten Plattform saßen die Notare und warteten an ihren kleinen Tischen mit gläsernen Briefbeschwerern und kleinen schmierigen Notizbüchern auf Kunden. An einem Stand wurden Stempel und alle möglichen Formulare verkauft. Auf dem Bürgersteig draußen saßen die Männer, die eidesstattliche Erklärungen abnahmen, hackten auf alten – manchmal sehr alten und rostigen – Standardschreibmaschinen herum und füllten abgestempelte Formulare aus. Und auch Briefschreiber gab es (›Verehrter Herr‹ – und ich sehnte mich danach, stehenzubleiben und weiterzulesen, hatte aber schon den abweisenden, berufsmäßig eifersüchtigen Blick des Schreibers auf mich gezogen.).

Um die Ecke, auf dem Bürgersteig der Hauptstraße, waren die Medizinmänner mit ihrem seltsamen Angebot. Zuerst hielt ich die aufgehäuften Eidechsen für tot oder ausgestopft oder für eine Art Skulptur. Aber dann bewegte sich eine Eidechse (Origuana), und alle bewegten sich; elf insgesamt waren an einem dicken Stein festgebunden, entweder mit dem dicken Ende ihres Schwanzes oder um die Mitte hinter den Hinterbeinen, und alle strebten nun danach, auf den heißen Bürgersteig auszubrechen. Nusrat erzählte mir später, wofür die Eidechsen gut waren: für Manneskraft. Man kaufte und tötete seine Eidechse, dann aß man einen gewissen Teil.

Zweimal ging ich zum Friedensgericht. Das erste Mal ging ich allein und nahm nur das Bild wahr, das der Hof bot. Das zweite Mal ging ich mit Nusrat. Nusrat war Journalist bei der *Morning News*. Er war ein kleiner, stämmiger Mann von ungefähr dreißig mit einer großen runden Brille in einem runden Gesicht und einem dicken Walroßschnurrbart. Er war erfüllt von einer großen eifrigen Energie. Seiner Arbeit bei der Zeitung widmete er mehr als den normalen Arbeitstag. Das fing einige seiner Ängste um seine kranke Frau auf und seine Ängste um sein Versagen als Moslem, wie er es empfand.

Nusrats Vorfahren kamen teils aus dem Panschab, teils aus Madras, so daß er in Pakistan halb ein Einheimischer, halb ein *Mohadschir* oder moslemischer Fremder aus Indien war, halb eingelebt, halb ein Mann, der das Gefühl hatte, als Pakistani und Moslem nicht genug zu tun. Mit das erste, was er in seiner raschen wegwerfenden Art zu mir sagte, war, daß er kein besonders guter Moslem sei. Das meinte er nur als Entschuldigung, beinah in einem Atemzug sagte er weiter, daß der Islam und das Leben nach dem Tode für ihn das wichtigste seien.

Und in all der Geschäftigkeit des Friedensgerichts, in all den Räumen, in die Nusrat mich führte, saß nur ein Friedensrichter. In dem kleinen Raum saßen unterhalb des Richterplatzes zwei, drei Zuschauer oder einfach Leute, die warteten. Die Atmosphäre war zwanglos; und die Ernsthaftigkeit des niedergeschlagen aussehenden Mannes auf der Anklagebank (blaues Hemd, weite pakistanische Hose) paßte nicht recht; er war wie ein Mann, der seine Rolle viel zu ernst nahm. Es war schwer zu begreifen, was vor sich ging. Die Leute in Karatschi sprachen laut, in diesem kleinen Raum aber murmelten sie, und bei dem Stimmengewirr ringsum brauchte man eine Weile, bis man verstand, daß sie Englisch redeten. Noch länger brauchte man, um zu verstehen, daß es sich um einen Fall von Diebstahl handelte, daß die Polizei nach einem Jahr noch keine Zeugen beigebracht hatte und der Fall nur aufgerollt worden war, um wieder vertagt zu werden.

Ein Generalstaatsanwalt, der Nusrat kannte, klärte mich in einem Wortschwall über das Verfahren auf, während der Fall weiterverhandelt wurde. Er war erpicht darauf, daß ich blieb und zusah, wie er seinen eigenen Fall abhandelte, bei dem es um einen Lehrer im Regierungsdienst ging, der – nur aufs Auswandern bedacht – falsche Informationen angegeben hatte, als er sich um einen Paß bewarb. Als Regierungsangestellter hätte der Lehrer ein NOC – ein ›No Objection Certificate‹ – bekommen sollen, aber der arme Teufel hatte, ohne Zweifel, weil er die Hoffnung aufgegeben hatte, eine solche Bescheinigung zu bekommen, verschwiegen, daß er Regierungsangestellter war. Der Staatsanwalt sagte, der Fall käme in zehn Minuten an die Reihe. Aber da die offizielle Verspätung in Pakistan eine halbe Stunde betrug, bedeuteten zehn Minuten eine lange Zeit. Nusrat und ich zogen weiter (und in der Tat, als wir eine ganze Weile später noch einmal hereinschauten, wurde ein anderer Fall verhandelt und unser Staatsanwalt wartete immer noch).

Auf der Veranda draußen sahen wir vier gefesselte Jungen, die ganz ohne Sorge auf einer Bank warteten und gern bereit waren, über ihr Abenteuer zu plaudern. Sie arbeiteten in einem Hotel und waren des Diebstahls angeklagt. Sie sagten, die Polizei habe sie ›ordentlich‹ durchgeprügelt. Aber sie lachten, und die Polizisten, die ihre Kette hielten, lachten auch und schüttelten den Kopf. Neben ihnen saßen zwei Männer, die jemanden erdolcht haben sollten; ihre Augen sahen unzuverlässig aus. Auf einer ganz anderen Stufe des Verbrechens und der Eitelkeit befand sich der junge Mann aus dem Norden, der nun vorbeigestampft kam. Zusätzlich zu den Ketten um beide Handgelenke trug er Fußeisen, und zwei Polizisten mit Gewehren gingen neben ihm. Seine bleiche Haut hatte auf den Wangen Pickel, und seine zusammengekniffenen mandelförmigen Augen waren furchteinflößend. Er – ein für den Galgen bestimmter Mann, der hoch über der Welt der geringfügigen Vergehen stand – war sich des Aufruhrs, den er verursachte, bewußt und hatte sich für seinen Auftritt in der Öffentlichkeit wie ein Häuptling angekleidet: ein frisch gebügelter hellblauer pakistanischer Anzug, ein roter Turban, der sich hoch und steif wölbte. Unmöglich, ihn für einen Schwatz anzuhalten.

Nusrat erblickte einen Mann, der an einem Seil geführt wurde, und regte sich auf. »Sehen Sie, es gibt nicht genug Ketten. Sie benutzen Seile. Darüber muß ich schreiben. Denn am Gericht hat es schon viele Fälle von Flucht gegeben. Vielleicht haben sie die Ketten importiert, und sie sind nicht angekommen. Vielleicht benutzen sie die Ketten für politische Gefangene.« In einem Gerichtssaal ohne Friedensrichter, einem Raum so klein wie ein kleines Klassenzimmer, saß eine unverschleierte Frau mit ihrem mageren kleinen Sohn. Ihr blasses Gesicht war rund und klein, ihre Haut aufgesprungen; weder sie noch ihr Sohn bekamen genug zu essen. Sie hatte für viertausend Rupien, vierhundert Dollar, ein Grundstück gekauft, aber es hatte Probleme gegeben. Sie trug ihre Unterlagen in einer Plastikhülle bei sich, darunter die kostbare, abgenutzte Quittung für die viertausend Rupien. An drei aufeinanderfolgenden Tagen war sie zum Gericht gekommen, und heute war schon wieder kein Richter da. Sie wohnte fünfzehn Meilen außerhalb von Karatschi. Sie sagte, ihr Mann sei gestorben, an Asthma. Aber das glaubte Nusrat nicht. Er meinte, sie sei geschieden, aber zuzugeben, daß sie allein, unerwünscht war, wäre zu entehrend für sie gewesen.

Und auf der Veranda direkt davor noch mehr Mord. Ein dicklicher, schnauzbärtiger Mann aus Swat im fernen Norden: er war vor zwei Tagen verhaftet worden. Er hatte ein ehrliches, redliches Gesicht und schien trotz seiner gefesselten Hände ausgeglichen zu sein. Er sagte, er sei unbesorgt, weil er nichts getan habe. Die Polizei hatte in seinem Besitz ein Gewehr gefunden, aber der Mann, der umgebracht worden war, hatte einen schlechten Charakter gehabt, und in der Gegend gab es viele Leute, die ihn gern getötet hätten.

Ein *Sidi* oder Mann afrikanischer Abstammung, des Mordes angeklagt, hatte eine große Gruppe von wohlhabenden Freunden, ebenfalls *Sidis*, um sich. (Sehr viele *Sidis* gab es hier, die reinblütigen aus den Hafenanlagen Karatschis, die mehr gemischtrassigen von der alten Makra-Küste Belutschistans; und noch viele andere Müßige im Hof und auf den Veranden des Gerichts.) Ein moslemischer Mord, diese *Sidi*-Affäre, und ein berechtigter Mord, den Berichten der Unterstützer des Angeklagten nach: der Ermordete hatte ein unverheiratetes Mädchen verführt.

Und dann wurde in Ketten ein junger Pathan aus der Frontier Province vorbeigeführt, den die Hauptstadt von zu Hause weggezogen und nun dem Vagabundenleben Pakistans überlassen hatte. Für ihn erwies sich dieses Leben als schlecht. Er war barfüßig, und seine Füße waren schwarz. Er trug seit Wochen schon dieselben Kleider; der Kragen seines langschößigen Hemdes war speckig und schwarz wie von Motoröl. Ein englischsprechender Rechtsanwalt, ein recht eleganter Mann, erklärte mir den Fall. Der Junge war des widerrechtlichen Betretens von Bahneigentum angeklagt. In Wirklichkeit war diese Übertretung die gefährliche Art des Jungen, ein paar Rupien zu ergattern. Er sprang auf einen fahrenden Zug, drängte sich mit Kraft und Gewalt an einen Sitzplatz und versuchte später, den Sitzplatz für zwanzig Rupien oder so zu verkaufen. Das war ein wohlbekannter Trick. Der Polizist, der die Kette des Jungen hielt, lächelte; der Rechtsanwalt, der die Geschichte erzählte, lächelte; der einzige, der nicht lächelte, war der Junge.

Es gab ein Büro, in dem alles registriert wurde: ein Raum, der ein Lagerhaus für Akten war, mit Fächern über Fächern voll mit Bündeln, die in roten und gelben und weißen Stoff eingeschlagen waren, und mit Regalen über Regalen voll zerrissener und staubiger Hauptbücher. An einem Tisch mitten in diesem Plunder saß ein alter Mann mit weißem Bart und schwarzer Kappe. Er hatte eine Geschichte der Hingabe an das Recht und des bürokratischen Erfolgs zu erzählen. Er war zur Zeit der Teilung des Subkontinents 1947 nach Karatschi gekommen und schon zweiunddreißig Jahre beim Gericht. Er war aus Dschipur in Indien eingewandert, wo er drei Jahre lang Erfahrung in der Gerichtsarbeit gesammelt hatte. 1947 hatte es in Karatschi nur sechs Bezirksgerichte gegeben, nun waren es vierzig. Er hatte sich Schritt um Schritt nach oben gearbeitet; er war schließlich ›Hauptarchivar‹ im wichtigsten Bezirksgericht geworden. Als Archivar saß er neben dem Friedensrichter; er war derjenige, der alles mitschrieb. Zum Notizenmachen und Aufzeichnen hatte er sich schon immer berufen gefühlt.

Am Ende war er in die Registratur versetzt worden, diesen Raum mit Stoffbündeln und Hauptbüchern und Papieren. Es sah chaotisch aus, war aber organisiert. Er konnte alles in fünfzehn Minuten finden. Alles, was er brauchte, war das Datum des Urteils und das Datum der Übersendung. Das Übersendungsdatum war das Datum, an dem die Gerichtsakten in die Registratur hinuntergeschickt wurden. Aber was, wenn das Übersendungsdatum nicht bekannt war? Dann, sagte der alte Mann, sei es schwer. Und ich dachte, unmöglich. Er führte mir seine Methode vor, gab sich selbst ein Urteilsdatum und ein Übersendungsdatum, öffnete ein zerfetztes Hauptbuch, schlug darauf in einem anderen, noch zerrisseneren nach und bahnte sich dann – mit schwarzer Kappe, weißem Bart und einem Zeigefinger, der den Takt zu klopfen schien – einen Weg entlang eines Fächerregals, bis er ein Bündel ausgrub und abstaubte. Ich machte ihm ein Kompliment. Er sagte, er habe Erfolg, weil Gott es so wolle, alles sei auf Allah zurückzuführen.

»Hätten Sie gern islamische Gesetze?« fragte Nusrat.

»Das wäre in der Tat besser«, sagte der alte Mann, sich wieder an seinen Tisch setzend. Die Leute in Karatschi seien zu sündhaft, sie brauchten schnellere Bestrafung. Viele der Leute, die im Hof herumlungerten, seien professionelle Zeugen, die in den verschiedenen Verhandlungen immer wieder auftauchten; selbst er, der von seinen Aufzeichnungen voll in Anspruch genommen und in der Registratur verborgen sei, habe mit den Jahren gelernt, einige dieser Männer wiederzuerkennen.

Wie fühlte er sich denn, sein Berufsleben unter diesen sündhaften Menschen zu verbringen? Er verstand meine leichthin gestellte Frage falsch; streng sagte er, daß er nie Bestechungen angenommen habe. In drei Jahren würde er nun pensioniert werden. Er hatte keine Pläne. Er überließ die letzten Jahre, wie er es mit den anderen gemacht hatte, Allah.

Ich sagte: »Ihre Kinder?«

»Bitte fragen Sie nicht, mein Herr.«

Und erst jetzt kam heraus, daß dieses erfüllte und erfolgreiche Leben in den Gerichten Karatschis – das Leben, für das man Gott danken mußte – mit einem grausamen Makel behaftet war. Vier seiner sieben Kinder litten an Kalziummangel. Er benutzte den englischen Ausdruck. Ihre Knochen zerfielen. Zwei der Kinder waren schon gestorben. Ein Mädchen war nun gelähmt und hilflos zu Hause. Er nahm die Unterarme hoch, kreuzte sie, als sei auch er an den Handgelenken gefesselt, zeigte so, wie die Beine des Mädchens waren. Selbst wenn eine Fliege sich auf ihrem Gesicht niederließe, könne sie sich nicht bewegen, um sie wegzuwischen, das müsse jemand für sie machen.

Für dieses Mädchen hatte er jedoch Hoffnung auf eine medizinische Behandlung in den Vereinigten Staaten. Er hatte Briefe geschrieben, er hatte Antwort bekommen. Und natürlich hatte dieser Mann der Akten auch die Akte zur Hand, direkt auf dem Tisch: handgeschriebene Briefe auf Urdu und ein maschinengeschriebener Brief auf englisch. Die Vereinigten Staaten! Die Welt des Wissens hinter der Welt des Glaubens: selbst hier war das bekannt.

Auf einer Bank vor der Verandabrüstung saßen zwei Bauersfrauen, eine alte Mutter mit ihrer erwachsenen Tochter. Die Mutter war nicht größer als ein Meter dreißig, sehr dünn und runzelig, und ihre Lippen waren dick mit der purpurroten Paste eines *Pan*-Blattes beschmiert, sie befleckte den Musselin ihres *Orhni*, der ihr Haar und die flache Brust bedeckte. Wenn sie sprach, kreischte sie, und ihre Tochter – deren alt-junges Gesicht von Sonne und Arbeit und Unterernährung gezeichnet war – kreischte mit ihr um die Wette. Auf geduldige weibliche Weise warteten sie darauf, daß jemand Interesse an ihnen zeigte. Es waren Leute mit einer Beschwerdesache, und sie hatten die Atmosphäre des Gerichtshofs lieben gelernt; das Gerichtsgebäude war ihre Klagemauer.

Sie hatten Ärger mit einem Mieter. Er wollte ihr Eigentum nicht freigeben. Sie hatten viel Ärger gehabt, bis das Militär an die Macht gekommen war und das Kriegsrecht verhängt hatte. Dann war jetzt also alles in Ordnung? Sie hatten ihr Eigentum zurückerhalten? Ja. Aber er hatte die Miete nicht bezahlt. Fünfzig Rupien im Monat und das fünf Jahre lang. Fünf Jahre? Hatten sie ihm erlaubt, fünf Jahre lang mietfrei zu wohnen?

Die Tochter zeigte ihre Unterlagen. Da gab es einen Brief auf englisch, das Werk eines Briefschreibers. Der Brief – der von einem Gegenstand zum andern hüpfte – besagte, daß sich der Ehemann der Tochter von ihr scheiden lassen wolle und die Tochter folglich in ständiger Angst lebe, von ihrem Mann ermordet zu werden. Sie war zur örtlichen Polizeiwache gegangen und hatte dort diese Erklärung abgeliefert. Sie hatte ›nur drei Kleider‹. Ihr Ehemann, der sie ermorden wollte, hatte alle anderen weggenommen, selbst ihre *Burqa*, ihren Schleier, hatte er genommen.

Aber was hatte das mit dem Mieter und der nicht bezahlten Miete zu tun?

Ja aber, kreischten sie beide, eine nach der anderen, mich an, das bedeutete doch, daß sie keinen Mann, keinen Beschützer hätten. Es bedeutete, daß sie, abgesehen von der Miete für ihr Eigentum, keinen Lebensunterhalt hätten.

Außerdem hatten sie Schwierigkeiten mit der Verpachtung dieses Eigentums. Sie hatten jemanden mit dreitausend Rupien bestochen, um die Pacht durchzubekommen. Aber der Mann hatte das Geld genommen und nichts getan. Und einen andern hatten sie mit achthundert Rupien bestochen, um die dreitausend Rupien zurückzubekommen, und auch dieser Mann hatte nichts getan.

So kreischten und jammerten sie auf der oberen Veranda des Gerichtshofs, und die alte Frau spuckte dabei die dicke *Pan*-Paste aus, bis der *Azan*, der Ruf des Muezzins zum Mittagsgebet, erklang. Die Regierung hatte verfügt, daß in den Regierungsämtern die Arbeit für die Zeit dieser Gebete niedergelegt werden sollte. Und an den Gerichten, an denen an diesem Morgen nicht besonders viel los war, schien der *Azan* weniger ein Aufruf zum Gebet zu sein als ein Signal für Leute, die sowieso nicht viel taten, gar nichts zu tun.

Beim Mittagessen sagte Nusrat: »Geben Sie mir einen Rat. Soll ich hierbleiben? Oder soll ich in den Westen gehen?«

»Was würden Sie da machen?«

»Ich könnte in Amerika meinen Magister in Massenkommunikation machen.«

»Und danach?«

»Unterrichten würde ich nicht. Ich würde reisen und schreiben. Reisen und schreiben.«

»Worüber würden Sie schreiben?«

»Verschiedenes. Danach würde ich einen Job als Medienexperte bei einer internationalen Körperschaft für die Dritte Welt bekommen.«

»Und was würden Sie tun, wenn Sie hierblieben?«

»Dann ginge ich in die Werbung.«

»Ich würde hierbleiben und in die Werbung gehen.«

»Aber das ist so unredlich.«

»Ist es unredlicher als das, was Sie jetzt tun?«

»Es würde mir einfach nicht gefallen.«

»Wieviel würden Sie in einer Werbeagentur verdienen?«

»Viertausend.« Vierhundert Dollar. »Jetzt bekomme ich zweitausend. Aber es würde mir nicht gefallen. Ihnen mögen die *Morning News* nicht gefallen, aber dabei bin ich ein freier Mann. Public Relations könnte ich nicht machen. Meinen Sie nicht, daß jemand wie ich in die Medien der Dritten Welt einsteigen sollte? Meinen Sie, es ist richtig, daß die Amerikaner und Kanadier herumreisen und uns etwas über die Medien der Dritten Welt erzählen?«

»Ja. Sie wissen, was Zeitungen leisten sollten. Sie könnten uns nicht viel darüber sagen.«

»Weshalb sagen Sie das?«

»Sie haben mir selbst gesagt, daß der Islam und das Leben nach dem Tod für Sie das wichtigste sind.«

»Wie Sie uns beschämen.«

Für einen kurzen Augenblick – in dem eine Reihe von Verärgerungen zusammenkamen: die politische Schärfe seiner Zeitung, sein Wunsch, sowohl islamisch zu bleiben als auch die Toleranz und Offenheit der anderen Zivilisation auszunutzen – hatte ich mir erlaubt, ihm gegenüber aggressiv zu sein. Ich fühlte mich schuldig.

Aber sein Vorwurf war überhaupt kein Vorwurf. Er glaubte an das Ideal des islamischen Staates; er hatte das Gefühl, daß Pakistan hinter diesem Ideal zurückbleibe und die Mißachtung verdiene, die er in meinen Worten gelesen hatte. Das islamische Ideal war das Thema eines 1951 erschienenen Buches, *Pakistan als islamischer Staat*, das er mir zum Geschenk gemacht hatte. Es würde mir helfen, Pakistan zu verstehen, sagte er. Und das Buch bewies mir, daß das islamische Ideal vor dreißig Jahren genauso vage, genauso eine Verlautbarung unpraktizierbarer Absichten und durcheinandergebrachter Geschichte (mit Zwischenphasen weltlicher Korruption) gewesen war wie heute. Der islamische Staat, las ich, sei wie ein hochfliegender Drachen im Dunst unsichtbar. »Ich kann ihn nicht sehen, aber irgend etwas zieht.«

Denken Sie an Nusrat. Sechs Monate später, als ich nach Karatschi zurückkam und mich fragte, wen ich aufsuchen solle, dachte ich zuerst an Nusrat. Ich fand ihn verändert. Dieser übersprudelnde intelligente Mann war grau geworden. Der Islam, dem er dienen wollte, hatte ihn tief in einen Verfolgungswahn getrieben; und ich bedauerte mehr denn je jenen vorübergehenden Drang zur Aggression ihm gegenüber, der schließlich nur Pakistan kannte.

Nusrat hatte zu dem Mann mit der schwarzen Kappe in der Registratur etwas von islamischen Gesetzen gesagt. Ich dachte, das seien Gesetze, die noch eingeführt werden müßten. Ich wußte nicht, daß sieben Monate vorher von der Militärregierung zehn islamische Gesetze erlassen worden waren: Gesetze zu islamischen Gerichten und Koransteuern auf Reichtum und landwirtschaftliche Produkte, zusammen mit Gesetzen zu Alkoholgenuß, Diebstahl und unzulässigem Geschlechtsverkehr. Diese letzten waren eigentlich kaum Gesetze, sie befaßten sich mehr mit Strafen.

Alkoholgenuß sollte mit achtzig Hieben bestraft werden. Für unzulässigen Geschlechtsverkehr sollte ein erwachsener Moslem ›an einem öffentlichen Platz zu Tode gesteinigt werden‹, ein Nicht-Moslem mit hundert öffentlichen Peitschenhieben bestraft werden, bei Vergewaltigung kam die Todesstrafe in Frage. ›Die Strafe des Steinigens bis zum Tode, verhängt unter Paragraph 5 oder Paragraph 6, soll folgendermaßen ausgeführt werden: Diejenigen der Zeugen, die gegen den Überführten unter Eid ausgesagt haben und zur Verfügung stehen, sollen mit dem Steinigen beginnen, und während er noch gesteinigt wird, kann er erschossen werden, woraufhin Steinigen und Schießen beendet werden sollen.‹

Für Diebstahl – über einen gewissen Betrag hinaus (mehr als der Gegenwert von 4,457 Gramm Gold) und nicht von einem engen Verwandten oder Diener oder Gast ausgeführt und nicht Diebstahl von ›wildem Gras, Fisch, Geflügel, Hunden, Schweinen, Rauschmitteln, Musikinstrumenten oder leicht verderblichen Lebensmitteln, für deren Konservierung keine Vorkehrungen getroffen worden sind‹ – für Diebstahl, abgesehen von diesen Umständen also, lautete die Strafe bei einem Erstvergehen auf Amputation – ›ausgeführt von einem behördlich ermächtigten Amtsarzt‹ – der rechten Hand ›vom Handgelenk aus‹; bei einem zweiten Vergehen auf Amputation des linken Fußes ›bis zum Knöchel hinauf‹; bei einem dritten auf lebenslängliche Einkerkerung. Keine Amputation sollte erfolgen, ›wenn die linke Hand oder der linke Daumen oder mindestens zwei Finger der linken oder der rechte Fuß des Missetäters entweder fehlen oder untauglich sind‹.

Ganz allgemein wurde man für viele Vergehen ausgepeitscht, und der ›Erlaß zur Durchführung der Prügelstrafe, 1979‹ legte die Regeln fest. ›Die Peitsche soll, ausgenommen ihr Griff, nur aus einem Stück bestehen und vorzugsweise aus Leder gemacht sein oder aus einem Rohr oder einem Zweig ohne Astknoten oder Sproß, und ihre Länge und Dicke soll 1,22 Meter beziehungsweise 1,25 Zentimeter nicht überschreiten.‹ Wenn zu befürchten stand, daß durch das Peitschen der Tod herbeigeführt wurde, sollte es verteilt oder vertagt werden. Eine schwangere Frau sollte ›zwei Monate nach der Geburt des Kindes oder der Fehlgeburt, je nachdem‹ ausgepeitscht werden. Das Wetter mußte berücksichtigt werden. ›Wenn ... die Temperaturen zu hoch oder zu niedrig sind, soll die Vollstreckung hinausgeschoben werden, bis das Wetter sich normalisiert hat.‹ Der Anstand mußte gewahrt werden. ›Dem Überführten sollten solche Kleidungsstücke am Leibe belassen werden, die zu tragen die Verfügungen des Islam verlangen.‹ Männer sollten stehend, Frauen sitzend ausgepeitscht werden.

Aus dem Buch von 1951, das Nusrat mir gab, wurde ersichtlich, daß fast sofort nach der Gründung Pakistans fromme Menschen begonnen hatten, über Steinigen bis zum Tode oder Händeabschneiden zu reden: ›klassische‹ Strafen, auf die als Teil eines weit entlegenen islamischen Ideals, in dem die Menschen wieder so rein wurden, wie sie es (in diesem Hirngespinst) zu

Beginn des Islams gewesen waren, hingearbeitet werden sollte. Daß das in Pakistan geschehen sei, konnte man nicht sagen; aber Hamid Ali, M. A., M. Ed., LL. B., dem Herausgeber der *Zusammengefaßten Ausgabe islamischer Gesetze, 1979* (des Buchs, das ich hier zugrunde gelegt habe), waren die neuen Gesetze mehr als nur juristisch willkommen. Sie machten die Nation ›stolz‹. Außenstehende hätten ›falsche Vorstellungen‹ vom Islam. ›Das System des Islams zielt darauf ab, eine Wohlfahrtsgesellschaft, fortschrittlich und vorwärtsschauend, hervorzubringen.‹ Es garantierte ›fair play‹, seine Prinzipien galten für alle Zeiten, seine Strafen waren dazu gedacht, ›die Gesellschaft als Ganzes zu reinigen‹.

Aber wenn ich bis dahin nichts von den Gesetzen gewußt hatte, dann, weil sie in den sieben Monaten, seit sie in Kraft getreten waren, noch nicht angewendet worden waren. Ein Fall hatte einen Skandal ausgelöst. Ein *Pir* oder heiliger Mann in einer Provinzstadt war angeklagt, die dreizehnjährige Tochter einer seiner Anhänger vergewaltigt zu haben. Die Verhandlung gegen ihn vor dem Friedensgericht konnte nicht durchgeführt werden, weil das neue islamische Gesetz, nach dem der Prozeß gegen ihn geführt wurde, vier Augenzeugen der Tat verlangte. Warum vier Augenzeugen? Das ging zurück auf einen berühmten Vorfall in der arabischen Wüste während eines der frühen militärischen Abenteuer des Propheten im Jahr 626 oder 627, als der neue Glaube gerade dabei war, sich durchzusetzen und eine feindliche Gemeinschaft nach der anderen eroberte. Die Lieblingsfrau des Propheten, Aischa, damals vielleicht dreizehn Jahre alt, war eines Abends aus irgendeinem Grund von der Karawane zurückgelassen worden. Sie stieß erst am nächsten Morgen wieder zu ihr und dann in Begleitung eines gutaussehenden jungen Soldaten. Das erregte Aufruhr unter der Gefolgschaft des Propheten. Ali, der Vetter des Propheten, meinte, der Prophet müsse sich Aischas entledigen. Der Prophet – Mitte Fünfzig nun – war tagelang bedrückt. Aber Allah schritt ein; dem Propheten wurde offenbart, daß Aischa unschuldig sei, daß es vier Zeugen bedürfe, um Ehebruch zu beweisen, daß Leute, die unbegründete Gerüchte über einen Ehebruch verbreiteten, achtzig Peitschenhiebe verdienten.

Einem Journalisten der *Pakistan Times* – der die Regierung gegen Anschuldigungen, den Islam zu vernachlässigen, verteidigte und die Mullahs kritisierte, die die Regierung bei den islamischen Gesetzen beraten hatten – erschien das Vergewaltigungsgesetz fehlerhaft und absurd (›da diese Tat nie in der Öffentlichkeit begangen wird‹) und beruhte auf einer Fehldeutung des Korans. Die Offenbarung des Propheten bezöge sich auf ›Unzüchtigkeit‹ und besonders weibliche Unzüchtigkeit. Man könne sie nicht auf Vergewaltigung ausdehnen. Deshalb brauche man dafür auch keine vier Augenzeugen. Normale Zeugen hätten ausgereicht, selbst medizinische Beweise hätte man vorbringen können.

Wer hatte recht vom Standpunkt des Islams aus? Die Mullahs, die sich buchstäblich an die geeignetste Offenbarung des Korans hielten? Oder der Mann von der *Pakistan Times*, der diese Offenbarung ein wenig beugte, damit sie zu dem Fall paßte und die Vorstellung von den Zeugen um moderne Begriffe erweiterte? Die Strafen des Korans festzustellen, war leicht, Gesetze zu entwickeln, war etwas anderes. Gesetze nur an der Richtschnur der historischen, geographischen, kulturellen (und manchmal volkstümlichen) Besonderheiten des Korans zu entwickeln, hieß, sich in textliche, religiös-sektiererische Dispute dieser Art zu verwickeln und schnell von der Idee der Unparteilichkeit abzukommen.

Der Mann von der *Pakistan Times* konnte seine Wut über die Mullahs nicht verbergen. Sie hatten politische Ambitionen, sie hatten die Regierung ›hinterlistig dazu verführt‹, Gesetze zu entwickeln, die nicht funktionieren konnten, und dann der Regierung vorgeworfen, diese Gesetze nicht durchzuführen; sie hatten den Islam in widerstreitende Sekten aufgeteilt und den Islam zum Gespött gemacht. Die Lösung war, die Mullahs zu umgehen, die Sekten abzuschaffen und zum heiligen Buch zurückzukehren. Nur so ›finden wir Licht um uns. Aber sobald wir uns dem Koran entwinden, wird uns nichts als Dunkelheit und Verwirrung erwarten‹.

Aber war es wirklich so leicht? Um nur eine Frage aufzuwerfen: Wie alt war Aischa, als sie den fünfzigjährigen Propheten heiratete? War sie sechs oder neun oder neunzehn? Nahm sie, wie in einer mitfühlenden Geschichte berichtet wird, ihre Puppen und Spielzeuge mit in das Zelt des Propheten? Der Koran gibt keine Hilfe; Aischas Alter muß aus anderen Quellen erschlossen werden. Mit dieser Frage beschäftigte man sich an einem Freitag, dem Feiertag der Woche, ausführlich in der *Pakistan Times*; und die Frage ist von mehr als historischem Interesse, denn Aischas Alter bei der Heirat – und es herrschen neun verschiedene Meinungen darüber – kann das gesetzliche Heiratsalter für Mädchen festsetzen.

Im Islam und besonders dem Islam der Fundamentalisten sind Präzedenzfälle alles. Die Prinzipien des Propheten – wie sie aus dem Koran und den anerkannten Überlieferungen ersehen werden – gelten für alle Zeiten. Sie können so ausgedehnt werden, daß sie alle Disziplinen abdecken. Der Prophet soll angeblich gesagt haben, daß seine Zeitgenossen die besten Moslems seien, die Generation danach die zweitbesten und so weiter und der Verfall sich bis zum Ende aller Zeiten fortsetze. Kann das als Verdammung des ›Darwinismus‹ ausgelegt werden? Das sagen jedenfalls die neuen gebildeten Fundamentalisten. Und das ist gleichzeitig fest verwurzelter Glaube und Teil ihrer Wut auf die Zivilisation, die sie umgibt, und die sie als Gemeinschaft nicht beherrschen können.

In der Weltanschauung der Fundamentalisten sinkt die Welt stetig ab und muß stetig neu geschaffen werden. Die einzige Funktion des Intellekts besteht darin, dieser Neuschaffung zu Hilfe zu kommen. Er interpretiert die Texte neu, er setzt die göttlichen Präzedenzen neu fest. So muß Geschichte der Theologie dienen, wird das Recht von der Idee der Unparteilichkeit getrennt und Lernen vom Lernen getrennt. Die Doktrin hat ihre

Reize. Einem Studenten der Universität von Karatschi mit einem vielleicht provinziellen oder bäuerlichen Hintergrund fällt der alte Glaube leichter als eine neumodische akademische Disziplin. So schlägt der Fundamentalismus Wurzeln in den Universitäten, und Bildung abzulehnen kann zur anerkannten Bildungsgroßtat werden. In den Tagen muselmanischer Glanzzeit öffnete der Islam sich den Lehren der Welt. Nun hält der Fundamentalismus einen intellektuellen Thermostat bereit, niedrig eingestellt. Er gleicht aus, tröstet, beschützt und erhält.

Auf diese Weise durchdringt der Glaube alles, und es wird möglich, zu verstehen, was die Fundamentalisten meinen, wenn sie sagen, daß der Islam eine vollkommene Lebensweise sei. Aber was vom Islam gesagt wird, gilt auch und vielleicht aufrichtiger von anderen Religionen – wie dem Hinduismus oder Buddhismus oder unbedeutenderen Stammesreligionen –, die in einem Frühstadium ihrer Geschichte auch in sich geschlossene und mehr oder weniger isolierte vollkommene Kulturen waren, in denen Institutionen, Sitten und Überzeugungen sich zu einem Ganzen zusammenfügen.

Der Wunsch der islamischen Fundamentalisten ist es, wieder auf ein solches Ganzes, für sie ein gottgegebenes Ganzes, hinzuarbeiten, aber nur mit den Mitteln des Glaubens – Überzeugung, religiöse Praktiken und Rituale. Es ist wie ein Wunsch – mit unterdrücktem oder eingeschränktem Intellekt, mit verfälschtem historischem Empfinden –, vom Abstrakten wieder auf das Konkrete zurückzukommen und die Stammesmauern wiederaufzurichten. Zu versuchen, etwas wie einen Stammes- oder Stadtstaat neu zu erschaffen, den es – außer in theologischen Phantasiegebilden – nie gegeben hat. Der Koran ist nicht das Gesetzbuch eines gefestigten goldenen Zeitalters, er ist die mystische oder orakelhafte Aufzeichnung eines ausgedehnten Aufstands, der sich vom Propheten über seinen Stamm auf Arabien ausweitete. In Arabien war Bewegung; der Islam mit all seinen jüdischen und christlichen Elementen war immer gemischt, eklektisch, sich entwickelnd. Fast gleich nachdem der Prophet seine Gemeinschaft gesichert hatte, strebte er danach, seine Feinde zu unterwerfen. Während eines Feldzugs im fünften Jahr der moslemischen Ära geschah es, daß Aischa diese Nacht allein in der Wüste zubrachte.

Der Westen, oder die Weltzivilisation, die er anführt, wird emotional zurückgewiesen. Er unterminiert, er ist bedrohlich. Gleichzeitig aber wird er gebraucht, wegen seiner Maschinen, Waren, Medikamente, Kampfflugzeuge, wegen der Überweisungen von den Emigranten, der Krankenhäuser, die vielleicht ein Mittel gegen Kalziummangel haben, der Universitäten, die Magisterabschlüsse in Massenkommunikation anbieten. Die ganze Zurückweisung des Westens ist gebunden an die Annahme, daß es dort draußen immer eine lebendige, schöpferische, seltsam neutrale Zivilisation geben wird, offen für alle, die sich an sie wenden. Die Zurückweisung ist deshalb keine absolute Zurückweisung. Für die Gemeinschaft als ganzes ist sie auch eine Art, intellektuelle Anstrengungen aufzugeben. Sie bedeutet, schmarotzerhaft zu sein; Schmarotzertum ist eine der uneingestandenen Früchte des Fundamentalismus. Und die Emigranten verlassen in Strömen das Land des Glaubens: 30000 Pakistanis wurden von den Fachleuten für den Export menschlicher Arbeitskraft allein nach West-Berlin verfrachtet und beanspruchen dort das politische Asyl, das für die Menschen Ostdeutschlands gedacht war.

Der Schutzheilige der islamischen Fundamentalisten in Pakistan war Maulana Maudoodi. Er widersetzte sich der Idee eines indisch-moslemischen Staates, weil er der Ansicht war, daß die Moslems für einen solchen Staat nicht reif genug seien. Er glaubte, daß Gott der Gesetzgeber sein sollte, und indem er eher einen Gefühlstaumel dieser Art als ein politisches Programm anbot, wurde er das Zentrum der Leidenschaft des Heilszeitalters. Er war für islamische Gesetze, ohne festzusetzen, worin diese Gesetze bestehen sollten.

Er starb, während ich in Pakistan war. Aber er starb nicht in Pakistan: die Nachricht von seinem Tode kam aus Boston. Am

Ende seines langen und streitsüchtigen Lebens hatte der Maulana sich gegen sämtliche seiner hohen Prinzipien gewandt. Er war in eine Klinik nach Boston gefahren, um Gesundheit zu suchen; ganz zum Ende hatte er sich der Kunstfertigkeit und Wissenschaft der Zivilisation anvertraut, von der er seine Anhänger abschirmen wollte. Er hatte versucht, da zu ernten, erzählte mir jemand (nicht alle Pakistanis sind Fundamentalisten), wo sein Volk nicht säen sollte. Man kann von dem Maulana sagen, daß er zu seinem wohlverdienten Platz im Himmel via Boston gereist ist und daß er zumindest einen Teil dieser Strecke mit einer Boeing zurückgelegt hat.

›Wenn wir uns vom Koran leiten lassen‹, sagte der Autor der *Pakistan Times*, ›finden wir Licht um uns.‹ Die Gesetze der Mullahs über das Peitschen und Steinigen bis zum Tode hatten zu nichts geführt, aber eine islamische Gesellschaftsordnung war in Pakistan immer noch möglich. Eine neue ›Methodologie‹ wurde gebraucht. Umgehen der Mullahs, Abschaffung der religiösen Sekten, Aufgabe des Versuchs, den Islam, der auf der Oberherrschaft Allahs beruht, mit der westlichen Demokratie zu mischen, die auf der Oberherrschaft des Volkes beruht, Abschaffung der politischen Parteien.

Dieser politische Rat wurde innerhalb von Wochen befolgt. Die versprochenen Wahlen wurden verworfen. Aber der Staat mußte regiert werden, die Leute mußten überwacht werden. Öffentliche Prügelstrafen wurden verfügt, und diesmal hielt man sich nicht mit solchen Kleinigkeiten wie Augenzeugen auf. Die Armee schickte Mannschaftswagen zum Peitschen in die Basare: Spontanrecht, Islam auf Rädern.

Schritt um Schritt hatte Pakistan aus seinem islamischen Streben heraus die Gesetzesordnung, die es von den Briten geerbt hatte, aufgehoben und durch nichts ersetzt.

7

Das Fundamentale

Sechs- oder siebenhundert Meilen nordöstlich von Karatschi – hinter Sind und den Ebenen des Pandschab, am Ende des weiten Tals, das vom Indus und seinen Nebenflüssen bewässert wird – begann der Himalaya. In den Ausläufern lagen die kleinen ›Zwillingsstädte‹ Rawalpindi und Islamabad.

Islamabad, ›die Stadt des Islam‹, die Hauptstadt Pakistans, war neu. Sie war vor zwanzig Jahren von einer Militärregierung erbaut worden – aus keinem offensichtlichen Grund außer vielleicht dem, daß eine neue, planmäßig angelegte Stadt, losgelöst von der Verschlamptheit Arabiens, den militärischen Geist ansprach und das plötzliche Hinstellen einer Stadt im westlichen Stil (genauso wie die Waffenimporte aus den Vereinigten Staaten) die Illusion vermittelten, daß man sich endlich mit dem zwanzigsten Jahrhundert nach den von ihm diktierten Bedingungen befaßt habe und daß sowohl der Islam als auch Pakistan auf dem Vormarsch seien.

Rawalpindi, zwanzig Meilen entfernt, war die ältere Stadt. In der einen Richtung breitete sie sich nach Islamabad aus, aber im Zentrum hatte sich wenig verändert. Im Basar gab es noch die hohen, dunkel gezimmerten, mit Veranden und Schnitzwerk versehenen Häuser der Sikhs und Hindus, die vor der Teilung in der kleinen Stadt dominiert hatten und dann vertrieben worden waren. Der alte Britische Club von Rawalpindi war immer noch in Betrieb – die Deckenbeleuchtung ein wenig schwächer, die Wände ein wenig gelblicher, die Arbeitskleidung der Kellner ein wenig schmieriger, die Atmosphäre bei den Mahlzeiten ein wenig pikanter.

Die Briten hatten hier weniger als ein Jahrhundert geherrscht, und mehr als dreißig Jahre waren seit ihrem Abzug vergangen, aber das alte Rawalpindi war eine Stadt Britisch-Indiens geblieben: in der Mall, einer Straße mit Hotels und Parks, in einigen ihrer altmodischen Geschäfte auf der Kashmir Road, in den Residenzen des Militärs und der Administration. In einer solchen Residenz lebte der Arzt. Er war der oberste Betriebsarzt einer kleinen Ölgesellschaft, die in den Ausläufern des Himalayas im Westen operierte. Die Gesellschaft, früher einmal im Besitz der Briten, wurde nun von den Arabern kontrolliert, aber der Wohngegend für die höheren Angestellten haftete noch die alte Würde an. Das Haus des obersten Betriebsarztes hatte einen großflächigen Rasen, eine halbkreisförmige Auffahrt, ein Portal mit klotzigen Säulen. Das Wohnzimmer, mit dicken Wänden und einer sehr hohen Decke, wurde kühl gehalten von Ventilatoren und offenen Türen, die den Blick auf das Grün direkt davor freigaben.

Der Arzt, ein Mann von fünfzig, klein und mit feinen Zügen, war sich der Würde des Hauses bewußt. Aber es stellte ihn nicht in den Schatten: die Würde, die er bekommen habe, sagte er, habe er aufgrund seines Glaubens bekommen. Der Arzt war Schiite. Die Schiiten – Anhänger Alis und Alis unterlegener Sache (am Anfang eine politische Sache, eine anti-arabische Angelegenheit innerhalb des sich ausdehnenden Arabischen Reiches) – waren in Pakistan eine Minderheitensekte. Und von seinem ›internationalistischen‹ Glauben, wie er ihn nannte, begann der liebenswürdige Arzt mir auch (wie um die übermäßige Würde seines Hauses herunterzuspielen) an diesem freitäglichen Feiertag zu erzählen.

Einer der beiden Söhne des Arztes war da. Er war Medizinstudent, dreiundzwanzig Jahre und, sagte der Arzt, ein ›Rebell‹ und Rationalist. Zwei Journalisten und ihre Frauen waren da, auch sie Schiiten. Die Feiertagsversammlung war mehr als das gesellschaftliche Ereignis, das zu erwarten man mich verleitet hatte. Für diese Schiiten war sie eine Gelegenheit zu einer ernsthaften – und das bedeutete theologischen – Diskussion.

Der Arzt sagte, er sei durch seinen Glauben als Anhänger Alis selbst in alltäglichen Angelegenheiten bestärkt worden. In seinem Glauben gab es fünf Säulen: den Glauben an den einen Gott, Gerechtigkeit, den Glauben an das Prophetentum, an das Imamat (die Weltherrschaft eines Imam als Regent Gottes und geistiger Nachfolger des Propheten), die *Jihad* oder den Heiligen Krieg. Nicht der Heilige Krieg, von dem die Mullahs sprächen, sagte der Arzt, der Heilige Krieg, den er meinte, sei ›der ständige Kampf in einem selbst, das Böse zu bekämpfen‹.

Ich fragte, wie so unklare Glaubensartikel wie Prophetentum und Imamat ihn in seinen alltäglichen Angelegenheiten bestärken könnten.

Er sagte: »Das werde ich Ihnen sagen. Ich bin nun der oberste Betriebsarzt der Firma. Das war ich nicht immer. Eine Zeitlang war ich Assistent. Dann wurde der oberste Betriebsarzt pensioniert. Sechs Monate lang blieb der Posten unbesetzt. Aber es wurde niemand ernannt. Ich hätte die Anstellung bekommen sollen. Ich hatte viel geleistet. Meine Arbeit über Bißwunden war meinem alten Vorgesetzten gut bekannt, und ich wußte, daß er einen günstigen Bericht über mich geschrieben hatte. Bißwunden – das war mein Gebiet. Schlangenbisse, Skorpionbisse, Hundebisse, Eselsbisse, von Hunden gebissene Esel – über all diese Dinge hatte ich gearbeitet. Die Armen leiden unter so etwas, und ich hatte viel unter Armen gearbeitet. Die Reichen laufen nicht barfuß herum und werden von Skorpionen gebissen. Sie brauchen sich keine Sorgen zu machen, daß Hunde ihre Esel oder Kamele beißen. Ich hatte also all diese Arbeit geleistet. Ich hatte so viele Leute mit Schlangenbissen behandelt. Sie kommen zu einem, wenn ihnen das Blut aus Nasenlöchern und Mund fließt. Man kann so etwas kurieren. Ich sollte allerdings sagen, daß ich gerade von der Viper rede. Bei der Kobra und dem *Krait* ist es anders.

Ich ging also zum GM, dem Generalmanager, und berichtete ihm von der Situation, dem vakanten Posten und meinen Qualifikationen. Er gab mir keine Genugtuung. Er deutete an, daß ich eigentlich nur das Gehalt und das große Haus haben wolle. Nun, diese Dinge sind wichtig, aber nicht so wichtig. Und außerdem kann ein Arzt überall seinen Lebensunterhalt verdienen. Nur mein Glaube tröstete mich in diesem Augenblick im Büro des GM. Und als der GM sagte, wenn ich nicht zufrieden sei, solle ich zurücktreten – und dabei schob er mir über den Schreibtisch ein Blatt Papier zu –, schrieb ich mein Rücktrittsgesuch. Er dachte, er würde mir einen Schrecken einjagen. Aber ich hatte meinen Glauben. Hätte ich meinen Glauben nicht gehabt, hätte ich diesen Brief nicht geschrieben. Das erkannte der GM. Er wies den Brief, den ich geschrieben hatte, zurück. Deshalb bin ich hier.«

Aber der Arzt hatte das Leben nach dem Tode oder dem Diesseits nicht als einen seiner Glaubensartikel erwähnt. War das für einen Moslem nicht wesentlich?

»Über das Leben nach dem Tod bin ich mir nicht sicher. Manchmal glaube ich, manchmal verliere ich meinen Glauben. Aber ich denke, ich muß glauben. Ich will Ihnen etwas erzählen. Mein ältester Sohn – nicht der Junge hier, sein älterer Bruder – studierte Industriechemie. Wir sind so eine Familie mit Neigung zur Wissenschaft. Nun, die Zulassungsprüfung hatte der Junge sehr gut geschafft, bei der Zwischenprüfung begann er, schlecht abzuschneiden. Das machte mir Sorgen, es machte mir große Sorgen. Wie konnte ein Junge, der die Zulassungsprüfung so gut geschafft hatte, in der Zwischenprüfung so schlecht abschneiden? Das war eine ernste Sache, sie würde seine Zukunft beeinflussen. Ich dachte, irgendein Minister sei verantwortlich. So etwas machen sie hier. Sie wollen etwas für ihren eigenen Sohn und bringen Leute dazu, die Prüfungsarbeiten anderer wegzuwerfen. So etwas kommt vor.

Während dieser Zeit träumte mir eines Nachts, ich sei unter einem großen und schönen Baum. Da war ein Musikinstrument. Ich erinnere mich nur an das schwarze Holz des Instruments – beim Aufwachen konnte ich mich an mehr nicht erinnern. Daraus kam eine Musik, wie ich sie nie vorher gehört hatte. Und mein Vater erschien mir. Aber er erschien in der Gestalt meines

Onkels. Denn mein Vater starb, als ich zwei war, und mein Onkel zog mich auf. Er sagte, er sei gekommen, um mich zu trösten. Im Traum begann ich zu weinen, und als ich aufwachte, merkte ich, daß mein Kissen naß von Tränen war.

Am Tag danach ging ich zur Schule meines Sohnes. Ich traf seinen Lehrer. Und er sagte mir, daß mein Sohn, obwohl er in den früheren Arbeiten so viele Punkte verloren hätte, die Prüfung insgesamt gut bestanden habe. Er hatte achtundsiebzig Prozent geschafft. Und genau in dem Augenblick kam ein Mann aus dem Schulgebäude, der genauso aussah wie mein Onkel in dem Traum. Ich lief auf ihn zu und umarmte ihn und sagte: ›Sie wissen nicht, wie glücklich ich bin, Sie zu sehen. Ich habe Sie letzte Nacht im Traum getroffen.‹«

Dieser Zufall – und andere ihm ähnliche – ließen den Arzt an das Leben nach dem Tode glauben. Aber gleichzeitig war er stolz auf den Rationalismus seines jüngeren Sohnes, des Medizinstudenten, der auch Gedichte auf englisch schrieb (von denen einige gerade einem der Journalisten gezeigt wurden). In welcher Hinsicht war der Sohn ein Rationalist? Der Sohn – von seinem Vater herbeigerufen, damit er für sich selber spreche – sagte, daß seine Haltung zum Propheten eine historische sei. Der große und gute Mann existierte, die Göttlichkeit fügten die Leute später hinzu.

Der Sohn, Syed, war größer und schwerer als sein Vater. Eine Brille ließ ihn wie einen Studenten aussehen; den Gästen seines Vaters gegenüber hatte er das Benehmen eines privilegierten studierenden Sohnes. Er war gesellschaftlich sicherer als sein Vater, intellektuell couragierter, aber er war sich bewußt, daß er auf der Leistung seines Vaters aufbaute.

Syed sagte, er fühle sich von seinen Freunden am medizinischen Seminar isoliert. Sie wollten die Examen nur bestehen, um Arzt zu werden, an intellektuellen Dingen seien sie nicht interessiert. Sie wollten nur die Fachkenntnis; sie seien nicht – wie Syed – an der Zivilisation interessiert, die mit der Fachkenntnis einherging. (Aber so drückte Syed es nicht aus.) Wie war er zu seinen intellektuellen Interessen gekommen? Nun, die medizinische Ausbildung seines Vaters kam ihm zugute – dadurch war er ein, zwei Generationen weiter als die meisten seiner Kommilitonen. Er hatte ein Jahr in England verbracht. Und er hatte eine Menge in englischer Sprache gelesen.

Ich brachte ihn dazu, über seine englische Lektüre zu reden. Und ich war so eingenommen von seinem Bericht über sein Eindringen in die Zivilisation draußen – eine Pionier-Reise in vieler Hinsicht und ein Gegensatz zu der generellen Ablehnung des ›Westens‹ durch Leute, die oft selbst nach Reisen und einem erworbenen Beruf (einer einzigen isolierten Befähigung) nur die dürftigste Vorstellung hatten von dem, was sie da abtaten –, daß ich um Papier bat und Syeds Worte notierte.

Er war dreiundzwanzig, und er hatte bisher ungefähr zweihundertundfünfzig englische Bücher gelesen – abgesehen von Enid Blyton, die er bis zum Alter von zwölf gelesen hatte, und den Biggles-Büchern, die er nach der Blyton gelesen hatte, bis er vierzehn wurde. Der Lesedurchbruch kam mit vierzehn, als sein Vater ihm *Die gute Erde* gab. Das hatte ihn zur Erwachsenenliteratur geführt: James Hadley Chase, Harold Robbins, Ian Fleming. Machten ihm diese Bücher Spaß? Waren sie nicht zu fremd? Er sagte, dem Ian Fleming könne er nicht folgen, aber er habe seine Bücher gelesen, weil sie berühmt seien, und dasselbe gelte für Harold Robbins. Er wollte lesen, und man hatte ihm gesagt, Lesen sei gut. Das Problem für ihn war, Dinge zu finden, die einen Sinn ergaben. Er ging immer die Bestseller-Liste in der *Time* durch, in der Hoffnung, dort etwas zu finden. Aber es war nicht immer leicht für ihn zu wissen, wovon die Bücher handelten.

In dieser Phase – er war fünfzehn oder sechzehn – war Steinbeck eine Entdeckung. *Jenseits von Eden* machte starken Eindruck auf ihn. »Das habe ich geliebt. Das Mädchen wollte aus seiner Familie ausbrechen, und ein Haus ist abgebrannt. Das ist alles, woran ich mich erinnere. Für mich war es ein revolutionäres Buch.« Dann kam sein Jahr in England. Er sah die Perry Mason-Serie im Fernsehen und las zwanzig Perry Mason-Bücher. War der Hintergrund nicht zu schwierig für ihn, zu weit entfernt von dem, was er kannte? Nein, er verstehe die Bücher vollkommen.

Es war seltsam, daß dieser populäre englische Lesestoff Ordnung in Syed Hussains expandierende, aufgerüttelte Welt gebracht hatte: schematische Fantasien zum größten Teil, die das Fremde beherrschbar machten, indem sie eine Mixtur aus Modernem und Archaischem, Unordnung und Ritual anboten: Enid Blyton, die Biggles-Bücher, Pearl S. Buck, James Hadley Chase, John Steinbeck, Perry Mason.

Und Sex. Von den zweihundertundfünfzig Büchern, die er gelesen hatte, waren, wie er meinte, ungefähr dreißig Sexbücher. Er las sie, ›um standfest zu werden‹. Leute, die keine Sexbücher kannten, wurden übererregt, wenn sie auf eins stießen, und sie wollten sich den *Playboy* anschauen. Sein literarischer Sexkurs heilte ihn davon. »Ich lese auch wissenschaftliche Sexbücher. *Sex in der Ehe*. So etwas.«

Aber neun Jahre nachdem er *Die gute Erde* gelesen hatte, übte Pearl S. Buck immer noch den größten Zauber auf ihn aus. Er hatte ungefähr sechs oder sieben ihrer Bücher gelesen – und er betrachtete sie als ernsthafte Lektüre. »Dann mochte ich auch Graham Greenes *The Wall Has Two Sides* sehr gern.«

»Sie meinen Felix Greene?«

»Vielleicht, irgendwas mit Greene. Nein, Graham Greene war *Der häßliche Amerikaner*. Ich werfe die Namen durcheinander. Ich erzähle Ihnen eine Geschichte. Ich bin einmal mit dem Zug nach Lahor gefahren. Das war zur Zeit der Revolution im Iran. Im Zug war ein amerikanischer Missionar. Er forderte mich auf, Platz zu nehmen, und wir begannen ein Gespräch. Er wollte wissen, was ich vom Iran hielt. Und ich sagte ihm – so bin ich nun einmal –, daß die Amerikaner den Iran verlassen würden, daß sie nun statt dessen nach China gehen würden. Was ich sagte, gefiel ihm nicht. Er war vielleicht ein Agent.«

Ich konnte der Geschichte nicht folgen. Aber sie war ihm wichtig, vielleicht wegen der Vision vom gefährlichen Amerikaner: das Leben folgte der Literatur, die Literatur brachte die Welt in Ordnung.

Als er mit der Geschichte von dem Amerikaner im Zug fertig war, sagte er: »Neben all diesen Büchern habe ich mich mit Popmusik und westlicher Musik beschäftigt. Ich habe mich wirklich dafür begeistert. Nicht für Rock and Roll und solchen Krach, sondern nur für die, die wirklich eine Botschaft enthielten, und nicht nur für die westlichen, sondern auch für die hiesigen Urdu-Lieder. Die Carpenters mochte ich sehr gerne, eine Geschwistergruppe. Sie singen von der fundamentalen Unschuld. Das bringt's für mich. Ich höre viele Lieder, die eine religiöse Botschaft enthalten, eine Erwähnung Gottes, Glauben.«

»Glauben?«

»Wie zum Beispiel etwas tun, woran man wirklich glaubt. Wie Liebe. Etwas Fundamentales.«

»Aber ich dachte, Sie sind kein religiöser Mensch.«

»In gewisser Hinsicht bin ich nicht religiös. Aber alles muß eine Botschaft haben.«

»Welches Buch haben Sie denn zuletzt gelesen?«

Das konnte er nicht sagen. Es war sechs Monate her; er konnte sich nicht erinnern. Um die Unterhaltung in Gang zu halten, sagte er: »Die beste Schriftstellerin, die ich je gelesen habe, ist Pearl S. Buck. Sie schreibt über die Armen. Ich sage absichtlich nicht Chinesen oder Kommunisten – bloß die Armen. Sie schreibt über die Armen und das Fundamentale in menschlichen Beziehungen.«

»Was ist dieses Fundamentale?«

»In bezug auf Menschen: die Unschuld. Die Menschen versuchen immer, andere hereinzulegen. Die Opfer und die Heuchler. Überall sieht man dieses Große Tiere – Kleine Tiere, große Länder, die versuchen, über kleine Länder zu gebieten. Nicht nur Pakistan, sondern kleine Länder überall in der Welt. Das haben sie auch im Iran versucht.«

Seine Familie war schiitisch. Iran war das Herzland der Schia; vor kurzem hatte die Familie eine Hochzeit im Iran, in der heiligen Stadt Maschad, gefeiert. Ich sagte: »Meinen Sie, daß dort nun, nach der Revolution, alles in Ordnung ist?«

»Nein. Es ist einfach ein Teufelskreis. Dort ist die ganze Zeit etwas schiefgegangen. So viel Töten kann selbst im Namen Gottes nicht richtig sein.« Er dachte an die von den islamischen Revolutionsgerichten verfügten Hinrichtungen. »Eine Art ewiger Strafe – denn so etwas ist der Tod – kann nicht richtig sein, wenn Gott so groß ist. Das kann nicht im Zusammenhang mit Gott stehen, wenn Gott so groß ist.«

Heuchelei war das Thema des Gedichts, das er am Morgen den Besuchern gezeigt hatte – und mir gegenüber hatte er von Opfern und Heuchlern gesprochen.

Wie eine Lerche klingt der Heuchler
Der Biß ist schlimmer als Gebell,
Wie tapfer auch erscheint der Heuchler,
Gold ist nicht alles, was glänzt hell.

Grausamkeit, Ungerechtigkeit, Verleumdung: auch das waren seine Themen (und in seiner eigenen Sprache, Urdu, wären die Wortspiele, die verdrehten Wendungen unerwarteter und leidenschaftlicher gewesen). Ihm am nächsten stand das Gedicht (in dem auch die Isolation im medizinischen Seminar, auf die er hingewiesen hatte, zum Ausdruck kam) über einen Freund der Familie, der ebenfalls Arzt gewesen war und an einer Virusinfektion, die er sich bei der Arbeit zugezogen hatte, gestorben war:

Sein Können lernt ein andrer nicht,
wenn ihm nicht hilft der Liebe Licht.
Denn seine Kunst kam nicht von Zauberei,
lebendig, heilend, war sein Herz dabei.

Von seiner Dichtkunst sagte er: »Drei, vier Monate lang bin ich ganz leer. Ich bin in Anspruch genommen – vom Standpunkt der Poesie aus betrachtet leer. Dann kommt es einfach. Es passiert. Dann kann ich zwei oder drei Gedichte schreiben. Ich will nichts anderes tun. Selbst wenn ich eigentlich studieren sollte, habe ich keine Lust zum Lernen, wenn das passiert. Und dann bin ich wieder leer.«

Das Gedicht, das er gerade geschrieben hatte, hieß: ›Der große schwarze Mann‹. Seltsames Thema. Wer war es? Muhammad Ali, der Boxer,

> ... der kein Zweiglein brechen mag,
> doch fällt den Baum mit einem Schlag.
> Du begreifst?

Gegen Ende des feiertäglichen Vormittags bei dem Arzt schien sich eine Diskussion um Religion zwischen den beiden Journalisten in einen regelrechten Streit zu verwandeln. Es ging um Ali, den Schia-Helden, den Vetter und Schwiegersohn des Propheten. Die Schiiten meinen, Ali hätte 632 dem Propheten als Herrscher über die Moslems folgen müssen. Aber obwohl seine Biographie erstaunlich war: obgleich er einer der frühesten Moslems war, einer aus der Handvoll, die erlebten, wie der Islam sich ein Reich schuf – war Ali politisch gesehen ein Versager. Drei Männer wurden vor ihm Kalif des islamischen Reiches. Erst 656 wurde Ali Kalif; selbst dann wurden gegen seine Herrschaft Einwände erhoben, und 661 wurde er ermordet. Und darum drehte sich die Feiertagsdebatte: Ali hatte als Kalif Armeen angeführt, aber konnte man sagen, daß er den Männern befohlen hatte, zu töten? Oder hatte er seiner Gefolgschaft befohlen, nur in Notwehr zu töten?

Die Diskussion im Wohnzimmer des Arztes begann recht ruhig. Aber bald änderten sich die Stimmen der Streitenden: wurden heiser und zittrig, ähnelten den rezitierenden Stimmen der Mullahs in den Moscheen. Mehr als Geschichte stand auf dem Spiel. Das Versagen und der Tod Alis, das Versagen und der Tod von Alis Sohn waren von den Schiiten zu einem verlängerten Todeskampf im Garten verarbeitet worden, der nach dreizehnhundert Jahren noch seltsam ungerächt war: ein Todeskampf ohne Auferstehung. Der Rassenzwist des früharabischen Reiches (Ali der Verteidiger der Unterdrückten) hatte sich in Religion verwandelt und war die Quelle dieser Feiertagsleidenschaft in dem von Briten erbauten Wohnsitz in Rawalpindi.

Der Disput zog sich bis über die Mittagszeit hin. Ich blieb

nicht bis zum Ende. Vor meinem Weggang schenkte der Arzt mir sein eigenes Exemplar der *Weisheitssprüche Alis*. Es war ein dünnes Taschenbuch, am Ort gedruckt. Das sei das Buch, das Wunder für ihn vollbracht habe, sagte der Arzt; es habe ihm die Kraft für die Begegnung mit dem Generalmanager der Ölgesellschaft gegeben; er denke, es würde mir guttun.

Ich sah es mir später am Nachmittag an, als ich zu Flashman's Hotel in der Mall zurückkam. Alis Aussprüche waren berühmt. Die erste Sammlung – einhundert Aussprüche – war vor mehr als tausend Jahren zusammengestellt worden; im Nachhinein waren Tausende hinzugefügt worden. Dies war eine Auswahl in der englischen Übersetzung von J. A. Chapman. Zuerst war ich verdutzt.

Trau jedem wie dir selbst.
Wie häßlich ist der mit den zwei Gesichtern.
Nicht jeder Schütze trifft ins Schwarze.
Der Tod eines Kindes bricht einem das Rückgrat.
Diese volkstümelnde Weisheit hatte aber auch eine andere Seite:
Der größte Reichtum ist der Reichtum an Weisheit und Urteilskraft; die größte Armut ist die Armut der Dummheit und Unwissenheit; das Schlimmste an Ungeselligkeit sind Eitelkeit, Selbstgefälligkeit und Selbstverherrlichung.
Vollkommenheit ist nicht von dieser Welt.
Die Bewohner dieser Erde sind nur bellende Hunde und unliebsame Tiere. Einer heult gegen den anderen. Die Starken verschlingen die Schwachen, die Großen unterdrücken die Kleinen. Sie sind Lasttiere; manche angeschirrt, die anderen in Freiheit.
Die Welt ist eine Wohnstätte, umgeben von Plagen und überhäuft von Falschheit. Ihr Dasein dauert nicht fort, und alle, die herkommen, gehen zugrunde.
Die Welt ist wie eine Schlange: sie fühlt sich weich an, aber ihr Biß ist tödlich.

Das waren die Aussprüche eines aufrechten Mannes, den Ungerechtigkeit und Niederlage aufzehrten. Die Menschenfeindlichkeit, der Schmerz! Konnte das Kraft geben? Aber für die Unterlegenen und die Gläubigen war Ali wohl mehr als der gute Mensch, der mehr gelitten hatte; er adelte weltliche Niederlage und Leiden. Und Vergebung oder Ruhe kamen hier nicht in Frage: er adelte den Zorn. Und es wurde mir klarer, als ich darin las, in Flashman's Hotel, in meinem Zimmer mit der breit überhängenden Dachkante, geschützt durch eine freistehende Mauer aus durchbrochenen Betonblöcken vor dem Glitzern des kleinen Pools, dessen Ecken dekorativ mit Bananenstauden bepflanzt waren – es wurde mir klarer, wieviel von dieser schiitischen und moslemischen religiösen Haltung sich in dem Sohn des Arztes fortgepflanzt hatte, der ein Rationalist war und in dessen immer nach außen gerichteter Lyrik ich – ohne diese spezielle neue Kenntnis – nie etwas Moslemisches gesehen hätte.

Keine Religion ist weltlicher als der Islam. Trotz seiner politischen Unfähigkeit fixiert keine Religion die Aufmerksamkeit des Menschen mehr auf die Form, in der die Welt gelenkt wird. Und in der Dichtung des Arztsohnes, in seiner linkischen Reaktion auf die Weltzivilisation, seinem Engagement für das ›Fundamentale‹, glaubte ich erkennen zu können, wie der islamische Eifer mehr als nur eine Sache von Gebeten und Posen werden könne, wie er kreativ, revolutionär werden und die Menschen zu einem Humanismus über die religiöse Doktrin hinaus führen könne: eine wahre Renaissance, offen für das Neue und dadurch bereichert, wie die Moslems es in ihrer frühen Blütezeit gewesen waren.

Die Fundamentalisten, ungefestigt, mit einer ahistorischen Sehweise, fürchteten Verunreinigung durch Fremde. Aber der Fundamentalismus bot nichts. Er trieb die Menschen zu einem unversöhnlichen Glauben; er bot eine politische Wüste. Er vergewaltigte das ›Fundamentale‹; nie konnte er den Rest der Welt aussperren. Und ich dachte, daß es ohne große Voraussicht möglich sei zu erkennen, wie in Pakistan der Islam vielleicht gerade durch die Auswüchse des Fundamentalismus seine eigene Umwandlung vorbereiten könne.

8

Im Kaghan-Tal

Zum Norden hin begannen sofort die Berge, und der Himalaya war weniger als hundert Meilen entfernt. Dort kam der Winter früh; Schnee blockierte monatelang die Pässe. Im September begann der Abstieg der Hirten, ihrer Familien und Herden von den hochgelegenen Sommerweiden in die Niederungen. Und um diesen Abstieg zu sehen, fuhr ich ins Kaghan-Tal. Qazi, ein Professor an der Universität von Islamabad, hatte den Ausflug für mich arrangiert. Er lieh mir sein Auto und seinen Fahrer, sie sollten mich nach Balakot bringen. Dort sollte ich einen Jeep mieten für die holprige Strecke nach Norden, den Fluß Kunhar entlang, einen der eisigen, frühen Nebenflüsse des großen Indus.

Mein Begleiter war Masood. Masood war Student der Naturwissenschaften. Während seines ganzen Lebens als Erwachsener hatte er Examina abgelegt und war nun mit siebenundzwanzig ohne geregelte Tätigkeit. In Pakistan gab es keine Stelle für ihn. Er hätte gern mit seiner Forschungsarbeit weitergemacht und war an einer englischen Universität für einen Fortgeschrittenenkurs angenommen worden, aber die Gebühren überstiegen seine Verhältnisse.

Er war ein großer, dünner, melancholischer Mann mit Brille und Walroßschnäuzer. Der Schnurrbart ließ einen militärischen Hintergrund vermuten; sein Vater hatte von 1941 bis 1961 in der Armee gedient, die ersten sechs Jahre in der alten britisch-indischen Armee, dann in der Armee Pakistans. Nun war sein Vater Buchhalter. Die Familie war aus Laknau in Indien eingewandert. In Pakistan waren sie *Mohadschirs*, Fremde.

Die *Mohadschirs* hätten die provinziellen oder regionalen

Kulturen Pakistans verändert, sagte Masood, sie hätten einen neuen Stil der Ernährung, Musik und Sprache gebracht. Urdu, die Sprache der *Mohadschirs*, war nun die Nationalsprache Pakistans; und Masood – der zu mir als einem Fremden, dessen Meinung über das Land richtiggestellt werden mußte, sprach – sagte, daß Urdu eine schöne, leichte Sprache sei. Nachdem wir die Ruinen der alten buddhistischen Stadt Taxila passiert hatten und nach Norden auf die ansteigende Straße nach Abbotabad eingebogen waren, erteilte er mir eine Unterrichtsstunde in Urdu, und selbst mir war es möglich, die Klarheit und Eleganz seines Laknau-Akzentes anzuerkennen. Aber als wir dann zwischen den trockenen, hellen Hügeln bergauf fuhren und er sich an mich gewöhnte, wurde er immer weniger ein Fürsprecher der *Mohadschirs*; er ließ seinen Ton ironisch werden.

Viele der nach Pakistan eingewanderten *Mohadschirs*, sagte er, hätten so getan, als seien sie in Indien Nawabs oder Aristokraten gewesen. So etwas beanspruchte er nicht für sich. Sein Vater war in der Armee gewesen, aber er war nur ein *Havildar*, ein nicht durch Patent bestallter Offizier, so etwas wie ein Feldwebel gewesen. So war Masood trotz seines Laknau-Urdus, seines militärischen Schnurrbarts, seiner wissenschaftlichen Prüfungen in Pakistan, das feudalistischer war als Indien und eine kleinere industrielle und akademische Mittelschicht hatte, von simpler Herkunft und außerdem arbeitslos.

In Balakot stellten wir das Auto ab. In dem von der Regierung betriebenen Reisebüro mußten wir um einen Jeep feilschen. Das war unerwartet, dieses Feilschen. Und auch das Büro hatte ich nicht erwartet: ein offener Raum am Ende eines Rasens mit zwei Polsterstühlen, zwei Betten auf Metallgestellen mit Schaumgummimatratzen, zwei weitere Metallbetten daneben, ein paar mit der Sitzfläche nach unten aufgestapelte Stühle im hinteren Teil des Raums, ein kleines Sofa davor: ein Büro, das gleichzeitig wie ein Wartesaal und eine verlotterte Krankenhausstation war. Aber hier wurde gearbeitet: die Jeeps auf dem Rasen waren wirklich genug.

Masood bat mich, mich fernzuhalten und kein Englisch zu sprechen, während er verhandelte. Ich setzte mich auf die Veranda eines Holzhauses neben dem Rasen, und nach einer Weile kam er grimmig dreinschauend aus dem Büro. Er sagte, sie hätten siebenhundertfünfzig Rupien, fünfundsiebzig Dollar, verlangt; er glaubte, sie würden sich mit siebenhundert zufriedengeben, aber er hatte ihnen gesagt, wir würden in den Basar gehen und dort einen anderen Jeep finden.

Ein Mann kam aus dem Büro. Er verlangte sechshundertfünfzig. Masood schenkte ihm keine Beachtung. Grimmig sagte er zu mir auf englisch: »Lassen Sie uns in den Basar gehen.« Wir gingen durch den Basar – eine geschwärzte Lehmstraße, geschwärzte kleine Läden. In einer ramponierten, ölgeschwärzten Tankstelle spritzte ein Mann einen zerbeulten Jeep ab; er verlangte neunhundert Rupien. Also gingen wir in das Regierungsbüro zurück und schlossen nicht für sechshundertfünfzig, sondern für siebenhundert ab.

Und gleich darauf fuhren wir los (die Regierungsleute hatten nie bezweifelt, daß sie uns bekämen). Der Jeepfahrer sah außerordentlich gut aus: volles dunkelbraunes Haar, klassische indoarische Züge, ein schlanker, starker Körper, der durch seine losen weißen Hosen und das lohfarbene Hemd mit den langen Schößen gut zur Geltung kam. Er hatte einen Jungen zum Helfer, einen verwahrlosten kleinen Zigarettenraucher, der unter seinem khakifarbenen Umschlagtuch nur ein dünnes Hemd trug. Wir waren mit einer solchen Promptheit abgefahren, daß es eine Weile dauerte, bis ich merkte, daß er sich (um der Dramatik willen) hinten am Jeep festklammerte, und dann hielt ich ihn einige Meilen lang für einen Jungen aus dem Basar von Balakot, der per Anhalter mitfuhr.

Bald befanden wir uns neben dem Kunhar, der seicht durch ein breites, felsiges Tal floß. Und nach all meinen Wochen in Sand und Hitze ließ ich den Jeep anhalten, um dem Geräusch des Wassers zu lauschen. Die Straße lag im Schatten von Bäumen, das war ein zusätzlicher Segen. Aber wir konnten nicht trödeln, wir hatten noch weit zu fahren, und Masood sagte, auf dem Weg gäbe es noch viel mehr Bäume. Wir begannen Hirten zu sehen, die ihre Herden abwärts trieben – und nach der bequemen Fahrt von Rawalpindi war das wie etwas Theaterhaftes, Arrangiertes. Es waren Afghanen, unerwartet klein und zart aussehend, die Männer mit schwarzen Turbanen, die Frauen in leuchtenden losen Hosen und langen Kopftüchern. Geschäftig die Frauen, ganz für sich da, eingeschlossen in ihr Wanderleben, schmutzig mit ihren leuchtenden Farben (Rot und Schwarz), unterernährt, erschöpft von der Arbeit und dem Gehen, ihre Gesichter gebräunt und zerfurcht.

Die Hügel waren durch alte überwachsene Terrassen unregelmäßig gezeichnet. Die Häuser an den Hügelabhängen hatten flache, dicke Lehmdächer, oft auf verschiedenen Ebenen; diese Dächer ruhten auf schweren Balken, manchmal ganzen Stämmen – Bäume gab es hier reichlich. Häuser, die am Straßendamm gebaut waren, hatten ihre Dächer oft auf gleicher Ebene mit der Straße und zeigten sich nur als eine Art Hof zu ebener Erde: das Wohnquartier lag darunter, verborgen.

In einem Dorf hielten wir an, um mit ein paar Jungen zu reden. Sie sahen aus, als hätten sie nichts zu tun, aber sie trugen die schiefergraue Uniform der Schuljungen und waren nicht so isoliert, wie es den Anschein hatte. Ein Junge hatte einen Onkel in Lahor, ein anderer Brüder in Karatschi und einen Bruder in Saudi-Arabien. Ein junger Mann, der aus einem zweistöckigen Haus mit flachem Dach und Steinwänden trat, sagte, daß er jederzeit nach Karatschi gehen und dort als Zimmermann zweitausendvierhundert Rupien im Monat verdienen könne. Masood glaubte nicht, daß er übertrieb: durch die starke Auswanderung seien handwerkliche Fähigkeiten rar in Pakistan. Aber die bäuerliche Arroganz des Mannes trug noch zu Masoods Schwermut bei; er sagte, er selbst könne das nicht verdienen.

Sie waren nicht isoliert. Aber wir waren, obwohl erst wenige unbeschwerliche Reisestunden von Rawalpindi entfernt, schon in einem feudalistischen Land. Ein sehr kleiner Mann, kleiner als ein Meter fünfzig – wie klein diese Bergbewohner waren! –, kam einen Büffel führend vorbei. Der Büffel gehöre nicht ihm, sagten die Jungen. Der Büffel gehöre dem Herrn des Mannes, der vorausging: ein Mann mit einem Turban, den wir nicht beachtet hatten, weil wir nicht verstanden hatten, daß seine leeren Hände und sein lässiger Gang Zeichen für seinen Status im Dorf als Besitzer eines Büffels und eines Leibeigenen waren. Und das Haus des Großgrundbesitzers, des reichsten Mannes im Orte, sagten die Jungen, sei dort: kein Haus mit Flachdach am Hügelabhang, sondern ein Haus auf dem flachen Land, am Ende eines Feldes: ein großes, zweistöckiges Steinhaus mit einem Satteldach aus Wellblech. Und diese verkümmerten Männer, die nun vorbeigingen, waren Gudscharaten: die Ureinwohner des Tals, die nicht sehr helle, sondern eher zurückgeblieben waren und sich für sich hielten.

Die Straße stieg an. Wir ließen den Fluß unter uns. Die steilen Hügel waren von schmalen Streifen Ackerland gesäumt: wo immer eine kleine ebene Fläche angelegt werden konnte, wuchs Mais, die Herbstfrucht des Tals. Und Pinien gab es. Sie säten sich auf den Hügelabhängen selbst aus; die Sämlinge richteten sich nach ihrem ersten Vorstoß in die Horizontale auf und wuchsen auf der Suche nach Licht gerade und hoch; es waren die höchsten Pinien, die ich je gesehen hatte. Und immer gab es Häuser, nicht immer leicht zu sehen, da sie durch ihre flachen Dächer und Steinwände getarnt waren.

Ständig kamen Schafe und Ziegen und Pferde und Kamele die Straße herab, die Schafe hatten eingefärbte Rücken. Die Afghanen konnten nicht stehenbleiben, um zu reden. Wenn sie es doch taten, hatten sie nicht viel zu sagen. Sie lebten irgendwo, wo es sehr kalt war, zu dieser Jahreszeit zogen sie herab, um dem Schnee im Winter zu entgehen, das war alles. Sie waren eins mit ihren Tieren, Mensch und Tier lebten im Einvernehmen. Ganz kleine Kinder wurden, solange man sie als Babys ansah, mit dem Gepäck auf dem Rücken von Kamelen oder Eseln festgebunden. Waren sie über dieses Alter hinaus, gingen sie zu Fuß, waren

Arbeiter, Miniaturerwachsene mit Gerten anstelle von Stöcken; und mit ihren Turbanen und Hemden und Hosen sahen sie so selbstbeherrscht und reif aus, daß ihr Alter und ihre Größe, besonders wenn sie allein waren, aus der Entfernung schwer abzuschätzen waren.

Der gutaussehende Jeepfahrer sagte mit einem Unterton von stammesbedingter Eifersucht: »Für jedes dieser Schafe bekommen sie in Mansehra oder Abbotabad tausend Rupien.«

Die eiligen kleinen Schaffüße mahlten den feinen Staub der Straße noch feiner. Und während wir in einer Staubwolke durch zwei oder drei durcheinandergemischte Herden, alle mit wolligen, hin und her wackelnden, verschieden eingefärbten Rücken, schlichen, sagte Masood (der schon wegen der Angeberei des Mannes mit den zweitausendvierhundert Rupien, die er in Karatschi verdienen würde, gekränkt war): »Können Sie sich all die Laks von Rupien auf dieser Straße vorstellen?« Ein Lak waren hunderttausend Rupien.

Ich sagte: »Was machen sie mit dem Geld?«

Masood sagte: »Sie haben ihre Angehörigen, die von ihnen abhängen. Sie haben Töchter oder Söhne, die sie verheiraten müssen. Sie haben Hochzeitsfeiern. Hier ist es Brauch, daß der Junge dem Mädchen zwanzigtausend Rupien zum Geschenk macht. Ist kein Bargeld vorhanden, dann muß er ein Haus bauen oder irgendwas mit Landbesitz arrangieren. Damit sie etwas hat, wenn er sie wegschickt. Wenn er das nicht kann, darf das Mädchen ihn nicht heiraten.«

»Ich dachte, in Pakistan müsse das Mädchen eine Mitgift haben.«

»Mitgift? Das Wort kenne ich nicht.«

Ich glaubte, Masood kenne das Wort. Ich glaubte, er wisse auch, daß der Brauch nicht für gut gehalten wurde. Ich sagte: »In Karatschi wurde mir erzählt, daß strenggläubige Familien nur zweiunddreißig Rupien geben, weil der Prophet auch diese Summe gegeben hat.«

Das ließ er gelten.

An die Summe von tausend Rupien für ein Schaf glaubte ich nicht. Und als wir später von einer weiteren Herde aufgehalten wurden, brachte ich Masood dazu, den afghanischen Hirten direkt zu fragen. Der Afghane glaubte, wir wollten kaufen. Er wies auf eins seiner wohlgenährteren Tiere und sagte, dafür nähme er nicht weniger als dreihundert Rupien. Und jetzt war es an dem Jeepfahrer, der tausend Rupien angegeben hatte, so zu tun, als verstände er nicht.

Der blaßgrüne Fluß stürzte über Felsen, das Wasser war immer in Bewegung. Aber ab einer gewissen Höhe schien der Fluß eingefroren zu sein. Die weißen Wirbel und Strudel bildeten ein erstarrtes, marmoriertes Muster – obgleich man den Lärm noch hören konnte. Und beim Hinunterfahren war es faszinierend zu sehen, wie das erstarrte Muster sich wiederbelebte, der Lärm des Flusses wieder von Bewegung begleitet wurde.

An einer weit ausholenden spitzwinkligen Biegung der Bergstraße hatten Afghanen ein Lager aufgeschlagen. Ein niedriges Zelt war aufgebaut, Kamele und Esel standen in einer Gruppe, es wurde gekocht. Das Feuer der Kochstelle und die Dunkelheit des Zelts ergaben ein attraktives Bild, und wir hielten an, um mit den Afghanen zu reden, nachdem wir den Jeepfahrer gefragt hatten, ob sie diese Art, sich aufzudrängen, gestatteten.

Wir sprachen mit einem jungen Mann, der pakistanisch gekleidet war. Er hatte einen Schnurrbart, gebräunte weiße Haut und ein gutmütiges Bauerngesicht. Aber er war vorsichtig; er dachte, daß wir – in einem Regierungsjeep – von der Regierung seien, und das erste, was er zu Masood sagte, war, daß die Leute seines Lagers Afghanistan vor vielen Jahren verlassen hätten und nun dauernd auf der pakistanischen Seite der Grenze lebten.

Masood sagte, ohne sich von dem jungen Mann wegzudrehen oder seine Stimme zu ändern, zu mir auf englisch: »Er lügt. Er kommt aus Kabul. Er ist gerade in Kabul gewesen. Aber er will keinen politischen Ärger.«

Der junge Mann zog eine Schnupftabakdose aus Messing heraus. Sie war mit einer dunkelgrünen Mischung aus Tabak und

Kräutern gefüllt, von der man eine Prise hinter der Unterlippe halten sollte. Er ließ mich etwas davon probieren. Ich legte es auf die Zungenspitze, und als es feucht wurde, prickelte es gar nicht unangenehm. Als Gegengabe nahm er ein paar Körnchen meines eigenen braunen Schnupftabaks. Er war ihm zu stark, und er unternahm gar keinen Versuch, seine Abscheu unter Kontrolle zu halten; er nieste und spuckte mir fast vor die Füße. Als er sich erholte, tippte er erst auf die Brille mit den durchsichtigen Gläsern in meiner Hemdentasche und zog mir dann selbst die dunkle Brille ab, die ich noch trug. Weil es so hell war, hatte ich vergessen, daß ich sie anhatte. Ich hätte ihn von Anfang an meine Augen sehen lassen müssen; er hatte recht, sich gegen meine Unhöflichkeit zu wehren.

Er nahm uns mit zum Zelt, um uns zuschauen zu lassen. Man hatte Tee nach Art des Subkontinents gekocht oder aufgebrüht; kleine Porzellantassen lagen schmutzig auf dem Boden. Ein Mädchen oder eine junge Frau machte über einem Reisigfeuer *Roti*, ungesäuertes Fladenbrot. Sie arbeitete schnell, drückte die Teigbällchen zwischen den Handflächen flach, zog den Teig auseinander und warf ihn hoch, bis er ganz dünn und rund war, und dann drapierte sie mit einer einzigen Handbewegung den dünnen Teiglappen über den rechten Unterarm, ehe sie ihn auf das Backblech warf. Das Mehl war aus hiesigem Korn, in Dorfmühlen gemahlen, die hier mit immer reichlich vorhandenem Wasser betrieben wurden.

Das heiße *Roti*, das man uns anbot, war köstlich. Das Zelt, das Kochfeuer, die Berge, der Fluß, der Tee und das *Roti*: einen Augenblick lang hatte ich das Gefühl, ich könne mich diesem Leben überlassen. Aber waren der Tee und die *Roti* alles, was sie zum Essen hatten? Masood fragte für mich. »Nur *Roti* und *Chai*? Kein *Tarkari*?« Kein herzhaftes Gericht mit Gemüse oder Fleisch? Der junge Mann lachte. »*Tarkari*? Was brauchen wir *Tarkari*?«

Der Jeepfahrer sagte, sie äßen manchmal *Paneer*, Hüttenkäse. Aber bei dieser Mahlzeit gab es keinen.

Masood sagte: »Deshalb sind sie so gesund.« Masood hatte immer Angst vor verdorbenem Essen und schlechtem Wasser. Er reiste mit Pillen, das war Teil seiner allgemeinen Ängstlichkeit.

Die Frauen oder Mädchen im Zelt waren ausgesprochen schön. *Roti* und Tee war alles, was sie nun zu sich nahmen, aber sie sahen besser ernährt und besser gepflegt aus als die meisten Frauen, die wir unterwegs gesehen hatten, und die Bergsonne hatte ihrer weißen Haut eine wunderbar dunkle Wärme verliehen.

Schafe und Ziegen gingen im Zelt aus und ein. Hinten lagen Matten und Bettzeug. Dieser Teil des Bodens vorn links im Zelt, sagte der junge Mann, sei für seinen Vater und seinen Onkel, der mittlere Teil sei für die Frauen, und der Teil zur Rechten – aber ich bekam nicht mit, für wen der rechte Teil bestimmt war. Es gab zwei Brüder in der Karawane; es war eine reiche Familie. Jene unansehnliche grimmige Frau, die mit ihren schweren Silberohrringen und ihrer schweren Silberkette auf dem ihr zugewiesenen Platz saß, war die Frau des Onkels. Sie sah uns kein einziges Mal an.

Ohne sich von mir soufflieren zu lassen, erkundigte Masood sich bei dem jungen Mann nach dem Preis von Schafen. Der junge Mann zeigte auf das kleinere Lager auf der anderen Straßenseite und sagte, daß das Schaf dort dreitausend Rupien wert sei. Es war kräftig, schwer von Wolle, und es mußte etwas Besonderes sein, denn es befand sich in dem zum Wohnen bestimmten Teil des Lagers, und seine beiden Hinterbeine waren an einen Pfahl in der Mitte gebunden.

Die Kamele in der Nähe des Hauptzeltes wurden auf eine für mich neue Weise am Weglaufen gehindert: eins der Vorderbeine war zurückgebogen und mit einem Seil an den Oberschenkel des Beins gebunden, so daß das große Tier nur hüpfen konnte. Zum erstenmal fiel mir auf, daß in die Nase jedes Kamels ein Bolzen oder Holznagel getrieben war, an dem das Leitseil befestigt wurde. Der junge Mann führte das vor. Er zog an dem Leitseil. Das

Kamel wieherte, als sei es erbost, und rührte sich nicht. Aber kurz danach ließ es sich auf seine langen Beine nieder, die an den Gelenken aufgestoßen und schwielig waren. Kamele sehen wie Elefanten aus der Entfernung hübscher aus, aus der Nähe betrachtet ist ihre Haut aufgebrochen und rissig.

Der junge Mann sagte, daß die hübschen Mädchen im Zelt seine Schwestern seien. Sie waren unverheiratet und er ebenfalls. Er hielt sich für sechzehn. Aber das war offensichtlich Unsinn; vielleicht kannte er sein Alter nicht und hatte keine Möglichkeit, das Verstreichen der Jahre abzuschätzen. Nun näherte sich der Vater der Familie. Er war mürrisch, aber majestätisch; mit einem eleganten Turban, abweisend. Erst als er ganz nahe kam, fiel seine kleine Statur auf: er war ein, zwei Zentimeter unter ein Meter fünfzig. Aber diese afghanischen Nomaden waren alle klein, wie auch viele ihrer Tiere – das Vieh, die Ponys, die Esel, die Kälber hatten die Größe von Hunden. Nur die Schafe und die Ziegen waren stark und kräftig. Der Vater hatte hellblaue Augen, die frisch mit Kajal umrandet waren. Die Spitzen seines weißen Schnurrbarts waren an den Enden gewachst, sein Bart war gescheitelt und gelockt, unter der Sonnenbräune war seine Haut weiß. Erstaunlich, dieses Dandytum, dieser Stolz auf seine Toilette (ein anderes Wort gab es nicht), der größer war als der der Frauen auf ihre, und das in dieser Höhe und unter den Kamelen und Ziegen!

Der junge Mann sagte, sein Vater sei fünfzig Jahre alt. Und der Vater – seine blauen Augen voller Argwohn, ja Verachtung – fragte seinen Sohn, wer wir seien. Der junge Mann sagte, wir sprächen verschiedene Sprachen; Masood spräche Urdu und ich spräche Englisch. Das war seine Art zu sagen, daß Masood und ich Fremde seien, aber verschiedenen Stämmen angehörten. Der Vater bot uns – beiläufig – Tee an. Wir lehnten ab. Und mehr war nicht zu sagen. Der Vater ließ sich auf der linken Seite des Zelts nieder, die für ihn und seinen Bruder bestimmt war, lehnte sich gegen einige Bündel und schenkte uns keine Beachtung mehr.

Ein Esel, gefolgt von zwei oder drei seiner winzigen Artgenossen, kam ins Zelt, um an dem geschnittenen Gras zu knabbern, das wohl für ein wertvolleres Tier aufbewahrt wurde. Der Vater klatschte dem Esel mit der offenen Hand laut auf die Flanke. Aber hinter dem Schlag steckte nicht die Absicht, dem Tier weh zu tun, es wurde nur wegen des dumpfen, abschrekkenden Knalls geschlagen. Einer der kleinen Jungen der Familie warf mit Steinen nach den anderen Eseln, aber die Steine waren sehr klein und wurden nicht fest geworfen. Sie gingen alle sanft mit ihren Tieren um. Sie machten große und bedrohliche Gesten mit ihren Stöcken, aber die Stöcke wurden nicht zum Schlagen benutzt; die Stöcke streichelten, lenkten.

Der Vater, der sich gegen das zusammengeschnürte Gepäck der Karawane lehnte, begann zu husten. Und dann – mit seinem großartigen Turban, den kajalgeränderten Augen, dem gelockten Bart und gewachsten Schnurrbart – spuckte er genau dahin, wo er ruhte. Ich sah, daß er zwischen Tierkot lag; und daß in der Dunkelheit im hinteren Teil des Zelts die wertvollen Schafe und Ziegen seiner Herde waren – geschützter als die Menschen.

Masood sah auf den alten Mann hinab und sagte zu mir: »So sind sie. Sind Sie in Afghanistan gewesen? Kabul? Die Mittelschichten sind genauso.«

Wir sprachen verschiedene Sprachen. Und es war, als gelte die stillschweigende Übereinkunft, daß es trotz unseres gegenseitigen Interesses und der Toleranz des Fremden dem Fremden gegenüber auch Geringschätzung gab und die Abgeschlossenheit jedes Menschen innerhalb seiner Gruppe. Masoods Verachtung war nicht größer als die Verachtung für uns, die ich in den Augen des alten Mannes entdecken konnte. Es gab so viele Stämme in diesem kleinen Gebiet: Gudschar, Afghanen, Kaghanis, Pathanen, Masood (aus Laknau in Indien), ich selbst. Und doch wurde die Höflichkeit aufrechterhalten: Tee wurde angeboten, Tabak. Unser Jeepfahrer hatte sich zurückgezogen, die Afghanen langweilten ihn schon; er machte kein Geheimnis daraus. Er saß am Rand des Felsabhanges, gutaussehend, offener, das Haar im Stil eines Filmstars gekämmt, Staub gab seinem vollen dunkelbraunen Haar jetzt einen neuen Ton.

Und wer war die Mutter der hübschen Mädchen im Zelt? Die unansehnliche Frau in der Mitte war die Ehefrau des Onkels, das wußte ich. Der junge Mann sagte, daß die Mutter der Mädchen (die nicht unbedingt seine eigene Mutter war) auf der anderen Straßenseite in dem kleineren Lager sei, wo das Schaf im Wert von dreitausend Rupien sorgfältig festgepflockt war, damit es nicht ausriß und Schaden nahm.

Wir gingen über die Straße zu diesem Lager hinüber. Der Onkel war dort. Er saß einfach auf dem Boden, er ignorierte uns. Zwei verschleierte Frauen – eine davon die Mutter der hübschen Mädchen – hantierten mit dem Gepäck. Die Schleier waren ungewöhnlich, ein Statussymbol der Familie. Der Onkel sagte etwas zu den Frauen. Zusammen warfen sie eine Matte auf den Boden. Der Onkel erhob sich von seinem Sitzplatz und setzte sich auf die Matte. Und während er dasaß, begannen die Frauen, ein Zelt um ihn herum aufzubauen: eine Zeltplane mit von Ringen eingefaßten Löchern, Zeltstangen aus Bambus, mit Eisen beschlagen und an der Spitze zu einem Dreifuß miteinander verbunden. Die Frauen hatten Probleme mit den Stangen. Der Onkel achtete nicht darauf. Er saß einfach da, wartete auf das Zelt und den Schatten und hielt dabei eine alte Milchpulverbüchse vor sich. Die Büchse enthielt wahrscheinlich sein Geld.

Den Frauen fiel der Schleier vom Gesicht, als sie versuchten, das Zelt aufzubauen. Sie sahen den Mädchen in dem Zelt auf der anderen Straßenseite nicht ähnlich. Ihre Gesichter waren alt und zerfurcht und braun. Die unverheirateten Mädchen waren Schönheiten. Diese Frauen, Ehefrauen, waren Arbeiterinnen; sie waren Lasttiere. Wie die Frauen der Dakota-Indianer, die Parkman 1846 auf dem Oregon Trail sah. Aber diese Afghanen lebten wie alle diese Bergstämme auf Terrain, über das nur sie herrschen konnten. Niemand konnte von ihnen sagen, wie Parkman es von den Dakota-Indianern sagte, daß sie vom Antlitz der Erde verschwinden würden.

Masood sagte, während wir den Onkel überragten: »Die Frauen tun die ganze Arbeit. Die Männer tun nichts. Das ist in Europa nicht so, oder?« Aber er war den Männern gegenüber ungerecht. Sie verlangten auch sich selbst viel ab; niemand unter diesen Nomaden verlangte anderen mehr ab als sich selbst. Masood sagte: »Diese Haltung den Frauen gegenüber gibt es bei uns auch. Aber in den Städten nimmt sie ab.« Masood hatte Schwestern. Die älteren hatten geheiratet und waren ›Hausfrauen‹ geworden, wie er sagte, waren in die alten Bräuche zurückgefallen. Aber die jüngeren Mädchen studierten an der Universität, und an ihnen nahm Masood Anteil.

Aber im Augenblick entsprach meine Einstellung nicht der Masoods. Das Afghanenlager hatte mich in die ersten Erdkundestunden meiner Kindheit zurückgeführt, zu den Zeichnungen in meinem Lehrbuch über *Das Heim in fernen Ländern*: Menschen, die sich ihr Heim, Wärme, Schutz unter extremen Bedingungen schafften: Afrikaner mit Pfeil und Bogen hinter ihren Schutzzäunen, die sie vor den nächtlichen Gefahren des Waldes schützten; die Kirgisen in ihren Zelten in unendlichen Steppen; die Eskimos in ihren Iglus im Lande des Eises.

Und die Mädchen in dem Zelt waren so schön: eine Sehnsucht nach dem Bauern- oder Nomadenleben rührte sich in mir. In der Wüste Sinds, am Grabmal dieses Heiligen neben dem Indus, hatte das Gespräch über *Murschid* und *Murid* mir Tolstois und Lermontovs Erzählungen aus dem Kaukasus ins Gedächtnis gerufen. Und hier, neben einem der kalten Flüsse, die den Indus speisten (grünes Wasser, das schlammig wurde und in einem begradigten Kanal nach Karatschi zu dem tropischen salzigen Sumpf fast tausend Meilen entfernt transportiert wurde), fühlte ich mich an einen Anfang zurückversetzt: das Leben mit Tieren und Zelten und dem täglichen Marsch. Aber was für mich ein augenblicklicher Impuls war, war ihr Alltag. Ich würde weiterziehen, andere Dinge tun; sie würden so weitermachen, wie ich sie hier sah. Und diese Mädchen, so schön mit ihrer herrlichen Haut, waren in Wirklichkeit weit weg, abgeschlossen in ihren eigenen

Stammesphantasien, Schönheiten nun, wohlgenährt und sich ihres steigenden Preises bewußt, bald aber Ehefrauen und Arbeiterinnen.

Den ganzen Nachmittag fuhren wir an ihnen vorbei, bemerkten ihre Rücksicht im Umgang mit ihren Tieren, die größer war als ihre Rücksicht gegen sich selbst: diese Gesichter, so zerfurcht und sonnenverbrannt, so alt und doch so jung. Nicht viele hatten die Gesichtsfarbe und Gesundheit der Mädchen in jenem Lager. Einmal sah ich einen Mann eine Ziege tragen, einmal sah ich eine Ziege in Decken gewickelt auf dem Rücken eines Esels. Eine Frau ging mit einem Schuh am Fuß und dem anderen oben auf dem Kopf. Das war Stil, der Schuh auf dem Kopf: später sahen wir Frauen, die beide Schuhe auf dem Kopf trugen, die Absätze ineinandergehängt, so daß sie einen kleinen Bogen formten. Schuhe wurden getragen, wenn der Boden steinig war; wenn der Boden glatt oder weich vom Staub war, ging man besser barfuß. Die Knöchel der Wandernden waren schwarz vor Schmutz.

Hoch oben in Schogran war es bewölkt und kühl, sogar kalt, als es anfing zu nieseln. Die Pinien waren ungeheuer hoch, und stellenweise fiel das Land neben der Straße so steil ab, daß es nicht immer leichtfiel, zu den Wurzeln der Pinien hinunterzusehen. Auf der sichereren Seite der kurvenreichen Straße gab es Spuren bäuerlicher Zerstörung: die Rinden der großen Pinien waren als Brennholz weggehackt worden. Brennholz war rar hier, wo es so wenig ebenes Land und so wenig Vegetation gab und nur Pinien in den dünnen Erdverwehungen um die Felsen wuchsen.

Bei Einbruch der Dämmerung waren wir wieder neben dem Fluß. Auf einer weiten grasbewachsenen Lichtung am flachen Ufer waren viele Lager aufgeschlagen. Feuer brannten, Tee wurde aufgebrüht und *Roti* gemacht, und hier und da wurde für die Abendmahlzeit getrocknetes Fleisch aufgeschnitten. Kamele (die ihr Futter vor den Menschen bekamen) kauten an ihrem Heu. In einem Lager kauten die Kamele Ilexzweige. Direkt unterhalb des Ufers auf den Felsen am Wasserrand, wo in der Dunkelheit alle Farben zu Grau und Weiß zusammengeschmolzen waren, standen die Ponys und andere Packtiere, frei am Ende ihres langen Tages. Die Afghanen breiteten dicke Wollteppiche auf dem Gras aus. Mir waren diese Teppiche schon vorher aufgefallen. Sie waren aus ungefärbter unbehandelter Wolle, dunkelbraun, mit Mustern in schreienden Farben, und sie rochen nach Schaf oder Ziege, dem afghanischen Geruch, dem Geruch, den diese Nomaden mit sich herumtrugen. Ein Teppich reizte mich besonders, und sofort begannen Masood und der Jeepfahrer – aus reinem Vergnügen anscheinend – für mich zu verhandeln. Der alte Mann, das Oberhaupt des Lagers, freundlicher als unser vorheriger kajaläugiger Dandy, verlangte vierhundert Rupien. Der Jeepfahrer sagte, das sei zuviel. Aber wir ließen uns mit den anderen Männern des Lagers nieder und tranken süßen Tee.

Dann führte Masood mich beiseite und überließ es dem Jeepfahrer, das Geschäft zu Ende zu bringen. Wir sahen uns die Packtiere an, die an ihren Zweigen und Blättern kauten, wir gingen zwischen den Zelten und Kochfeuern umher, wir gingen zwischen den Eseln am Rand des felsigen Flußbettes umher. Als wir zurückkamen, war der Handel perfekt: dreihundert Rupien.

Jedermann war glücklich. Reihum wurden die Hände geschüttelt, und der Jeepfahrer nahm triumphierend den Teppich in Empfang, als hätte er ihn wirklich für sich selbst erworben. Aber die Höhe mußte mich beeinflußt haben. Als ich mir den Teppich später in Rawalpindi anschaute, war ich nicht nur über seine Riesengröße erstaunt – in der Dämmerung neben dem Fluß hatte er eher klein ausgesehen –, sondern auch über sein wunderliches Muster und die Farben, die aussahen wie die Pünktchen und flattrigen Krakeleien eines entflammten Geistes, Arbeit aus der Irrenanstalt. Und vielleicht bringt es auch dieses Nomadenleben mit sich, daß der Kopf in Mitleidenschaft gezogen wird.

Die Straße stieg wieder an. Der Fluß sah immer noch weiß aus, wenn er sich an den Steinen brach. Die Felsen wurden größer, sie wurden riesig, ein- oder zweimal führte die Straße unter überhängenden Felsen durch. In den Häusern mit den verschiedenen

Ebenen und flachen Dächern an den Hügelabhängen brannten gelbe Lichter. Lediglich Lichter bezeichneten die Häuser, hoben deren Inneres hervor und vermittelten ein Gefühl der Einöde und Einsamkeit.

Auf der Straße gab es keine Einsamkeit. Manchmal hatten Leute direkt unterhalb von ihr das Lager aufgeschlagen, an einer Stelle schien ein Mann auf der Felswand zu schlafen, die die Straße abstützte. Einmal kamen wir an einem Lager vorbei, das sich direkt neben der Straße entlangzog: Reisigfeuer, Zelte, Schafe, die sich für die Nacht niedergelegt hatten und in der Dunkelheit aussahen wie die glatten Felsen am Rande des Flußbetts. Die Lagerhunde, die Hunde der Gegend mit dickem Fell, bellten und liefen uns hinterher.

Seitdem es dunkel geworden war, ließ der Jeepfahrer Kassetten mit indischer Filmmusik auf seinem Recorder laufen. Traurigsüße Lieder von Liebe, Leid und Sehnsucht begleiteten uns durch das dunkle Tal, und immer war es eine Frau, die wehklagte.

Tum zindagi-ko ghumka fasana bana-gé.
Ankho men initzar-ki duniya jagga-gé.
Du hast mein Leben zur Leidensgeschichte gemacht.
Du hast in meinen Augen eine Welt der Sehnsucht erweckt.

Unübersetzbar, diese magische zweite Zeile mit ihrem unerwarteten Bild von der Welt (duniya) der Sehnsucht (intizar-ki), die in den Augen der Liebenden (ankho) erweckt worden ist (jagga-gé). Diese Zeile hatte das Lied vierzig Jahre lang lebendig gehalten, jedesmal wenn sie auf dem Band wieder an die Reihe kam, sang der Boy des Fahrers sie mit.

Ik tees si dilmen ut-ti hai.
Ik dard sa dilmen hota hai.
Etwas wie ein Klagelied steigt aus meinem Herzen.
Etwas wie Schmerz erfüllt mein Herz.

Immer noch befanden sich Leute auf der Wanderung, obwohl der Abend schon weit vorangeschritten war; für das Laufen und

Lagern schienen keine festen Stunden vorgegeben zu sein. Einmal verlangsamten wir unser Tempo wegen einer Gruppe, die einen Bullen jagte, der sich ganz allein von der Karawane losgerissen hatte und nun energisch den Weg zurücklief, den er gekommen war.

Dann schienen wir von der Straße abgekommen zu sein. Wir stiegen aus dem Jeep. Es war sehr dunkel. Der Fahrer schickte seinen Boy voraus, um das Gebiet zu sondieren, und ging zur näheren Erforschung dann selbst. Er kam zurück und fuhr mit dem Jeep langsam los, ließ uns aber stehen, wo wir waren. Wir verloren die Lichter des Jeeps aus den Augen. Als der Junge zurückkam, führte er uns mit Hilfe einer Taschenlampe weiter. Er bot mir seine kleine Hand, sie fühlte sich unerwartet zart an. Wir schienen durch Schlamm und über Felsen zu gehen. Dann sahen wir die Lichter des Jeeps wieder. In der Finsternis war die Entfernung schwer einzuschätzen. Die Lichter des Jeeps sahen weit weg aus, als sei der Fahrer ein ganzes Stück gefahren, bevor er die Straße wiedergefunden hatte. Aber ein paar Sekunden später stand der Jeep dann einfach da, ein paar Schritte vor uns.

Es sah so aus, als seien wir durch Schlamm und über Felsen gegangen. Aber später auf dem Rückweg bei Tageslicht sah ich, daß ein Gletscher heruntergerutscht war und uns die Straße abgeschnitten hatte. Der Schnee hing nun über die steinerne Stützmauer der Straße hinaus. Auf der Oberfläche war der Schnee alt und schmutzig, aber unter der anscheinend festen Schneedecke verbarg sich am Ende des Sommers im Himalaya eine große weiße Höhle, und aus dieser tröpfelnden Höhle ergoß sich ein Sturzbach.

Wir befanden uns nun inmitten von Gletschern und Wildbächen. Das kühle Geräusch des Wassers war überall.

Das Rasthaus in Naran war erleuchtet, aber niemand machte auf. In Balakot hatte der Jeepfahrer, als wir um den Jeep feilschten, gesagt, hier gebe es ein Regierungshotel, das für ein Zimmer einhundertfünfundzwanzig Rupien berechne. Nun sagte er, der Preis betrage über zweihundert. Da ich vier Zimmer kalkulierte

– für mich, Masood, den Chauffeur, der uns von Rawalpindi nach Balakot gebracht hatte (und seitdem schweigsam und zurückhaltend war), den Fahrer des Jeeps mit seinem Boy –, sank mir das Herz. Aber Masood, der sich nicht nur vor Infektionen ängstigte, sondern auch in bezug auf Geld hypochondrisch war, nämlich Angst hatte, zuviel zu bezahlen, sagte, er habe deutlich zu verstehen gegeben, daß der Jeepfahrer und sein Boy für sich selbst sorgen müßten. Aber dann führte der Jeepfahrer uns gar nicht zu dem Regierungsunternehmen, sondern zum Park Hotel, dessen grelle primitive Reklametafeln wir unterwegs an mehreren Stellen gesehen hatten.

Das Park Hotel war ein langgestrecktes niedriges Gebäude, ein gutes Stück von der Straße zurückliegend; es hatte eine schwach beleuchtete Veranda. Der Fahrer hupte, und ein in eine Decke gewickelter Mann kam aus einem kleineren Gebäude an der Seite des Grundstücks. Es war kalt, war schon seit einiger Zeit kalt, aber in dem Hotel gab es kein warmes Zimmer, in dem man sich aufhalten konnte. Der Mann in der Decke zeigte uns ein Schlafzimmer: zwei Holzbetten, Wandbeleuchtung. Er und Masood verhandelten, und Masood führte mich aus dem kalten Schlafzimmer auf die eiskalte Veranda, um mir zu sagen, daß mir fünfundsiebzig Rupien berechnet würden, wenn man ein zusätzliches Bett in das Zimmer stellte. So war ich von einem Reisenden, der mit einer kleinen Karawane unterwegs war und eine Rechnung von über hundert Dollar für die Nacht zu erwarten hatte, Teil eines Schlafsaals geworden und hatte nur mit Unkosten in Höhe von sieben Dollar und fünfzig Cent zu rechnen. Ich sagte, ich wolle allein schlafen; ich sagte, ich sei ein schlechter Schläfer. Masood redete mit dem lächelnden Mann vom Hotel, und man kam überein, daß das Extra-Zimmer die Rechnung um fünfundzwanzig Rupien erhöhen würde.

Ich bat um ein Feuer in meinem Zimmer. Der Mann vom Hotel lächelte und sagte, das ginge nicht. Der Kamin funktioniere nicht, das Zimmer würde sich mit Rauch füllen, wenn er ein Feuer anzündete. Das erklärte die vergleichsweise Sauberkeit des offenen Kamins. Ich bat um heißen Tee. Ja, den bekämen wir zum Essen. Wie sähe es denn mit Essen aus? Was wollte ich haben? Hatten sie Eier? Nein, Eier gäbe es nicht. Ich dachte an den klaren Fluß und sagte: »Forelle?« Masood wiederholte, als er für mich übersetzte, das englische Wort: »Forelle?« Der Mann vom Hotel schüttelte den Kopf zur Bestätigung und sagte: »Forelle.« Und Masood übersetzte weiter und sagte, Forelle gäbe es.

Masood sagte: »Vierzig Rupien für die Genehmigung.«

»Genehmigung? Braucht man denn hier für alles eine Genehmigung?« Das Wort ließ mich an den Ärger denken, den ich in Rawalpindi hatte, als ich Bücher aufgeben und Reiseschecks eintauschen wollte.

Übellaunig sagte Masood: »Nein.«

Es war zu kalt, um weiter über Genehmigungen zu reden. Ich hatte mich auf die Kälte gefreut. Aber nun war sie wie ein Schmerz, und das Zimmer schien mit jeder Minute eisiger zu werden. Ich hatte kein Wollhemd und keinen Pullover mit. Ich beschloß, unter meinem Safarihemd ein zweites Hemd anzuziehen. Als sie sahen, daß ich mich auszog, verließen sie das Zimmer und gingen auf die Veranda. Die Tür blieb offen, es war eine frostige Art halber Privatheit. Gesellschaft wäre mir lieber gewesen, sogar ein wenig Hilfe. Meine Finger waren zu klamm, um bequem mit den Knöpfen fertig zu werden, und überall war das sehr kalte Geräusch stürzenden Wassers. Als ich, mit doppeltem Hemd, auf die Veranda hinausging, hatte der Mann vom Hotel vier schlaffe Forellen zu zeigen: offensichtlich hatte er nicht weit gehen müssen. Der Jeepfahrer und sein Boy mit dem khakifarbenen Umschlagtuch verließen uns nun. Wie Masood gesagt hatte, hatten sie für sich selbst gesorgt; ohne Zweifel erwartete sie irgendein warmes lehmgedecktes Bauernhaus.

Masood und ich (und unser schweigsamer Fahrer) gingen wegen der Wärme in die Küche. Sie lag in dem kleineren Gebäude an der Seite des Grundstücks. Und obwohl wir erst vor ein paar Minuten angekommen waren, obwohl unsere Verhandlungen gerade erst abgeschlossen waren und die vier Forellen gerade erst gekauft waren, hatte in der Küche schon ein regelrechter Mitarbeiterstab mit der Arbeit an unserem Abendessen begonnen. Unter einem Backblech brannte ein Holzfeuer, und ein Mann in einem blauen Hemd mit langen Schößen drückte zwischen den Händen Teigbällchen für die *Roti* flach. Mit jeder festtagsmäßigen Bewegung hüpfte sein Hemdschoß, und die Forellen waren filetiert und zerteilt und gewürzt und lagen auf einem niedrigen Holztisch.

Ich stellte mich vors Feuer, so wie Köche es tun. Masood setzte sich auf einen Rohrstuhl an dem niedrigen Tisch. Wir beide waren ständig in Bewegung, um die Küchentür zu schließen, die das Personal beim Hereinkommen oder Hinausgehen genauso regelmäßig offenließ. Nichts war so wichtig wie das Feuer: nicht der Zustand des Tisches, auf dem der Mann im blauen Hemd die Teigbällchen in Mehl wälzte, nicht die Qualität des Wassers in dem roten Plastikeimer, nicht der ramponierte niedrige Tisch, auf dem die filetierten Forellen lagen.

Der Koch, immer flink und nun mit seinen Roti zufrieden, kratzte mit einem Messer verkohltes altes Fett von dem runden Backblech. Er kippte Öl auf das Blech, zog das lodernde Holz zurück, um die Hitze zu mäßigen, legte die Filets auf das Blech, bedeckte die Filets mit einem Aluminiumdeckel, bückte sich, um einen alten Ziegel von dem geschwärzten Fußboden aufzuheben, und legte den Ziegel auf den Topfdeckel.

Masood sagte: »Sollen wir unser Abendbrot gleich hier essen?«

Er sprach aus, was ich dachte. Und wir aßen an Ort und Stelle.

Ein schwerer, imposant aussehender Mann mit Pelzmütze und schieferblauem Umschlagtuch trat ein. Er war kein Dörfler oder Mann aus den Bergen. Ich dachte, er hätte ein Grundbesitzer sein können oder jemand, der mit dem Hotel zu tun hatte, oder ein Polizist, jemand von einem Nachrichtendienst, der gekommen war, um einen Blick auf die Fremden zu werfen. Er sagte, er sei ein ›Mischer‹, ein Apotheker oder Drogist. Er habe einen Laden in Balakot und einen Laden hier in Naran. Ich sagte:

»Sie haben also zwei Geschäfte?« Er sagte: »Ich habe ein Geschäft.« Der Laden in Naran hatte im Sommer geöffnet (dem Kalender nach galt diese Jahreszeit noch), der Laden in Balakot hatte im Winter geöffnet.

Zusätzlich zu der Forelle gab es noch ein Fleischgericht für Masood und unseren schweigsamen Fahrer (der selbst beim Essen noch zurückhaltend war: er legte Wert darauf, daß es so aussah, als esse er weniger als Masood oder ich). Hunger und Kälte ließen Masood sich vergessen, ließen ihn seine Angst vor Infektionen vergessen. Er bat um Wasser zu seinem Fleisch. Der Küchenjunge, der uns, gegen die Plattform des Kamins gelehnt, die ganze Zeit angestarrt hatte, tauchte ein Glas in den roten Plastikeimer, reichte Masood das Glas, an dem das Wasser herabtröpfelte, und Masood trank es ganz leer.

Der Mischer ging weg. Er hatte wenig zu sagen gehabt, nachdem er uns erzählt hatte, was er tat und wo er lebte, und herausgefunden hatte, wer wir waren und welche Sprachen wir sprachen. Der Koch im blauen Hemd zog das Holz aus dem offenen Kamin. Die Flammen wurden ausgeschlagen, die Glut wurde schnell dunkel. Die Küche stand uns nicht länger offen, wir mußten wieder hinaus in die Kälte gehen. Aber das Essen hatte uns gewärmt. Es schien weniger kalt auf dem Hof, weniger kalt im Zimmer zu sein. Aber Masood war von der Einsamkeit und Verlassenheit des Tals ergriffen. Er blieb in meinem Zimmer, um von sich und seinen Ängsten zu reden. Seine Ängste galten seinem Vater und seiner Familie und dem Geld. Er hatte das Gefühl, er müsse seine Familie unterstützen, aber dazu war er nicht in der Lage. Gleichzeitig machte er sich Sorgen um seine eigene wissenschaftliche Karriere, die aus Geldmangel zum Stillstand gekommen war. Er war siebenundzwanzig; er war sein Leben lang Student gewesen, und er mußte es auch noch eine Weile lang bleiben, wegen des Gebiets, das er sich ausgesucht hatte. Das war hart für seinen Vater. Sein Vater hatte sich nicht beklagt, sein ganzer Vaterstolz galt seinen Kindern und ihrer Ausbildung.

»Mein Vater kann nicht weiterarbeiten. Er arbeitet so schwer, von morgens bis abends. Er ist einundsechzig.«

»Aber wenn er sich pensionieren läßt, hat er nichts mehr zu tun.«

»Sie verstehen nicht. Ich habe Ihnen erzählt, was für einen Rang mein Vater in der Armee innehatte. Mein Vater war ein Offizier ohne Patent, ein ganz untergeordneter Mann. Sie wissen nicht, was das hier bedeutet.«

Mit einundsechzig verdiente sein Vater als Buchhalter eintausendsiebenhundert Rupien im Monat. Und das zusammen mit seiner eigenen Hilflosigkeit und der Notwendigkeit, bei seinem Fach zu bleiben, quälte Masood.

»Es ist kein naturwissenschaftliches Fach. Wäre es eins, steckte Geld drin.«

»Wollen Sie Pakistan verlassen?«

»Ich möchte nicht weggehen. Es gibt Jobs hier, die ich bekommen kann. Aber gerade jetzt hat die Regierung aufgehört, Leute einzustellen. Dieser Stop könnte vorübergehend sein. Aber ich weiß es nicht. Ich habe mich um ein Stipendium an einer amerikanischen Universität beworben. Sie haben mich abgewiesen. Sie sagten, daß Leute aus Indo-Pakistan die Studentenvisa mißbrauchten. Sie bekämen die Visa und arbeiteten einen Monat lang oder so und verschwänden dann. Ich kann nach England gehen, nach Telford. Man hat mir einen Platz angeboten. Aber woher soll ich das Geld nehmen? In einigen Ländern kann man an das Leben des Kampfes glauben. Man kann daran glauben, daß man Erfolg haben wird. Hier gibt es nur Glück. In diesem Land kann man nur aufs Glück vertrauen.«

Er wußte nicht, wie direkt er mich ansprach. Die Vorstellung von Kampf und Hingabe und Erfüllung, die Vorstellung einer menschlichen Qualität gehört nur zu bestimmten Gesellschaften. Sie gehörte nicht zum kolonialen Trinidad, wo ich aufgewachsen war, wo es nur achtzig simple Berufe gab und die Qualität von Kakao und Zucker wichtiger war als die Qualität der Menschen. Masoods Panik jetzt, die Vision von seiner Welt als einer Sackgasse (mit seinem Wissen, daß es anderswo Aktivität und Wachstum gab), erinnerte mich an meine eigene Panik, die ich vor dreißig oder fünfunddreißig Jahren durchgemacht hatte.

Masoods Eltern waren 1947 von Indien nach Pakistan ausgewandert. Sie waren als Moslems in einen moslemischen Staat übergesiedelt, der von moslemischen Überzeugungen regiert wurde. Der Staat hatte sich nicht geändert, aber Masood, durch diese Umsiedlung befreit, hatte sich weiterentwickelt; er (und sein Vater) brauchten nun mehr als einen moslemischen Staat. Das Bedauern, das sein Vater, wie Masood sagte, manchmal darüber empfinde, Indien verlassen zu haben, war ebenso richtig wie falsch: Masoods Vater war 1979 nicht mehr der Mann, der er 1947 gewesen war. Masood selbst, der nur Pakistan kannte, hatte keine religiösen oder politischen Helden; sein pakistanischer Held war ein Wissenschaftler, Abdus Salam, der in Europa arbeitete (und dem ein paar Wochen später ein Nobelpreis verliehen werden sollte).

Masood sagte: »Sie können mir einen Job an einer Universität geben. Ich hatte einmal einen. Aber ich habe ihn nicht mehr. Hier ist alles politisch. Wenn Leute mir nun einen Job verschaffen, heißt das für sie, daß sie Ärger mit den Behörden bekommen. Ich war in der Studentenpolitik aktiv.«

»Wie gut sind Sie?«

»Ich war einer der fünf Besten an meiner Universität.«

Er hatte von einer Dissertation gesprochen, der Arbeit, an der er gerade saß, einem Doktortitel, den er vielleicht bald von einer hiesigen Universität bekäme. Nun sagte er überraschend: »In einem Monat gehe ich vielleicht weg. Ein Freund hat für mich einen Vertrag mit einem westafrikanischen College arrangiert.«

»Mit welchem?«

»Mit einem College.«

»Wie heißt es?«

»Es hat keinen Namen. Es ist bloß ein College. Eine weiterführende Schule. Sie nennen es ein College. Ich habe ausgerechnet, wieviel sie bezahlen. Dreitausendsechshundert Rupien im Monat.« Dreihundertsechzig Dollar.

»Das ist nicht viel.«

»Mein Freund sagt, ich kann von achthundert Rupien leben.«

»Ich glaube nicht, daß das geht.«

»So werde ich zwanzigtausend Rupien sparen.«

»Was ist mit der Steuer? Haben Sie das schon herausbekommen?«

»Das habe ich noch nicht herausbekommen. Aber das finanzielle Problem ist damit für mich gelöst.«

»Wird es Ihrer Karriere schaden?«

Gereizt sagte er: »Natürlich schadet es meiner Karriere.«

»Dann gehen Sie nicht.«

»Es löst das Finanzproblem. Ich muß meine Familie versorgen. Mein Vater ist einundsechzig.«

Ein Jahr: zehn Monate vielleicht. Ich sagte: »In Ordnung. Gehen Sie. Es wird auch Ihr Englisch verbessern.«

Das gefiel ihm nicht. »In ›Englisch als Fremdsprache‹ war ich ausgezeichnet.« Er sagte mir die Note. Sein Englisch war jedoch unterschiedlich. Aber er war ein Mann der akademischen Grade und Diplome.

Der lächelnde Mann vom Hotel kam herein.

Masood sagte: »Er möchte die vierzig Rupien für die Genehmigung zum Fischen jetzt haben. Den Rest nimmt er morgen.«

Auch hatte er für das Bett nicht ein Bettuch – um das ich gebeten und das er, wie ich meinte, versprochen hatte –, sondern ein Tischtuch mitgebracht. Er nahm die schwere Daunendecke ab, breitete das Tischtuch auf dem Bett gleichmäßig wie auf einem Tisch aus, faltete die Daunendecke und ließ sie am Fußende des Bettes. Dann war er weg.

Ich begann, das Bett zu machen.

Masood sagte mir, es sei wichtig, das Bettuch (oder Tischtuch) unter der Daunendecke zu haben. »Man weiß nie, wer sie benutzt hat.« Er führte es vor. »Schlafen Sie so darin. Lassen Sie die Daunendecke nicht an sich kommen.« Diese Art des Bettenmachens war etwas, das er, wie ich, hatte lernen müssen. In heißen Ländern schläft man nicht unter einer Decke, man deckt sich mit einem Bettuch aus Baumwolle zu. Was Masood da an mich weitergab, war Wissen, das er sich angeeignet hatte. Er kam von so weit her, er hatte so viel zu lernen gehabt, er hatte keinen, dem er folgen konnte. Seine einfache Herkunft zeigte sich in der Art, wie er beim Essen etwas auf den Boden spuckte; sein Abstand von dieser Herkunft (der sich nun mit seiner allgemeinen Ängstlichkeit vermischte), kam in seiner Nervosität und Hypochondrie zum Ausdruck. Auf das Kissen, das keinen Überzug, sondern einen damastähnlichen Schonbezug hatte, weisend, sagte er: »Und bedecken Sie das auch.«

Als er ging, tat ich das, indem ich das Safarihemd, das ich tagsüber getragen hatte, mit der Außenseite über das Kissen legte. Ich zog die dünnen Baumwollvorhänge zu, sie kamen nicht zusammen. Es war kalt, aber die Daunendecke war schwer und behaglich. Im Nu war ich durch meine eigene gespeicherte Wärme eingelullt. Ich schlief zum Rauschen des Wassers ein. Und als ich aufwachte, stellte ich erleichtert und vergnügt fest, daß Morgen war.

Ich hatte gemeint, es sei der Fluß, der so rauschte. Jetzt sah ich, daß es ein Wasserfall war, der den Hügel direkt hinter dem Park Hotel herabstürzte. Am Fuße des Hügels führte ein aus Steinen gebauter Kanal neben dem Hotel das Wasser ab. In diesem Tal voll schmelzenden Schnees waren Kanäle nicht zur Bewässerung da, sondern um Überschwemmungen zu vermeiden.

Die Hügel auf der anderen Seite des Tals – hinter dem Hof oder Grundstück des Hotels, hinter der Hauptstraße, auf der Männer und Jungen, in Decken gehüllt, entlanggingen, den niedrigen Häusern der kleinen Stadt, dem verborgenen Fluß – waren von der Morgensonne erleuchtet, und die Falten in den Hügeln waren weich und dunstig. Über dem Hügel hinter dem Hotel war die Sonne noch nicht aufgestiegen, Hügel und Hotel lagen noch im Schatten. Aber ein Stückchen weiter unten, wo der Hügel sich senkte, schien die Sonne durch die Äste einiger

Pinien; ein schmaler Lichtstrahl, der eine transparente, farnartige Wirkung hervorrief.

Der lächelnde Mann vom Hotel brachte Tee für drei. Er setzte das Tablett in meinem Zimmer ab. Ich ging hinaus, um unseren Fahrer und Masood zu holen. Aber Masood war im Badezimmer eingeschlossen und tauchte eine ganze Weile nicht auf.

Als er endlich kam, sagte er, er habe nicht gut geschlafen. Er habe eine Magenverstimmung. Was hatte er gegessen, was ich nicht gegessen hatte? Das Fleisch? Das Wasser? Ja, es war das Wasser.

Er sagte: »Das Wasser hier sieht sauber aus. Aber es enthält gewisse Mineralien. Sind Sie in Gilgit gewesen?« Gilgit lag weiter nördlich. »Das Wasser dort ist *schwarz*.«

Er hatte jedoch seine Pillen mit. Gleich danach aber kam die andere Seite seiner Natur durch, denn er setzte sich hin und aß sich ganz durch das stärkehaltige Hotelfrühstück mit dicken gebratenen Brotscheiben und weichen fettigen Kartoffeln, die grün von Curry waren.

Es war eine kleine Ansiedlung mit unscheinbaren niedrigen Steinhäusern, manche alt, manche von der Regierung erbaut und neu (das Dach des Regierungshotels war leuchtend rot), und hinter dem Basar endete sie abrupt in der Wildnis. Einige der Geschäfte oder Stände hatten eine Plattform zum Kochen. Aus den Läden lief schäumendes Wasser auf die felsige Straße, Tierkot lag da, der weichere Boden zwischen den Felssteinen war schwarz aufgewühlt. Schafe und Rinder wurden selbst zu dieser frühen Stunde schon hinabgetrieben.

So trostlos die Siedlung auch war, so notdürftig und halb zerfallen der Basar auch aussah, der Ort war alt, lag an einer alten Bergroute. Und die Route war bevölkert: überall waren die Häuser mit den flachen Dächern an die Hügelabhänge und Straßendämme gebaut und halb verborgen, die dicken Dächer aus isolierendem Lehm auf schweren Balken oder Baumstämmen, die zusätzlich den Winterschnee tragen konnten. Feuerholz für den Winter – trocknende Pinienäste, Gesträuch – lag auf den

Dächern und war wie eine weitere Tarnung. Auf den steinigen, felsgestützten Terrassen wuchs manchmal eine magere Ausbeute an Kartoffeln oder Paprika oder Mais (Weizen, die Frühsommerfrucht, Mais, die Spätsommerfrucht, Hirse, die Winterfrucht). Korn und Kartoffeln – und Paprika! Vereinzelt gab es Pinien. Auf den steilen Bergwänden wuchs in Büscheln Gras, ließ sie gesprenkelt erscheinen und, wenn man auf der Höhe war und hinabsah, vermuten, daß die Berge und Hügel von Ziegenpfaden überzogen seien.

Schnee, der nun geschmolzen war, hatte die Berge ausgeschwemmt und abgeschliffen. In Felsspalten lag alter Schnee, und die Farbe dieses Schnees war undefinierbar: nicht weiß, nicht braun, eher wie eine Wasseroberfläche, die das Licht auffängt. Dieser alte Schnee war auf der Oberfläche fest, aber obwohl der Winter wieder bevorstand, schmolz der Schnee noch, und jede Schneespalte speiste einen Wildbach. In dreitausend Meter Höhe breitete sich das Land zwischen den Bergen aus: geschwärzte Schneereste in überschatteten Felsrissen; dicker weißer Schnee auf den Berggipfeln, der die scharfen Umrisse weicher machte; Moos, das auf den gesäuberten roten Felsen sonnenbeschienener Bergwände wuchs; und mitten im freien Gelände ein grüner See mit einer Wiese voll Vergißmeinnicht und den kleinen gelben Blumen einer sommerlichen Rieselwiese, die ein paar Wochen lang wuchsen, ehe der Schnee wiederkam. Auf der gegenüberliegenden Seite des Sees standen ein paar Zelte, die Zelte der Nomaden: dunkle Dreiecke vor der weißen Zeltplane. Der Strom der Menschen und Tiere riß nie ab.

Auf dem Rückweg, wieder das Tal hinab, hielt der Jeepfahrer bei einem afghanischen Lager an. Er rief dem Mädchen oder der Frau, die vor ihrem Zelt *Roti* zubereitete, etwas zu. Als sie verstand, was der Jeepfahrer sagte, lächelte sie und schüttelte den Kopf. Masood sagte, er frage nach irgendeiner Wurzel. Es sei eine medizinische Wurzel gegen Schmerzen. Später dachte ich, daß es sich wahrscheinlich um Ginseng handelte.

Der Jeepfahrer hatte auch noch andere Interessen. Mehrmals

hielt er an diesem Morgen an, um mit den Fahrern von Minibussen zu plaudern. Er genoß hohes Ansehen am Ort, unser Jeepfahrer, darauf war ich beim Hinweg nicht gekommen. Er war also mehr als ein Mann der Berge; seine Eleganz – seine weiten weißen Hosen, das lohfarbene Hemd, das schöne Haar – war sehr bewußt.

Dieses Geflüstere mit den anderen Fahrern nun! Diese Aura von Verschwörung! Ich dachte, er frage vielleicht nach einer anderen Wurzel oder Droge mit weniger Heilkraft. Aber er sprach über Politik, über Kommunalwahlen, die die Militärregierung verfügt hatte. Trotz der Ziegen und Schafe und der Kamele und Zelte und Kochfeuer und der Afghanen mit ihren rotschwarzen Trachten und ihrem Silberschmuck war das Tal voller Politik. Die Partei des Jeepfahrers war die Partei Bhuttos. Bhutto war vor fünf Monaten gehängt worden, aber seine Partei zog immer noch die Zuneigung des Volks im Tal auf sich.

Bhutto sei, sagte der Jeepfahrer, immer noch der einzige Mann in Pakistan, der je etwas für die Armen getan hatte. Vor Bhutto, in der Zeit General Ayubs (der von 1958 bis 1968 regierte), hätten die armen Leute nur Pässe für Länder wie Afghanistan und Indien bekommen, schlechte Länder, Länder ohne Arbeit, ohne Chance. In Bhuttos Zeit konnte man Pässe für überallhin bekommen – Europa, Amerika, Saudi-Arabien, Abu Dhabi, überallhin. Jetzt konnte man wieder keine Pässe mehr bekommen.

Masood (der einen blauen Nylonanorak mit Reißverschluß und ein besticktes Käppchen trug) sagte zu mir auf englisch: »Die ausländischen Regierungen haben das gestoppt. Aber er glaubt das nicht.«

Der Jeepfahrer sagte, er sei in dem Tal geboren worden. Sein Vater besitze ein Geschäft, deshalb gehe es ihm besser als den meisten. Er habe erst in der Zeit Bhuttos angefangen, sich für Politik zu interessieren. »In dieser Gegend«, sagte er (in Masoods Übersetzung), »gab es früher Großgrundbesitzer. Sie hatten ihre drei Ernten im Jahr. Sie verkauften ihre Ernte. Sie stellten ortsansässige Leute zur Arbeit ein, und die Leute arbeiteten für sie nur fürs Essen. Das war üblich in dieser Gegend.«

Und diese Brücke dort über den Kunhar, diese Brücke habe Bhutto gebaut.

Der Jeepfahrer redete immer weiter und peitschte sich dabei auf. Er schien ein ganz anderer Mann zu sein als der, der uns in das Tal gefahren hatte, der ausgelassen genug gewesen war, um für mich um den afghanischen Teppich zu feilschen. Masood hörte auf zu übersetzen.

Nach einer Weile sagte Masood: »Er ist jetzt emotional. Sehr emotional. Er sagt, Bhutto sei gar nicht tot.«

Hinaufgefahren waren wir mit traurigsüßen Filmliedern von Liebe: sie hatten der Dämmerung und dem Fluß und den Lichtern der entlegenen Häuser Stimmung verliehen. Zurück reisten wir mit dieser anderen Leidenschaft. Und ich begann, die Leute auf der Straße mit anderen Augen zu sehen: sie waren die Armen, die Mißachteten. Aber als solche sah der Fahrer sie nicht.

»Diese Maulanas«, sagte der Fahrer in Masoods Übersetzung, »benutzen den Islam als ein Mittel. Wir alle sind Moslems. Aber wir sind nicht Moslems ihrer Fasson. Sie wollen Pakistan zerstören. Unser Islam ist besser. Wir sind die einzigen Menschen, die den Islam und Pakistan retten können.«

Wir mußten anhalten. Ein Lastwagen wurde mit Pinienstämmen beladen. Die Stämme wurden mit Menschenkraft vom Bergabhang auf den Lastwagen geschafft. Die Straße war schmal, wir mußten warten, bis das Aufladen beendet war. Vor uns wartete ein roter Suzuki-Minibus. Wir stiegen aus. Die Straße war von vorbeigezogenen Herden zu feinem Staub zertrampelt. Der Jeepfahrer kraxelte die Schneise neben der Straße hoch, um mit den Aufladern zu sprechen, und setzte sich dann hin, um ihnen zuzusehen.

Masood und ich standen neben der Kunhar-Schlucht.

Masood sagte: »Dem, was er über die Maulanas sagt, stimme ich zu. Das ist auch meine Haltung. In diesem Land gibt es fünfundachtzig Prozent Analphabeten.«

Ich sagte: »Aber ist es nicht seltsam, daß die einzige Freiheit, die er verlangt, die Freiheit ist, das Land zu verlassen? Er macht sich keine Gedanken darüber, daß das Land entwickelt werden könnte, daß es hier Arbeitsplätze geben könnte.«

Zuerst verstand Masood nicht. Der Gedanke der Flucht beschäftigte ihn selbst zu stark. Als er begriff, sagte er: »Aber die Herrscher dieses Landes haben diese Idee nie gehabt oder den Leuten vermittelt. Jetzt hat die Armee alles unter sich.«

Da ich sie nun also als die Armen und die Unterrepräsentierten sah und nicht als Menschen, die eine bestimmte Tracht trugen oder bestimmte charakteristische Züge hatten, stellte ich Betrachtungen über die Arbeiter an und die Hirten und die müßigen Leute, die das Aufladen der Baumstämme über dem grünweißen Fluß beobachteten. Und etwas von Masoods düsterer Stimmung und der Hysterie des Jeepfahrers berührte mich.

Ich sagte: »Was wird aus diesen Menschen werden?«

Masood sagte: »Gott allein weiß das.«

Später sagte er: »*Nichts* wird werden. *Was* soll schon werden?«

Und noch später, nachdem eine Herde eingefärbter Schafe sich einen Weg an uns vorbei gesucht, den feinen Staub noch feiner gemahlt und ihn hatte aufsteigen lassen, sein weißes Käppchen getönt und seinen Walroßschnäuzer angegraut hatte, sagte Masood, in den Fluß hinabschauend: »Sie stehen mit leeren Händen da. Sie haben keine Gewehre. *Millionen* werden sterben müssen.« Und keine Auflehnung sprach daraus, sondern nur Verzweiflung. »Wissen Sie, wie viele politische Parteien es in diesem Land gibt? Vierundneunzig Parteien gibt es in diesem Land. *Was* kann werden?«

Ich sagte: »Wann haben Sie angefangen, sich Sorgen um die Zukunft zu machen?«

»1971.« Das war das Jahr mit Bangladesh. »Nein, ich glaube, es war vorher. Ich glaube, im Jahr meiner Immatrikulation habe ich angefangen, mir Sorgen zu machen.«

Masood hatte meine Frage mißverstanden. Ich hatte nach Pakistan gefragt. Er war so von seinen eigenen Ängsten bedrängt, daß er die Frage auf sich selbst bezogen hatte. Er hatte die Frage für eine Fortsetzung unseres Gesprächs vom vergangenen Abend gehalten.

Der Jeepfahrer saß auf dem Hügelabhang, die Knie hochgezogen, die Beine in den weißen Hosen auseinandergedrückt, und beobachtete die Aufladenden.

Masood sagte: »Ich habe Nachhilfeunterricht gegeben. Dafür habe ich vierhundert Rupien im Monat bekommen. Aber damit mußte ich aufhören. Die Eltern der Kinder behandelten mich wie einen Diener. Sie behandelten mich nie wie einen Lehrer. Wenn ich um vier im Haus sein sollte und um fünf ankam, gab es Ärger. Wenn ihre Kinder versagten, gaben sie mir die Schuld.«

Geld, seine Karriere, seine Familie: nach dem vergangenen Abend waren das die Themen, auf die Masood zurückkam. Er sagte: »Mein Vater fragt sich nun, weshalb er gekommen ist. ›Weshalb bin ich gekommen? Wo ist die Würde, die ich zu finden glaubte?‹« Aber auch das stimmte, wie ich schon einmal empfunden hatte, nur halb. Masoods Vater, der moslemische Armeefeldwebel, der 1947 nach Pakistan eingewandert war, hatte die Würde, die ihm 1947 fehlte, gefunden.

Endlich war der Lastwagen beladen. Die schweren Stämme wurden mit Stangen an ihren Platz gerückt und fest mit Tauen verschnürt. Der Lastwagen fuhr los. Der rote Suzuki-Minibus fuhr los. Nach einem Geplänkel mit dem entgegenkommenden Verkehr, der sich auch aufgestaut hatte, folgten wir.

Wir hielten in der Stadt Jared. Sie war für ihre Holzschnitzereien berühmt. Aber die Proben, die ich sah, waren dürftig – hölzerne Schwerter, Tabletts, Aschenbecher: unzulängliches Design, unzulängliche Schnitzarbeit. Masood kaufte einen Nußbaumaschenbecher für fünfzehn Rupien. Unbestritten hatte es hier einmal eine Tradition gegeben; nun war der Mangel an Geschicklichkeit, Augenmaß und Urteilskraft wie Teil der menschlichen Verödung.

Wir überholten den Lastwagen mit den Baumstämmen und

waren dann wieder hinter dem kleinen roten Suzuki. Wir schluckten ihren Staub.

Plötzlich schien auf dem Rücksitz des Suzuki so etwas wie ein Tumult zu entstehen. Jemand wurde hinaus auf die Straße geschleudert. Und dann wurde noch jemand hinausgeschmissen.

Ich sagte: »Sie werfen Leute aus dem Bus.«

Masood sagte: »Ein Streit.«

Der Suzuki fuhr weiter. Aber dann hielt er an. Dem ersten Mann wichen wir aus; er war unverletzt und schon wieder auf den Beinen. Dann fuhren wir an einem Jungen oder Mann vorbei, der – die lockere, mit einer Kordel gebundene Hose offen, die Genitalien entblößt – auf der Straße lag. Leute aus dem Bus liefen schon zu ihm hin. Wir fuhren an dem Suzuki vorbei – es saß niemand am Steuer – und hielten hundert Meter dahinter, wo die Straße sich verbreiterte.

Ich wollte kein Blut sehen. Ich war froh, daß unser Fahrer erst da gehalten hatte. Aber was geschehen war, blieb unklar. Die Windschutzscheibe des Suzukis war zerschmettert, und die Erklärung dafür fand sich auf dem steilen Hügelabhang darüber: eine Ziegenherde, Teil der großen Wanderung, lief abseits der Straße. Sie hatte einen Stein gelöst; der Stein hatte die Windschutzscheibe zerschmettert und den Fahrer verletzt. Ein paar Sekunden lang war der Suzuki auf der Bergstraße wohl außer Kontrolle gewesen. Einer der Passagiere auf dem Rücksitz hatte sich zweifellos in dem Moment selber herausfallen lassen. Dann war der verletzte Fahrer hinausgefallen, und jemand, vielleicht der Mann neben dem Fahrer, hatte den Suzuki zum Stehen gebracht.

Nun wurde der Fahrer hochgehoben, um zu unserem Jeep gebracht zu werden. Und unser Jeepfahrer kletterte sicheren Fußes (er stammte aus dieser Gegend) den Felsabhang hinauf bis zu der Stelle hoch über der Straße, wo die Ziegen und ihr Hirte waren. Was machte unser Fahrer? Warum die Eile? Die Antwort war einfach: er tat es, um den Hirten herumzustoßen, ihn zu schlagen und zur Straße hinunterzutreiben.

Der malerische Stammesangehörige, der Mann, der seine Herden auf die Winterweide hinuntertrieb, war jetzt nur noch sehr klein und verletzlich. Er wurde von unserem Fahrer ins Gesicht geschlagen und beschimpft. Sein schwarzer Turban – seine Würde – fiel ihm lose vom kahlen Schädel, wurde ein schmuddeliger Baumwollstreifen, und die ganze Strecke hinunter stieß und boxte man ihn, während seine kostbaren Ziegen oben blieben. Auf der Straße liefen mehrere Leute aus dem Suzuki auf ihn zu und knufften ihn und liefen dann wieder dahin zurück, wo sie gestanden hatten. Die Wut stieg wieder in ihnen hoch, und sie liefen wieder zu dem alten Hirten – der weinte und ohne seinen Turban so klein wie ein Kind aussah – und schlugen ihn auf Kopf und Oberkörper.

Ich sagte zu Masood: »Die bringen den Mann noch um.«

Masood sagte: »Nein, sie hören gleich auf, ihn zu schlagen. Sehen Sie, sie haben ihn in den Bus gesetzt. Jetzt werden sie ihn zur Polizeiwache bringen.«

Aber es war ein Unfall gewesen. Und was geschah mit den Ziegen des Mannes? Aber das war der Brauch der Gegend; Masood hatte nichts dagegen einzuwenden. Und doch hatte unser Jeepfahrer so gefühlvoll von den Armen gesprochen. Die Armen waren seine Gefährten, Menschen des Tals; Außenseiter gab es unter seinen Armen nicht.

Sie brachten den Fahrer des Suzuki zu unserem Jeep. Er war bewußtlos. Ein Mann hielt ihn auf dem Vordersitz in seinen Armen. Masood und ich saßen hinten; der Boy des Jeepfahrers hielt sich hinten am Jeep fest. Der Verletzte blutete nicht.

Masood sagte: »Er hat innere Verletzungen. Sie sagen, daß der Stein, der herabgefallen ist und ihn bei der Fahrt getroffen hat, sehr groß gewesen sei.«

Ich hatte ihn, als ich ihn halb entblößt auf der Straße liegen sah, für einen Jungen oder sehr jungen Mann gehalten. Jetzt sah ich, daß er älter war, daß er sehr dünn war, daß sein Gesicht und sein Körper vor Unterernährung eingefallen waren. Er kam nicht zu Bewußtsein. Der Mann, der ihn umfaßt hielt, sprach leise zu ihm wie zu einem Kind. Aber der Verletzte antwortete nie, schlug kein einziges Mal die Augen auf.

Wir fuhren so schnell wir konnten an der Kunhar-Schlucht, der Hügelkette, den hohen Pinien, den Terrassen mit Mais, den Häusern mit den Flachdächern vorbei durch das Kaghan-Tal nach Balakot. Von Zeit zu Zeit tätschelten Masood oder der Jeepfahrer die Wange des Bewußtlosen mit dem Handrücken. Sie sagten, er lebe noch, aber nie rührte er sich oder gab einen Laut von sich.

Wir fuhren ungefähr eine Stunde lang. Und als wir in Balakot zu dem kleinen grauen Hospital kamen, waren nur Kinder im Hof, und niemand kam heraus, um uns den Verletzten abzunehmen. Der Arzt war nach Peschaur gefahren; der ›Mischer‹ war in Mansehra. Und nach Mansehra mußte der Verletzte dann gebracht werden. Aber dafür waren wir nicht länger verantwortlich, wir mußten unseren Jeep abgeben.

Und auch die Verantwortung des Jeepfahrers endete. Er konnte nichts mehr tun. Er hatte sich in eine politische Leidenschaft gesteigert, er hatte dieser Leidenschaft in seiner Verfolgung des afghanischen Hirten und seiner Zärtlichkeit gegenüber dem Verletzten Ausdruck gegeben. Aber seine Besorgtheit – und sein Gespür für Dramatik – konnten die lange, aufreibende Bergfahrt nach Balakot nicht überdauern. Als wir ihn dort – gutaussehend, müßig – verließen, glich er einem abgespannten und leeren Menschen.

Wir fuhren – mit unserem geliehenen Wagen und unserem geliehenen Fahrer – durch den Spätnachmittag und Frühabend. Nach den Bergen war das Land sanfter, trockener, die Vegetation abwechslungsreicher.

Weder Masood noch ich sagten viel. Es gab nicht viel zu sagen. Masoods Probleme machten ihn schwerfällig, machten eine neutrale Unterhaltung schwer.

Die Fahrräder auf den Straßen hatten keine Lampen. Die Busse und Lastwagen hatten oft keine Rücklichter, weil es keinen Zweck hatte, etwas zu beleuchten, wo man schon gewesen war. Die Pferdewagen hatten überhaupt keine Lampen.

Ich sagte mit plötzlicher Gereiztheit: »Sie haben keine Lampen.«

Masood sagte tonlos: »Sie haben keine Lampen.«

Ich setzte ihn auf der Straße nach Peschaur ab – Peschaur war die Garnisonstadt im Westen, in dem flachen breiten Tal, das zum Khaiber-Paß und einem anderen Teil Afghanistans führte.

9

Agha Babur

In Rawalpindi berichteten die Zeitungen von den Sparerlassen der Regierung. Sechs Ministerien sollten aufgelöst werden. In Belutschistan sollten Sparmaßnahmen getroffen werden: es sollten keine neuen Stellen geschaffen werden, und die Leute, die Stellen besetzt hielten, sollten keine Gehaltserhöhung bekommen. Im Amt für Maße und Gewichte sollten neunundzwanzig Angestellte entlassen werden. Die *Pakistan Times* berichtete, daß die betroffenen Angestellten ›die Regierung gedrängt haben, ihnen Ausweichstellen anzubieten, um sie und ihre Familien in diesen teuren Zeiten vor seelischer Qual und Hunger zu bewahren.‹ Laut *Der Moslem* jedoch hatten die Angestellten nur darum gebeten, ihrer ›seelischen Qual und Frustration‹ enthoben zu werden.

Die Minibusse, die zwischen Rawalpindi und Islamabad verkehrten, streikten einen Tag lang, um gegen ständige Belästigungen durch die Polizei zu protestieren. Die Busfahrer teilten der Zeitung mit, daß die Polizei höhere Bestechungen verlange. Die Polizei sagte, die Fahrer hätten sich den Fahrgästen gegenüber ›schlecht benommen‹.

Vierunddreißig Lehrer berichteten dem *Moslem*, sie hätten ihre Stellen in Oman in Südostarabien nicht antreten können, weil die Auswanderungsbehörde in Pakistan die ›No Objection‹-Bescheinigungen für Lehrer angezweifelt hatte. In der gleichen Ausgabe des *Moslem* stand ein Untersuchungsbericht über die hohen Kosten des Ausbaus eines von der Regierung geführten Touristenhotels im hohen Norden: eine Arbeit, die sieben Monate dauern sollte, hatte fünf Jahre in Anspruch genommen.

In der *Pakistan Times* schrieb ein pensionierter Soldat über Disziplinlosigkeit. »Es wird heute offen zugegeben, daß unsere Gesellschaft korrupt ist und jedes nur erdenkliche soziale Übel begeht. Von Kindern, die in einer häuslichen Atmosphäre aufwachsen, in der man sich ganz ungeniert dem Schmuggel, Schwarzhandel, Horten, der Bestechung und Korruption hingibt, darf man nicht erwarten, daß sie sich irgendeiner Disziplin fügen. Wenn diese Kinder Erziehungseinrichtungen besuchen, versuchen sie natürlich, ihre häusliche Atmosphäre darauf zu übertragen ...« Die Lösung sei größere Strenge, ›eine eiserne Hand‹ in der Schule (in der nichts Politisches gestattet sein sollte) und den Gerichten. »Inhaftierung, Prügelstrafe und selbst Todesstrafe werden das Nötige besorgen.«

Zum umfassenderen Thema der pakistanischen Krise gab es einen eindringlichen Leitartikel des *Moslem* von A. H. Kardar, dem ehemaligen Kapitän der pakistanischen Kricketnationalmannschaft und Oxfordstudenten. »Mit Scham und Zorn blicken wir zurück auf den vollkommenen Mangel an Arbeit und Vorbereitung unserer Politiker und Verwaltungskräfte angesichts wirtschaftlicher Probleme ... Scham und Zorn über die zunehmenden Schiffsladungen importierten Getreides ...« Was war – nach soviel Leidenschaft – seine Lösung? Nichts Konkretes. Nur weniger Politik und ein wenig mehr von dem, was früher gewesen war. »Ganz klar, man muß zwischen dem Materialismus und den nicht davon zu trennenden national unterschiedlichen politischen Manifesten und dem Wort Gottes wählen.«

Zur selben Zeit erschien in der *Pakistan Times* die Besprechung einer Kunstausstellung des Kunstrates. Der Künstler war Hameed Sagher. Es war seine erste Ausstellung, und der Kritiker war ebenso offen wie schonend.

»Wenn man die schon alte Halle des Ausstellungslokals des Rats betritt und den Holzfußboden beschreitet, fängt sich der Blick an einer Reihe leuchtender Ölbilder, und der Geist wird durch widersprüchliche Reaktionen auf diese Bilder festgehalten. Eine verwirrende Vielfalt von Techniken und Stilen ist zu sehen ... Um diese Vielfalt von Stilen zu verstehen, von denen einige mit anderen kollidieren, muß man etwas über den Künstler wissen. Hameed Sagher war eine Zeitlang Dichter. Dann folgte er dem Ruf der Kunst im kommerziellen Bereich, wobei ihm seine berufliche Erfahrung den Weg wies. Er hat als Künstler keine akademische Ausbildung ... Als Dichter ist er von Ideen fasziniert. Als Maler muß er diese Ideen in Farbe einfangen, und durch die provokativen Ideen seiner Freunde fühlt er sich inspiriert. So hat er eine Spannung entwickelt, mit der er seine Ideen ziemlich ungestüm und manchmal auch ziemlich offensichtlich illustriert ...

Sein ›Intellekt‹ zeigt einen in Flammen stehenden Kopf. Das mit ›Kampf‹ überschriebene Ölgemälde in Pastellfarben zeigt Hände, denen Feuer entströmt. ›Die Bewegung‹ ist ein weiteres Bild, das einen politischen Kampf mit Feuer und Rauch wiedergibt. Das stellenweise aufgetragene kühle Grün hat die Tendenz, die glühende Wirkung der brennenden Gestalten zu stören. ›Das Gebet‹ zeigt betende Hände, zwischen denen große Augen hervorschauen, und ein von Vögeln umschwirrtes Minarett ... Die leuchtenden Farben, die Bewegung und die Spannung bergen ein Versprechen. Mit mehr Erfahrung und unter geringerem wirtschaftlichen Druck wird Hameed Sagher ohne Zweifel als bedeutender Künstler hervortreten.«

Die Ausstellung war in der Halle der Freimaurer. Die Freimaurer waren wenige Jahre vorher als zionistische Organisation (und auch, wie man mir sagte, weil sie Salomon über alle anderen Propheten stellten) verboten worden, und der Kunstrat hatte ihre Halle übernommen.

Sie lag in der Straße hinter Flashman's Hotel, einer Straße der Schal-, Teppich- und Stoffverkäufer. Sie war ein solides Ziegelgebäude aus der britischen Zeit – im Stil des Amtes für Öffentliche Arbeiten – mit einem Rasen, einer halbkreisförmigen Auffahrt, Bogenfenstern und einem überdachten Portal. Auf dem Giebel des Portals war immer noch das Freimaureremblem mit den zwei Zirkeln, wie ein unvollendeter Stern. (In Rawalpindi gab es viele solcher widerrechtlicher Aneignungen, solcher Erinnerungen an Vertreibungen und ein gesäubertes Land. Das Haus des Präsidenten hatte einem Sikh gehört; Poonch-Haus, einer der Paläste des Hindu-Maharadschas von Kaschmir, sollte abgerissen werden.)

Der für die Hameed Sagher-Ausstellung verantwortliche Mann war Agha Babur. Er war ein humorvoller Mann mittleren Alters, schlank und attraktiv, mit einem Kranz weißer Haare, die im Nacken lang waren. Sein Büro war in einem Raum neben der Ausstellungshalle. Er hatte zu tun – die Vernissage sollte an dem Nachmittag stattfinden –, aber er schenkte mir ein wenig Zeit.

Eine ziemlich korpulente Frau (Agha Baburs Frau: er erzählte mir später, daß es ihr gesundheitlich nicht gutginge) saß schweigend, aber umgänglich an der einen Seite von Agha Baburs Schreibtisch. Ein respektvoller Mann vom Radio saß ihm am Schreibtisch gegenüber. Ich setzte mich an die freie Seite des Schreibtischs.

Agha Babur hatte die kurze Notiz über Hameed Saghers Arbeit im Katalog verfaßt. »Ich mußte sie schreiben. Es ist wichtig, daß unsere Künstler solche Broschüren von ihren Ausstellungen haben, wenn sie ins Ausland gehen. Sie können nicht einfach nur eine Preisliste vorlegen. Die Leute draußen in Frankreich und Deutschland und Italien würden ihnen keine Ausstellungen widmen, wenn sie bloß eine Preisliste vorzeigten. Sie brauchen diese Broschüren.«

Die Preise Hameed Saghers waren nicht hoch: fünfzig bis zweihundert Rupien, fünf bis zwanzig Dollar.

Bevor er zum Kunstrat kam, war Agha Babur in der Armee gewesen. »Ich kam zum Kunstrat, weil er ein sinkendes Schiff war. Ich habe ihm erst Geltung verschafft. Das konnte ich nur, weil ich ein Mann mit Ideen war. Ich nenne Ihnen ein Beispiel. 1975 war das Jahr des Tourismus. Das Ministerium hier hat nichts dazu beigetragen. Am Anfang lief der Tourismus hier gar nicht gut. Ich habe alle Botschaften angeschrieben, damit sie mir, bitte schön, ihre Tourismusplakate schicken. Ich habe von zehn Ländern Plakate bekommen, und wir haben eine internationale Ausstellung mit Tourismusplakaten veranstaltet. Wir haben Preise verliehen. Den ersten Preis haben wir Polen gegeben, den zweiten Preis der Türkei, den dritten Spanien. Wir mußten ihn Spanien geben. Sie hatten ein Plakat mit einem Stierkampf.«

Wie er so in seinem Sessel saß und mit den Händen Torerogesten vollführte, beschrieb er mit seinem Oberkörper plötzlich einen Bogen zur Seite und seine Augen tanzten vor Vergnügen. »Voller *Bewegung*. Das ist also in all diesen Ländern allgemein bekannt geworden. Ich habe einen Brief an den Minister hier geschrieben: ›Das habe ich erreicht. Ihr Amt ist *schlafmützig*.‹ Und er sagte: ›Agha Babur, Sie sind ein Mann mit Ideen.‹ Ich habe es dabei nicht belassen. Ich habe ihn überredet, das Ministerium dazu zu bringen, mir Preise zu geben.« Er sprach das Wort so, daß es sich auf ›Speise‹ reimte. »Und wir haben diese Preise verteilt, und das wurde in Warschau und Ankara und Spanien im Fernsehen gezeigt.«

»Ideen habe ich am laufenden Band. Morgens, wenn ich mich rasiere. Zum Beispiel ist dies das vierzehnte Jahrhundert der islamischen *Hedschra*. Unser Präsident hat in Havanna gesagt: ›Vor vierzehnhundert Jahren hat eine Revolution stattgefunden.‹« (Der Präsident hatte das wenige Wochen vorher bei einem Treffen der blockfreien Staaten, denen Pakistan sich gerade angeschlossen hatte, gesagt.) »Nun, das gab mir eine Idee ein. Sie sind der erste, dem ich davon erzähle. Die besondere Ehre gebührt Ihnen. Wenn wir die neue *Hedschra* beginnen, werde ich eine Ausstellung der Handschriften des Heiligen Korans veranstalten.«

In der Broschüre zu Hameed Sagher hatte Agha Babur geschrieben: ›In seinen Gemälden, in denen die Rückübersetzung von Sehnsucht und Qual in einem naiven Stil dargestellt wird, macht sich Hameed Sagher eine poetische Atmosphäre zunutze. Er sucht nach Identität und Kraft... Sein Werk repräsentiert den Individualismus eines Künstlers, der mit halbgaren, gemischten

Gefühlen konfrontiert wird, als sei er eingeschlossen und versteckt in der Schatzhöhle Ali Babas.« Und unterschrieben war es in einer eleganten kursiven Schrift: *Agha Babur*.

Er wartete auf eine Reaktion von mir. Ich las ihm den letzten Satz laut vor. Das schien ihm zu gefallen. Agha Babur, Ali Baba: vielleicht hatte das erste (Agha Babur benutzte gern seinen eigenen Namen) das zweite veranlaßt.

Wir sprachen über die englische Sprache in Pakistan. Ich sagte, daß nicht viele Leute sie sprächen. Erst stimmte er mir nicht zu, dann schien er zuzustimmen. »Die gesprochene Sprache mag aussterben. Aber nicht die geschriebene Sprache. Auch wenn ich stolz auf mein Urdu bin, vergesse ich nie, daß ich auch Engländer bin.« Er meinte, ein Englischsprachiger. »Wir haben nun einmal diese englische Sprache. All die Araber und Perser hätten sie gern. Es wäre schlecht, sie zu verlieren. Wenn unser pakistanischer Abgeordneter bei den Vereinten Nationen sich erhebt und in diesem wunderbaren Englisch zwei, drei Stunden lang eine Rede hält, laufen am Ende alle Araber zu ihm und umarmen ihn. Dieses Englisch können wir nicht verlieren.«

»Mein Lehrer war Bukhari. Der große Bukhari. Ein Schreckgespenst. Er schmiß einem die Prüfungsarbeiten an den Kopf, direkt ins Gesicht. ›Das nennen Sie schreiben? Das nennen Sie Englisch?‹ Er sagte etwas, das mir im Gedächtnis hängengeblieben ist. Er sagte: ›Jetzt ist das Schreiben schmerzlich. Alles andere ist Vergnügen. Denken Sie daran. Aber es wird der Tag kommen, an dem Schreiben ein Vergnügen und alles andere schmerzlich sein wird.‹ Ist das nicht ein guter Spruch? ›Schreiben ist schmerzlich. Alles andere ist Vergnügen. Aber es wird der Tag kommen ...‹«

Er brach ab und sagte: »Sie sind wie meine Freundin Caroleen in den Vereinigten Staaten. Sie hat auch immer von allem, was ich gesagt habe, Notizen gemacht.«

Ich schrieb auf die Ränder des kleinen Katalogs.

»Sie war meine Führerin in den Vereinigten Staaten. Geschieden. Ich war Kulturgast des State Department. Caro-leen sagte zu mir: ›Agha Babur, die meisten Leute kommen zur Ostküste und haben das Gefühl, die Vereinigten Staaten gesehen zu haben. Sie machen höchstens noch einen Ausflug nach Los Angeles an der Westküste. Und dann haben sie das Gefühl, die Vereinigten Staaten gesehen zu haben. Sie sind der erste, den ich kenne, der nach Utah kommt. Woran sind Sie interessiert?‹ Ich sagte: ›Da ich Moslem bin, an der Polygamie.‹ Das war ein Scherz. Sie erzählte mir von einem Plan für ein Theater in einem Kaufhaus. Ich sagte: ›Caro-leen, Sie stellen die Kunst in die Fensterschau.‹ Das Schaufenster, das Geschäftsfenster. Egal was ich sagte, es war richtig. Sie fuhr den Wagen. Mit einer Hand zog sie einen Block heraus und begann zu schreiben. Ich sagte: ›Caro-leen! Was machen Sie da?‹ Sie sagte: ›Agha Babur, ich muß mir einfach notieren, was Sie so sagen.‹«

Er nahm ein Lexikon herunter. Auf der kleinen Karte von den Vereinigten Staaten hatte er seine Kulturroute in blauer Tinte nachgezeichnet. Er war auch in Florida, in Disneyland gewesen.

Die Vernissage sollte um fünf Uhr dreißig sein. Aber dies war Pakistan, und die Eröffnungsrede halten und das Band durchschneiden sollte der Botschafter des Irak. Ich dachte, ich könne um sechs hingehen. Aber weil die Halle so nah beim Hotel war und weil ich bummelte, um mir die Schals und Teppiche anzusehen, war ich um fünf nach sechs da. Am Eingang stand ein Polizist. Auf dem Rasen war für die Erfrischungen ein *Schamiana*, ein geschmücktes Zelt, aufgebaut. Und ich war hoffnungslos verspätet. Die Reden waren schon gehalten.

Agha Babur mit seinem militärischen Hintergrund hatte pünktlich angefangen. Er hatte den Botschafter gebeten, sieben Minuten nach der offiziellen Eröffnungszeit, um fünf Uhr siebenunddreißig, einzutreffen; und genau das hatte der Botschafter getan. Als ich in die Halle mit ihren kahlen alten Fußbodendielen kam, machte die offizielle Gruppe ihren Rundgang an den Gemälden vorbei: der Botschafter in einem dunklen dreiteiligen Anzug, Agha Babur in einem hellgrauen Straßenanzug, der

Künstler in einem weißen pakistanischen Anzug mit einer rehfarbenen Strickjacke. Der untersetzte Botschafter sah ernst und gequält aus und lauschte mit schräggelegtem Kopf; der Künstler war klein, schüchtern, überwältigt von dem Ereignis und durchaus gewinnend; Agha Babur war gepflegt und vornehm und künstlerisch mit seinem langen weißen Haar.

Die Halle war voll. Agha Babur hatte es wieder einmal geschafft. In der gesellschaftlichen Wüste Rawalpindis hatte er wieder einmal ein Ereignis geschaffen. Und die Ausstellung war ein Erfolg. Zwölf der Gemälde waren schon verkauft. Der irakische Botschafter hatte fünf gekauft (einschließlich des brennenden Kopfes ›Intellekt‹); der Vertreter der indonesischen Botschaft hatte zwei gekauft; der ostdeutsche Botschafter oder sein Stellvertreter hatte eins gekauft, desgleichen der russische Botschafter (der kein Urdu sprach, aber persisch verstand, und die langen Finger des Künstlers gehalten hatte und sie ›künstlerisch‹ nannte).

Ich lernte einen Freund des Künstlers kennen. Er war Lehrer; und der kleine junge Mann bei ihm war auch Lehrer. Der junge Mann – auf dessen schmaler Brust schwarzes Haar sproß – war in der Armee gewesen, hatte aber den Dienst quittiert, um Lehrer zu werden. Nun wollte er nach England gehen, um eine Doktorarbeit zu schreiben. Wie viele Pakistanis behauptete er, mehr zu sein als ein Pakistani. Er sagte, er sei persischer Abstammung; sein Vorfahre sei nach der Großen Meuterei 1857 nach Indien gekommen. (Aber dieser Vorfahre war wahrscheinlich nur einer von sechzehn.) Er wollte nach England gehen, um eine Doktorarbeit über den politischen Roman zu schreiben: E. M. Forster, Conrad, Graham Greene.

»Greene?«

»Er hat diese drei Romane über Afrika geschrieben.«

»Drei Romane?« Ich versuchte zu überlegen, welche.

»Er hat diesen Roman über Afrika geschrieben. *Das Herz* von irgendwas.«

»*Das Herz aller Dinge*. Den würde ich aber nicht politisch nennen.«

»Er ist politisch. Es gibt da ein paar Dialoge darüber, daß Eingeborene Lügner seien. Aber niemand sagte, daß es am Kolonialismus lag, wenn die Leute Eingeborene Lügner nannten. Die Menschen wurden vom Kolonialismus gemacht. Von der Geschichte. Aber das sagt keiner.«

»Aber wenn Sie so denken, dann ist jeder ein politischer Schriftsteller.«

Der junge Mann – blaß, dünn – hatte nicht gründlich über seine Doktorarbeit nachgedacht, mehr als diese schwache Vorstellung hatte er nicht. Er änderte das Thema und sagte: »Was ist mit Kipling?«

Ich sagte: »Niemand sonst hat so genau über Inder geschrieben. Da können Sie Kipling nichts vorwerfen.«

Aber er kannte Kipling nicht wirklich, er kannte nur den Namen. Er wurde vertraulich. Er sagte: »Ich wollte gar nicht über den englischen politischen Roman arbeiten. Das war ihre Idee. Ich wollte in Wirklichkeit Shakespeares Sonette behandeln. Aber sie haben gesagt, das sei zu abgedroschen.«

»Es gibt schon viel über die Sonette. Was wollten Sie denn darüber sagen?«

»Ich habe das Gefühl, daß Shakespeare sich zu einem jungen Mann hingezogen fühlte. Aber die Leute hielten das für unnatürlich.«

Ich dachte, daß es vielleicht besser für ihn sei, wenn er die Sonette in Ruhe ließ.

»Und weil sie es für unnatürlich hielten – Sie wissen ja, ich bin Perser. Kennen Sie Hafis, Saadi? Die Leute in Europa sind sehr naiv in bezug auf Homosexualität.«

Er war dreißig. Aber er hatte wenig gelesen; er wußte wenig; er hatte von wenig eine Vorstellung. Ich glaube nicht, daß er wirklich eine Doktorarbeit schreiben wollte. Er wollte eine Arbeit, er wollte ein Visum und ein ›No-Objection Certificate‹, er wollte weggehen.

Wie konnte er lesen, wie konnte er urteilen, wie konnte er sich an die kritischen Wissenschaften einer anderen Zivilisation wagen, wenn so viel seiner eigenen Geschichte für ihn verzerrt und der Nachforschung verschlossen war? Und wie seltsam war es, in der usurpierten Freimaurerhalle in Rawalpindi vom englischen politischen Roman und den Verzerrungen des Kolonialismus zu sprechen, wenn in dieser Stadt in wenigen Wochen im Namen eines Islams, der nicht in Frage gestellt werden durfte, die Peitschkommandos losgeschickt, offizielle Fotos von öffentlichen Prügelstrafen publiziert werden sollten und einer der besten Journalisten des Landes verhaftet und auf Fotos in Ketten gezeigt werden sollte.

10

Die Salzhügel eines Traums

Die Abende in Rawalpindi wurden kühler; der Sommer ging seinem Ende zu. Aber wenn man mit dem Bus die kurze Strekke von den Hügeln am Fuße des Himalayas nach Lahor in den Ebenen des Pandschab fuhr, war es noch sehr heiß. Man fuhr dann auch von einem Gebiet, in dem die Landwirtschaft vom Regen abhing, in eines, in dem sie von der Bewässerung durch die Flüsse des Pandschab abhing.

Die bewässerten Steppen des pakistanischen Pandschab waren die Getreidekammer dieses Teils des Subkontinents gewesen. Aber die Bewässerung, die für einige Felder ein Segen war, war für andere ein Fluch. Da der Boden des Pandschab keinen natürlichen Abfluß hatte, war der Wasserspiegel bis auf drei Meter unter der Oberfläche angestiegen. Vierzig Prozent des bewässerten Landes waren mittlerweile von Wasser überstaut; ein Viertel des Landes war durch Salz, weiß auf der Erdoberfläche, schwarz und schädlicher darunter, verdorben. Das Verderben schritt unterirdisch voran; aber man konnte schon die nächste Reihe ausgewachsener Bäume sehen, deren Wurzeln verfaulen würden, die nächste Feldfläche, auf der bald nichts mehr wachsen würde.

Das Dorf Raiwind stand mitten in einem neuen Wüstengebiet. Wenn man von Lahor aus dorthin fuhr, konnte man, weil das Land so flach war, kilometerweit verheertes Land sehen, in dem es hier und da noch fruchtbare grüne Flecken gab. In Raiwind fand eine große Versammlung statt. Von weitem sah es wie ein Jahrmarkt aus: Leute, die zu Fuß über ebene, gerade Straßen zu einer großen Zeltstadt marschierten, Lastwagen und

Busse und Pferdewagen, die wie weit entfernte Miniaturen Staub aufwirbelten (aber die Gräben waren voller Wasser).

Es war ein religiöses Ereignis: in Pakistan ließ die religiöse Erregung nie nach. Es hatte Ramadan und das Fest am Ende des Ramadans gegeben; dann kamen die Aufregungen der Pilgerfahrt nach Mekka; das Opferfest stand kurz bevor. In der Zwischenzeit fand dies statt: die Versammlung einer moslemischen Bruderschaft, die sich der Vorstellung verschrieben hatte, daß jeder Moslem auch ein Missionar für den Islam sei.

Sie waren, Gott weiß mit welchen Unkosten, aus allen Teilen Pakistans und auch vielen anderen Ländern gekommen. Sie gehörten nicht zu den Armen, die Mitglieder dieser Bruderschaft; viele von ihnen waren Händler. Drei oder vier Tage lang lauschten sie Reden und lebten und beteten zusammen. Raiwind, wo keine Feldfrucht wuchs, lieferte eine vollkommene offene Fläche dafür. Das Land war so wasserüberstaut, das Wasser so dicht unter der Erdoberfläche, daß man an manchen Stellen das Gefühl hatte, auf einer Sprungfedermatratze zu gehen.

Es gab viele Erfrischungszelte aus gestreiftem Zelttuch. Das Hauptzelt umfaßte eine riesige Fläche. Unzählige Bambusstangen kamen in verschiedenen Winkeln unter der gewölbten weißen Decke hervor: über Seilen, die man an den Stangen befestigt hatte, hingen Streifen weißer Baumwolle, die sich senkten und hoben, lose zusammengesteckt, so daß in der riesigen bedeckten Fläche, deren Ende man kaum erblicken konnte, die weiße Verkleidung aufgeschlitzt und aufgerissen aussah und Teile des hellblauen Himmels und der sonnenbeschienenen, blendend weißen Außenfläche der Baumwolle sehen ließ. Die Risse ließen unregelmäßig Lichtstrahlen herein, die sich in Segmenten auf den Menschen und dem Boden brachen. Unter der weißen Baumwolle, die das Licht eher filterte als Schatten spendete, hatte man den vagen Eindruck von Wasser; und das Heben und Senken der Baumwollstreifen an ihren Seilen deutete eine Art Meeresspiegel darüber an. Hier und da fächelten Männer heiligen Männern mit Turbanen Luft zu, manchmal mit Bettüchern; manchmal hoben zwei Männer gleichzeitig große weiße Bettücher hoch und ließen sie wieder fallen und schufen so für einen Augenblick einen Baldachin über dem ruhenden heiligen Mann. Überall lagen Matten und Rollen mit Bettzeug und Wassergefäße.

Alles war organisiert; jede Reihe hatte eine Nummer. Ich wurde von einer Person zur nächsten weitergereicht, einmal von einer sich gerade entwickelnden Unterhaltung weggerissen und zur Enklave der Ausländer gebracht, wo Araber, Indonesier und selbst Afrikaner waren (offensichtlich Alterfahrene bei diesen internationalen moslemischen Versammlungen, die schamlos die ethnische Sensation genossen, die sie und ihre Kostüme und ihre Sprachen darstellten). Hier riß man mich aus einer Unterhaltung und führte mich schließlich in das *Schamiana* der Organisationsleitung, wo ein Wissenschaftler mit geschorenem Schädel mich überprüfte, bevor ein Geschwaderkommandant mit einem wunderbaren weißen Bart, traurigen Augen und sanftem Benehmen kam und mit mir über das Leben nach dem Tode redete. Er sagte, es sei eines der Ziele der Versammlung, Leute dazu zu bringen, ernsthaft über das Leben nach dem Tode nachzudenken.

Sie hockten sich vor mich auf einer Baumwollmatte auf dem kahlen Boden. Der Wissenschaftler sagte, er sei bei Kriegsende nach England gefahren, mit einem Truppentransporter. Selbst damals hätte er Anzeichen der Krankheit des Westens gesehen, aber er habe den Mund gehalten, nun gebe der Westen natürlich zu, daß er krank sei.

Der Wissenschaftler sagte, er wolle nicht so ›gespalten‹ sein, wie sein Vater es in Britisch-Indien gewesen sei: ein Moslem zu Hause, ein Europäer fern von zu Hause. Sie – er und alle anderen der Versammlung – wollten solche Moslems sein, wie es die ersten Moslems waren. Als ich fragte, in welchen Einzelheiten sich sein altes Verhalten von dem neuen unterscheide, konnte ich keine direkte Antwort erhalten.

Es war heiß; der Wissenschaftler mit dem geschorenen Schädel schwitzte. Der Geschwaderkommandant mit dem Turban war kühler, auch beeindruckender, gequälter. Er wollte sich von allen Gedanken an das Ich reinigen, alles allein zum Gefallen Allahs tun. Aber jede Tat weckte Zweifel, in jeder Tat entdeckte er erniedrigende Gedanken an das Ich.

»Bleiben Sie und wohnen Sie unseren Gebeten bei«, sagte er. »Auf Neuankömmlinge übt es manchmal eine Wirkung aus, uns alle beim Gebet zu sehen.«

Aber genau dazu wollte ich nicht bleiben, und es beunruhigte mich auch: die Gebete, der Anblick von hunderttausend – oder waren es zweihunderttausend? –, die sich in der vermeidbaren Wüste von Raiwind unisono beugten.

Auf der Rückfahrt machte ich in einem Dorf halt. Keine Feldfrucht wuchs hier mehr. Die Männer waren keine Bauern mehr, sondern Arbeiter, die jeden Tag in die zwei Stunden entfernte Stadt Lahor fuhren. Dicht unter der Oberfläche stehendes Grundwasser war der Feind: das einfachste Loch wurde ein Tümpel, und das Dorf war voller abgestandener Tümpel, von denen einige recht groß und mit dörflichem Abfall umrandet waren. Grün fehlte vollkommen. Aber irgendwie gab es Vieh: auf Lehmwänden trockneten Dungfladen, Brennmaterial.

Die Männer, mit denen ich redete, suchten Schutz vor der Sonne in einem einzimmerigen Haus aus Lehmziegeln neben einem Tümpel. Ein beträchtlich größeres Haus stand weiter unten an der holprigen, ungepflasterten Straße. Man sagte mir, es sei ein Moslem-Haus. Ich fand die Bezeichnung seltsam, bis ich verstand, daß das Haus vor Pakistan, vor 1947, einem Nicht-Moslem gehört hatte. Jetzt war das Dorf ganz moslemisch, rein. Zur Gebetszeit erhoben sich zwei der Männer – obwohl kein Ruf erklang –, um zur Moschee zu gehen.

Das Land bestand nur noch aus Salz. Aber der Glaube hielt diese Männer friedlich.

Und einige hatten solch großen Glauben, daß sie aus dem Glauben ganz herausgenommen wurden. So war es den Ahmadis ergangen. Um etwas über sie herauszufinden, war ich nach Lahor gekommen.

Die Ahmadis betrachteten sich als die reinsten aller Moslems. Ihre Verehrung für den Propheten hatten sie unlöslich mit einer Verehrung für den Verheißenen Messias, Ahmad, verbunden, der im 19. Jahrhundert in Indien erschienen war. Ahmads Anhänger, die Ahmadis, behaupteten, daß Ahmad erschienen sei, um den verfallenen Glauben zu reinigen. Für andere Moslems beeinträchtigte diese Verehrung des Verheißenen Messias die ›Finalität‹ des Propheten und war die ärgste Blasphemie. Es hatte wiederholt Kampagnen gegen die Anhänger Ahmads gegeben, und zu Bhuttos Zeit waren die verhaßten Ahmadis zu Nicht-Moslems erklärt worden.

Mein Interesse an dieser Sekte hatte mit der Ahmadi-Beamtin begonnen, die ich in Karatschi traf – der Witwe im grünen Sari. Die Bildung und Würde der jungen Frau hatten mich beeindruckt und auch, daß sie die Verfolgung akzeptierte, ebenso wie die Tatsache, daß sie unter Umständen mit ihren Kindern Pakistan verlassen mußte.

Ich hoffte, bei meiner Reise nach Lahor die Ahmadi-Niederlassung in der kleinen Stadt Rabwah, ungefähr hundert Meilen entfernt, besuchen zu können. Aber dazu mußte man eingeführt werden, und in Lahor war es nicht leicht, bei Ahmadis eingeführt zu werden. Die Ahmadis selbst waren verständlicherweise verschlossen. Und Moslems, die nicht der Sekte angehörten, wollten nichts von ihnen wissen; sie gaben entweder vor, nicht zu verstehen, oder sie tobten.

Ich hörte, daß die Ahmadis in Kasuistik beschlagen seien; daß der Mann, von dem sie in der Öffentlichkeit nur als von dem Verheißenen Messias sprachen, privat von ihnen als zweiter Prophet anerkannt wurde. Ich hörte, daß der ursprüngliche Ahmad von den Briten dazu ermutigt worden sei, die indischen Moslems zu spalten. Ich hörte auch, daß sie in den Streitkräften stark vertreten seien, daß sie gute Geschäftsleute seien und ›sich um die Ihren kümmerten‹, daß ein Ahmadi zu werden hieße, sicher und geborgen zu sein.

Dann traf ich durch den Sohn eines Offiziers im Ruhestand

Oberst Anees, der früher der pakistanischen Armee angehört hatte. Er hatte den Dienst quittiert, weil er – besonders nach der Ächtung der Sekte – die Vorurteile als zu stark empfand. Er war einundvierzig, schwer, aber muskulös, mit mächtigen Schultern. Sein Gesichtsausdruck war heiter, dem Lächeln nahe. Nach dem Krieg gegen Bangladesh 1971 hatte er zwei Jahre als Kriegsgefangener in Indien verbracht. Im indischen Lager hatte er viel gelesen, Französisch gelernt und eine Reihe guter, sorgfältiger fotografisch getreuer Bleistiftzeichnungen angefertigt. Etwas von seiner Gelassenheit mußte er in diesen zwei Jahren der Zurückgezogenheit und geistigen Konzentration bekommen haben.

Ihn zu mögen, war nicht schwer. Schwerer war es, seinen ungeheuren Glauben nachzuvollziehen. Aber das erwartete er: er sagte, um die Ahmadis zu verstehen, sei es notwendig, viel über den Islam zu wissen, sehr viel. Und was er meinte, verstand ich erst, nachdem er mich mitgenommen hatte, um die Führer der Sekte in Lahor kennenzulernen. Er brachte mich eines späten Nachmittags hin und ließ mich allein, damit ich alles selbst herausfand.

Ein reiches Vorstadthaus, in dessen Auffahrt drei oder vier Wagen standen; ein grüner, laubreicher Garten; Schiebetüren aus Glas mit Holzrahmen; ein mit Teppichen belegter Fußboden; nachgemachte Stilmöbel; reich geschnitzte niedrige Tische; moderne pakistanische Gemälde; Diener; Tee. Ein merkwürdiger Hintergrund – richtig eigentlich nur in seiner indisch-viktorianischen Umständlichkeit, dem Gefühl des Eingeschlossenseins, das er vermittelte – für die Erläuterung religiöser Mysterien, die mir aus einer antiken Welt zu kommen schienen. Und die Männer, die auf mich warteten – verschiedenen Alters: von Ende Dreißig bis Ende Sechzig –, hätten ihrer Kleidung, Bildung und ihrem Betragen nach moderne Geschäftsleute sein können. Einige waren wahrscheinlich auch Geschäftsleute. Aber sie besaßen eine zusätzliche Autorität: es waren Männer, die ihrer eigenen Schätzung nach durch ihren Glauben außergewöhnlich gemacht worden waren.

Es war nicht vielen gegeben, den Messias zu erkennen, zu den ersten zu gehören: auf solche Weise mit den ersten, die an die Botschaft des Propheten glaubten, verbunden zu sein. Der Mut dieser ersten Gläubigen war nun gerechtfertigt, wie ihrer es sein würde, wenn die Welt sich dem Verheißenen Messias zuwandte. Und als Zeichen ihres Glaubens trugen einige – trotz der Verfolgung – einen ganz dünnen halbmondförmigen Bart ums Kinn.

Vor hundert Jahren hatte es nur Ahmad gegeben, einen einzigen Menschen. Nun gab es zehn Millionen Ahmadis auf der ganzen Welt. Warum in hundert Jahren nicht zehn mal zehn Millionen? Das hatte der Imam oder Bischof von Lahor (der einen halbmondförmigen Bart hatte) einem Zweifler in London gesagt. Mit diesem ungeheuren Glauben konnten sie es sich leisten, über Spötter und ›althergebrachte Interessen‹ zu lachen. Die wahre Religion, sagte der Imam, sei von ›Kultur‹ überdeckt. Wenn man dieses Vergängliche einmal durchschaute, würde Religion wieder klar.

Es gäbe immer Leute, die es vorzögen, Zeichen zu leugnen, sagte der Imam. Es sei zum Beispiel prophezeit worden, daß es sowohl eine Sonnen- wie eine Mondfinsternis geben würde, wenn der Verheißene Messias erschiene oder seine Botschaft verkündete. Als nun 1894 diese beiden Ereignisse zusammentrafen, schlug ein Zweifler voller Frustration mit dem Kopf gegen die Wand und sagte: »Nun hat dieser Mann« – der Verheißene Messias – *»recht!«*. Aber der Zweifler hatte seinen Zweifel nicht aufgegeben.

Sie lachten über die Geschichte, die sie alle gut kannten. Und es gab noch eine neuere Geschichte von Unglauben und althergebrachten Interessen.

Der Imam sagte: »Letztes Jahr hat im Commonwealth-Zentrum in London eine Konferenz stattgefunden. Mehrere hundert Delegierte aus verschiedenen Ländern waren da. Wissenschaftler waren da. Einige hielten Vorträge. Aber die Presse ignorierte die Konferenz. Das Fernsehen hat niemand hingeschickt.«

Ich sagte: »Um was ging es bei dieser Konferenz?«

Der älteste Mann sagte: »Es ging um die Errettung Christi vom Kreuz.«

Christus war nicht am Kreuz gestorben. Er war nur bewußtlos, als man ihn vom Kreuz abnahm. Das Turiner Leichentuch bewies, daß Blut von einem noch Lebenden geflossen war. Christi gebrochene Glieder heilten, und er reiste umher und predigte zu den verlorenen Stämmen Israels. Er kam bis nach Kaschmir in Nordindien und starb dort im Alter von einhundertzwanzig Jahren.

Ich sagte: »Wer hat die Konferenz veranstaltet?«

Der Imam war verdutzt: »Wir.«

Ich war verwirrt. Aber dieser Christusglaube war für den Ahmadi-Glauben zentral.

Manche Moslems glauben (auch wenn es dafür im Koran keine Bestätigung gibt), daß Christus (der für die Moslems einer der Propheten vor Mohammed ist) als der Erlöser oder Mahdi zur Erde zurückkehren wird. Die Ahmadis behaupten, daß diese Prophezeiung falsch interpretiert worden sei. Und zwar aus folgendem Grund: Christus lebt nicht irgendwo im Himmel und wartet darauf, zur Erde zurückzukehren; Christus ist tot. Er ist tot, weil er nicht vom Kreuz in den Himmel aufgestiegen ist. Er wurde vom Kreuz abgenommen, geheilt und fuhr mit seinem Predigtwerk fort, bis er hundertzwanzig war. Er durchlebte sein Leben als Mensch; es war ein sehr langes Leben; er kann nicht für eine zweite Zeit zur Erde zurückkommen.

Die wahre Prophezeiung bestand nach Auskunft der Ahmadis darin, daß jemand *wie* Christus als der Verheißene Messias zur Erde zurückkommen sollte, um die Religion in einer Zeit der Finsternis zu säubern und die Reinheit des Islams wiederherzustellen. Und dieser Mann war Ahmad, geboren 1838 im Dorf Qadim, das jetzt in Indien, direkt hinter der pakistanischen Grenze lag. Jesus wurde dreizehnhundert Jahre nach Moses geboren, Ahmad wurde dreizehnhundert Jahre nach dem Propheten geboren. Jesus wurde in einer römischen Kolonie, Ahmad in einer britischen Kolonie geboren. Das waren bloß zwei der zahllosen Ähnlichkeiten.

Ahmads Familie hatte zu den Großgrundbesitzern gehört. Aber unter der britischen Verwaltung hatte sie ihre acht Dörfer verloren, und die Aufteilung des restlichen Besitztums unter der Familie hatte für Ahmad wenig übriggelassen. Es ist bekannt, daß er Arabisch, die heilige Sprache, ohne sie je gelernt zu haben, beherrschte und daß er an Schwindelanfällen und Diabetes litt und leicht stotterte. Als er 1890 im Alter von vierzig Jahren seine Botschaft verkündete, fand man, daß vieles von Ahmad – einschließlich seiner körperlichen Schwächen und des Namens seines Geburtsortes – vorhergesagt worden war.

Er empfing seine Offenbarungen in Worten, und das war wichtig. Wenn er einfach behauptet hätte, erleuchtet worden zu sein, wäre er nicht in der Lage gewesen, viel für seine Worte zu beanspruchen. Einmal wurde er des versuchten Mordes angeklagt – das war ein früher Versuch, ihn in Mißkredit zu bringen –, aber er wurde freigesprochen. Er heiratete spät, bekam mit fünfzig Jahren einen Sohn, und der Sohn wurde das dritte Oberhaupt der Bewegung (Ahmad starb 1908). All diese Ereignisse wurden vorhergesagt.

Es war, wie Oberst Anees mich gewarnt hatte, eine komplizierte Geschichte, und ich habe vielleicht nicht alle Einzelheiten richtig verstanden. Vieles von dem, was ich geschrieben habe (aber nicht alles), wurde mir auf einer langen morgendlichen Fahrt zu der Ahmadi-Niederlassung in Rabwah von Idrees, dem Bruder des Imams von Lahor, erzählt.

Idrees wollte mir zeigen, daß der Glaube rein islamisch war und mit den anerkannten Überlieferungen und Prophezeiungen übereinstimmte. Er war auch, hatte ich das Gefühl, nach der Ächtung der Sekte ein wenig nervös und bestrebt, nicht gotteslästerlich zu erscheinen. Idrees war Rechtsanwalt am Obersten Gerichtshof mit weißen Haaren, seine Erklärungen konnten genau und detailliert sein.

Die Ächtung der Sekte durch Bhutto war vorhergesagt worden, ebenfalls die Bestrafung Bhuttos. Es war prophezeit worden, daß ein Herrscher sie zu *Cafars*, Nicht-Rechtgläubigen, erklären würde und daß danach beide Hände des Herrschers gebrochen werden würden. »Die Hand, die die Erklärung hielt«, sagte Idrees, »und die Hand, die sie rechtsgültig machte.«

Ich fragte Idrees, ob es nicht besser für die Ahmadis gewesen wäre, in Indien zu bleiben, an ihrem Hauptsitz in Ahmads Geburtsort.

Idrees sagte: »Ohne Pakistan und Jinnah wäre Indien ein weiteres Spanien gewesen.«

»Spanien?«

»Ein Land, in dem der Islam hinweggefegt worden ist. Und nun sagen so viele Gelehrte, daß der Islam seine ruhmreichsten Leistungen in Spanien hatte.«

Lange vor der Teilung hatte jedoch der zweite Kalif oder Nachfolger (Ahmads Sohn) eine Wanderung vorausgesagt: eine Wanderung ähnlich der Jesu, nachdem er vom Kreuz abgenommen worden war. Die Prophezeiung hatte er in einem Traum erhalten.

Die Landschaft, durch die wir gefahren waren, war flach. Der Übergang zu den Hügeln kam plötzlich. Es waren die Salzhügel des Pandschab, und Idrees sagte, daß sie sich von der Luft aus als die letzten Ausläufer des Himalayas zeigten. Es waren niedrige rote Hügel, so rot, daß die Männer, die das Salz – ganz rein, in Klumpen wie geäderter Marmor – abbauten, rot von Staub waren.

Neben den Hügeln floß der Chenab, einer der Flüsse des Pandschab, hier ein Fluß des indo-pakistanischen Subkontinents: kein Wasserstrom zwischen scharf begrenzten Ufern, sondern eine breite zerklüftete Senke, die bei der Stadt Rabwah (unterhalb der Salzhügel) zwei oder drei Meilen breit war. Der größte Teil des Flußbettes lag frei und trocken da, mit leicht erhabenen Sandbänken, großen grauen und dort, wo sie von Wasser durchtränkt waren, schwarzen Schlickablagerungen und mit stehendem Wasser in Tümpeln. Der eigentliche Fluß verzweigte sich träge um eine Insel, mehr eine unregelmäßige Wasserausdehnung als ein Strom, ohne Wellen und anscheinend ohne Tiefen.

Der zweite Kalif hatte, nachdem er die Auswanderung aus Indien vorhergesagt hatte, eine solche Landschaft im Traum gesehen, und nach der ebenen bewässerten Steppe des Pandschab hatte sie mit ihren abrupt ansteigenden roten felsigen Hügeln und dem ausufernden Flußbett etwas von einem Traum.

»Er sah eine große Flut«, sagte Idrees, »auf der wir alle trieben, und schließlich kamen wir an einem Ort an Land, der Hügel und Erhebungen hatte und auch etwas sandiges Gebiet.« Die Hügel waren wichtig bei dieser Wanderung, die der Jesu zu gleichen hatte: es war überliefert, daß Jesus und Maria, nachdem sie Galiläa verlassen hatten, an einen Ort mit natürlichen Erhebungen gezogen waren. Und der Fluß war wichtig, weil der Verheißene Messias selbst vorhergesagt hatte, daß schwere Zeiten für sein Volk kämen und daß er dann, um ihnen Trost zu spenden, an den Ufern des Nils oder eines Flusses wie dem Nil erscheinen würde. In einer unwirklichen Welt bedeutete das Wort ›ähnlich‹ – um Idrees ständig wiederkehrenden Ausdruck zu benutzen – alles. Der Nil, sagte Idrees, entsprang in den Bergen des Mondes; Chenab bedeutete ›Mondfluß‹.

Die Gemeinschaft hatte ein Siedlungsprojekt am Ufer dieses kostbaren Flusses geplant. Viele Gläubige hatten kleine Grundstücke gekauft. Aber dann hatte die pakistanische Regierung – die die Gemeinschaft sogar hier verfolgte – das Land für Bihari-Flüchtlinge aus Bangladesh beansprucht. Flüchtlinge gegen Ausgestoßene, die Unerwünschten enteigneten die Unerwünschten: die Biharis hatten tatsächlich schon eine Moschee, Symbol ihrer Übernahme, gebaut, bevor die Ahmadis bei den Gerichten einen Aufschub der Enteignung ihres Landes erwirkten. In Rabwah selbst hatte die Regierung beinahe vier Morgen erschlossenes Gemeinschaftsland für eine Polizeiwache beansprucht; auch dagegen war ein Aufschub erwirkt worden.

Jenseits des Flusses, am Fuße eines der roten Hügel, wo die Luft verdunstete, war der Friedhof der Ahmadis. Die dort Beerdigten waren Leute, die der Gemeinschaft und der Bewegung Geld vermacht hatten. Die Gräber waren niedrig, die Mauer war niedrig. Der Friedhof war wie ein Teil der fremdartigen Landschaft, und hätte Idrees mich nicht darauf hingewiesen, ich hätte ihn nicht bemerkt.

Auf dem Land lag zwischen zehn und dreißig Zentimeter hoch Salpeter, als die Ahmadis es kauften. Das Land – sie hatten tausend Morgen gekauft – war schon seit Jahrhunderten verlassen. Auf diesem Land, wie auch stellenweise auf den roten Salzfelsen, gab es nun ein lindgrünes Gewächs, einen zusätzlichen Farbton. Und es gab eine kleine Stadtgemeinde mit Bäumen, obwohl das Wasser aus den Röhrenbrunnen – das einzige, das es hier gab – ein wenig salzig war. Die Siedlung und Zentrale der Ahmadis erinnerten an eine von der Regierung gebaute Stadt: niedrige staubige Gebäude aus roten Ziegeln mit roten Vorhängen vor den Eingängen und Veranden um Höfe, in denen, sorgfältig bewässert, Oleander, Hibiskus und eine kleine Palmenart wuchsen.

Idrees setzte mich im Gästehaus – ›für Würdenträger‹ – ab und ging fort, um sich im Büro des Imams, des gegenwärtigen Oberhauptes der Sekte, anzumelden. Der Imam, der Enkelsohn des Verheißenen Messias, sei siebzig und habe in Oxford seinen M. A. gemacht, sagte Idrees. Man brachte mir Pepsi-Cola, dann Tee. Bald kam Idrees herein, um, sehr ehrfürchtig, mitzuteilen, man habe ihn ›gerufen‹. Er meinte, daß auch ich bald gerufen würde.

Aber das geschah nicht. Idrees sagte nachher zur Erklärung, der Imam habe zu tun gehabt. Er müsse sich mit Tausenden von Briefen und Verwaltungsangelegenheiten beschäftigen, und am nächsten Tag müsse er nach Rawalpindi fahren. Statt dessen zeigte man mir ein Foto – von einem Mann mit vollem Gesicht und Turban – und gestattete mir, in den verdunkelten Warteraum hinaufzugehen, wo eine düstere Familiengruppe mit einer gebeugten, schwarz verschleierten Frau wie im Sprechzimmer eines Arztes wartete.

In der Publikationsabteilung gab es trotz des Ärgers mit der Regierung wegen einer neuen Druckerpresse stapelweise Broschüren und Übersetzungen des Korans. Idrees klopfte von jedem der umfangreichen Exemplare den Wüstenstaub ab und zeigte mir die Korane Sprache um Sprache, Titelblatt um Titelblatt. Die Ahmadis waren in Afrika aktiv: sie hatten Korane in Luganda, Suaheli, Yoruba. Diese Energie, diese Organisation in diesem Winkel des Panschab! Aber die Ahmadis zielten auf nichts Geringeres als die Bekehrung der Welt ab.

In vielen moslemischen Ländern waren sie verboten; aber die Arbeit ging anderswo weiter. Der große Mann in Weiß war von einem Missionsposten in Dänemark zurückgekommen. Er ließ mich an einen Diplomaten denken, der nach Hause abberufen wird und nun in beschränkten Verhältnissen lebt. Er sagte, bevor er auf sein altes Fahrrad stieg und in die Hitze hinausradelte, daß die Skandinavier nach neuen Glaubensmöglichkeiten suchten und er für den Verheißenen Messias in Dänemark eine anständige kleine Gemeinde aufgebaut habe.

Eine gewichtigere Geschichte hatte der dickere, glücklichere Mann zu erzählen, der mit Unterbrechungen zwanzig Jahre in London gedient hatte. Er hatte eine zehntausendköpfige Gemeinde (größtenteils pakistanische Auswanderer, nahm ich an), und er hatte nicht gezögert, für die Sache der Moslems zu kämpfen. Die Direktorin der Schule seiner Tochter hatte verlangt, daß seine Tochter den Rock der Schuluniform trug und nicht die weiten Hosen indischer Sittsamkeit. Er hatte die Sache vor eine höhere Autorität gebracht und den Fall gewonnen. Seine Tochter trug Hosen, und als sich das herumsprach, schickten viele Moslems ihre Töchter auf diese Schule; später bedankte die Direktorin sich bei ihm. Das Gesetz gewähre Religionsfreiheit, sagte er. Er meinte das englische Gesetz, das Gesetz der anderen.

Sein großes Problem war gewesen, zu verhindern, daß der Geist seiner Tochter sich ›spalte‹. Aber sie war durch diese Frauenbewegung aufgestört worden und gewöhnte sich in Pakistan und Rabwah nicht leicht ein. Er überredete sie, zeigte ihr, wieviel besser der Islam für Frauen war. Er hatte während seiner Zeit in England gesehen, wie es mit der Stellung der Frau dort bergab ging; in Bussen standen die Männer nicht mehr für sie auf, und im *Observer* hatte er gelesen, daß Geschlechtskrankheiten nun wie eine Seuche grassierten.

Aber was zog seine Tochter an der Frauenbewegung an? Er gab keine Antwort. Über Lautsprecher kam der Ruf zum Ein-Uhr-Gebet. »Es gibt keinen Gott außer Allah«, in melodisch wechselndem Singsang. Und der ehemalige Missionar in London stand auf. Er setzte seine schwarze Pelzmütze auf und sagte – mit einer Londoner Spaßhaftigkeit: er hatte doch das Benehmen und die Sicherheit Londons –, daß er nicht zu spät zum Mittagessen kommen wolle: im Gegensatz zu dem, was man von moslemischen Frauen sage, sei seine Frau ein Tyrann. Die Leute in London, sagte er, hätten ihn immer gefragt, warum er sich nicht vier Frauen nehme, und er hätte ihnen gesagt, er könne mit einer nicht fertig werden.

Idrees selbst glaubte an die strikte Isolierung von Frauen; seine eigene Frau lebte in *Purdah*. Idrees meinte, ich sei über den Mann aus London nur unglücklich, weil ich über die Auswanderung aus Pakistan unglücklich sei. Und als wir in dem weißen Licht zu den Gästehäusern zurückgingen, sagte er: »In der Geschichte der Menschen gibt es eine Strömung ...« Das Bild der Flut, der Traum des Kalifen, die Auswanderung!

Wir aßen zu Mittag. Idrees verabschiedete sich, um seine Gebete zu sprechen, und fügte dem Drei-Uhr-Gebet noch das von ein Uhr hinzu, das er ausgelassen hatte. Danach ging ich in sein Zimmer im Gästehaus, und wir redeten. Er lag auf einem der Betten, manchmal auf dem Rücken, manchmal auf der Seite. Ich saß auf dem Hocker vor dem Toilettentisch. Es war heiß. Die Salzfelsen der Hügel von Rabwah speicherten die Hitze und strahlten sie aus. Im Sommer kühlten die Hügel nie ab. Aber Idrees hatte seine innere Ruhe. Dieses Land aus Salz und Felsen und Fluß war sein Zufluchtsort. Er sagte, in Rabwah überkomme ihn immer Frieden.

Es gebe wohl kleine Nadelstiche, die Verfolgung sei immer gegenwärtig. Sogar an dem Morgen habe er einen kleinen Schrecken bekommen: ein Mann aus der Stadt hatte sich bei der

Polizei beschwert, daß er auf Befehl des Oberhauptes der Sekte aus einem Haus herausgeschmissen worden sei. Das stimmte nicht, es war nur ein Streit zwischen Mieter und Vermieter, aber die Leute wußten, daß sie mit Geschichten über die Sekte zur Polizei gehen konnten. In einem Fall, mit dem er sich kürzlich habe befassen müssen, habe ein entlassener Arbeiter sich selbst Verletzungen zugefügt und dann beim Arbeitsgericht Anzeige erstattet, daß er von der Sekte verprügelt worden sei.

Ständig kam er auf irgendeine kleine schlechte Nachricht wie diese. Aber er kam gern nach Rabwah, und es war sein Glück, ungefähr zweimal im Monat zu kommen. Ich konnte seinen Glauben nicht nachvollziehen. Aber als er in diesem Zimmer seine Ängste ablegte, wurde ich ihm gegenüber mitfühlender. Ich mochte es, wie er so entspannt auf dem Bett lag und nach Frieden langte und seinen gewaltigen Glauben in sich trug, seinen Glauben an den Verheißenen Messias, der gekommen war, um die wahre Religion zu säubern und neu zu offenbaren. Er wurde ruhiger, sein Gesicht belebte sich. Und ich sah, wie sein graues Haar mich in die Irre geführt hatte: er war einige Jahre jünger als ich. Die große, trockene Hitze, die Traumlandschaft, der die Menschen erst vor kurzem Bedeutung verliehen hatten, der Ort der Erlösung und vielleicht auch des Märtyrertums: es war, als würde man weit zurückgeführt.

Wir redeten über Träume. Die Träume des zweiten Kalifen waren sogar in der Zeit der Briten berühmt gewesen. Sir Mohammed Zafrulla Khan, einer der berühmtesten Ahmadis, gab sie gewöhnlich an den britischen Vizekönig weiter, der skeptisch war, bis er auf diese Weise ein paar genaue Informationen über die Kriegspläne der Alliierten erhielt. Aber mit Träumen und Prophezeiungen mußte man vorsichtig umgehen; man konnte sie nicht über Rundfunk verbreiten, sie konnten provozierend wirken. Es war besser, wenn man Prophezeiungen öffentlich machte, nachdem sie eingetroffen waren – wie die Prophezeiung über Bhutto, dem beide Hände gebrochen werden sollten.

Aber wie lange würde der Friede in Rabwah halten? Hatte es

irgendein Anzeichen, einen Traum von einer neuen Auswanderung gegeben?

Das war, als rühre man an einen Nerv. Darüber wollte Idrees nicht nachdenken. Er sagte steif: »Zum gegenwärtigen Zeitpunkt erfüllt dieser Ort den Zweck Gottes, nämlich Führung für die ganze Welt und die ganze menschliche Rasse bereitzuhalten.«

Wir gingen hinaus in die Hitze. Wir sahen uns die Moschee an und den großen Hof, wo jedes Jahr eine Versammlung der Gläubigen stattfand. Wir besichtigten die Schule, wo Schüler aus verschiedenen Ländern dazu ausgebildet wurden – die Ausbildung dauerte zwischen sechs und sieben Jahren –, zurückzugehen und das Wort des Verheißenen Messias zu verbreiten. Wir sahen einen zweiundzwanzigjährigen indischen Moslem aus Trinidad, einen sechsundzwanzigjährigen Indonesier. Zwei Nigerianer, zwölf und vierzehn, standen am Rand des braunen Sportplatzes. »Kommt her, hierhin!« Zu mir sagte Idrees: »Ich möchte nicht, daß sie sich ausgeschlossen fühlen.« Und die Jungen, die verwaist aussahen, kamen heran. Sie hatten nichts zu sagen: glänzende Augen in traurigen Gesichtern, die sich hier unter den Salzhügeln des Pandschab, in dieser künstlichen Stadt nach den nassen Wäldern Afrikas sehnten.

Die Sonne begann unterzugehen. Wir fuhren ab. Während wir uns unterhielten, hielt Idrees plötzlich die offenen Handflächen in der mohammedanischen Geste des Gebets zusammen. Wir fuhren gerade am Friedhof vorbei. Es sei ihm eine Gewohnheit, sagte er später, ein Gebet für sie zu sprechen, »damit sie im Himmel noch höher erhoben werden«.

Der Sonnenuntergang funkelte im Chenab, dem Mondfluß. Und als wir den Fluß hinter uns gelassen hatten, funkelte der Sonnenuntergang in den stehenden Tümpeln der wasserüberspülten Felder. Bewässertes Land starb, verwandelte sich in Salz und Morast, und in der Dämmerung war der Morast klarer (weil das Wasser das letzte Licht auffing) als im gleichmäßig grellen Tageslicht.

Auf der Hinfahrt hatte Idrees die ganze Zeit geredet. Nun schwieg er still. Es war, als beschwöre das Land eine ängstliche Unruhe herauf und füge sie seiner eigenen Melancholie hinzu.

Von Kochfeuern stieg Rauch auf. Auf der Straße war der Rauch schwarz von den Auspuffgasen falsch eingestellter Fahrzeuge. Die Pferdewagen hatten keine Lichter; und die Lastwagen hatten oft keine Rücklichter. Sie hätten alle einmal Lichter gehabt, sagte Idrees. Nun gäbe es kein Gesetz mehr. »Wenn das Gesetz von den Gesetzgebern entehrt wird, wie kann der gemeine Mann ihm dann gehorchen?«

Seine Praxis am Hohen Gericht war nicht weiter gediehen. Aber seine Frau hatte etwas Eigentum und Einkommen. Er wollte reisen, er reiste gern, er war erst zweiundvierzig. Er sprach es nie aus, aber ich fühlte, daß es für ihn wie für die Ahmadi-Frau in dem grünen Sari, die ich in Karatschi getroffen hatte, nun auch den Gedanken an Auswanderung gab, an Flucht vor einer noch bevorstehenden härteren Verfolgung.

Die ersten Lichter von Lahor zeigten sich.

Er sagte: »Haben Sie sich diese Prophezeiung notiert? 1989 wird die Welt es leid sein, auf das Kommen Christi zu warten. Die Iraner werden es leid sein, auf den Zwölften Imam zu warten. Dann werden sie sich uns zuwenden.«

III

Unterhaltungen in Malaysia: *Der primitive Glaube*

... Ein halbnackter, Betel kauender Pessimist stand am Ufer des tropischen Flusses, am Rand des stillen, ungeheuren Waldes; ein Mann, wütend, machtlos, mit leeren Händen, mit einem Schrei der bitteren Enttäuschung auf seinen Lippen; einem Schrei, der, wäre er herausgekommen, durch die jungfräulichen Einsamkeiten der Wälder geschallt hätte, so wahrhaft, so groß, so unergründlich wie nur je ein philosophischer Aufschrei aus den Tiefen eines Lehnstuhls kam und die gemeine Wildnis der Schornsteine und Dächer störte.

Joseph Conrad, *Der Verdammte der Inseln* (1896)

Diese Gemeinschaften, die bislang noch wenig Geschichte haben, machen auf einen Europäer einen seltsamen Eindruck von Dürftigkeit und Isolation. Sie fühlen sich nicht als Erben der Zeitalter, und was sie ihren Nachfahren zu übermitteln versuchen, scheint dem, in dem die Vergangenheit lebendig und die Zukunft durch das Wissen um die langsamen und schmerzhaften Errungenschaften früherer Zeiten beleuchtet ist, geistlos und emotional arm. Geschichte macht einem bewußt, daß es in menschlichen Angelegenheiten keine Endgültigkeit gibt; es gibt keine statische Perfektion und unverbesserbare Weisheit, die zu erreichen sind.

Bertrand Russell, *Portraits from Memory*

1

Unterhaltungen mit Shafi: Die Reise aus dem Paradies

Von Indien oder dem indo-pakistanischen Subkontinent aus verbreitete sich die Religion nach Südostasien. Hinduismus und Buddhismus entwickelten sich zuerst. Sie regten die großen Zivilisationen von Kambodscha und Java an, deren Monumente – Angkor, Borobudur – zu den Weltwundern gehören. Diese indischen Religionen, lehrt man uns, wurden nicht durch Armeen oder Kolonialisten verbreitet, sondern durch Händler und Priester. Und solcher Art waren die indischen Reisenden, die im vierzehnten oder fünfzehnten Jahrhundert, nachdem der Islam in den Subkontinent gelangt war, begannen, den Islam nach Indonesien und Malaysia zu bringen.

Nach Südostasien kam der Islam als weitere Religion Indiens. Eine arabische Invasion wie in Sind fand nicht statt; die einheimische Kriegerkaste wurde nicht systematisch abgeschlachtet; keine arabischen Militärkolonien wurden errichtet; keine Beute wurde verteilt; weder Schatz noch Sklaven wurden an einen Kalifen im Irak oder in Syrien geschickt; es gab keinen Zoll, keine Steuern für Ungläubige. Es gab keine Katastrophe, die gefestigte Weltordnung wurde nicht über Nacht abgeschafft. Der Islam verbreitete sich als Idee – ein Prophet, eine göttliche Offenbarung, Himmel und Hölle, eine von Gott gutgeheißene Gesetzessammlung – und vermischte sich mit älteren Ideen. Heute kommen die Missionare, um diese Mischreligion zu reinigen, und immer noch kommen vom Subkontinent – und besonders aus Pakistan – die eifrigsten Missionare.

Sie bringen keine Nachricht von der Militärherrschaft, der auf Auslandsüberweisungen fußenden Wirtschaft, vom Verlust des

Gesetzes, von der Tragödie der Bihari-Moslems, die nun weder von Bangladesh noch von Pakistan erwünscht sind. Diese Ereignisse haben mit dem Islam nichts zu tun, und diese Männer bringen nur Nachricht vom Islam und den Feinden des Islams. Sie bieten Leidenschaft, und zwar die besondere Leidenschaft der Moslems vom Subkontinent: die Leidenschaft von Menschen, die sich trotz Pakistan als bedrohte Minderheit fühlen, die Leidenschaft von Menschen, die – mit ihrer Ansicht von Geschichte als ›vergnüglicher Geschichte der Eroberung‹ – längst aufgehört haben, sich als Eroberer zu fühlen, und vor allem die Leidenschaft von Moslems, die sich am Rand der wahren moslemischen Welt fühlen. Die Entfernung Persiens von Arabien schuf den Schia-Glauben und die Überzeugung der Perser, daß ihr Islam reiner sei als der der Araber. Die Distanz der indischen Moslems von Arabien ist noch größer als die der Perser, und ihre Leidenschaft ist genauso heftig, wenn nicht noch heftiger.

Jeder Moslem ist ein Missionar für den Islam: das war die Vorstellung der in der wasserüberstauten Wüste des Pandschab versammelten Bruderschaft. Und nach vier Tagen des Lebens im Zelt und der Massengebete ziehen die einfachen Männer aus, berauscht von ihrer Vision einer Welt, die sich bald ändern wird. Einige gehen nach Malaysia; das tun sie schon seit Jahren, und nun findet ihre Leidenschaft eine Erwiderung.

Es gibt einige wenige Überreste hinduisierter Architektur im hohen Norden, aber in Malaysia entstand keine große indische Zivilisation wie in Java oder Kambodscha. Das Land wurde (obwohl die Europäer seine Küste anliefen) mehr oder weniger umgangen und bis zum letzten Jahrhundert den Malaien überlassen.

Die Geschichten Joseph Conrads vermitteln einen Eindruck von den entlegeneren Orten des Malaiischen Archipels vor hundert Jahren: europäische Küstenschiffe, gelegentlich im Wettbewerb mit Arabern, Männern des reinen Glaubens; europäische Handels- oder Verwaltungsniederlassungen am Ufer des Meeres oder des Flusses, den Wald im Rücken; chinesische Bauern und Arbeiter, die Wurzeln schlagen, wo immer sie können; malaiische Sultane und Radschas, Krieger mit ihren Höfen; und im Hintergrund die einfacheren Malaien, Menschen des Flusses und des Waldes, halb Moslems, halb Animisten.

Voneinander getrennte, kollidierende Welten: die Welt der Europäer, die an den ›Außenrand der Dunkelheit‹ vorstoßen, die geschlossene Stammeswelt der Malaien: das war eins von Conrads Themen. Und die islamischen Revolutionäre, die jungen Männer, die alles ablehnen, im heutigen Malaysia sind die Nachkommen jener Menschen im Hintergrund, der Menschen des Flusses und des Waldes. Sie sind als letzte hervorgetreten, und sie sind nach der Kolonialzeit, nach der Unabhängigkeit, nach dem Geld hervorgetreten. An den malaysischen Landungsstegen kann man nun mehr als Kokosnüsse und Rattan aufladen. Malaysia produziert viele Kostbarkeiten: Zinn, Gummi, Palmöl, Öl. Malaysia ist reich. Geld, das bis nach unten hinabreicht, hat eine gebildete Generation von Dorfbewohnern geschaffen und sie in die Zivilisation einbezogen, die einmal nur am Außenrand der Zivilisation zu liegen schien, nun aber universal ist.

Nicht immer mögen diese jungen Leute, was sie vorfinden. Manche haben im Ausland studiert, sich mit Technik beschäftigt; aber nicht viele von ihnen wissen wirklich, wo sie gewesen sind. In Australien, England oder den Vereinigten Staaten suchen sie immer noch nach den Sitten und Gebräuchen von zu Hause; die Zeit im Ausland verbittert sie, wirft sie noch mehr auf sich selbst zurück. Sie können nicht mehr ins Dorf zurückgehen. Sie sind jung, aber das Leben ihrer Kindheit hat sich verändert.

Und sie begreifen auch langsam, daß in den letzten hundert Jahren, während sie oder ihre Eltern schliefen, ihr Land – eine neue Idee: ein Zusammenschluß von Königreichen und Sultanaten – im kolonialen Sinne neu geschaffen wurde, daß das reiche Malaysia von heute auf kolonialen Fundamenten wächst und eine britisch-chinesische Schöpfung ist. Die Briten entwickelten die Bergwerke und Plantagen. Sie schafften die Chinesen (die emsigen wurzellosen Bauern des Jahrhunderts davor) und eine geringere Anzahl Inder herbei, damit sie die Arbeit taten, die die Malaien nicht tun konnten. Nun herrschen die Briten nicht mehr. Aber die Malaien stellen nur die Hälfte der Bevölkerung.

Die Chinesen sind aufgestiegen; mit ihrer Energie und Begabung geht es weiter. Von der politischen Macht sind die Chinesen ausgeschlossen. Malaien herrschen; das Land ist offiziell moslemisch, mit moslemischen Zivilgesetzen; geschlechtliche Beziehungen zwischen Moslems und Nicht-Moslems sind ungesetzlich, und es gibt eine Art herumspähender religiöser Polizei; die rechtliche Diskriminierung der Nicht-Moslems ist empörend. Aber die Malaien an der Herrschaft sind etabliert oder stammen aus alten oder königlichen Familien, die einige Generationen zuvor in die neue Welt wechselten.

Die neuen Männer der Dörfer, die das Gefühl haben, bereits so viel verloren zu haben, finden ihren Weg an jeder Biegung versperrt. Geld, Entwicklung, Bildung haben sie nur zu dem Wissen erwecken lassen, daß die Welt anders ist als ihr Dorf, daß die Welt nicht ihnen gehört. Ihre Wut – die Wut ländlicher Menschen, deren Fähigkeiten, Geld und Begreifen der Welt begrenzt sind – ist allumfassend. Nun haben sie eine Waffe: den Islam. Er ist ihre Art, mit der Welt abzurechnen. Er dient ihrem Schmerz, ihrem Gefühl der Unterlegenheit, ihrer gesellschaftlichen Wut und ihrem rassischen Haß.

Dieser Islam ist mehr als die alte Religion ihres Dorfes. Der Islam, den die Missionare bringen, ist eine Religion, die Veränderung und Triumph mit sich bringt, sie kommt als Teil einer Weltbewegung daher. In *Vorlesungen zum Islam*, einer örtlichen missionarischen Zeitschrift, kann man nachlesen, daß der Westen mit seinem Materialismus und seiner Gier sich sogar in den Augen seiner Philosophen selbst verschlingt. Der wahre Gläubige mit seinen Gedanken an das Leben nach dem Tode lebt für höhere Ideale. Für einen Nicht-Gläubigen ohne Glauben an das Leben nach dem Tode ist das Leben eine Vergnügungstour. »Er gibt den größten Teil seines Reichtums für prahlerisches Leben aus und zeigt seinen Pomp und Prunk, indem er Seide und Brokat trägt und Gefäße aus Gold und Silber benutzt.«

Seide, Brokat, Gold und Silber? Kann man das in einer Stadt wie Kuala Lumpur aufrichtig sagen? Aber hier handelt es sich um Theologie. Die Aussage bezieht sich auf ein *Hadit* oder eine Überlieferung des Propheten. Hudhaifa bat eines Tages um Wasser, und ein persischer Priester reichte ihm Wasser in einem silbernen Gefäß. Hudhaifa tadelte den Perser; Hudhaifa hatte mit eigenen Ohren den Propheten sagen gehört, daß Nicht-Gläubige Gold- und Silbergefäße benutzten und Seide und Brokat trügen. So kommt der neue Islam daher, und für die neuen Männer des Dorfes kommt er als eine alternative Art des Lernens und der Wahrheit, überladen mit gelehrten Hilfsmitteln. Er ist Leidenschaft ohne konstruktives Programm. Zuerst muß die materialistische Welt niedergerissen werden; der islamische Staat kommt später – wie im Iran, wie in Pakistan.

Und die Botschaft, die von Pakistan ausgeht, hört nicht in Malaysia auf. Sie geht weiter nach Indonesien – 120 Millionen Menschen gegenüber Malaysias zwölf, ärmer, heterogener, schwächer, in deren jüngster Geschichte es Pogrome und Massenmorde gab. Dort wird die neue islamische Bewegung unter den Jungen von ihren Feinden als Nihilismus betrachtet; sie nennen sie ›die malaiische Krankheit‹. So bekehrt die islamische Leidenschaft Pakistans mit den ihr eigentümlichen Wurzeln immer wieder aufs neue, indem sie andere Nöte befriedigt. Und die Verheißung der politischen Katastrophe wird als gute Nachricht verbreitet.

Malaysia dampft. In der Regenzeit brauen sich morgens Wolken zusammen. Nachmittags gießt es, die graugrünen Hügel verschwinden, und nachher hängen die Wolken wie Rauch in den Bergspalten. Schlingpflanzen laufen die stählernen Haltetaue von Telegrafenmasten hoch; sie überwältigen absterbende Kokosnußzweige, bevor die Zweige noch abfallen können; sie bedecken absterbende Bäume oder Bäume, die nicht standhalten können, und rufen seltsame Effekte wie von künstlich beschnittenen Bäumen hervor. Regen und Sonne und Dampf erzählen hier nicht von Verfall, von tropischer Schlaffheit; sie erzählen von Zeugungskraft, von schnell wachsendem Reichtum, von Geld.

Die alte Kolonialstadt von Kuala Lumpur, der Hauptstadt Malaysias, existiert teilweise noch. Alte ziegelgedeckte Privathäuser; Reihen schmaler zweistöckiger chinesischer Geschäftshäuser, in denen die Läden unten sind, die Bürgersteige Säulen tragen und die Säulen das vorspringende Obergeschoß stützen; malaiische Kampongs oder Dörfer – bescheidene, aber anziehende Häuser aus verwittertem Holz und Wellblech, das von Rost braun-rot ist – in Gebieten, die zur Gründungszeit der Stadt Malaien vorbehalten waren; in der Nähe des Bahnhofs die offiziellen britischen Gebäude: die Gerichtsgebäude im viktorianisch-gotischen Mogulstil, Kuppeln und Bögen und Treppentürme.

Die neuen Wohnungsbauprojekte, die Wolkenkratzer der neuen Stadt, die von den Koreanern gebauten Autobahnen haben die Kolonialstadt längst hinter sich gelassen. Die Autobahnen führen vom Flughafen zuerst durch Plantagen (Westmalaysia ist aus der Luft gesehen dunkel von Wald, aber es ist ein geordneter Wald mit Bäumen in Reih und Glied, zwischen denen der weiße Dunst in Säulen wie Rauch aus Schornsteinen steigt) und dann an den Fabriken und Montagehallen der internationalen Gesellschaften vorbei.

In öffentlichen Parks und an anderen Stellen dieser neuen Stadt kann man junge Männer aus dem Dorf sehen, die wie Araber mit Turbanen und langen Gewändern bekleidet sind. Die arabische Bekleidung – so weit entfernt von Pakistan, so weit entfernt von Arabien – ist ihr politisches Kennzeichen. An der Universität gibt es Mädchen, die nicht nur den Schleier tragen, sondern trotz der Hitze auch Handschuhe und Strümpfe. Verschiedene Gruppen tragen verschiedene Farben. Der Schleier ist mehr als der Schleier; er ist eine Maske der Aggression. Anders als die fettigen Locken der Rasta Faris in Jamaika, die stumpf geworden sind durch ein seit Generationen ertragenes Leben am

Rande; anders als die Aufmachung des mittelständischen Hippies, der nur aussteigen will, ist dies die Kleidung entwurzelter Dorfbevölkerung, die niederreißen will, was ihr nicht gehört, und dann alles übernimmt. Weil es ein nicht zugegebener Teil der Fantasie ist, daß die Welt sich weiterdreht, sich selbst verwaltet, und nur ererbt werden muß.

Shafi arbeitete für die moslemische Sache. Er trug keine arabischen Kleider. Aber er verstand die jungen Männer, die es taten. Shafi war aus einem Dorf im Norden nach Kuala Lumpur gekommen. Er trug die Unruhe des Wechselns noch in sich.

Shafi sagte: »Als ich im Dorf lebte, war die Atmosphäre eine vollkommen andere. Man kommt aus dem Dorf. Man sieht all die hellen Lichter, man beginnt die materialistische Zivilisation um einen herum zu empfinden. Und ich habe meine Religion und meine Verpflichtungen vergessen – in dem Sinn, daß man ja beten mußte. Aber nicht so weit, daß ich ausgegangen wäre und so üble Sachen gemacht hätte, wie mir Frauen zu nehmen und zu trinken und zu spielen und Drogen zu nehmen. Meinen Glauben habe ich nicht verloren. Ich habe einfach vergessen zu beten, meine Verantwortlichkeiten vergessen; mich einfach selbst verloren. Ich bekam keine Stütze für meine Lebensform. Ich trieb bloß herum, ohne die Richtung zu kennen.«

Ich sagte: »Wo haben Sie gewohnt, als sie nach Kuala Lumpur kamen?«

Er gab keine direkte Antwort. In dieser frühen Phase unserer Gespräche war es nicht leicht für ihn, konkret zu sein. Er sagte: »Ich lebte in einer Vorstadt, wo ich einer materialistischen Zivilisation ausgesetzt war, mit der ich vorher nie etwas zu tun hatte. Jungen und Mädchen können dort zusammen ausgehen. Man ist frei von der Kontrolle der Familie. Man ist frei von der Gesellschaft, die einen im Dorf normalerweise kontrolliert, wenn man etwas Schlechtes tut. Nehmen Sie einmal eine Ziege, eine Kuh, einen Büffel – eine Ziege, die die ganze Zeit angebunden ist, und lassen Sie diese Ziege in einer Herde anderer Tiere frei: diese

Ziege strolcht überall herum, wo sie will, wenn sie nicht an der Leine ist.«

»Ist das schlecht für die Ziege?«

»Ich denke, die Ziege wäre glücklich, frei herumzulaufen. Aber für mich wäre das, glaube ich, nicht gut. Wenn die Ziege Verstand hätte, würde ich sagen: »Warum willst du herumlaufen, wenn du angebunden bist und von deinem Herrn gefüttert und versorgt wirst? Warum will man herumlaufen?«

Ich sagte: »Aber ich will herumlaufen!«

»Was verstehen Sie unter ›frei sein‹? Für mich bedeutet Freiheit nicht, daß man herumlaufen kann, wo man will. Freiheit muß innerhalb der Definition eines gewissen Systems liegen. Denn ich glaube nicht, daß wir in der Lage sind, herumzulaufen und alles zu bekommen. Diese Freiheit bedeutet nichts. Man muß sich wirklich in der Richtung formen, in der man gehen und tätig werden will.«

»Aber wußten Sie denn nicht, was Sie wollten, als Sie nach Kuala Lumpur kamen?«

»Das Hauptziel war Bildung. Das war eine Lebensform. Aber der Konflikt zwischen dieser Freiheit und dem Hauptziel ist nun einmal da, und das sehe ich als das Problem an, vor dem ich und viele meiner Freunde standen.«

»Andere Menschen in anderen Ländern stehen vor genau demselben Problem.«

Shafi sagte: »Sind sie auch mit denselben Restriktionen des Familienlebens konfrontiert wie ich?«

»Welchen Restriktionen?«

»Religiösen Restriktionen. Dieses System hat man verinnerlicht. Religiöse Tradition, Familienleben, die Gesellschaft, die Dorfgemeinschaft. Dann kommt man in die Stadt, wo die Menschen in Bewegung sind, frei sind. Die Werte widersprechen einander. Sehen Sie, in dem Dorf, in dem ich aufgewachsen bin, haben wir nur das Existenzminimum. Wir haben Reis zu essen, ein Heim zum Leben. Wir sind nicht betteln gegangen. In der Stadt kann man ein Mittagessen für zehn Dollar kaufen (2 malaysische Dollar und 20 Cent entsprechen einem amerikanischen Dollar). Man kann aber auch an einer Bude ein Mittagessen für fünfzig Cent bekommen. Der Überschuß von neun Dollar fünfzig, den der Stadtbewohner ausgibt, wird von uns für andere Zwecke ausgegeben. Für uns mit unserer Lebensform und unserer Tradition und Religion ist das Unmäßigkeit.

Manchmal hat meine Frau das Gefühl, wir sollten ins Dorf zurückkehren, und ich empfinde dasselbe. Nicht um vor der modernen Welt davonzulaufen, sondern um zu versuchen, ein einfacheres, sinnvolleres Leben zu leben, als in die Stadt zu kommen, wo es so viel Verschwendung gibt und so viele Dinge, die wahrscheinlich nicht das Wahre sind. Man ist sich selbst gegenüber nicht aufrichtig, wenn man mit fünfzig Cent den Hunger stillen kann, statt dessen aber zehn Dollar ausgibt.

Ich erzähle Ihnen noch mehr von Verschwendung. Neulich hat die Regierung eine Rollschuhbahn gebaut. Nach drei Monaten wurde sie wegen einer Autobahn, die darüber gebaut werden sollte, abgerissen. Sie bauen große Straßen und Autobahnen quer durch die Dörfer. Und wessen Lastwagen fahren durch, um die Produkte der Armen einzusammeln und die Produkte, die von den Reichen zu Wucherpreisen produziert werden, abzuladen – Farbfernseher, Kühlschränke, Klimaanlagen, Transistorradios?«

»Wollen die Leute diese Dinge nicht haben?«

»Letzten Endes benutzen sie die Farbfernseher – die den Leuten schon Spaß machen –, um für Produkte zu werben, die die Leute zu einem verschwenderischen Leben verführen.«

»Das Dorfleben – würden Sie nicht sagen, daß es für die meisten Menschen langweilig ist?«

»Das Dorf? Es ist einfach. Es entbehrt der – wie soll ich sagen – Verschwendungssucht. Man soll nicht verschwenden. Man braucht nicht auf Dinge loszustürzen. Ich möchte zum Kampong zurückkehren, um bei der Gemeinschaft zu bleiben, und nicht, um vor der Entwicklung davonzulaufen. Die Gemeinschaft ist eng verbunden. Wenn zum Beispiel jemand stirbt, gibt es Alarm in Kampong, wo die meisten von uns wissen, wer gestorben ist und wann er beerdigt wird, was die Todesursache ist und was mit den nächsten Verwandten geschehen ist – sind sie da? Im Dorf gibt es keine Verschmutzung, weder körperlich noch geistig noch sozial.«

»Soziale Verschmutzung?«

»Etwas, das unseren Gebräuchen und Traditionen widerspricht. Ein Mann kann nicht mit einer Frau gehen, die nicht zu seiner Familie im Kampong gehört. Das ist verboten.«

»Was ist falsch daran?«

»Das Wesen der menschlichen Achtung und Würde entsteht aus einer ehrenwerten Beziehung zwischen Mann und Frau. Man muß ein Gesetz haben, das die Grundeinheit einer Gesellschaft beschützt. Die Familie muß beschützt werden. Wenn die Mädchen aus den Dörfern nach KL kommen, wollen sie nicht vom Gesetz beschützt werden.«

Shafi war zweiunddreißig. Er war klein und schmächtig, mit Brille, schräg abfallender Stirn und dünnem Bart. Er hatte sich einmal als Bauunternehmer niedergelassen. Aber er hatte keinen Erfolg gehabt und das und alle anderen Unternehmungen aufgegeben, um ganztags für die moslemische Jugendbewegung, genannt ABIM, zu arbeiten. Die ABIM war die wichtigste und organisierteste moslemische Jugendgruppe in Malaysia, und Shafi verehrte den Führer, Anwar Ibrahim, der in seinem Alter war.

Anwar Ibrahims Geschichte war bemerkenswert. Er stammte von der weiter entwickelten Westküste Malaysias und war Shafi ein oder zwei Generationen voraus. Sein Großvater führte ein kleines Dorfrestaurant, sein Vater war Krankenpfleger in einem Hospital, Anwar selbst hatte das von den Briten gegründete College für die Söhne einheimischer Prinzen oder Sultane besucht. Anwar mußte eine Aufnahmeprüfung bestehen; die Jungen königlichen Geblüts brauchten diese Prüfung nicht abzulegen.

Die Briten hatten gelobt, die mohammedanische Religion der

Sultane nicht zu entehren, und im College hielt man diese Zusage skrupelhaft ein. Aber Anwar dachte, daß Religion, so wie sie im College praktiziert wurde, nur eine rituelle Angelegenheit ohne große Bedeutung sei. Mit Hilfe eines britischen Lehrers (der später zum Islam konvertierte) begann Anwar also, den Islam zu studieren, und allmählich verstand er den Wert von Disziplin, Einigkeit und Unterwerfung unter Gottes Willen. Als er sechzehn war, hielt er in den Dörfern Reden über den Islam; er war ein glühender Redner. Aus dieser Schuljungenaktivität hatte sich seine Bewegung entwickelt, und nun war sie hochorganisiert, hatte ein Haus in Kuala Lumpur mit Büros, Angestellten und sogar einer Schule.

Er hielt Verbindung mit moslemischen Bewegungen im Ausland – in Indonesien, Bangladesh, Pakistan. Er war im Iran gewesen und hatte Ayatollah Khomeini getroffen, das trug zu seinem guten Ruf am Ort noch bei. Für Anwar Ibrahim war der Islam das energiespendende und reinigende Element, das in Malaysia gebraucht wurde; der wahre Islam weckte die Menschen, besonders Malaien, auf und rettete sie gleichzeitig vor der Korruption der rassistischen Politik Malaysias, der Schäbigkeit der Geldkultur und bequemen Imitation des Westens.

Sein Büro bei der ABIM – mit Angestellten in winzigen Zellen ringsherum, mit Schreibmaschinen und Aktenschränken – glich dem Büro eines bescheidenen Geschäftsführers: moderne Hilfsmittel und eine moderne Organisation, um der islamisch-puritanischen Sache zu dienen. Er war klein und schmächtig, schmächtiger als Shafi und eine noch jungenhaftere Erscheinung. Er war anziehend, und daß er trotz seiner hohen Autorität am Ort den Eindruck eines Mannes machte, der noch lernte, noch über Dinge nachsann, machte ihn noch anziehender. Seine großartige Auffassung vom Islam gab ihm eine Sicherheit, die nicht alle seine Anhänger hatten, und Reisen hatten sein Vorstellungsvermögen erweitert. Er mißbilligte die ›Schrulligkeit‹ einiger moslemischer Gruppen in Malaysia, ihre religiöse und politische Einfältigkeit. Er gab zu, daß er die ökonomische Seite der Dinge bislang noch nicht durchdacht habe; er sagte, er sei erst auf der ›Bewußtwerdungsstufe‹. Ich bekam den Eindruck, daß er aufrichtig daran glaubte, eines Tages aus einem Land wie Pakistan ein islamisches Wirtschaftssystem mitbringen zu können.

Ich hätte gerne mehr mit Anwar geredet. Nach unserem ersten Treffen im ABIM-Büro kam mir in den Sinn, daß ich mit ihm durch Malaysia reisen und das Land durch seine Augen sehen sollte. Er war bereit dazu, aber es klappte nicht. Da er im Mittelpunkt sämtlicher ABIM-Aktivitäten stand, hatte er zu tun, er war ständig unterwegs, per Auto und Flugzeug; er war als Redner gefragt. Als unsere zweite Verabredung ins Wasser fiel, schickte er Shafi zu mir ins Holiday Inn, wo ich wohnte.

Nur aufgrund von Anwars Empfehlung öffnete Shafi sich mir, als er kam. Und auch dann noch scheute Shafi sich, sich in den Vordergrund zu stellen, als Wortführer zu erscheinen, die Würde des Führers zu beeinträchtigen.

»Ich bin nicht der Führer«, sagte Shafi mit einem Lachen, als wir in der Gardenien-Cafeteria saßen. »Ich bin nur ein General.«

Am Anfang war es nicht leicht, mit Shafi zu reden. Er gab die Theorien seiner Bewegung von sich, und Abstraktionen machten seine Sprache unbeholfen. Konkreten Einzelheiten wich er aus, nicht weil er geheimnistuerisch war, sondern weil er nur gewohnt war, Fragen über den Glauben und die Bewegung zu beantworten und nicht über sich selbst.

Er sagte, Orte wie das Holiday Inn möge er nicht. Ich hielt das für eine Übertreibung, bis er von der Verschwendungssucht des Stadtlebens zu reden begann. Und nie konnte ich den Unterschied zwischen dem Mann, der mit mir redete – intelligent, selbstbeherrscht, gelehrt wirkend – und dem trägen Dorfleben in Einklang bringen, aus dem er, wie er sagte, stammte und zu dem er zurückkehren wollte.

Er wollte zurückgehen, um wieder ein Gefühl für die Angemessenheit und Ganzheit der Dinge zu bekommen, und ich konnte sehen, daß der Islam für ihn das perfekte Vehikel war.

Aber Shafi – ein Akademiker, ein Organisator – war von der Welt geformt, die er zurückwies; das war die Welt, die seine Intelligenz freigesetzt hatte. Es kann nicht leicht für ihn gewesen sein, den Teil seiner selbst, der rein traditionell oder instinktiv war, von dem Teil zu trennen, für den er allein verantwortlich war. Und sein Dorf hatte sich verändert, und Malaysia hatte sich verändert, und die Welt hatte sich verändert.

Von dieser veränderten und drängenden Welt hörte ich, kurz nachdem Shafi mich verlassen hatte, den malaysischen Außenminister in einem Seminar an der Universität sprechen. Der Minister trug ein geblümtes Hemd: das war das einzige traditionelle Kolorit. Er und der indische Beamte seines Ministeriums redeten von den Auseinandersetzungen bei der kurz vorher stattgefundenen Konferenz der Blockfreien in Havanna; er sprach von den Unruhen an den nördlichen Grenzen: Thailand, Kambodscha, Vietnam. Auch ausländische Botschafter waren anwesend. Die beiden Herren von der chinesischen Botschaft, in kurzärmeligen grauen Safarianzügen, schrieben mit und hielten ihren Stift nach Art chinesischer Kalligraphen dabei kerzengerade. Danach wurden einige der Botschafter in schweren Wagen abgeholt. Nicht nur die reichen ortsansässigen Chinesen und die Erbauer der Autobahnen und Hersteller von Farbfernsehern hatten die Welt verändert.

Einer anderen Form des alten Lebens wandte sich später beim Essen im Haus eines berühmten indischen Rechtsanwalts das Gespräch zu. James Puthucheary, der Rechtsanwalt, war einmal in der Kolonialpolitik Malaysias und Singapurs aktiv gewesen. Er sagte: »Ich bin von den Briten, den Singaporesen und den Malaien ins Gefängnis gebracht worden. Die einzigen, die mich so einkerkerten, daß ich nachher noch freundlich mit ihnen umgehen konnte, waren die Briten.« Der britische Kolonialsekretär, der rangmäßig direkt auf den Gouverneur folgte, hatte ihn eines Tages im Gefängnis besucht. Bevor er in die Zelle trat, sagte er: »Mr. Puthucheary, erlauben Sie mir, in Ihr Zimmer zu kommen?« Später, sagte Puthucheary, seien »sie beide heruntergekommen«. Der Kolonialsekretär trat in den Ruhestand und wurde Geschäftsmann; Puthucheary brachte seine Studien, die er im Gefängnis begonnen hatte, zu Ende und wurde Rechtsanwalt. »Wir trafen uns oft und spielten Bridge.«

Es war eine Zusammenkunft der eleganten und gebildeten Mittelschicht, die sich zudem ihrer rassischen Vielfalt bewußt war: Malaien, Chinesen, Inder. In der Auffahrt und auf dem Rasen standen viele Wagen. Alte Schlachten, alte Regeln; und man hätte sagen können, daß diese Männer – mit Hilfe malaysischen Geldes – gerade zu Würden gekommen seien. Für sie hatte die Welt sich schnell bewegt. Aber schon wurde das Gewonnene vom Schmerz und der Wut der Menschen untergraben, die hier nicht repräsentiert waren, der Menschen des Flusses und des Waldes, die vom Erwachen der Kolonialzeit ausgeschlossen gewesen waren, und deren Söhne nun die erste Generation gebildeter dörflicher Malaien stellten. Für sie hatte die Zeit sich noch schneller bewegt.

Danach war es morgens möglich, die Zeitung mit größerem Verständnis zu lesen. *Bumiputras werden Aktien im Wert von 15 Mill. Dollar angeboten.* Ein *Bumiputra* (das Wort war Sanskrit, also aus vor-islamischer Zeit) war ein ›Sohn der Erde‹, ein Malaie, und Malaien sollten Darlehen bekommen, um die für sie reservierten Aktien zu kaufen. So wurden sie von der Regierung begünstigt, die danach strebte, sie ökonomisch auf den Standard der Chinesen zu bringen. Die Methode war ineffektiv, sie hatte nur eine begünstigte Klasse malaiischer ›Strohmänner‹ geschaffen. Gegen diese Art Rassismus zogen Anwar Ibrahim und die ABIM zu Felde, hielten ihm eine Vision einer reineren islamischen Lebensart entgegen.

Islamische Studien als Pflichtfach erwünscht, sagt ABIM: Islam müßte obligatorisches Schulfach für Moslems werden. *Rahman: Vernachlässigt das geistige Wachstum nicht:* das war ein Mann von der Regierung, der ein Moslem wie jeder andere war. *Hört den Ruf von jenseits der Wüste*: das war eine Reportage zu diesem besonderen Tag, dem Opferfest, von einem allgemein bekannten Kolumnisten: ein guter lyrischer Artikel über Familienerinnerungen an die Pilgerfahrt nach Mekka.

Nur die Hälfte der Bevölkerung war mohammedanisch, aber jeder mußte dem Islam huldigen. Der Druck kam von unten: eine Bewegung der Reinigung und Säuberung, aber auch eine rassische Bewegung. Sie sorgte für eine allgemeine Nervosität. Sie sorgte dafür, daß Leute sich aus Angst, betrogen zu werden, vor dem Besucher versteckten. Sie führte – in diesem Land des Regens und des Dampfes und des Waldes ganz seltsam – zur Atmosphäre des ideologischen Staates.

Shafi kam am Morgen, wegen des religiösen Feiertags, des Opferfestes, in die offizielle malaiische Tracht gekleidet. Er trug eine hell orangefarbene Tunika und Hose (dieser Teil der Tracht war den Chinesen abgeguckt), die Tunika mit goldenen Zierknöpfen; um die Mitte trug er einen Sarong wie eine lose fallende Schärpe (der Sarong war die ursprüngliche malaiische Bekleidung, und Shafis Mutter hatte ihm seinen in pastellfarbenen Streifen gewebt); und er hatte eine schwarze Samtkappe, die sich flach zusammenfalten ließ (die Kappe war der indische Teil der malaiischen Tracht). Er sah fürstlich aus. Mit einem Messer an der Seite hätte er ein Radscha von vor hundert Jahren sein können, der mit seinem eigenen Hofstaat an einem Flußufer stand. Aber er war mit seinem Auto gekommen, und wir standen im Foyer des Holiday Inn.

Er sagte: »Haben Sie gelesen, was ich gestern abend gesagt habe? Mochten Sie es?«

»Was Sie über die Einheit Ihrer Familie sagten, hat mir gefallen.«

»Wollen Sie noch mehr fragen?« Er war eifrig, offen. Die Bemühung um Autobiographie, mein Interesse an den Einzelheiten seines Lebens hatten ihn erregt.

»Ja. Aber Ihre Philosophie, die Ideen Ihrer Bewegung kenne ich. Ich will etwas Persönlicheres.«

Wir gingen aus dem Foyer in die Gardenien-Cafeteria, vorbei

an der Bar, wo abends in nahezu völliger Dunkelheit Paare saßen und ›Die Old Timers‹ – Inder und Malaien oder vielleicht auch nur Malaien – über Verstärker Schlager sangen. In der Cafeteria setzten wir uns ans Fenster, durch das man auf den kleinen ovalen Pool mit seinem kleinen ovalen Nebenbecken für Kinder blickte. Alle da draußen waren an diesem Morgen weiß.

Ich sagte: »Was halten Sie davon?«

Er hatte sich ein wenig verkrampft, weil er auf persönliche Fragen wartete. Er drehte sich und betrachtete die Leute am Pool. Dabei zeigte er mir sein Profil, die glatte braune malaiische Haut, die Wölbung seiner Stirn, seine Brille, die Senkung seines Nasenrückens, den Knopf seiner Stupsnase, seinen Bart. Er sah angestrengt hinaus, sein Gesicht wurde ernst.

Er sagte: »Ich weiß nicht, was ich denken soll. Das sind Ausländer für uns, das ist alles. Sie gehören nicht zu unserer Kultur.«

»Sie möchten nicht gern bei ihnen sein?«

»Nein, obwohl das Wasser schön kühlt. Wir haben dasselbe klare Wasser im Dorf. In einer natürlicheren Umgebung. Sie würden das Flußbett sehen. Sie würden die Pflanzen, die Schlingpflanzen an der Seite, am Ufer sehen.«

Auf der anderen Seite des Pools lag eine Frau von ungefähr Vierzig, in einem schwarzen Badeanzug. Sie war weiß, ungebräunt, mit einem weichen Körper, aber immer noch ansehnlicher Figur, und ihre Beine waren eher linkisch als provokativ auf die weißen Plastikriemen des Liegestuhls hochgezogen. Unter uns lag eine jüngere Frau in Blau, kleiner, fester, auf dem Bauch. Beide hätten in einem sexuell aktiven Mann Verlangen wecken können. Ich sagte: »Halten Sie diese weißen Frauen für schön?«

Er sah sie eine nach der anderen mit demselben ernsten Ausdruck an: er versuchte krampfhaft herauszufinden, was er dachte.

Er sagte: »Wir haben keinen Sinn fürs Vergleichen.«

»Aber weiße Männer und andere finden die malaiischen Frauen schön.«

»Das habe ich gehört. Aber stimmt es auch? Empfinden sie das wirklich?«

Und in der Cafeteria mit den malaiischen Kellnerinnen in langen grünen Kleidern, an denen ihre Holiday Inn-Erkennungsmarken befestigt waren (›Schön und gemütlich‹), redeten wir vom Dorf. Das war für Shafi nicht leicht, obwohl die Anstrengung des Denkens und Erinnerns ihn erregte. Die Erzählung, die herauskam, war durch meine Fragen entstanden.

»Ich kenne jede Ecke meines Dorfes. Wir gingen immer auf Vogeljagd oder auf Fischfang. Entweder in Hosen oder im Sarong. Wenn wir Hosen anhatten, hatten wir die Taschen mit Kiesel voll geladen. Die Kiesel brauchten wir, um mit der Schleuder nach Vögeln zu schießen. In den Schulferien gingen wir gegen zehn Uhr morgens los, im Fastenmonat viel früher. Und mittags kamen wir zurück, und die Kiesel aus den Taschen waren weg, und Beute hatten wir auch keine. Manchmal zerstreuten wir uns damit, Gummibaumsamen zu sammeln. Wir steckten jeder ein paar Samen in ein Stück Bambusrohr, stellten das Bambusrohr auf Stützen ungefähr zehn Zentimeter über der Erde und versuchten, es aus einiger Entfernung runterzuwerfen. Der Junge, der es runterwarf, bekam alle Stöcke.

Eine andere Beschäftigung in der Kindheit bestand darin, den Koran zu lesen, selbst wenn man die Bedeutung der Verse nicht kannte. Das zu tun, wurde uns von unseren Eltern aufgetragen. Wir gehorchten ihnen bloß.«

Ich sagte: »Meinen Sie nicht, daß das ein schlechter intellektueller Start ist?«

»Sie haben recht. Aber es ist mehr als das, wenn Sie den Koran lesen. Man forderte uns von verschiedenen Seiten aus auf, den Koran zu lesen. Jedesmal, wenn man liest, bekommt man etwas Wertvolles für sein Leben.«

»Wie Magie also?«

»Es ist mehr als Magie in dem Fall. Er ist nicht von einem menschlichen Wesen geschrieben worden. Magie wird von menschlichen Wesen betrieben, der Koran steht aber darüber. Das andere Buch, das wir hatten, ist ein Text, den ein paar im Dorf bekannte Führer geschrieben haben. Religiöse Texte, die sich hauptsächlich mit Unterweisungen befassen und in der Stadt gedruckt wurden. Darüber, wie man betet, wie man sich sauberhält, körperlich sauber. Wenn man Wasser hat, wäscht man sich mit Wasser. Wenn man kein Wasser hat, darf man andere Dinge benutzen. Steine, Holz, Rinde, Blätter, Papier. Aber keine Knochen von Tieren, die nicht geschlachtet sind. Das Wesentliche an Hygiene.

Wenn man keine richtige Toilette hat, sollte man einen abgeschiedenen Platz wählen, wo einen keiner sieht, und nicht ein fließendes Gewässer, dessen Quelle von anderen Menschen als Wasserzufuhr benutzt wird, und keine Stelle unter einem Haus und keinen Ort, an dem die Fäkalien öffentliches Ärgernis erregen können. Das sind heilige Unterweisungen und auf unser Leben anwendbar. So habe ich sie als etwas genommen, dem wir folgen müssen. Damals waren wir nicht älter als zwölf.«

»Gab es im Dorf in jedem Haus so ein Buch?«

»Alle, die den Kurs besuchten, bekamen das Buch. Teil eins und Teil zwei und Teil drei. Das Buch war vom Mullah der Moschee geschrieben. Ich erinnere mich, daß er an der Wand einen großen, ungefähr drei Meter langen und drei Meter hohen Schrank stehen hatte, der voll von diesen gedruckten Büchern war. Er gab einem zuerst eins umsonst. Aber wenn man das verlor, mußte man es kaufen. Der Unterricht fand jeden Freitagnachmittag und Samstagmorgen in der Moschee statt. Für die Kinder von neun bis drei, vier.«

»Enthielten die Bücher auch etwas über Masturbation oder Sex?«

»Im Wesentlichen waren es Unterweisungen in bezug auf Reinlichkeit. Das war der eine Teil. Der andere Teil handelte davon, wie man beten sollte. Welches Wasser man für seine Waschungen vor dem Gebet benutzen darf. Man muß sauberes Wasser benutzen. Sauberes Wasser ist meistens als fließendes Wasser in einem Strom definiert. Die Wassermenge muß mindestens achtzig bis einhundertzwanzig Liter betragen. Dann kann man sagen, daß es sauber ist. Man darf keinen Schmutz sehen, keinen Schmutz riechen und auch keinen Schmutz berühren. Wenn diese Bedingungen nicht erfüllt sind, ist das Wasser schmutzig.

Wenn man diese Unterrichtsstunden ohne triftigen Grund nicht besuchte, wurde man bestraft. Und diese Bestrafung durch den Mullah wurde von den Eltern akzeptiert. Zusätzlich gab es freitagsmorgens Unterricht vom Oberhaupt des Ältestenrats des Dorfes. Der war für jeden, nicht nur für Kinder. Dort lehrten sie weltliche und göttliche Dinge. Menschliche Beziehungen. Die Alten und die Jungen, Männer und Frauen. Sauberkeit, Gebete. In diesem Unterricht am Freitagmorgen bezogen sie sich auf den Koran und die Überlieferung, und das ermutigte die Leute, den Koran und Überlieferungen zu lesen. Später mußten wir jeden Tag zu Koranlesungen gehen, morgens und nachmittags.

Mein Dorf liegt in Kota Baru, im Nordosten. Die Menschen in meinem Dorf würde ich als ziemlich unternehmerisch betrachten. Sie weben Tuch – meine Mutter hat diesen Sarong gemacht, den ich trage. Einige von ihnen arbeiten für die Regierung. Einige besitzen Plantagen, Reisfelder, Kokosnußplantagen. Die Leute aus dem Dorf arbeiten für sie.

Ungefähr zweitausend Menschen lebten damals im Dorf. Jeder hatte ein eigenes Haus, auf dem eigenen Land oder dem Land eines Verwandten oder dem Land, das dem Religionsministerium der Regierung gehört. Jeder baut sein Haus selbst. Niemand ist obdachlos. Und wenn ich mich recht erinnere, bettelt niemand. In unserem Dorf gibt es keinen Bettler. Ich würde sagen, daß es ein recht wohlhabendes Dorf war. Ein Mann und seine Familie mußten wegziehen, weil das Land, auf dem ihr Haus stand, verkauft wurde. Sie zogen in ein anderes Dorf, und als wir später fragten, wie es ihnen ginge, sagten sie, daß nichts mit diesem Dorf vergleichbar sei. Im Dorf fanden sie leichter Arbeit.

Im Dorf gab es keine Verunreinigung durch gelbe Kultur, gelbe Literatur. Eine Schule, in der man Lesen und Schreiben lernte, das war alles. Auf malaiisch.«

Ich sagte: »Aber wenn man solch ein einfaches Leben führt, kann man kein intellektuelles Ziel haben.«

»Intellektuelle Ziele galten nichts. Ich gebe Ihnen ein Beispiel. Es gab nicht viele junge Leute, die das Dorf verließen, um sich weiterzubilden. Die einzigen, die hinauszogen, kamen aus der Familie des Mullahs. Sie gingen nur wegen der religiösen Bildung, nicht wegen der weltlichen. Sie fuhren nach Mekka. Die ganze Familie des Mullahs fuhr nach Mekka. Einer von ihnen hatte dort einen Verwandten.

In unserem Dorf gab es keine Ausländer. Aber neben unserem Dorf lag ein chinesisches Dorf. Sie waren anders, das ist alles. Sie aßen Schweinefleisch, und wir sagen, daß Schweine schmutzig sind. Sie sahen anders aus. Wir hielten sie nicht für häßlich. Sie hatten kleine Augen und hellere Haut. Sie sind viel schmutziger als wir. Ihre Hinterhöfe stinken. Schmutzwasser stinkt aus den Hinterhöfen. Sie halten Schweine, und die Schweineställe stinken. Und jedesmal, wenn die Schweine aus ihrem Pferch in unser Dorf ausreißen, steinigen die Jungen sie. Und alle streunenden Hunde aus dem chinesischen Dorf werden gesteinigt. Denn für einen Moslem ist es tabu, Hunde und Schweine zu haben. Aber es gab keine Kämpfe zwischen den Dörfern.«

»Waren die Chinesen reich?«

»Damals waren sie nicht reich. Sie erzogen ihre Kinder sehr genau. Nach dem Essen achten sie darauf, daß das Kind sich mit seinen Schulbüchern beschäftigt oder sie in der Küche oder Stube laut vorliest.«

»Aber bei Ihnen war man doch auch genau? Aber nur mit der religiösen Erziehung.«

»Religiöse Erziehung ist bei uns obligatorisch. Beinahe jeder junge Moslem muß sich darin auskennen. Das ist eine Pflicht. Der menschliche Wert wurde bei uns stärker betont als der religiöse Wert.«

»Aber intellektuell fielen Sie zurück.«

»Ja, intellektuell fielen wir zurück. Ich würde außerdem sagen, daß wir auch in der materiellen und weltlichen Bildung zurückfielen. Aber im Sinne der Menschlichkeit, der verantwortlichen Persönlichkeit, der Vernunft in Benehmen oder der Lebensweise waren wir, glaube ich, viel besser als sie. Moralisch betrachtet sind wir viel besser als sie.«

»Aber Sie hatten keine technische Ausrüstung.«

»Nein, technisch waren wir nicht ausgerüstet. Einer unserer Mullahs im Dorf setzte sich mit diesem Problem auseinander. Er startete eine Anlage zur Aufbereitung von Kokosnußöl und zur Herstellung von Seife. Und das blieb ohne Erfolg. Warum? Ich vermute, er hatte weder das technische Know-how noch die Fähigkeit zum Management. Es war mir nicht erlaubt, zu seiner Fabrik zu gehen, deshalb kann ich nicht mehr sagen.

Aber über das technische Lernen dachten wir nie nach. Ich erinnere mich an ein Beispiel. Als sie anfingen, eine Brücke über den Fluß in Kota Baru zu bauen, waren die paar Mullahs und *Hadschis* (Moslems, die nach Mekka gepilgert sind) schockiert. Und sie sagten: ›Wie um alles in der Welt konnten sie so eine riesige Konstruktion über den Fluß bauen?‹ Als sie die Ausfüllarbeiten machten – hat sie das sehr schockiert.

Im Grunde genommen sind wir gute Menschen, aber technologisch nicht ausgerüstet, weil wir nämlich selbstgenügsam sind. Wir brauchen keine Wolkenkratzer, große Aufzüge und Straßen. Wir brauchen keine Technologie.«

Ich sagte: »Sind Sie sicher?«

»Ich glaube es jedenfalls nicht. Als wir im Dorf lebten, sahen wir einmal einen Kalender mit einem Bild von einem fünfundzwanzigstöckigen Gebäude in Singapur, und darüber waren wir sehr erstaunt. Das war 1957. Wir im Dorf haben das Gefühl, daß wir diese Entwicklung nicht brauchen. Das Bewußtsein des Bedürfnisses nach diesen Dingen stammt aus den Erfahrungen, die wir auf unseren Reisen von Kota Baru nach Kuala Lumpur und anderswohin gemacht haben.«

»Wie sind Sie an diesen Kalender gekommen?«

»Einige unserer Verwandten fuhren zum Hadsch (der Pilgerfahrt nach Mekka) durch Singapur, und sie haben diesen Kalender mitgebracht. Singapur war eine quirlige Stadt – was sie so ausdrückten: wenn sie in einem Hotel schliefen, hatten sie das Gefühl, als führen die Autos am Kopfende des Bettes vorbei. Das störte sie beim Schlafen. Ich kann mich im Dorf nur an zwei, drei Autos erinnern. Dieselbe Person, die Singapur beschrieb, sagte, daß das Dorf nun Singapur ähnlicher sei – das Geräusch des Autos, das hinter dem Bett vorbeifährt.«

»Sie meinen doch nicht, daß das alte Dorfleben für immer vorbei sei?«

»Nein, es sollte noch da sein. Wir brauchen aber einige grundsätzliche Annehmlichkeiten. Wir brauchen eine gute Busverbindung, eine gute Schule.«

Diese Vision von Einfachheit! Aber sie bedurfte eines Busses – einer Straße – des Straßenbaus – der Maschinen.

Ich sagte: »Wie sah Ihre Schule aus?«

»Im Dorf hatten wir einen Lehmboden, und wenn es regnete, war er immer überflutet. Und wir hatten keine Elektrizität.«

Aber in diese einfache Schule war die neue Welt eingebrochen und hob Shafi, ohne daß er es wußte, aus seiner rein dörflichen Lebensart heraus. Da gab es die Pfadfinderbewegung. Sie gehörte zum britischen System, kam Shafi aber wohl nur wie ein Teil des Lebens seiner Dorfschule vor. 1963 fand in Malaysia ein Pfadfinderwettbewerb statt. Um an diesem Wettbewerb teilzunehmen, verließ Shafi im Alter von fünfzehn Kota Baru als Mitglied der Pfadfindertruppe seiner Schule und kam zum ersten Mal in die britisch-chinesische Stadt Kuala Lumpur. Nach sechzehn Jahren gingen die Nervosität und das umwälzende Erlebnis dieser Reise ihm noch nahe. Das zeigte sich an seiner Sprache.

»Wir fuhren mit dem Zug hinein. Einen Tag und eine Nacht. Wir erwarteten das. Wir freuten uns darauf. Wir waren abenteuerlustig. Wir waren eine Gruppe. Wir suchten auf der Reise nach Ähnlichkeiten. Zum Beispiel gute malaiische Restaurants – in Kota Baru hatten wir sie. Wir konnten keine finden. Es war schwierig für uns zu essen; wir müssen moslemisches Essen haben.

Als wir abfuhren, konnten wir eine Dorflandschaft sehen. Gegen Abend sahen wir Kautschukplantagen und Dschungel, und nachts war fast alles Dschungel. Aber am Morgen, als wir uns KL näherten, erkannten wir, daß wir durch eine chinesische Gemeinde fuhren, eine chinesische Gegend, die uns ja vertraut ist, und wir wurden uns über die schlechten Aussichten und die Probleme klar, die wir haben würden, gutes moslemisches Essen zu bekommen, und daß wir kaum viele Malaien treffen konnten. Wir trafen mehr Chinesen und Inder. Es war recht schwierig für uns, uns zu verständigen. Weil wir sie nicht kennen. Für uns ist es leichter, mit einem Malaien zu sprechen, der uns kennt. Es war ein Schock, aber er warf uns nicht um. Denn wir hatten das erwartet. Aber wir hatten kein bißchen Angst.

Wir hatten eine Vorstellung von bestimmten Anhaltspunkten in KL, so kamen wir bequem herum. Aber wir hatten das Gefühl, als wären wir nirgends. Wir waren verloren in der riesigen Gemeinde. Jedesmal, wenn wir herumliefen, sahen wir unter zehn Leuten kaum einen Malaien. Das hatten wir erwartet. Aber wir waren eine Gruppe und kümmerten uns nicht groß um sie. Wir wohnten mitten in einer nicht-moslemischen, nicht-malaiischen Gemeinde, und das war schwierig für uns. Wir wußten, daß es über die Stadt verstreut malaiische Kampongs gab. Aber wir blieben, wo wir wohnten, wegen des Wettbewerbs.«

Shafi war müde. Die Gedächtnisübung hatte ihn erschöpft. Und die Unvereinbarkeit der Reinheit des Dorflebens und seiner Erkenntnis der Rückständigkeit der Malaien – die sich in unserem Gespräch herausgestellt hatte – nagte an ihm. Tief innen fühlte er, wußte er, daß es keine Unvereinbarkeit, keinen Bruch gab, aber das auszudrücken konnte er die Worte nicht finden.

Es war nun ein Uhr. Zu spät für Shafi, um mich zu seinen Brüdern mitzunehmen, was zu seinen Feiertagsplänen für mich gehört hatte. Wegen des Feiertags war das große Freitagsmittags-Buffet des Holiday Inn hier in der Cafeteria aufgebaut, anstatt in dem rundum geschlossenen Spiegelsaal im Stockwerk darüber, wo an normalen Freitagen (für Nicht-Moslems oder Moslems, die den heiligen Tag nicht einhielten) eine Modenschau mit Musik stattfand. Das Hotel deprimierte Shafi, weil es fremd, verschwenderisch war, voller Fremder, die nicht glaubten und den Vorschriften gegenüber gleichgültig waren: ich konnte das nun mit seinen Augen sehen. Wir gingen an der Bar vorbei, die sogar im Tageslicht dunkel war. Auf der anderen Seite des Gangs waren Schaufenster mit Zinn aus Selangor – einheimischer Zierat, der in jedem Hotel, jedem Souvenirgeschäft ausgestellt, in jeder örtlichen Broschüre, jeder Zeitschrift angepriesen war.

Es war seltsam sich vorzustellen, daß in Shafis Dorf Bücher geschrieben und veröffentlicht wurden. Bücher mit Vorschriften wie die, die im Iran von Ayatollahs wie Khomeini und Schariatmadari geschrieben wurden und von denen man Exemplare in den Häusern ihrer Anhänger fand, die sie ohne Scham bei den intimsten Angelegenheiten zu Rate ziehen und herausfinden konnten, was vom Koran und der anerkannten islamischen Überlieferung erlaubt und was nicht erlaubt wurde. Das einfache Leben war ein starres Leben. Es hatte für alles Vorschriften, und jeder mußte die Vorschriften lernen.

Die Fundamentalisten in Pakistan glaubten, daß sie, wenn sie den richtigen Vorschriften folgten, die Reinheit des frühen Islams wieder hervorbrächten: auf die Wiederentdeckung des wahren Glaubens würde automatisch die Neuorganisation der Welt folgen. Shafis Schmerz und Leidenschaft im vielrassigen Malaysia waren unmittelbarer; und ich hatte das Gefühl, daß der Wunsch, die Vorschriften wieder zu etablieren, für ihn auch der Wunsch war, die Geborgenheit seiner Kindheit, das malaiische Dorfleben, das er verloren hatte, wieder neu zu schaffen.

Ein ähnlicher Schmerz berührt die meisten von uns. Dem müssen wir uns als selbstverantwortliche Individuen ständig anpassen. Shafi sah sich als den ersten Menschen, der aus dem Paradies vertrieben wurde. Das machte er der Welt zum Vorwurf; er schob die ganze Last dieser Anpassung auf den Islam.

Dieser Gedanke kam mir später. An dem Nachmittag war ich, nachdem Shafi mich verlassen hatte, von seiner Stimmung erfüllt. In der Bar trank ich am Abend endlich den Begrüßungscocktail des Holiday Inn ›Tropische Aura‹. Die Old Timers dröhnten, der Cocktail schmeckte nach Ananas aus der Büchse. Später aß ich in der Cafeteria – schon wieder – ein Omelette. Es war nicht gut. Aber der junge malaiische Kellner war pedantisch genau und hilfreich. Und während ich ihm zusah, wie er sorgfältig den Nachbartisch deckte und versuchte, alles richtig zu machen, dachte ich: »Er ist wie Shafi, daran muß ich mich erinnern.«

2

Mutige Mädchen

Ich wurde morgens um halb drei wach und konnte nicht mehr einschlafen. In der vorangegangenen schlaflosen Nacht war ich um halb fünf in die Cafeteria gegangen und hatte sie verlassen vorgefunden, mit einem Geruch nach Reinigungsmitteln. So blieb ich in meinem Zimmer. Kurz nach fünf bestellte ich Kaffee. Ich mußte zweimal anrufen. Der Boy war, als er kam, schlampig angezogen und nicht freundlich. Die Milch war sauer; sie nahm mir den Appetit, ohne meinem Verlangen abzuhelfen.

Als ich den Vorhang beiseite zog, war es hell, und auf der Rennbahn gegenüber trainierten Pferde. Wegen seiner Aussicht auf die Rennbahn und die Hügel von Kuala Lumpur hatte ich das Holiday Inn gewählt. Samstags und sonntags versammelte sich am Nachmittag das Volk auf der Haupttribüne und schrie jede halbe Stunde, einen über Lautsprecher übertragenen Kommentar übertönend. Aber es gab keine Pferde, keine Rennen. Die Rennen wurden anderswo abgehalten; das Volk sah fern und hatte sich nur zum Glücksspiel versammelt, denn unter dem islamischen Recht Malaysias war Glücksspiel in Kuala Lumpur nur auf der Rennbahn gestattet. Auf der Geisterrennbahn waren jetzt Pferde: erst sah ich zwei, dann sechs, dann noch mehr. Ich beobachtete die Haltung der Reiter über den Pferdehälsen, die Steigbügel kurz, die Zügel waagerecht.

Es war bedeckt. Die Hügel dampften. Ganz weiße Wolken stiegen aus den Bergspalten auf, und über der Kette erhob sich langsam eine völlig gleichmäßige Bank grauweißer Regenwolken und plusterte sich auf. Um die Rennbahn herum standen Bäume, die ich aus meiner Kindheit kannte: Bananenbäume, Jasmin und noch ein Baum mit einer gelben Blume, der große mittelamerikanische *Saaman* oder Goldregen, der auf Plantagen als Schattenbaum benutzt wurde.

Ich wäre gern munterer und geistig beweglicher gewesen, um zu genießen, was ich sah. Die Erschöpfung der Schlaflosigkeit verwandelte sich in Beklemmung und Gereiztheit: die schlechte Milch, die mir den Kaffee verdorben hatte, nicht beantwortete Telegramme. Als ich nach unten ging, war ein Mädchen an der Rezeption. Ich sprach mit ihr über die Telegramme. Sie verwies mich an die Telefonzentrale. Die Tür trug ein Schild: Zutritt nur für Berechtigte. Die Telefonistin, ein malaiisches Mädchen, das nicht gut Englisch sprach, war unscheinbar und trug eine runde Brille.

Während sie ihre Ablage durchsah, las ich die Mitteilungen für Mitarbeiter, die in malaiisch und englisch aushingen. Einen Anschlag gab es, den ich lieber nicht gelesen hätte. ›Unverantwortliche Mitarbeiter‹ hatten auf den Boden des Umkleideraums und auf Kantinenteller und in Kantinengläser ›uriniert und sich entleert‹. Rituelle Reinlichkeit hatte nichts mit Reinlichkeit um ihrer selbst willen, nichts mit Achtung vor dem Mitmenschen zu tun. Es gab Vorschriften für die Dörfer, es gab keine Regeln für die Stadt.

Der Ekel blieb in mir. Als ich rausging, bildete ich mir überall Gerüche ein; und die Gerüche schienen mir überallhin zu folgen, sogar ins Äquatorial Hotel, wohin ich zum Mittagessen ging. Dort traf ich einen Mann, den ich kannte. Er erzählte mir, daß die Stadt nicht für Moslems gebaut worden sei. Moslems mußten fünfmal am Tag, bevor sie beteten, rituelle Waschungen vornehmen; dafür nahmen sie, was gerade zur Verfügung stand; sie benutzten Spülbecken und Waschbecken, um ihre Füße und Genitalien zu waschen. So verkehrte sich die ganze Erregung, die ich bei Shafis Geschichte empfunden hatte – eine Erregung, die mich zum Teil an dem Morgen wachgerüttelt hatte – in ihr Gegenteil.

Aber alles war wieder in Ordnung, als Shafi – in alltäglicher Bürokleidung – mich am Nachmittag besuchen kam. Ihm gegenüber, der so offen, so anziehend war, fiel meine Beunruhigung von mir ab. Er hatte einen Freund mitgebracht, einen sehr kleinen und schmächtigen Mann von vierunddreißig Jahren. Der Vater des Freundes war Mullah auf dem Dorf gewesen. Der Freund selbst hatte sich in islamischen Studien spezialisiert und war – seltsamerweise – nach Birmingham in England gegangen, um seine Doktorarbeit zu machen. Jetzt war er ein hoher Funktionär bei der ABIM. Bei einem Unfall hatte er eine Reihe Zähne verloren, und er humpelte. Immer wenn er sprach, sah es wegen der fehlenden Zähne so aus, als lächelte er.

Ich sagte: »Wieso sind sie alle so jung in der Bewegung?«

Der Freund antwortete mit seinem Lächeln: »Unsere Eltern waren einfache Leute. Fünfundneunzig Prozent von ihnen waren nicht auf der Universität. Und die, die auf der Universität waren, hatten nur Fähigkeiten erworben, um ihren Kolonialherren zu dienen.«

Er war so direkt wie Shafi. Meine ganze Sympathie des vergangenen Tages strömte zurück.

Ich sagte: »Aber Sie sind ja genau wie Shafi. Sie versuchen nichts zu vertuschen.«

Shafi sagte: »Aber was haben wir denn zu vertuschen? Was haben wir denn?«

Ich sagte: »Shafi, als ich Sie gestern morgen fragte, was Sie von den Weißen am Swimmingpool hielten, war das das erste Mal, daß Sie über so etwas nachdenken mußten?«

»Es war das erste Mal.«

»Aber wie kommt das, Shafi? Diese Menschen sind überall um Sie herum. Sie umgeben uns jetzt hier, in der Cafeteria.«

Er sagte: »Ich *sehe* diese Menschen nie.«

Er meinte das in zweierlei Hinsicht: er hatte nie Gelegenheit, Weiße kennenzulernen, und wenn er sie sah, nahm er sie nicht wahr.

Beide hatten bislang das Ei-Sandwich, das ich für sie bestellt hatte, nicht angerührt. Sie warteten darauf, daß ich zuerst aß. Ich aß. Aber dann kosteten sie nur davon, obwohl Shafis Freund kein Mittagessen gehabt hatte. Den größten Teil ihres Sandwiches ließen sie liegen. Nur aus Höflichkeit hatten sie mir erlaubt, Sandwiches für sie zu bestellen; an einem Ort wie dem Holiday Inn hatten sie beide Angst, nicht-moslemische Nahrung zu essen.

Um beim Hinausgehen die Treppe zu vermeiden, führte Shafi seinen hinkenden Freund die mit Teppich belegte Gepäckrampe an der Seite hinunter. Neben dem äußerst kleinen gebrechlichen Mann mit dem behinderten linken Bein sah Shafi groß und beschützend aus. Ich dachte an Behzad und seine hinkende Freundin auf dem Bahnsteig des Teheraner Bahnhofs: Revolutionäre, die jetzt nicht auffielen, sich aber der Wahrheit und Gefahr, die sie mit sich trugen, bewußt waren.

Shafi hatte mir versprochen, mich zur Schule der ABIM zu führen und sogar ein paar ›mutige Mädchen‹ zu finden, die mit mir reden würden. Er hatte seinen Freund mitgebracht, damit er mich prüfen konnte. Anscheinend äußerte der Freund kein Mißfallen, und früh am nächsten Morgen holte Shafi mich mit seinem Wagen ab.

Als ich so die hektische, gemischte, moderne Stadt mit Geschäftsschildern auf chinesisch, englisch und malaiisch betrachtete, die Verkehrsstauungen und die in der Hitze zitternden Abgase betrachtete, Shafi in seinem Auto betrachtete, der jetzt im Strom der anderen mitfuhr (der Junge, dessen Dorfschule im fernen Nordosten einen Lehmboden hatte, der im Regen überschwemmt wurde), fragte ich, ob er sich in der Stadt noch fremd fühle.

Er sagte nein. Aber in seinem Dorf sei er ein Fremder. Er meine das wörtlich. Häuser hätten sich verändert, Leute seien weggezogen, er kenne nicht mehr jeden. Das Dorf war nicht länger seins, wie es einmal gewesen war.

In der Schule, die in dem dreistöckigen ABIM-Gebäude abseits des Stadtzentrums lag, traf ich einen Australier, einen großen Mann mittleren Alters mit Brille und Käppchen, der für sich saß und offenbar nichts tat. Shafi sagte, er versuche, etwas über den Islam zu lernen. Die geschäftigen jungen Malaien, die ich traf, waren von einer Art, die ich langsam zu erkennen begann: Männer vom Dorf, deren Gesichter, zuerst ausdruckslos und mit einem Anflug von Mißtrauen, aufleuchteten, wenn Shafi von meinem Vorhaben erzählte: alte Sitten, alte Dorfhöflichkeiten, dicht unter der Starrheit.

Der Generalsekretär war unnachgiebiger. Sowie Shafi mich vorstellte, sagte er, daß es durch die Industrialisierung der letzten zwei- oder dreihundert Jahre mit der Welt moralisch bergab gegangen sei. Er sprach wie ein Mann, der das gleich in Ordnung bringen würde. Er hatte ein befehlshaberisches Wesen und hielt eine Reihe von Schnellheftern in der Hand.

Shafi hatte zu arbeiten. Er ließ mich bei Nasar. Und wieder fiel – wie bei vielen anderen – Nasars geringe Größe, seine Zartheit auf. Vor hundert Jahren oder noch mehr – als die europäischen Küstendampfer von Anlegestelle zu Anlegestelle zogen, als es die ersten britischen Plantagen gab und die Chinesen ins Land kamen und Verwaltungsstädte noch primitive Niederlassungen am Rand des Waldes waren – war Nasars Urahn ein Scheich, ein Malaie, der in Arabien lebte und malaiische Pilger nach Mekka führte.

Dieser Scheich, der nach Malaysia und in sein Dorf, nur sechs Meilen von der jetzigen Stadt Kuala Lumpur entfernt, zurückkehrte, hatte einen Sohn. Der Sohn, Nasars Urgroßvater, heiratete mit zwölf. Im Greisenalter, 1934, gründete dieser Urgroßvater eine malaiisch-sprachige Zeitung. Er versuchte, die Malaien aufzuwiegeln, ihnen zu sagen, daß sie um ihr Überleben kämpfen mußten. Aber niemand hörte auf ihn; sogar sein eigener Sohn, Nasars Großvater, der eigentlich ein religiöser Lehrer war, beschloß, daß der Verdienst eines Lehrers nicht reiche und wurde statt dessen Reisbauer mit sieben Morgen. Der Sohn des Reisbauern wurde Regierungsangestellter, ein Beamter im Forstministerium. Er war Nasars Vater. So war die Familie, die einmal arabisch gebildet und auf ihre Art führend war, im mo-

dernen Malaysia ›eine Familie der unteren Mittelschicht‹ geworden.
Nasar selbst war nach einer Schulausbildung im Land nach England, nach Bradford, gegangen, um die Politik der internationalen Beziehungen zu studieren. Er hatte gelernt, daß die Großmächte nicht am Frieden interessiert waren, sie kümmerten sich nur um ihre Interessengebiete, sie verkauften Waffen. Und das englische Leben, das er in Bradford gesehen hatte, hatte ihm nicht gefallen.

»Sie sind zu individualistisch. In Bradford sagten die Leute zu mir: ›Warum verbringst du deine Zeit nicht in Pubs oder in der Disko?‹ Sie versuchen dir zu sagen, daß man mit anderen zusammensein soll, aber nicht mit der Familie. Sie sind Produkte ihrer eigenen Technologie. Die Modernisierung in Malaysia wird, wenn man sie nicht kontrolliert, demselben Muster folgen. Wir akzeptieren die Technologie, aber sie darf nicht die Grundlage unserer Gesellschaftsstruktur berühren. Freier Umgang der Geschlechter und Alkoholismus sind die großen Gefahren. Den bringt der freie Umgang mit sich. Vertrauen ist die Grundlage des Familienglücks. Allah schuf Mann und Frau, damit sie auf die richtige Weise heiraten und eine Familie gründen. Das ist die Grundlage der Gesellschaftsstruktur. Freien Umgang der Geschlechter müssen wir vermeiden. Wir planen hier schließlich eine getrennte Schule für Jungen und Mädchen. Wir glauben, daß die heutige Arbeitslosigkeit teilweise dieser Philosophie der Befreiung der Frau zuzuschreiben ist.«

Frauen, die Familie: sie waren beängstigend für diese schmächtigen jungen Männer, die, gerade erst emporgekommen, vielleicht mehr spürten als ihre körperliche Zerbrechlichkeit. Am Ende unserer ersten Unterhaltung hatte Shafi gesagt: »Wenn die Mädchen aus den Dörfern nach Kuala Lumpur kommen, wollen sie nicht vom Gesetz beschützt werden.«

Die Männer mußten zum Freitagsgebet um halb eins in die Moschee gehen. Kurz bevor sie weggingen, kurz bevor die Büros sich leerten und die Lichter ausgeschaltet wurden, stellte Shafi mir die mutigen Mädchen vor, die er versprochen hatte.

Wir saßen zusammen in dem vorderen Zimmer, das zur Schnellstraße hinausging. Es war eine Art Lagerraum, unordentlich, mit nicht geleerten Plastiktassen voll Milchkaffee auf einem Tisch, vielen Schnellheftern und Veröffentlichungen und einem schiefen Bürostuhl, dem eine Rolle fehlte. Zwei Klimaanlagen dämpften den Verkehrslärm.

Die Mädchen gehörten verschiedenen Rassetypen an. Die eine hatte braune Haut und war schlank, die andere war hellhäutig und dick und hatte ein rundes Gesicht. Beide trugen lange Kleider und hatten ihre Köpfe bedeckt. Das braune Mädchen hatte eine Kopfbedeckung aus dünner schwarzer Baumwolle, die voller Falten war und lässig aussah; überhaupt hatte sie etwas jugendlich Unordentliches an sich, das bezaubernd war. Das rundgesichtige Mädchen war ordentlicher. Ein weißes Tuch war straff über den Kopf gezogen, und darüber hatte sie eine rosa Kopfbedeckung, die unter dem Kinn zusammengehalten wurde.

Beide waren ein wenig nervös. Sie waren seit zwei Jahren auf der ABIM-Schule, und sie waren hierhergekommen, weil sie in der Regierungsschule nicht mitgekommen waren. Sie waren nun beide in der obersten Klasse.

Ich fragte sie nach ihrer Kopfbekleidung, die mich an die Frauen in Teheran erinnerte. Sie nannten mir das malaiische Wort dafür: *Tu-dong*.

Das Mädchen mit dem schwarzen *Tu-dong* sagte: »Der Kopf muß bedeckt sein.«

Das Mädchen mit dem strammen weiß und rosafarbenen *Tu-dong* sagte: »Kein einziges Haar darf hervorgucken.«

Ich sagte zu dem Mädchen in Schwarz: »Aber dein Haar kommt heraus.« Und das tat es in der Tat.

Es kicherte und wurde kleinmädchenhaft.

Ich sagte: »Warum muß das Haar bedeckt sein?«

Das Mädchen in Schwarz sagte: »Das Haar, wissen Sie –«

Und wieder kicherte es, ehe es sich zusammennahm und sagte: »Manche Mädchen haben sehr schönes Haar, und manchmal sind die Männer sexuell von dem Haar angezogen.«

Es unterhielt sich mit dem rundgesichtigen Mädchen in Rosa auf malaiisch, und das Mädchen in Rosa ging aus dem Zimmer.

Ich sagte: »Ist das schlimm? Ist das schlecht für die Frau? Oder für den Mann?«

Das Mädchen in Rosa kam ins Zimmer zurück. Es sagte: »Das Haar ist *aurat*.«

»Aurat?«

»Dinge, die nicht gezeigt werden können.«

Dann sprachen sie im Duett und machten entsprechende Gesten. Das Mädchen in Rosa sagte: »Mädchen können nur das Gesicht zeigen.« Das Mädchen in Schwarz sagte: »Und die Hände vom Handgelenk an.«

»Und die Füße?«

»Die Füße?« sagte das Mädchen in Schwarz. »Ich glaube nicht. Ich glaube nicht, daß die Füße *aurat* sind.« Seine eigenen Füße waren zu sehen unter dem langen Baumwollkleid, das genauso zerknittert wie seine Kopfbedeckung war; und es trug hübsche kleine Schuhe mit hohen Absätzen und Riemchen und Schnalle.

Das Mädchen in Rosa sagte: »Die Füße sind *aurat*.«

Einige Worte auf malaiisch wurden zwischen ihnen gewechselt, und das Mädchen in Rosa ging wieder hinaus.

Das Mädchen in Schwarz sagte: »Zwei Jahre in dieser Schule sind eine kurze Zeit. Denn es gibt so viel zu lernen.« Als wolle es seine Unsicherheit über die Füße der Frauen wieder wettmachen, sagte es dann mit einer Geste über den Körper hinab: »Ein Mann ist *aurat* von der Taille bis zu den Knien.«

Das Mädchen in Rosa kam zurück und sagte: »Die Füße sind *aurat*.«

(Wer saß da draußen mit den Antworten bereit? Konnte es der Australier sein?)

Das Mädchen in Schwarz sagte: »Manche Mädchen bedecken

ihr Gesicht. In dieser Schule gibt es viele, obwohl es nicht notwendig ist.«

»Warum tun sie es dann?«

Das Mädchen in Rosa sagte: »Vielleicht wissen sie mehr.«

Das Mädchen in Schwarz lächelte. Es war jetzt weniger nervös, als sei es amüsiert darüber, wie wenig es wußte.

Seine Freundin, dicklich und ordentlich, schien insgesamt gefestigter. Sie sagte: »Das Hauptziel dieser Philosophien ist, die Schönheit und Liebenswürdigkeit der Frauen zu bewahren. Wir können unsere Schönheit bewahren. Sie ist nicht zum Vorzeigen da. Das ist sehr schlecht.«

»Warum ist das schlecht?«

Das Mädchen in Schwarz, das leichtfertigere, wie ich nun meinte, sagte: »Soviel ich weiß, ist es sehr schlecht.« Es lachte. »Ich *weiß* es, aber ich kann es nicht ausdrücken.«

»Möchtet ihr gern euer Gesicht bedecken?«

»Eines Tages vielleicht. Wenn wir mehr wissen.«

»Und wenn wir es für nötig halten«, sagte das Mädchen in Rosa.

»Was habt ihr denn noch zu lernen? Ihr seid schon zwei Jahre hier.«

»Es gibt so *viel* zu lernen«, sagte das Mädchen in Schwarz.

Das Mädchen in Rosa sagte: »Wir können kein Arabisch.«

»Ihr versteht also die Gebete, die ihr sprecht, nicht.«

»Die verstehen wir. Aber der Koran ist auf arabisch, und wir würden gern den Koran auf arabisch lesen.«

»Wärt ihr lieber in der Regierungsschule geblieben, wenn ihr die Prüfung bestanden hättet?«

Das Mädchen in Schwarz nickte.

Das Mädchen in Rosa sagte auf seine deutliche, würdevolle Art: »Zur Zeit ist das Erziehungssystem in den Regierungsschulen eher auf das Akademische gerichtet.«

»Wissenschaft«, sagte das Mädchen in Schwarz, das nun offenbar die Regierungsschule mißbilligte. »Wissenschaft, Technologie. Man muß all diese Prüfungen bestehen, um einen Platz an der Uni zu bekommen – wenn man eine gute Stelle haben will oder einen hohen Lebensstandard oder ein gutes Einkommen. Die Religion wird in den Schulen nicht wirklich gelehrt. Die Mädchen beten nicht. Sie haben vergessen, wie man betet. Und man *muß* beten.«

»Sagt ihr den Mädchen, daß sie in die Hölle kommen?«

»O *nein*!« sagte das Mädchen in Rosa. »Das sagen wir nie. Wir müssen sanft mit ihnen sein. Wir müssen sanft mit ihnen reden.«

»Tun sie euch leid?«

»Doch, ja«, sagte das Mädchen in Schwarz.

»Ist es schlecht, eine gute Stelle haben zu wollen?«

»Schlecht ist es nicht«, sagte das Mädchen in Rosa, »aber wir können doch nicht immer im Leben materialistischen Dingen nachjagen. Denn es gibt ein Leben nach dem Tode. Wir müssen also im Leben ein Gleichgewicht zwischen dem Leben auf der Erde und dem Leben nach dem Tode schaffen.«

Ich sagte zu dem Mädchen in Schwarz mit seinen hochhackigen Schuhen: »Seid ihr nicht zu jung, um an den Tod zu denken?«

Das Mädchen in Rosa antwortete für sie. Es sagte feierlich: »Der Tod kann jederzeit kommen.«

»Und ihr wollt in den Himmel kommen?«

»Natürlich. Im Himmel verkehren wir mit guten Leuten. Nicht nur mit guten Leuten. Wir können mit unserem Propheten verkehren. Haben Sie schon von unserem Propheten gehört? Im Himmel ist alles schön und gut. Ich kann Ihnen nicht sagen, wie gut es ist. Unser Gott hat es uns verheißen. Man kann es nicht mit irdischen Dingen vergleichen.«

»Findet ihr Zeit zum Lesen?«

»Ja, wir lesen«, sagte das Mädchen in Rosa.

»Wir lesen *so viel*«, sagte das Mädchen in Schwarz mit einem klagenden Unterton.

»Welches Buch habt ihr denn zuletzt gelesen?«

Das Mädchen in Rosa sagte: »*Far from the Madding Crowd*.«

»Das ist ein Schulbuch. Das meine ich nicht. Ich meine eins, das ihr für euch selbst, aus Interesse lest.«

Das Mädchen in Schwarz sagte: »Mit der ganzen Schularbeit jetzt habe ich in letzter Zeit nichts gelesen. Mir fällt nichts ein.«

Das Mädchen in Rosa sagte: »Wir lesen Barbara Cartland, Perry Mason.«

»James Hadley Chase«, sagte das Mädchen in Schwarz, das sich plötzlich erinnerte.

»Denise Robins«, sagte das Mädchen in Rosa, dessen Gesicht aufleuchtete wie vorhin, als es das Leben im Himmel beschrieben hatte.

»Harold Robbins?«

Das Mädchen in Schwarz sagte: »Ich mag Harold Robbins nicht und habe aufgehört damit.«

Es kicherte. Das Mädchen in Rosa lächelte.

»Warum hast du aufgehört?«

Das Mädchen in Schwarz sagte: »Das kann ich Ihnen nicht sagen. Ich kann nur übersetzen, was wir auf malaiisch sagen. Wir sagen ›Das Buch ist schmutzig.‹«

»Wie ist das bei Barbara Cartland und Denise Robins?«

»O nein!« sagte das Mädchen in Rosa dahinschmelzend. »Die sind nicht schmutzig.« Und dann mit einer merkwürdigen Geziertheit: »Sie sind für junge Mädchen.«

»Aber sind die Menschen in den Büchern nicht zu weit weg für euch? Es sind Engländer, Europäer, Weiße. Es sind Christen.«

Das Mädchen in Rosa sagte – und ich begann, unter seiner Gesetztheit einen anderen Charakter zu entdecken: »Ich lese bloß zum Zeitvertreib.«

»Und unser Lehrer hat uns aufgetragen, sie zu lesen«, sagte das Mädchen in Schwarz.

»Um unser Englisch zu verbessern«, sagte das Mädchen in Rosa.

Ich sagte: »Die Mills- und Boon-Bücher – bekommt ihr die hier?«

Diese kurzen unterhaltsamen Liebesromane im Taschenbuch, die eher unter dem Namen ihres englischen Verlegers als unter den Namen der Autoren bekannt sind, sind in vielen Ländern des Commonwealth erfolgreich vertrieben worden. Sie kommen den Vorstellungswünschen von Menschen nah, für die Bildung und Stadtleben neu sind; sie scheinen moderne Arten der Gefühlsempfindung einzuüben und werden auch von Studentinnen und sogar von Männern gelesen.

»Mills und Boon!« sagte das Mädchen in Rosa gefühlvoll und schmolz wieder dahin wie in Erinnerung an eine besonders süße und reichhaltige Speise.

»Warum sind diese Bücher so gut?«

Nun wieder ganz förmlich, sagte das Mädchen in Rosa: »Wenn wir lesen, ist die Liebe so schön, weil alles Phantasie ist.«

»Du meinst, du hättest nicht gern, daß dir so etwas passiert?«

»Nein.«

»Aber worin besteht dann der Spaß?«

»Wir lesen einfach, um uns vorzustellen, wie schön ihr Leben ist.«

»Schön?«

»Sie sind reich«, sagte das Mädchen in Rosa. »Sie haben ein großes Haus, ein großes Auto.« Ihre Stimme wurde weich und rund: »Und sie sind verliebt.«

»Verliebt? Wird eure Ehe denn nicht arrangiert?«

»O *nein*! Nicht bei uns.«

Das große Haus, das große Auto: waren diese islamischen Entlein – obwohl sie die Vorschriften lernten und Betrachtungen über das Leben im Jenseits anstellten – insgeheim schon Stadtschwäne?

Ich sagte: »Würdet ihr gerne auf dem Dorf leben? Ich habe mit ein paar Leuten hier gesprochen, die meinen, das Leben auf dem Dorf sei am besten.«

»Nein«, sagte das Mädchen in Schwarz. »Ich will hier leben.«

Das Mädchen in Rosa – wieder ganz gesetzt, gut erzogen – sagte: »Das Dorf ist friedlicher. Ich würde gern auf dem Dorf wohnen.«

Das Mädchen in Schwarz schien seine Meinung zu ändern. Es

sagte: »Ja, das Dorf ist friedlicher.« Dann änderte es seine Meinung wieder. »Aber ich wäre gerne in der Stadt, weil sich alles hier abspielt.«

Das Mädchen in Rosa sagte seelenvoll: »Auf dem Dorf ist es friedlicher.«

Wie jemand, der weiß, was er zu denken hat, und eine Möglichkeit gefunden hat, auszudrücken, was er fühlt, sagte das Mädchen in Schwarz: »Ich wäre gern in der Stadt, weil sie auch der Mittelpunkt der religiösen Bewegung ist.«

Ich sagte, um sie zu provozieren: »Aber es gibt so viele Fremde in der Stadt.«

»Ja«, sagte das Mädchen in Schwarz, und es war schnell und fest. »Wir haben zu viele Immigranten.« Es war das Wort, mit dem die Malaien die Nicht-Malaien – Chinesen hauptsächlich – bezeichneten. Es war das Wort, das die Nicht-Malaien, die ein Jahrhundert der Ansässigkeit für sich beanspruchten, zurückwiesen. »Die Immigranten verursachen Probleme. Die Briten haben sie hergebracht. Die Briten haben das britische System eingeführt. Davor herrschte das islamische System.«

Ich hatte das Mädchen in Schwarz – mit seiner unordentlichen *Tu-dong*-Kopfbedeckung, seinen hochhackigen Schuhen, seiner Unsicherheit in bezug auf die islamischen Vorschriften – für das leichtfertigere der beiden gehalten. Jetzt erkannte ich, daß sie politisch, rassisch die verbissenere war. Diesen Teil der Unterhaltung übernahm sie. Das Mädchen in Rosa hörte mit seinem erstarrten lieblichen Lächeln nur zu.

Das Mädchen in Schwarz sagte: »Die Chinesen versuchen, unsere Industrie zu monopolisieren. Sie sind gute Geschäftsleute. Sie lassen uns hinter sich. Es stimmt nicht, wenn man sagt, Malaien seien faul. Wir wissen, daß es nicht stimmt, aber es tut weh, solche Dinge zu hören. Wenn wir die Chinesen nicht hätten, könnten wir ein gutes geschäftstüchtiges Volk sein. Schauen Sie sich die Geschichte an, in der Zeit der Herrschaft des Sultans von Malakka waren die Malaien als die besten Geschäftsleute berühmt.«

»Warum machst du dir so viele Gedanken um die Chinesen?«

»Die Chinesen haben China, die Inder haben Indien. Wir haben nur Malaysia.«

»Habt ihr nicht Indonesien und all die Inseln?«

Sie zog ein Gesicht, ihre junge Stirn runzelte sich. »Indonesien ist voller Christen – das wissen Sie nicht.«

»Bist du in Kuala Lumpur geboren?« fragte ich das Mädchen in Schwarz.

Es stimmte, aber ihre Familie kam aus Indonesien, aus Java.

»Vor *langer* Zeit«, sagte sie.

»Vor dem Krieg«, sagte das Mädchen in Rosa.

Also war das Mädchen in Schwarz oder seine Familie in der britischen Zeit gekommen. Sie war Indonesierin, aber das hieß, daß sie rassisch mit den Malaien verwandt war, und sie war außerdem Mohammedanerin. Nach vierzig Jahren konnte sie sich als Malaiin betrachten. Nach hundert Jahren oder mehr waren die Chinesen – die das Land geformt hatten – immer noch Immigranten.

Die inneren Büros lagen im Dunklen. Die Männer waren noch in der Moschee. Die Mädchen gingen mit mir auf die Straße hinunter. Das Mädchen in Rosa überquerte die verkehrsreiche Straße, um mit mir zu warten, bis ich ein Taxi bekam. Das Mädchen in Schwarz blieb auf der anderen Seite im Türeingang stehen, die Vorstellung von femininer Allüre lag jetzt nah. Sie lächelte, winkte gelegentlich ein wenig, war mir, einem Außenseiter, gegenüber freundlich, aber erfüllt von ihren wirren Leidenschaften. Das lässige, unfachmännisch gebundene *Tu-dong* verbarg ihr Haar nicht, und unter ihrem langen, düsteren, sackartigen Baumwollkleid – dem Gewand der islamischen Sittsamkeit, dem Symbol ihrer Aggression – sahen ihre hübschen kleinen hochhackigen Schuhe mit den Riemchen und Schnallen hervor.

Malaie zu sein hieß Moslem zu sein – das stand im Gesetz des neuen Staates. Aber Malaie zu sein hieß auch, daß einem die große reiche britisch-chinesische Stadt verwehrt blieb, in der sich alles abspielte. Geld war in das tropische Land des Waldes und des Flusses und der Dörfer gekommen, und Geld schuf neuen Wahnsinn und neue Enttäuschung.

3

Zwischen Malakka und dem Hochland von Genting

Das Land war reich: Regen und Hitze und Flüsse, fruchtbarer Boden, der von Leben, von Bananen, Reisfeldern, Palmen, Gummibäumen strotzte. Unter den Gummibäumen wuchs Gras, und Vieh, das in der Sonne gelitten hätte, fand im Schatten Weide. Die Hitze, in der Stadt schwer zu ertragen, war auf dem Land angenehmer. Wasser und Sonne förderten die Vegetation, die Schutz und Kühle spendete, und schnell bedeckte Grün die rote Erde, wo sie durch Straßen- oder Bauarbeiten freigelegt worden war. Die malaiischen Dörfer waren nie weit weg; die Häuser mit steilen Satteldächern und niedrigen Holzwänden waren von kleinen Gärten eingefaßt. Und regelmäßig stieß man auf die Kleinstädte der Kolonialzeit, chinesische Niederlassungen: zweistöckige Geschäftshäuser aus Beton und Wellblech, die Häuser zurückgebaut, der Bürgersteig vom oberen Teil der Häuser überdacht. Die Daten – auf die Geschäftshäuser aufgemalt oder aus vorspringenden Betonzahlen – stammten aus neuerer Zeit; viele waren aus der Zeit um 1930, die Kolonie wurde spät erschlossen.

Ich sah das eines Samstags auf der Fahrt von Kuala Lumpur gen Süden nach Malakka. Ich fuhr nach Malakka um seines historischen Namens willen: die Malakkastraße, Malakkarohr, Malakkapfeffer.

Im Zentrum der Stadt stand eine rot gestrichene Kirche von 1753, neben dem Torweg eines zerfallenen alten europäischen Forts gab es ein Museum. Aber sonst schien die Geschichte in der Hitze verbrannt zu sein. Die Küste war bei Ebbe breit und flach und aus weichem schwarzem Schlamm; Abflußröhren aus der Stadt ergossen sich dort hinein; und der schwarze Schlamm war von den Löchern kleiner Krebse gepunktet und von den Spuren amphibischer Geschöpfe gezeichnet, kleinen springenden Elritzen und fischähnlichen schwarzen Geschöpfen, die sich schlängelnd fortbewegten.

Weit draußen lag ein Schiff vor Anker. Eine Kette von Barkassen, mit je einem Malaien mit nacktem Oberkörper und Sarong am Steuer, wurde in den Stadtkanal, einen eher grauen als schwarzen oder braunen offenen Abflußkanal, gezogen, der von Lagerhäusern und Häusern der jüngsten Kolonialzeit gesäumt war.

Die europäische Vergangenheit war älter, als das Bild vermuten ließ. Malakka, das die Route zu den Gewürzinseln Ostindiens bewachte, wurde einmal für wertvoll gehalten, und 1511 eroberten die Portugiesen Malakka (eine siebenmonatige Segelfahrt von Lissabon entfernt), neun Jahre bevor Cortez – auf der anderen Seite der Welt – in Mexiko einmarschierte, vierundzwanzig Jahre bevor Pizarro nach Peru aufbrach. Das war nun schwer zu begreifen, und noch schwerer zu begreifen war es, daß Portugal und der Westen hier nicht lange nach dem Islam angekommen waren.

Der Westen war nach seinen vielen Umwandlungen neu geblieben und trieb zur Veränderung, trieb zur Unruhe, wie er es auch jetzt tat. Der Islam war gealtert, war aufgetreten, um Teil eines in sich geschlossenen und – um das Wort zu verwenden, das Shafi mir bald liefern sollte – ›mittelmäßigen‹ malaiischen Dorflebens zu werden.

Dieses Thema der Mittelmäßigkeit, der Widerspruch zwischen seiner Sehnsucht nach dörflichen Sitten und seinem Wunsch, zu sehen, daß die Malaien ihre Stellung behaupteten, beschäftigte Shafi. Er hatte mich deswegen angerufen. Er war nicht glücklich über das, was er gesagt hatte.

Und als ich ihm am Samstag von meiner Fahrt nach Malakka und der Fruchtbarkeit des Landes, das ich gesehen hatte, erzählte, sagte er: »Man kann ein Samenkorn hinwerfen, und es wird wachsen.« Er machte eine Gebärde, als werfe er ein Samenkorn in den Pool des Holiday Inn. »Man kann einen leeren Haken ins Wasser halten und einen Fisch fangen. Das ist vielleicht der Grund dafür, daß Malaien mittelmäßig gewesen sind. Sie leben an Flüssen. Das sorgt natürlich für Fisch, fruchtbares Land zum Reisanbau, problemlose Fortbewegung mit Booten. Das Leben ist zu leicht, verglichen mit dem der Chinesen, die aus einem Land mit vier Jahreszeiten kommen.«

Er hatte sich ein paar Gedanken über die Selbstgenügsamkeit des Dorfes zurechtgelegt, und die wollte er zuerst aussprechen.

»Wir sind eine eng verbundene Gemeinschaft, und wir wissen wenig von der Außenwelt. Sie haben mich gefragt, warum wir keine Techniker, keine Akademiker haben. Wir haben, um unseren Erfordernissen zu genügen, unsere eigenen Baumeister, die selber Architekten sind, die sich die von den Kunden gewünschten Pläne ausdenken und diese Pläne durch ihre Geschicklichkeit Wirklichkeit werden lassen können. Wir haben keine Ärzte. Aber wir haben in der Gemeinschaft eine überlieferte medizinische Praxis. Wenn ich mich recht erinnere, hat es in meinem Dorf nie eine langwierige Krankheit gegeben, die eine sofortige Operation erfordert hätte.«

Nachdem er das gesagt hatte, kehrten wir zu dem Gespräch über sein Leben und seine Laufbahn zurück. Sein erster Besuch in Kuala Lumpur 1963 mit der Pfadfindergruppe seiner Schule war ein Schock gewesen. Aber ein zweiter Besuch zwei Jahre später war leichter gewesen.

»Ich gewöhnte mich ein bißchen mehr daran, wurde ein bißchen mutiger. Ich kam mit einem alten Mann, einem entfernten Verwandten, und wir blieben zehn Tage, in den Häusern verschiedener Verwandter. Wir wohnten in malaiischen Kampongs und auch bei Verwandten, die moderner lebten. Ich kann Ihnen ein Beispiel dafür geben, daß ich mutiger wurde. Ich nahm ein Taxi zum Museum. Auf dem Rückweg bekam ich, nachdem ich schon eine Strecke gelaufen war, nicht mehr heraus, welchen

Weg ich nehmen mußte. Dann nahm ich einfach wieder ein Taxi.«

»Warum war das etwas Mutiges? Sie waren siebzehn.«

»Meine Eltern erlaubten mir nicht, mit jemandem, der der Familie unbekannt war, nach KL zu kommen. Und nicht viele Leute wie ich verlassen den Kampong, um auf diese Weise nach KL zu kommen. Sie haben keine Angst. Sie haben Angst, oder vielleicht auch nicht. Aber sie haben in KL nichts zu tun.

Ich hatte also keine Angst, als ich 1966 nach KL aufs College zum Vorbereitungskurs für die Universität kam. Ich war neunzehn. Meine älteren Schulkameraden studierten alle hier in KL. Ich wohnte in einem Studentenheim, das von den Studenten geführt wurde. 1968 ging ich zum Institut für Technologie. Dort begann ich mich für Hochschulpolitik zu interessieren. Damals kam ich auch mit Anwar Ibrahim in Kontakt. Ich war einundzwanzig, und er war einundzwanzig.«

»Gingen Sie mit Mädchen aus?«

»Was verstehen Sie unter ›ausgehen‹? Wissen Sie, ich verehrte jemanden, und die Person, die ich verehrte, wohnte bei einer Familie, und ich konnte sie kaum ausführen. Jemanden ausführen gehört sich nicht. Sie war eine entfernte Verwandte. Sie war ein Kindheitsschwarm. Das hatte schon bei Familientreffen in meinem Dorf begonnen.

1969 gab es in KL politische Unruhen, Rassenkrawalle zwischen Malaien und Chinesen. Damals wurde ich zum Führer. Einige Freunde forderten mich auf, zu einer Demonstration bei einer Massenversammlung zu gehen, und ich ging nicht hin. Ich spürte, daß es an dem Tag einen Tumult geben würde. Es war eine Demonstration von Malaien gegen Chinesen.«

»Hatten Sie starke Ressentiments gegen die Chinesen?«

»Ja. Ich würde sagen, ich wuchs mit Ressentiments gegen die Chinesen auf. Im Sinne von religiösen Tabus. Aber die Ressentiments in KL waren anders. Sie betrafen die nationale Politik. Ungefähr um sieben Uhr abends am Tag der Demonstration war ich in einem Heim und hörte in einer Radiodurchsage, daß ein

Ausgangsverbot in KL erlassen würde. Diese Mitteilung bestätigte, daß ich recht gehabt hatte, nicht zu gehen. Mein Gefühl war richtig gewesen. Ich organisierte mit einer Gruppe Sicherheitsmaßnahmen rund um das College, brachte die Studenten dazu, ihr Abendbrot zu essen und ruhig und gelassen zu bleiben. Es waren keine anderen Führer da. So wurde ich durch Zufall Führer. Nach diesen Krawallen hielten wir Treffen mit Anwar Ibrahim und anderen moslemischen Studentenorganisationen ab. Wir begannen über Nationalismus und Islam zu reden. So fing alles an.«

»Hatten Sie als Student nie Zweifel am Glauben?«

»Nein. Ich stellte nur das System in Frage. Warum Heirat? Ich schlug sogar vor, Vertragsehen zu schließen. In dem Sinn, daß man, wenn man Nachwuchs haben wollte, die andere Person unter der Voraussetzung heiratete, daß der Vertrag nach der Geburt des Kindes hinfällig sei. Das waren wilde Gedanken von mir. Das waren die wenigen Tagträume, die ich hatte.«

»Haben Sie über das Mädchen, das Sie verehrten, nachgedacht? Hat es Ihre Gefühle erwidert?«

»Das Mädchen, das ich verehrte, hat nicht reagiert. Als ich mit dem College fertig war, arbeitete ich bei einer Jugendorganisation. Nach vier Jahren ging ich in die Vereinigten Staaten.«

Das war mir neu. Shafi hatte nichts gesagt, was darauf hindeutete, daß er im Ausland gewesen war.

»Ich wandte mich an den Kulturbeauftragten der amerikanischen Botschaft, nachdem ich gehört hatte, daß es einen Austausch von Jugendarbeitern gab. Zuerst sagte er, alle Plätze seien schon vergeben, aber nach einem Monat kam er wieder und bot mir die Reise an.

Die Vereinigten Staaten waren ein Schock. Vor der Abfahrt hatte man uns Literatur über das, was zu erwarten war, gegeben. Aber der erste Schock bei der Ankunft auf dem JFK-Flughafen war der biologische Schock, die Zeit. Es war ein Tag früher, wir hatten noch denselben Tag wie bei unserer Abfahrt. Daß der JFK-Flughafen groß und alles anders sein würde, hatte ich erwartet. Ich staunte nicht. Aus der Luft sah ich schöne Wohnsiedlungen direkt am Strand, und ich dachte, das sei schön. Und bei der Ankunft im Hotel teilte ich – wie erwartet – ein Zimmer mit einem Afrikaner.«

»Das hatten Sie erwartet?«

»Es überraschte mich nicht, mit einem Afrikaner zusammenzuwohnen, weil ich in dem Programm der einzige aus Malaysia war.« Aber aus der Bedeutung, die Shafi dem Zusammensein mit dem Afrikaner (der in seiner Erzählung anonym blieb) beilegte, schloß ich, daß das Erlebnis, das direkt nach dem langen Flug und dem biologischen Schock kam, ihn durcheinandergebracht hatte. »Ich hatte den Verdacht – eben weil der Afrikaner mit mir zusammensein sollte –, daß die Organisatoren des Programms versuchten, die einander vertrauten Leute mit ähnlichem Hintergrund in Gruppen zusammenzufassen. Ich erwartete, daß es in dem Programm irgendeine Art Rassentrennung geben würde. Das hat mich nicht unglücklich gemacht. Ich dachte, daß sie uns, den Afrikanern und Malaysiern, eine Verallgemeinerung anhängten, daß wir nämlich aus unterentwikkelten Ländern kämen – vom selben Zivilisationsniveau, wenn Sie so wollen.

Die Ernährung war ganz westlich. Als Moslem war es schwer für mich, das Essen zu genießen, denn ich hatte den Verdacht, daß das Essen nicht nach moslemischer Art gekocht war. Am zweiten Abend nahm der Direktor meines Studienprogramms mich in einen Film ›Nur für Erwachsene‹ mit. Und ich hatte das Gefühl, daß die meisten Erfahrungen, mit denen ich in Amerika konfrontiert wurde, nicht meine« – er suchte das Wort – »Kultur seien, mir fremd seien, daß die Dinge dort – was immer in Amerika ja ist, für uns in Malaysia nein ist, und was immer in Amerika nein ist, für uns ja ist. Die technische Entwicklung, die materielle Entwicklung, das ist alles, was ich erwarte. Das kann man überall haben.«

»Überall?« Ich bekam Interesse an dieser Vorstellung von der entwickelten Welt als etwas, das einfach existierte, einfach da war: Teil einer nahezu vorherbestimmten Einteilung der Menschen: kreativ, unkreativ; ungläubig, gläubig.

»Als ich in Bangkok, Hongkong, Tokio Zwischenstation machte, sah ich dasselbe – hohe Gebäude, fleißige Menschen, moderne Technologie. Was ich nicht finden konnte, war der Mensch mit demselben religiösen Hintergrund wie ich.«

»Warum hat Sie das so überrascht? Sie sind in ein fremdes Land gefahren. Ein großes Land, ein wichtiges Land. Hat es Sie nicht interessiert, was sie zu zeigen hatten?«

»Ich bin nicht interessiert an dem, was sie zu zeigen hatten. Aber ich frage mich, warum sie mit der Entwicklung, die sie haben, noch nicht mal einen Augenblick lang still sitzen können, um über die Schöpfung der Welt nachzudenken. Die Nicht-Moslems, die nicht an die Größe des Schöpfers glauben, hatten noch nicht mal Zeit, über diesen Schöpfer nachzudenken. Als ich später in Chikago war, sprach ich mit ein paar Juden, ein paar Negern und ein paar Amerikanern über den Islam. Und verglichen mit der TM, der Transzendentalen Meditation, die sie praktizieren, hat meine kurze Erklärung sie wirklich gefesselt.«

»Was wissen Sie über andere Religionen?«

»Ich habe aufs Geratewohl darüber gelesen. Aber wieviel kann man mit dem begrenzten Verstand, den wir haben, über das Universum nachdenken?«

»Meinen Sie nicht, daß Sie für sich selbst zu viel beanspruchen und andere Menschen zu leicht herabsetzen?«

»Man kann sagen, ein Mensch ist zivilisiert, wenn er weiß, woher er kommt und wohin er geht. Ich finde nicht, daß ein Mann gebildet und zivilisiert ist, wenn er sein ganzes Leben damit verbringt, das Universum zu studieren, und am Ende die Sterne anbetet, ohne zu wissen, woher er kommt und wohin er geht. Sie haben die Antwort nicht gefunden.«

»Shafi, glauben Sie, Sie haben die Antwort gefunden?«

»Ich glaube, ja.«

»Erzählen Sie mir mehr von Ihrer Zeit in den Vereinigten Staaten.«

»Bevor ich KL verließ, fragte mich ein Reporter, was ich dort tun wolle. Ich sagte ihm, ich wolle die ganze Politik studieren, die die zivilisierten – die sogenannten zivilisierten – Menschen der modernen Welt verfolgt haben, damit wir uns nicht in den Irrtümern verfangen, die sie begangen haben.«

»Wollen Sie damit sagen, daß Sie Zivilisation haben und die andern nicht?«

»Zivilisation heißt für uns nicht nur materielle Entwicklung. Sie bedeutet, daß man in der Lage ist, den Menschen, die Persönlichkeit näher zum Schöpfer hin zu entwickeln.«

Ich sagte: »Sie halten also nicht zu viel von mir?«

»Bitte, nehmen Sie das jetzt nicht persönlich.« Shafi lachte. Der Satz war prompt gekommen; ich hatte das Gefühl, er hatte den Scherz schon öfter gemacht. »Wenn Sie länger blieben, könnte ich Sie vielleicht überzeugen. Aber was die USA angeht, jemand gab mir ein Buch darüber. Im wesentlichen, das konnte ich den Unterhaltungen und Diskussionen der Leute entnehmen, sagten sie, Geld, Religion und Sex, das ist der Prophet. Im Grunde dreht sich ihr Leben um Geld und Sex.«

»Glauben Sie, daß mein Leben sich um Geld und Sex dreht?«

»Ich würde sagen: was ist der Sinn Ihres Schreibens? Ist es, den Leuten zu sagen, worum es geht?«

»Ja. Ich würde sagen, Verständnis.«

»Schreiben Sie nicht für Geld?«

»Doch, aber das Wesen des Werks ist auch wichtig.«

Ich hatte ihn schockiert. Die Idee einer Berufung war ihm neu, und – das gehörte zu seiner Offenheit – er dachte eine Weile darüber nach. Er genoß religiöse Debatten – das konnte ich jetzt sagen; aber als er wieder sprach, verneinte oder bezweifelte er nicht, was ich über mich gesagt hatte.

Er sagte mit einer Rücksichtsnahme, die wie Anteilnahme war: »Ich würde sagen, Sie verlieren etwas. Sie sind sich selbst gegenüber nicht gerecht. Sie suchen die Wahrheit, und doch haben Sie die Wahrheit nicht bekommen.«

»Lassen Sie uns auf die Vereinigten Staaten zurückkommen.«

»Ich habe mit Leuten dort Freundschaft geschlossen. In New York, Chikago, Washington, Indiana. Ich habe bei einer Erlebnisschule gearbeitet, einem Programm für die Armen. Aber ich habe mich darauf gefreut, nach Hause zurückzukehren. Heute denke ich an Amerika als an ein Land, dem man einen kurzen Besuch abstattet, in dem man aber nicht bleibt. Als ich zurückkam, arbeitete ich für das Rote Kreuz. Dann nahm ich eine Stelle in einem Unternehmen, einem Bauunternehmen, an. Eine malaiische Firma. Als Geschäftsführer.«

»Sie waren sehr jung.«

»Ich war achtundzwanzig oder neunundzwanzig. Die Geschäftspraktiken da waren unmoralisch. Sie waren korrupt. Sie betrogen beim Bau, lieferten nicht dem Bauplan entsprechend.«

»Lag das daran, daß es eine malaiische Firma war?«

»Das Geschäft ist so. Das Geschäft steckt voller skrupelloser Leute. Der Druck dieser Korruption war zu stark. Ich verließ die Firma nach ungefähr einem Jahr. Ich bekam ein ganz gutes Gehalt, ungefähr tausend Dollar im Monat. Das war 1973/74. Ich versuchte, mein eigenes Bauunternehmen aufzuziehen und dabei ehrlich zu sein. Ehrlich zu sein, zahlt sich nicht aus. Ich bekam einen Auftrag und versuchte, ehrlich zu sein – und man versucht, ehrlich zu sein, und ist die einzige ehrliche Person in diesem Bereich. Sagen wir, ich baue ein Haus, und der Bauplan ist auf eine Betonmischung festgelegt, und ich versuche, mich an den Bauplan zu halten, dann folgen meine Arbeiter – meistens Chinesen – den Anweisungen nicht. Und ich geriet in Schwierigkeiten. Die Leute glaubten mir nicht. Die Kunden glaubten mir nicht, und sie hatten schon Vorurteile gegen malaiische Bauunternehmer. Ihr Mißtrauen besteht zu Recht, denn die Malaien fangen auf dem Gebiet gerade erst an. Einmal hatte ich sechs Monate lang keinen Auftrag, keinen Vertrag. Es war eine schwierige Zeit. Aber sie war auch befriedigend, weil man etwas für sich selbst tat und wußte, daß man es ehrlich tat. Der Sinn des Geschäftemachens besteht für uns Moslems darin, die Erfordernisse der Gesellschaft zu erfüllen.«

»Trifft das für jedes Geschäft zu?«

»Manche Geschäfte sind streng auf Profit ausgerichtet. Gegen Ende meiner drei Jahre als Bauunternehmer begann ich mich intensiver bei islamischen Aktivitäten zu engagieren. Und ich glaube, daß hier ein Bedürfnis liegt; das Bedürfnis, eher die Erfordernisse der islamischen Bewegung zu erfüllen als die des Geschäftes, in dem ich tätig war.«

»Was geschah mit dem Mädchen, das Sie verehrten?«

»Nach meiner Rückkehr aus den USA habe ich geheiratet. Nicht das Mädchen, das ich verehrte, sondern ein Mädchen aus einem Dorf, dessen Hintergrund meinem wahrscheinlich ähnlich ist. Ein Mädchen aus einem Kampong. Es stammte aus einer armen Familie, einem anderen Bundesstaat. Dadurch ist eine Tradition meiner Familie gebrochen worden. Denn niemand in meiner Familie, keiner meiner engen Verwandten, hat jemanden von außerhalb des Staates geheiratet. Meine Eltern wandten nichts dagegen ein. Aber ich habe das Gefühl, eine Tradition gebrochen zu haben. Es beunruhigt mich nicht. Meine Frau arbeitet in einer Firma, einer britischen Firma. Die Geschäftspraktiken beunruhigen sie nicht. Sie verrichtet hauptsächlich Sekretärinnenarbeit. Wir haben noch kein Haus. Es ist im Bau. Ich habe es für achtundfünfzigtausend Dollar von einer Baugesellschaft gekauft.«

»Dann haben Sie also die Idee, aufs Dorf zurückzukehren, aufgegeben?«

»Es macht für mich keinen Unterschied, ob ich in einem Dorf oder in der Stadt wohne. Ich liebe das Dorf, weil es nicht verunreinigt ist in bezug auf die Umwelt, die Gesellschaft und die Ressourcen. Die Menschen dort sind nicht materialistisch. Es sind Menschen mit Würde. Sie sind sehr fromm. Wenn ich diese nicht verunreinigte Gemeinde mit einer nicht verunreinigten Umwelt hätte, würde ich sogar gerne in der Stadt bleiben. Das ist vielleicht nicht möglich, aber ich muß in der Stadt sein wegen meiner Aktivitäten in der moslemischen Jugendbewegung. Siebzehn Meilen von KL entfernt haben wir gemeinsam acht Morgen Land erworben, und wir versuchen, einen Plan für eine autonome Gemeinschaft mit Einrichtungen, die nach dem islamischen System geführt werden, aufzustellen. Ein islamischer Kindergarten, eine Kooperative, ein Gesundheitszentrum mit moslemischen Ärzten.«

»Sie werden versuchen, das Dorfleben wieder neu zu schaffen. Aber haben Sie nicht gesagt, das Leben Ihres Dorfes in Kota Baru sei mittelmäßig?«

»Ja, in mancher Hinsicht. Weil es so selbstgenügsam ist. Der einzige Unterschied ist, daß wir von religiösen Lebensweisen geleitet werden.«

»Davon sind doch sicherlich alle Malaien geleitet?«

»Nicht alle Malaien sind davon geleitet. Manche Gemeinden legen mehr Wert auf die Tradition als auf die Religion. Manche dieser Traditionen sind recht heidnisch.«

Er meinte vor-islamisch. Und ich begann zu erkennen, daß er neben seinem Wunsch, die malaiische Dorfgemeinschaft zu bewahren, einen entgegengesetzten missionarischen Wunsch – den der neue Islam ihm eingegeben hatte – hegte, nämlich die alten Lebensweisen des Dorfes zu reinigen, sein malaiisches Volk von einem wichtigen Teil seiner selbst zu säubern. Aber das war eine andere Frage. Er wußte, daß er die Frage nach der Mittelmäßigkeit nicht beantwortet hatte.

Er sagte: »Dieser Versuch, die Malaien weniger mittelmäßig zu machen, ist ein schwieriger Versuch. Ich habe mich noch nicht gründlich damit auseinandergesetzt.«

Er hatte sein Dorf verloren. Er hatte außerhalb seines Staates geheiratet und eine Familientradition gebrochen. Durch Bildung, Reisen, Beruf hatte er, ohne es zu wissen, andere Traditionen gebrochen. In der neuen Welt hatte er geschäftlich versagt. Ich konnte sehen, wie verloren er ohne den Islam gewesen wäre. Aber ob es ihm gefiel oder nicht, Shafi war in die neue Welt eingetreten, und in dieser Welt war es ihm unmöglich, sich zu entziehen. Sein Überleben hing davon ab, ob er sich immer wieder und immer ernstlicher bemühte; es hing von seiner Vorstellungskraft ab.

Als wir die Cafeteria verließen – er machte sich wieder Sorgen, den Anschein zu erwecken, sich in den Vordergrund zu drängen, sich eine größere Individualität als seine Landsleute zu verschaffen –, sagte ich: »Ich möchte, daß Sie eins bedenken. Ich möchte nicht streiten, obwohl ich weiß, daß Sie mit mir streiten wollen. Aber ich denke, daß Sie, weil Sie mit einer vorgefaßten Meinung nach Amerika gefahren sind, vielleicht einiges verpaßt haben. Ich denke, Sie sind den Menschen draußen gegenüber alles andere als gerecht.«

Er sagte: »Ich lasse gelten, daß es dort hingebungsvolle Menschen und gute Menschen gibt. Aber ich kann keinen Kompromiß schließen.«

Aus der *New Straits Times* vom 6. November 1979:
Drei Anklagen wegen Zerstörung von Hindustatuen in Temerloh

> Temerloh, Montag – Ein ehemaliger Religionslehrer und ein Student behaupteten heute am hiesigen Friedensgericht, nicht schuldig zu sein im Sinne der Anklage, letztes Jahr im Bezirk Temerloh Hindustatuen zerstört zu haben ...

Auch das gehörte zur islamischen Bewegung unter den gebildeten Jugendlichen. Es war eine elementarere Art von Islam, und ich spürte, daß sie Shafi peinlich war. Er sagte, sie sei nicht wichtig. Aber sie war wichtig.

Die ABIM, Shafis Gruppe, war nicht die einzige moslemische Jugendgruppe in Malaysia; Anwar Ibrahim, mit seiner hehren Vorstellung vom Islam, war nicht der einzige Führer. Es gab andere Führer mit weniger komplizierten Botschaften. Missionare (aus Indien oder Pakistan) hatten die Botschaft des Bilderstürmens nach Malaysia gebracht. Sie hatten nach verschiedenen Büchern, die sie zu Rate gezogen hatten, ausgerechnet, wieviel Jahre im Paradies ein Moslem für jedes Götzenbild, das er zertrümmerte, verdiente, und sie hatten errechnet, daß ein Moslem mit einer Gesamtsumme von dreißig zertrümmerten Abbildern den Höchstgewinn erzielen konnte, eine Ewigkeit im Paradies.

Die malaiische Wut galt in Wirklichkeit den chinesischen Schreinen – von denen manche nicht mehr als Betonkästen waren –, die überall in den Städten standen (zwei waren direkt vor dem Holiday Inn). Aber die Chinesen waren mächtig und hatten ihre Geheimbünde. Die Tamil-Hindus waren eine kleine friedliebende Gemeinschaft. Also wurden Hindubilder zerschlagen. 1978 wurden in vielen Nächten – während einer drei Wochen dauernden Periode – Tempel der Tamilen entweiht.

Dann geschah im Tempel von Kerling eine Tragödie. Eine Gruppe von fünf Bilderstürmern (darunter mindestens zwei Studenten der Universität) wurde von acht Tempelwächtern empfangen. Vier der Bilderstürmer wurden getötet. Danach hörte das Bilderstürmen auf. Und nun fand – wichtiger als der Fall des Tempels von Temerloh – der Prozeß gegen die acht Wächter von Kerling statt, die ›des Totschlags, aber nicht des Mordes‹ angeklagt waren.

Der Prozeß fand, weit entfernt von Kerling, in Klang an der Westküste, circa zwanzig Meilen von Kuala Lumpur statt. Der Taxifahrer, der mich dahin brachte, war ein Tamile. Aber seine Gedanken waren nicht bei dem Prozeß. Er dachte an Geld; immer dachte er daran.

Als er mich am ersten Tag fuhr, sagte ich: »Sie haben die Taxiuhr nicht eingestellt.« Er sagte: »Ich habe etwas anderes im Kopf. Ich denke darüber nach, wie ich morgen nach Malakka komme. Das kostet mindestens einhundertvierzig Dollar. Das Geld habe ich nicht. Meine Schwester heiratet.« Ich sagte: »Warum ist es so teuer, nach Malakka zu fahren?« Er sagte: »Wir sind zu sieben. Meine Mutter, meine Schwester, meine Frau, meine drei Kinder. Sieben. Das Fahrgeld beträgt mindestens zwanzig Dollar pro Person. Mit einem Linientaxi.«

Und während wir in dem brodelnden Verkehr von Kuala Lumpur immer wieder anhielten und anfuhren, zog er mich in seine Sorgen hinein.

Ich sagte: »Müssen Sie denn zu sieben nach Malakka fahren? Muß Ihre Frau mitfahren?«

»Sie *muß* fahren. Es ist ihre Schwester, die heiratet.«

»Ich dachte, Sie hätten gesagt, es sei Ihre Schwester.«

»Ihre Schwester ist meine Schwester.«

»Schon gut. Ich sehe, Ihre Frau muß fahren. Und was ist mit Ihrer eigenen Schwester? Muß sie nach Malakka fahren?«

»Sie *will* fahren. Sie kennt das Mädchen *sehr* gut.«

»Tja, dann lassen Sie doch Ihre Frau und Ihre Schwester fahren. Zweimal Fahrgeld. Vierzig Dollar.«

»Und was ist mit meiner Mutter? Sie kennen unsere Sitten nicht. Meine Mutter muß fahren.«

»Meinetwegen. Warum lassen Sie nicht Ihre Mutter, Ihre Frau und Ihre Schwester fahren? Sie bleiben hier.«

»Drei Frauen? Allein nach Malakka fahren?«

»In Ordnung. Sie fahren mit Ihnen.«

»Aber wenn ich fahre, können die Kinder nicht hierbleiben. Sie sind sehr klein, und es sind alles Mädchen.«

Es fuhren entweder sieben nach Malakka oder keiner. Ein Mann mit sechs abhängigen Frauen und Mädchen: kein Wunder, daß er nahe daran war, Unsinn zu schwätzen.

Und als er mich nun zu dem Prozeß nach Klang fuhr, war er schon wieder nahe daran, Unsinn zu schwätzen. Geld, Geld: er brauchte Unmengen davon. Wenn er nur an sechzigtausend Dollar käme, ginge es ihm gut, sagte er. Er würde das Taxifahren aufgeben und in den Schreibwarenhandel einsteigen. Im Schreibwarenhandel läge Geld. Man hinterlegte zehntausend beim Großhändler und er gäbe einem Waren im Wert von zwanzigtausend Dollar und einen Kredit über drei Monate.

Wenn, wenn. Und er hatte diese sieben Münder zu ernähren, und seine drei Kinder waren sämtlich Mädchen, und er mußte seine Schwester verheiraten. Und die Regierung gab alles den Malaien. Die Chinesen waren viel netter. Sie waren gefährliche Feinde, aber gute Freunde. »Kennen Sie Malaien? Mögen Sie Malaien? Die Malaien fallen einem in den Rücken.« Vor lauter Ängsten, die nichts miteinander zu tun hatten, hampelte er herum.

Ich sagte: »Sind Sie nach Malakka gefahren? Haben Sie das Geld geborgt?«

»Von einem Pandschab. Hundert. Nächsten Monat muß ich ihm einhundertfünfundzwanzig zurückzahlen.«

»Sie leihen Geld für dreihundert Prozent. Und nun wollen Sie sechzigtausend Dollar aufbringen.«

Er wechselte das Thema, indem er auf ein älteres zurückgriff: seine Unkosten. Er sagte, er kaufe zehn *Katties* Reis in der Woche. »Wieviel ist ein Katti?« – »Ein Kilo.« – »Sie kaufen also *zwanzig* Pfund Reis in der Woche?« – »Ja.« Zwanzig Dollar am Tag kostete es, sein Taxi von dem Unternehmen zu mieten, hatte er gesagt; zwanzig Meilen waren es bis Klang, hatte er gesagt; und nun zwanzig Pfund Reis in der Woche. Es war seine Schicksalszahl.

Doch trotz all seiner Probleme hatte er viele Freunde. Er schien sie in jedem Verkehrsstau zu treffen. »Er ist von meiner Firma.« Ein andermal sagte er: »Sehen Sie das Auto? Damit bin ich gefahren. Dann rief mich der Geschäftsführer und hat mir dieses gegeben und das da diesem Menschen. Er ist ein schlechter Fahrer. Er trinkt und fährt dann. Das tue ich nie. Ich nehme nur ein bißchen Toddy*. Einmal in der Woche. Am Samstagnachmittag. Zwei Liter.«

»Zwei Liter!«

»Das ist gut für den Körper.«

Ich sagte: »Sie haben kein Geld, aber Sie haben drei Kinder. Sie borgen Geld für dreihundert Prozent, um zu einer Hochzeit nach Malakka zu fahren. Und jetzt erzählen Sie mir, daß Sie sich jeden Samstag betrinken.« Im Spiegel sah ich, daß einer seiner oberen Schneidezähne fehlte. »Wie haben Sie den Zahn verloren?«

»Bei einem Unfall mit dem Motorroller.«

»Warum passieren Ihnen alle diese Unfälle? Warum gehen Sie nicht zurück aufs Land und bearbeiten Ihr Land?«

* Eine Art Palmwein (Anm. d. Ü.)

»Ich habe kein Land.«

Und so war es. Es war schwer, sich vorzustellen, daß seine südindischen Vorfahren – lang ehe der Islam und der Westen kamen – ihre Religion und Dichtung und Bildhauerei und Architektur nach Südostasien ausgedehnt hatten. Er wußte das wahrscheinlich selbst nicht. Er stammte von Arbeitern ab, die im neunzehnten Jahrhundert oder danach herübergebracht wurden, um auf den britischen Plantagen zu arbeiten; das war seine ganze Vergangenheit. Im nachkolonialen, moslemischen Malaysia war er nun entwurzelt worden. Er war genauso verloren wie Shafi und die anderen Malaien auf dem Dorf. Und er war vielleicht noch verlorener, weil er kein Gemeinschaftsgefühl oder Wissen um eine reine Vergangenheit hatte, weil er keinen Glauben hatte, an den er sich wenden konnte, weil er die Welt nicht verantwortlich machen konnte, nicht wußte, wen er verantwortlich machen konnte. Und die Bilderstürmer in Kerling und Temerloh, der Prozeß in Klang – an dem er angeblich nicht interessiert war: das waren für einen Mann, der mit einer ganzen Ladung Sorgen geboren war, wohl nur oberflächliche Beunruhigungen.

An diesem entwickelten westlichen Küstenstreifen folgte Stadt auf Stadt: hier gab es keine malaiischen Dörfer. In Klang mußten wir fragen, wo das Gericht war. Es war ein ruhiges zweistöckiges Gebäude im Kolonialstil, etwas außerhalb des Zentrums. Im Hof war keine Menschenmenge. Und oben im Gerichtssaal saß niemand auf den Zuschauerbänken. Der Prozeß sorgte für Schlagzeilen; man verfolgte ihn aufmerksam; die Leute waren nervös. Aber das Ereignis selbst war privat, so unwichtig, wie Shafi gesagt hatte: ein malaiischer Friedensrichter, zwei malaiische Polizisten, ein junger, gutaussehender indischer Junge im Zeugenstand, eine indische Dolmetscherin in einem gelben Sari, die neben dem Jungen saß, der gerade aussagte, ein indischer Rechtsanwalt mit Koteletten, der Fragen stellte.

Die sieben anderen Angeklagten – die in der Nacht den Bilderstürmern entgegengetreten waren – saßen auf der Anklagebank, einem kleinen, von einem Holzgeländer umgebenen Pferch mitten im Raum; sie schienen ganz locker zu sein. Vier Klimaanlagen dröhnten; es war unmöglich, etwas von dem zu verstehen, was der Rechtsanwalt oder der Zeuge oder die Dolmetscherin sagte. Eine Privatangelegenheit; doch vier verlorene und törichte junge Männer, die, von der neuen Welt verwirrt, ihre Verwirrung zu einem Traum von dreißig zerschlagenen Götzenbildern und einer Ewigkeit im Himmel vereinfacht hatten, waren gestorben.

Wir fuhren ins Stadtzentrum zurück und, nachdem wir einmal herumgefahren waren, zur Anlegestelle, die über einen schwarzen Schlammstrand gebaut war. Ruderboote mit fehlenden Planken verrotteten im Schlamm und hatten schon die Farbe von Schlamm, auf dem braunen Wasser waren noch benutzte Boote zwischen kerzengeraden Stangen vertäut, Krähen und eine hungrige Katze suchten nach Eßbarem im Abfall. Regen kam und trübte die Sicht, ohne die Hitze zu verringern, machte alles grau und grub flüchtig Löcher in den beinah flüssigen Schlamm. Man konnte sich vorstellen, wie diese unschöne Bucht vor hundert Jahren ausgesehen hatte: ein Fischerdorf vielleicht, und damals mochte es wie ein Ort ausgesehen haben, zu dem die Welt nie kommen würde.

Der Tamil-Fahrer mit der Zahnlücke, der einige Zeit verschwunden war, kam zurück, vom Regen durchnäßt. Er hatte ein paar Krebse zum Verkauf gefunden. Er teilte in seiner schnellen, aufgeregten Art mit, daß Krebse in Kuala Lumpur doppelt so viel kosteten.

Ich sagte: »Wollen Sie sie verkaufen?«

»Ich nehme sie mit nach Hause. Ich behalte sie für mich.«

»Sie werden nie sechzigtausend Dollar aufbringen.«

Weit weg von dieser Küste führte eine neu geschlagene Straße durch die bewaldeten Hügel hinauf zum Hochland von Genting. Die Wolken kamen auf die Hügel herunter; es war kühl genug für Pullover. Aber am Ende der Straße, nach den hohen weißen

Stämmen der Bäume im Wald, nach der Dämmerung des Waldes, den Schlingpflanzen, den großen herzförmigen Blättern, den Farnen und wilden Palmen und wilden Bananen, nach all dem kam keine Siedlung, keine Stadt, nur ein riesiger Vergnügungspark, ein aus Beton erbauter Spielplatz im Dunst: ein Ziersee, Miniaturrundgänge, Spielzeugeisenbahnen, ein Hotel und ein Kasino.

Die Vergnügungen, die man in Malaysia für Geld haben konnte, waren anspruchslos. Geld verdeutlichte nur die Beschränkungen von Ländern wie Malaysia, die klein, ungebildet waren und zu allem erst spät fanden. Geld – durch den Handel mit Öl, Gummi, Zinn, Palmöl – veränderte die alten Lebensweisen. Aber Geld verwandelte die Menschen nur in Konsumenten importierter Güter, ließ das Land in einer abhängigen Beziehung zur entwickelten Welt erstarren, hielt alle Menschen im Zustand der Kolonialzeit.

Man konnte verstehen, daß jemand wie Shafi sich zurückzog, auch die Wut der Bilderstürmer war verständlich und der Wunsch anderer Malaien, so zu tun, als seien sie Araber und lebten so rein wie in den Tagen des Propheten.

4

Arabien

Es gab in Kuala Lumpur eine islamische Kommune. Von den jungen Malaien dort sagte man, sie hätten das moderne Leben und moderne Waren zurückgewiesen; sie bestellten ein kleines Stück Land und lebten, ihrer Vorstellung nach, wie Araber – wie die alten Araber, nicht die neuen. Besucher waren ihnen nicht willkommen. Shafi, der mit der Kommunenidee sympathisierte, sich aber nicht in die Angelegenheiten einer anderen Gruppe einmischen wollte, gab meinen Namen an sie weiter. Tagelang geschah nichts.

Dann rief Khairul mich an. Er gehörte zur Kommune. Seine englische Aussprache war abgehackt und stimmlos wie die eines Japaners in einem altmodischen amerikanischen Kriegsfilm. Und wie eine Figur aus einem Film sagte er: »Woher soll ich wissen, ob Sie nicht zum KGB oder CIA gehören?« Ich dachte, er wüßte das. Er sagte, daß sie vor einiger Zeit zwei Reportern von *Time* gestattet hätten, sie zu besuchen, aber seitdem langsam das Gefühl bekommen hätten, daß die Männer vom CIA waren. (In Wirklichkeit hatte *Time*, wie ich später erfuhr, die Geschichte nicht gebracht, und Khairul mußte wie andere, die die Öffentlichkeit scheuen und auf ein unerwartetes Schweigen treffen, ein wenig verärgert gewesen sein.)

Er sagte, er würde am Abend drei Leute mitbringen, um mich zu besuchen. Ich bat ihn, nur zwei mitzubringen. Ich sagte, ich sei zu müde, um in meinem Zimmer im Holiday Inn mit vier Leuten konfrontiert zu werden.

»An welchem Aspekt sind Sie denn interessiert?« sagte Khairul mit seiner schnappenden japanischen Stimme. »Dem geistigen, dem wirtschaftlichen?«

»Dem geistigen.«

Und dann dachte ich, daß ich das Falsche gesagt hatte. Es wäre besser gewesen, über die wirtschaftliche Seite zu reden. Von Anwar Ibrahim von der ABIM hatte ich wenig über die ökonomischen Vorstellungen einiger islamischer Gruppen in Malaysia gehört. Sie sagten, der Westen nähere sich dem Zusammenbruch. »Und sie erwecken den Eindruck, daß das islamische Wirtschaftssystem hauptsächlich aus der Herstellung von Ketchup und *Halal* – (den Speisevorschriften entsprechenden) Nahrungsmitteln besteht. Was ungefähr so viel heißt, wie einmal in der Woche eine Kuh zu schlachten.«

Aber meine Besorgnis wegen der Wahl des Themas war unbegründet, ebenso wie meine Vorsichtsmaßnahme wegen der Zahl der Besucher. Khairul und seine Männer kamen nicht. Statt dessen fand ich eine Nachricht vor, die mich aufforderte, am nächsten Morgen um zehn einen Mann vor dem Parlamentsgebäude zu treffen. Ich beschloß, das nicht zu tun. Ich dachte, wenn ich nichts unternähme und mich danach nicht meldete, bestände eine Chance, daß Khairuls Interesse erregt wurde und er der Suchende wäre. Und genauso war es.

Ein paar Tage später rief Khairul eines Abends gegen halb acht an. Er war mit seinen drei Männern unten im Holiday Inn. Sie kamen hoch. Oder besser, sie schneiten herein. Drei von ihnen – darunter Khairul selbst – sahen mit ihren Turbanen und langen grünen Gewändern aufsehenerregend aus.

Ein Mann trug Hemd und Hose. Er setzte sich in einen der Sessel. Ein Mann mit Turban setzte sich in den anderen Sessel. Khairul, mit lustigen Augen, sonnengebräunt und in seinem arabischen Kostüm unerwartet jovial, setzte sich auf den niedrigen Tisch zwischen den Sesseln. Ein sehr kleiner bärtiger Mann, der sagte, er sei Journalist und wolle sich Notizen machen, setzte sich auf den Stuhl vor dem Toilettentisch und nahm sofort Stift und Papier heraus. Khairul sagte: »Was wollen Sie wissen?«

Und die vier Männer machten das Zimmer so voll, und ich war

über ihre Erscheinung – Turbane, schmierige Gewänder – und ihre Aufgeregtheit noch so verduzt, daß ich das islamische Wirtschaftssystem schon wieder vergaß.

Ich sagte: »Sie sind ganz verschiedene Menschen. Ich möchte wissen, wie Sie zu dem geworden sind, was Sie sind.«

»Ja«, sagte Khairul, »wir sind alle verschieden.«

Alle außer Khairul stammten aus dem Staat Kedah im Norden. Der Mann in Hemd und Hose – er sah eher chinesisch als malaiisch aus und schien nicht so aufgeregt wie die anderen zu sein – sagte, er sei Arzt. Khairul selbst war Rechtsanwalt. Der Mann mit dem weißen Turban und den Gesichtszügen eines Mulatten war Missionar und *Hadschi*, jemand, der die Pilgerfahrt nach Mekka gemacht hatte. Er war der am wenigsten Vornehme von den vieren, aber er war der Sprecher. Khairul dolmetschte und fühlte sich bald ganz wohl, zog seine Beine hoch und kreuzte sie auf dem niedrigen Tisch unter der geflochtenen Holiday-Inn-Korblampe. Ich saß im Pyjama auf dem Bett.

Ich fragte den *Hadschi*, ob er dem Dorfleben romantische Gefühle entgegenbringe. Er sagte nein. Das Dorfleben sei nicht islamisch.

Der Arzt sagte: »Dort gibt es viele animistische und hinduistische Traditionen.«

Das hatte auch Shafi mir erzählt: dieser Widerspruch in Shafis Gedanken war gegen Ende unserer letzten Unterhaltung herausgekommen. Das Dorf entsprach der wahren malaiischen Art, aber diese Art mußte geändert werden. Der Glaube mußte gereinigt werden, die alten heidnischen Traditionen des Dorfes mußten ausgerottet werden.

Khairul sagte: »Die Hochzeitszeremonien auf dem Dorf sind immer noch hinduistisch.«

»Macht das was?«

Ja, sagte der *Hadschi*. Es sei gegen den Koran.

Der *Hadschi* sagte, die Familie seiner Mutter komme aus dem Jemen. Sie seien über Thailand nach Kedah gekommen. Die Familie seines Vaters komme aus Sumatra. Sie habe – und der *Ha-*

dschi und alle anderen lachten – zu den Kannibalen, Kopfjägern gehört. Sein Großvater sei zum Islam übergetreten. Sein Vater sei ein religiöser Lehrer gewesen. Er war Bauer und arm; als er starb, hinterließ er genau einen Dollar. Er weigerte sich, seinen Sohn auf die Regierungsschule zu schicken. Er unterrichtete den Jungen selbst.

Der *Hadschi* sagte in Khairuls Übersetzung: »Er lehrte mich alles. Er lehrte mich den Koran, Arabisch. Er brachte mir etwas über Napoleon und Hitler bei.«

»Was hat er Ihnen über Napoleon erzählt?«

»Napoleon entwickelte einfache und wirksame Gesetze. Aber er kann nicht mit Khalid, dem Gefährten und General des Propheten, verglichen werden. Khalid sagte, der Moment höchster Befriedigung sei für ihn, wenn die Armeen der Gläubigen und Ungläubigen zusammenstießen und nur der Klang von Pferdehufen zu hören sei und von den klirrenden Schwertern Funken in die dunkle Nacht flögen.«

»Die dunkle, kalte Nacht«, sagte der Arzt.

»Vergleichen Sie das mit Napoleon. Er zieht seine Streitkräfte zurück, um seine Geliebte zu treffen. Das ist historisch. Sie können es nachlesen. Wie könnte man also die beiden Persönlichkeiten vergleichen? Khalid opfert sein Leben, um seine Religion zu unterstützen. Napoleon denkt an seine Geliebte. Frauen haben überall dieselben körperlichen Attribute. Aber Überzeugung ist etwas Einmaliges.« Das war Khairuls Übersetzung. »Wäre Napoleon ein Moslem gewesen, wäre er ganz hinten in der Armee gewesen und höchstwahrscheinlich unter Arrest gestellt –«

»Vor ein Kriegsgericht gestellt worden?«

»Ja, genau«, sagte Khalid, meinen Vorschlag annehmend. »Er wäre wegen Unmoral vor ein Kriegsgericht gestellt worden.«

Ich wollte, daß der *Hadschi* noch etwas aus seiner Kindheit erzählte. Ich hätte seine Erinnerungen gern mit denen Shafis verglichen. Aber er sagte, er wolle über höhere Dinge reden. Trotzdem versuchte ich es.

Ich sagte: »Was mißfiel Ihnen am Dorfleben als nicht islamisch? Abgesehen von den Hochzeitszeremonien.«

»Wucher.«

»Wer waren die Geldverleiher?«

»Malaien, Chinesen«, und der *Hadschi* unterbrach sich, um meine Gefühle zu schonen.

»Inder«, sagte der Journalist, der schreibend am Toilettentisch saß. »Chettys. Haben Sie von den Chettys gehört?«

Ich sagte, ich hätte. »Was mochten Sie an den Chinesen nicht?«

»Ihre Art zu leben«, sagte der *Hadschi* mit rundem Gesicht und lächelte. »Wenn sie Moslems würden, hätte ich nichts gegen sie. Wir haben keinen Rassenhaß.« (Aber man sagte in Malaysia, daß die Malaien Buddhisten würden, wenn die Chinesen insgesamt Moslems würden.)

Er versorgte die Kühe seines Vaters und arbeitete auf den Feldern seines Vaters, bis er fünfzehn war. Dann starb sein Vater. Tausend Leute kamen zur Beerdigung seines Vaters.

»Aber warum haben sie Ihren Vater nicht unterstützt? Er war ein religiöser Lehrer. Warum haben sie ihn nur mit einem Dollar in der Tasche sterben lassen?«

Der *Hadschi* antwortete darauf nicht. Er sagte, er habe nach dem Tod seines Vaters weiter gelesen. Er habe alles gelesen, was er bekommen konnte. »Ich habe ein Buch von Sukarno gelesen. *Revolution*. Irgend etwas mit Revolution.«

Der Arzt sagte: »*Im Schatten der Revolution*.« (Das war eine Fehlübersetzung. Der Titel von Sukarnos Buch *Dibawah Bendera Revolusi* würde besser mit ›Unter der Flagge der Revolution‹ übersetzt.)

Der Journalist, der sich Notizen über unsere Unterhaltung machte, hatte sich auch verschiedene Papiere auf dem Toilettentisch angesehen, und im Hinterkopf hatte ich immer die Sorge, er würde etwas finden, was ihm nicht gefiele.

Er sprach nun mit Khairul auf malaiisch. Khairul fragte, ob ich einen Fotoapparat habe. Ich sagte nein. Khairul sagte von dem

Journalisten: »Er hat einen Fotoapparat, aber keinen Film. Kann er hier einen kaufen?«

Ich sagte, er könne es versuchen, das Geschäft im Foyer sei noch offen. Und als der kleine Mann in dem Gewand wegging, blitzten große weiße Tennisschuhe über den dunklen Holiday Inn-Teppich.

Ich nahm etwas Schnupftabak und erklärte, es sei Tabak und nichts Stärkeres – ich wußte, daß sie Stimulantien mißbilligten.

Khairul sagte: »Tabakgenuß ist im Islam nicht wünschenswert.«

»Nicht wünschenswert?«

»Er ist nicht verboten. Er ist nicht wünschenswert. Auf arabisch ist das ein Fachausdruck, verstehen Sie?«

Der *Hadschi* sagte lächelnd: »Die meisten Tabakproduzenten sind Juden, und um die Juden zu vernichten, dürfen wir ihre Produkte nicht konsumieren. Es gibt ein sehr gutes Buch über die Juden.«

Der Arzt sagte: »Von Henry Ford.«

»Dem Auto-Menschen«, sagte Khairul.

»Kann ich dieses Buch hier bekommen?«

»In der Perkim-Buchhandlung«, sagte Khairul. »Dort können Sie es bekommen.«

Der *Hadschi* sagte: »Die Juden sind die Feinde Gottes. Kennen Sie die Evolutionstheorie?«

»Ich bin darüber im Bilde.«

Der *Hadschi* wandte mir sein lächelndes Gesicht zu. »Wissen Sie, warum die Theorie in Umlauf gesetzt wurde?«

Ich sagte: »Für einen Mann mit bäuerlicher Herkunft wissen Sie viel.«

»Ich weiß sehr wenig. Ich weiß nur einen Bruchteil dessen, was im Koran steht.«

Khairul, der mit gekreuzten Beinen bequem auf dem niedrigen Tisch zwischen dem Arzt und dem *Hadschi* saß, sagte: »Wenn Sie den Koran kennen, wissen Sie alles. Ökonomie, Politik, Familienrecht – alle Prinzipien sind im Koran verankert.« Es klopfte an der Tür.

Ich sagte: »Das wird Ihr Freund sein.«

Und ich stand in meinem Pyjama auf, um den Journalisten hereinzulassen. Mit seinem Turban, seiner runden getönten Brille, seinem langen dünnen Bart, seinem Gewand und einem weiteren sarongähnlichen Kleidungsstück, das ich vorher nicht bemerkt hatte, sah er aus wie ein kleiner geschrumpfter, von der Sonne ausgedörrter Derwisch, verloren in der Wüste des Holiday Inn-Korridors; und er stand mit seinen großen weißen Schuhen ganz nah vor der Tür, als sei er getrennt von seinen Freunden wirklich sehr schüchtern. Er hatte keinen Film bekommen.

Ich ging aufs Bett zurück und sagte zu dem *Hadschi*, der geduldig und lächelnd in seinem Sessel saß: »Sie erzählten mir gerade von der Evolutionstheorie. Sie sagten, sie sei aus einem bestimmten Grund aufgestellt worden.«

Der *Hadschi* sagte: »Was wissen Sie von der Geschichte der Juden?«

»Sehr wenig.«

»Sie sind eine geniale Rasse«, sagte der *Hadschi*. »Wußten Sie das? Das wird in den Büchern Gottes bestätigt.«

Khairul fügte von sich aus hinzu: »Sie sind eine geniale Rasse, die ganze Geschichte hindurch.«

Der *Hadschi* sagte: »Andere Rassen sind neidisch auf sie, weil sie eine geniale Rasse sind. Sie haben viel an Ideen beigetragen. Karl Marx.«

»Engels«, sagte Khairul, seine Meinung äußernd.

Der Journalist, der am Toilettentisch wieder Notizen machte, sagte: »Tolstoi.«

»Alles Juden«, sagte der Arzt.

Ich hatte das Gefühl, wir seien vom Thema der Evolution zu weit abgekommen. Ich sagte: »Möchten Sie etwas Tee?«

Der *Hadschi* sagte: »Wird er hier von Moslems zubereitet? Wie machen sie ihn?«

»Sie benutzen Teebeutel. Und die Boys sind Malaien.«

Der *Hadschi* sah nicht überzeugt aus. Sie redeten untereinander auf malaiisch, und Khairul sagte: »Wir nehmen ein Flaschengetränk.«

Ich stieg vom Bett und ging zu dem kleinen Sanyo-Kühlschrank, der nicht weit vom Sessel des *Hadschi* quer zur Ecke stand und ›Ihre Privatbar‹ beschriftet war. Auf ihm stand eine doppelte Reihe Miniaturflaschen, und die Fächer boten einen bescheidenen Vorrat an Getränken. Bier, deutschen Wein, Tonic Wasser, Coca Cola, Seven-Up. Sie wählten Coca Cola.

»Eine Flasche reicht«, sagte Khairul. »Das ist genug für uns vier. Das ist unsere Art.«

Ich nahm die Flasche mit zum Badezimmer und sagte, um jeden Gedanken an Verunreinigung zu verhindern: »Hier ist ein Öffner direkt neben der Tür.« Ich brachte die sterilisierten, in Zellophan gepackten Gläser mit hinaus und gab sie mit der geöffneten Flasche dem *Hadschi*.

Der Journalist spielte mit zwei Zeitungsausschnitten auf dem Toilettentisch.

Ich sagte: »Die sind über den Taxifahrer und den Afrikaner.«

Sie kannten die Geschichte. Sie war in den Zeitungen an die große Glocke gehängt worden. Ein Taxifahrer hatte im Flughafen von Kuala Lumpur einen verzweifelten Afrikaner gesehen. Der Afrikaner sagte, er habe sein Ticket und andere Papiere und sein Geld verloren. Der Taxifahrer nahm den Afrikaner mit nach Hause. Auf eigene Kosten gab er eine Anzeige für die Wiederbeschaffung der Papiere auf, die ergebnislos blieb; er organisierte eine Verlängerung des Visums, lieh Geld – sein eigenes und das seiner Tante – für ein Hotel und dann für ein Flugticket. Nun, zwei Monate später, war der Afrikaner aus Ghana nach Kuala Lumpur zurückgekommen. Er hatte der Tante des Taxifahrers zweitausend amerikanische Dollar gegeben und dem Taxifahrer einen neuen Datsun versprochen.

Der *Hadschi* gab das Glas mit Coca-Cola an Khairul weiter und sagte: »Würde so etwas in Ihrem Land vorkommen?«

»Nein.«

»In islamischen Ländern geschieht das jeden Tag. Für Sie ist es neu. Für uns ist es nichts Neues.«

Aber der Taxifahrer war ein Chinese und konnte einem Zeitungsbericht zufolge keine Genehmigung für den Besitz eines Taxis bekommen.

Der *Hadschi* sagte, während er sich mit dem Zeigefinger die Nasenlöcher säuberte und dann den Finger auf der mit Cordsamt bezogenen Lehne des Sessels abwischte: »Wir müssen die Geschichte über die Juden zu Ende bringen. Vor Moses' Zeit gab es einen jüdischen Stamm in arabischem Land. Bei diesem jüdischen Stamm gab es einen Propheten. Der Prophet befahl den Juden aufgrund von Offenbarungen Gottes, samstags zu beten. Aber die Juden ignorierten die Befehle des Propheten, weil samstags eine Menge Fische im Meer waren und sie lieber zum Fischen ausfuhren als den Samstag zu einem religösen Tag zu machen.«

Ich sagte: »Die Geschichte kenne ich nicht.«

Der *Hadschi* sagte: »Sie steht im Koran. Folglich wurde der Prophet zornig, und der Zorn Gottes –«

Hier hatte Khairul Probleme mit der Übersetzung. Er brach ab und sprach mit dem *Hadschi* auf malaiisch. Dann fuhr er fort: »Und der Zorn Gottes traf die Juden, und Gott schwor, den ganzen Stamm in Affen zu verwandeln –« Er brach wieder ab, diesmal, um zu kichern.

»Primaten«, sagte der Arzt streng. »Sie wurden in Primaten verwandelt.«

»Für sieben Tage«, sagte der *Hadschi*.

Der Journalist sagte: »Und dann verschieden sie.«

Der *Hadschi* sagte: »Diese Geschichte ist erwähnt in der Thora, dem Koran, dem Testament –«

»Dem Alten Testament«, sagte Khairul und kommentierte damit seine eigene Übersetzung, »Lukas und die anderen erkennen wir nicht an.«

»Dies sind die drei Bücher Gottes«, sagte der *Hadschi*. »Die Gläubigen der drei Bücher werden diese Geschichte alle kennen. Wir Moslems glauben an das Alte Testament. Wenn man nicht an dieses Buch glaubt, ist man kein Moslem.«

Der Arzt sagte: »Denn im Alten Testament gibt es einen Teil, der einwandfrei das Kommen Mohammeds erwähnt.«

Khairul sagte: »Es gibt ein Buch über dieses Thema von einem Professor Benjamin. Sie können es in der Perkim-Buchhandlung bekommen. Er ist ein zum Islam übergetretener katholischer Priester. Sein neuer Name lautet Professor Abu Daud.«

Der *Hadschi*, den man bei diesem englischen Zwischenspiel übergangen hatte, sagte: »Die Geschichte der Juden ist noch nicht zu Ende. Als Ergebnis der Verwandlung in Primaten verfiel das moralische Ansehen der Juden. Um dieser Situation abzuhelfen, denn sie sind ja bereits degradiert –«

»In den Augen der Welt«, sagte der Arzt.

»– ziehen die Juden nun die ganze Gesellschaft mit herunter.«

»Sie haben diesen Grundsatz«, sagte der Arzt. »Wenn sie schmutzig sind, sollen auch andere schmutzig sein.«

Der *Hadschi* mit seinen strahlenden Augen und vollen Lippen sagte: »Ich habe Sie überrascht, als ich sagte, daß die Juden die Feinde Gottes seien. Aber das ist nur eins der Zeichen, die die Niedertracht der Juden zeigen. Sie haben mir Fragen gestellt. Jetzt lassen Sie mich Ihnen ein paar stellen. So ist es im Islam. Sie fragen, dann frage ich. Ich teile etwas mit, dann teilen Sie etwas mit. Glauben Sie, daß Ihre Urgroßväter Affen waren?«

»Nein.«

Der *Hadschi* lächelte und sagte (nach dem Coca Cola rülpste Khairul während seiner Übersetzung immer wieder): »Das beweist die Niedertracht der Juden.«

Ich sagte: »Aber entwickeln die Menschen sich nicht? Ich meine das jetzt nicht persönlich« – damit wandte ich mich an sie alle – »aber Sie haben mir erzählt, daß Ihre Großväter in Sumatra Kopfjäger waren. Nun sind Sie ein *Hadschi* und ein gebildeter Mann.«

Der *Hadschi* sagte: »Das war ein falsches Leben. Um die Widersprüche dieser Lebensart aufzuheben, ist der Islam ins Dasein getreten. Beispielsweise nahm der Kalif Omar vor dem Islam seine Tochter und beerdigte sie lebendig. Es war eine Schande, eine Tochter zu haben. Das war Brauch bei den Arabern zu dieser Zeit. Der Kalif Omar schluchzte und weinte, wenn er an seine Vergangenheit, sein Leben vor dem Islam dachte.«

Der Arzt sagte: »Seine Freunde sahen ihn in der Wüste weinen.«

»Und als er in den Schoß des Islams kam, wurde er der beste aller Menschen.«

Khairul sagte: »Haben Sie ein Buch mit dem Titel *Der Weg nach Mekka* gelesen? Ah, das ist ein Buch. Es ist von Mohammed Asad, einem österreichischen Juden.«

Der Journalist, der lange geschwiegen hatte, sagte: »Wie hieß er vorher noch mal? So was wie Pold.«

»Leopold«, sagte Khairul. »Auch das Buch können Sie in der Perkim-Buchhandlung bekommen.«

Der Arzt sagte: »Es ist eine Biographie, nicht?«

»Ja«, sagte Khairul, »es ist eine Biographie. Es ist ein *wunderbares* Buch.«

Der *Hadschi*, der wieder übergangen worden war, beteiligte sich erneut an der Unterhaltung. »Glauben Sie an einen Schöpfer?«

Ich sagte: »Nein.«

»Aber das ist die Grundlage für den Islam.«

»Es ist zu schwierig für mich«, sagte ich nach einer kleinen Diskussion. »Ich fühle mich verloren, wenn ich zu viel über das Universum nachdenke.«

Der *Hadschi* sagte: »Dieses Gefühl der Verlorenheit würde ich als Zufriedenheit beschreiben.«

Und ich wußte nicht, ob er mitleidig oder kritisch war. »Als Sie im Iran waren, haben Sie mit den religiösen Führern dort gesprochen?«

»Ich habe einige Ayatollahs aufgesucht. Khalkhalli, Schirazi.«

»Ah, Schirazi«, sagte der *Hadschi*. »Worüber haben Sie geredet?«

»Ein wenig über Religion. Ich glaube, er hatte Angst, ich könne ein Kommunist sein.«

Sie lachten.

»Wie ist es jetzt im Iran?« fragte der *Hadschi*.

»Ein Chaos. Kein Gesetz. Die Fabriken arbeiten nicht. Die Mullahs wissen nicht, wie sie das Land führen sollen. Es ist etwas, das Ihnen hier vielleicht auch bevorsteht.«

Der *Hadschi* sagte: »Wenn Moslems dem Islam entsprechend leben, wirklich dem Islam entsprechend –« Und wieder hatte Khairul Probleme mit der Übersetzung.

»Wird alles andere von selbst kommen«, sagte der Arzt.

Ich sagte: »Was ist der Unterschied zwischen Ihrem jetzigen Leben als wahre Moslems und Ihrem Leben vorher?«

Sie sagten es nicht.

Der *Hadschi* sagte nur: »Wenn man einen Menschen trifft, kann man auf einen Blick sehen, ob er ein Hindu oder ein Animist oder ein Moslem ist.«

Wie? Zeigte es sich im Gesicht? Lag auf dem Gesicht des Gläubigen eine Art Anmut oder Zufriedenheit?

Nein, der *Hadschi* meinte etwas ganz Simples. Nicht-Gläubige aßen Schweinefleisch und waren nicht pedantisch mit dem Essen.

Ich fragte nach ihrer Kleidung. War es für religiöse Menschen notwendig, sich so zu kleiden, wie sie es taten?

Khairul antwortete. »Es gibt fünf Grundsätze zur Kleidungsregelung. Sie sind Gebote Allahs. Männer müssen vom Nabel bis zum Knie bedeckt sein. Frauen müssen alles außer dem Gesicht und den Händen bedecken.«

Ich sagte: »Manche Frauen an der Universität bedecken ihre Hände.«

»Es ist besser«, sagte Khairul.

»Warum tragen Sie grüne Gewänder?«

»Grün und Weiß zu tragen, ist im Islam empfohlen.«

»Warum?«

»Weil der Prophet so gelebt hat. Einen Batikdruck zu tragen wie Sie, wird im Islam mißbilligt.«

»Batikdruck?« Ich zupfte an meiner halbwollenen Pyjamajakke von Marks and Spencer.

Khairul sagte: »Ein Batikdruck wie dieser ist nur für Damen.«

Der Journalist sagte: »Für Männer muß es etwas Ungemustertes sein.«

»Aber Pyjamas sind islamisch. Der Stil und die Farben sind islamisch. Die Europäer übernahmen die Idee von Ländern wie der Türkei und Indien.«

»Sie sind aus islamischen Ländern«, sagte der *Hadschi*, »aber entstammen nicht Allahs Geboten.«

»Sie verstehen die Schönheit des Islam nicht«, sagte Khairul. »Wenn Sie die fünf Grundsätze einmal verstehen, werden Sie die Schönheit darin sehen. Sie treffen auf alles zu. Im Islam sind gewisse Dinge geboten. Gewisse Dinge sind empfohlen. Das ist ein Fachausdruck, eine Übersetzung aus dem Arabischen.«

»Gestattet?«

»Gestattet? Nein, empfohlen ist besser. Dann werden gewisse Dinge mißbilligt, wie Ihr Batikdruck. Dann sind gewisse Dinge *haram*, verboten. Wie zum Beispiel, daß ein Mann seine Knie entblößt. Die fünfte Kategorie ist *harus*, gleichgültig.«

»Empfohlen, mißbilligt, gleichgültig – Sie haben einen großen Wortschatz, Khairul.«

Er sagte: »Ich bin Rechtsanwalt.« Und ein wenig angeberisch: »Ich wurde in einer malaiischsprachigen Schule erzogen. Lassen Sie mich Ihnen eine Vorstellung vom Grundsatz Gleichgültigkeit vermitteln. Ein Geschäftsmann, der eigentlich nur fünf Hemden braucht, aber vierzig kauft, weil er sich vierzig leisten kann. Im Leben nach dem Tode muß er sich für die Extravaganz verantworten. Diese fünf Prinzipien treffen auf alle Aspekte des Lebens zu. Alles – Politik, Ökonomie, Familienleben, selbst das Husten. Es gibt so *viel* über den Islam zu lernen. Sie können *Jahre* damit verbringen und nie zum Ende kommen.«

»Berichten Sie mir vom Husten und den fünf Grundsätzen.«

»Ich gebe Ihnen ein Beispiel. Wenn Sie in einer Gesellschaft sind und schämen sich zu husten und wachen drei Tage danach mit einem Schmerz in der Seite auf, weil Sie nicht gehustet haben, dann ist das falsch. Es ist geboten zu husten, wenn Sie Ihrer

Gesundheit Schaden zufügen, weil Sie nicht husten. Husten ist gleichgültig, wenn Sie den Mund bedecken und sagen ›Heil sei Allah‹. Es wird mißbilligt zu husten, ohne den Mund zu bedekken. Aber jemandem ins Gesicht zu husten« – er drehte sich zu dem Arzt und tat so, als spucke er dem Arzt ins Gesicht – »das zu tun, ist schrecklich. Es ist *haram*. Es ist verboten. Es ist unislamisch und sündhaft.«

»Was ist mit dem Husten, der gleichgültig ist?«

»*Harus*. Wenn Sie allein sind und es bei niemandem Anstoß erregt. Dann können Sie aufstehen und husten oder sich hinsetzen und husten. Es ist vollkommen gleichgültig. All diese Dinge sind geregelt.«

Dann war es Zeit für sie zu gehen. Der *Hadschi* hatte eine Versammlung; sie sagten, er reise viel herum und predige. Der Arzt mußte in seine Klinik.

»Sie müssen diese Klinik sehen«, sagte Khairul. »Sie ist so islamisch und schön. Ihnen geht es nicht gut; ich kann sehen, daß es Ihnen nicht gutgeht. Er hätte Sie so *schön* behandelt. Er würde Sie jetzt behandeln.«

Ich sagte: »Ich bin in der Obhut eines anderen Arztes. Ich kann nicht wechseln.«

Der Arzt, seltsam professionell jetzt, sagte: »Kann man nichts machen.«

Die Kommune lag am Stadtrand von Kuala Lumpur in einer hügeligen bewaldeten Gegend. Ein ganzes Stück davor stand eine Hinweistafel am Straßenrand. Ich hatte kein Schild erwartet. Aber – obwohl die Kommune im Ruf stand, geheim zu sein – es hatte wohl keinen Zweck, sich wie ein Araber zu verkleiden und dann zu verbergen.

Das Land erschien vollkommen mit einer malaiischen Siedlung, den Holzhäusern auf Stelzen oder Säulen, den grünen Garten und hohen Schattenbäumen. Aber der Wald war wegen einer breiten Straße abgeholzt worden, und die Straße war von modernen malaiischen Häusern gesäumt – modern, weil sie anstelle der Fenster gläserne Lichtschlitze hatten und der untere Säulenteil des Hauses zugemauert worden war, um mehr Raum zu schaffen.

Regen hatte die nicht asphaltierte Straße in Schlamm verwandelt. Viele junge Leute mit grünen Umhängen oder Gewändern und weißen Turbanen liefen herum. Am fernen Ende der Straße wurde ein steckengebliebener Wagen aus dem Schlamm geschoben. Ich meinte unter den Schiebenden den *Hadschi* zu erkennen; hier schien alles möglich. Aber ich irrte mich; der weiße Turban ließ nur einige malaiische Gesichter wie Mulatten aussehen. Andere kostümierte Gestalten (die auf die Gebetszeit warteten wie Schauspieler auf ihren Bühnenauftritt) hingen auf der Veranda oder dem überdachten Eingang des Geschäftes an der Ecke herum, wo die Kommune – als Bestandteil ihrer unabhängigen islamischen Lebensform – vorbeikommenden Autofahrern Kleinigkeiten verkaufte.

Ich kaufte hundert Gramm geschnitzelter fritierter Süßkartoffeln. Sie kamen in einer zugehefteten Plastiktüte. Sie schmeckten weniger nach Süßkartoffeln als nach Bratfett.

Der Taxifahrer sagte: »Sehen Sie, was für Scheißdreck wir heutzutage haben?« Er sprach das Wort ›Schei'dreg‹ aus. Ich verstand es nicht und dachte zuerst, es sei ein Wort für einen dörflichen Malaien. »Sehen Sie, was für einen Schei'dreg wir heute haben?«

Ich bot ihm etwas von den Süßkartoffeln an.

Er sagte wütend: »Nein.«

5

Der ruinierte Spielplatz

Shafi kam aus dem unerschlossenen Norden, aus Kota Baru. Ich wollte das Dorf sehen, um das er trauerte – einst unverschmutzt, die Menschen fromm, würdig und nicht materialistisch. Und Kota Baru war die erste Zwischenstation auf einer Reise ins Innere, die er für mich arrangiert hatte.

Sie fing schlecht an. Der Tamil-Fahrer mit der Zahnlücke, der Unglücksmensch, sollte mich zum Flughafen fahren. Am Abend vorher lief er im Foyer des Holiday Inn glücklich auf mich zu und erzählte mir, daß mein Flughafen-Auftrag ihm zugefallen sei; nachdem er mich über viele Fahrten hinweg in all seine Nöte hineingezogen hatte, betrachtete er sich nun als meinen Freund. Und wie ich halb erwartet hatte, lief etwas schief. Sein Wagen hatte in der Nacht einen Totalschaden (aber er sagte, er würde das Geld von der Versicherung bekommen), und am Morgen mußte ich herumlaufen, um einen anderen Fahrer aufzutreiben.

In einer Stunde waren wir mit dem Flugzeug in Kota Baru und dem Monsun. (Für Shafi, siebzehn Jahre vorher, hatte die Reise von Kota Baru durch Kautschukplantagen und Dschungel zu all den Schrecken Kuala Lumpurs einen Tag und eine Nacht gedauert.) Das Flugzeug setzte auf der Landebahn von Kota Baru zweimal zur Landung an. Dann landeten wir in einem Regenguß, gingen in kleinen Gruppen unter knalligbunten Schirmen zu der kleinen Flughafenbaracke hinaus. Und Rahman war nicht da, um mich abzuholen, wie Shafi es arrangiert hatte.

Ich bekam den Namen eines Hotels und nahm ein Taxi dorthin. Kota Baru war überschwemmt: eine baufällige Kolonialstadt der zwanziger und dreißiger Jahre – kleine niedrige Geschäfte, kleine niedrige Häuser, Ziegeldächer, Wellblech –, aus der neues Geld eine neue Stadt aus Beton und Glas entstehen ließ. Das Hotel war neu, klein, prätentiös modern. Und ich fand heraus – es war wie ein Wunder, aber es gab nur ein Hotel in Kota Baru –, daß Rahman mich für diesen Abend angemeldet hatte.

Er rief mich später an. Er sagte, es sei seltsam, daß mich keiner abgeholt habe. Er habe nicht nur einen Mann geschickt, um mich abzuholen, er habe drei geschickt, drei Oberlehrer. Er habe ihnen sogar gesagt, daß ich nach meinen Jahren in England wahrscheinlich eine weiße Haut habe. Sein Geschichtenerzählen – das Gegenteil der Direktheit von Leuten wie Shafi – sollte von mir als Geschichtenerzähler verstanden werden: es war Rahmans Art, mich wissen zu lassen, daß er nicht zu viel mit mir zu tun haben wollte. Rahman arbeitete für die Regierung. Er wollte nicht zu viel mit Shafi und der ABIM und einem von der ABIM geschickten Besucher zu tun haben.

Der Regen hörte überhaupt nicht auf. Rahman kam am Spätnachmittag ins Hotel. Er war ein kleiner, rundlicher, lächelnder Kerl in einem kurzärmeligen blauen Safari-Anzug. Ich hatte erwartet, in Shafis Dorf oder ein ähnliches geführt zu werden. Aber das hatte Rahman nicht vor; er hatte nicht vor, in der Öffentlichkeit als mein Führer bei irgend etwas in Erscheinung zu treten. Statt dessen fuhren wir durch den Regen am schnell dunkel werdenden Nachmittag – überschwemmte Felder, vereinzelte durchnäßte kleine malaiische Häuser unter tröpfelnden Obstbäumen – zu einem moslemischen College, wo Rahman sich die Verantwortung für mich, seinen gefährlichen Besucher, mit zwei oder drei anderen Leuten teilen konnte, die genauso nervös waren wie er.

Sie hatten zum Tee gedeckt. Der Tee war süß, milchig und kalt. Und sie, meine Gastgeber, schienen entschlossen, nichts zu sagen. Waren das Shafis Kameraden, die Fischerjungen und Vogelsteiniger seiner Kindheit? Sie waren es. Vielleicht nicht gerade Shafis Freunde, aber Menschen wie sie. Nicht nur Shafi allein hatte sich entwickelt.

Ein Mann war da, der Philosophiedozent war. Dozent? Ein

Mann aus Shafis ländlicher Vergangenheit? Ja, er lehrte am College über die Versuche der arabischen und persischen Philosophen islamisches und griechisches Gedankengut zu verschmelzen. Das schien ein schwieriger Kurs zu sein, und der Dozent sagte, er sei schwierig, und fügte ein wenig betrübt hinzu, daß er noch eine Menge lesen müsse, besonders in griechischer Philosophie. Er hatte an der islamischen Universität Al Ashar in Kairo studiert. Es hatte ihm nicht gefallen (aber wenigen dörflichen Malaien schienen ihre Reisen gefallen zu haben). Er hatte die Araber undiszipliniert und unzuverlässig gefunden.

Ich wollte über seine Zeit in Al Ashar hören. Aber er sagte – schon wieder Geschichtenerzählen –, daß er zu tun habe. Er müsse mit seiner Frau zu Abend essen. Nach dem Essen? Nach dem Essen müsse er mit der Nachricht von einem Todesfall in der Familie herumfahren, das sei ein malaiischer Brauch (und es war die erste Reminiszenz an die Dorfsitten, von denen Shafi gesprochen hatte).

Es wurde Zeit zum Gebet. Sie ließen mich mit dem Tee zurück und gingen ins Nebenzimmer, um ihre Gebete zu verrichten. Sie ließen sich Zeit.

Als sie wieder herauskamen, öffnete sich der Registrator, der einen zugeknöpften Überrock trug und auch sonst zugeknöpft aussah, ein wenig. Er sagte, er habe drei Tage in England, in ›Queensway WC 2‹, verbracht. Von diesen drei Tagen erinnerte er sich an drei Dinge: an Menschen, die unterirdisch reisten, an einen Sprecher im Hydepark, der sagte, daß sechzig Prozent der Männer in England homosexuell seien, und an den (dem irgendwie widersprechenden) Anblick von Männern und Frauen, die sich öffentlich umarmten.

»Dieses Fehlen von Manieren«, sagte der Registrator. »Wenn wir hier einen Fisch fangen, säubern wir ihn, braten ihn, und dann essen wir ihn. Dort fangen sie einen Fisch und essen ihn sofort. Wir sind noch dabei, den Fisch zu waschen, während sie sich schon den Mund nach dem Essen abwischen.«

Rahman sagte, indem er die bildliche Sprache des Dorfes aufgab: »Hier haben wir einen Ort und eine Zeit für den Geschlechtsakt.«

»Bei uns ist das etwas Privates«, sagte der Philosophiedozent. »Geheim und geheiligt. Wir sprechen noch nicht einmal mit unseren Freunden darüber.«

»Diese Menschen sind verloren«, sagte der Registrator.

Der Arabischlehrer gesellte sich zu uns. Er war größer als die anderen und trug einen Sarong und eine weiße Kappe. Sein Gesicht war ausdruckslos. Er begann zu essen. Er sagte, daß die Leute der Romane überdrüssig seien und sich aus diesem Grund dem Koran zuwandten.

»Er ist *natürlicher*«, sagte Rahman.

Aber gab es denn keine arabischen Romane?

Doch, sagte der Arabischlehrer, während er aß. Es gäbe einen ägyptischen Romanschriftsteller. Aber ein Buch tendiere hierhin und ein anderes Buch dahin, und das zeige, daß der Mann selbst verloren sei.

Was waren das für Romane?

Das konnte er nicht sagen. Er sagte, er sage nur, was seine Schüler sagten. Und er aß noch etwas von dem malaiischen Kuchen, trank Unmengen von dem kalten Tee, erhob sich, strich seinen Sarong glatt und stampfte davon.

Sie waren zufrieden; das Wort fiel immer wieder. Sie wollten, daß ich wußte, daß sie zufrieden waren. Rahman arbeitete für die Regierung und bekam tausend Dollar im Monat und hatte ein Auto. Er sagte: »Mir gefällt es hier.« Er wollte nicht in einen anderen Teil Malaysias ziehen. Hier lebten sie nicht in Konkurrenz, hier machten sie sich keine Sorgen wegen der Chinesen, hier hatten sie nicht die Probleme der Malaien in anderen Gegenden.

Es regnete und regnete. Wir fuhren zum Abendessen in ein malaiisches Restaurant, das von einer malaiischen Organisation geführt wurde. Das Restaurant war großartiger als alles, was Shafi als Kind gekannt haben konnte. Seine Dekorationen waren ein wenig vernachlässigt, aber Rahman war erfreut, es als Beispiel malaiischen Unternehmungsgeistes darzubieten. Er sagte: »Sehen Sie, wir kehren nicht alle zum Islam zurück.«

Der Philosophielehrer war immer noch bei uns. Das Abendessen mit seiner Frau und seine Totenpflichten hatte er anscheinend vergessen. Aber diese Geschichte, die er erzählt hatte, war nicht mehr als ein Signal gewesen, ihn nicht wegen Al Ashar oder Philosophie oder einer anderen strittigen Angelegenheit zu bedrängen.

Und – das gehörte zu ihrer Zufriedenheit – sie alle hatten große Familien. Rahman hatte fünf Kinder, der zugeknöpfte Registrator, der sehr jung war, hatte drei, der Philosophiedozent vier.

»Wir sind Optimisten«, sagte der Philosophiedozent. »Mein Vater war ein armer Mann. Doch mir geht es gut. Unseren Kindern wird es gutgehen.«

Der Registrator sagte: »Allah hat gesagt, daß für jedes lebende Geschöpf gesorgt werden wird.«

Ich sagte: »Aber was ist mit einem Land wie Kambodscha?«

»Sie haben selbst die Strafe auf sich gebracht«, sagte der Registrator. »Allah hat das von den Ungläubigen gesagt.«

Rahman sagte: »Eine Ameise beißt Sie ins Bein. Aber Sie töten doch nicht diese eine Ameise. Sie befreien sich von allen.«

Ich fragte nach einem Artikel in der Morgenzeitung. Es war die Geschichte verbreitet worden, daß für die Vollendung des Hafens vierzig Köpfe gebraucht würden, und die Dorfbevölkerung hielt ihre Kinder von der Schule fern.

Sie sagten, das sei eine alte Geschichte. Rahman sagte, daß in seiner Kindheit eine ähnliche Geschichte über vierzig Köpfe rundgegangen sei, die gebraucht wurden, um die Eisenbahn fertigzustellen. Solche Geschichten hatten eine einfache Erklärung. Eltern wollten, daß ihre Kinder zu Hause blieben und nicht zu weit herumstreunten, weil es im Dorf dunkel war und es nur hier und da Licht gab. Als er Kind war, hatte man auch erzählt, daß einem, wenn man auf einen Bananenbaum kletterte, die Geschlechtsteile abfaulten: das war bloß, um die Kinder vom Bäumeklettern abzuhalten. Wenn man auf einem Kissen saß, bekam man Geschwüre am Hintern: das war, um das Kissen sauber zu halten.

»Aber jetzt sind die Leute gebildeter«, sagte Rahman. »Sie sagen den Kindern einfach, daß sie die Kissen schmutzig machen, wenn sie sich drauf setzen.«

Wir redeten, und es regnete, und meine Brust verkrampfte sich in der feuchten Luft, und ich dachte an mein kleines Zimmer in dem Hotel, wo die zentrale Klimaanlage sehr kühl blies und nicht reguliert werden konnte.

Shafi trauerte um das Dorfleben, das er gekannt hatte; er sprach davon als von etwas Vergangenem, das er nur in einer Kommune wieder für sich beleben konnte. Aber dieses Leben – der Gemeinschaft, der alten Sitten und des Friedens – existierte für diese Männer trotz der Autos und neuen Berufe noch. Shafi hatte sich geändert. Der Islam dieser Männer war Teil ihrer Zufriedenheit. Shafis Islam – Islam, der Energiespender und Reiniger der Malaien, der Zerstörer falscher Lebensweisen und Sehnsüchte – war revolutionär, diente keiner Sache, die diese Männer verstehen konnten.

Für mich war es seltsam, als Bote dieser Revolution betrachtet zu werden. Aber das war ich, und nach dem Essen wurde ich mir selbst überlassen. Am nächsten Morgen rief Rahman an, um zu sagen, daß er um elf zur Moschee gehen müsse und dann bis drei ein ›Programm‹ mit seiner Frau habe. Er konnte mich nirgends hinführen, nicht einmal in eine Batikfabrik. Er konnte mich noch nicht einmal zum Flughafen zurückfahren.

Es regnete, ich mußte im Hotel bleiben. Den Bogen Zeitungspapier, den der Hauswart des Hotels über den Belüftungsschacht der Klimaanlage geklebt hatte, verminderte die Kälte in meinem kleinen Zimmer nicht. Um Wärme zu haben, mußte ich die Lichtschlitze im Badezimmer öffnen, und das ließ den Regen hereinspritzen. Das Foyer war sehr klein. Zwischen Foyer und Eßzimmer und Schlafzimmer teilte ich meine Zeit auf, bis es Spätnachmittag war und ich durch die Fluten zum Flughafen fuhr. Für eine Weile kam die Sonne heraus, dann goß es wieder. Auf der Startbahn fiel Wasser auf Wasser, die dicken Tropfen spritzten hoch und weit.

Penang lag einen Sprung entfernt an der Westküste. Die Westküste war die entwickelte Küste, die mehr kolonisierte mit den britischen Plantagen, den Fabriken, den energischen Chinesen. Von dorther kam Anwar Ibrahim von der ABIM, und deshalb hatte Shafi dort einen Besuch für mich arrangiert. Aber nach Kota Baru war ich unsicher. Das Flugzeug, das in Penang zwischenlandete, flog nach Kuala Lumpur weiter, und ich war versucht, weiterzureisen. Aber ich stieg aus.

Ein kurzer Sprung, aber es war wie in einem anderen Land. Penang hatte einen internationalen Flughafen, es gab keinen Regen, und Abdullah, ein vierunddreißigjähriger Mann von der Universität, erwartete mich.

Fabriken mit berühmten Namen, eine geschäftige Stadt, in manchen Vierteln elegant: während er mich hineinfuhr, sprach Abdullah zuerst neutral, tastete sich bei mir vor, aber dann brach seine Leidenschaft durch: internationale Gesellschaften, niedrige Löhne, die Nachlässigkeit der Malaien, ihre Unfähigkeit, in Wettbewerb zu treten, die Notwendigkeit für den Islam. Abdullah war ein Malaie mit heller Hautfarbe und kaukasischen Zügen. Durch ihn lernte ich Mohammed kennen, zwei Jahre jünger, eher chinesisch wirkend. Mohammed war Lehrer; auch er trug das malaiische Kreuz.

Sie brachten mich ins E & O Hotel und ließen mich dort eine Weile. Das E & O Hotel war ein Grand Hotel aus der britischen Zeit, und es war immer noch großartig. Seine große Halle zu betreten, hieß erfrischt zu werden. Mein Wohnzimmer öffnete sich auf eine Terrasse mit Sträuchern und Palmen; dahinter lag das Meer, das ich aber in der Dunkelheit nicht sehen konnte. Und was für eine Erleichterung war es jetzt – obwohl mir das Unglück Abdullahs und Mohammeds leid tat –, weg zu sein von dem malaiischen Malaysia und der Zufriedenheit und Unzuverlässigkeit der Leute in Kota Baru! Die Beengtheit in meiner Brust lockerte sich, und in dem großen Eßsaal, in dem die Tischtücher frisch und die Kellner chinesisch und rege und erfahren waren, hob sich meine Stimmung so sehr, daß ich eine Flasche australischen Riesling fast leer trank.

Ich war noch ein wenig benebelt von dem Wein, als pünktlich um zehn, wie sie es versprochen hatten, Abdullah und Mohammed zu mir zurückkamen. Sie kamen ins Zimmer. Ich bestellte Tee und Kaffee. Der chinesische Zimmerkellner, der mir, einem Fremden gegenüber, vorher freundlich und wißbegierig gewesen war, bekam ein ausdrucksloses Gesicht, als er die Malaien sah, als spüre er, was ich schon gefolgert hatte: daß die beiden Malaien mit den hübschen, melancholischen Gesichtern Männer mit einer rassischen und religiösen Mission waren.

Einen Augenblick lang sah ich sie – sie saßen in den Rattansesseln – wie aus einer Entfernung. Und nachdem der Kellner gegangen war, konfrontierte ich Mohammed und Abdullah mit dem Gedanken, der mir im Eßsaal gekommen war: daß ein dörflicher Malaie in einem alten Kolonialhotel wie diesem, halb erwünscht, halb zurückgewiesen, das Gefühl haben könne, ein Fremder im eigenen Land geworden zu sein.

Mohammed, der jüngere mit den chinesischen Zügen, sagte: »Sie haben es genau richtig ausgedrückt.«

»Wir fühlen uns als Fremde«, sagte Abdullah.

»Haben Sie sich so auch gefühlt, als Sie Kinder waren?«

»Besonders als wir in die Stadt gebracht wurden«, sagte Mohammed. »Ich habe meinen ersten Unterricht im Kampong erhalten. Aber danach wurde ich zur Schule in einer kleinen Stadt geschickt. Butterworth.« Er sprach den englischen Namen in der ortsüblichen Weise aus: ›But'worth‹. »Direkt auf der anderen Seite des Kanals von hier. Und da habe ich mich schon ein bißchen wie ein Fremder gefühlt.« Damals war er elf.

»Ich kann mich noch erinnern, als ich das erste Mal meine Lehrer zu sehen bekam. Es waren Patres und Brüder, wie man bei Ihnen sagt. Mein Onkel brachte mich in die Schule. Sie lag neben einem christlichen Friedhof. Direkt neben der Schule war also immer dieser Friedhof mit der Kapelle. Es herrschte also immer diese Atmosphäre. Und natürlich mußten wir jeden Morgen eins dieser Lieder singen.«

»Kirchenlieder. Erinnern Sie sich jetzt noch an einige davon?«

»Ich erinnere mich nicht an sie.« Aber er erinnerte sich noch an Bruchteile des christlichen Religionswissens, das man ihm beigebracht hatte. »Nicht Islam. Islam wurde uns nie gelehrt. Das muß ungefähr 1957 gewesen sein. Es war die Zeit, kurz bevor wir unsere Unabhängigkeit erhalten sollten. Das ist der Hintergrund, der wahrscheinlich zu der Verwirrung unserer Jugend, der Menschen unserer Generation geführt hat. Man ist Moslem und kommt aus dem Milieu eines moslemischen Kampongs und wird in diese Umgebung gebracht – verpflanzt. Ich glaube, das ist der Grund, weshalb meine Weltanschauung bis vor kurzem sehr unislamisch war.«

»Was meinen Sie damit?«

»Die Vorstellung, die man vom Leben im allgemeinen hat. Was denkt man über den Menschen und die Gesellschaft? Welche Vorstellung und Konzeption hat man von der Natur? Gehört sie zu einem selbst? Muß man ihr entgegentreten oder sie unterwerfen oder muß man Seite an Seite mit ihr leben? Und was hat man schließlich für eine Vorstellung vom Übernatürlichen? Ist es mächtig?«

»Was ist Ihre eigene Vorstellung von der Natur? Als Moslem und Malaie?«

»Darauf kommen wir später.«

»Welche Vorstellung von der Natur, würden Sie sagen, wurde Ihnen in der Schule vermittelt?«

»Damals?« Er war verwirrt, dabei hatte er das Thema aufgebracht. Er dachte eine Weile nach. »Diese Vorstellungen waren nicht rein christlich. Es war in Wirklichkeit eine Mischung von christlichen und säkularen Ideen. Eine Idee – wie man sie uns damals beibrachte – war, daß die Natur ausgebeutet und unterworfen werden sollte. Warten Sie – daß die Natur zunächst etwas Seelenloses sei, daß man nur durch Unterwerfung der Natur in Frieden leben könne.«

Ich dachte an meine eigene Schulzeit auf Trinidad, das auch eine britische Kolonie mit Plantagen war. Waren diese Ideen mir auch eingegeben worden?

Ich sagte zu Abdullah: »Stimmen Sie dem zu, was Mohammed sagt?«

»Er hat es richtig verstanden«, sagte Abdullah.

»Haben Sie das damals, als Sie ein Kind waren, auch empfunden? Oder denken Sie das jetzt?«

Mohammed sagte: »Wir erkennen es nun, da wir uns auf den Islam zurückbesinnen.«

»Aber man hat Ihnen in der Schule nichts über Wordsworth und die englische Naturpoesie beigebracht?«

»Das war nicht der Schwerpunkt. Das wurde nur im Literaturunterricht gemacht. Und das Etikett für diese Leute war, daß sie alle Romantiker waren. Das war in ihren Gedanken nicht das Wesentliche. Die Betonung lag die ganze Zeit darauf, wie man Zinnminen erschließen, Bäume abschlagen, Fabriken aufbauen könne.«

Und Mohammed hatte recht. Das britische Malaysia an der Westküste war eine Plantage und ein Bergwerk. Chinesen und Inder und sogar Leute aus Java wurden für die Arbeit in den Bergwerken und auf den Plantagen herangeschafft, während die Malaien, ungeeignet für die Art Fronarbeit, in ihren grünen Dörfern an den Flüssen blieben. Diese malaiischen Dörfer mit ihren kultivierten Waldflächen voller Obstbäume und Schatten, Bananenpflanzungen, Holzhäusern auf Säulen und luftigen Innenräumen zum Schlafen und halbhoch ummauerten Veranden zum Plaudern waren selbst jetzt noch bezaubernd. Nicht wie die Plantagen, wo die Gummibäume in Reihen und Blöcken wachsen mußten und regelmäßig abgeschlagen und neu gepflanzt wurden und die Arbeiter in Häuserzellen wohnten, nicht wie die Bergwerke oder die ausufernden Kleinstädte mit ihren Reihen von Geschäftshäusern aus Beton. Als Kind aus dem Kampong mußte Mohammed sich der beiden Welten, der beiden Landschaften bewußt gewesen sein – mehr als ich das in Trinidad war. Aber wie viel hatte er wirklich bemerkt? Wie viel hatte sein dem Instinkt folgendes malaiisches Dorfleben ihm zu sehen erlaubt?

»Was war Ihre eigene Vorstellung von der Natur?«

Dieser Frage war er vorher schon ausgewichen. Und selbst jetzt zögerte er. »Damals? Das konnte ich damals wahrscheinlich gar nicht sagen.«

»Aber versuchen Sie es jetzt.«

»Meine Vorstellungen zu formulieren?« Und mit einer Freimütigkeit, die wie die Shafis war, verfiel er in Schweigen, während er versuchte, über etwas Klarheit zu gewinnen, das er vorher nicht ausgearbeitet hatte.

Um ihm zu helfen, sagte ich: »Sicherlich gibt es auch bei den Malaien die Vorstellung, den Busch abzuschlagen und Bananenbäume und Mangobäume ums Haus zu pflanzen und den Busch fernzuhalten. Heißt das nicht, die Natur zu unterwerfen?«

»Ich würde das eher als Koexistenz auffassen. So sehen die Malaien es. Die Idee, die Natur an sich zu unterwerfen, wie die Westler es heute verstehen, hat es nicht gegeben.«

Abdullah sagte: »Es ist mehr ein Entwickeln dessen, was gebraucht wird.«

Mohammed sagte: »Gleichzeitig wird Sorge getragen für die, die im Augenblick nicht gebraucht werden.«

»Die?«

»Die natürlichen Elemente. Die Elemente der Natur.«

Mittlerweile merkte ich, daß das, was sie begonnen hatten, darzulegen, was sie versuchten, einer gedankenlosen Lebensweise anzupassen, westliche Gedanken zu Ökologie und Umweltschutz waren.

Und als ich nachhakte, sagte Mohammed nach ein oder zwei falschen Ansätzen: »Gegenwärtig bin ich mir noch nicht sicher, was Malaien im Hinblick auf den Menschen und die Gesellschaft und das Übernatürliche im Sinn haben.«

»Das Übernatürliche? Wollen Sie so ein Schlagwort verwenden?«

»Um dieses Wort kommen wir nicht herum, wenn wir die Weltanschauung eines bestimmten Volkes und in diesem Fall der Malaien und der Moslems verstehen wollen.«

So wurde ich mit seinen vagen Gefühlen abgespeist.

Er schien zu erkennen, daß er vage gewesen war. Er sagte: »Ich möchte dem, was ich über die Zinnminen sagte, noch etwas hinzufügen. Als unsere Lehrer uns beibrachten, daß die Natur unterworfen, entwickelt werden sollte – diese Ideen stehen alle im Einklang mit der industriellen Revolution.«

Hier sprach der Schuljunge, der Geschichtsstudent. Aber da war auch noch etwas anderes. Ich hatte das Gefühl, er benutzte Ideen die ihm doppelt entfremdet waren: aus dem Westen stammende Ideen, die die neuen islamischen Missionare übernommen und in ihren vielen Publikationen vereinfacht hatten: Ideen über den Tod des Westens, sein geistiges Versagen, die Verschwendung der Naturschätze der Welt.

Ich sagte: »Davon haben Sie in der Schule noch nichts gespürt?« Er gab keine Antwort.

Abdullah, der die meiste Zeit geschwiegen hatte, antwortete. Abdullah sagte: »Was mich betrifft, ich begann in der Schule, in der fünften Klasse, all diese Dinge zu sehen. Ich meine, wir existieren doch nicht durch bloßen Zufall. Wir haben doch einen tieferen Sinn als das. Ich wurde von meiner jüngsten Kindheit an religiös erzogen, denn meine Familie hatte einen starken islamischen Hintergrund. Bis ich siebzehn war, trat dieses Gefühl mehr in mir selbst in Erscheinung.«

»Es muß einen Auslöser dafür gegeben haben. Etwas, das Sie in Frage stellen ließ, was Ihnen in der Schule beigebracht wurde. Fällt Ihnen da etwas Bestimmtes ein?«

»Ich erinnere mich an ein bestimmtes Buch, das wir in englischer Literatur durchnahmen. *Mensch und Gott*. Griechische Mythologie. Über Zeus und Aphrodite und Milo und all diese griechischen Göttinnen. Diese Gestalten, die den Griechen zufolge Götter waren, die in Menschengestalt auftraten – und sich dann allen möglichen Aktivitäten hingaben, nicht? Wie Rivalität, Ausschweifung. Abgesehen von dem moralischen Aspekt, wissen Sie, finde ich als Moslem so etwas widerwärtig. Ich erinnere mich beispielsweise an Jupiter, der in Menschengestalt erscheint, und eine Prinzessin – ich erinnere mich nicht an ihren Namen – verführt. Und noch etwas, wenn wir in Geographie etwas lernten, und wir mußten etwas über Landformen, sagen wir die Entstehung eines Vulkans, lernen, dann hörte man dieses und jenes. Aber in der Religionsklasse wurde uns gelehrt, daß all dies von jemandem geschaffen wird, der das ganze Universum steuert. So diskutierte ich diese Dinge mit meinem Religionslehrer. Ich meine auch, daß wir Glück hatten, aus einer großen Familie zu kommen. So redeten wir manchmal zu Hause. Wie konnte dieser Vulkan plötzlich entstehen, wie sie es im Geographieunterricht sagten? Er mußte doch sicher von etwas erschaffen werden.«

Mohammed sagte: »Mein Hintergrund war anders als der Abdullahs. Ich war wahrscheinlich mehr Malaie als Moslem. Meine Familie war nicht sehr religiös, glaube ich, nicht sehr gebildet in der Lehre des Islams. Und dann ging ich auf die Missionsschule, und die Erziehung, die ich dort erhielt, war halb christlich, halb säkular.« Säkular war bei diesen Männern ein Schimpfwort: es hieß weltlich, atheistisch, westlich, nicht malaiisch. »Als ich die weiterführende Schule abschloß, war ich also säkular. In dieser Hinsicht war mein Leben verwirrter. Ich wußte nicht viel vom Islam. Mein islamisches Bewußtsein war deshalb schwächer. Ich begann also mehr zu lernen, als ich anfing, als Lehrer zu arbeiten.«

Ich sagte: »In welcher Hinsicht waren Sie verwirrt? Mein Hintergrund ist komplizierter als Ihrer, aber ich bin nicht verwirrt. Und es gibt viele Leute wie mich. Viele Menschen in der Welt heute haben einen komplizierten Hintergrund.«

Mohammed sagte: »Sie sind nicht verwirrt, nachdem Sie es sich gründlich überlegt haben.«

Ich sagte: »Nach gründlicher Überlegung.«

Er lächelte: »Sie sind nicht verwirrt, weil Sie akzeptieren.«

»Konnten Sie nicht akzeptieren, was Sie waren? Sie waren ein Malaie, der auf die Missionsschule ging, weil es die beste Schule war, auf die Sie gehen konnten. Wußten Sie nicht, wer Sie waren und was mit Ihnen geschah?«

»Wahrscheinlich nicht.« Und er wiederholte: »Wahrscheinlich nicht.« Er dachte ein bißchen nach und sagte: »Damals war ich mir wahrscheinlich nicht bewußt, daß ich verwirrt war.« Nachdem er noch etwas nachgedacht hatte, sagte er: »Obwohl ich behaupte, daß meine Herkunft nicht allzu religiös war, wußte ich, daß ich betete und meine ganze Familie betete. Und dann wird man ganz plötzlich aufgefordert, ein christliches Lied zu singen. Das muß mich mit Sicherheit verwirrt haben. Und noch ein Ideal, das mich in Verwirrung gestürzt haben muß, war dieser freie Umgang der Geschlechter.« Er hatte ihn für den Schluß aufbewahrt, diesen großen Schock der Missionsschule. »In der Schule ist man immer mit Mädchen zusammen. Man wird aufgefordert, sich an den Händen zu halten und zu tanzen.«

Mohammed war zweiunddreißig. Er war Lehrer, und er hatte Freunde an der Universität. Aber nach zwanzig Jahren erschütterte ihn diese Verletzung des dörflichen Tabus immer noch. Und wie bei Shafi im Holiday Inn in Kuala Lumpur fiel es mir schwer, das Gesagte mit dem eleganten Mann, der es sagte, in Einklang zu bringen: einem Mann, der sich anscheinend wohl fühlte in einem Rattansessel in einem Zimmer, das auf eine Terrasse mit Palmen und Sträuchern und einem Swimmingpool am Meer hinausging.

Er sagte: »Jetzt reden wir schon anderthalb Stunden. Und wir haben noch nicht über die Dinge gesprochen, über die Sie, wie Sie sagten, reden wollten. Die Neustrukturierung der Gesellschaft.«

Das stimmte. Aber ich hatte es vorgezogen, mich davon fernzuhalten. Ich wußte von unserer kurzen Unterhaltung am frühen Abend, daß das Niederreißen der Gesellschaft ihn weit mehr erregte als der Wiederaufbau, daß die Neustrukturierung, an der er interessiert war, nur den Islam und die Abstrahierungen des Islams betraf. Und so stellte es sich jetzt heraus. Malaysia – mit seinen schmerzlichen Problemen: der Nachlässigkeit der Malaien, der Energie der Chinesen, der Rassenpolitik, der Korruption des neuen Geldes, der technologischen Abhängigkeit des kleinen ungebildeten Landes – verschwand, wurde selbst ein abstrakter Begriff, ein Land des reinen Glaubens, der totalen Unterwerfung unter Allah. Innerhalb dieser Unterwerfung wurde alles gelöst.

Um Mitternacht mußten sie gehen. Später zurückzufahren, war beunruhigend für sie. Mohammed ließ zwei Schriftstücke da, die ich mir anschauen sollte. Eins war ein Essay, den er geschrieben hatte: ›Schwächen des Modernismus: Der Trend zur *Naddah* (Renaissance) in der moslemischen Welt‹. Er war im Stil der islamischen Missionare geschrieben. Ein Abschnitt war überschrieben ›Der Bankrott des Westens‹ (›Laster und Lust, Alkohol und Frauen, wilde Parties und verführerische Umgebung‹), ein anderer war überschrieben ›Die Vollkommenheit des Islams‹. Es lag eine Logik darin. Der Westen, der Mohammed die akademische Bildung verschafft hatte, stand der Kritik, in der er ihn unterwiesen hatte, offen. Der Islam, der diese Bildung nicht zur Verfügung gestellt hatte, der nur restaurativen Glauben zur Verfügung stellte, war von Kritik ausgenommen.

Das zweite Schriftstück, das Mohammed mir daließ, war ein mit Bleistift beschriebenes Papier, das er für unser Treffen vorbereitet hatte. Es war ein Entwurf dessen, was er über die Neustrukturierung Malaysias gesagt hatte, und es war genauso abstrakt. Sein ›Glaubenssystem‹ verlangte nach der Anbetung Allahs, für das ›Gesellschaftssystem‹ wollte er Freiheit, ›keine Korruption und keinen Amtsmißbrauch in Ministerien‹, den Schutz von Frau und Familie, ›keine Prostitution und Vergnügungsviertel‹, das ›Wirtschaftssystem‹ insistierte auf ›moralischen Verdiensten, ohne Korruption, ohne Glücksspiel, ohne Ausbeutung der Armen und Niedrigen‹. Aber am Ende hatte das Papier noch eine Pointe. Mohammeds letzter Absatz über das ›politische System‹ seines idealen Staates rief nach einer ›Imam-ähnlichen Führung: das Kalifat ist Gottes Stellvertretung auf Erden.‹ Er rief in Wirklichkeit nach jemandem wie Ayatollah Khomeini. Khomeini herrschte im Iran als Stellvertreter Gottes. Mohammeds Wunsch war es, daß jemand wie Khomeini in Malaysia herrschen sollte. Es war sein einziger konkreter Vorschlag.

Dahin hatten seine malaiische und moslemische Leidenschaft, seine Kenntnis der Geschichte, das beginnende Selbstbewußtsein und intellektuelle Leben ihn geführt. Er hatte keine Ahnung von Reform oder irgendeinem Verbesserungsprozeß. Mit dem Konkreten befaßte er sich nicht. Es war schwer für ihn, der sich auf anderer Leute Worte und Gedanken stützte und diese Gedanken seinen eigenen wortlosen Emotionen anpaßte, konkret zu sein. Er wollte nur, daß die Welt so plötzlich neu geschaffen und neu in Besitz genommen wurde, wie sie ihm (in seiner Erinnerung des Dorfjungen, der zur Missionsschule neben dem Friedhof ging) weggenommen worden war. Das war die Verheißung seines Islams.

Die Nachrichten aus der moslemischen Welt waren nicht ermutigend. Das neue Jahrhundert der islamischen Ära – von dem die Gläubigen so viel erwarteten – hatte mit einer Reihe von Katastrophen begonnen. Ein pakistanisches Flugzeug mit Pilgern, die ihre Pilgerfahrt beendet hatten, war nach dem Abflug vom Flughafen in Mekka abgestürzt. In Mekka selbst hatte über mehrere Tage hinweg eine bewaffnete Schlacht in der Großen Moschee stattgefunden, und viele Menschen waren getötet worden. In Pakistan war das Kriegsrecht strenger geworden. Die Wahlen waren abgesagt, öffentliche Auspeitschungen eingeführt worden, ein berühmter pakistanischer Journalist war verhaftet und auf Fotos in Ketten gezeigt worden. Im Iran war die amerikanische Botschaft von Studenten gestürmt worden, die über fünfzig Amerikaner als Geiseln genommen hatten, und das nur der Dramatik wegen: die islamische Revolution war schlecht geworden, umherirrend, ziellos.

Aber Mohammed und Abdullah glaubten nicht an schlechte Nachrichten aus dem Land des Glaubens. Mohammed meinte, daß die Nachrichten aus Pakistan nur bedeuteten, daß das Land endlich neustrukturiert würde. Abdullah meinte, daß die Nachrichten aus dem Iran von Reuter oder Associated Press nicht richtig wiedergegeben würden. Darüber hatten wir schon früher am Abend gesprochen, und Abdullah hatte gesagt: »Wir brauchen unsere eigenen Pressedienste.«

Ich fuhr zurück nach Kuala Lumpur, ins Holiday Inn.

Die Telefonistin sagte am Telefon: »Wie geht es Ihnen? Was macht Ihre Brust? Wissen Sie, Sie sollten kein Eis nehmen, wenn Sie Asthma haben. Und Sie sollten Fledermäuse probieren.«

»Fledermäuse?«

»Fledermäuse. Fle-der-mäu-se. Das tun die Leute aus dem Kampong. Man nimmt die Fledermaus. Man nimmt das Herz heraus, brät es, bis es knusprig, richtig knusprig ist, dann zerstampft man es und vermischt es mit Kaffee und trinkt das zweimal am Tag. Das tun die Leute aus dem Kampong. Und es wirkt wirklich.«

»Aber ein Fledermausherz ist doch sehr klein.«

»Vielleicht nehmen Sie zwei oder drei, ich weiß es nicht. Auf jeden Fall wirkt es.«

Ich sagte zu Shafi, als er mich besuchte, um herauszufinden, wie die Reise verlaufen war: »Aber Sie haben mir ja nichts von dem Regen in Kota Baru erzählt. Das ist, als erzählten Sie mir von Grönland, ohne das Eis zu erwähnen.«

Er lachte: »Es ist mir entfallen. Wenn es Überschwemmungen gab, gingen die Leute auf die Straße, um das Wasser zu spüren. Für sie ist es etwas Großartiges. Dann fahren wir Boot. Es gibt eine Geschichte – die ich aber nie erlebt habe –, daß junge Mädchen in festlicher Kleidung, in ihren besten Kleidern, aus ihren Häusern kommen, und die Jungen nutzen die Gelegenheit, um sie zu sehen. Sie gehen nicht tiefer als bis zum Knie hinein. Und das Bootfahren. Jedes Haus hat ein Boot unter dem Haus, wir ziehen es heraus und machen es für die Bootszeit fertig. Wir rudern mit dem Boot ums Dorf und gucken, wie es aussieht, wenn da Wasser ist, wo gewöhnlich keins ist. Wenn das Hochwasser beginnt, schneiden wir Stämme von Bananenbäumen ab, stecken ein Bambusrohr mitten durch und paddeln auf diesem Floß herum.«

»Das klingt paradiesisch für mich. Ihre Augen leuchten selbst jetzt, wo Sie darüber reden, auf.«

So sprach er manchmal von seinem Dorf, nicht wie ein Dorfbewohner, sondern wie ein romantischer Reisender, wie ein Mann, der alles aus einer Distanz sah.

»Wir sehnten uns nach dem Regen. Ich mag Wasser immer gerne.«

Ein paar Tage später – Anwar Ibrahim war zu einer islamischen Konferenz in Bangladesch gefahren und im ABIM-Büro war weniger zu tun – kam Shafi wieder. Wir nahmen ein Taxi und machten einen Ausflug. Wir fuhren durch die neu erschlossenen Wohngebiete in dem wunderschön hügeligen Land westlich der Stadt. Ich sah eine wohlgepflegte Stadt, in der das Geld bis weit nach unten zu reichen schien, doch Shafi wollte, daß ich etwas anderes sah. Der Unterschied zwischen dem Alten und dem Neuen war der Unterschied zwischen dem Malaiischen und dem Chinesischen. Und selbst wenn die Häuser neu waren, konnte Shafi erkennen, welche Häuser malaiisch und welche chinesisch waren.

Ich begann, das Spiel mit ihm zu spielen. Ich war ein Neuling; ich wählte leichte Beispiele. Wir kamen an einem Haus vorbei, an dem ringsum Holz aufgestapelt war. Ich sagte: »Chinesisches Haus?« Shafi sagte: »Chinesisches Haus.« Wir kamen an einem Haus vorbei, mit Reihen von Orchideen im Vorgarten. Ich sagte: »Malaiisches Haus?« Shafi sagte: »Nein, chinesisch.« Ich gab auf.

Weiter draußen, wo die Vorstädte ländlich wurden, kamen wir an ein paar Mädchen vorbei, manche davon ganz hübsch, die an einer überdachten Bushaltestelle saßen. Es waren malaiische Mädchen.

Shafi sagte: »Zeitlose Menschen.«

»Wie können Sie so etwas sagen?«

Aber er benutzte das Wort auf seine eigene Art. Und er sprach nicht als Romantiker, sondern als Reformer. »Zeitlose Menschen. Menschen, denen die Zeit keine Schranken setzt und die ganz sorglos mit der Zeit umgehen. Sie können es sich leisten, auf einen Bus zu warten. Sie haben keine Eile, irgend etwas zu erledigen, und in manchen Dörfern sieht man Leute, die naiv spielen. Sie spielen Karten und plaudern. Wohin gehst du? – Ich gehe auf den Markt. Wenn sie fragen, wozu?, geben sie keine besonderen Gründe an, außer ganz ziellosen, zu sehen, wie die Leute kommen und gehen und Freunde zu treffen und guten Tag zu sagen und danach – gegen Mittag – nach Hause zurückzukehren. Und wenn sie Freunde treffen, dann sagen sie: ›Wie geht es deinen Kindern? Wie war der Fang? Gibt es viel Fisch auf dem Markt? Was wird aus der Familie? Wie hoch ist die Überschwemmung? Fünf Meter? Sechs Meter?‹ Zeitlose Menschen.«

Wir kamen zu Palmenplantagen. Die Bäume mit den schrundigen Stämmen und dunkelgrünen Wedeln wuchsen in Reihen. Schwere Büschel der gelben und roten ölliefernden Nüsse waren am Rand des Feldes gestapelt, naß nach dem Regen. Der Himmel war grau, es kam noch mehr Regen. Wir fuhren zurück in Richtung Stadt. Der Fahrer sagte: »Pilze!«, und Shafi bat ihn, bei dem malaiischen Stand am Straßenrand zu halten, wo es die Pilze gab. Es waren dicke weiße Pilze auf langen Stielen, und sie waren zu Bündeln zusammengebunden.

»Sie sind nicht gezüchtet«, sagte Shafi. »Sie werden im Wald gesammelt.«

Ich sagte: »Sie sehen aus wie Blumen.«

Er sagte mit einer seltsamen Zärtlichkeit, während er die Bündel, die er gekauft hatte, betrachtete: »Sie sind eine Art Blumen.« Und als wir weiterfuhren, sagte er: »Im Dorf haben sie immer gesagt: ›Nimm nie einen Spaten, um einen Pilz auszugraben. Wenn du das tust, kommt der Pilz nie wieder.‹ Ich dachte, das hätte etwas mit dem Metall zu tun. Aber das war es nicht. Wenn man einen Pilz mit einem Spaten ausgräbt, dann gräbt man die Sporen in der tieferen Erdschicht aus.«

Die Mädchen saßen immer noch an der Bushaltestelle.

Bei Kuala Lumpur ließ Shafi den Fahrer von der Autobahn abfahren. Wir fuhren durch einen malaiischen Slum: Leute, die aus den Dörfern anwanderten. Die Häuser glichen den Häusern in den Dörfern, standen aber enger beieinander und hatten kein Grün. Die Häuser wurden über Nacht errichtet, und Shafi zeigte mir die großen Schuppen mit Bauholz und anderem Material, das den Bedürfnissen der Zugezogenen genügte.

»Die Chinesen«, sagte Shafi, »beuten mal wieder aus.«

»Aber sie verrichten auch eine Dienstleistung.«

»Sie verrichten die Dienstleistungen nicht hundertprozentig.«

»Das ist genug. Sie wollen, daß die Menschen vollkommen sind. Das ist der Unterschied zwischen uns.«

Wir aßen im Holiday Inn zu Mittag. Er machte nun keine Schwierigkeiten mehr wegen des Essens.

Ich sagte: »Ist das wirklich wahr? Sie haben noch nie über Ihr Leben nachgedacht oder so darüber geredet, wie Sie es bei mir getan haben?«

»Es ist wahr. Für mich ist, was vergangen ist, vergangen. Ich habe das Gefühl, ich habe keine Zeit, darüber nachzudenken.« Und er fügte hinzu: »Diese gute alte Zeit.«

Er hatte überhaupt keine geschichtlichen Kenntnisse. Von seinen Eltern hatte er erfahren, daß Malaysia während des Krieges von den Japanern besetzt war, das war alles. In anderen Gegenden gab es alte Sagen, aber in Kota Baru gab es keine, oder er hatte keine gehört. In der Schule war er an Geschichte nicht interessiert gewesen. Und jetzt war keine Zeit zum Lernen oder Lesen; jetzt hatte er seine Arbeit für die Bewegung. Die reiche Vergangenheit seines Volkes blieb ihm verschlossen: Hinduismus, Buddhismus, Animismus.

Er existierte in einem Niemandsland. Er fühlte, daß er als Malaie nichts hatte, und als Reaktion darauf wünschte er – als wäre so etwas möglich – nichts zu sein als sein Glaube, eine Art abstrakter Mensch. Um zivilisiert zu sein, hatte er gesagt, müsse ein Mann wissen, woher er kam und wohin er ging. Das war keine Sache der Geschichte, für Shafi war es nur eine Sache des richtigen religiösen Glaubens. Alles kam aus dem wahren Glauben. Aus Liebe zu seinen malaiischen Landsleuten, aus seinem Wunsch heraus, die Welt für sie in Ordnung zu bringen, wollte er, daß sie so geläutert seien, wie er sich vorkam. Das war die große Aufgabe, die er sich gestellt hatte.

Ich sagte: »Aber lenkt die Religion die Menschen nicht von dem ab, was sie tun sollten? Bietet sie ihnen nicht einen bequemen Ausweg?«

Er verstand meine Frage nicht. Er interpretierte sie in seiner Art. Er sagte: »Wir sind die erste Generation. Nur wenige können die Lebensweise des Islams ganz verstehen. Wir wollen uns von der normalen Tradition wegentwickeln, die nicht die wahre islamische Lebensart ist. Aber der Prozeß ist schwierig und dauert seine Zeit.«

Ich fragte ihn nach der Natur. Ich erzählte ihm, was Mohammed und Abdullah in Penang gesagt hatten: daß Moslems versuchten, mit der Natur zu leben, und Nicht-Moslems, besonders die Menschen des Westens, versuchten, sie zu unterwerfen.

Er griff Mohammeds und Abdullahs Phrasen nicht auf. »Ich muß ganz offen zu Ihnen sein. In meinem Dorf hat es keine Entwicklung gegeben, keine Zinnminen, keine Kautschukplantagen. Deshalb kann ich wenig dazu sagen.« Seine Erfahrungen waren unbedeutender und persönlicher. »Als ich jung war, hatte ich den Eindruck, daß meine Umgebung sauber war. Die Flüsse waren nicht mit Chemikalien verschmutzt. Der einzige unreine Geruch, den wir kannten, war der Geruch der Schweine und ihrer Ausscheidungen in der chinesischen Nachbargemeinde. Als ich fünfzehn war, fingen die Leute an, Batikfabriken zu bauen – drei, eine malaiische und zwei chinesische –, und die Chemikalien wurden in den Fluß geschwemmt. Und dadurch konnten wir nicht mehr in dem kleinen Bach in der Nähe schwimmen. Sie ruinierten unseren Spielplatz. Sie hätten den Abfall in ein Loch kippen sollen. Meine Clique – meine Jugendfreunde – war nicht glücklich darüber. Das war zufällig eine chinesische Batikfabrik, und wir verabscheuten sie aus tiefstem Herzen.«

»Ich habe neulich einen malaiischen Roman gelesen. Der Autor erzählt von Urinpfützen unter den Veranden der Häuser.«

»Das ist doch biologische Verschmutzung, und manchmal sind diese Ausscheidungen auch Düngemittel. Vogelkot, Hühnerdreck. Der Schweinedreck ist bei uns jedoch wegen der religiösen Beschränkungen nicht gut angeschrieben.«

»Fanden Sie die Hügel schön, als Sie Kind waren? Und die jungen Reispflanzen?«

»Für uns war das ein gewöhnlicher Anblick. Wir dachten nie darüber nach, ob es schön war oder nicht. Aber in ein paar Romanen lasen wir von Reisfeldern und Wind, der durch Bambus blies und einen Klang, einen natürlichen Klang erzeugte, und das ließ uns die Schönheit um uns herum erkennen.«

»Sie sagten heute morgen, als Sie mir die Häuser zeigten, daß die Chinesen aus kommerziellen Gründen pflanzten und die Malaien um des ästhetischen Wertes willen.«

»Ästhetisch habe ich nicht gesagt.«

Hatte er aber. Das Wort hatte Eindruck auf mich gemacht. Vielleicht hatte er das Wort – obwohl es berechtigt sein mochte – benutzt, ohne es zu wollen. Er meinte, daß Haus und Hof der Chinesen einen kommerziellen Zweck hätten; daß die Leute in dem Haus mit den Reihen von Orchideen diese Orchideen für Geld züchteten. Der malaiische Hof war ein Garten, Teil eines Heims, er blieb Teil der guten Erde, Teil der Natur, selbst wenn manche der Früchte und Erzeugnisse, die er hervorbrachte, zum Verkauf bestimmt waren. Das konnte man nicht mit einem einzigen Wort beschreiben. ›Ästhetisch‹ (wenn auch angemessen) war nur Shafis Abkürzung, das Wort, das ihm herausgerutscht und strenggenommen nicht zu rechtfertigen war. Vielleicht hatte er die Idee noch nicht ganz durchdacht. Vielleicht gab es – obwohl der Unterschied wirklich da war, gefühlt und gesehen werden konnte – keine Definition des Unterschiedes zwischen malaiischen und chinesischen Häusern, die man nicht auseinanderpflücken konnte.

Und ich fragte mich, wieweit diese Unfähigkeit, Gefühle in Worten auszudrücken – neben dem fehlenden Geschichtssinn – Shafi zu dem gemacht hatte, was er war. Gefühle, unkontrolliert durch Worte, waren Gefühle geblieben und in die Religion eingegangen, hatten Shafi darauf festgelegt, die Statuten eines missionarischen Glaubens zu lernen, hatten seine Beweggründe verdeckt, ihn zum Teil vor sich selbst verborgen. Religion begrub nun seine wirklichen Gefühlsregungen. Er liebte seine Vergangenheit, sein Dorf; jetzt arbeitete er daran, es auszumerzen.

Er sagte: »Wo wir gerade von Bananenpflanzen und dem malaiischen Haus sprechen. Ich hatte einmal eine kleine Auseinandersetzung mit meinem Vater. Ich fühlte mich von schönen Blumen sehr angezogen und wollte welche vor dem Haus pflanzen. Aber mein Vater grub direkt vor dem Haus ein *großes* Loch, und nachdem er ein paar Tage lang etwas Abfall und Müll – Bananenblätter, Gras und anderen Gartenabfall – darin verbrannt hatte, pflanzte er eine Bananenstaude. Und ich war nicht sehr glücklich darüber. Er sagte: ›Von dem Bananenbaum bekommen wir Früchte. Von den Blumen, die wir nicht essen können, haben wir gar nichts.‹

Ich forderte meine Brüder und Schwestern auf, mir beizustehen und meine Sache zu verteidigen, aber der Bananenbaum blieb. Nach ein paar Monaten begann der Bananenbaum, Früchte zu tragen, und mein Vater fing an, mich zu necken. ›Guck, jetzt haben wir die Früchte unserer Arbeit. Und von den Blumen, die du gepflanzt hast, hast du gar nichts.‹ Tatsächlich hatte mein Vater das Loch genau da gegraben, wo ich immer meine Blumen pflanzte. Später entwickelte ich eine Abneigung gegen Blumenpflanzen, die sich bis heute noch hält, weil sie uns außer der Schönheit nicht viel Nutzen bringen.«

Ich sagte: »Was halten Sie heute von dem Vorfall?«

»Mein Vater hatte recht. Selbst jetzt, wenn meine Frau hier in dem Haus in KL Blumen in Töpfe pflanzen will, bestehe ich darauf, daß wir statt dessen Gemüse, irgendein Gemüse pflanzen.«

IV

Indonesien
Usurpationen

Die Menschen hier haben ihre Religion verloren.
Sitor Situmorang

I

Angriffe

Shafi änderte seine Meinung über mich ganz zum Schluß. Am Morgen, an dem ich Kuala Lumpur verlassen mußte, rief er mich an, um mir die Namen einiger Leute in der moslemischen Bewegung Indonesiens mitzuteilen. Er sagte, dort hätten sie es schwerer. In Indonesien herrsche die Armee, und die Armee sei der Bewegung feindlich gesinnt. Dann rief Shafi noch einmal an. Er wollte, daß ich auf dem Weg zum Flughafen an seinem Büro haltmachte; er wollte sich verabschieden. Aber als ich knapp eine Stunde später zum ABIM-Gebäude ging, war Shafi nicht in seinem Büro, und er kam auch nicht herunter.

Er schickte einen älteren Mann herunter. Dieser Mann trug eine schwarze malaiische Kappe, und er kam gerade aus der Schweiz zurück, wo er in islamischer Mission hingefahren war; diese neuen Moslems reisten viel. (In einigen Kreisen in Malaysia redete man seit neuestem, daß Europa sich schnell zum Islam bekehre. Skandinavien, immer liberal und weise, war schon eingenommen; Frankreich war halb moslemisch; in England konvertierten jeden Tag Hunderte.)

Der Mann aus der Schweiz unterhielt sich mit mir über den Überfall auf die amerikanische Botschaft in Teheran. Er sagte, die Berichte der westlichen Presse seien so voreingenommen, daß er nicht wüßte, was er glauben solle. Aber in der Schweiz hatte er gehört, daß die Amerikaner ein paar Iraner angeheuert hätten, um eine *andere* westliche Botschaft anzugreifen und damit die Revolution in Mißkredit zu bringen. Revolutionswächter hätten das Komplott herausbekommen und die gedungene Bande statt dessen zur amerikanischen Botschaft geführt. Und niedergeschlagen wegen Shafi – und dem Islam, der seine Sache in die Irre führte – fuhr ich durch die reichen ordentlichen Plantagen zum Flughafen von Kuala Lumpur und landete später am Nachmittag in Djakarta.

Es hatte geregnet. Die Straßen waren mit rotem Schlamm gesäumt. Lange Zäune aus Wellblech (was verbargen sie?); Obstverkäufer, die mit ihren Körben im Nassen saßen; Busse mit qualmenden Auspuffen; Massen; die Atmosphäre einer großen überfüllten Stadt – rote Ziegeldächer, viele Bäume – am Fuß der vereinzelten Wolkenkratzer; Schnellstraßen, die durch aufsteigenden Smog gekennzeichnet wurden. Nach der Weitläufigkeit Kuala Lumpurs hatte man das Gefühl, wieder in Asien zu sein. Zeitungsjungen und verkrüppelte Bettlerjungen arbeiteten an den Straßenkreuzungen. Männer trugen Lasten in Körben, an den Enden einer biegsamen Stange, die sie auf den Schultern balancierten, hingen und bewegten sich in einer schnellen gezierten Gangart. (Später probierte ich in der Binnenstadt Djogjakarta die Last eines Töpfers aus. Die Belastung drückte weniger auf die Schultern als auf die Waden, die bei jedem beschwerten Schritt weh taten: es war einfach notwendig, leicht zu gehen.)

Aber Djakarta war auch eine Stadt der Statuen und Revolutionsdenkmäler: eine Freiheitsflamme, eine Phalanx kämpfender Männer, die nur mit Bambusspeeren bewaffnet waren, eine gigantische Figur, die ihre Ketten zerbrach. Sie schienen in keiner Beziehung zum Leben der Stadt zu stehen, und auch die Stile waren importiert, manche russisch, manche expressionistisch. Aber was sie ins Gedächtnis riefen, war wirklich: Nationalstolz und eine Freiheit, für die bitter gekämpft worden war.

In Djakarta zu sein, hieß, in einem Land mit Bewußtsein für seine Vergangenheit zu sein. Und diese Vergangenheit ging über den Freiheitskampf und die Kolonialzeit hinaus. Die Holländer hatten über dreihundert Jahre geherrscht; Djakarta war die Stadt, die sie Batavia genannt hatten. Aber die holländische Sprache war nirgends zu sehen. Die Schrift, in römischen Buchstaben, war überall indonesisch, und die Wurzeln mancher Wörter kamen aus dem Sanskrit. Djakarta selbst – nicht mehr Batavia – war ein Sanskrit-Name, ›die Stadt des Sieges‹. Und Sanskrit ließ, da es so weit östlich vorkam, die Gedanken Jahrhunderte zurückwandern.

Das Hotel war als Borobudur Intercontinental bekannt, nach dem buddhistischen Tempel aus dem neunten Jahrhundert in Mitteljava. Der Grundriß dieses großartigen Tempels mit neun Terrassen lag dem Markenzeichen des Hotels zugrunde: drei konzentrische, gepunktete Kreise in fünf Rechtecken, die an den Ecken gestuft waren, was einen Kräuseleffekt ergab. Es war auf Aschenbecher aufgedruckt, es war in die Teppiche der Aufzüge eingewebt, es war an die Kacheln am Boden des großen Swimmingpools eingelassen, wo das gekräuselte blaue Wasser das gekräuselte Muster verstärkte.

Indonesien war wie Malaysia ein moslemisches Land. Aber die vorislamische Vergangenheit, die in Malaysia nur eine Sache von dörflichen Bräuchen zu sein schien, zeigte sich in Indonesien – oder Java – als große Zivilisation. Der Islam, der erst im fünfzehnten Jahrhundert gekommen war, war die offizielle Religion. Aber die hindu-buddhistische Vergangenheit, die davor vierzehnhundert Jahre bestanden hatte, überlebte in vieler Hinsicht – halb ausgelöscht, halb mysteriös, aber immer noch Ehrfurcht heischend wie Borobudur selbst. Und diese Vergangenheit gab den Indonesiern – oder Javanern – das Gefühl ihrer Einzigartigkeit.

Die Kriegs- und Revolutionsdenkmäler in Djakarta waren überemphatisch, manche waren absurd. Aber sie riefen die neuere Geschichte ins Gedächtnis; und diese Geschichte war heroisch und schrecklich, und darüber zu lesen, war schwindelerregend.

Die Japaner schafften, als sie 1942 Indonesien besetzten, die holländische Sprache ab. Sie ordneten an, daß alle holländischen Schilder abgenommen und übermalt wurden; und nach dreihundert Jahren verschwand Holländisch über Nacht. Die Japaner setzten Sukarno und andere indonesische Nationalführer (die von den Holländern eingesperrt oder ins Exil geschickt worden waren) während des Krieges in eine Art indonesische Regierung ein. Die Japaner organisierten die indonesische Armee. Diese Armee bekämpfte nach dem Krieg vier Jahre lang die Holländer, als sie versuchten, sich wieder der Herrschaft zu bemächtigen. Und danach, in den zwanzig Jahren von Sukarnos Präsidentschaft, hielt diese Armee die zerstreuten Inseln des Archipels zusammen, schlug an verschiedenen Orten moslemische und christliche Separatistenbewegungen nieder.

Die Unabhängigkeit war nicht leicht für Indonesien. Sie kam nicht mit Neuschaffung in Fünfjahresplänen. Sie kam mit einer Reihe kleiner Kriege; sie kam mit Chaos, Zurschaustellung, einer Fortführung von Sukarnos nationalistischer Rhetorik. Sukarnos Glanz verblaßte. Die Macht der Armee wuchs. Die Armee setzte schließlich, 1965, Sukarno ab. Die Armee behauptete, daß die Kommunisten mit Sukarnos passiver Unterstützung planten, die Macht im Land zu übernehmen. Und nach dem Chaos und den Enttäuschungen der Unabhängigkeit herrschte dann ein Terror, der größer war als alles, was der Archipel kannte.

Hunderttausend Menschen wurden verhaftet. Es gab ein Massaker unter den Chinesen (die seit Jahrhunderten in Indonesien lebten und traditionelles Opfer von Pogromen waren: die Holländer selbst brachten 1740 in Djakarta viele tausend um). Und man erzählt, daß bei Volksaufständen überall auf dem Archipel eine halbe Million Menschen, die für Kommunisten gehalten wurden, gehetzt und getötet wurden. Manche Leute sagen, eine Million. Indonesier sind von den Ereignissen von 1965 und danach immer noch betäubt. Wenn sie von 1965 reden, sind sie wie Menschen, die aus der Ferne einen mysteriösen Teil ihrer selbst betrachten.

Nun herrscht die Armee. Die khakifarbenen Armeebusse sind überall, und Djakarta ist übersät mit den Kasernen von ›Kommando‹-Einheiten (seltsam, daß gerade dieses holländische Wort erhalten blieb), auf denen die rot-weiße indonesische Nationalflagge weht. Die Armee hat sich zur politischen Organisation ernannt, und sie hat verfügt, daß sie in jeder Regierung mit Macht ausgestattet vertreten ist.

Die Armee hält den Archipel zusammen. Und Armeeherrschaft hat – nach den Sukarno-Jahren des Treibenlassens und der Rhetorik – Indonesien fünfzehn Jahre der Ruhe gegeben. In dieser Zeitspanne hat Djakarta mit Hilfe des indonesischen Öls seine Wolkenkratzer hervorgetrieben; die Hauptstraßen sind gepflastert worden; die Anfänge von öffentlichen Dienstleistungen, die einer Großstadt angemessen sind, beginnen sich zu zeigen. In dieser Periode der Ruhe ist auch eine gebildete Generation herangewachsen, die erste Generation in fünfzig Jahren, die Stabilität kennt. Aber die Armeeherrschaft verursacht Reibungen. Und schon – das ist die Falle in Ländern wie Indonesien – gibt es Ratlosigkeit neben der Stabilität und dem Wachstum.

Die Ratlosigkeit kommt in dem neuen Islam zum Ausdruck, dem Islam, der mehr als ein Ritual ist, der von der Ungerechtigkeit spricht, die Allahs Geschöpfen zugefügt wird, und von den satanischen Gepflogenheiten weltlicher Regierungen: dem Islam, der die Menschen sich zurückziehen läßt, um desto gewaltiger nach vorn zu springen.

Die neuere indonesische Geschichte zu lesen, ist betäubend. Und sie im Leben eines Menschen zu betrachten, heißt, sich zu fragen, wie jemand, der hinsichtlich Gesetz oder Staat so wenig Halt hat, so vielen Angriffen auf seine Persönlichkeit widerstehen konnte.

Suryadi war Mitte Fünfzig. Er war klein, dunkelbraun und sah zerbrechlich aus. Er war in Ostjava geboren, und er bezeichnete sich selbst als einen der ›statistischen Moslems‹ Indonesiens. Er hatte keine religiöse Ausbildung erhalten; an Religiosität besaß er nur, was um ihn herum in der Luft lag. Er war sich nicht sicher, ob er an das Leben nach dem Tode glaubte, und er wußte nicht, daß diese Überzeugung für den moslemischen Glauben notwendig war.

Er gehörte zum Adel, aber das hieß in Java nur, daß er nicht dem

Bauernstand angehörte. Die Holländer regierten Java durch die alten Feudalstaaten des Landes. Aber Java war nur eine Agrarkolonie, und dem Adel wurden in der holländischen Zeit keine besonderen Fähigkeiten abverlangt. Suryadis Großvater hatte als Adliger einen bescheidenen Schreibtisch-Job; Suryadis Vater war Buchhalter in einer Bank.

Als Adligem war es Suryadi möglich, eine holländische Schule zu besuchen. Die Gebühren waren niedrig, und Suryadi brauchte gar nichts zu bezahlen. Die Erziehung war gut. Wie gut sie war, bewies das ausgezeichnete Englisch, das Suryadi sprach. Und vor kurzem, als Suryadi wieder mit Deutsch anfangen wollte, und sich im deutschen Kulturinstitut in Djakarta, dem Goethe-Institut, einschrieb, hatte er festgestellt, daß er mit seinem vor vierzig Jahren von den Holländern gelernten Deutsch in die mittlere Klasse eingestuft wurde und später ohne Mühe in der Lage war, bei einer in Deutschland zensierten Prüfung ein Zertifikat zu erlangen.

Anfang 1942 besetzten die Japaner Java. Radio Tokio gab die Nachricht durch, daß die Japaner Indonesien die Unabhängigkeit geben würden, und viele Leute waren bereit, die Japaner als Befreier zu begrüßen. Suryadi war in der letzten Klasse seiner Schule. Die holländischen Lehrer wurden durch Indonesier ersetzt, und der Direktor oder Aufseher war ein Japaner. Sechs Monate lang ging der Unterricht weiter wie unter den Holländern. Dann – und es ist erstaunlich, wie selbst während einer Umwälzung alles weiterläuft – ging Suryadi zur Universität. Die Dozenten und Professoren dort waren nur Japaner. Aber die Japaner konnten einfach nicht mit Fremdsprachen fertig werden. Das erkannten sie selbst, und nach einiger Zeit ernannten sie Indonesier, die unter ihrer Aufsicht arbeiteten.

Die Indonesier benutzten den Unterricht, um Nationalismus zu predigen. Das Wohlwollen den Japanern gegenüber hatte schon stark abgenommen. Suryadi war klar, daß die ganze Wirtschaft untergraben wurde, um die japanischen Kriegsanstrengungen zu unterstützen. Tausende von Indonesiern wurden verschickt, um an der Burma-Eisenbahn mitzuarbeiten (und in Thailand gibt es heute noch durch die Zwangsverschickung jener Zeit eine indonesische Gemeinschaft). Radios wurden versiegelt; die Sendungen, die einmal die gute Nachricht von Radio Tokio gebracht hatten, durfte man nicht länger hören.

Damals ereigneten sich zwei Vorfälle, die Suryadi in entschiedene Opposition zu den Japanern brachten. Die Universitätsbehörden verfügten, daß alle Studenten sich die Köpfe scheren sollten. Das war die Disziplin der Zen-Klöster. Und Suryadi empfand es, wie er es empfinden sollte: als Angriff auf seine Persönlichkeit. Und dann wurde eines Tages auf dem Exerzierplatz – die Studenten bekamen eine militärische Ausbildung – ein Student von einem japanischen Offizier geschlagen. Alle Indonesier fühlten sich erniedrigt, und Suryadi und seine Freunde hielten in der Universität eine Protestdemonstration ab. Dreißig von ihnen, Lehrer wie Studenten, wurden von der japanischen Geheimpolizei verhaftet und ins Gefängnis gebracht.

Im Gefängnis hörten sie, wie Leute wegen anti-japanischer Vergehen und sogar wegen Radiohörens gefoltert wurden. Aber Suryadis Gruppe wurde wie politische Gefangene behandelt und weiter in der Art der Zen-Klöster diszipliniert. Sie wurden mit Bambusstangen geschlagen, aber das war nur eine rituelle Erniedrigung. Die Bambusstangen wurden am Ende eingeschnitten; sie taten nicht weh, sie machten nur ein lautes knallendes Geräusch. Nach einem Monat wurden Suryadi und seine Freunde freigelassen. Aber sie wurden von der Universität ausgeschlossen. So schloß Suryadi seine Ausbildung nie ab.

Sie waren so leicht davongekommen, weil die indonesischen Nationalführer noch mit den Japanern kooperierten. Sukarno glaubte nie daran, daß Japan den Krieg verlieren würde, sagte Suryadi; Sukarno glaubte noch nicht einmal, daß die Atombombe auf Japan geworfen worden war. Erst nach der japanischen Kapitulation verkündeten Sukarno und die Nationalisten die Unabhängigkeit Indonesiens. Und vier Jahre des Kampfes gegen die Holländer folgten.

Was für Ereignisse waren da in den ersten sechsundzwanzig Lebensjahren durchlebt worden! Doch Suryadi war ohne Verbitterung. Die Ereignisse waren zu groß gewesen; man konnte niemandem die Schuld daran geben. Er brachte weder den Holländern noch den Japanern feindliche Gefühle entgegen. Er machte nur mit beiden Geschäfte, und er respektierte beide als Menschen, die eine Abmachung einhielten. Die Japaner hatten in Südostasien den Ruf, ihre Geschäftsinteressen rücksichtslos durchzusetzen (in Djakarta hatte es anti-japanische Krawalle gegeben, weil die Japaner den indonesischen Markt beherrschten), aber Suryadi fand, daß die Japaner, wenn überhaupt, großzügiger waren als die Holländer.

Suryadi war ohne Verbitterung, und man konnte sagen, daß er ans Ziel gelangt war. Aber er hatte eine indonesische Traurigkeit an sich, und es war die Traurigkeit eines Menschen, der spürte, daß er allein gelassen worden war und nun – nach der holländischen Zeit, der japanischen Zeit, den vier Kriegsjahren gegen die Holländer – kein eigenes Anliegen mehr hatte. Mehr als einmal hatte es so ausgesehen, als stünde ihm als Indonesier die Welt offen, aber dann hatte sie sich wieder verschlossen.

In den letzten Jahren Sukarnos war er zum Nichtstun verurteilt. Die Armeeherrschaft danach schien das Land wieder zu beleben. Aber nun geschah etwas anderes. Eine Art javanische Kultur machte sich geltend. Suryadi war Javaner; der javanische Tanz und die javanischen Epen und Puppenspiele waren Teil seines Wesens. Aber er spürte, daß die javanische Kultur mißbraucht wurde; sie ermunterte zu einer Wiederbelebung der feudalen Haltungen, in der die Armee den Platz der alten Feudalstaaten einnahm. Suryadi hatte den Blick des Javanen für feudale Höflichkeiten. Er sah, daß der Gruß eines Soldaten vor einem Offizier heutzutage mehr als ein militärischer Gruß war; er enthielt eine feudalistische Verneigung. Es war ein verschlungener Rückschritt. Das hatte Suryadi für sein Land nicht gewollt.

Und er hatte seine Tochter verloren. Sie war zu der neuen moslemischen Sache übergelaufen – der malaysischen Krankheit, wie manche Leute das hier nannten. In der Schule und dann in der Universität war sie ein lebhaftes Mädchen gewesen. Sie hatte javanischen Tanz gelernt, sie tauchte, und sie fuhr gern zum Camping. Aber dann hatte sie an der Universität einen neuen Moslem, einen wiedergeborenen Moslem, kennengelernt, und sie hatte angefangen, sich zu verändern. Sie ging nur mit bedecktem Haar aus, sie trug düstere lange Gewänder, und ihr Bewußtsein begann entsprechend abzustumpfen.

Eines Tages hatten Suryadi und seine Frau das Unverzeihliche getan. Sie hatten in den Papieren des Mädchen gekramt, und sie waren auf ein Gelöbnis gestoßen, das sie unterschrieben hatte. Sie gelobte, sich in allem von einem bestimmten moslemischen Lehrer leiten zu lassen; er sollte ihr Führer zum Paradies sein. Sie, die normalerweise wie Suryadi und seine Frau Mohammedanerin nur der Statistik nach gewesen wäre, wurde nun im reinen Glauben unterrichtet.

Suryadi nahm das nicht gut auf. Er fand jetzt, er hätte am Anfang ruhiger sein sollen; indem er sein Entsetzen zu offen zeigte, hatte er das Mädchen wahrscheinlich noch weiter von sich gestoßen. Eines Tages sagte er zu ihr: »Angenommen, jemand fragt dich, ob du mit ihm zum Camping fahren willst, sagst du dann: ›Ich kann nicht, weil ich nicht sicher weiß, ob ich Wasser für meine Gebetswaschungen haben werde?‹« Er hatte gereizt und ironisch gesprochen. Aber später kam sie zu ihm und sagte: »Ich habe nachgeguckt. Im Koran steht nichts davon, daß das auf Reisen obligatorisch ist.« Und da begriff Suryadi, daß sie für Ironie nicht mehr empfänglich war, daß sie sich von der vertrauten Art, in Anspielungen zu reden, entfernt hatte. Der intellektuelle Verlust schmerzte ihn am meisten. Er sagte: »Hast du denn keinen Verstand mehr? Mußt du jedesmal dieses Buch konsultieren? Kannst du nicht mehr selber denken?« Sie sagte: »Der Koran ist die Quelle aller Weisheit und Tugend auf Erden.«

Sie hatte den wiedergeborenen Moslem geheiratet, der sie zum Glauben geführt hatte. Sie hatte ein Examen gemacht, er war immer noch Student an der Universität, aber wie eine gute moslemische Ehefrau ordnete sie sich ihm unter. Mit dieser neuen Traurigkeit zu leben, lernte Suryadi gerade: eine einst lebhafte Tochter, die fremd geworden war.

Immerhin hatte er kürzlich einen kleinen Grund zur Hoffnung gefunden: Er fuhr sie eines Tages zum Haus ihrer Schwiegereltern zurück, wo sie mit ihrem Mann wohnte. Er sagte: »Ich habe dieses kleine Haus für euch gekauft. Warum zieht ihr nicht dahin und lebt dort? Warum will dein Mann unbedingt weiter bei seinen Eltern wohnen? Es ist nicht richtig. Warum kann er sich nicht entschließen, unabhängig zu handeln?« Daraufhin hatte sie gesagt: »Er hat einen Minderwertigkeitskomplex, Vater.«

Und dieses kleine Zeichen, das erste seit einiger Zeit, daß seine Tochter noch Verstand hatte, noch in der Lage war, zu urteilen, war Suryadi ein großer Trost. Sie hatte erkannt, was Suryadi klar war: daß der Junge ein armer Student war, daß er nicht den Background hatte, daß er mit dem Universitätsleben nicht fertig werden konnte. Er brauchte immer noch eine ganze Weile bis zu seinem Examen und widmete seiner Arbeit nicht genug Zeit. Im Monat Ramadan hatte er seine Arbeit ganz aufgegeben, fastete den ganzen Tag und ging abends zum Beten in die Moschee. Das war leichter, als sich mit den schwierigen Büchern auseinanderzusetzen, und von der islamischen Gruppe an der Universität wurde seine religiöse Korrektheit bewundert.

Seine Tochter hatte das selbst erkannt. Das war vor einigen Wochen gewesen. Und darauf wartete Suryadi nun: daß sie mit der Zeit ein wenig mehr erkennen würde.

Am Ende, kurz bevor wir uns trennten, sagte Suryadi: »Aber ich habe Glück gehabt. Ich habe nicht wie so viele andere in Indonesien unter Druck auf eine andere Wellenlänge umgeschaltet.«

»Eine andere Wellenlänge?«

»Sie wissen doch, wie die Menschen hier sind. Aber vielleicht wissen Sie es auch nicht. Sie werden mystisch. Logische, rationale Menschen. Sie fangen an, Räucherkerzen zu verbrennen oder wachen nachts auf Friedhöfen, wenn sie etwas erreichen wollen.

Wenn sie das Gefühl haben, frustriert zu sein, mit ihrer Arbeit oder Karriere nicht weiterzukommen.«

»Nennen Sie das mystisch?«

»Ich weiß nicht, wie man das sonst nennen könnte.«

Der Islam war die offizielle Religion des Volkes. Aber darunter lagen Impulse der älteren Welt, Relikte der hinduistisch-buddhistisch-animistischen Vergangenheit, die allerdings keinem System mehr zugehörten. Die Tempel von Borobudur und Prambanam aus dem neunten Jahrhundert – der erste buddhistisch, der zweite hinduistisch – waren Anlaß zum Stolz. Aber sie waren nicht mehr ganz im Besitz der Leute, weil sie nicht mehr ganz begriffen wurden. Ihre Bedeutung, einst übermächtig, mußte nun von Gelehrten erläutert werden; und Borobudur blieb ein Geheimnis, Gegenstand akademischer Bemühungen. Die Holländer hatten Borobudur wiederentdeckt und es den Menschen Javas geschenkt: so drückte Gunawan Mohammed, Dichter und Redakteur, es aus. Gunawan – ein Moslem, aber auf eigene indonesische Art – sagte, als er von der Vergangenheit sprach und dabei eine kurze, hackende Bewegung machte: »Irgendwo wurde das Band durchschnitten.«

Sie waren ein Volk, für das die Vergangenheit gleichzeitig lebendig und tot war. Und – ob sie über die Morde von 1965 oder die Nachtwachen auf Friedhöfen sprachen – sie redeten, als blieben sie sich selbst geheimnisvoll.

Und durch den Frieden, den die Armee gebracht hatte, das Wachstum von Industrie und Bildung, dem Beginn einer neuen technologischen Zivilisation in Indonesien war die Welt noch fremder geworden. Ich ging eines Samstagsabends durch das Marktviertel in der Innenstadt Djakartas, den Pasar Baru, den Neuen Basar, mit den geborstenen Bürgersteigen, dem Schlamm, den Geschäften voller importierter Waren, den Lebensmittelständen, den Lautsprechern. In dieser Jahrmarktsatmosphäre stieß ich auf eine Buchhandlung. Es war ein gut beleuchtetes Geschäft, mit Büchern auf zwei Stockwerken. Es gab

Bücher auf englisch über technische Themen – Medizin, Psychologie, Ingenieurwissenschaften. Es gab auch eine große Abteilung englischer Bücher über mystische oder okkulte Themen – Taoismus, I Ging, Paul Bruntons Forschungen über die Geheimnisse Indiens und Ägyptens. So trat die neue Zivilisation in Erscheinung: technische Fertigkeiten und Magie, eine Zivilisation ohne Kern.

Nach der schwindelerregenden Geschichte der letzten fünfzig Jahre war die Welt fremd geworden, und die Menschen trieben umher. Ob sie sich nun vorwärts bewegten in die neue Zivilisation oder wie Suryadis Tochter zurück zum reineren arabischen Glauben, sie betraten nun immer eine Welt, die anderen gehörte, und entfernten sich immer weiter von sich selbst.

2

Sitor: Rekonstruieren der Vergangenheit

Indonesien erschloß sich langsam, und als ich Sitor Situmorang kennenlernte, erfaßte ich nicht alles an ihm. Er war Dichter; er war mit den letzten Tagen von Sukarno verbunden und nach der Übernahme des Militärs zehn Jahre, von 1965 bis 1975, eingekerkert worden. Bei unserem ersten Treffen – und später war das schwer zu glauben – bekam ich die politische Seite des Mannes und die zehn Jahre Gefängnis, in denen er nicht schreiben oder lesen durfte, nicht mit. Ich glaube, ich bekam diese Seite nicht mit, weil Sitor bei unserem ersten Treffen wollte, daß ich sie übersah: vielleicht war er in dem Augenblick dieses Teils seiner Vergangenheit überdrüssig.

Er gab sich als Schriftsteller, menschenfreundlich und reflektierend. Er sprach über eine Autobiographie, an der er schrieb und mit der er Probleme hatte. Er war ein schmächtiger Mann von sechsundfünfzig Jahren mit einem kleinen Gesicht, negritochinesisch, und buschigen Augenbrauen; eine Umhängetasche aus Segeltuch gab ihm einen merkwürdigen Anflug von gängigem studentischem Stil.

Er kam aus dem Norden der großen Insel Sumatra. Sumatra war äußerlich wilder als Java. Die Moslems waren moslemischer, der hinduistisch-buddhistische Einfluß war geringer, es gab christliche Gebiete, und es gab kleine animistische Stämme. Aus einem dieser Stämme kam Sitor; er war ein Batak. Und seine Stammesherkunft bildete den Kern der Probleme, die er mit seiner Autobiographie hatte.

Ich dachte an die Schwierigkeiten, die Shafi damit hatte, den Ereignissen seines viel kürzeren Lebens, seinem Fortschritt vom

Dorf zur Stadt, eine Struktur zu geben. Und das war teilweise auch ein Problem für Sitor. Aber Sitors Stammesvergangenheit war weiter weg; er hatte den Kontakt dazu verloren, und er hatte gemerkt, daß er, wenn er ohne Verständnis für seine Herkunft schrieb, nicht mehr als eine Folge von Ereignissen aufzeichnete. Deshalb hatte er das Schreiben für eine Weile gelassen und sich statt dessen darauf konzentriert, seinen Stammeshintergrund zu verstehen. Er war mit einer jungen kanadischen Anthropologin in sein Dorf in Nordsumatra zurückgegangen. Sie hatte dazu beigetragen, ihm etwas von seiner Stammesvergangenheit wiederzugeben, und das war eine Erleuchtung gewesen.

Das war bei unserem ersten Treffen herausgekommen. Es war ein kurzes Treffen; wir hatten beide anderes zu tun. Ich versuchte zu der Zeit noch, mit moslemischen Gruppen in Berührung zu kommen – sie gaben sich verschlossen.

Sitor ging mit mir zu einem Büro, das auf seinem Weg lag. Ich fand, er bewegte sich mit der Autorität eines Mannes, der bekannt war. Aber, als ihm jemand vom Fenster eines oberen Stockwerks zuwinkte, lenkte Sitor meine Aufmerksamkeit darauf. Er sagte: »Ich kenne ihn gar nicht, wissen Sie.« Und selbst dann begriff ich nicht ganz, wie wichtig es wohl für Sitor war – nach seiner zehnjährigen Haft, seinem zehnjährigen Stillschweigen als Schriftsteller im Alter zwischen zweiundvierzig und zweiundfünfzig –, diese kleinen Beweise zu bekommen, daß er noch eine Berühmtheit war.

Die Moslems waren schwer zu fassen. Taxifahrten vor und nach dem Mittagessen in der feuchten Hitze führten zu nichts. Am Nachmittag überfielen mich Reisemüdigkeit und Hotelmüdigkeit. Mein Zimmer war im fünfzehnten Stock. Ich bekam langsam das Gefühl, schon lange mit dieser stummen, vollklimatisierten Aussicht zu leben: rote Ziegeldächer und Bäume, Wolkenkratzer, ein XEROX-Schild, tieffliegende Flugzeuge, die auf dem Inlandflughafen zur Linken landeten, Verkehr auf den Straßen zu beiden Seiten des Hotelgartens, Abgase, die wie brauner Nebel über den Schnellstraßen hingen und aufstiegen und sich mit den Wolken vermischten, die noch mehr Regen enthielten. Djakarta war keine Stadt, in der man Nachmittagsspaziergänge unternehmen konnte.

Und ich rief Sitor an. Ich dachte an ihn nicht als an jemanden, dessen Leben durch Politik und Gefangenschaft entstellt worden war. Nach unserem Treffen am Morgen hatte ich den Eindruck gewonnen, er sei ein Mann, der zur Ruhe gekommen war, ein ruhiger und beruhigender Mann.

Eine Frau war am Telefon. Sie sprach gut Englisch. Und es dauerte so lange, bis Sitor kam, daß ich befürchtete, ihn bei der Ruhe oder bei der Arbeit – seinem Schreiben, seiner Autobiographie – unterbrochen zu haben. Als er das Gespräch annahm, war er so freundlich und interessiert, wie ich erwartet hatte.

Er sagte: »Sie müssen das Borobudur verlassen und in einem anderen Hotel wohnen.«

»Sie meinen, das Borobudur vergrault einen?«

»Nein, es wäre billiger.«

Aber dann verstand er. Er verstand Einsamkeit.

Er sagte: »Kommen Sie zu mir nach Hause. Kommen Sie um sieben. Um sechs bekomme ich Besuch von einem jungen Mann. Nein, kommen Sie um halb sieben.«

Er lebte in der Jalan Maluku. Einige Männer, die nach der Hitze des Tages vor einem neonbeleuchteten Getränkestand herumlungerten, wiesen dem Taxifahrer den Weg. Ein Rollkarren kam vorbei; der Mann klopfte mit einem Stück Bambus gegen seinen Karren. Diese Rollkarren mit Lebensmitteln gab es in der Gegend ums Hotel nicht, obwohl sie zum Leben in Djakarta gehörten und einer im Restaurant des Hotels wegen des Lokalkolorits stand.

Es war ein großes neues Betonhaus, dessen Tor offensichtlich aus Bambus gemacht war. Sitor kam in einem indonesischen Gewand heraus. Er sagte über das Tor: »Der Bambus verbirgt das Eisen.« Und er sagte, der Rollkarren verkaufe Nudeln, das könne er am Geräusch, das das Stück Bambus mache, erkennen. Jedes auf den Straßen verkaufte Essen habe seine eigene musikalische Begleitung.

Das Haus war ein deutsches Haus mit einer Art Diplomatenstatus. Es war vorübergehend nicht bewohnt. Es hatte wenig Möbel, aber es gab eine zeitgenössische indonesische Skulptur und viele indonesische Bilder.

Wir gingen zur Rückseite des Hauses. Sitor sagte, als wiederhole und probiere er das englische Wort aus: »Das ist die Terrasse.« Dort nahmen wir Platz. Der junge Mann, den er um sechs erwartet hatte, war nicht gekommen. Sitor sagte: »Er hat viel zu tun. Er arbeitet für die Menschenrechte.«

Das kleine Haus in einer Ecke des rückwärtigen Gartens, der grün und geschickt bepflanzt war, hieß der ›Pavillon‹. Dort lebte Sitor.

Er sagte: »Barbara kommt gleich zu uns.«

Adi, der junge Mann, kam. Er war in den Dreißigern, schlank, mit scharfen Gesichtszügen und kurzgeschnittenem Haar. Er sagte, er habe zwölf Stunden gearbeitet und könne nicht lange bleiben. Wenn er lange bliebe, würde er zu Hause einen kleinen Vietnamkrieg erleben.

Sitor sagte: »Adi ist einer der neuen Führer. Er ist Moslem.«

Adi sagte: »Ich bin Moslem.«

»Warum?« Diese Frage konnte man in Indonesien stellen.

»Meine Eltern waren Moslems. Außerdem ist es logischer als Katholizismus. Diese Dreifaltigkeitsgeschichte ist etwas, das ich nicht verstehen kann. Der Protestantismus ist schon besser. Im Hinduismus gibt es Kasten. Das lehne ich ab.«

Es wurde dunkel. Auf der Veranda des Pavillons ging ein Licht an. Und vor diesem Licht, mit dem Gesicht im Schatten, erschien eine große schlanke Frau in einem langen Kleid. Sie schien sich um eine Hängepflanze oder irgendwas in einem Käfig zu kümmern.

Ein Beben kam über Sitor. Beben, in seinem Alter, beim Erscheinen einer Frau! Er faßte sich und sagte mit Bedacht: »Barbara ist Holländerin.«

Ein paar Teller mit Süßigkeiten wurden von einem Dienstmädchen auf den Tisch gestellt, an dem wir saßen. Und Barbara kam den kurzen Weg zu uns. Das Geheimnisvolle fiel von ihr ab, als sie sich aus dem Schatten des Pavillonlichts ins Licht des Haupthauses bewegte. Sie trug ein blaues Batikkleid. Sie war jung, Ende Zwanzig, und sah gut aus; sie hatte Sicherheit und Stil. Sitor wurde ruhiger.

Ich sagte, nach den Süßigkeiten fragend: »Was ist das?«

Barbara sagte in nahezu akzentfreiem Englisch: »Sie werden aus Bohnen gemacht.«

»Sind sie gut?«

»Er mag sie. Sie müssen gut sein.« ›Er‹ war Sitor.

Sie sagte zu Adi etwas auf indonesisch.

Die Süßigkeiten waren rund mit Vertiefungen, wie weich gewordene kleine Tennisbälle. In der flanellartigen Hülle war eine weiche Füllung: fettig, süß, geschmacklos, wie die Süßigkeiten, die ich in Malaysia probiert hatte.

Adi sagte auf englisch: »Ich wurde gerade darüber verhört, daß ich ein Moslem bin.«

»Ach, du meine Güte«, sagte Barbara, »doch nicht verhört?«

Aber Verhöre gingen in Adis Kopf herum. Ein Karikaturist war von den Behörden verhaftet worden.

»Die Armee hat keinen Sinn für Humor«, sagte Adi.

Ich sagte: »Ist es ernst?«

»Es ist ihre Methode. Sie halten ihn ein oder zwei Tage lang fest. Er wird auf freundliche Art verhört. Obwohl freundlich nicht ganz das richtige Wort ist.«

Später begleitete mich Sitor auf die Straße hinaus. Am Abend waren noch mehr Rollkarren da, verschiedene Arten von Geräuschen.

Getrennt von Barbara in ihrem langen Batikkleid, hatte er wieder etwas Bebendes an sich.

Ich sagte: »Gehen Sie zurück zu Adi.«

»Adi ist ein alter Freund.«

»Sind Sie mit Barbara verheiratet?«

»Nach Stammesritual.« Er lachte auf der Straße. »Kommen Sie am Samstagmorgen. Ich zeige Ihnen die Bilder. Der Stamm hat darauf bestanden. Nachdem wir schon zwei Jahre zusammenlebten.«

»Sie sind fünfundfünfzig, Sitor?«

»Sechsundfünfzig.«

»Und immer noch das Leben der Leidenschaft? Es verläßt uns also nie?«

»Das hat die kanadische Anthropologin mich auch gefragt. ›Immer noch, in Ihrem Alter?‹ Sie war vierundzwanzig.« Und er lachte wieder und zeigte dabei die Zähne in seinem knochigen, negrito-chinesischen Gesicht.

Am Samstagmorgen im Tageslicht, in dem beinah leeren Haupthaus, war alles anders. Sitor hatte Zahnschmerzen und nahm verschiedene Medikamente. Barbara war in ihrer Arbeitskleidung: den blasseren Farben Europas. Sie sah schlanker aus. Das Tageslicht machte ihr Gesicht ein, zwei Jahre älter, obwohl es sie immer noch als Frau Anfang Dreißig erkennen ließ. Sie war geschäftig, geschäftsmäßig, dachte nur daran, zur Arbeit wegzukommen. Sie arbeitete in einem von den Holländern finanzierten Zentrum für indonesisches Kunstgewerbe, und bevor sie ging, hinterließ sie bei Sitor Anweisungen für ihre Käfigvögel und besonders ihren roten Papagei.

Sitor konnte keine Ruhe finden. Er hatte Zahnschmerzen, und andauernd kamen Leute vorbei, nur um dem berühmten Dichter guten Tag zu sagen. Wir hatten abgemacht, an dem Morgen über seine Autobiographie zu reden. Aber er schob diesen Augenblick immer weiter hinaus; einmal ging er zur Toilette. Als wir endlich anfingen, konnte er nicht reden. Er hatte sich zu gut vorbereitet, hatte zu angestrengt nachgedacht. Er modifizierte jede Phrase, sobald er sie ausgesprochen hatte, und er konnte kaum einen Satz zu Ende bringen. Er begann, große Worte zu gebrauchen. Und immer gab es Besucher und den ausgedehnten Austausch von Höflichkeiten in Indonesien.

Durch jede Tür des Wohnraums konnte man etwas Grünes sehen: man hatte sich auf diesem kleinen Grundstück das Klima wunderbar zunutze gemacht und grüne, kühle Räume, grünen Schatten von großen Blättern vor jeder Tür geschaffen. Und während der Morgen verfloß und seine Frische verlor, machten die Rollkarren auf der Straße die ganze Zeit ihre verschiedenartigen Geräusche.

Schließlich beschlossen wir, einfach zu plaudern. Sitor brachte Alben heraus und zeigte mir Farbfotos von seinem Dorf in Nordsumatra. Die Fotos waren erst vor wenigen Wochen aufgenommen worden, als er und Barbara zum ersten Mal gemeinsam in das Dorf gefahren waren. Sitor hatte gesagt, daß er ein Stammesangehöriger sei, er hatte auch gesagt, daß er aus einer Häuptlingsfamilie stammte. Die Worte bedeuteten mir nicht viel. Die Fotos halfen mir, einen Aspekt der Realität zu verstehen: sie zeigten, daß es für Sitor als Stammesangehörigen und Häuptlingssohn einen Teil Sumatras, einen Teil der Erde gab, der absolut und unveräußerlich seiner war.

Sitors Vorfahren hatten achtzehn Generationen lang über ein kleines neunmal achtzehn Kilometer großes Gebiet in Nordsumatra geherrscht. Es war ein gebirgiges, felsiges Gebiet, das zu erobern sich für niemanden lohnte. Die Holländer kamen spät, gegen Ende des neunzehnten Jahrhunderts dorthin. Sitors Vater hatte sie bekämpft; er hatte sie von 1884 bis 1908 bekämpft. Die Daten waren kaum zu glauben, aber Sitor sagte, sein Vater sei 1850 geboren und 1963 gestorben. Sein Vater war mit hundertdreizehn Jahren gestorben? Ja; er war ein Stammessupermann. Sitor hatte eine achtzigjährige Schwester; Sitor selbst war gezeugt worden, als sein Vater dreiundsiebzig war. Nach seiner Niederlage war sein Vater von den Holländern zum Verwalter des Gebiets ernannt worden. Er blieb Häuptling, alles lief eigentlich so weiter wie vorher.

Das Stammesgebiet, das von Sitors Vater regierte Gebiet, bestand aus drei Tälern, die von zweitausend Meter hohen Bergen zu einem wunderschönen See hinunterliefen. Die Fotos zeigten weißliche Reisfelder, unten im Tal, die Dämme oder Mauern aus Stein hatten. Der Reis wuchs nicht dicht und sattgrün wie auf fruchtbarerem Boden. Die Farben der Landschaft seines Stammes waren merkwürdig gedämpft, gemäßigt. Hier hatte Sitor seine frühesten Jahre verbracht, eine Einheit in der ausgedehnten Familie des Häuptlings, und Sitor hatte keine Erinnerung an eine Unterhaltung mit seinem Vater oder seiner Mutter. Als er sechs war, wurde er auf eine holländische Schule für Leute wie ihn, die Söhne von Häuptlingen und Unterhäuptlingen, geschickt. Aber nur die Jungen, die Mädchen nicht. Deshalb war Sitors Schwester – die achtzig war – eine ungebildete Frau auf dem Dorf und für Sitor – vor seiner anthropologischen Erleuchtung – Teil einer fernen Vergangenheit.

Es war ein isoliertes Volk. Aber wie auch immer sie in ihre Täler gekommen waren, sie hatten eine dekorative Kunst und außergewöhnliche Fertigkeiten im Bauen mitgebracht oder entwickelt. Große Steinmauern schützten das Dorf; die Eingangsspalten waren äußerst schmal und konnten leicht verteidigt oder hermetisch verschlossen werden. Die Häuser waren um einen Platz herum gebaut. Sie hatten steil abfallende Satteldächer mit einer Ausbuchtung vorne, die sich in der Mitte senkte und an jedem Ende vorsprang und aufwölbte wie der Bug eines Schiffes: eine Bauform, sagte Sitor, die die Häuser vor den kräftigen Winden der Gegend schützte.

Die einzige moderne Ergänzung zu dieser Architektur in Sitors Dorf war das Wellblech für das Dach. Die Häuser standen auf stämmigen Holzsäulen, die durch fest verbundene Querstangen oder Querbalken verstärkt waren. Die Wände zwischen den Säulen und dem steil abfallenden Dach waren wirklich sehr niedrig. In den Häusern war es dunkel. Die Betten waren aus Holz, sie wiederholten in abgewandelter Form die Form des Sattels oder Schiffsbugs. Und diese abgewandelte Form tauchte wieder auf bei dem offenen Dorfplatz, bei dem Steinsarkophag, der die Schädel der Häuptlinge enthielt. In den Deckel des Sarkophags war die obere Hälfte einer Eidechse gemeißelt; die Füße der Eidechse waren in dem Teil darunter. Die Eidechse war das Sinnbild für Glück.

Diesem Leben wurde Sitor entrissen, als er im Alter von sechs Jahren auf die holländische Internatsschule geschickt wurde. Es war eine christliche Schule, doch verlangte man von ihm nicht, Christ zu werden. Man verlangte jedoch, daß er holländisch sprach, im Unterricht und außerhalb des Unterrichts. Die längsten Schulferien dauerten einen Monat. Dann ging er in sein Dorf zurück. Er wurde von seinem Vater (damals schon über achtzig) und seiner Mutter herzlich begrüßt, aber es gab kein Gespräch. Er schlief einfach in einem der Häuser im Dorf und aß aus dem gemeinsamen Topf. Essen gab es immer, von irgendeiner entfernten Verwandten gekocht.

Er besuchte die letzte Klasse der Oberschule in Djakarta, als die Japaner kamen. Sie landeten zuerst in Südsumatra, Mitte Februar 1942. Zwei Wochen später, Sumatra war überrannt, landeten sie in Westjava. Die holländische Armee begab sich auf den Rückzug. Die Straßen Djakartas waren leer, die Leute blieben in ihren Häusern. Aber eines Tages fuhren Sitor und ein paar seiner Freunde mit ihren Fahrrädern hinaus. Und bei dem großen holländischen Kolonialdenkmal, in der Nähe des heutigen Borobudur Intercontinental, sah Sitor den ersten japanischen Soldaten.

Der Soldat fuhr auf einem Fahrrad, einem der berühmten zusammenklappbaren Fahrräder der japanischen Armee. Der Soldat war müde und schwitzte, seine Uniform war dünn und billig, und er roch nach Schweiß. Er hielt die Jungen an. Er machte – obwohl er nur japanisch sprach – deutlich, daß er das Fahrrad haben wollte, auf dem Sitor fuhr.

Das japanische Klapprad war schlecht gemacht und schwer zu treten. Sitor hatte ein britisches Fahrrad, ein robustes Humber- oder Raleigh- oder Phillips-Rad. Aber dieses Fahrrad, das für Sitor ein wenig zu groß war, war für den Japaner viel zu groß. Er versuchte, darauf zu fahren, beschloß aber, daß das nicht ging. Sitor war ein Meter sechzig groß, der Japaner ein paar Zentimeter kleiner.

Das holländische Denkmal (heute durch eine gigantische Bronzestatue von einem frohlockenden Mann, der seine Ketten zerbricht, ersetzt), in dessen Nähe das Treffen stattfand, zeigte einen frühen holländischen Kolonialisten, der, wie Sitor sagte, auf das eroberte Land Indonesiens hinunterzeigte. Und Sitor – der sein Fahrrad behalten konnte – dachte schon damals darüber nach, wie seltsam es war, daß ein so kleiner Mensch wie der japanische Soldat den so großen Holländer besiegt haben sollte.

Mehr an direktem Kontakt zu den Japanern hatte Sitor nicht. In dem Viertel Djakartas, in dem er wohnte, ging das Leben weiter wie zuvor. Das war sogar in den holländischen Vierteln so; erst später wurden die holländischen Frauen und Kinder in Lager geschickt. Sitors Schule wurde allerdings geschlossen. Als nach einigen Wochen die Züge den Betrieb wiederaufnahmen, fuhren Sitor und seine Freunde in die Hügel um Djakarta hinaus, um Obst und Gemüse zu besorgen, das sie dann in den Straßen verhökerten. Später bekam er einen handfesteren Job. Die Japaner hatten verfügt, alle Schilder in holländischer Sprache abzunehmen oder unkenntlich zu machen. So ging Sitor herum und übermalte holländische Schilder.

Sechs Monate danach befahlen die Japaner, alle nicht-javanischen Studenten sollten auf ihre eigenen Inseln zurückkehren. Die Japaner wollten Indonesien in beherrschbare Besatzungszonen aufbrechen, sagte Sitor; außerdem wollten sie damit unbeschäftigte Studenten, potentielle Unruhestifter, aus Djakarta entfernen. Sitor nutzte das japanische Angebot des freien Heimtransports und fuhr zurück nach Sumatra, in das Dorf, in dem er seit seinem sechsten Lebensjahr nie länger als einen Monat gewesen war. Drei Jahre blieb er im Dorf. Sein Bruder hatte eine gute Bibliothek; es war die Bibliothek eines Mannes, der eine solide holländische Bildung genossen hatte. Bei Kriegsende war Sitor also, obwohl er die Schule nicht abgeschlossen hatte, sehr belesen.

Danach kam dann die ganze Turbulenz der indonesischen Nachkriegsgeschichte: die Ausrufung der Republik Indonesien durch Sukarno und andere, der Kampf gegen die Holländer, die

Sukarno-Jahre, und 1965 dann der Putsch gegen Sukarno. Die Armee, die von den Japanern geschaffen worden war, entpuppte sich nun als herrschende Macht. Sitor wurde wegen seiner Verbindungen zu Sukarno verhaftet und zehn Jahre lang, bis 1975, eingesperrt. Lesen oder Schreiben war ihm nicht erlaubt. Ein Besucher im Monat war ihm erlaubt, und die Besuchszeit dauerte fünfzehn Minuten. Was machte er? Er redete mit seinen Mitgefangenen; er lernte Leute kennen, die er nie gekannt hatte; politisch und gesellschaftlich lernte er viel.

Was immer Sitor in Djakarta war oder gewesen war, für sein Dorf war er immer ein Mann des Stammes. Und als er aus dem Gefängnis kam, mußte er wieder in den Stamm aufgenommen werden. Für diese Zeremonie wurde der Schädel seines Großvaters aus dem Steinsarkophag genommen, in dessen Deckel die Eidechse des Glücks eingemeißelt war. Sitor hielt eine Platte mit diesem Schädel und einer Zitrone; die Zitrone war ein Mittel zur Reinigung. Bei der Zeremonie war ein Vetter Sitors anwesend. Der Vetter war Mediziner und sah, daß der Unterkiefer des Schädels heruntergerutscht war, als er für Sitor auf die Platte gelegt wurde. Er streckte die Hand aus und rückte den Kiefer wieder an seinen Platz. Der Schamane oder Priester wurde zornig. Durch das Berühren des vorväterlichen Schädels drohte der Vetter, alles Gute zunichte zu machen und Unglück über sie alle zu bringen.

Sitor hatte ein Schwarzweiß-Foto von diesem Augenblick: Sitor, ohne etwas von dem Drama in seinem Rücken zu ahnen, hält die Platte mit dem Schädel und der Zitrone in Schulterhöhe; der Schamane, sein Gesicht von Zorn verzerrt, eilt mit wehendem Haar schnell hinzu, um die Wirkung der ehrfurchtslosen Geste des Vetters abzuwehren.

Als politisch Verurteilter konnte Sitor keine Arbeit bekommen. Aber als Dichter hatte er immer noch einen Ruf. Ungefähr zwei Jahre nach seiner Entlassung aus dem Gefängnis, hielt er eines Tages eine Dichterlesung im Haus eines Holländers in Djakarta. Ungefähr zwanzig Leute, hauptsächlich Ausländer, waren da. Jemand kam zu spät. Sitor, der mit dem Rücken zur Tür saß, drehte sich beim Eintritt des Nachzüglers um, und er sah ein hochgewachsenes, europäisches Mädchen, dessen Schönheit ihn erstaunte. Und mehr noch als ihre Schönheit, sagte Sitor, ihre ›Aura‹. Sie verwandelte den Raum. Er beschloß auf der Stelle, dieses Mädchen kennenzulernen. Und er hatte Glück: das Mädchen setzte sich neben eine Engländerin, die Sitor gebeten hatte, eine englische Übersetzung eines seiner Gedichte vorzutragen.

So konnte Sitor nach der Lesung sofort zu dem Mädchen gehen. Er sagte ihr, daß er sie kennenlernen wolle; er bat um eine ›Verabredung‹. Er entdeckte, daß sie nicht zu der Lesung gekommen war, weil sie Sitors Gedichte kannte. Sie war nur gekommen, um einen Blick auf den Mann zu werfen, der mit Sukarno in Verbindung gestanden und zehn Jahre im Gefängnis verbracht hatte. Es machte Sitor nichts aus, daß sie seine Gedichte nicht kannte. Barbara war Holländerin. Sie war von einer holländischen Gruppe nach Indonesien geschickt worden, um bei der Entwicklung des indonesischen Kunstgewerbes zu helfen; sie war so etwas wie eine Mitarbeiterin des Friedenskorps.

Sie lernten sich am fünfundzwanzigsten Mai kennen. Barbaras Gedanken waren schon bei ihrer Rückkehr nach Holland; am sechzehnten Juni fuhr sie auf Urlaub nach Hause. Und das war außergewöhnlich: denn Sitor war von einer Kulturorganisation nach Holland eingeladen worden und fuhr am achtundzwanzigsten Juni nach Holland. Nach zwei Jahren noch erinnerte er sich an die Daten. Und Barbara, die ihm in Djakarta nur zwei ›Verabredungen‹ gewähren konnte, bevor sie abreiste, konnte in Holland viele weitere gewähren.

Es war nicht leicht für ihn, herauszufinden, was für einen Eindruck er auf sie machte. Barbara war Holländerin und sehr kühl. Aber er war überwältigt von der neuen Welt, die sie ihm zeigte, den neuen Ideen, mit denen sie ihn bekanntmachte. Er hatte zehn Jahre im Gefängnis verbracht, von Büchern ausgeschlossen, nur mit alten Ideen lebend; er hatte ein ganzes Jahrzehnt intellektueller Bewegung im Westen verpaßt.

Barbara gehörte zu den 60er Jahren, der Generation von 1968. Sie war erfüllt von Schumacher und ähnlichen Autoren. Und Sitor, der in der Kolonialzeit aufgewachsen war, erschienen Barbara und ihre Freunde als neuer Schlag von ›Missionaren‹. Die jungen Menschen, denen Barbara ihn zuführte, wollten die Eingeborenen nicht belehren, sondern wollten ihnen in einer viel direkteren Art helfen.

Wie waren sie zu dem geworden, was sie waren? Wie hatte Europa diese blendende Generation hervorgebracht? Während seiner Zeit in Holland mit Barbara war er in einem Zustand hoher emotionaler und intellektueller Erregung: dieser Stammesmensch von dreiundfünfzig mit den negrito-chinesischen Zügen (und buschigen Augenbrauen, die ihn manchmal wie einen chinesischen Piraten aussehen ließen), ein Meter sechzig, Diabetiker, politisch kastriert, mit dem klugen und großen holländischen Mädchen, das dreiundzwanzig Jahre jünger war.

Als sie nach Indonesien zurückkamen, lebten sie zusammen. Das erfuhr der Stamm, und der Stamm bestand darauf, daß sie den Stammesriten entsprechend heirateten. Dazu war es notwendig, daß Barbara in einen anderen, wenn auch verwandten Stamm aufgenommen wurde, denn Sitors Stamm war ›exogamisch‹ – und der anthropologische Fachausdruck ging Sitor leicht von den Lippen.

Erst vor wenigen Wochen waren er und Barbara wegen der Zeremonien ins Dorf gefahren. In den felsigen Bergen über den Tälern war es naß und kühl; die Fotos zeigten tiefhängenden Nebel und Wolken; die Farben waren weich. In einem der Häuser mit den fantastisch geformten Satteldächern fand ein rituelles Mahl statt. Sitor und Barbara aßen mit den Händen; sie aßen Schweinefleisch. »Sehen Sie«, sagte Sitor, auf ein Foto zeigend. »Das bin *ich*. In *meinem* Dorf. Das ist echt. Nicht für Touristen.« Er war wie ein Besucher mit Gummistiefeln bekleidet, und er sah auf eine alte Frau hinab, die an einem Webstuhl des Dorfes arbeitete. »Und das ist meine Schwester. Sie kann weder lesen noch schreiben.« Und es gab ein Foto von Barbara und ihm in der Tür seines Vaterhauses, dem Haus des großen Häuptlings, das jetzt Sitors Bruder gehörte: dorthin mußte Sitor Barbara zur Hochzeitszeremonie des Stammes bringen.

Er war beeindruckt von der Reise, die er gemacht hatte, und es war eine ungeheure Reise. In einer Generation hatte er die Erfahrung untergebracht, die sich für andere Indonesier über die letzten vier oder fünf Jahrhunderte erstreckt hatte. Und doch war er nicht fähig gewesen, seine Autobiographie zu schreiben. In den letzten drei Jahren hatte er zwei Versuche gemacht und Hunderte von Seiten verworfen. Das Material war zu reichhaltig, zu außergewöhnlich; die wechselnde Persönlichkeit des Schriftstellers, für ihn das Wesentliche der Erfahrung, hatte er nicht ausdrücken können; er war nur in der Lage gewesen, Ereignisse aufzuzeichnen.

Über das, was er geschrieben hatte, sagte er: »Es gibt keine Synthese in dem Ganzen. Es ist kein Ausdruck des Wachstums durch das Prisma meiner Individualität geworden. Alles, was ich erlebt habe, fällt in keinen Zusammenhang, weder künstlerisch noch persönlich, noch politisch.«

Er war nicht fähig gewesen, sich selbst zu definieren, weil er nicht wußte, wer er war. Er war von seiner Vergangenheit abgeschnitten worden. Er war mit sechs in die holländische Schule gegangen; er war von seinen dörflichen Überzeugungen gesäubert worden. Für einen Schriftsteller war sein frühes Leben merkwürdig wortlos gewesen: er hatte nie ein Gespräch mit seinen Eltern geführt. Deshalb war ihm die kanadische Anthropologin von so großem Nutzen gewesen.

Sie hatte fünf Monate in einem Dorf verbracht, und er war als Führer und Dolmetscher mit ihr gegangen. Er zeigte ein Foto von der Anthropologin: eine große, schöne Frau in einem Safarianzug: einwandfrei hatte es auch Vorteile, ein Batak und Sitor zu sein. Durch ihre geschickte Befragung hatte sie die Vergangenheit seiner Ahnen für ihn rekonstruiert. Das hätte er alleine nicht gekonnt. Wenn er nun wieder an seiner Autobiographie zu schreiben versuchte, konnte er also zumindest sagen: »So haben meine Vorfahren achtzehn Generationen lang gelebt.«

Sitor sagte: »Ich bin kompliziert. Aber nicht verwirrt.«

Den ganzen Morgen über waren verschiedene Leute hereingekommen. Ein Mann, ein Deutscher, der Englisch sprach, war gekommen, um sich das Haus anzusehen. Die anderen Besucher waren für Sitor, den Dichter. Er war ihnen allen zugetan. Nach vier Jahren der Freiheit gefiel es ihm immer noch, wenn man ihn aufsuchte.

Am Mittag kam Barbara zurück. Sie kümmerte sich um ihre Vögel, einen nach dem anderen. Sitor und ich gingen zum Pavillon hinüber. Der Pavillon, am Ende eines langen Gartens neben dem Haupthaus, war geschmückt mit den Produkten des Kunstgewerbes, dem zu dienen Barbara nach Indonesien gekommen war: Schilfmatten, Rattanstühle, Körbe aus Timor. Barbara kannte ihr Fach; sie hatte einen guten, reinen Blick.

Die Dienstboten (Barbara und Sitor hatten zwei) hatten ein Mittagessen mit gebratenem Fisch und Reis und anschließend eingelegten Gurken zubereitet. Sitor mit seiner Diabetes aß wenig.

Ich fragte Barbara: »Gehen Sie bald nach Europa zurück?«

»Ich hoffe nicht.« Sie biß entschieden auf ein Stück eingelegte Gurke.

Sitor sagte: »Ich würde gern noch einmal fahren. Ich würde gern für längere Zeit eingeladen werden. Hier gibt es zu viel, was mich verletzt.«

Barbaras Mittagspause war schnell vorüber; sie ging zurück zu ihrem Kunsthandwerk. Ich aß noch eine Scheibe gebratenen Fisch, Sitor sah mir beim Essen zu. An einer Wand des kleinen Zimmers hing ein surrealistisches Gemälde mit zwei Akten, von rückwärts gesehen, einer männlich und braun, einer weiblich und dunkelrot, mit Vögeln überall. Ein befreundeter Maler hatte angerufen an einem Tag, als einer von Barbaras Vögeln gestorben war; das Bild war ein Geschenk, zu dem er dadurch angeregt worden war. Anderswo hingen ungestüme Aktzeichnungen, die Sitor selbst gemacht hatte.

Der Glanz Indonesiens und Sitors, des Dichters, für Barbara; für Sitor der Glanz und die Sicherheit Barbaras und Europas. Barbara konnte Europa als gegeben hinnehmen. Sitor, am Ende seiner eigenen Reise, konnte das nicht. Er besaß nun das Dorf seiner Vorfahren, die Täler, den See, die Steinmauern, die Märchenhäuser. Aber er konnte nicht mehr dorthin zurückgehen; er konnte nicht vortäuschen, etwas zu sein, was er längst nicht mehr war. Ohne Europa (und das hieß Holland) und seine Kultureinladungen, sein Interesse an seiner ›Kompliziertheit‹, hatte er nur Indonesien, für ihn ein Land des Schmerzes und Versagens, in dem er nun keine Arbeit mehr bekommen konnte, und wo er ausgelöscht werden konnte, ohne jemanden oder etwas zu haben, an das er sich wenden konnte.

Und erst viele Stunden später erkannte ich, was in unserem langen Gespräch ausgelassen worden war: die zwanzig Jahre von 1945 bis 1965. Ich hatte Sitor nicht danach gefragt: seine Anfänge und seine Gegenwart hatten mich mehr interessiert. In jenen zwanzig Jahren, den ersten der indonesischen Unabhängigkeit, hatte Sitor seine Gedichte geschrieben und war berühmt geworden. Später war er Politiker und ein mächtiger Mann geworden. Damals war er für einige, besonders diejenigen, die gegen Ende der Sukarno-Ära als ›Konterrevolutionäre‹ bezeichnet werden konnten, eine bedrohliche Gestalt geworden. Und wie ich später entdeckte, gab es Leute, die das Gefühl hatten, daß ihre Laufbahn durch Sitor zerstört worden war. Einige hatten ihm selbst nach dieser langen Zeit noch nicht vergeben.

Aber der Mann, der mir das erzählte, sagte gleich darauf: »Ich will jedoch nichts gegen ihn sagen. Er hat mehr gelitten als wir alle.«

3

Entschulung

Adi Sasano, den ich am ersten Abend bei Sitor getroffen hatte, sagte mir, ich würde die indonesischen Moslems besser verstehen, wenn ich aufs Land hinausführe und mir die traditionellen islamischen Dorfschulen anschaute. Diese Schulen waren als *pesantrens* bekannt. Adi hatte einen Geschäftsteilhaber, der an *pesantrens* besonders interessiert war; und dieser Mann, ein genauso gläubiger oder besorgter Moslem wie Adi, plante meine Reise. Er meinte, ich sollte ein modernes *pesantren* sehen – es gab ein berühmtes bei Djogjakarta und Borobudur, und ich sollte ein sehr altes sehen – es gab eins bei Surabaya.

Diese Dorf-*pesantres* bewahrten die Harmonie zwischen Gemeinde und Schule, Dorfleben und Bildung. Darin unterschieden sie sich von Schulen im westlichen Stil, die, einfach in die asiatische Landschaft gesetzt, eine psychologische Spaltung hervorriefen. Adis Freund erzählte mir, daß der berühmte Pädagoge, Ivan Illich, nach Indonesien gekommen sei, um sich die *pesantrens* anzusehen. Ich hatte Ivan Illichs Bücher nicht gelesen, und von seiner Theorie der ›Entschulung‹ kannte ich eigentlich nur das Wort. Aber ich wußte, daß er sehr geschätzt wurde, und ich meinte, es müsse interessant sein, dahin zu fahren, wohin er (zu meiner Überraschung, muß ich gestehen) gefahren war.

Ich fuhr mit Prasojo, einem neunzehnjährigen College-Studenten, und einen besseren Begleiter hätte ich nicht haben können. Prasojo war mit einem Stipendium des American Field Service*

* American Field Service – in den USA gegründete Organisation zur Förderung internationaler Verständigung durch interkulturelle Lernerfahrung.

ein Jahr in Arizona gewesen. Er sprach gut Englisch, mit einem amerikanischen Akzent. Er hatte seine Zeit in Amerika sehr genossen, viel gelernt und war dem American Field Service so dankbar geblieben, daß er vorhatte, ihnen ein Teil des Honorars zu geben, das er von mir bekommen würde.

Ich hatte auch das Gefühl, daß Prasojo mir, einem Fremden, etwas von der Freundlichkeit, die er in den Vereinigten Staaten erfahren hatte, zurückgeben wollte. Für unseren Ausflug hatte er Jeans angezogen, auf deren Hüfttasche ein AFS-Schildchen aufgenäht war. Er war etwas mehr als mittelgroß und von chinesischem Aussehen. Dieses Aussehen war Gegenstand eines Familienwitzes. Prasojos Vater, ein gedrungener Mann, unverkennbar indonesisch, sagte immer: »Na – wie bin ich zu diesem chinesischen Sohn gekommen?«

Wir nahmen die Garuda-Maschine nach Surabaya an der Nordküste Ostjavas. Schlamm besudelte die Küstenlinie. Die Flüsse waren schlammige Schlängellinien in dem grünen, überkultivierten, überbevölkerten Land. Das Land um Surabaya war Reisland, mit Reisfeldern in dünnen langen Streifen, die auf diese Weise leichter zu bewässern waren, aber von oben einen immensen Bienenfleiß vermuten ließen.

Die Häuser paßten – wie wir später auf der Fahrt von Surabaya ins Landesinnere sahen – zu den Reisstreifen. Sie waren ganz schmal und zogen sich lang nach hinten hin. Die Häuser standen ein Stück von der Straße entfernt, und die Vorhöfe waren sauber gekratzt, aber schattig. Bananenbäume wuchsen aus der nackten Erde und Kokosnußpalmen, Mangobäume, Zuckerrohr und roter Jasmin. Die Reisfelder begannen direkt hinter den Häusern. Auf dieser Fahrt schienen wir durch ein einziges langgestrecktes Dorf zu fahren: Java war hier von unendlicher Kleinheit, schwer mit berühmten alten Königtümern und Reichen in Verbindung zu bringen, ein Land, das nur ein Land von bienenemsigen Menschen zu sein schien, den *wong chilik*, den kleinen Menschen, die verflucht waren durch ihre eigene Fruchtbarkeit. Vier Millionen hatten zu Beginn des letzten Jahrhunderts in Java gelebt, achtzig Millionen waren es heute.

Prasojo gab mir das Wort *wong chilik* und teilte mir gleichzeitig mit, daß das Wort auch wenn es vom Klang her wunderbar paßte) ebenso beleidigend wie altmodisch war. Manchen Leuten jedoch, die nicht aus dem Bauernstand kamen, war es noch wichtig, als etwas Besseres anerkannt zu werden. Solche Leute nannten sich ›Adlige‹, *raden*, und setzten den Buchstaben R vor ihre Namen. Sie bauten auch Häuser mit einem besonderen hutförmigen Dach; eine Unterscheidung, die mir nicht aufgefallen wäre, hätte Prasojo mich nicht darauf hingewiesen, so zusammengedrängt und gleichförmig und heimelig hatte alles ausgesehen: die roten Ziegeldächer, die Wände aus geflochtenem Bambus für die Armen und Beton für die nicht so Armen, die Höfe voller Schatten und Früchte und Blumen.

Fenster seien eine Neuerung, sagte Prasojo. In den traditionellen javanischen Häusern gab es keine; bei Wänden aus geflochtenem Bambus, die Sonne und Hitze ausschlossen, aber Belüftung zuließen, waren Fenster nicht nötig. In den traditionellen Häusern kam das Licht durch Lücken im Dach. Betonwände aber bedurften der Fenster; und ich konnte sehen, daß bei den nicht so Armen gläserne Belüftungsschlitze modern waren.

Jeder kleine Hof hatte seine Torpfosten, aber kein Tor. Die Pfosten waren merkwürdig geformt, mit behauenen oder abgestuften Pyramiden oder Rhombenformen oben, die Pyramiden oder Rhomben manchmal unterteilt: Beton, der aber einwandfrei Ziegel imitierte. Diese Pfosten, die zuerst vermuten ließen, daß Land und Leute zu einem einzigen Besitztum, vielleicht einer großen Plantage, gehörten, waren in Wirklichkeit die Überreste des architektonischen Stils des letzten Hindu-Königreichs in Java, des Königtums Majapahit, das gegen Ende des fünfzehnten Jahrhunderts zerfiel.

So lebte die vor-islamische Vergangenheit weiter: als Tradition, als Geheimnis. *Indrapura*, ›Indras Stadt‹, war auf den Bus vor uns gemalt, und *Indra Vijaya*, ›Der Sieg Indras‹, stand auf vielen Geschäften. Aber dieser Indra war nicht mehr der arische Gott des hinduistischen Pantheons. Für Prasojo ebenso wie für den Fahrer unseres Wagens war dieser Indra nur eine Figur aus dem javanischen Puppentheater. Prasojo begann, mir eine hiesige Moslemlegende von fünf Pavanda-Brüdern zu erzählen, die die fünf Prinzipien des Islams darstellten. Und ich glaube nicht, daß Prasojo eine Ahnung von dem wirklichen Wunder der Legende hatte: die Geschichte, die er erzählte, stammte aus dem antiken Hindu-Epos *Mahabharata*, das eintausendvierhundert Jahre lang in Java lebendig gewesen war, in Java Wurzeln gefaßt hatte und dann in den Islam übernommen worden war. Prasojo, ein Javane und Moslem, lebte mit schönen Mysterien. Hätte er die Forschung auf seine Vergangenheit angewandt, hätte sie das, was sein Glaube, seine Stütze geworden war, untergraben.

Und so kamen wir am Spätnachmittag in die Stadt Jombang. Dort war das berühmte *pesantren*. Aber nachdem wir einmal von der Schnellstraße abgebogen waren, schien Jombang voller Schulen zu sein. Am Ende des Schultages war die Straße übersät mit Gruppen plappernder moslemischer Schulmädchen: kleinen, nonnenähnlichen Gestalten mit bedeckten Köpfen, mit Blusen, Sarongs. Wo war unser *pesantren*, und worin unterschied es sich von diesen anderen Lehranstalten? Wir rasten vorwärts und rückwärts – unser Fahrer benahm sich, als sei er noch auf der Schnellstraße –, wir drangen in düstere ländliche Gassen ein. Und dann fanden wir heraus, daß wir viele Male daran vorbeigefahren waren: es sah so gewöhnlich aus, hatte sogar eine Hinweistafel und war überhaupt nicht das zurückgezogene Heim im Wald, die Mischung aus Dorf und Schule, die ich (und Prasojo auch) erwartet hatte.

Es gab einen Zaun. Und hinter dem Zaun standen primitive zweistöckige Betongebäude um einen sandigen Hof, der ein paar Bäume hatte. In der Mitte des Hofes war eine offene, von Säulen getragene Moschee mit einem gekachelten Boden, fast zu ebener Erde. Jungen in Hemden und Sarongs saßen oder lagen halb am

Rand des Fußbodens auf der Stufe und folgtem einem arabischen Text, den ein Lehrer, den man nicht sehen konnte, mit scharfer Stimme gleichförmig vortrug.

Wir gingen am Presseaushang vorbei – im Freien mit einem Holzdach und den Zeitungen hinter Glas – ins Büro neben der Moschee. Es war niemand im Büro. Über den Verandageländern der zweistöckigen Gebäude hingen verschiedenfarbige Hemden und Sarongs. Überall waren Jungen, in Sarongs mit nackten Oberkörpern, mit warmbrauner Haut und dem mageren, flachen, schönen indonesischen Körperbau, bei denen die Bauch- und Brustmuskeln sich zart abzeichneten.

Sie starrten zurück. Und dann begannen sie sich allmählich um Prasojo und mich zu versammeln. Wenn wir gingen, folgten sie. Es wurde eine Menge, als wir über die schmalen Lehmwege und schlammigen Abflußrinnen zwischen den Häusern im hinteren Teil des Anwesens spazierten: überall hingen Kleider oder Sarong-Streifen, flüchtig blickte man in überfüllte kleine Räume (acht Jungen schliefen in einem Raum, erzählte jemand Prasojo). Vor dem primitiven Küchenschuppen und Schulkiosk lagen Schlamm und Abfall, und über einem offenen Feuer in dem schmutzigen Hof kratzte ein kleiner Junge im Sarong in einer zusammengepappten Reismasse in einer angebrannten Pfanne. Erschrocken blickte er hoch zu uns, zu der Menge bei uns. Vielleicht, dachte ich, waren alle mittelalterlichen Zentren der Gelehrsamkeit so?

Aber – war das ›Illich‹, was erst ein Junge rief und dann noch ein Junge?

Ein äußerst kleiner Mann mit einer schwarzen Kappe, vielleicht ein Meter fünfundvierzig groß, näherte sich uns und führte uns mit unserem Gefolge zurück, in den vorderen Teil des Anwesens, zu einem Haus in der Nähe der Moschee. Er öffnete eine Tür, ließ Prasojo und mich in einen großen Raum eintreten und verschloß die Tür vor der Menge. Er sah ziemlich streng unter seiner schwarzen Kappe aus.

Prasojo sagte: »Er sagt, wir stiften Unruhe.«

Ich sagte: »Ich bin es nicht, der hier Unruhe stiftet.«

Auf jeder Seite der niedrigen Tische in diesem Zimmer standen in zwei Reihen Stühle aufgereiht. Wir setzten uns.

Und genau wie sich in Ostafrika zu gewissen Jahreszeiten die fliegenden Ameisen in Haufen gegen die Fenster drängen, zu denen das Licht sie hinzieht, drängten sich die Schüler des berühmten *pesantren* von Jombang gegen die Fenster – wovon angezogen? von dem Besucher, der doch nur ihren eigenen Ruhm bewies? – Mongolengesicht auf Mongolengesicht, Grinsen auf Grinsen. Sie äfften jedes Wort nach, das ich, selbst im Schutz des Zimmers, sprach. Und ganz deutlich waren jetzt zwischen dem Geplapper und dem Nachäffen die ›Illich! Illich!‹-Rufe.

Hatte der Besuch – oder das Interesse des berühmten Mannes, von dem man erzählte – sie so eitel gemacht?

Ein weiterer Mann kam ins Zimmer.

Prasojo sagte: »Er sagt, wir müssen uns eintragen. In der Moschee wird Arabischunterricht erteilt, und wir stiften Unruhe. Sie bekommen jede Menge Besucher hier.«

Natürlich.

»Wir müssen uns im Büro eintragen«, sagte Prasojo.

»Aber im Büro ist keiner. Dahin sind wir doch zuerst gegangen.«

So blieben wir eine Weile sitzen. Und dann stellte sich heraus, daß der Mann mit der schwarzen Kappe keinerlei Befugnisse hatte, noch nicht einmal ein Lehrer, nur ein Schüler war, und das schon seit fünf Jahren. Er hatte uns bloß in diesen Raum gebracht, um uns für sich allein zu haben. Ich fand, man müsse ihn veranlassen, etwas Nützliches zu tun.

Ich sagte zu Prasojo: »Geben Sie ihm das Empfehlungsschreiben. Sagen Sie ihm, er solle das seinem Leiter bringen.«

Ein *pesantren*, das, wie ich in Djakarta gehört hatte, traditionell und ›unstrukturiert‹ war, hatte keinen ›Direktor‹. Es hatte einen *Kiyai*, einen ›Leiter‹.

Sanftmütig nahm der Mann mit der schwarzen Kappe den Brief und ging fort.

Ich sagte zu Prasojo: »Könnten Sie nicht gehen und mit dem Arabischlehrer reden?«

Der Unterricht dauerte noch an. Der Lehrer, irgendwo in den Schatten der Moschee verborgen, rezitierte immer weiter.

Prasojo war entsetzt. Er konnte doch einen Lehrer nicht unterbrechen.

»Was tun wir dann?«

»Wir warten.«

Wir warteten. Als die arabische Unterrichtsstunde vorbei war, gingen wir nach draußen und nahmen das Risiko der Menschenansammlung auf uns. Jungen mit nackten Oberkörpern lungerten auf den Veranden der Häuser herum; einige rauchten süß parfümierte indonesische Zigaretten mit Gewürznelken. Aber die nachäffende Menge, die uns nun rundherum bedrängte, machte es schwer, sich zu bewegen und zu sprechen. Der kleine Mann mit der schwarzen Kappe kam zurück, so flink und ordentlich und gelassen wie immer, und das Empfehlungsschreiben hatte er auch noch immer in der Hand. Er hatte seinen Leiter nicht gefunden.

Prasojo führte mich in den Raum mit den Stühlen zurück. Er sagte, und sein Unglück verlieh ihm dabei eine seltsame Förmlichkeit: »Darf ich Sie ein Weilchen hierlassen? Ich werde gehen und jemanden finden.«

Er ging hinaus. Ich sah, daß ihm keiner der Jungen folgte. Aber sie fuhren fort, mich anzugaffen. Es wurde jedoch Abend, Zeit zu beten, Zeit zu essen, und das Interesse an mir ließ nach. Immer seltener und manchmal jetzt weit weg (ein Müßiggänger, dessen Neugierde befriedigt war, entfernte sich) kam der Ruf ›Illich!‹ Und die indonesische Höflichkeit war nicht tot. Ich saß allein, aber aus einem der hinteren Räume brachte jemand viele Gläser Tee (als würde gleich eine richtige Teegesellschaft beginnen), setzte eins, ohne mich anzublicken, vor mich hin und ging hinaus.

Prasojo kam mit zwei Männern zurück. Einer war ein Schüler, der starrte und stumm blieb. Der andere war ein Englischlehrer, so klein wie der Mann mit der schwarzen Kappe. Er strahlte uns an, und war darauf bedacht, sein Englisch zu üben. Prasojo drosselte ihn. Sie unterhielten sich auf indonesisch, und Prasojo sagte, der Englischlehrer würde uns zu einem anderen *pesantren*, eine halbe Stunde entfernt, bringen, wo wir vielleicht jemanden träfen, der uns etwas sagen könnte. Es sah nicht so aus, als hätten wir viel zu verlieren. So fuhren wir in der Dämmerung durch das ewige javanische Dorf, und der lächelnde Englischlehrer, der neben dem Fahrer saß, war überhaupt nicht lästig. Abrupt drehte er sich nach ein paar Minuten um und sagte: »Wie oft haben Sie diesen Ort schon besucht?« Und nachdem er seine englische Frage geformt und gestellt und auch eine Antwort bekommen hatte, blieb er für den Rest der Fahrt brav und ruhig sitzen.

Das *pesantren*, zu dem wir kamen, sah neuer und geschäftsmäßiger aus: eine fest konstruierte Gruppe von Häusern aus Beton und Wellblech um einen gepflegten Hof. Es war die Stunde des Abendgebets: jemand rief singend dazu auf. Der stellvertretende Leiter war im unbeleuchteten Büro, ein alter Mann mit dicken Brillengläsern und einem langen blauen Sarong. Er sagte, wir hätten Glück: Herr Wahid führe am nächsten Tag nach Djakarta. Und er führte uns im Dunkeln durch einige Gärten zu einem Privathaus, damit wir Herrn Abdur Rahman Wahid kennenlernten, der alles über *pesantrens* wüßte. Und erst da fiel mir ein, daß mir Herrn Wahids Name als der eines Mannes genannt worden war, den ich nach Möglichkeit besuchen sollte. Es hatten Artikel über ihn in den Zeitungen von Djakarta gestanden. Seine *pesantren*-Arbeit machte ihn allmählich zu einer wichtigen Persönlichkeit.

Der Zufall hatte mich – dadurch daß Prasojo den Englischlehrer traf – zu Herrn Wahid geführt. Und was Herr Wahid – ein kleiner, gedrungener Mann mittleren Alters in einem Sarong – in seinem Wohnraum im westlichen Stil (eine gedämpfte Deckenlampe, ein laufender Fernsehapparat in einer abgelegenen Ecke, Frauen, die kamen und gingen, Familienangehörige, Dienstboten, Teetassen, die auf dem niedrigen Tisch standen) zu mir sagte, änderte den Tag für mich, brachte Ordnung in die verworrenen Erfahrungen des Spätnachmittags und erschloß meinem Geist ein historisches Wunder.

Erst einmal der Name. Auf indonesisch war das Wort für das Chinesenviertel einer Stadt *perchinen*: *per-china-en*, ›wo die Chinesen waren‹. So hieß *pesantren per-santri-en*, ›wo die Weisen waren‹. *Santri* war eine Abwandlung von *shastri*, dem Sanskrit-Wort für einen in den hinduistischen *Shastras*, den Schriften, Bewanderten.

In Java war in den hinduistisch-buddhistischen Tagen ein *pesantren* ein Kloster, das von der Gemeinde zum Dank für die geistige Führung und den geistigen Schutz, den es bereitstellte, unterhalten wurde. Für die Sufi-Moslems war es, als die philosophischen Systeme der alten Zivilisation auseinanderbrachen, leicht, solche Stätten als Beratungszentren für die Dorfbevölkerung weiterzuführen. Es stand einem Mann jederzeit frei, zum Leiter oder *kiyai* eines *pesantren* zu gehen und um persönlichen Rat oder religiöse Unterweisung zu bitten. Es war nicht nötig, in irgendeinen offiziellen Lehrgang eingeschrieben zu sein; so konnte man sagen, daß der *pesantren*-Unterricht ›unstrukturiert‹ war.

Zur Zeit der Holländer, in der zweiten Hälfte des Jahrhunderts, begannen die Dörfer sich zu verändern. Manche Leute wurden reich, und sie wollten ihre Kinder erziehen. Diese Leute, die Neureichen der Dörfer, begannen, die *pesantren* von Sufi-Zentren in Schulen für Kinder umzuwandeln. Und auch der Islam selbst änderte sich in Java. Der Aspekt des Sufismus, die mythische Seite, die den alten Religionen näherstand, wurde weniger wichtig. Die Eröffnung des Suez-Kanals und das Aufkommen der Dampfschiffe machten Java – bis dahin an der Ostgrenze des Islams – weniger abgelegen. Zur Zeit der Segelschiffe brauchte man Monate, um nach Mekka zu kommen; nun konnte man die Reise in drei bis vier Wochen hinter sich bringen. Mehr Leute fuhren nach Mekka. Mehr Leute wurden mit dem reineren Glauben bekannt: dem Propheten, dem Boten Gottes und seinen strengen Geboten.

Im letzten Jahrzehnt des neunzehnten Jahrhunderts begannen die *pesantren* in Schulen verwandelt zu werden. Die *pesantren*-

Schule von Jombang, die wir besucht hatten, war 1896 gegründet worden. Aber sie blieben religiöse Stätten. Sie blieben Stätten, die die Dorfbewohner unterhielten und in denen sie sich Rat holen konnten. Alle fünfunddreißig Tage trafen sich die Leiter der *pesantren* in einem bestimmten Gebiet, um über alles, was anstand, zu diskutieren. Kürzlich, zum Beispiel, hatten die Leute sich über Männer mit langen Haaren aufgeregt. Die Leiter hatten sich islamisch korrekt verhalten. Sie waren den Koran und anderen anerkannte Aufzeichnungen aus der Zeit des Propheten durchgegangen und konnten nichts finden, was der Prophet über lange Haare gesagt hatte. Also beschlossen sie, daß lange Haare kein Streitpunkt seien. Warum trafen die Leiter sich alle fünfunddreißig Tage? Das war ein Überbleibsel aus der Zeit des Hinduismus und Buddhismus. Damals hatte die Woche fünf Tage, und die Leiter der Klöster trafen sich alle sieben Wochen.

Es war spät. Aber in Herrn Wahids eigenem *pesantren* fand in dem Haus am Ende seines Gartens noch eine Unterrichtsstunde statt. Die *pesantren* hielten noch die Stunden der Klöster ein, verlangten von ihren Zöglingen eine Tag-und-Nacht-Ergebenheit. Wir gingen in den Garten hinaus, um zuzusehen. Jungen lagen hingestreckt im Vorderzimmer des kleinen Lehrerhauses oder vor seiner Tür. Das Licht in dem Zimmer war sehr trüb; die Augen des Lehrers waren schlecht. Der Lehrer las oder rezitierte ohne Pause etwas auf arabisch, und die Jungen lasen in ihren Büchern mit. Es war eine Unterrichtsstunde in islamischem Recht.

Herr Wahid sagte, der Lehrer sei einer der gebildetsten Männer der Gegend. Er bekam kein Gehalt, nur fünfhundert Rupiah, achtzig Cent, im Monat. Aber die Dorfbewohner gaben ihm Essen; das *pesantren* stellte ihm ein Fahrzeug zur Verfügung und hatte das kleine Haus für ihn gebaut.

Der Unterricht war vorbei. Die Jungen standen auf. Einige lungerten um uns herum. Der kleine Lehrer mit seinen dicken Brillengläsern kam aus seinem halbdunklen kleinen Haus und stand schweigend und bescheiden neben uns, während wir über ihn redeten. Er sei erst dreißig Jahre alt, sagte Herr Wahid, aber er könne vieles aus dem Koran auswendig.

Ich sagte: »Erst dreißig, und er kennt den Koran auswendig!«

»Halb«, sagte Herr Wahid, »halb.«

Ich fand, das reiche nicht, daß ein Mann mit Dreißig nur ein Buch beherrsche. Herr Wahid und ich debattierten freundschaftlich den strittigen Punkt, während der Lehrer vor seinem Haus in seinem trüben Licht stand; schweigend, vornübergebeugt und bescheiden wartete er darauf, entlassen zu werden: der den buddhistischen Mönchen vergangener Zeiten so gar nicht ähnliche Nachfolger, der (wie Buddha es seinem Orden vorgeschrieben hatte) noch von der Mildtätigkeit seiner Mitmenschen lebte, aber sie ihnen nun mit Arabischunterricht für ihre Kinder vergalt.

Wir fuhren mit dem Englischlehrer nach Jombang zurück. Er bekam mehr als achtzig Cent im Monat, sagte jedoch nicht, wieviel. Aber er hatte kein Haus, und niemand gab ihm Essen. Er kam zurecht, aber nur knapp. Eine Schale Reise kostete ihn im Dorf fünfzig Rupiah, ungefähr acht Cent; eine Schale Reis mit ›etwas drin‹ konnte ihn um sechzehn Cent zurückwerfen.

Das *pesantren* von Jombang sah im Lampenlicht anders, gesetzter aus. Das Haupttor war geschlossen. Das sei, um die Jungen drinnen zu halten, sagte der Englischlehrer. Wir gingen durch das offene Tor neben dem Haus des Leiters hinein; die Jungen waren wegen des Leiters ängstlich, dieses Tor zu benutzen.

Die Lampen brannten schwach. Das Anwesen war ruhiger als am Nachmittag. Aber in diesem Haus namens Al Fatah hingen sie immer noch in ihren Sarongs herum, und wie abends in einem Naturpark voll schlafender Vögel, erregte der Besucher immer noch ein Geflatter. Acht Jungen schliefen in einem Raum, und es herrschte die Regel, daß die Jungen – sie kamen mit dreizehn zum *pesantren* und verließen ihn mit fünfundzwanzig – verschiedenen Altersgruppen angehören mußten. Aber der Raum reichte nicht immer für acht, und manche Jungen schliefen in der

Moschee. Hier und da im Hof gaben die Jungen vor, in dem äußerst schwachen Licht zu studieren. Es war ein Täuschungsmanöver, denn das Licht war zu schwach. Die Jungen sahen sich an: ein Buch *Über islamisches Recht, Eine arabische Grammatik, Die Geschichte des Islams, Wie man betet*. Das letzte Buch hatte acht Zeichnungen, die nacheinander die Positionen des islamischen Gebets zeigten, und das war vielleicht nicht wirklich nötig, denn die Jungen beteten fünfmal am Tag. Es war spät am Abend, und der Tag im *pesantren* begann früh.

Das Sufi-Zentrum in eine Schule verwandelt: die Disziplin der Derwische und Mönche auf die Jungen angewandt: es war nicht traditionell, und es war nicht Erziehung. Es war ein Ausbruch aus der indonesischen Vergangenheit; es war Islamisierung; es war Abstumpfung, größer als jede, die ein Lehrplan westlicher Art mit sich bringen könnte. Und doch zog es die Betroffenen an, denn damit verknüpft war die alte mönchische Idee der Verherrlichung der Armut: eine Idee, die 1979 auf eine Schule in Java angewandt, nicht mehr bedeutete, als daß die Armen die Armen lehrten, arm zu sein.

Wir verbrachten die Nacht in Surabaya. Eine Imperial- oder Weltmacht erinnert sich nicht all ihrer kleinen Schlachten. Aber die Einheimischen erinnern sich. Die Briten hatten 1945, nach dem Krieg, die Indonesier in Surabaya bekämpft. Es gab Gedächtnismale zu sehen, und nachdem wir sie besichtigt hatten, begaben Prasojo und ich uns auf die Sechsstundenfahrt in südwestlicher Richtung nach Djogjakarta. Wir nahmen wieder die Jombang-Straße, vorbei an dem endlosen Dorf mit den behauenen Torpfosten, die von dem längst untergegangenen javanisch-hinduistischen Reich Majapahit erzählten.

Das Majapahit-Museum, bei dem wir anhielten, hatte wenig zu bieten. Aber ein kurzes Stück den gegenüberliegenden Dorfweg hinunter war ein Tempel. Der Weg war grün, voller Schatten. Die Häuser aus geflochtenem Bambus waren fensterlos. Ein Stoppschild auf dem Weg – auf einem Bambuspfahl, der lose in einem Loch stand – wurde von einem kleinen Mädchen bewacht. Gegen die Gebühr von hundert Rupiah, für die es eine Quittung ausstellte, hob es den Pfahl: das Geld war fürs Dorf.

In einem riedgedeckten Schuppen am Weg hing an einem Querbalken lose ein großer Holzklotz. Das war der Beobachtungsposten des Dorfes; die Dorfbewohner übernahmen abwechselnd die Nachtwache. Der Klotz war durch einen senkrechten Einschnitt an einer Seite ausgehöhlt; wenn man ihn mit einem Schlegel schlug, gab er ein dröhnendes Geräusch von sich. Er konnte zur Zeitangabe und zur Warnung vor Dieben oder Feuer benutzt werden; Feuer war die Hauptgefahr.

Und direkt außerhalb des schattigen Dorfes, im Freien, herrschte alte Größe: der hohe rote Ziegelturm des Majapahit-Tempels, ungeschmückt, geometrisch, kraftvoll, der antike Stil, der das Urbild der behauenen Rhomben und Pyramiden auf den Torpfosten war, die wir die ganze Strecke von Surabaya an gesehen hatten. Als Denkmal bot er nicht viel. Die Statuen, die der Turm umschloß, waren heruntergenommen worden. Aber nach dem Gedränge und der Gleichförmigkeit, den kleinen Häusern und Reisfeldern in schmalen Streifen gab er den Menschen eine Vergangenheit und der Landschaft eine andere Atmosphäre.

Prasojo kannte den Zweck oder die Bedeutung des Tempels nicht. Er war nur von der Tatsache beeindruckt, daß er ohne Maschinen gebaut worden war. Es war auch kein Mörtel benutzt worden. Kalk hatte über die Jahrhunderte die Ziegel zusammengehalten: das war das größte Wunder für einen Deutschen gewesen, den Prasojo kennengelernt hatte.

Wir aßen etwas in einem chinesischen Café. »Können Sie sehen, daß es Chinesen sind?« fragte Prasojo, und ich sagte, das könne ich. Das Dorf setzte sich fort; die Menschen und ihre kleinen Häuser waren immer bei uns. Dann wurde das Land abwechslungsreicher, und wir begannen in Windungen durch junge Teakbaumwälder zu fahren. Die Teakbäume wuchsen ganz gerade und hatten große runde Blätter. Die Japaner hätten während des Krieges alle Teakbäume gefällt, sagte Prasojo. Und das war interessant, denn am Tag zuvor hatte Prasojo mir am Inlandflughafen von Djakarta, wo Fotos der antiken Stätten Indonesiens hingen, erzählt, daß die Japaner mit ihren Schwertern die Steinköpfe der Buddhas abgeschlagen oder verunstaltet hätten. Das Thema war im Majapahit-Museum wieder zur Sprache gekommen, und ich hatte ihm gesagt, daß (abgesehen von Trophäenjägern) die Moslems die großen Bilderstürmer der Geschichte gewesen seien, die die meisten Nasen alter Statuen abgeschlagen hätten. Das zu akzeptieren, war ihm zuerst nicht leichtgefallen. Aber als er es dann begriff, sagte er einfach: »Um die Leute davon abzuhalten, sie anzubeten.«

Es war Mittag, feucht selbst in den Teakbaumwäldern. Prasojo schlief von Zeit zu Zeit ein. Er ließ den Fahrer Popmusik im Kassettenrecorder des Autos spielen; er schlief auch dazu. Das Land wurde flach, öffnete sich auf eine weite Ebene mit einer Kette blauer Hügel auf der einen und Bergen mit hohen Gipfeln in der Ferne auf der anderen Seite. Es hatte geregnet, alles glitzerte. Das Grün der Reisfelder war prächtig. Und vor diesem Grün war jeder helle Farbfleck – auf den Kleidern und Sarongs der auf den Reisfeldern arbeitenden Menschen – doppelt prächtig, weil er sich mit dem Himmel im Wasser spiegelte. Der Reis wuchs in geraden Reihen; verschiedene Felder befanden sich in verschiedenen Wachstumsstadien.

Als das Licht wechselte, als die Nachmittagshitze nachließ, rührte Prasojo sich und wurde wieder lebhaft. Der Schlaf hatte ihn mehr als erfrischt: er sprach ganz poetisch über das Land, durch das wir fuhren. Er war hier in der Nähe zur Schule gegangen. Er sprach davon, wie schön es gewesen sei, morgens im Dunkeln aufzustehen und mit Fackeln aus Palmwedeln zur Straße zu gehen, um auf den Bus zu warten. Er sprach von den Verabredungen am Nachmittag. Rendezvous-Zeit war zwischen vier und sechs; nach sieben konnte man nirgends mehr hingehen. Das Mädchen saß im Damensitz hinten auf dem Motorrad und hielt den Jungen um die Taille: das war das anerkannte Rendezvous-Vergnügen.

»Das ist die schönste Zeit des Tages«, sagte Prasojo.

Die Sonne war rot. Das Licht war rot; rot schien es durch die Bäume, rot fiel es auf die Straße. Ein schwacher Dunst stieg aus den Reisfeldern auf; die blauen Hügel wurden blaß, und Sonne und Himmel spiegelten sich im Wasser der Reisfelder.

»Für uns ist es nicht leicht, im Ausland zu sein«, sagte Prasojo. »Wir bekommen Heimweh.«

Sie bekamen Heimweh nach allem. Nach allem, was wir an dem Tag erfahren hatten: nach der Frische des Morgens, der Hitze des Mittags, der Entspannung und den Farben des Spätnachmittags. Nach allem, was wir auf den Straßen und Feldern gesehen hatten: dem Zyklus der Reisernte, den wechselnden Aufgaben, den Männern, die in Körben an jedem Ende einer Bambusstange Lasten trugen, den Fahrrad-Rikschas, den Pferdekutschen (verschiedene Regionen hatten verschiedene Kutschenstile). Einem Indonesier war alles über sein Land bekannt; keine Einzelheit der Architektur oder der Kleidung oder des Lichtes blieb unbeachtet. Jede Jahreszeit hatte ihren Ablauf; jeder Tag hatte seinen Ablauf. Als Prasojo nach Arizona fuhr, war sein erster Gedanke beim Aufwachen am ersten Tag: »Ich bin nicht in Indonesien.«

All dies wurde ihm vom verblassenden Licht, der besten Zeit des javanischen Tages, entlockt. Die Straße war voller Menschen, die den Vergnügungen dieser Tageszeit nachgingen, sich entspannten und plauderten. Die Pferdekutschen hatten viel zu tun. Jungen und Mädchen fuhren zusammen auf Fahrrädern – Prasojo zeigte sie mir.

Und er erzählte mir von den Merkwürdigkeiten seiner Zeit in Arizona. Eines Morgens fragte er den Mann nebenan, was er aus Höflichkeit und Freundlichkeit einen Indonesier gefragt haben würde: »Was machen Sie heute?« In Indonesien hätte der Mann gesagt: »Ich gehe auf mein Reisfeld. Ich habe heute das und das zu tun.« Aber in Arizona lautete die Antwort – von einem dreißigjährigen Mann: »Das ist meine Angelegenheit.« Oder Prasojo ging, wie er das in Indonesien getan hätte, zum

Haus eines Freundes, nicht aus einem bestimmten Grund, nur so aus Freundschaft. Die Mutter des Jungen in Arizona sagte: »Was wollen Sie?« Das war in Indonesien sehr unhöflich. »Wir sind nicht so individualistisch«, sagte Prasojo.

Wenn ein Mann in Java seinen Reis geschnitten haben wollte, sandte er den Leuten in seinem Dorf eine Nachricht. Sie kamen und halfen und bekamen dafür Reis. Prasojos Großvater, ein Bauer, nahm sein Abendbrot gern vor dem Haus ein, damit er alle seine Freunde, die vorbeikamen, herbeirufen konnte: »Komm und iß mit uns.« Das war in der Stadt natürlich nicht möglich. In Djakarta hätte man im Nu das Haus voll. Aber seine Mutter hatte noch den Instinkt zum Teilen, und das konnte ihr Ärger mit seinem Vater einbringen und manchmal zu Tränen führen. Aber wenn sie auch schmerzlich gelernt hatte, daß sie nicht jeden Abend Djakarta ernähren konnte, nahm sie doch immer, wenn sie eine Reise mit dem Zug machte, viel mehr Essen mit, als sie für sich selbst und ihre Familie brauchte, bloß um genug für die Leute zu haben, die bei ihr im Abteil sein konnten.

Und doch war Prasojo, Indonesier, der er war, mit Freuden gereist. Während seiner Zeit beim American Field Service war er von der Vielfalt der menschlichen Rasse überwältigt gewesen. Er hatte wegen der kolonialen Vergangenheit die Holländer nicht gemocht (ein paar Wochen später erzählte er mir von einem unangenehmen tätlichen Zusammenstoß zwischen seinem Großvater, dem Bauern, und einem Holländer); aber in Arizona hatte er einen holländischen Jungen kennen- und schätzengelernt, und er war froh gewesen, seine Gefühle den Holländern gegenüber abschütteln zu können. Und wie nett war es, daß man einen deutschen Jungen ›Hitler‹ nennen, und der das als Scherz auffassen konnte; und wie nett war es, daß jemand, wenn Prasojo Schweinefleisch ablehnte, sagen konnte: »He, wann gibst du denn endlich einmal deine Religion auf?«

Er hatte zuerst bei einer lutheranischen Familie gewohnt, dann bei einer presbyterianischen und dann bei einer agnostischen, und er hatte sich mit allen gut verstanden. Aber er blieb Indonesier genug, um auf die Frage, die ihm jemand in Amerika stellte: »Ziehen Sie die Vereinigten Staaten Indonesien vor?« nicht antworten zu können. Prasojo wollte den Amerikaner, der die Frage gestellt hatte, nicht verletzen; gleichzeitig konnte er aber nicht sagen, daß er Indonesien weniger mochte, als er es tat. Aus seiner Arizona-Erfahrung war in ihm der Wunsch entstanden, Schriftsteller zu werden, und er hatte einen hundertseitigen autobiographischen Essay geschrieben, *Merden Bukan Casa Grande*, ›Merden ist nicht Casa Grande‹. In Casa Grande hatte Prasojo in Arizona gewohnt; Merden war der Name seines Dorfes in Java.

Bei Sonnenuntergang kamen wir zum Tempel von Prambanam. Nach all den Fotos war es überraschend, den mächtigen Turm so nahe an der Hauptstraße, so sehr als Teil einer Dorfansicht zu sehen; es war nicht leicht, daran zu glauben.

Der Hindu-Tempel aus dem neunten Jahrhundert – frühe Fotos zeigen nur das große Fundament mit einer Moräne niedergefallener Steine – war von den Holländern restauriert worden, und zwar keineswegs verfälschend; wo die Originalstücke verloren waren, wurden unbearbeitete Steine eingesetzt. Der Tempel war der Mittelpunkt eines riesigen Komplexes gewesen, und die Restaurierungsarbeiten dauerten noch an. Die Steine eines kleineren Tempels waren ordentlich ausgearbeitet und numeriert. Doch das Dorf setzte sich darüber hinweg. Außerhalb des abgesperrten Gebiets rings um das Monument verbrannte Abfall in den Überresten eines der kleineren Heiligtümer, das noch ein wenig Bildhauerarbeit aufwies. Prasojo sagte: »Das tut mir weh.« Doch schien das Wunder für ihn wieder nur darin zu bestehen, daß Menschen etwas so Großes ohne Maschinen gebaut hatten, solche Steinmetzarbeiten ohne Maschinen ausgeführt hatten.

Eine Gruppe einheimischer Mädchen, zu dieser Tageszeit ganz ausgelassen, lief die vier steinernen Treppenaufgänge rauf und runter, rief Prasojo und mir etwas zu und ging kichernd die Treppe mit der Balustrade entlang. Der Himmel über den nassen Feldern verblaßte; der Tempel wirkte alt.

In die Balustrade waren Szenen aus dem *Ramayana* gemeißelt, dem Hindu-Epos, das Java und andere Länder in Südostasien zu ihrem gemacht hatten. Tausend Jahre nach Prambanam war das Epos in Java immer noch lebendig. Prasojo kannte es gut aus dem Puppentheater. Er kannte die Charaktere, die Geschichten; er verstand die Moralfragen, die es anschnitt. Monumente wie Prambanam benutzten eine schwierige Theologie, hinduistisch oder buddhistisch, um die Macht und Gottähnlichkeit eines Königs zu verkünden. Die Theologie war verschwunden; die Priester und Könige waren dahingegangen; die sanftere Seite des alten Glaubens war als Zivilisation am Leben geblieben.

Freunde und Unterhaltung waren Prasojo wichtig. Er hatte Freunde in Djogjakarta. Er verbrachte die Nacht bei ihnen, und er erzählte nachher, daß sie zu fünft in ein Restaurant gegangen wären für eine Stunde – und sich großartig ›amüsiert‹ hätten.

Er hatte gesagt, er wollte, daß wir früh aufständen, damit wir sehen könnten, wie die Schüler Djogjakartas zur Schule radelten, sieben nebeneinander, klingelnd und lachend. Warum radelten sie so im Verkehr Djogjakartas? »Weil sie so glücklich sind.« Und sie waren glücklich, weil das zu ihrer Lebenszeit und zur Morgenzeit paßte. Aber diese radelnden Schüler – und der andere Radverkehr – bewirkten den Verkehrsstau, der Prasojo aufhielt. So verpaßte ich die Schüler.

Immerhin hatte Prasojo einen seiner Freunde mitgebracht: mir erschien er nach Prasojos Erzählungen wie eine mythische Gestalt: der Freund, Teil des Rituals und der Sicherheit im Leben Javas. Prasojo konnte die Freude, die er an seinem Freund hatte, nicht verbergen. Er faßte ihn an; er sprach lächelnd mit mir über ihn. Und solange er bei uns war, schwieg der Freund, jedoch nie gelangweilt, zufrieden, bei Prasojo zu sein.

Das *pesantren* in Jombang war eine Schicksalsprüfung gewesen. Aber Prasojo setzte große Hoffnungen auf das *pesantren* in Pabelan. Pabelan war das *pesantren*-Schaustück. Es war die ›traditionelle‹ islamische Lehranstalt, die zu einer Art von Schule entwickelt worden war, von der einige meinten, daß sie die für

Java vollkommene sei: keine Zeugnisfabrik (es gab keine Zeugnisse), ›unstrukturiert‹, angemessene Fähigkeiten vermittelnd, eine ›Kooperative‹, autark, Lehrer und Schüler, die zusammenarbeiteten, niemand strenggenommen ein Lehrer, Dorf und Schule sich gegenseitig unterstützend, niemand nur ein reiner Dorfbewohner, niemand ausschließlich Schüler. Das verstand ich darunter: eine Bildungsgemeinschaft, eine Selbsthilfeorganisation, in Harmonie mit dem Dorf, so wie Prasojo mir davon erzählt hatte.

Er lag eine Autostunde entfernt von Djogjakarta an der Straße zum Borubudur-Tempel: Dorf und Reis die ganze Strecke, der Boden hier vulkanisch und fruchtbar. Wir bogen in einen von Bäumen überhangenen Weg ein und sahen an seinem Ende eine Reihe weißgekalkter javanischer Häuser auf einem großen sandigen Anwesen mit Kokospalmen und Flamboyants. Wir fanden das Büro in einem etwas ungefügen dörflichen Haus, und dort begannen meine Schwierigkeiten.

Es waren zwei Männer im Büro. Einer davon war Taufiq. Er war vielleicht dreißig, klein, mit einem runden Gesicht, einem breiten, beständigen Lächeln und unbekümmerten, tiefen Lachen. Er leugnete, daß das Büro ein Büro sei. Und das verwirrte mich auf der Stelle, denn es stand ein Glasschrank mit vielen Akten da.

Tafiq sagte dann, daß es keine Büroangestellten gäbe. *Pesantren*-Leute übernähmen es der Reihe nach, im Büro zu sein, deshalb sehe es auch – und das amüsierte Taufiq köstlich – für manche Besucher gar nicht wie ein Büro aus. Taufiq war an diesem Morgen nur als Sprecher des *pesantren* im Büro, weil er an der Reihe war.

Aber was war mit der Kontinuität? Wer kümmerte sich um die Akten in dem Glasschrank? Taufiq gab entweder keine Antwort, oder ich verstand nicht, was er sagte. Er stellte den anderen Mann im Büro – einen mit guter Haltung, der fließend Englisch sprach – als einen Leiter des Dorfes, einen Dorfvorsteher vor. Dieser Mann entsprach nicht meiner Vorstellung von einem

Dorfvorsteher. Und während ich versuchte, mit all den Rätseln fertig zu werden, vor die Taufiq mich schon gestellt hatte, bekam ich einiges von dem nicht mit, was er Prasojo zur Erklärung sagte, warum es an dieser Schule keine Lehrer gab.

Ich begann erst wieder zuzuhören, als Taufiq in seiner ruhigen Art sagte: »Wir leben in Frieden mit der Natur.«

Das ökologische Interesse löste Alarm aus: es klang modern, wurde aber auch für etwas gehalten, das dem Koran entsprach, und war aus diesen beiden Gründen in den neuen Islam aufgenommen worden. Und ich wandte mich vollends wieder der Unterhaltung zu, als Taufiq sagte, wir seien Fremde, aber wir seien willkommen. Wir könnten zum Mittagessen bleiben, wir könnten über Nacht bleiben. Das sei in Pabelan Sitte: ein Moslem zu sein, hieße, seinem Mitmenschen zu dienen.

Ich sagte: »Ist das der Grund, weshalb Sie Ihren Mitmenschen dienen? Manche Menschen dienen ihren Mitmenschen einfach, weil es ihre Mitmenschen sind.«

Der Dorfvorsteher antwortete: »Wir sind Moslems, und wir wollen gut sein.«

»Was meinen Sie mit gut?«

Der Dorfvorsteher sagte in aufrechter Haltung: »Sitte. Keinen Anstoß erregen.«

Es war eine gute Antwort, eine moslemische Antwort: sich an allseits gebilligte moslemische Sitten halten und keinen Anstoß bei Moslems erregen.

Ich sagte: »Ist es gut oder schlecht, das Haar lang zu tragen?«

Und wieder zögerte er nicht. »Das ist kein Problem.«

Er hatte seine Islam-Prüfung bestanden. Er entspannte sich. Er sah mich mit neuer Achtung an. Er sagte: »Sind Sie Araber?«

»Nein. Wie kommen Sie darauf?«

»Sie sehen aus wie unser Prophet.«

Prasojo war empört. »So etwas können Sie nicht sagen. Niemand weiß, wie der Prophet ausgesehen hat.«

»Niemand weiß es«, sagte der Vorsteher und versuchte sich nun zwischen Blasphemie und Unhöflichkeit durchzumanövrieren. »Aber er sieht so aus, wie man erwartet, daß der Prophet aussieht.«

Wir sahen uns die Karte des indonesischen Archipels an der Wand an. Pabelan war der Mittelpunkt dieser Karte. Dorthin führten rote Fäden aus all den Gebieten Indonesiens – durch Stecknadeln gekennzeichnet –, die Schüler zu dem *pesantren* geschickt hatten.

Vielleicht spaßeshalber, vielleicht auch nicht, zeigte Prasojo auf eine sehr kleine Insel im Norden. »Wie haben sie dort oben davon gehört?«

»Lassen Sie uns nicht reden«, sagte Taufiq. »Lassen Sie uns nach draußen gehen.«

Wir ließen den Vorsteher im Büro zurück und gingen in den sandigen Hof hinaus. Der Jauchegeruch, der schwer im Büro hing, wurde in der frischen Luft leichter. Einige Jungen und Männer, darunter ein alter Mann mit einer schwarzen Kappe, schreinerten im Schatten einer Kokospalme hölzerne Bettgestelle.

Ich sagte zu Taufiq: »Sie sagen, hier gibt es keine Lehrer. Wer hat ihnen beigebracht, Betten zu bauen?«

»Sie bringen es sich gegenseitig bei.«

Wir gingen zu den Bettenbauern. Sie, zweifellos an Besucher gewöhnt, schenkten uns keine Beachtung.

Prasojo sagte: »Was soll ich als nächstes fragen?«

»Fragen Sie, wer das Holz bezahlt.«

Taufiq sagte: »Leute schenken uns Sachen. Wir verkaufen Sachen. Wir machen Möbel und verkaufen sie. Manche Leute im Dorf wissen noch nicht einmal, daß ich zum *pesantren* gehöre. Sie denken, ich bin Händler.« Und Taufiq lachte sein tiefes Lachen; die Idee des Inkognito, des Vexierspiels gefiel ihm.

»Sehen Sie«, sagte Prasojo. »Mädchen, und recht hübsche.«

Es war der Blick des Neunzehnjährigen. Sie waren sehr jung, diese Mädchen, und sie hockten im Sand um ein größeres Loch, aus dem sie Stücke von Kokospalmwurzeln rupften und sie in einen Korb warfen. Als wir hingingen, um zuzusehen, wurden sie träge, knipsten die biegsamen Kokospalmwurzeln mit Zartgefühl, ohne Hast ab.

Taufiq sagte: »Sie sammeln Brennmaterial zum Kochen. Es ist eine Kooperative.«

Prasojo sagte: »Wieviel Zeit verbingen sie damit, Brennmaterial zu sammeln?«

»Es ist Freitag«, sagte Taufiq. »Sie haben keinen Unterricht.«

Prasojo begann sich Sorgen um die hübschen Mädchen zu machen. »Sie meinen, sie verbringen den ganzen Tag damit?«

Taufiq hörte nicht auf zu lächeln. »Es ist eine Kooperative.«

Aber während wir noch zusahen, beschlossen die Mädchen, Feierabend zu machen. Sie standen vorsichtig auf, preßten ihre kleinen Körbe mit Kokospalmreisig gegen die Seite und gingen sich wiegend davon.

Der Sand war an manchen Stellen mit einer weißen Kordel markiert: Volleyballplätze. Aber niemand spielte. Hier und da wurden Matratzen zum Lüften auf Matten in die Sonne gelegt.

Prasojo sagte: »Dort sind die Mädchen-Schlafsäle. Wollen Sie hingehen und sie sich ansehen?«

Ich wollte nicht zulassen, daß Prasojo mich vorschob. Ich sagte: »Es könnte sie in Verlegenheit bringen.« Und wir zogen weiter, um uns statt dessen anzuschauen, wie eine Gruppe den Teich säuberte. Ein Stück eines dicken Schlauches war an eine nicht laufende Elektropumpe angeschlossen, und Jungen mit Netzen standen in dem schaumbedeckten dunkelgrünen Wasser und siebten Blätter und anderen Unrat heraus. Die Arbeit wurde von einem Mann mittleren Alters beaufsichtigt.

Taufiq sagte: »Er ist der Mann, der das *pesantren* gegründet hat. 1962.«

Prasojo sagte: »Möchten Sie mit ihm reden?«

Ich sagte nein; ich hätte nicht gewußt, was ich ihm sagen sollte.

Wir gingen weiter bis zum Schlafsaal der Jungen. Er war mit Betten und Koffern vollgestopft. Es war ein Schlafsaal für zweiunddreißig Jungen, und einige davon waren da, lagen auf ihren Betten.

Taufiq sagte zu Prasojo: »Dieser Junge ist berühmt. Sein Bruder ist ein Sänger.« Er nannte einen Namen, und Prasojo war beeindruckt.

Vor einem anderen Schlafsaal standen kleine Jungen neben Koffern und anderen Taschen und Paketen. Sie hatten ihre kleinen schwarzen Kappen auf, und das ließ sie vollkommen bekleidet aussehen, als seien sei gerade angekommen und warteten darauf, daß man ihnen sagte, wohin sie gehen sollten.

Taufiq sagte: »Wir lassen die Kleinen alle zehn Tage oder so umziehen. Wegen der Interaktion. Hier macht es keinen Unterschied, ob sie von Java oder den Sunda-Inseln oder Sumatra kommen. Sie sind Indonesier. Sehen sie diesen Jungen?« sagte er zu Prasojo. »Er kommt aus Timor.«

Prasojo war interessiert. »Welchen?«

»Timor«, sagte Taufiq und lachte, »unsere neueste Kolonie. Demnächst werden wir Australien kolonisieren.«

Prasojo sagte: »Sie dürfen solche Sachen nicht *sagen*.«

Ich sagte, indem ich über die Jungen nachdachte, die herumgeschoben wurden: »Aber angenommen, sie wollen nicht umziehen. Sie haben gesagt, es gibt keine Lehrer, es geschieht alles kooperativ.«

»Das ist richtig. Es ist vollkommen unstrukturiert.«

»Aber angenommen, sie wollen nicht umziehen.«

»Dort drüben«, sagte Taufiq und wies über die Bäume und Volleyballplätze hinaus, »haben wir ein Stück Land. Das nutzen wir landwirtschaftlich.«

Ich vergaß die Jungen. Ich sagte: »Wieviel?«

»Zweieinhalb Hektar.«

Ein neues Gebäude – das Geld gekostet haben mußte – enthielt Musikinstrumente. Aber es war Freitag, und niemand spielte. An einer Anschlagtafel hingen fotokopierte Artikel auf indonesisch und englisch über das *pesantren*. Drei Artikel waren in englisch. Sie glichen einander, besonders in bezug auf die ›Interaktion‹ zwischen Schule und Gemeinde, und mußten auf einer Presseerklärung beruhen. Einer der Artikel erwähnte Ivan Illich – es schien schwierig zu sein, seinen Namen in einem *pesantren* zu vermeiden – und deutete an, daß das *pesantren* in Pabelan ein vollkommenes Beispiel für ›Entschulung‹ sei.

Taufiq und Prasojo warteten, solange ich las.

Ich sagte: »Sie sagen, alles ist unstrukturiert, und es gibt keine Lehrer. Wie lange bleiben die Schüler hier?«

Taufiq sagte: »Sechs Jahre.«

»Ich habe das Gefühl, ich verstehe das, was ich sehe, nicht.«

»Sehen Sie«, sagte Prasojo. »Eine Wandzeitung.«

In einem roh zusammengezimmerten Dorfschuppen mit einem Lehmboden, auf dem der Staub dick und hügelig von Fußstapfen lag, setzten drei Jungen die Wandzeitung zusammen. Die Artikel waren mit der Maschine geschrieben, die Ränder rechts und links gleichmäßig: das bedeutete, daß es irgendwo in dieser Ansammlung javanischer Hütten und Häuser eine elektrische Schreibmaschine geben mußte und jemanden, der sie benutzen konnte.

Wir kamen an einer alten Hütte mit Wänden aus Kokospalmgeflecht vorbei. Ein alter Mann saß genau davor.

»Wer ist das?«

»Ein Dorfbewohner«, sagte Taufiq erfreut, daß ich gefragt hatte. »Und auch das ist ein Dorfbewohner. Dorf, Schule, kein Unterschied.«

Ich sagte: »Prasojo, ich glaube, ich bekomme eine Erkältung. Ich denke, wir sollten nach Djogjakarta zurückfahren.«

Taufiq versuchte nicht, mich zu halten. Wir gingen in Richtung des Büros zurück. Vor ein paar Holzkisten auf Paletten blieben wir stehen.

Taufiq sagte: »Hier verwahren wir unseren Reis. Die Dorfbewohner geben uns. Und wenn sie wollen, geben wir ihnen.«

Das war Taufiq, selbst am Ende gab er mir noch Rätsel auf.

Als wir im Auto waren, sagte ich zu Prasojo: »Ich glaube, es ist eine schlechte Schule. Warum macht man sich die Mühe, bloß für so was? Warum bauen sie nicht einfach eine anständige Schule? Bekommt irgend jemand dort eine Erziehung? Oder spielen sie bloß Dorfbewohner?«

»Das können Sie nicht sagen. Sie können nicht irgendwo fünfzehn Minuten verbringen und dann eine feste Meinung darüber haben.«

»Wir haben keine fünfzehn Minuten da zugebracht.«

»Ich glaube nicht, daß Sie verstanden haben, was Sie gesehen haben.«

»Das Gefühl habe ich auch.«

»In meiner Schule haben die Leute keine Betten hergestellt«, sagte Prasojo. »Sie haben sie nicht gemacht und dann verkauft. Das ist eine neue Idee.«

Ich sagte: »In meiner Schule wurde geschreinert.«

»Tatsächlich?« Er verstummte.

Wir überquerten das aufgegrabene Flußbett mit den Resten von schwarzen Lavafelsen: einer der Lavakanäle des Vulkans Mount Merapi.

Ich sagte: »Haben Sie von einem englischen Schriftsteller namens Charles Dickens gehört?« Ich empfand es als absurd, das zu fragen, während draußen die javanischen Reisfelder vorbeizogen. »Also, 1837 oder 1838 schrieb Charles Dickens einen Roman mit dem Titel *Nicholas Nickleby*, und er hat darin so eine Schule beschrieben. Sie wurde von einem Mann namens Mr. Squeers geleitet. Er glaubte an Lernen durch Tun. Botanik – geh hin und gärtnere. Biologie – geh hin und striegele die Pferde.«

»Ich habe von Charles Dickens gehört, aber *Michael Nickleby* habe ich nicht gelesen.«

»*Nicholas Nickleby*. Ich fände es schrecklich, gezwungen zu sein, an so einem Ort zu bleiben.«

»Ich fände es *kriminell*, wenn sie wegführen und das schrieben. Niemand wird gezwungen, dort zu bleiben.«

»So habe ich es nicht gemeint, Prasojo. Ich meinte, wenn ich ein Junge wäre und meine Eltern schickten mich dahin, das fände ich schrecklich.«

Ich hatte ihn beleidigt; ich hatte seine javanische Höflichkeit überfordert. Er glaubte an das *pesantren*-System als javanisches und moslemisches System. Er war noch nie vorher in Pabelan gewesen, und er war vielleicht von dem, was wir gesehen hatten und was Taufiq uns erzählt hatte, genauso verwirrt wie ich. Aber er respektierte den Ruf der Stätte.

Ein wenig später – Djogjakarta rückte näher, Anschlagtafeln tauchten auf – kehrte er zu dem Thema zurück, aber auf Umwegen. Er sagte: »Was ist Ihrer Meinung nach der Unterschied zwischen Bildung und Wissen?«

Und als ich über Prasojos Satz nachdachte, meinte ich zum ersten Mal erkennen zu können, was Taufiq mir vielleicht hatte erklären wollen.

Aber ich mochte diese Art Diskussion nicht. Ich sagte: »Ich weiß nicht, ob ich das beantworten kann. Die Frage ist falsch gestellt. Bildung und Wissen sind nicht immer verschiedene Dinge.«

Er tat so, als verstünde er. Als wir in der Mittagshitze nach Djogjakarta kamen – Mopeds und qualmende Busse, Bäckereien im holländischen Stil, Werbung für indonesische Nelkenzigaretten, Fahrrad-Rikschas mit ihren hohen, nach hinten versetzten Sätteln (die Belastung dieser Rikschas lag weniger auf den Waden als auf den Armen, wegen des Drucks, den die Rikscha-Fahrer ständig ausübten, um das Vorderteil ihrer Rikschas unten zu halten) – tat Prasojo so, als triebe er mit dem, was ich gesagt hatte, sein Spiel.

Aber als das Auto vor dem Hotel hielt, konnte er sich nicht mehr zurückhalten. Er sagte: »Ich wollte nicht Ihr Führer sein, wissen Sie das? Ich habe eine Woche lang die Schule sausen lassen, um mit Ihnen zu fahren. Mein Lehrer meinte, es sei eine gute Idee, mit Ihnen zu fahren. Deshalb hat der Direktor es abgesegnet.« Und ganz unerwartet bei seinem Angriff, warf er dann eine Entschuldigung ein: »Es tut mir leid, daß ich Sie heute früh zu diesem Batikunternehmen geführt habe. Sie haben nicht darum gebeten, Batik zu sehen. Es war eine Zeitverschwendung für Sie.«

Ich hielt ihn am Arm fest und bot ihm so meine Entschuldigung an. Und er ließ mich seinen Arm eine Weile halten, ehe er die Autotür öffnete.

Aber war die Idee der dörflichen Bildungskommune – wenn das, was ich gehört hatte, stimmte – nicht nur die Idee von einer Gemeinschaft mit niedrigen Fähigkeiten, ein Mißbrauch der Armen?

Ein wenig von dem Geheimnis klärte sich am Abend, als wir zu einer Versammlung im Haus von Umar Kayam gingen. Umar war von seinen Eltern nach dem persischen Dichter genannt worden, hatte sich aber in Indonesien aus eigener Kraft einen Namen gemacht. Er war ein großer attraktiver Mann Ende Vierzig, Lehrer an der Universität Djogjakarta und Schriftsteller; Prasojo hatte große Hochachtung vor ihm. Und Umar und seine Freunde – von denen einer in Pabelan studiert hatte – ergriffen Partei für Prasojo.

Sie sagten, ich habe Pabelan falsch verstanden. Ich sei am Feiertag hingefahren, an dem kein Unterricht stattfinde, und ich sei durch die Sprache irregeführt worden. Es gäbe Lehrer in Pabelan. Wenn Taufiq gesagt habe, es gäbe keine Lehrer, hätte er wahrscheinlich nur gemeint, daß es keine religiösen Lehrer gäbe, nicht so etwas wie einen *ustad*, dessen Wort früher Gesetz gewesen sei. Pabelan sei hauptsächlich religiös und islamisch ausgerichtet, aber es unterrichte auch andere Fächer, es habe eine Bibliothek und ein Labor. Der Versuch, so eine Schule in einem Dorf zu errichten, die Hilfsmittel des Dorfes zu verwenden, sei neu.

Ich sagte: »Aber, Prasojo, hat Taufiq nicht gesagt, es gäbe keine Lehrer und die Schule sei unstrukturiert?«

»Vielleicht wußte Taufiq nicht allzu viel. Ich habe Ihnen ja gesagt, Sie hätten sich zu schnell ein Urteil gebildet. Das steht Ihnen natürlich frei. Aber Sie waren zu schnell.« Aber hatten sie mir in Pabelan nicht auch Sachen erzählt, von denen sie annahmen, daß ich sie hören wollte? Als Taufiq und der Dorfvorsteher glaubten, ich sei Moslem, vielleicht sogar Araber, hatten sie die moslemische Seite betont. Später, als sie mich anders einschätzten, hatte Taufiq vielleicht etwas zu locker modern klingende Wörter benutzt: ›Kooperativen‹, ›keine Eliten‹, ›unstrukturiert‹. Vielleicht war es nur die javanische Höflichkeit – von einigen Indonesiern in Djakarta verflucht –, die mich verwirrt hatte.

Bei Umar Kayam wurde viel über das javanische Dorf gesprochen. Es gab eine neue Reiszüchtung. Sie wuchs zweimal so schnell wie die alte und konnte zweimal im Jahr geerntet werden. Die Nahrung wurde benötigt, aber die zwei Ernten durchbrachen den alten Lebensrhythmus, gerieten in Konflikt mit den Festen und Puppenspielen, die für die Javanen so wichtig waren. Es gab zu viele Menschen, und die Großfamilie war im Begriff zu verschwinden: man holte nicht mehr Verwandte heran, die den Reis schnitten und dafür einen Teil der Ernte bekamen. Die an ihren Riten hängende Gemeinschaft, von der Prasojo so gefühlvoll gesprochen hatte, ging zugrunde. Und der Islam solcher Einrichtungen wie Pabelan war zum Teil eine Reaktion auf diesen Zusammenbruch.

Prasojo hatte ein ungutes Gefühl dabei, aber wir fuhren am nächsten Morgen nach Pabelan zurück, um zu sehen, was ich versäumt hatte.

Ich hatte den hohen Torbogen über der Einfahrt zu dem Dorfweg, das Willkommensschild übersehen. Die Kokospalmen und die Flamboyants mit den roten Blüten und die Ziegeldächer des Schulgeländes machten einen malerischen Eindruck. Es waren weniger Schüler zu sehen. Das Portal der Moschee war leer. Durch eine offene Tür hinten im Büro sah ich ein paar Mädchen nähen. Sie sagten, sie machten ein Banner zur Begrüßung des Religionsministers, der an diesem Tag kommen sollte. Dann kicherten sie und liefen weg.

Der Mann, der an diesen Morgen als Sekretär und Sprecher im Büro wirkte, war kleiner als Taufiq und trug eine schwarze Kappe. Ich spürte, daß auch er mich verwirren würde. Wir hörten, daß eine Arabischstunde im Gange war; junge Mädchen antworteten leiernd einem Lehrer, aber der Mann im Büro sagte, der Unterricht habe noch nicht begonnen. Ich fragte, ob die Schüler auf dem Feld seien. Die Frage war provokatorisch, aber er gab eine ernsthafte Antwort. Er sagte, die Schüler gingen nachmittags aufs Feld. Ich fragte, wo Taufiq sei.

»Er wäscht.«

»Er badet?«

»Er wäscht Kleider.«

»Wäscht er viele Kleider?«

»Er wäscht viele.«

Das schien mir etwas zu sein, was Taufiq im *pesantren* wohl gerne tat.

Ich sagte: »Ich möchte sehen, wie Taufiq wäscht.«

Wir gingen ums Haus herum zu einer Hintergasse. Ein Betonabfluß entließ Schmutzwasser aus dem Haus in einen aufgeweichten schwarzen Graben.

»Was ist das?«

Der Sekretär aus dem Büro sagte, als sei es ein englischer Vokabeltest: »Eine Wasserrinne, ein Kanal.«

»Ist das ein Schulgebäude?«

»Es gehört einem Dorfbewohner.«

Daneben gab es eine Reihe Waschräume aus Beton, und vor den Waschräumen war eine Reihe offener, halbhoch ummauerter Waschplätze. Auf dem Gang zwischen Waschräumen und Waschplätzen sah ich Taufiq mit einem roten Plastikeimer: Taufiq vollwangig und fröhlich wie eh und je.

Er sagte: »Guten Morgen. Wie schön, Sie wiederzusehen. Ich wußte, daß Sie zurückkommen würden. Aber nun müssen Sie mich entschuldigen. Ich habe etwas zu waschen.«

Direkt hinter den Waschräumen schnitten einige Jungen anderen die Haare. Ein achtzehnjähriger Junge mit einem Handtuch über den Schultern wartete darauf, daß er die Haare geschnitten bekam. Er kam aus Sumatra und ging bald in sein Dorf zurück. Er sagte, er habe vor, Gutes für das Dorf zu tun. Das war korrekt und höflich, aber ich wollte etwas Genaueres wissen. Er dachte nach und sagte, er würde Lehrer werden. Mehr konnte er nicht sagen.

Prasojo und ich und der Sekretär kehrten um. Wir sahen Taufiq wieder, das heißt, nur seinen Kopf und die Schultern über der Betonmauer des Waschplatzes. Er trug ein rotes T-Shirt. Er lächelte uns an und sagte: »Ich wasche meine Wäsche.«

Ich fragte den Sekretär: »Wäscht er viel?«

Der Sekretär verstand, worauf meine Frage abzielte. Er sagte: »Er wäscht seine eigene Kleidung.«

Wir kamen zu dem neuen Gebäude, wo die Mädchen etwas auf arabisch leierten. Ihre stramm sitzenden Kopfbedeckungen, die ihr Haar verleugneten, gaben ihnen allen ausdruckslose mongolische Gesichter. Die Unterrichtsstunde war fast um, der Lehrer stapelte Hefte aufeinander. Es klang, als beginne jede Zeile im letzten Teil des Singsangs der Mädchen mit *Allah*, aber Prasojo sagte, das stimme nicht.

Ich sagte zu dem Sekretär: »Taufiq erzählte mir gestern, es gäbe keine Lehrer hier.«

Der Sekretär redete beim Weitergehen mit Prasojo auf indonesisch. Prasojo übersetzte. »Taufiq meinte, daß er Lehrer sei, aber gleichzeitig auch von anderen, von Leuten wie dem Leiter, lerne. Somit ist er auch Schüler.«

Wir kamen an dem Haus im javanischen Stil vorbei, das mir am vergangenen Tag als erstes Gebäude des *pesantren* gezeigt worden war. Auf die Tür hatte jemand auf englisch gemalt *Altes Haus*. Die Wände waren aus Bambusgeflecht. In der Mitte des nicht unterteilten Raums standen vier Holzsäulen, oben durch Querbalken verbunden, die das Ziegeldach trugen. Um drei Seiten lief eine elegant gemachte Plattform aus Bambus: dicke Bambusstützen, dünnere, gespaltene Bambusstücke, vom Gebrauch poliert, für die Plattform selbst. Zweiundzwanzig Jungen schliefen auf dieser Plattform. An den Wänden aus geflochtenem Bambus standen viele kleine Schränke, die in verschiedenen Farben angemalt waren. Das war die Idee, die ursprünglich hinter der *pesantren*-Schule steckte: das Dorfhaus, in das die Dorfjungen kamen, um Arabisch zu lernen und einem Dorflehrer den Koran nachzusprechen.

Auf der Bambusplattform lag eine Menge Bettzeug. Aber was wie ein Bündel Bettzeug aussah, stellte sich an einer Stelle als Junge heraus; als Zeichen, daß er krank war, hatte er ein weißes Tuch um den Kopf gewickelt. Er war am Tag zuvor krank geworden, an diesem Nachmittag würde der Arzt kommen. Es war nicht weiter wichtig.

Wir traten wieder hinaus in die neuere Welt der ›Interaktion‹. Im Schatten der Kokospalmen bauten sie immer noch Betten: sieben oder acht Männer unterschiedlichen Alters sägten und hobelten.

»Werden Sie diese Betten verkaufen? Diesen Eindruck habe ich gestern gewonnen.«

»Nein, die Betten sind für uns. Wir brauchen hier viele Betten.«

»Woher haben Sie das Geld, um das Holz zu kaufen?«

»Das weiß ich nicht.«

»Dann sind diese Männer also Handwerker? Sie bezahlen sie?«

»Sie sind aus dem Dorf. Und sie werden bezahlt.«

»Man sagte uns gestern, daß dies ein kooperatives Unternehmen sei. Taufiq sagte, es seien Studenten und Dorfbewohner und sie lernten voneinander.«

Der Sekretär schwieg. Wir sahen zu, wie die Männer sägten und hobelten. Als fleißige Handwerker schenkten sie uns nicht zu viel Beachtung.

Prasojo versuchte die Situation zu retten. Er nahm eine Breithacke auf und sagte: »Aber das gehört doch dem *pesantren*, nicht?«

Geistesabwesend, immer noch nachdenkend, sagte der Sekretär: »Ja.«

Ich sagte: »Was sie für schöne Hobel haben.«

Prasojo sagte: »Möchten Sie gern einen kaufen?«

Aber nun sprach der Sekretär. »Taufiq meinte, daß manche

dieser Männer noch nie Betten gebaut haben. Sie haben vielleicht Stühle gemacht. Sie haben vielleicht Häuser gebaut. Bettenherstellen haben sie erst gelernt, als sie herkamen. In dieser Hinsicht sind sie Schüler. Ich glaube, das hat Taufiq gemeint.«

Abrupt sagte Prasojo, als sei er gerade zu diesem Ergebnis gekommen: »Dieser Ort ist wie ein Campus. Aber ein Campus, auf dem die Studenten auch arbeiten.«

Es war ein Campus, wenn auch mit einer Atmosphäre wie auf einem Bauernhof. Vor den Schlafsälen der Mädchen (die Prasojo am Tag vorher hatte besuchen wollen) standen Pfützen, und auf diesen Pfützen schwammen Enten und viele Entenküken. Wir suchten uns einen Weg durch den Schlamm, an den Abfallhaufen vorbei, an der aufgehängten Wäsche vorbei. Der Fischteich war so grün und dunkel, wie er vor dem Saubermachen gewesen war. Die Honda-Pumpe mit dem im Teich liegenden, daran befestigten Schlauch stand immer noch da.

Wir sprangen von der Mauer hinter den Schlafsälen der Mädchen, und auf dieser niedrigen, schmutzigeren Ebene, wo es wie auf einem Bauernhof roch, waren nun dörfliche Häuser mit Bauersfrauen, die lächelten und uns mitten aus dem Abfall, der über die Höfe ausgebreitet war und aus dem ihre Häuser herauszuwachsen schienen, etwas zuriefen.

»Arbeiten sie für das *pesantren*?«

»Es sind Dorfbewohner. In ihrer Freizeit arbeiten sie für die Kantine.«

Die Kantine war nicht weit entfernt von den Kuhställen. Hier wimmelte es von Dorfbewohnern, die gruben, putzten und schleppten; und im Hintergrund war der Singsang einer weiteren Arabischklasse. Der in einen Bauernhof verwandelte Campus glich nun einem mittelalterlichen Rittergut, in dem es vor bäuerlicher Aktivität summte. Und wie durch den Gedanken heraufbeschworen, kam eine Reihe mittelalterlich aussehender Dorfbewohner an, die ungefüge Holzstücke schleppten.

Prasojo hielt auf eigene Faust einen Mann an. Der Mann war breit und muskulös und nicht jung. Beladen wie er war, bewahrte er die javanische Höflichkeit; und er sagte Prasojo, ja, er würde gern ein Schüler sein. Aber er habe die Qualifikation dazu nicht und könne die Gebühr von zehn Dollar im Monat nicht aufbringen. Er verdiene fünfhundert Rupiah am Tag, achtzig Cent; aber er bekäme auch Essen.

Der arabische Singsang kam aus einem neuen Schulgebäude. Auf der Veranda stopfte eine glückliche, wißbegierige Gruppe Frauen Matratzen mit Kapok, von dem Flusen in der Luft herumstaubten.

Prasojo redete mit dem Sekretär und sagte anschließend: »Sie haben siebzig Lehrer hier. Und sie führen Anwesenheitslisten, und jeder Schüler hat eine Akte. Diese Schule ist überhaupt nicht unstrukturiert.« Prasojo kicherte. »Sie ist *sehr* strukturiert.« Die Lehrer waren Freiwillige. Nach Ablauf ihrer Zeit im *pesantren* blieben sie ein oder zwei Jahre, um zu unterrichten; sie bekamen zwischen vierzig und achtzig Dollar im Monat.

Solche Anstrengung, solche Organisation, um die Dorfatmosphäre zu kopieren, um Dorfbewohner zu lehren, Dorfbewohner zu sein.

Als wir zurück zum Büro gingen, sahen wir Taufiq, der mit dem Waschen fertig war und Plastikeimer und Schüsseln hinter sich gelassen hatte. Er hatte sein rotes T-Shirt abgestreift und trug statt dessen ein frisches geblümtes Hemd und eine hell-lila Hose, die sich über seinen dicken kleinen Oberschenkeln spannte. Sein rundes Gesicht war glatt rasiert. Er sah aus, als sei er bereit für den vor ihm liegenden Tag – vielleicht sogar für ein Treffen mit dem Religionsminister. Er schenkte uns ein breites Lächeln.

Er sagte: »Der Leiter hat erwartet, daß Sie die Nacht hier verbringen. Er persönlich hat einen Schlafplatz für sie vorbereitet. Aber Sie sind weggefahren. Er hat erwartet, daß Sie zu Mittag blieben. Er hat die Jungen Fische fangen lassen und alles.«

Fische! Ich hatte gemeint, die Jungen im Teich machten den Teich sauber. Das hatte Taufiq selbst gesagt.

Ich fragte, ob ich Kopien von den Artikeln bekommen könne,

die über das *pesantren* veröffentlicht worden waren. Besonders den Artikel wollte ich haben, in dem Taufiq vom *pesantren* als einer ›Lerngemeinschaft‹ gesprochen hätte. Taufiq sagte, er würde mir die Artikel beschaffen, und ging fort. Wir warteten.

Ich fragte den Sekretär: »Meinen Sie, er holt mir die Kopien?«

»Ja, er ist zum Kopierraum gegangen.«

Der Kopierraum! Eine moderne Kopiermaschine hier, wo sie etwas über den Islam lernten und hart daran arbeiteten, Dorfbewohner zu sein!

Taufiq kam mit den Kopien zurück, nicht nur der Artikel, sondern auch eines Briefes, den er gerade aus Australien bekommen hatte.

Wir gingen wieder in den Hof hinaus, zum Wagen. Ein zerlumpter kleiner Dorfjunge, der eine riesige grüne Frucht auf dem Rücken trug, kam vorbei.

Ich fragte Taufiq scherzhaft: »Ist er ein Schüler?«

Prasojo kicherte.

Taufiq sagte: »Er ist ein Dorfbewohner und Schüler.«

Taufiq lächelte. Aber das Lächeln führte mich nicht in die Irre: Taufiq meinte es ernst. Ich war froh, daß wir wegfuhren, denn in fünf Minuten hätte uns Taufiq mit seinem hochphilosophischen Sprachgebrauch wieder verwirrt. Als wir im Auto durchs Dorf fuhren, sah ich mir den Brief aus Australien an. Er war drei Wochen alt und von jemandem an einer Universität. Hatte Taufiq den Brief wirklich gelesen?

»Lieber Taufiq. Ich muß mich noch einmal für die Zeit bedanken, die wir miteinander verbracht haben. Sie war allzu kurz, aber ich hoffe, wir können unseren Dialog in Briefen fortsetzen. Wenn ich über meinen Besuch bei Ihnen in Pabelan nachdenke, bin ich immer noch verwirrt ... Welche Tätigkeit sollen die Schüler Ihrem Wunsch nach ausüben, wenn sie Pabelan verlassen? ... Er hat die Fähigkeit, das Dorf zu entwickeln, aber was kann er für diejenigen tun, die wenig oder kein Land haben? Welcher Art sind die islamischen Prinzipien, die er in Pabelan gelernt hat und die ihm in dieser Situation helfen? ... Was sagt der Islam ihnen über Indonesien und darüber, was man gegen die Armut tun kann?«

4

Die Reisgöttin

Und das war das Problem. Welche Botschaft hatte der Islam für die Dörfer?

Eine Woche später fuhr ich nach Djogjakarta zurück, um mit Umar Kayam zu einem der Dörfer unterhalb des Vulkans Mount Merapi zu fahren. Der Merapi hatte einen langen, gemächlich auslaufenden Abhang; um seinen Kegel hing immer ein Dunststreif, und manchmal war der Kegel in Wolken verborgen. Lava machte die Erde fruchtbar. Der nasse Boden, den die Männer auf den Reisfeldern mit Ochsen tief umpflügten oder mit Breithakken aufwarfen, war schwarz und vulkanisch. Die Reisfelder mit ihren Lehmmauern reichten direkt bis an die Dörfer heran, so daß aus der Luft gesehen die Dörfer – rote Ziegeldächer zwischen grünen Bäumen, Schatten in der tropischen Offenheit – scharfe, winklige Grenzen hatten.

Eines dieser Dörfer zu betreten, hieß, mehr als Schatten zu finden. Es hieß, eine verzauberte, vollkommene Welt zu betreten, in der sich alles – Essen, Häuser, Werkzeuge, Rituale, Gesten der Ehrerbietung – über die Jahrhunderte entwickelt und eine Art Perfektion erreicht hatte. Alles war eng verbunden, so wie die Reisfelder draußen sich ineinanderfügten.

Jedes Haus, mit Betonmauern oder Wänden aus geflochtenem Bambus, stand im Schatten; und jeder Baum diente einem Zweck, einschließlich des Kapoks, den ich bis dahin noch nicht kannte. Es gab viele Bambusarten, manche dick und dunkel, beinahe schwarz, manche schlank und gelb mit grünen Streifen, als seien sie von einem übervollen Pinsel betropft. Aus dem Bambus machte man Betten, Möbel, Wände, Dächer, Matten. Aber der

Reis dominierte. Er war die Hauptnahrung und gab Arbeit, er markierte die Jahreszeiten. Im traditionellen Haus gab es an der hinteren Seite des von Säulen getragenen Hauptraums ein kleines Zimmer; in alten Zeiten war dieses Zimmer der Göttin Sri, Devi Sri, der Reisgöttin, geweiht.

Umar nahm mich mit in Linus' Dorf, und Linus kam mit uns. Linus war ein junger Dichter aus Djogjakarta, der sein einziges Einkommen bislang aus Dichterlesungen bezog. Linus war Katholik; sein voller Name (er hatte auch einen indonesischen Namen, den er aber nicht benutzte) war Linus Augustinus. Linus' Mutter war Katholikin; um sie zu heiraten, war Linus' Vater konvertiert. Die Familie lebte von der Landwirtschaft. Linus' Vater war der Dorfvorsteher. Seit der Machtübernahme des Militärs wurde dieser Posten durch Wahlen besetzt, und der Vorsteher mußte darauf achten, daß die Projekte der Regierung ausgeführt wurden – die Bauern beispielsweise dazu gebracht wurden, neuen Reis anzupflanzen. Dem Vorsteher standen, solange er seinen Posten innehatte, zwölf Morgen Land zur Verfügung; das war viel in Mitteljava.

Das Dorf lag abseits der Straße nach Pabelan, und Umar kannte die Gegend gut. Während der Revolution – des Krieges gegen die Holländer – waren die Holländer in Djogjakarta einmarschiert, und die revolutionäre Armee hatte sich in diese Dörfer verzogen. Umar war damals in der Studentenarmee; sie waren bei den Dorfbewohnern einquartiert.

Ich fragte: »Waren Sie gut organisiert?« Umar lachte über meine Frage. »Was denken Sie?« Es war eine Zeit des Chaos gewesen; und es war schwer, wie in den meisten Orten zu Friedenszeiten, sich in solch lieblicher Umgebung einen Krieg vorzustellen: solche kleinen und schwachen Dörfer, solche verwundbaren Dörfer, die so viel Pflege brauchten.

Das Haus von Linus' Familie war aus Beton, stand auf niedrigen Säulen und hatte einen Betonfußboden. Aber es folgte dem javanischen Vorbild. Innen über der Tür hing ein Heiligenbild. Und an der Wand war eine Lederfigur aus dem javanischen Puppentheater: die Figur des schwarzen Krischnas, nicht des heiteren Gottes der Hindu-Legende, sondern des javanischen Krischnas, des Weisen, Weitblickenden, der deshalb eine passende Figur für das Haus eines Dichters war. Im Bücherschrank standen Linus' Bücher aus der Schule und der Universität und auch die gesammelten Gedichte T. S. Eliots, ein Geschenk der BBC: Linus hatte in einem Lyrikwettbewerb, veranstaltet vom indonesischen Programm der BBC, den zweiten Preis gewonnen.

Teegläser mit Zinndeckeln wurden gebracht und ein Teller, auf dem sich dampfende Maiskolben stapelten, und noch ein Teller, der mit einer Art Brötchen genauso beladen war. Das war das indonesische Begrüßungsritual, die Darbietung von Überfluß. Das verlangte entsprechende Höflichkeit von den Gästen. Niemand wollte der erste sein, der aß oder trank, und oft geschah es, daß zum Beispiel der Tee ganz zum Schluß, wenn er kalt war, getrunken wurde.

Ein Teller wurde von Linus' jüngerer Schwester, einem hübschen Mädchen von zehn oder zwölf in einem Hängerkleid gebracht. Dann kam ein anderes Mädchen, weit älter, heraus, um die Besucher anzuschauen. Ihr Gesicht war verzerrt, ihre Zähne standen vor, ihr Kleid hing merkwürdig an ihr. Ihre Bewegungen waren unkoordiniert, ihre Füße in den Pantoffeln schleiften schwer über den glatten Betonboden. Sie setzte sich auf einen Stuhl in der Ecke, ohne etwas zu sagen; dann, nach einer Weile, zog sie sich hoch und ging mit schleppenden Schritten hinaus.

Nach ein paar Minuten sagte Umar taktvoll: »Sie haben vielleicht Linus' Schwester gesehen. Ihr Gesundheitszustand ist nicht gut.« Sie war als Kind erkrankt. Sie hatten sie zu einem Arzt gebracht, und der Assistent des Arztes hatte ihr eine falsche Spritze gegeben, die ihr Nervensystem schädigte. Das Haus des Dichters, das Haus des Dorfvorstehers, war auch ein Haus der Tragödie.

Linus' Mutter traf ein: die Frau, wegen der der Vater konvertiert und die Familie katholisch war. Umar erhob sich mit einer genau festgelegten Verbeugung und schob sich zur Seite, ein großer Mann, der versuchte, sich kleiner zu machen als die kleine Frau. Und ein musikalisch klingender Redestrom ergoß sich aus ihnen beiden, bevor wir alle Platz nahmen.

Sie war nach indonesischer Art klein und schmächtig und wäre auf der Straße vielleicht nicht aufgefallen. Aber nun, herausgelöst aus der indonesischen Menge, in ihrem eigenen Haus und als unsere Gastgeberin, strahlte ihre Schönheit, und man konnte erkennen, mit welcher Sorgfalt sie gekleidet war – Jacke, Schärpe, Sarong (ihre Töchter trugen Kleider). Man konnte hinter dem bereitwilligen indonesischen Lächeln (das nach einiger Zeit beunruhigend wurde) ihre vollkommenen Umgangsformen erkennen und in dieser Bauersfrau die Repräsentantin einer hohen Zivilisation sehen. Ihr Gesicht war gelassen und offen, sie trug ihren Kopf hoch und leicht nach hinten gebogen; ihr Knochenbau war fein, ihre Augen strahlten, obwohl sie tief in den Höhlen lagen, und ihre Lippen über den gesunden Zähnen waren vollkommen geschwungen.

Sie und Umar redeten eine Weile, und es schien, als hätten sie sich viel zu sagen. Aber das gehörte alles zum Begrüßungsritual, erzählte Umar mir später. Sie hatten die javanische Höflichkeitssprache benutzt, die sich von der Alltagssprache unterschied, und sie hatten wenig gesagt. Linus' Mutter hatte gesagt, daß sie zur Schule eines ihrer Kinder hatte gehen müssen, um das Zeugnis des Kindes abzuholen, deshalb hätte sie uns bei unserer Ankunft nicht begrüßen können. Es beschämte sie, solche vornehmen Leute wie uns an einem Ort zu begrüßen, der kaum ein Haus, bloß eine Hütte sei. Und Umar hatte sich genauso für unser Eindringen entschuldigt, das vielleicht die Ordnung ihres Haushalts durcheinanderbrachte. Und so war es weitergegangen, Entschuldigung wurde mit Entschuldigung beantwortet.

Doch etwas Konkretes war dabei herausgekommen. Umar erwähnte es nachher, als wir das Haus verlassen hatten und durch das Dorf spazierten. Linus' Mutter machte sich Sorgen über Linus. Er kam nicht oft ins Dorf, er blieb in seinem kleinen Haus in

Djogjakarta, er war nicht verheiratet, und er hatte keine Arbeit. Und sie habe nicht unrecht, sagte Umar: Linus sei achtundzwanzig.

Ich sagte zu Linus: »Aber ist sie nicht insgeheim stolz darauf, daß Sie Dichter sind?«

Linus sagte auf englisch: »Sie hätte noch nicht einmal eine Vorstellung davon, was ein Dichter ist.«

Umar sagte: »Es gibt nur eine Möglichkeit, wie Linus es ihr begreiflich machen kann. Und das hieße zu sagen oder anzudeuten, daß er ein Dichter im Sinne der klassischen Tradition ist. Aber das wäre Unsinn. Das würde sie als unmöglich zurückweisen.«

Für jemanden wie Linus' Mutter, die in einer abgeschlossenen Zivilisation lebte, war die Dichtkunst etwas, was schon geschrieben, verfaßt war, eine Art heiliger Schrift; ihr konnte nichts mehr hinzugefügt werden.

Aber etwas begann sich für Linus anzubahnen. Eine Zeitung in Djogjakarta hatte ihn gebeten, für fünfundzwanzig Dollar im Monat eine Kulturseite zu verfassen. Es war nur eine kurze Busfahrt nach Djogjakarta, aber das Leben, das Linus sich dort einzurichten versuchte – Lyriklesungen, Zeitungen –, schien Welten entfernt von dem engen, vom Reis geschaffenen Dorf.

Der schattige Dorfweg verlief in Windungen. Die Erde war lavaschwarz und gefegt. In den Gossen schoß das Wasser dahin – ohne Wasser kann es keinen Reis geben. Die Moschee war ein schmuckloser Schuppen auf niedrigen Säulen: keine Kuppel, kein besonderes Dach. Der Islam kam nach Java nicht als Zivilisation; er kam nur als Glaube oder als Ergänzung des alten Glaubens; er machte sich zu eigen, was schon da war. Die Moschee war offen, innen lagen ein paar Bambusmatten, sonst nichts. Wenige Schritte entfernt, an einer Biegung des schwarzerdigen Wegs, war die katholische Kirche, ein schmuckloser Schuppen wie die Moschee, aber mit einem Vordach aus Wellblech über den Betonstufen und einem Kreuz auf dem Dach.

Die Moschee war offen, wie Moscheen sein sollen. Die Kirche war verschlossen. Das Schloß war jedoch nicht sehr stabil. Linus brach von einem Hibiskusstrauch einen Zweig ab, steckte den Zweig ins Schlüsselloch und drehte um. Die Kirche war fast so kahl wie die Moschee. Sie hatte ein Kruzifix. Hoch oben an der Wand hingen drei gerahmte Bilder von den Stationen des Kreuzweges. Das Glas war mit Fliegendreck und Spinnweben beschmutzt; die Bilder hatten ihre Farbe verloren und zwei waren in den Rahmen verrutscht. Das Drahtgitter am oberen Rand der Wand, direkt unter der Dachtraufe, war an vielen Stellen zerrissen.

Das Christentum war nicht lange nach dem Islam nach Indonesien gekommen. Es war die Religion einer Kolonialmacht, aber wie der Islam war es zu den Dorfbewohnern auch als Ergänzung des alten Glaubens gekommen. Und der Islam, als offizieller Glaube des Volkes, hatte in der holländischen Zeit dem indonesischen Stolz gedient. Nicht weit weg – das Dorf war klein und der Spaziergang kurz, aber es war wie ein Spaziergang durch javanische Geschichte – stand ein Haus mit einer Tafel, die besagte, daß dies das Büro der *Muhammadiyah* sei. Dabei handelte es sich um eine reformerische, nationalistische indonesische Moslembewegung, die in der holländischen Zeit begonnen hatte; nun erzählte man, sie sei ›konservativ‹.

Ein kleines Dorf, ein kurzer Spaziergang, und nun kamen – in diesem Dorf mit den vergänglichen Häusern – Jahrhunderte zur Geschichte dazu. Wir gingen durchs Dorf zum Haus des moslemischen *koum*. Umar Kayam übersetzte das mit ›Ältester‹, und er vermittelte mir eine Vorstellung von den Pflichten des *koum*. Er wurde von moslemischen Familien zu wichtigen Ereignissen herbeigerufen – zu einer Geburt, einer Beerdigung, einem Jahrestag oder einfach, wenn eine Familie eine religiöse Zeremonie abhalten wollte; er vollzog das *salamatan*-Ritual. Bei diesem Ritual wurde Nahrung geweiht und geweihte Nahrung verteilt. Aus meiner Hindu-Kindheit erkannte ich diese Zeremonie als Überbleibsel des Hinduismus, und ich stellte mir den moslemischen *koum* als eine Art Nachfolger des Hindu-Priesters vor.

Es war eine Überraschung, als sich herausstellte, daß er am Ende des Dorfes in einem Elendsquartier lebte, direkt neben den Reisfeldern, das Haus verfallen, der Innenraum dunkel, Gerümpel auf der Veranda, die Bambuswände durchgebogen, der Kalkanstrich ein Stück über der schwarzen Erde ebenfalls schwarz.

Er bat uns nicht hinein. Er kam heraus und blieb im Vorhof stehen, auf der feuchten schwarzen Erde, im Schatten der Bäume. Er trug Shorts und ein weißes T-Shirt. Seine Frau, die uns nicht vorgestellt wurde, stand auf der Veranda und sah zu. Er sah mehr nach Bauer und Landmann als nach Priester aus. Und eine weitere Überraschung war es, seine anderen Pflichten kennenzulernen: als *koum* wusch er die Leichen der moslemischen Verstorbenen und kleidete sie für die Beerdigung an. So vereinigte der moslemische *koum* in sich die rituellen Pflichten eines Priesters und eines Unberührbaren. Dieser Mann der Rituale verkörperte auf außergewöhnliche Weise, was vom hinduistischen Kastensystem erhalten geblieben war. Er war vierundsechzig, klein, muskulös und noch rüstig. Seine braune Haut hatte die Sonne glänzend gemacht, und nur die lockere Haut am Knie deutete sein Alter an, das sich im Gesicht deutlicher zeigte. Seine Wangenknochen ragten wie Fächer hervor, und das, zusammen mit der hellen Stirn und dem flachgedrückten Haar, ließ vermuten, daß er bei der Arbeit in der Sonne einen schweren Hut trug.

Er erzählte Umar jetzt etwas von seinen Leichenpflichten, und seine Stimme war heiter, als würde er gleich in Lachen ausbrechen. Seine Pflichten beschämten ihn nicht. Seine Stellung als *koum* hatte er von seinem Vater geerbt, und einen Morgen Land hatte er auch geerbt. Das erklärte seine körperliche Verfassung, diese Arbeit im Reisfeld. Er hatte viel erreicht. Er sah sich als erfolgreichen Mann, der ein gutes und nützliches Leben gelebt hatte.

Er bedauerte also nichts? Alles hatte sich zum Wohle des Landes entwickelt?

Er schien vor Lachen zu platzen. Gut entwickelt? Es war alles immer besser geworden. Nie war das Leben besser gewesen; er lebte in einer guten Zeit. Was in der Vergangenheit sollte er bedauern? Da waren die Holländer gewesen, und als er sechsundzwanzig war, hatten die Japaner Java besetzt.

Wie war die Zeit gewesen? Wie war er mit den Japanern ausgekommen?

Wieder war seine Antwort wie ein Lachanfall. Es sei eine *schreckliche* Zeit gewesen, sagte er. Alles sei knapp gewesen. Sie hatten keinen Stoff gehabt. Sie mußten Unterhosen aus Sackleinen tragen. Und danach war die Revolution, der Krieg gegen die Holländer. Dieses Dorf war von den Holländern regelmäßig durchsucht worden, nachdem sie in Djogjakarta einmarschiert waren; oft hatte er laufen und sich verstecken müssen. Nein, jetzt, das war die gute Zeit.

Was war mit Sukarno, dem Anführer gegen die Holländer?

Und die Antwort des alten Mannes, des Bauern neben seiner Elendsbehausung, war erstaunlich. Sein Gesicht wurde weich, seine Stimme wurde weich. Er sagte: »Ah, er war ein schöner Mann. Er sprach gut.«

Umar sagte, nachdem er übersetzt hatte: »Schönheit ist wichtig hier. Ein Führer muß gut aussehen. Aber ich vermute, das gilt für die meisten Länder.«

Und doch war es selbst in Java mit seinen Ritualen und Höflichkeiten merkwürdig. Schönheit und Rednergabe führten ein kolonisiertes Volk durch grausame Kriege. Gab es über Sukarno am Anfang der 30er Jahre nicht mehr zu sagen?

»Fragen Sie ihn, wann er das erste Mal von Sukarno gehört hat.«

Die Antwort kam, und Umar lachte. »Er sagt 1945. Ich muß schon sagen, das ist etwas Neues für mich.«

Ich sagte: »Ich hatte erwartet, etwas über den jungen Sukarno in den 30er Jahren zu hören.«

»Das hatte ich nicht erwartet. Damals war Sukarno meistens im Exil. Die Medien reichten damals nicht so weit. Und was es gab, war von den Holländern kontrolliert. Ich hatte erwartet, daß er sagte, er habe während der japanischen Besatzungszeit zum ersten Mal von Sukarno gehört, als die Japaner ihn aus dem Exil zurückbrachten.«

So hatte der alte Mann erst von Sukarno gehört, nachdem im August 1945 die Unabhängigkeit ausgerufen worden war. Sukarno, der Führer, war plötzlich aufgetaucht, nicht bloß ein Mann mit einer Armee, sondern auch ein Mann, dem man wegen seines guten Aussehens und weil er so gut sprach, folgen mußte.

Zwei weiße Kühe am anderen Ende des Hofs fraßen gemähtes Gras. Das Klingeln ihrer Glocken, die sie um den Hals trugen, begleitete das übersprudelnde Reden des alten Mannes. Das Leben hatte sich letzten Endes gut für ihn entwickelt, besser als er es wahrscheinlich während der japanischen Besatzung erwartet hatte, als die Zeiten hart waren und er keine Ahnung von der Existenz eines Führers hatte.

Aber warum lebte er in einer solch ärmlichen Hütte, obwohl er mit seinem Morgen Land, was eine Menge war, und seinen Pflichten als *koum* so wohlhabend war?

Umar und Linus redeten, und Umar sagte anschließend: »Es ist eine Frage des besonderen Lebensstils.« Dann folgte Umar dem alten Mann, und der alte Mann sagte: »Das ist die Lebensweise des Islams.«

Es war eine Lebensweise, der man nicht länger folgte, sagte er. Nur ein Drittel ging zur Moschee. Bei den Jungen veränderte sich jedoch etwas. Wieso? Vielleicht, sagte er, weil in den Regierungsschulen Religion Unterrichtsfach sei und die jungen Leute es studieren müßten, wenn sie gute Noten haben wollten.

Er und Umar redeten noch weiter. Die mageren, langbeinigen Hähne Javas stolzierten durch den feuchten Hof, die Kuhglokken läuteten, die Frau des alten Mannes sah uns von der dunklen, mit Gerümpel beladenen Veranda aus zu und lächelte.

Umar sagte: »Ich habe ihn nach dem *wayang* gefragt.« Dem Puppentheater. »Ob er als Moslem etwas gegen die Hindu-Geschichten habe. Er sagte nein, es seien nur Geschichten.«

Wir gingen zurück zu Linus' Haus – noch mehr Tee, noch mehr dampfender Mais, ein Teller mit heißen getrockneten

Fruchtschnitzeln. Linus' Mutter ging hinaus mit uns, als wir abfuhren. Geschälte Maiskolben trockneten auf einer Matte im Vorhof. Die Kolben wurden verkauft, um zu Öl zermahlen zu werden; alles hier hatte einen Zweck. Und diesmal nahm ich auch den kleinen Schuppen an der Straße wahr, der das Geschäft der Familie war: Linus' Familie betrieb auch Handel. Umar wollte mir das traditionelle javanische Haus zeigen. Linus wußte, wo eins war. Das Haus war nicht auf Besuch vorbereitet, es herrschte Unordnung. Aber die Dame des Hauses lächelte, während wir uns umsahen, und zeigte uns, wo einmal die der Reisgöttin geweihte Stelle gewesen war. Und mir schien, daß Umar, nachdem wir so eingedrungen waren, beim Abschied eine besonders tiefe Verbeugung machte und besonders weit zur Seite ging. Solche archaische Eleganz, und dabei war die gewöhnliche Hauptstraße mit ihren Motorrädern nur wenige Minuten entfernt.

Doch hier hatten wir Unruhe gestiftet. Die Kinder waren herausgekommen, um zuzusehen. Jedes kleine Mädchen hatte eine Puppe, aber eine lebendige: einen kleinen Bruder oder eine kleine Schwester, die auf der Hüfte getragen wurden.

Es war nur eine halbe Stunde bis Djogjakarta. Aber nicht alle konnten die Reise vom Dorf in die Stadt machen, wie Linus es getan hatte. Linus war privilegiert. Er war Dichter; er hatte eine Vorstellung von dem, was er war; er konnte anders sein. Nicht viele Dorfbewohner waren so. Sie waren von den Dörfern geprägt worden. Sie brauchten die Sicherheit der Großfamilie, die Sicherheit der Dorfgemeinschaft, gleichgültig, wie feudal sie geführt wurde, wie drückend die Verpflichtungen zur Nachtwache oder Gemeinschaftsarbeit auf den Reisfeldern waren. Für solche Männer waren die Dörfer in der Tat verzauberte Orte, aus denen schwer auszubrechen war. Und wenn ein Mann gezwungen war, wegzugehen – weil einfach nicht mehr genug Land da war, um ihn zu ernähren – dann suchte er in der Fabrik oder dem Büro, sogar in Djakarta, wieder nach der Großfamilie und nach etwas, das dem Dorf ähnlich war.

Der Islam ergänzte wie das Christentum die älteren Religionen. Die Religion des Dorfes war eine zusammengesetzte Religion; die Vorstellung vom guten Leben war eine zusammengesetzte Vorstellung. Die Leute lebten mit allem gleichzeitig: der Moschee, der Kirche, Krishna, der Reisgöttin, einem Überlebsel der hinduistischen Kasten, der buddhistischen Vorstellung vom Nirwana, der moslemischen Vorstellung vom Paradies. Niemand, sagte Umar Kayam, könne genau angeben, was er sei. Die Leute sagten: »Ich bin Moslem, aber –« oder »Ich bin Christ, aber –«

Und Umar erzählte die Geschichte von den Leuten im Dorf Pranbanam. 1965, nach der Machtübernahme des Militärs, verlangte die Regierung, die Angst vor dem Kommunismus der letzten Sukarno-Zeit hatte, daß jeder offiziell seine Religionszugehörigkeit erklärte. Die Leute von Prambanam befanden sich in einem Dilemma. Einerseits waren sie Moslems, glaubten an den Propheten und sein Paradies. Aber sie fanden, sie konnten nicht sagen, sie seien Moslems: sie brachen zu viele Regeln. Sie wußten, daß ihre Vorfahren im neunten Jahrhundert die großen Tempel von Pranbanam gebaut hatten – die zu besichtigen nun Menschen aus der ganzen Welt kamen; und wenn sie auch die Bedeutung der Tempel nicht mehr ganz verstanden, wußten sie doch, daß es Hindu-Tempel waren. Sie sahen gern den Puppenspielen zu, die auf dem *Ramayana* und dem *Mahabharata* beruhten, und sie wußten, daß das Hindu-Epen waren. Die Leute von Pranbanam fanden also, sie sollten sich zu Hindus erklären.

Das Problem war jedoch, daß sie nicht wußten, was sie als Hindus tun sollten. Sie hatten keine Priester und keine Ahnung von den Ritualen, die sie vollziehen sollten. Sie ließen Hindu-Priester aus Bali holen, und die Balinesen kamen mit einem balinesischen Gamelan-Orchester herüber, um sie zu unterweisen. Aber es funktionierte nicht. Die Vergangenheit konnte nicht neu geschaffen werden, die alten Rituale und die Theologie konnten nicht wiederaufgenommen werden. Und so waren die Leute von Prambanam wieder zu dem geworden, was sie gewesen waren, Leute mit einer zusammengesetzten Religion.

Am Donnerstag, um die Zeit des Spätnachmittags, die Prasojo als die schönste Zeit des javanischen Tages beschrieben hatte, saß eine Frau vor ihrem kleinen Laden in einer der Hauptstraßen Djogjakartas und machte aus Bananenblättern kleine Duftkissen mit Rosenblütenblättern, Jasmin und den süß riechenden lindgrünen Blumen des Ilang-Ilangs. Sie war schwanger und saß breitbeinig da. Die Bananenblätter waren in einem Korb, die Blütenblätter und Blüten und anderen Dinge in verschiedenen Schalen. Sie arbeitete schnell, nahm zwei Bananenblattstreifen, heftete sie am Boden mit einem Stück Kokosblattrippe zu einer Tasche zusammen, warf rote und weiße Blüten aus einer Flasche hinzu und heftete die Tasche dann oben zusammen. Manchmal tat sie noch eine gelbe Paste oder ein braunes Stöckchen dazu – je nachdem, was der Kunde wollte. Die wartenden Kunden waren Mädchen und Frauen. Die Duftkissen kosteten fünfzehn Rupiah, weniger als drei Cent. Es waren Blumenopfer, die den Geistern der Toten dargebracht wurden; sie wurden im Haus verwandt oder auf die Friedhöfe gebracht; und am Donnerstagabend mußte man sie kaufen, denn Freitag, der Feiertag der Moslems, war der heilige Tag geworden.

Umar Kayam wohnte gegenüber einem chinesischen Friedhof. Das sorgte für Weite und Ruhe, aber manche seiner Verwandten wollten ihn nicht besuchen. Er sagte ihnen, daß die Chinesen fleißig und erfolgreich seien und chinesische Friedhofsgeister wahrscheinlich gute Geister seien. Aber manche Leute wollten davon nichts hören.

Die Religion, auf der einen Seite eine Religion ungehemmter Furcht, war auf der anderen Seite eine Religion außergewöhnlicher Verfeinerung. Die Menschen, die in engem Kontakt mit den Geistern der Toten lebten, besaßen auch lebendige Epen, die zu moralischer Literatur geworden waren. Die Rituale und die schwierige Theologie des Hinduismus konnten nicht wieder eingesetzt werden. Aber der Hinduismus hatte Java seine menschlichste und literarischste Seite hinterlassen, seine Epen, das *Ramayana* und das *Mahabharata*; und die Epen lebten in den Puppenspielen, dem *Wayang*-Spiel.

Das *Mahabharata* war das längere Epos. Es dauerte neun Stunden und war für den Puppenspieler ›schwer‹, der alle Charaktere, all die verschiedenen Stimmen nachahmen mußte. Das *Ramayana* wurde öfter gespielt, und überall in Mitteljava tauchte das Wort *Ramayana* auf – auf dem Heck von Bussen, auf Geschäftsschildern. Die Geschichten, Jahrhunderte hindurch überarbeitet und erweitert, waren Teil der Volksphantasie. Selbst in den Programmzetteln für das verkürzte Touristen-*wayang* gegenüber dem Sheraton waren die Charaktere als R. Rama, R. Lesmana, R. Hanoman bezeichnet – R für *raden*, Adliger, wie manche Leute sich immer noch gern titulierten – so daß die archaischen stilisierten Puppenschatten auf der weißen Leinwand in Beziehung zur Gegenwart standen, während sie die Menschen in eine heroische Vergangenheit führten.

Die Geschichten waren mehr als Geschichten. Sie waren nicht flach. Sie waren doppelsinnig. Hier ein kleiner Ausschnitt der Ramayana-Geschichte aus dem *Menschlichen Charakter im Wayang-Spiel*, einem Buch mit gesammelten Zeitungsartikeln von Sri Mulyono, einem Puppenspieler. König Rahwana von Alengka hat Sinta, die schöne Frau des Königs Rama von Mangliawan, entführt. König Rama marschiert in Alengka ein, um seine Frau zu retten. Wibisana, der jüngere Bruder König Rahwanas, tadelt Rahwana wegen der Entführung der schönen Sinta und bittet ihn, Sinta ihrem Mann zurückzugeben. Rahwana schenkt ihm keine Beachtung, und Wibisana schließt sich der angreifenden Armee an. Hat Wibisana recht daran getan, dem zu dienen, was er als gute Sache ansah? Oder war Wibisanas Handeln ein Betrug? Mußte er überhaupt handeln?

Die Armee der Invasoren beginnt zu siegen. König Rahwana wendet sich verzweifelt an seinen anderen Bruder, Kumbakarna. Er sagt zu Kumbakarna: »Du bist meine letzte Stütze. Meine Generäle sind tot. Unser Land wird zerstört. Hilf mir!« Kumbakarna sagte: »Gib Sinta ihrem Mann zurück. Noch hast du Zeit.« Rahwana weigert sich. Er sagt zu Kumbakarna: »Deine Söhne sind von den Invasoren getötet worden.« Wie in einem Wahn rückt Kumbakarna dann aus, um gegen die Invasoren zu kämpfen, und stirbt einen schrecklichen Tod. Welcher Sache hat er gedient?

Der gute Puppenspieler, ob er die Geschichte nun politisch oder mystisch interpretiert, läßt die Streitfrage offen. Jeder, der zusieht, reagiert entsprechend seinem Charakter und seinen Umständen. Und die Geschichte ist dichter, als es in diesem Bericht aussieht. Denn jeder Charakter zieht seine eigenen Vorfahren und Schwierigkeiten hinter sich her, sogar der böse Rahwana, sogar die schöne Sinta. Jeder hat mit seiner eigenen Sache zu tun und befindet sich beim Erscheinen in der Geschichte in einer Krise, so daß, wie im tiefsinnigen Drama oder Roman, jede Begegnung mit Bedeutung geladen ist. Die Epen sind endlos. Die Puppenspiele weisen jede Menge Wiederholungen auf, denn je mehr das Publikum weiß, desto mehr versteht es, und die Interpretation der Motive, dessen, was richtig und falsch oder angemessen ist, ändert sich ständig.

Das Heil liegt im letzten Guten, dem Nirwana; es kann erreicht werden durch die Bezwingung der Sinne – ein Weg, der voller Selbsttäuschungen ist. Und die islamische Vorstellung vom Paradies paßt leicht in den buddhistisch-hinduistischen Traum vom Leben ohne weltliche Verwicklungen und Spannungen. Die islamische Vorstellung vom allmächtigen Gott verschmilzt mit dem mehr mystischen Hindu-Konzept von Uisnu Vischnu, der, wie Sri Mulyono sagt, ›Wahrheit ... Wirklichkeit, die Quelle allen Daseins und allen Lebens‹ ist.

Die ganz offensichtliche Moral des Islams, die ihre Antworten immer im Buch oder in den Tagen des Propheten findet, weicht im Puppentheater etwas anderem. Hinduismus und Buddhismus werfen ihre Komplexität ab. Es ist, als hätten die Menschen Javas an diesem abgelegenen Ende der Welt sich von den Religionen, die zu ihnen kamen, das Menschlichste und Befreiendste genommen, um es sich zu eigen zu machen. Umar Kayam hielt das *Wayang-Spiel* und die Epen für das Herzstück der javanischen Religion und Zivilisation. Sie erklärten das Ritual, die Höflichkeiten, die ständige Beschäftigung mit menschlichem Betragen.

Diese Betonung von Schönheit und korrektem Betragen hatte noch eine andere Seite. 1965, als Sukarno und seine kommunistische Regierung abgesetzt waren, wurden in Indonesien zwischen einer halben und einer Million Menschen abgeschlachtet. All die Frustrationen durch die Überverfeinerung kamen danach heraus, jede Art von Feudalfehde wurde beglichen. Im hinduistischen Bali, das die Touristen jetzt besuchen, wurde genauso wüst getötet wie anderswo. Aber um dem Schlachten einen Anschein von Ritual zu verleihen, nahmen die Dorfbanden die Gamelan-Orchester mit, wenn sie zum Töten auszogen.

Der Islam war Teil der zusammengesetzten Religion. Und die Fragen, die von dem australischen Gelehrten in seinem Brief an Taufiq aufgeworfen wurden, blieben. Was hatte der neue missionarische Islam, der Islam der *pesantren*, diesen Dörfern zu bieten? Welche neuen Ideen des Landbesitzes, welche Art von Debatte bot er den Dörfern, die nicht so verzaubert waren, wie sie aussahen, in denen das Gleichgewicht zerbrochen war?

Es gab zu viele Menschen. Aber das Regierungsprogramm zur Familienplanung bedrohte das System der Großfamilie, den Schutz, den dieses System bot. Es wurde mehr Nahrung benötigt. Aber der neue Reis mit zwei Ernten im Jahr zerstörte den alten Rhythmus des dörflichen Lebens, geriet mit den Festen in Konflikt, ließ den Leuten nicht die Zeit für die Puppenspiele und untergrub so die alte Zivilisation, zerbrach die Bindungen zwischen den Menschen. Die Bauern waren verschuldet. Die zwei Ernten im Jahr veranlaßten sie, bei den Banken Geld für Dünger und Saatgut zu leihen. Die Ausdehnung des Bankwesens auf ländliche Gebiete war als Hilfe gedacht, aber Geld bei der Bank zu leihen, war etwas anderes, als Geld beim Geldverleiher im Dorf zu leihen, den jeder kannte. Geld bei der Bank zu leihen, hieß, die Marionette oder das Opfer einer unpersönlichen Institution zu werden.

Der *koum* von Linus' Dorf sagte, daß die jungen Leute in der Schule mehr über den Islam lernten und aus diesem Grunde am Glauben interessierter wären. Aber der Islam des *koum* war der alte Islam des Dorfes, und der *koum* mit den Gebühren für seine religiösen Dienstleistungen, seinem Morgen Land und seinem Wissen von der Vergangenheit meinte, er lebe in der guten Zeit. Es gab viele Leute, die nichts von den Holländern oder Japanern wußten, viele Leute, für die im Dorf kein Platz mehr war, Leute, die aus der einzigen Lebensform, die sie kannten, verbannt oder verstoßen wurden. Sie lebten in einer schlechten Zeit, und der Islam, der sie ansprach, war nicht der Islam des *koum*, sondern ein Islam, der ihr Gefühl, daß etwas falsch war, rechtfertigte.

In Pabelan hatte man mir die Fotokopie eines Artikels aus einer nicht genannten Zeitschrift gegeben. Es war ein Interview eines ›christlichen Laien‹ mit einem moslemischen *kiyai* oder *pesantren*-Leiter. »Sie fragen mich nach der Situation des Bauern heute und wie der *kiyai* diese ungerechte Gesellschaft verändern kann? Den Bauern heute wird keine Gerechtigkeit zuteil. Die meisten von ihnen sind arm, weil sie kein Land haben. Es gibt heute auch immer mehr arbeitslose Bauern. Die Großgrundbesitzer benutzen auf ihren Höfen Maschinen anstelle der Bauern. Die Bauern erzielen sehr niedrige Preise mit ihren Produkten. Dabei sind die Reichen in unserer Gesellschaft so reich. Sie beziehen ihren Reichtum aus dem Geld, das unserem Land von sehr reichen Nationen gegeben oder geliehen wird. Wie kann nun ein *kiyai* dazu beitragen, diese Art Gesellschaft zu verändern? Wie kann er die Großgrundbesitzer und die Reichen dazu bringen, ihre Besitztümer aufzugeben, die gemäß dem Islam Allah gehören und den Menschen zurückgegeben werden müssen, die Geschöpfe Allahs sind?«

Aber wer waren die Geschöpfe Allahs und wer nicht? Was für Land gab es in dem überbevölkerten Java überhaupt zurückzugeben? Java war nicht Malaysia. Die meisten Leute in Linus'

Dorf bearbeiteten einen halben Morgen. Waren diese Leute reich? Der *koum* mit seinem Morgen hielt sich für wohlhabend. Was für Land hatte er, um es zurückzugeben?

Der Islam, der zu diesen Dörfern kam – aufpoliert mit neuen und geborgten Vorstellungen von der Verderbtheit der Maschinen, dem Mißbrauch ausländischer Hilfe –, war der Islam, der Ende des zwanzigsten Jahrhunderts seine politischen Wurzeln neu entdeckt hatte. Der Prophet hatte einen Staat gegründet. Er hatte den Menschen die Vorstellung von Gleichheit und Einheit gegeben. Die Herrschaftsstreitigkeiten, die seinen Staat früh befallen hatten, waren in die Theologie der Religion eingedrungen, so daß diese Religion, die die Tage der Menschen mit Ritualen und Andachtszeremonien füllte, die das Leben nach dem Tode predigte, den Menschen gleichzeitig das schärfste Gefühl für menschliche Ungerechtigkeit gab und das zum Teil der Religion erhob.

Dieser Islam des späten zwanzigsten Jahrhunderts schien politische Themen aufzugreifen. Aber er hatte den gleichen Mangel wie seine Ursprünge – den Mangel, der sich durch die ganze islamische Geschicht zog: auf die politischen Fragen, die er aufwarf, gab er keine politischen oder praktischen Antworten. Er bot nur den Glauben. Er bot nur den Propheten, der alles regeln würde – den es aber nicht mehr gab. Dieser politische Islam war Wut, Anarchie.

Plötzlich waren in Djogjakarta Touristen, Gruppen aus Japan, Deutschland, Taiwan und Australien, und das Sheraton begann sich zu füllen. Was gab es für sie in Djogjakarta? Was machten die Australier? Wohin gingen sie? Die Besucher, die ich bei den Tempeln von Borobudur und Pranbanam sah, waren Indonesier und ein paar Deutsche. Das Gamelan-Orchester spielte morgens anderthalb Stunden und abends anderhalb Stunden im Foyer des Sheraton, aber niemand schien zuzuhören. Im Restaurant auf dem siebten Stock gab es abends eine Stunde lang klassischen javanischen Tanz ausgezeichneter Qualität, aber es gab immer leere Tische. Djogjakarta war in Wirklichkeit nur Zwischenstation für die Gruppen, etwas, das man mitnahm. Das wahre Ziel war Bali mit dem verzauberten Namen: Bali zu Weihnachten.

Ich wunderte mich über die Australier. Aber ich wußte, was einer von ihnen tat. Er bereitete einen wissenschaftlichen Aufsatz über die Köhler Javas vor. Man hatte entdeckt, daß diese Spezies mit dem Abholzen der javanischen Wälder ausstarb, und offensichtlich gab es in Djakarta Leute, die, obwohl sie Tomaten verkauften oder Schuhe reparierten oder Rollkarren schoben, darauf bestanden, daß sie Köhler waren. Von dieser traurigen Eigenart hörte ich von einer hübschen Soziologin, die sich bei ihrer Feldforschung, als sie ein javanisches Dorf durchstöberte, Typhus zugezogen hatte. Und ich hatte gedacht, mehr sei dazu nicht zu sagen.

Aber der Australier, den ich dann kennenlernte, hatte schon zwei Monate damit verbracht, diese Angelegenheit zu erforschen. Zwei Monate! Er lachte über meinen Ausruf. Zwei Monate seien nichts. Ein wissenschaftlicher Aufsatz verlange Interviews, Fragebogen, Tabellen. Das akademische Leben möge mäßig aussehen, aber es habe seine Härten!

Er rief am Abend, bevor ich Djogjakarta verließ, an. Er hatte an dem Nachmittag tatsächlich auf der Straße einen Mann gesehen, der eine Ladung Holz auf dem Rücken trug. Er hatte Lust gehabt, hinter dem Holzträger herzulaufen, einwandfrei einem Köhler, jemand, der Holzkohle brannte, und ihn zu befragen. Aber er hatte es nicht getan. Er war – zu dieser angenehmen Tageszeit – mit javanischen Freunden zusammen; er hatte den Augenblick verstreichen lassen. Er hatte zugesehen, wie seine seltene Beute – wer weiß, vielleicht der letzte Köhler in Mitteljava – sich unter seiner Ladung in der Dämmerung entfernte, in den dunklen Abgasen der Busse und Motorräder Djogjakartas verschwand.

Aber der Australier hatte seine Vorkehrungen getroffen. Er hatte in Djogjakarta eine Art feste Anstellung. Ich nicht. Am Heiligabend warf das Sheraton mich raus, und ich mußte nach

Djakarta, zum Borobudur Intercontinental, zurückkehren. So blieb der Königspalast von Djogjakarta mir unbekannt, sein buddhistisches Mandala unerforscht, die neuen Tore, die den neun Öffnungen des menschlichen Körpers entsprachen, die Räume, die so vieles symbolisieren, die Bäume, die so viele verschiedene Bedeutungen trugen, all die miteinander vermischten hinduistisch-buddhistisch-moslemischen Geheimnisse des Königtums in Java, die dem Wunder einer einzigartigen Zivilisation entsprachen.

5

Der Verlust der Persönlichkeit

Das Borobudur Intercontinental änderte zu Weihnachten seinen Charakter. Die Angestellten der multinationalen Unternehmen, die ausländischen Ökonomen und Berater reisten ab. Viele von ihnen waren alleinstehende Männer mittleren Alters. Manche fuhren nach Hause, manche in die kühleren Berge oder auf die Inseln. Das Borobudur offerierte für die Einheimischen Feiertagsaufenthalte zu herabgesetzten Preisen, und die Einheimischen kamen mit ihren Familien; das war bei den Wohlhabenden eine anerkannte Form, die Feiertage zu verbringen.

Kinder liefen die mit Teppichen ausgelegten Gänge rauf und runter und spielten mit den Aufzügen. Kindermädchen oder Ayas, einige von ihnen barfuß, wiegten Babys. Eine chinesische Familie, die an den Feiertagen zwar das Richtige tat, es aber nicht genoß, verbrachte einen ganzen Morgen damit, schweigend auf den Polsterbänken vor den Aufzügen im fünfzehnten Stock zu sitzen. Das Oberhaupt der Familie, ein alter Mann mit zerfurchtem Gesicht, trug eine Unterjacke ohne Hemd. Vom fünfzehnten Stock aus sahen die schwarzhaarigen Köpfe in dem Swimmingpool mit dem sich kräuselnden Borobudur-Design unnatürlich groß aus und ließen (auch schon wegen der Anzahl) an Kaulquappen denken.

Einfache Vergnügen; aber sie nährten Ressentiments. Ressentiments gegen die Chinesen, gegen Ausländer, gegen Menschen mit Fähigkeiten, die Indonesier nicht hatten. Ressentiments vielleicht gegen die Fähigkeiten selbst und die neue Ordnung, die sie mit sich brachten, die aber noch niemand richtig akzeptierte: neue Menschen, neuer Status, neue Macht, neues

Geld. Die falschen Menschen hatten Geld. Die falschen Menschen gebärdeten sich feudal. Die falschen Menschen tummelten sich im Borobudur und zeigten die Kehrseite der neuen Gesellschaft.

»Billig für Sie«, sagte das Mädchen im Hotelshop, als ich für die Feiertage eine Flasche Portwein kaufte, »aber nicht für uns.« Und ihr breites Lächeln – aber nicht ihr altes Lächeln, nicht das Lächeln, das ich kannte – war eisig.

Das Gefühl für das Falsche war da. Alles, was in den fünfzehn Friedensjahren geschaffen worden war, konnte ignoriert werden. Je reicher das Land wurde, je besser es zum Laufen gebracht wurde, desto leichter konnte seine kreative Seite als selbstverständlich hingenommen werden, desto leichter konnten die neuen Ungleichheiten zum Vorschein kommen. Und die Menschen konnten sich nach 1954 sehnen, als alle gleich arm waren und alle dieselbe Vorstellung von richtig und falsch hatten. In der Stadt wie in den Dörfern machte jede Verbesserung die Sache noch schlimmer und die Menschen unsicherer.

›Der Verlust der Persönlichkeit‹, der Verlust des gemeinsamen Gefühls für gut und schlecht: das war das Thema von Darmasastro.

Darma-sastro war ein hoher Beamter in einem der neuen Ministerien, die sich mit Technologie befaßten. Er war mir als einer der begabten neuen Männer Indonesiens beschrieben worden, und er empfing mich eines Abends nach Dienstschluß in seinem Büro. Er war Ende Dreißig oder Anfang Vierzig. Er rauchte aromatischen holländischen Tabak in amerikanischen, aus Maiskolben gefertigten Pfeifen, das gab ihm in Indonesien eine individuelle Aura. Er war kein gutaussehender Mann, hatte aber Autorität und Präsenz. Er hatte Beziehungen zum Hochadel. Er erwähnte das, nur um es herunterzuspielen, aber diese Beziehung gab ihm zweifellos seine Unabhängigkeit gegenüber der neuen Elite – »zehntausend, mehr nicht«, wie er sagte – der er auch angehörte.

Darma-sastro sagte: »Unter uns gibt es jetzt Menschen, die

ihre Persönlichkeit oder Identität verloren haben. Sie gehören nicht mehr zum Dorf. Sie sind zu reich oder zu wichtig geworden. Ins Dorf zurückzugehen wäre für sie Degeneration. Sie haben das Sicherheitsgefühl verloren, das die Dorfgemeinschaft mit ihrer gegenseitigen Hilfe gibt. Sie sind aber gleichzeitig keine Individuen im westlichen Sinn. Sie können nicht für sich selbst bestehen und als Individuen mit anderen auf gleicher Ebene umgehen.

Einige von ihnen sind im Ausland gewesen, aber es gibt viele Menschen, deren Körper im Ausland war, deren Geist aber im Land geblieben ist. Woran erkennt man diese Menschen?« Es war Darma-sastros Eigenart zu reden, indem er Fragen stellte und sie beantwortete. »Sie verkehren weiterhin nur untereinander. Sie essen weiterhin dasselbe Essen. Sie weigern sich, sich unter Leute aus dem Westen zu mischen. Sie weigern sich, Zeitungen zu beziehen. Ich habe Indonesier kennengelernt, die drei Jahre in den Vereinigten Staaten verbracht haben, ohne eine amerikanische Zeitung anzuschauen. Was schauen sie sich an? Sie sehen fern. Ihr Kontakt mit dem Westen ist minimal, und das wollen sie so. Außerhalb Indonesiens können sie nicht funktionieren. Sie bleiben Dorfbewohner. Sie sind nur im Westen, um ihr Diplom zu bekommen und mit der ihnen zugeschriebenen Würde nach Indonesien zurückzukehren.

Aber hier sind sie keine Adelsangehörigen. Sie haben nicht die feudalen Werte des *noblesse oblige*. So suchen sie mit ihrer neuen Würde hauptsächlich Macht und Reichtum. Das ist das Krebsgeschwür. Früher hatten wichtige Leute eine Verantwortung in der Gesellschaft. Von einem Adligen wurde erwartet, daß er Vorbild war. Die Leute, von denen ich spreche, können nun nicht als Schiedsrichter über falsch und richtig fungieren, weil sie selbst nicht mehr zwischen falsch und richtig unterscheiden können. Warum? Mit dem Verlust ihrer Identität haben sie alle Werte außer denen, die zur Macht gehören, verloren. Es sind Menschen, die fortfahren, ihre eigene Sicherheit zu suchen.

Noch ist es kein Dschungel geworden, aber wir könnten dahin kommen. Es gibt Millionen von moralisch guten Menschen, aber sie haben keine Macht, das Gute durchzusetzen. Es gibt Tausende – und das ist wichtig –, die die Macht haben, aber nicht den Willen, das Gute durchzusetzen. Deshalb fühlt man sich haltlos. So ist es, wenn man sich haltlos fühlt. Man weiß, man sollte Gutes tun und das Böse vermeiden. Aber nun muß man nachdenken. Und wenn man merkt, daß man darüber nachdenkt, dann fängt man an, sich haltlos zu fühlen. Dann bekommt man langsam das Gefühl, daß die ganze Gesellschaft haltlos ist. Ich sage Ihnen: es kostet jemanden wie mich eine bewußte geistige und moralische Anstrengung, das Gute zu tun. Das ist falsch.

Wo kommt das Geld her, das all das ermutigt? Es kommt vom Öl.« Er ging in dem getäfelten Büro auf und ab und wies auf die Stahlschränke, die moderne Ausstattung. Er begann, seine Worte mit Gebärden zu unterstreichen. »Ich lebe zum großen Teil vom Öl – den Regierungseinnahmen durch das Öl und anderen Exportsteuern. Das heißt, wenn ich hier, in einer Stadt bin. Außerhalb der großen Städte lebe ich vom Land. Wir leben von den Menschen. Ich besteuere sie, sehen Sie. Ich erlege ihnen Steuern auf. Diese Leute müssen begreifen, daß ich meine Bedürfnisse habe – sie können nicht mit leeren Händen zu mir kommen.

Ich überrasche Sie? In Europa wurde in früheren Zeiten die Bedeutung eines Adligen an der Ausdehnung seines Landbesitzes gemessen. In Java wurde die Bedeutung eines Adligen an der Anzahl der Menschen auf seinem Landbesitz gemessen. Denn Menschen bedeuteten Reichtum; unbezahlte Arbeit, Teil des Ertrags, eine Armee. Wir sind nun keine Adligen mehr, aber wir haben nicht vergessen, daß Menschen Reichtum bedeuten.«

Von hoch oben war Djakarta eine einzige Ausdehnung von Bäumen und roten Ziegeldächern. Aber der Stadtplan von Djakarta zeigte nur wenige Hauptstraßen. Das waren die Straßen, auf denen der Verkehr strömte, vorbei an den neuen Wolkenkratzern und den Parks und den Denkmälern. Innerhalb dieser

Straßen fand die Stadt ihren Raum. Djakarta war eine Stadt ohne Kern, ein Haufen städtischer Kampongs oder Dörfer, und diese Dörfer hielten die vom Zufall bestimmte Struktur der Dörfer auf dem Land aufrecht. Kein Stadtplan konnte diese Windungen und Biegungen der Wege und Gassen verzeichnen.

Im Zentrum waren die Dörfer aus Beton. Aber weiter außerhalb konnte es noch grüne Gegenden geben: Häuser in nicht eingezäunten Gärten, im Schatten von Obstbäumen, mit Höfen, die zweimal am Tag gefegt wurden. Diese Dörfer waren noch Gemeinden, die ihre Leiter noch ernannten. Solche Gebiete brauchten wenig, um sie in Ordnung zu halten. Aber viele dieser städtischen Dorfgemeinden waren nicht mehr stabil. In der Nähe des Zentrums war Land viel wert, Dörfer konnten zur städtischen Erschließung aufgekauft werden, und dann mußte die Gemeinde weiter hinausziehen. Und die Familien vervielfachten sich, das Land wurde immer wieder geteilt, die Häuser schrumpften, und die Wege zwischen den Häusern wurden immer schmaler.

Von Müllabfuhr konnte keine Rede sein: das wurde den Lumpensammlern überlassen, den Männern mit den fein gearbeiteten Bambuskörben auf dem Rücken, die den Abfall nach allem durchsiebten, was verkauft werden konnte, nach jeder Büchse, jeder Flasche, jedem Papierfetzen, der geglättet und jemandem als Einwickelpapier verkauft werden konnte. Die kostbaren Obstbäume waren umzäunt, der Reichtum eines kleinen Stückchens Java hinter Stacheldraht, von kleinen Häusern umgeben. Und immer Kinder, überall wo Platz war, in kleinen Schwärmen, so zahlreich wie Küken.

Ein kleiner Schwarm stand am Morgen, an dem Prasojo und ich des Weges kamen, am Fuß eines Rambutans. Ein alter Mann war oben im Baum und pflückte mit einer Bambusangel Trauben der höckrigen rötlichen Frucht ab. Prasojo und ich blieben stehen, um zuzusehen. Der Sohn des Mannes sah uns. Er sah, daß wir Fremde waren; er nahm eine Handvoll der Früchte, die sein Vater gepflückt hatte, und bot sie uns mit der javanisch-hinduistischen Geste der Höflichkeit an: das Obst in der ausgestreckten rechten Hand, die Finger der linken Hand am rechten Ellbogen.

Das Obst war Geld für die Familie, es wurde zum Verkauf gepflückt. Wenige hundert Meter entfernt, hinter dem Labyrinth des Dorfes, war die Hauptstraße, schwarz von Dieselabgasen und von kleinen Ständen gesäumt. Djakarta war eine Fünf-Millionen Stadt. Hier, unter Menschen nahe am Abgrund, herrschten wunderbarerweise noch die Sitten des ländlichen Dorfes, die Formen einer alten Zivilisation.

Prasojo war von der Pflaumengabe weniger gerührt als ich. Er betrachtete es nur als korrektes Verhalten. Er sagte: »So verhalte ich mich selbst. Es ist das Verhalten eines Mannes, der noch in einer Gemeinschaft lebt. In einer ›Gesellschaft‹ würde derselbe Junge wahrscheinlich Ihr Obst stehlen.«

Der Mensch in einer Gemeinschaft lebte noch in der alten, kooperativen Weise des javanischen Dorfes. Der Mann in einer ›Gesellschaft‹ war ein Mann, der allein stand, der sein Dorf und seine Kameraden verlassen und sich in die Stadt gestürzt hatte. Prasojo meinte, solche Leute setzten ihr Leben aufs Spiel; er nannte sie Hasardeure. Das waren die Männer, die Lumpensammler wurden. Das waren die Männer, die man Zigarettenstummel aufheben sah (dafür aber zwei lange Bambusstöcke wie lange Eßstäbchen benutzten), um den Tabak als Zigaretten an die Armen zu verkaufen. Das waren die Verlorenen Javas, und einige davon hatten noch nicht einmal ›Papiere‹. Das waren die Menschen, die durch die Fruchtbarkeit Javas, die Zivilisation Javas entwurzelt worden waren, Menschen ganz tief unten, die ihre Persönlichkeit genauso verloren hatten wie Darmo-sastros Leute an der Spitze. Mit ihren Körben auf dem Rücken, ihren langen Stöcken, ihrer Emsigkeit, der nichts entging, ihren ewig zu Boden gerichteten Augen, wie Menschen, die dem Gewühl und der Menge entzogen waren, stellten sie für alle anderen eine Warnung dar: alles konnte leicht schiefgehen.

Djakarta befand sich im Aufschwung. Die Stadt und das Land

brauchten Reichtum und Fähigkeiten. Aber diese Dinge schufen verletzende Trennungen, und es herrschte Wut über den Verlust der alten Ordnung, den Verlust des alten Wissens, von Gut und Böse.

Die Feiertage gingen zu Ende. Die Neureichen und ihre Kinder und Kindermädchen verließen das Borobudur Intercontinental. Das Wasser im Pool wurde für die jährliche Generalüberholung abgelassen; wo das Wasser sich blau gekräuselt hatte, glitzerten nun weiße Kacheln, und Arbeiter hieben und hämmerten. Die Männer von den Multis und die Berater und die Ökonomen kehrten zurück. Friede herrschte in den Korridoren. Man kehrte zum Alltag zurück.

6

Geistiges Training in Bandung

Es war Regenzeit. Selbst an hellen Tagen war Süddjakarta unter Wolken verborgen, Wolkenkratzer und Grünanlagen und rote Dächer verschwanden. Das Land schien flach zu sein, aber im Süden waren Hügel, und wenn die Wolken sich hoben, kamen sie zum Vorschein. Hoch in diesen Hügeln lagen die Ferienbungalows der Leute, die der Hitze und Feuchtigkeit Djakartas entkommen wollten.

Eine Schnellstraße, die sich mitten durch Ackerland fraß – einst war sie Anlaß für einen Studentenprotest, aber nun nahm die Schnellstraße viel Verkehr auf –, führte ein Stück in die Hügel hoch. Wo die Schnellstraße endete, war wieder das beengte Java da, in dem eine schmale Straße sich durch ein nicht enden wollendes Dorf (das sich gelegentlich zu einer kleinen Stadt verdichtete) schlängelte, an Gemüse- und Obstständen vorbei zu Teeplantagen, über denen, vermischt mit den schwarzen Abgasen von Bussen und Lastwagen und Motorrädern Regenwolken und Nebel trieben. Hier und da war an einer Seite der Bergstraße die durchnäßte Erde abgerutscht, und die Wurzeln eines Teestrauchs, überraschend dick und lang, hingen lose über der Straße.

Von Tee und Nebel senkte sich die Straße in ein flaches, klares Tal mit Reis, und dann stieg sie wieder an, durch steile kegelförmige Hügel bis zu dem Plateau mit der Stadt Bandung: Bandung, wo 1955 nach der Kolonialzeit die berühmte Konferenz mit Sukarno und Nehru stattgefunden hatte; Bandung mit dem kühlen Klima, eine der vielen Städte, die die Leute in der Kolonialzeit das ›Paris Asiens‹ genannt hatten; Bandung, wo auch die berühmte, von den Holländern gegründete Technische Hochschule stand, die unvermeidbar zum Nährboden der Revolution wurde. Sukarno studierte in Bandung, sein Titel ›Doktor des Ingenieurwesens‹ stammte von dieser Hochschule.

Und Bandung stand immer noch im Ruf der Radikalität. Es war eins der Zentren der islamischen Wiederbelebung in Indonesien. Viele von Prasojos Freunden in Djakarta waren über das Feiertagswochenende dorthin gefahren, um in der Moschee der Technischen Hochschule einen dreitägigen Kurs für islamisches ›geistiges Training‹ zu besuchen.

Der Kurs wurde von einem Mann abgehalten, der bei indonesischen Moslems berühmt war, von Herrn Imaduddin, einem Elektroingenieur und Dozenten an der Hochschule. Einige Leute in Djakarta hielten Imaduddin für mutig, andere hielten ihn für gefährlich. Er war vor fünf Monaten nach einem Jahr Haft aus dem Gefängnis entlassen worden. Sein Name, Imaduddin, der eher arabisch als indonesisch war, deutete an, was für eine Art Moslem er war.

Der Stadtrand von Bandung mit den Lehmbürgersteigen und den provisorisch aufgeschlagenen Ständen am Straßenrand war in der Dämmerung mehr indonesisch als pariserisch. Aber es war die verzauberte Stunde, die ›Rendezvous-Stunde‹, von der Prasojo gesprochen hatte, und eine Zeitlang folgten wir einem verabredeten Pärchen auf einem Motorrad. Das Mädchen war sorgfältig zurechtgemacht, um durch den Smog und das Verkehrsgetöse zu fahren, saß (die Arme um die Taille ihres Begleiters) mit den Beinen auf einer Seite, und ihre Sandalen baumelten gefährlich.

Prasojo sagte zu mir: »Sie haben mich nach dem *langsat*-Teint gefragt. Sie ist *langsat*.«

Die Farbe der Frucht des Lansibaums wurde als perfekte Farbe für eine indonesische Frau angesehen. Die Frucht war hell ockerfarben, von der Farbe eines hellen luftgetrockneten Ziegels; und das Mädchen auf dem Motorrad hatte einen klaren, südchinesischen Teint.

Die eingehende Prüfung machte das Mädchen verlegen. Als unser Fahrer sie mit den Scheinwerfern anblinkte, wurde ihr Begleiter, der mit dem Verkehr schon genug zu tun hatte, sehr erregt; mehr als einmal drehte er sich um, um uns finster anzublikken. Als sie schließlich abbogen, lächelte das *langsat*-Mädchen, sandalenschlenkernd, mutwillig, und Prasojo sagte: »Haben Sie das *gesehen*? Haben Sie das *gesehen*?«

Wir mußten uns den Weg zur Hochschule und Moschee beinahe Straße für Straße erfragen. Sie lag im älteren Kolonialviertel der Stadt: bei Dunkelheit und Lampenlicht bekam man den Eindruck von breiten, stillen Straßen, zurückgesetzten Häusern und einem großen Verwaltungsgebäude, in dessen mit Schnitzereien verziertem Dach Java nur ein architektonisches Motiv, ein Stück holländischer Kolonialexotik geworden war.

Der zylindrische Turm der Moschee war ›modern‹. Es war nach sieben, und auf dem offenen gepflasterten Platz zwischen der Moschee und ihren Nebengebäuden warteten Gruppen der Klasse für geistiges Training, Jungen und Mädchen, auf den Beginn der Abendsitzung. Sanfte Mädchenstimmen riefen aus dem Schatten: »Prasojo! Prasojo!« Der Erfolg dieses Jungen! Die Mädchen mochten Prasojo genauso, wie er sie mochte, und nun drängten sie sich um ihn, als sei er Wochen von ihnen weggewesen. Die Fröhlichkeit der Gruppe war wie die Fröhlichkeit von Campern. Es waren junge Leute aus Djakarta, Kinder der Mittelschicht. Sie waren nicht wie die Leute im *pesantren* oder wie die strengeren geschlossenen Moslemgruppen.

Imaduddin wurde angerufen, und jemand führte uns zu seinem Haus. Bevor wir aus dem Auto steigen konnten, kam Imaduddin selbst aus dem Haus, um uns zu begrüßen, ein mittelgroßer Mann mit breiten Schultern, einem lächelnden, offenen breitflächigen Gesicht; und er schob uns hinein.

Es war das Haus eines Universitätsdozenten mit einfachen Stühlen und Regalen, aber auch mit einem indonesischen Zug: zwei Mädchen, Verwandte oder Dienstboten, saßen am entgegengesetzten Ende des Raums auf dem Fußboden. Sie erhoben sich sofort, als wir eintraten, und gingen weg, zweifellos, um den Begrüßungstee zu bereiten.

Imaduddin las das Empfehlungsschreiben, das Prasojo mitgebracht hatte. Seine Miene hellte sich auf, als er las; er sagte, er fühle sich geehrt. Er sah jünger aus als achtundvierzig. Seine Haut war glatt, seine dunklen Augen glänzten, und er hatte einen breiten humvorvollen Mund. Er war anziehend, voller Herzlichkeit. Aber wie, fragte er, habe ich nur von ihm gehört? Ich erwähnte den Namen eines Journalisten in Djakarta, und Imaduddin sagte mit einem Lachen: »Aber sagen Sie ihm, daß ich noch immer um meine Freiheit kämpfe! Nach fünf Monaten. Die Hochschule hat mir dieses Jahr keine Arbeit gegeben.«

»Warum, meinen Sie, haben sie Angst vor Ihnen?«

»Ich weiß es nicht. Ich vermute, sie fürchten meine Beliebtheit bei den Studenten.«

Ich fragte ihn nach seinem Namen.

Er sagte: »Er lautet Ima-dud-din. Das heißt Stütze des Glaubens.«

»Haben Sie ihn selbst angenommen?« Das taten einige Indonesier. Prasojo hatte sich selbst einen Namen gegeben und es danach seinen Eltern erzählt.

»Nein, mein Vater hat ihn mir gegeben. Er hat in Al Ashar in Kairo studiert. Ich bin schon mein ganzes Leben Ima-dud-din gewesen.«

Der Begrüßungstee kam, in Porzellantassen, nicht in Gläsern.

Zur Begrüßung gab es zwei Sorten Gebäck. Das war nicht die Gastlichkeit des Dorfes.

Die Verhöre im Gefängnis waren hart gewesen. Das erste hatte zwanzig Stunden gedauert, aber Imaduddin hatte nicht von Mißhandlungen zu berichten. Unter seinen Mitgefangenen gab es einige berühmte Männer. Dr. Subandrio, der zur Zeit der Machtübernahme der Armee 1965 Außenminister gewesen war, hatte er kennengelernt und gesprochen. Dr. Subandrio war von der Armee zusammen mit anderen der Planung eines kommunistischen Staatsstreichs angeklagt und zum Tode verurteilt worden. Drei Tage vor der Hinrichtung hatte Königin Elizabeth von England sich für sein Leben eingesetzt, und er war begnadigt worden. Und seitdem war dieser frühere Kollege Sukarnos – von der Welt praktisch vergessen – die ganze Zeit im Gefängnis: über so etwas nachzudenken war nicht leicht, während man in Imaduddins Universitätshaus saß und Tee trank.

Und es war auch seltsam zu denken, daß Imaduddin, der neue Moslem, und Subandrio, der alte Mann der alten Linken – deren Anliegen entgegengesetzt waren, aber beide dem indonesischen Staat schädlich erschienen – in dem von der Armee geführten Gefängnis freundschaftlich zusammentrafen.

Wie war es Imaduddin erlaubt worden, mit Dr. Subandrio zu reden? Die Wärter seien nach einiger Zeit freundlich geworden, sagte Imaduddin, und er habe gewisse Privilegien erhalten. Was Imaduddin über die Zeit im Gefängnis erzählte, klang nicht so schlecht. Und sie war Imaduddin in der Tat nicht so unwillkommen gewesen. Kurz bevor er abgeholt wurde, hatte Imaduddin bestimmte arabische Länder besucht. Die Araber hatten ihn überfüttert. Niemand hatte Imaduddin gesagt, daß man, wenn man mit Arabern aß, sehr langsam essen mußte, daß man seinen Gastgeber beobachtete, weil man so lange essen mußte, wie der Gastgeber aß. So war Imaduddins Gewicht von siebzig Kilo, als er auf seiner Reise in Sachen Islam zu den Arabern kam, auf achtundsiebzig Kilo, als er sie verließ, geklettert. So viel wog er, als die Polizei ihn abholen kam, das war das Gewicht, das er immer noch zu verlieren suchte. Ein bißchen hatte er im Gefängnis abgenommen; der Militärarzt, der ihn untersucht hatte, war über seinen Fortschritt erfreut gewesen.

Aber man hatte ihm nach seiner Freilassung keine Arbeit an der Technischen Hochschule gegeben. Seine islamische Missionsarbeit mit der Jugend war das einzige, was er jetzt tat. Seine Kurse für geistiges Training waren bekannt. Er hatte vor sieben Jahren damit angefangen und sogar welche für moslemische Studentengruppen in England durchgeführt. Die Nachfrage in Djakarta war stark. Siebenundsechzig Leute hatten sich für diesen einen Kursus beworben, er hatte nur siebenundvierzig nehmen können.

Noch ein Schluck Tee, ein Biß in einen Keks, und dann war es Zeit, sich für den Augenblick zu trennen – ich mußte mir in dieser schwierigen Ferienzeit ein Hotel suchen, Imaduddin mußte zu seinem Kurs für geistiges Training gehen.

Prasojo sagte: »Man kann sehen, warum er so beliebt ist. Haben Sie bemerkt, wie er Ihre Hand geschüttelt hat? Er hat mir die Hand geschüttelt, als kenne er mich schon lange, als freue er sich wirklich, mich zu sehen. Ich glaube, so sollte ich mich benehmen, wenn ich mit Leuten zurechtkommen will.« Prasojos amerikanische Erfahrung hatte nachhaltigen Einfluß auf ihn. Er hatte Fotoalben aus seiner Zeit beim American Field Service in den Vereinigten Staaten mitgebracht: internationale Studentenpartys, der Grand Canyon, Schnee.

Das geistige Training lief schon eine Stunde, als ich zurückkam. Der Unterricht fand in einem der Moschee angeschlossenen schuppenartigen Klinikgebäude statt. Der Fußboden war gekachelt, die grüne Tafel war schon beschrieben, das Licht fluoreszierte. Die Lehrgangsteilnehmer saßen auf Klappstühlen aus Metall mit breiten glänzenden Rückenlehnen. Es waren mehr Mädchen als Jungen da, und die Mädchen saßen auf der rechten, die Jungen auf der linken Seite. Die Mädchen trugen Schals oder andere Kopfbedeckungen in hübschen Farben – gelb und grün und lila und rosa und dunkelrot und weiß. Jeder Teilnehmer trug seinen Namen auf einer grünen Karte. Kursleiter war ein junger Mann mit Schnurrbart in einem geblümten Hemd.

Imaduddin saß an der Rückwand des Raums. Als ich mich neben ihn setzte, sagte er mir, daß wir Zeuge einer Übung in ›Kommunikation‹ seien.

Vier oder fünf Kursteilnehmer wurden nach draußen geschickt, und der Ausbilder las mit einem Tonbandgerät in der Hand einem jungen Mann eine Geschichte vor – eine Beschreibung eines Autounfalls. Dann wurde einer der Schüler draußen, ein Mädchen, hereingerufen. Der junge Mann begann ihr die Geschichte zu erzählen. Sie stellte Fragen, er wurde verwirrt, die Klasse lachte. Die Kursteilnehmer waren die Puppenspiele gewohnt; sie hatten den Instinkt von Schauspielern. Der Kurs für geistiges Training wurde einem Puppenspiel immer ähnlicher, und die Fröhlichkeit stieg noch, als die Geschichte immer verzerrter von einem Studenten an den anderen weitergegeben wurde.

Imaduddin sagte: »Das wird alles aufgezeichnet. Am Schluß wird es abgespielt, damit sie sehen, wie sehr die ursprüngliche Geschichte sich verändert hat. Damit soll ihnen geholfen werden, wenn sie hinaus in die Welt gehen, um anzufangen, den Islam zu predigen.«

Aber die Übung gedieh nicht so weit, daß sie vorgespielt wurde. Es war gar nicht notwendig. Die Puppenspiel-Instinkte der Teilnehmer gewannen die Oberhand, und der eigentliche Punkt – die Verzerrung einer Geschichte, die zwei- oder dreimal erzählt wird – wurde Gegenstand großer Komik.

Dann wurde es Zeit für den ernsten Teil. Und wie gute Trainingsteilnehmer, die ihren Spaß gehabt hatten und nun bereit waren, einen Wert in diesem Spaß zu finden, beruhigten sie sich und teilten dem Leiter mit, was sie aus der Übung gelernt hatten. Wichtige Dinge hatten sie gelernt: den Wert von Nachforschung, rationale Analyse.

Mir schien, daß die Schlußfolgerungen gegen sie sprechen könnten, denn die Botschaft, die sie in die Welt hinaustragen würden, war außergewöhnlich: ein von Gott erleuchteter Prophet, willkürliche Vorschriften, eine Pilgerfahrt zu einem bestimmten Stein, ein Monat des Fastens. Aber nun waren wir schon mitten im Islam, und seine Glaubensartikel standen außer Frage. Nachforschung und Analyse waren für interne Angelegenheiten bestimmt: die *Hadits*, die Überlieferungen und Berichte über den Propheten. Manche *Hadits* waren zuverlässiger als andere; Leute, die sich nach unzuverlässigen *Hadits* richteten, konnten sich leicht auf unislamische Verhaltensweisen festgelegt finden. Und die Kurteilnehmer waren schnell zum Kernpunkt vorgedrungen: das Spiel, das sie gespielt hatten, hatte ihre Gedanken direkt auf die *Hadits* und sogar auf gewisse Passagen im Koran gelenkt. Diese Passagen wurden vorgelesen. Und das *langsat*-Mädchen auf dem Rücksitz des Motorrads schien weit weg, Teil einer anderen frivolen Welt zu sein.

Der junge Kursleiter mit dem Schnurrbart und dem japanischen Tonband freute sich. Auch Imaduddin freute sich. Er hatte das Spiel nicht selber erfunden; er sagte, er habe die Idee aus verschiedenen Quellen. Aber die Adaption für den Islam war seine eigene Idee.

Der Leiter sprach wieder. Die Teilnehmer standen auf, und geräuschvoll wurden die Metallstühle von ihnen in fünf annähernd kreisförmige Gruppen gestellt – fünf war die islamische Zahl. Ich hatte von den meisten Mädchen bisher nur die Rücken und farbigen Schals gesehen, nun sah ich ihre Gesichter. So etwas wie einen *langsat*-Teint gab es nicht darunter. Die meisten von ihnen schienen aus Sumatra zu kommen, das moslemischer war als Java.

Ich sagte zu Imaduddin: »Ich glaube, ich habe sechs Abschnitte in dem Spiel erkannt. Der Kursleiter erzählt die Geschichte, die Geschichte wird verzerrt, die Klasse kommentiert, die Analogie zu den *Hadits* über den Propheten wird hergestellt, die relevanten Verse aus dem Koran werden vorgelesen, und nun sitzen die Teilnehmer in Fünfergruppen.«

»Das stimmt. Aber das Sitzen in Fünfergruppen gehört zu einem neuen Spiel.«

Briefumschläge wurden an sie verteilt. Jeder Umschlag enthielt verschieden geformte Papierstücke, und bei dem Spiel ging es darum, aus diesen Papierstücken Quadrate zu bilden. Kein einziger Umschlag enthielt ein vollständiges Quadrat, sondern die Stücke waren so verteilt worden, daß eine Fünfergruppe, wenn sie alle erhaltenen Stücke benutzte, fünf Quadrate bilden konnte.

Imaduddin sagte: »Sie müssen zusammenarbeiten ohne zu reden. Niemand darf ein Stück Papier von einem anderen in seiner Gruppe nehmen. Aber er darf annehmen, was man ihm gibt.«

Wir gingen zwischen den Fünfergruppen umher, die die Köpfe eng zusammengesteckt hatten, hier und da ein Clown unter ihnen, ein Junge, der seine Verwirrung übertrieb und absichtlich absurde Muster zusammenstellte. Ich war froh, einen Jungen zu sehen, der schnell mogelte, ein Stück von einem Nachbarn nahm und es dem Muster eines anderen hinzufügte. Eine Gruppe Mädchen schrie und klatschte: sie waren fertig. Es war wie Bingo. Noch mehr Rufe und freundliche Kabbeleien zwischen Jungen und Mädchen: die Luft war mit jugendlicher Sexualität aufgeladen. Und dann noch einmal die ernsthafte Seite: die Stühle wurden wieder umgestellt, der Leiter forderte zu Kommentaren auf. Nacheinander kamen die Bemerkungen. Und es war erstaunlich, was sie aus dem kleinen Spiel herausbekommen hatten, wie weit es sie auf dem Weg des Islams geführt hatte.

Der Leiter schrieb die Kommentare auf die grüne Tafel. Imaduddin übersetzte für mich. Sie hatten fünf Dinge gelernt – fünf war eine gute islamische Zahl, da es fünf islamische Prinzipien gab. »Für das gemeinsame Ziel ist Zusammenarbeit unerläßlich. Die, die leicht aufgeben, können nichts erreichen. Man muß anderen geben, ohne zu fragen. Ebenso ist es unerläßlich, daß man sich gegenseitig kennt. Beharrlichkeit.«

Ich sagte: »Aber die Beharrlichkeit haben sie schon erwähnt. ›Die, die leicht aufgeben, können nichts erreichen.‹« Imaduddim gab mir recht.

Aber die Teilnehmer hatten sich nur einen Augenblick lang vertan. Ein Mädchen mit einer safranfarbenen Kopfbedeckung hob die Hand und sprach; der Leiter schrieb etwas unten auf die Tafel; und Imaduddin sagte: »Das ist wichtig. Das Zugehörigkeitsgefühl.«

All das hatten sie aus dem Spiel gelernt. Selbst mit der kleinen Mogelei, die stattgefunden hatte, waren sie direkt zur islamischen Idee der Einigkeit oder Einheit vorgedrungen: Menschen, in gemeinsamer Demut vor dem Schöpfer und durch starre Vorschriften gebunden. Eine unausgesprochene Folgerung ergab sich daraus: alles außerhalb dieser Gemeinschaft war ausgeschlossen, alles außerhalb war gottlos, unrein, untreu. Sie waren die Gerechten und Sicheren, sie waren glücklich in ihrem wiedererstarkten Glauben. Und wieder fielen einigen Kursteilnehmern passende Koranverse ein. Und wieder wurden Gelehrtheit und Nachforschung zur Schau gestellt, als die Seiten des Buches umgeblättert wurden und Teilnehmer und Leiter verschiedene Verse lasen.

Ein paar vervielfältigte Bogen Papier wurden von dem plaudernden Kursleiter herumgereicht, und Imaduddin sagte: »Der Leiter ruft mich auf, ein Gedicht vorzulesen. Es ist von Iqbal. Es ist die letzte Sitzung des Kurses für geistiges Training, und ich beende ihn immer mit dem Vorlesen dieses Gedichtes von Iqbal. Ich habe es ausgewählt, weil es so emotional ist. Es wurde in Urdu geschrieben, wie Sie wahrscheinlich wissen. Es wurde von Effendi ins Arabische übersetzt und aus dem Arabischen ins Indonesische von Mohammed Natsir.« Iqbal, der Ideologe Pakistans; Natsir, einst der Führer der verbotenen moslemischen Partei Indonesiens.

Imaduddin – die indonesische Höflichkeit ließ ihn sich verspäten, während er mir das Gedicht erklärte – ging dann ans Pult. Er setzte seine Brille auf und begann zu lesen, und er war verwandelt. All sein soziales Wohlwollen, sein offensichtlicher Humor gingen in dieser neuen Persönlichkeit auf, nicht der des Schauspielers oder Puppenspielers, sondern der des Mullahs, des Mannes in einer Moschee, der an einem Tag islamischer Leidenschaft den Koran rezitiert. Er hatte gesagt, das Gedicht sei emotional, und ihm brach beim Lesen die Stimme. Manchmal schien er dem Schluchzen nahe zu sein: Islam als Angst, Hölle, Himmel, Erlösung. Und das war, wie ich es verstand, auch das Thema von Iqbals Gedicht: Wie konnte die Welt ohne den Propheten oder Kenntnis seiner Mission ertragen werden?

Er hatte gesagt, das Gedicht würde sechs Minuten dauern. Es dauerte mehr als zehn. Es war nun halb elf vorbei. Die Trainingssitzung dauerte nun schon über drei Stunden. Der Kursus war zu Ende. Aber die Teilnehmer mußten um drei Uhr morgens wieder aufstehen. Nicht, wie ich dachte, wegen der Disziplin und Selbstverleugnung, die zur Einheit ermutigte, sondern weil im Koran stand, wie Imaduddin mir später erzählte, daß besondere Gebete mitten in der Nacht gesprochen werden sollten, und mitten in der Nacht bedeutete zwischen Mitternacht und sechs.

Den Teilnehmern schien das nichts auszumachen. Sie waren wie glückliche Camper, freudig erregt von der Dramatik des letzten frühen Aufstehens. Sie erhoben sich von ihren Metallstühlen und gingen zögernd weg, die Mädchen in den einen Teil des Moscheekomplexes, die Jungen in den anderen. Es waren Kinder der Mittelschicht Djarkartas, Menschen, die mit der speziellen indonesischen Bedrohung des Persönlichkeitsverlustes konfrontiert waren. Im Islam, im Leben der Moschee mit seinen Regeln und Ritualen, fanden oder schufen sie so etwas wie die alte feudale oder ländliche Gemeinde neu, die es für sie nicht mehr gab.

Imaduddin sagte, er stände nicht mit seinen Kursteilnehmern zu den Gebeten um drei Uhr auf. Aber um halb vier war er auf. Das tat er montags und donnerstags, weil er an diesen Tagen fastete. Dieser Brauch war den Moslems Indonesiens eigentümlich, und man hatte mir gesagt, daß er seinen Ursprung wohl in animistischen Praktiken habe. Das Fasten war genaugenommen kein Fasten, denn wie im Fastenmonat war es möglich, vor Sonnenaufgang und nach Sonnenuntergang zu essen. Eine Verfeinerung für manche war es, an diesen Fastentagen nur weiße Nahrung zu sich zu nehmen, da Weiß die Farbe der Reinheit war und es außerdem bequem war, da es einem Indonesier erlaubte, von seinem Lieblingsnahrungsmittel, Reis, so viel zu essen, wie er wollte. Aber von der weißen Nahrung erfuhr ich erst später und konnte Imaduddin nicht danach fragen.

Als ich ihn am nächsten Morgen in seinem Büro aufsuchte, das dem Klassenraum vom vergangenen Abend gegenüberlag, sagte er, daß er montags und donnerstags faste, weil der Prophet an diesen Tagen gefastet habe. Es stände nicht im Koran, aber es gäbe ein zuverlässiges *Hadit* darüber. Und Imaduddin machte sich auch Sorgen um sein Gewicht. Zusätzlich zu seinen islamischen Fastentagen trainierte er Langlauf. Er sagte, er müsse auf sich achten; er ginge auf die Fünfzig zu. Er habe nicht das Gefühl, sich ganz von seiner arabischen Völlerei erholt zu haben. Aber das war vor beinahe achtzehn Monaten gewesen. Seine Fülligkeit ließ mich eher vermuten, daß er zweimal in der Woche, nämlich an seinen beiden Fastentagen, einen überwältigenden Appetit aufbaute.

Er war so vielseitig. Er benutzte Tonbänder und westliche psychologische Spiele für sein islamisches geistiges Training. Er hatte die Leidenschaft eines Mullahs, aber er joggte auch. Er hatte eine fürchterliche Periode indonesischer Geschichte erlebt, er war mit großen Indonesiern bekannt gewesen. Er hatte von der Unabhängigkeit seines Landes profitiert, von seiner abwechselnd stagnierenden und wieder neu beginnenden Entwicklung, davon, daß die Welt sich für Leute seiner Generation öffnete. Er war Elektroingenieur geworden, er war gereist, er hatte in den Vereinigten Staaten studiert, um einen qualifizierten Abschluß zu bekommen.

Er hatte viele Ären erlebt; er war Teil eines großen Zusammenfließens der Welt geworden. Aber Imaduddin war dem Wunder seines Lebens gegenüber gleichgültig; er nahm seine neue Welt als selbstverständlich hin. Es gab keine Entwicklung zu erforschen. Imaduddin war als Moslem in Sumatra geboren. In diesem Anfang war alles enthalten: diesem Anfang waren nur Ereignisse, Instrumentarien und Alter hinzugefügt worden.

Imaduddins Vater war, wie er mir am letzten Abend erzählt hatte, Absolvent der islamischen Universität Al Ashar in Kairo. Er spielte eine Rolle in der moslemischen *Masjumi-Partei*.

»Mein Vater war ein religiöser Lehrer, einer Religionsschule zugeteilt, die in der holländischen Zeit vom Sultanat geführt wurde. Es war eine berühmte Schule, und mein Vater war der

Direktor. Während der Revolution, das heißt des Krieges gegen die Holländer, war ich in der moslemischen Armee, *Hizbullah*. Ich wurde 1946 zwei Wochen lang als Guerillakämpfer ausgebildet, und sie gaben mir einen Stern und einen Streifen als Oberfeldwebel. Mit fünfzehn Jahren! *Hizbullah* heißt eigentlich die Soldaten Gottes.«

»Warum sagen Sie moslemische Armee? Waren Sie denn keine Indonesier, die für die indonesische Unabhängigkeit kämpften?«

»In der revolutionären Armee waren damals viele Gruppen. Die Kommunisten, die PKI, hatten ihre eigene Armee; sie nannten sie die Rote Armee. Die Sozialisten hatten ihre eigenen Gruppen. Die Nationalisten und Sukarno hatten die ihrigen. Wir haben uns manchmal gegenseitig bekämpft – wenn die Holländer weg waren.

Nachdem wir unsere Unabhängigkeit erlangt hatten, ging ich auf die Höhere Schule zurück. 1947 hatte die revolutionäre Regierung die erste weiterführende Schule in unserer Gegend eröffnet. So ging ich auf diese Schule, und dort blieb ich bis 1953.«

»Wie kamen Sie zu dem Entschluß, Elektroingenieur zu werden?«

»1952 besuchte Dr. Hatta, der Vizepräsident, Sumatra, und er sprach davon, das Land zu entwickeln. Er besuchte den größten Wasserfall bei Medan in Sumatra, und er hielt eine Rede über die Bedeutung der Elektrizität. Ich war fasziniert von seiner Rede. Im folgenden Jahr, 1953, wurde ich mit der Schule fertig. Ich bekam die beste Note. Als ich meinen Vater darum bat, mich nach Bandung zu schicken, sagte er: ›Dafür habe ich das Geld nicht. Aber wenn du auf dich allein gestellt gehen willst, gebe ich dir meine Erlaubnis – und mein Gebet.‹

Meine Mutter verkaufte einen ihrer Ringe, und ich fuhr nach Djakarta, mit gerade so viel Geld, daß ich die Schiffskarte lösen und mir hier ein, zwei Monate lang Essen kaufen konnte. Das Schiff legte abends gegen sechs in Sumatra ab. Wir fuhren drei

Nächte lang und erreichten Djakarta am Abend. Ich war verblüfft von den Menschenmassen.

Wir erreichten Djakarta am Abend, aber der Hafen war geschlossen, und erst am Morgen erlaubte man uns, an Land zu gehen. Wir waren nämlich vier auf dem Schiff, die gerade die Schule absolviert hatten. Wir gingen also morgens in der Frühe zum Erziehungsministerium, und ich ging geradewegs in die Abteilung für Stipendien. Ich zeigte ihnen meine Noten und mein Empfehlungsschreiben von der Höheren Schule. Einer meiner Freunde hatte einen Freund in Djakarta, aber er war noch nicht sicher, ob der Freund uns alle vier in seinem Haus unterbringen könnte. Glücklicherweise nahm der Freund uns aber auf. Wir schliefen im Wohnzimmer auf dem Fußboden. Das Haus war tatsächlich das Privathaus von Sutan Sjahrir, dem Generalsekretär der Sozialistischen Partei Indonesiens.«

Ich sagte: »Aber das ist ein berühmter indonesischer Name. Den können Sie doch nicht so nebenher erwähnen.«

Und es war wirklich erstaunlich, daß er so redete: Sutan Sjahrir, einer der ersten Nationalisten Indonesiens, von 1934 bis 1942 von den Holländern ins Exil geschickt und im ersten Jahr der Unabhängigkeit Ministerpräsident von Indonesien.

Imaduddin sagte: »Tatsächlich hatte Sutan Sjahrir uns in Sumatra besucht. Ich war einer der Studentenführer an meiner Schule in Medan und habe ihn dort kennengelernt. Er hielt Ausschau nach vielversprechenden jungen Männern – so waren die Sozialisten. Und Sie können sich vorstellen, was es für einen Jüngling bedeutete, mit diesem großen Mann zu reden.

Wir verließen Djakarta noch am selben Tag und fuhren mit einer Empfehlung an den Generalsekretär der Sozialistischen Partei in Westjava nach Bandung. Und er beherbergte uns auch für ein paar Nächte. Und wir kamen zur ITB, der Technischen Hochschule Bandung, und schrieben uns dort ein.«

»Aber das mit Sutan Sjahrir ist eine wunderbare Geschichte.«

»Die Sozialisten waren so. Immer auf der Suche nach Anhängern. Ich konnte in Wirklichkeit kein Sozialist sein, denn ich bin ja schon Moslem. Die guten Ideen des Sozialismus kann ich im Koran finden.«

»Aber der Koran gibt Ihnen keine Institutionen. Und das versucht der Sozialismus. Man braucht mehr als Ideen.«

»Aber die Institutionen bleiben doch uns überlassen. *Hizbullah*, die moslemische Partei, war eine Gründung der *Masjumi*-Partei. Mein Vater war einer der Führer dieser Partei und vertrat seine Region, Nordsumatra. Und er saß im höchsten Rat der moslemischen Priesterschaft. Ich konnte also, obwohl Sutan Sjahrir und sein Benehmen und seine intellektuelle Fähigkeit mich anzogen, kein Sozialist sein, denn ich war schon Moslem. Ich bewunderte ihn als einen unserer nationalen Führer, aber weiter nichts.«

»Hatten Sie in der *Masjumi*-Partei wirklich ein Programm?«

»Ja. Dezentralisierte Regierung. Zweikammersystem. Kooperativwirtschaft. Die Einheimischen einer Region sollten die Wirtschaft mitbestimmen.«

»Ist das Islam? Oder Regionalismus?«

»Sie legen Wert auf ländliche Entwicklung. Die meisten Moslems leben in ländlichen Gebieten.«

Moslems, Moslems: er benutzte das Wort, wo andere Leute vielleicht Indonesier gesagt hätten.

Und an seinem ersten Freitag an der Technischen Hochschule in Bandung erlitt Imaduddin einen Schock.

»Hier ging es 1953 sehr weltlich zu. Man konnte hier in der Umgebung keine Moschee finden. Man mußte drei Kilometer ins Dorf hinuntergehen, bis man eine Moschee fand. Die meisten Professoren an der Hochschule waren Holländer – und sie waren hier bis 1957, als Sukarno sie hinauswarf. Die meisten Vorlesungen wurden auf englisch gehalten. Das war die Regel wegen der Leute, die kein Indonesisch konnten. Am ersten Freitag lernte ich, daß einige Professoren während der Gebetszeit Vorlesungen abhielten. Ich kam aus Sumatra, und ich war in einer streng moslemischen Familie aufgewachsen. Zu den Freitagsgebeten nicht in die Moschee zu gehen, war für mich also ein richtiger geistiger Schock.

Ich stand auf und erbat von dem holländischen Dozenten die Erlaubnis, in die Moschee zu gehen. Er schien recht freundlich zu sein und gestattete mir zu gehen. Zwei oder drei Studenten gingen mit mir hinaus. Ich ging zur Moschee, aber ich verpaßte die Vorlesung. Ich hatte also freitags immer die Wahl – Moschee oder Vorlesung. So entwickelte ich in meinem Kopf die Idee, für eine Moschee in der Nähe des Campus zu sorgen. Beim ersten Mal folgten mir nur drei oder vier Studenten hinaus. Jetzt – ich glaube, die *New York Times* hat es einmal geschätzt, und sie sagen, daß jetzt zweitausend Studenten zur Moschee gehen.«

»Sie haben sich um ein Stipendium beworben. Haben Sie es bekommen?«

»Nach zwei Monaten. Das Geld meiner Mutter, das Geld von dem Ring, reichte zwei Monate. Es waren fünfhundert Rupiah.« Achtzig Cents jetzt nach all den Abwertungen. »Das Stipendium betrug dreihundert Rupiah im Monat, und das war genug. Die Pension kostete ungefähr hundert.«

Ein paar Leute kamen ins Büro. Darunter war ein Mann mittleren Alters, klein, sorgfältig gekleidet, vielleicht einfacher Herkunft, vielleicht der Vater eines Studenten. Er zeigte Respekt vor Imaduddin, und mit der prompten Höflichkeit, die am vergangenen Abend solchen Eindruck auf Prasojo (und mich) gemacht hatte, entschuldigte Imaduddin sich und erhob sich, um seinen Besucher zu begrüßen.

Ich gab meinen Sessel auf und setzte mich an den Schreibtisch, während Imaduddin und sein Besucher sich unterhielten. Auf irgendwelchen Briefen lag ein vervielfältigtes Blatt mit einem gedruckten Briefkopf. Es war nicht ganz das öffentliche Rundschreiben, für das ich es hielt. Es war persönlich, aus den Vereinigten Staaten, von einem Universitätsprofessor, der Festgrüße sandte mit einer Zusammenfassung von Familienneuigkeiten zum Ende des Jahres. Amerikanische Umgänglichkeit, Wohlwollen für alle Menschen sämtlicher Kulturen: hier auf Imaduddins Schreibtisch. Amerikanischer Lehrer und asiatischer Lerner, Ungläubiger und Missionar: in welchem Maß von Mißverständnis waren sie zusammengetroffen!

1947 hatte die revolutionäre Regierung, mitten in all ihren Mühen, in Sumatra eine weiterführende Schule gegründet. Von dem Zeitpunkt an hatte Imaduddins akademischer Aufstieg begonnen, und 1963, zehn Jahre nachdem er mit fünfhundert Rupiah nach Bandung gekommen war, hatte die Hochschule von Bandung ihn in die Vereinigten Staaten geschickt, um einen qualifizierten Abschluß zu erwerben. Drei Jahre hatte er dort verbracht, zuerst in Iowa und dann in Chicago. Im Sommer 1966, nach Beendigung seines Kurses, bekam er in Cornell einen Job als Berater in indonesischer Sprache. Er bekam neun Wochen lang hundert Dollar die Woche, und mit den neunhundert Dollar fuhr er nach Europa und dann nach Mekka.

»In Mekka habe ich geweint. Als ich das erste Mal die Moschee dort betrat, die Stätte mit dem schwarzen Stein, habe ich geweint. Und ich habe auch geweint, als ich wieder wegging.«

So erzählte er, nachdem sein Besucher weg war, von seinen ersten drei Jahren im Ausland. Dem verlieh er Nachdruck: den drei Jahren weiterführender Studien, dem Glück mit dem Ferienjob in Cornell, dem Höhepunkt in der Großen Moschee in Mekka.

»Übrigens, der Brief, den Sie sich angeschaut haben« – er hatte es also bemerkt – »war von meinem Professor. Er ist Christ. Er schrieb einen Protestbrief an die Regierung nach meiner Verhaftung.«

Nach seiner Zeit im Ausland wurden seine moslemischen Interessen internationaler. Bei Cornell hatte er einen Mann aus Malaysia kennengelernt. Durch diesen Mann kam er 1971 nach Malaysia, um bei der Umwandlung einer Fachhochschule in eine Universität zu helfen. Imaduddin blieb zwei Jahre, bis 1973, in Malaysia; er engagierte sich für die moslemische Jugendbewegung dort und sah die Leute dieser Bewegung immer noch als seine ›Brüder‹ an. Er meinte, von dieser Zeit an sei er den indonesischen Behörden verdächtig geworden – sie und andere in Indonesien hätten Angst vor der ›malaiischen Krankheit‹, und besondere Angst hätten sie vor radikalen Entwicklungen an der Hochschule von Bandung.

1973 war das Jahr der Ölpreiserhöhung, das Jahr, in dem das Geld für das arabische Öl wie eine Belohnung für den arabischen Glauben zu kommen schien. Die moslemische Missionstätigkeit nahm zu; in einem Dutzend ausländischer Staaten meinten moslemische Studenten, die sich erst halb entfaltet hatten und bis dahin in der neuen Welt scheu gewesen waren, kaum in der Lage, ihre technischen Studien zu den Ländern, in denen sie sich aufhielten, in Beziehung zu setzen, die Zeit sei gekommen, den wahren Glauben zu verkünden. Imaduddin reiste nach Libyen, nach England, stieg in den internationalen moslemischen Studentenorganisationen immer höher auf und war immer mehr gefragt wegen seiner Kurse für geistiges Training, die den altmodischen Lehren der Mullahs eine nun notwendige Modernität verliehen.

Seine Gefangenschaft hatte seinen Aufstieg nicht aufgehalten. Seine Visitenkarte, in Weiß, Schwarz und Grün (den islamischen Farben) besagte: *Muhammad Imaduddin Abdul Rahim – Generalsekretär – Internationale Islamische Föderation der Studentenorganisationen*. Er hatte keinen indonesischen Namen.

Ich sagte: »Ihre Namen sind ja alle arabisch.«

»Es sind keine arabischen Namen. Es sind moslemische Namen.«

Vom Turm der Moschee kam der Mittagsruf zum Gebet – von der Moschee, die noch nicht dagewesen war, als Imaduddin zur Hochschule von Bandung kam, um Elektroingenieur zu werden. Er sagte, er sei in fünfzehn Minuten zurück, und er überließ mich den Büchern im Bücherschrank.

Einige davon, auf englisch, waren die alltäglichen Bücher der islamischen Missionsarbeit: *Der Mythos des Kreuzes; Jesus, Prophet des Islams*. Bei anderen handelte es sich um indonesische Übersetzungen, Taschenbücher, die die Bewegung veröffentlicht hatte. Ein Buch war von Qutub, einem Ägypter. Ich wußte nicht, wer Qutub war; Imaduddin sagte, er sei unter Nasser umgebracht worden. Ein anderes Buch war von Maulana Maudoodi. Das war der indo-pakistanische Fundamentalist, der so extrem war, daß er sich der Idee Pakistans widersetzt hatte, weil die indischen Moslems für einen moslemischen Staat nicht rein genug seien. Nach der Gründung Pakistans hatte er dreißig Jahre lang für islamische Gesetze und einen islamischen Staat geworben (wenn auch nie konkrete Vorschläge gemacht). Vollkommen destruktiv für Pakistan, war er am Schluß nach Boston geflogen, hatte sich der westlichen Wissenschaft ergeben und war gestorben.

Imaduddin kam zurück. Die Mittagszeit von Imaduddins Fastentag war nun schon fortgeschritten, und ich hatte das Gefühl, ihm war jetzt, besonders nach seinen Gebeten, bewußt, daß er fastete.

Ich sagte: »Ist der Islam das einzige, was Sie bewegt?«

»Ich mag gern westliche Musik. Den *Messias* von Händel. Ich mag Bach. Geistliche Musik.«

Aber er war nicht glücklich über die Aufmerksamkeit, die man in Indonesien den Monumenten des alten Glaubens schenkte. »Sind Sie schon einmal in Canberra gewesen?« sagte er. »Haben Sie die indonesische Botschaft dort gesehen? Das ist ein Hindu-Gebäude. Dies ist kein hinduistisches oder buddhistisches Land. Das Land ist zu neunzig Prozent moslemisch.«

»Borobudur und Prambanam sind große indonesische Denkmäler.«

»Borobudur ist etwas, um das die internationale Gemeinschaft sich kümmern muß.«

Die internationale Gemeinschaft, die Weltzivilisation: sie beschaffte Tonbänder und psychologische Spiele und qualifizierte Abschlüsse für Elektroingenieure und schützte nun auch noch indonesische Kunst und Zivilisation.

Für Imaduddin als Moslem und Abkömmling Sumatras war Indonesien ein Land, das gereinigt werden mußte. Sein Glaube war so groß, daß er sein Land von seiner Geschichte, seiner Tradition, seiner Kunst, kurz seiner ganzen Eigentümlichkeit trennen konnte. Sein Glaube war zu einfach für Indonesien, ganz gewiß für Java, zu einfach sogar für den *koum* von Linus' Dorf. Und Indonesien – übervölkert, mit so vielen entwurzelten Menschen, wo nur die Armee das Land zusammenhielt – war zu zerbrechlich für seine Art von Protest.

»Fahren Sie einmal um Djakarta herum. Fünfzehn oder zwanzig Kilometer in der Umgebung von Djakarta könnten Sie die wirkliche Geschichte dessen, was hier geschieht, finden. Das Land gehört nicht den Leuten, die es bearbeiten. Nach meinem Verständnis des Islams kann ich kein Stück Land besitzen, wenn ich es nicht selbst bebauen kann. Dieses Recht hat nur Allah. Wenn dieses Land nun als ein islamischer Staat geführt werden soll, sollte der Staat das Land so verteilen, daß es keinen Großgrundbesitz gibt.«

»Gibt es einen islamischen Staat, wo das geschehen ist?«

»Ja, zur Zeit Abu Bakrs und Omars und der ersten vier Kalifen.«

Ganz zu Beginn des Islams, damals, in der dreißigjährigen Periode, die mit dem Tod Alis, des Schwiegersohns des Propheten, 661, endete. Diese Antwort hätte ich auch vom Mullah eines Dorfes in Pakistan bekommen können. Diese Antwort hatte ich von Imaduddin in Bandung nicht erwartet.

»Ich erzähle Ihnen folgende Geschichte«, sagte Imaduddin. »Einer der engsten Freunde des Propheten war ein Mann namens Bilal. Er war ein Negersklave und wurde von Abu Bakr befreit, und er hatte den Auftrag, die Leute zum Gebet zu rufen. Als der Prophet und seine Gefährten nach Medina auswanderten, gab der Prophet Bilal ein Stück Land zum Bebauen. Während der Zeit Omars, des zweiten Kalifen, wurde Bilal alt und schwach und konnte die Ländereien nicht mehr alle bebauen. Und Omar nahm einen Teil des Lands und gab es einem andern.«

»Meinen Sie, ein Land könnte heute so geführt werden? Von einem Mann?«

»Das entsprach den Bedürfnissen der Zeit. Und wir sprachen über Landreform, nicht über Führerschaft. Und selbst Omar hatte einen Beirat.«

»Warum ist dieses Herrschaftssystem dann zusammengebrochen?«

»Der fünfte Kalif hat es zerstört. Er war daran interessiert, eine Dynastie zu errichten. Der erste Feudalismus in der islamischen Geschichte.«

»Und seitdem ist die islamische Herrschaft immer so geblieben?«

»Ja, ich denke ja. Wenn man also den Islam an Ort und Stelle praktizieren will, muß man einen Staat auf der Grundlage einer Republik aufbauen.«

»Haben Sie nicht gesagt, daß der Islam fehlgeschlagen ist?«

»Nein, nicht der Islam. Die Menschen. Die Moslems.«

»Sie glauben, Sie können sie dazu bringen, es jetzt zu schaffen?«

»Ich denke ja. Besonders Indonesien. Denn die politische Struktur ist den Lehren des Islams recht ähnlich. Der Präsident, der Rat oder das Parlament, die Armee. Was wir nun brauchen, sind die Menschen hinter der Struktur. Sie müssen wahre Moslems sein.«

»Hat die Regierung deshalb Angst vor Ihnen? Sagen manche Leute deshalb, Sie seien mutig?«

Er schien überrascht. »Ich bin nicht mutig.« Und er meinte damit: er tat nur das, was er tun mußte.

Einige Kursteilnehmer waren hereingekommen, um sich zu verabschieden. Ihre Gesichter strahlten, voller Ehrfurcht. Der Kurs war ein Erfolg gewesen. Alle T-Shirts mit *Revival of Islam* waren verkauft worden. Imaduddin war genauso gerührt wie die Kursteilnehmer. Er ging mit ihnen zur Haustür und stand plaudernd im Sonnenschein: weißes Hemd, graue Hosen mit Gürtel, stark, anziehend, bekräftigend.

»Ich bilde die nächste Generation indonesischer Führer aus«, sagte Imaduddin, als er wiederkam. »Ich glaube, daß die Verfassung einige islamische Werte enthält. Ich bereite die neue Generation darauf vor, all dies zu ersetzen.«

All dies zu ersetzen. Aber wofür, wodurch? Nicht durch neue Institutionen, sondern nur durch Menschen, die so rein und geläutert waren wie er selbst. »Ich bin bloß ein Lehrer, ein ganz gewöhnlicher Lehrer, wenigstens meinem Empfinden nach«, hatte Imaduddin gesagt. »Ich bin daran interessiert, die Jugendlichen zu erziehen. Weil ich glaube, daß wir gerade jetzt einen wahren moslemischen Führer brauchen.«

Daraus würde wie in den Zeiten Omars und der anderen rechtgeführten Kalifen alles Gute entspringen. Dahin führte sein Fundamentalismus: zum Bedürfnis nach einem frommen Führer, nicht einem Mann mit individuellem Gewissen, Mitgefühl oder Weisheit, sondern einem Mann, der dem Buch gemäß lebte, dem Mann, der Stellvertreter des Propheten sein konnte, dem Mann, der die Taten und Offenbarungen des Propheten so gut kannte, daß er alles so regeln würde, wie der Prophet selbst es getan hätte. Diese Vorstellung von Frömmigkeit und Güte trennte den Islam von anderen ethischen Systemen.

Die Logik von Imaduddins Glauben und seine eigene Integrität waren einfach: Ungerechtigkeit war unislamisch, und Indonesien war voll von Ungerechtigkeit. Und der Imaduddin, der sich wegen der Ungerechtigkeit zu Hause grämte, konnte ohne Not in moslemische Despotien im Ausland reisen. In diese Länder reiste er wie in Länder, in denen der Glaube verwirklicht worden war. In solchen Ländern achtete man nicht auf Ungerechtigkeit; man beachtete nur den Führer und fühlte sich von der Reinheit seines Glaubens geläutert.

Er erzählte mir, er habe ein paar Tage in Pakistan verbracht. Von Pakistans Gründung und Geschichte schien er wenig zu wissen. Für ihn war es nur ein moslemischer Staat, der durch die Dichtung Iqbals etwas Besonderes war. Von den Institutionen Pakistans, von seinen islamischen Phantomgesetzen, seinem Kriegsrecht und dem Zusammenbruch der Verfassung, seiner politischen Verworfenheit, den öffentlichen Auspeitschungen, der Zensur, der Demütigung seiner Intellektuellen – von all dem wußte er so gut wie nichts.

Wieso wußte er so wenig? Er sagte: »Vielleicht liegt es an der westlichen Presse.« Und wegen seines Mißtrauens gegenüber dieser Presse blieb er auch über manche Ereignisse im Iran im ungewissen. ›Intern‹ bekam er nur ganz wenig Information.

In Djakarta sagte ein moslemischer Redakteur, dem ich das berichtete: »Nichts hält sie fern. Sie können Leute hinschicken, um alles herauszufinden. Wenn sie nichts wissen, dann, weil sie nichts wissen wollen. Es ist ihrer Sache nicht dienlich.«

Und in der Tat wurde diese Sache von der westlichen Presse gut bedient. *Revival of Islam:* die englischen Worte auf den T-Shirts, die am Schluß des Kurses für geistiges Training verkauft wurden, waren durch die Titelgeschichten vieler internationaler englischsprachiger Zeitschriften bekanntgemacht worden. Imaduddin selbst hatte sich auf die *New York Times* bezogen, als er über die Besucherzahlen seiner Moschee sprach.

In Djakarta sagte einer von Imaduddins ehemaligen Kursteilnehmern, der Vorsitzende einer wichtigen Jugendorganisation, die einer Moschee in einem Mittelstandsgebiet angeschlossen war, daß der Islam die große neue Weltbewegung sei, die überall Anhänger gewinne. Sowohl *Time* als auch *Newsweek* hätten das gesagt. Und *Newsweek* hätte in einer Reportage den Propheten und noch einen Moslem in die Liste der fünfzig Menschen aufgenommen, die die Weltgeschichte am meisten beeinflußt hätten. »Das ist nun in die Geschichte eingegangen«, sagte der junge Mann, meinte aber bloß, daß es in *Newsweek* stand. (Geschichte als göttliches Hauptbuch, wie so vieles von der anderen Zivilisation geschützt.) Er gehörte der Mittelschicht an, dieser junge Mann, war hochgewachsen und hatte einen *langsat*-Teint. Seit seinem Kurs für geistiges Training bei Imaduddin war er von dem Gedanken an den Tod und das Leben nach dem Tod besessen. Aber ein Winkel seines Geistes war immer noch empfänglich für weltlichen Stolz. *Newsweek* und *Times* trugen dazu bei, die Geschichte zu machen, die sie aufzeichneten. Der Islam war rein und vollkommen; der säkulare sterbende Westen mußte zurückgewiesen werden: das war die Botschaft. Aber der Westen brauchte lange zum Sterben. Und immer mehr Menschen wurden in die neue Welt hineingezogen. In dieser neuen Welt, deren Mittelpunkt so weit weg, so außer Kontrolle schien, empfanden die gerade hervorgetretenen Männer wie der Vorsitzende der Jugendorganisation in Djakarta nur ihre eigenen Unzulänglichkeiten. Diese Männer waren keine Bauern oder Jungen aus dem *pesantren*. Sie strebten nach hochqualifizierten westlichen Fähigkeiten, sie zogen ihre Ermutigung aus der westlichen Bestätigung, ja, sie brauchten sie. Darin bestand zum Teil ihre große Abhängigkeit. Diese Abhängigkeit rief ihre große Qual hervor, die sie (wie Halbwüchsige) mit den täglichen Härten ihrer neuen religiösen Praxis lindern wollten: den Gebeten fünfmal am Tag, dem unnötigen Fasten. Die Religion, die ihre eigene war, die sie aber mißachtet hatten, war nun ein Gebiet von besonderer Intimität geworden. Sie gab eine Illusion von Ganzheit; sie hielt ein Versprechen unmittelbar bevorstehenden Triumphes. Damit wurden sie sich auch selbst und – wie die Zeitungen ihnen zu verstehen gaben – anderen wieder interessant.

Zurückweisung und Abhängigkeit: für die Halbentwickelten war es schwer, diesen Kreis zu durchbrechen. Eines der Mädchen in Imaduddins Kurs für geistiges Training – es hatte getrennt von den Jungen gesessen und den Kopf bedeckt getragen und aus westlichen Psychologiespielen dem Koran entsprechende Lehren gezogen – ging nach London. Sie sagte, sie würde als Modell arbeiten. Aber es ging nur um einen Kursus für Modelle. Das indonesisch-europäische Geschäft mit Modellen wurde organisiert. Ich sah einen Prospekt. Er richtete sich an die Mittelschicht, die Halbentwickelten. Als Modell zu arbeiten war für die Mädchen und ihre Eltern nun attraktiv, ein leichter Schritt nach vorn in die neue Welt. Aber man brauchte wenig Phantasie, um zu sehen, daß ein oder zwei Mädchen verlorengehen könnten und daß der Schritt nach vorn eines Tages eine weitere Quelle gemeinsamen Schmerzes sein könnte.

7

Die austauschbaren Revolutionen

All dies zu ersetzen. Der Islam sanktionierte Wut – Wut über den Glauben, politische Wut: eins konnte wie das andere sein. Und mehr als einmal hatte ich auf dieser Reise vernünftige Männer kennengelernt, die bereit waren, große Erschütterungen in Erwägung zu ziehen.

Im Iran war es Behzad gewesen, der mir Teheran und die heiligen Städte Ghom und Maschad gezeigt hatte. Er war der kommunistische Sohn eines kommunistischen Vaters und kein Moslem. Aber sein Kommunismus war wie eine Spielart des schiitischen Glaubens im Iran, eine Spielart der schiitischen Wut über Ungerechtigkeit: eine Wut, die in der Niederwerfung des alten Persischen Reiches durch die Araber im siebten Jahrhundert wurzelte. Gute Moslems glaubten, daß die beste Zeit der Welt die Zeit des Propheten und der ersten vier guten Kalifen gewesen sei; Behzad glaubte, daß die beste Zeit die Zeit in Rußland zwischen 1917 und 1953 gewesen sei. Dunkelheit war gebannt worden, eine ungerechte Gesellschaft war niedergeworfen worden, und die Bösen füllten die Gefängnisse und Lager Rußlands. Für Behzad war die Vorstellung der Gerechtigkeit nicht zu trennen von der Vorstellung der Strafe. Ayatollah Khomeini sprach im Namen Gottes, des Rächers; Behzad, der Kommunist, sprach wie Khomeini.

In Pakistan, im Kaghan-Tal hoch im Norden, hatte ich mit dem sanften Masood geredet. Er war nur gefühlsmäßig Moslem. Aber als er neben mir über der Schlucht des kalten grünen Flusses Kunhar stand, hatte er den Ängsten in bezug auf seine Familie und seine eigene Zukunft gestattet, in eine umfassendere politische Verzweiflung über sein Land einzugehen, und er hatte gesagt: »Millionen werden sterben müssen.«

Und etwas Ähnliches bekam ich in Djakarta von einem Geschäftsmann gesagt. Wir trafen uns eines späten Nachmittags im Restaurant des Hotels. Er war mir als Ökonom beschrieben worden, als jemand, der Verbindungen zu Regierungsministerien hatte, ein Mann, der Pläne für die Zukunft machte. Er war all das, aber er hatte auch das Gefühl der Indonesier, daß etwas schieflief. Und er war voller Wut: auf die Chinesen (zu talentiert für Indonesien, ›wie Rolls-Royce-Ersatzteile in einem japanischen Auto‹), die Multis, die Erfolgreichen, die unwissenden Männer, die dieses Land nun führten.

Er sagte: »Die Führer der Entwicklungsländer – der meisten – sind äußerlich wohlhabend, aber innerlich sehr arm.« Und er schlug sich ans Herz. »Sie können einen Mercedes kaufen, aber sie haben nicht das wahre Gefühl dafür – sie können die Erfindungsgabe und die Arbeit, die hinter diesem Gerät stecken, nicht schätzen. Es hat keinen Sinn, eine IBM-Schreibmaschine zu kaufen, wenn man nicht schneller als vierzig Worte in der Minute schreiben kann.« Er war kein humorvoller Mann, aber sein Zorn (und seine Vorliebe für wissenschaftliche Metaphern) schienen ihm so etwas wie Witz zu geben.

Er war ein Moslem aus Sulawesi, früher Celebes, wo es – wie auf Sumatra und Westjava – in den 50er Jahren eine starke moslemische Separatistenbewegung gegeben hatte. Und er trug mehr als nur ein Überbleibsel dieser Wut in sich, obwohl er vom Zusammenhalt des indonesischen Staates profitiert hatte. Mit nichts hatte er angefangen, jetzt war er gebildet; er hatte im Ausland, in den Vereinigten Staaten, studiert; er war mit dem Unternehmen, das er gegründet hatte, reich geworden; er hatte an der Entwicklung des Landes nach dem Rückfall der letzten Sukarno-Jahre teilgenommen. Aber das war nicht genug. Sein Erfolg hatte ihn aus der Bahn geworfen. Er ließ ihn die Menschen, die vorangekommen waren, klarer erkennen, und all diese Menschen wollte er nun loswerden. Er wollte nun den Staat niederreißen, der ihm den Aufstieg ermöglicht hatte.

Er sagte: »Wir müssen viele Menschen töten. Wir müssen ein oder zwei Millionen dieser Javanen töten.« Jeder, der aufgestiegen war wie er, mußte getötet werden: Jeder in der Regierung, in den guten Jobs, den Universitäten, den schönen Häusern. »Ich habe das Gefühl, in Djakarta meine Sensibilität verloren zu haben. Ich habe ein Büro im neunten Stock eines dieser großen neuen Gebäude. Es hat eine zentrale Klimaanlage. Ich fahre in einem klimatisierten Wagen zum Büro. Ich fahre zu meinem Haus zurück und bleibe zu Hause und lese. Ich sehe fern. Wo lebe ich? Ich kann Armut nicht begreifen. Wie kann ich die Beschwerden der Gesellschaft begreifen?«

Es gab zu viel Ungerechtigkeit. Zu viele Menschen waren arbeitslos, und ihre Zahl stieg von Jahr zu Jahr. Die Regierung, die Multis und die chinesischen Unternehmer aus Singapur und Hongkong schufen nicht genug Arbeitsplätze. Wut war die Reaktion dieses Mannes darauf: Wut, anscheinend politisch, die in Wirklickeit islamisch, ein Selbstzweck war, und Rassenhaß.

»Die meisten Doktoren der Philosophie sind Chinesen. Sie sind wie eine Krebszelle, immerfort wachsend und mächtig, und sie zerstören ihre Umgebung, und wir können es nicht aufhalten. Egal, in welches System diese Leute eindringen, immer übertreffen und überlisten sie alles.«

»Aber Sie brauchen talentierte Leute.«

»Diese Leute« – und nun sprach er nicht nur von den ortsansässigen Chinesen, sondern auch von den Leuten in den multinationalen Unternehmen und allen Ausländern – »sind tatsächlich wie eine Stromstärke von 220 Volt. Das vorhandene Netz der Gesellschaft verkraftet jedoch nur 110, jeder direkte Kontakt mit den 220 macht die 110 also unbrauchbar. Man braucht einen Transformator. Die Umspannung liegt angeblich im Regierungsbereich und bei den jungen Intellektuellen. Infolge von Ungeduld bei der Beschaffung materieller Güter schließt sich dieser Bereich jedoch meistens den 220 Volt statt der 110 an. Denn wenn diese jungen Technokraten einmal fahren können, dann wollen sie einen Rolls-Royce oder zumindest einen Volvo.«

Deshalb mußte alles verschwinden. »Der Kampf, der auf uns zukommt, wird zwischen den Leuten an den Universitäten und den Leuten in den *pesantren* stattfinden. Eines Tages werden die Schüler aus den *pesantren* nach Djakarta kommen und dieses schöne Hotel niederbrennen. Der Islam kann ein Rauschmittel werden. Er macht einen high. Man geht in die Moschee, und man wird high. Und wenn man high ist, wird alles, was geschieht, Allahs Wille.«

Dieses Massenschlachten hatte es in Indonesien schon einmal gegeben. 1965 waren die Kommunisten ausgelöscht worden. Eine Million Menschen seien getötet worden, sagte er, nicht eine halbe Million, wie man jetzt bekanntgab. Und noch mehr hätten getötet werden sollen: es habe damals zweieinhalb Millionen Kommunisten gegeben. Anderthalb Millionen seien also dem Morden entkommen, und viele von ihnen seien noch anzutreffen.

Ich sagte: »Wenn das Töten beginnt, kommen Sie vielleicht selber an die Reihe.«

»Könnte sein. Ich hoffe nicht. Aber es könnte sein.«

»Man hat mir erzählt, daß 1965 manche Leute das Gamelan-Orchester mitgenommen haben, wenn sie zum Töten auszogen.«

»Natürlich. Um es noch schöner zu machen.«

Es war nach der Teezeit, und die Brasserie des Borobudur Intercontinental – Gärten hinter Glas – war voll von den Leuten, gegen die er sich aussprach: ortsansässige Chinesen, wohlhabende indonesische Geschäftsleute, die mittelalten Herren der multinationalen Unternehmen. Er sprach laut und auf englisch.

Ich sagte: »Reden Sie auch so, wenn Sie mit Leuten von der Regierung reden?«

»Nein, mit ihnen rede ich über Fakten und Zahlen, Pläne und Studien.«

»Warum reden Sie dann mit mir so?«

»Sie sind kein Wissenschaftler. Sie wollen etwas über mich

herausfinden. Sie spielen eine Partie Schach mit mir. Also rede ich zu Ihnen von der anderen Seite.«

Ich spielte keine Partie Schach mit ihm. Man hatte ihm, bevor er kam, gesagt, was mein Anliegen war. Vielleicht glaubte er es nicht. Er war ungewöhnlich klein, mit einer leichten, aber bemerkbaren Entstellung im Gesicht. Sie mußte ihn beunruhigen; in Indonesien liebte man Schönheit. Er wollte in der Brasserie die Aufmerksamkeit auf sich ziehen. Er hatte das Gefühl der Indonesier für Dramatik. Aber seine Wut war wirklich genug, und seine Gewaltphantasie konnte Wirklichkeit werden. 1965 hatte es gegeben.

Ich sprach eines Tages mit Gunawan Mohammed, Redakteur von *Tempo*, der führenden Wochenzeitschrift Indonesiens, über die Morde von 1965. Gunawan war damals fünfundzwanzig. (Indonesier haben so viel durchlebt: erst später fiel mir ein, daß Gunawan mir bei einer anderen Gelegenheit erzählt hatte, sein Vater sei 1946, während der Revolution, als Gunawan sechs war, von den Holländern hingerichtet worden. Aber Gunawan hegte keinen Groll gegen die Holländer. Er sagte: »Es war Krieg.«)

Gunawans Erklärung für die Morde 1965 war einfach. »Angst. Ich kann Ihnen nicht sagen, was für eine Angst die Leute vor den Kommunisten hatten. Sie waren so stark, und niemand wußte, was sie tun würden.« Das Haus der kommunistischen Jugend war nicht weit von Gunawans Haus, und in diesen Tagen der Angst saß Gunawan mit einem Gewehr in seinem Haus. »Ich glaube, ich hätte getötet, wenn ich gemußt hätte.«

Ein indonesisches Buch aus der Zeit vor diesen Tagen der Angst kam mir in die Hände. Es war *Zeitgenössische fortschrittliche indonesische Lyrik*, eine Anthologie indonesischer kommunistischer Lyrik in englischer Übersetzung, und sie war 1962 von der Liga der Volkskultur herausgegeben. Alte Geschichte, hätte man annehmen können, doch alles, was die Liga herausgegeben hatte, war noch verboten. Und erst im Dezember 1979, als ich in

Indonesien war, wurde der berühmteste Schriftsteller, der mit der Liga verbunden war, Pramoedra Ananta Toer, zusammen mit den letzten der Zwanzigtausend (die offiziell bekanntgegebene Zahl), aus der Haft entlassen, die seit 1965 als Kommunisten festgehalten worden waren – die indonesische Regierung gab damit, sagte man, dem Druck Präsident Carters nach.

Über Pramoedras Leben in den letzten Jahren nachzudenken, kann man kaum ertragen: mit einundvierzig eingekerkert, der Welt mit vierundfünfzig wiedergegeben, seine frühen Bücher verboten, die Jahre seiner Reife verschwendet. Er war wie Sitor Situmorang, den ich nur wenige Tage nach meiner Ankunft in Indonesien kennengelernt hatte, dessen Geschichte ich damals nicht völlig erfaßt und dessen intellektuellen und sozialen Anstand ich zu selbstverständlich hingenommen hatte.

1962 war Sitor in Indonesien ein mächtiger Mann. Er hatte sich mit seinen frühen lyrischen Gedichten einen Namen gemacht. Nun war er politischer, Generalsekretär der Liga für Nationalkultur, und in der Anthologie war er mit drei Gedichten vertreten, die er nach einem Besuch in China geschrieben hatte.

Zola ist ein Mädchen aus Kuba
in Peking. Voll Stolz
übergibt sie mir das Banner
ihres Landes, feiert
den Sieg ihres Landes
über die amerikanische Aggression.

Es war traurig und kaum glaublich, daß solche Simplizität zu solcher Qual für Sitor und sein Land geführt haben konnte. Aber Sitor konnte man jetzt keinen Vorwurf machen: wie jemand sagte, er hatte zu viel gelitten. Und ich war bereit, in diesen politischen Gedichten von ihm nach anderen Dingen zu suchen. Er hatte eines Tages zu mir gesagt: »Die Menschen hier haben ihre Religion verloren.« Er sprach als Mensch, der, von seiner Stammesvergangenheit abgeschnitten, im Alter von sechs Jahren aus seinem Dorf gerissen und in ein holländisches Internat geschickt worden war. Das Bedürfnis, diese Vergangenheit zu rekonstruieren oder zu verstehen, hatte er erst empfunden, als er aus dem Gefängnis gekommen war und versuchte, seine Autobiographie zu schreiben; ohne zu wissen, woher er kam, war er nicht in der Lage, sein Leben plausibel darzulegen. Und mir schien, daß 1962 der Kommunismus oder Sozialismus ihm – als Menschen ohne Vergangenheit oder Gemeinschaft – etwas Ganzes zum Ersatz angeboten hatte. In China hatte er eine Kommune besucht.

Gesellschaftliches Leben, Solidarität und Hoffnung
traf ich an und spürte ich
in dieser Kommune. Daher:
Ich möchte trinken von der Wärme
eurer Hoffnungen
ich möchte eure Hände drücken
die so emsig bei der Arbeit sind.
Ich möchte dieses Brot essen,
dieses Brot der Kommune als ein Pfand
des gesellschaftlichen Lebens, der Solidarität und
der wiedergewonnenen menschlichen Hoffnungen.
Freiheit gemeinsam in Liebe, in
Idealen und der Wirklichkeit der sozialistischen Welt.

Das Brot der Kommune; gesellschaftliches Leben, Solidarität und Hoffnung: das war nicht allein Sitors Thema. Es war das indonesische Thema, jetzt mehr denn je. Es war das Thema des moslemischen *pesantren*. Und das war die Überraschung dieser kommunistischen Anthologie von 1962: viele ihrer Themen und Stimmungen waren moslemisch und indonesisch, immer noch.

Ungerechtigkeit
(alle Übersetzungen sind von Bintang Suradi und werden mit seiner Zeichensetzung und Rechtschreibung wiedergegeben):

Auch in bali reift der reis meilenweit
aber in bali sterben auch tausende bauern den hungerstod.
Wir kommen nach bali und es gibt tänzer
wir kommen nach bali und es gibt tempel in unzahl
beides ist typisch für bali
wir kommen nach bali und der bauer stirbt
nicht weil die ernte nicht gereift ist
Auch das ist typisch für bali
auch das hat eine bedeutung
(Putu Oka: ›Bali‹)

Die indonesische Klage über den Verlust der Schlichtheit und Brüderlichkeit:

Das Leben sollte nicht am Luxus gemessen werden
obwohl Luxus das erstrebte Ziel ist
sondern daran, ob Armut ihren Zyklus wiederholt
und sich verdächtig über die Erde ausbreitet.
im Restaurant diniert ein Herr verschwenderisch
auf dem Boden ein Bettler mit einer Büchse.
Kann man mit dem Leben Geschäfte machen?
(Putu Oka: ›Leben‹)

Wut und Rache:

Herrliches Periangan, brennend, gerötet von Feuer
die Bauern eingeschlossen, versengt auf ihrer heimischen Erde.
Genossen, Brüder, gegen diese Herausforderung obsiegt der Wille
Widerstand, Rache in jedem Herzen
(Sobron Aidit: ›Traurige Erinnerungen eines Bauern aus Tijandur‹)

Politischer Schmerz, der sich in religiöse Verletztheit verwandelt:

Mutter!
Jahr um Jahr hast du gewartet
eine endlose Sehnsucht in deinem Herzen
aber dein Leiden hat sich nur gesteigert.
Schweiß und Mühe, Blut und Tränen
Terroristen, Wucherer und Grundbesitzer
schließen sich zusammen, um dir das Blut auszusaugen.
Ist es wahr, Mutter
daß alle Geschöpfe auf Erden deine Liebe haben?
(Rukiah Kertapati: ›Anklageschrift‹)

Der Retter:

Und dann, wenn die Namen der schnöden Richter alle verschwunden sind
vergessen, verbrannt oder von den Ratten gefressen
wird dein Name weiterleben – Sohn der Massen
aus einem mächtigen Leib geboren.
Dein Name wird ewig leben, er wird den Tod nicht kennenlernen
denn du bist das Leben selbst.
(M. S. Ashar: ›Freiheit und Gefängnis‹)

Rache mit dem Versprechen einer wiederhergestellten ›Einheit‹:

Wir besitzen nichts
als glühende Herzen, vom Leiden wund
die sich verwandeln mögen in Lava, Feuer und Donner
und den Feind vernichten, ihn zu Staub zermahlen.
Wir, die Unterdrückten, schultern die Freiheit
ohne Rang und ohne Namen
Wir haben verhindert, daß unser Land ein Gefängnis wird

(Sabarsantoso Anantaguna: ›Die Unterdrückten schultern die Freiheit‹)

Und schließlich der vollkommene Glaube:

Die Gesellschaft meiner Klasse, lange habe ich geträumt von den Sonnenstrahlen
von einer Zukunft für Udin und die anderen
die sich nach einer freundschaftlichen Liebe sehnen, die Gleiche an Gleiche bindet.
O wie schwarz und schmutzig ist es heute
aber wartet, denn das Geschwür wird aufbrechen, flüssiges Feuer wird emporbrechen
die Zeit wird kommen, in der den Feind der Tod auf des Messers Schneide ereilt.
Die Schlachten für das Volk waren nicht vergeblich
den unbeugsamen Sämling, gepflanzt von Lenin, haben sie fruchtbar gemacht

Im *pesantren* von Pabelan hatte man mir die Kopie eines Interviews mit einem indonesischen *kiyai*, einem *pesantren*-Leiter, gegeben, das möglicherweise aus einer christlichen Zeitschrift auf den Philippinen stammte. »Wie kann ein *kiyai* dazu beitragen, diese Gesellschaft zu verändern? Wie kann er die Großgrundbesitzer und die Reichen dazu bringen, ihre Besitztümer aufzugeben, die gemäß dem Islam Allah gehören und den Menschen zurückgegeben werden müssen, die Geschöpfe Allahs sind? Wie kann der *kiyai* die Bauern dazu bringen, ihre Bedeutung als menschliche Wesen, denen Gerechtigkeit widerfahren muß, zu erkennen?«

Die Geschöpfe Allahs 1979, die Geschöpfe der Erde in einem der Gedichte von 1962. Und Punkt um Punkt wurden die Ähnlichkeiten sichtbar: der wahre Glaube, die Ungerechtigkeit zu Hause, die unkritischen Reisen in die Länder, in denen der Glaube verwirklicht worden war.

Imaduddin hatte gesagt, er könne kein Sozialist sein, weil er die guten Ideen des Sozialismus im Koran finde. Er sagte mehr, als er wußte. Der Islam des Protestes war eine Religion, die von den Ideen des späten zwanzigsten Jahrhunderts aufgefrischt worden war. Die Menschen fanden nicht mehr einfach eine Einheit in der gemeinsamen Unterwerfung unter Allah. Die Menschen waren die Geschöpfe Allahs, und das späte zwanzigste Jahrhundert erweiterte die Bedeutung dieser Worte: diese Geschöpfe Allahs hatten ›ihre Bedeutung als menschliche Wesen, denen Gerechtigkeit widerfahren muß‹. Das Land und sein Reichtum gehörten Allah und nicht den Menschen: das späte zwanzigste Jahrhundert machte das mehr zu einer politischen als religiösen Idee. Nach einer Generation des Friedens war die revolutionäre Strömung von 1965 wieder in Fluß. Sie war nun islamisch, aber sie war wie das Vorhergegangene: als könnten Wut und der Wunsch nach Rache immer wieder geweckt werden in diesem übervölkerten, einstmals feudalen Land, in dem viele Menschen entwurzelt waren, das alte Gleichgewicht auseinandergebrochen war, in dem jeder Schritt nach vorn die Menschen weiter von der Sicherheit entfernte, in dem die neue Welt neue Errungenschaften brachte, aber schwierige Forderungen stellte und alle Menschen, ob oben oder unten, in Angst vor dem Verlust ihrer Persönlichkeit lebten.

Reprise

Die Gesellschaft der Gläubigen

I

Unterwerfung

Karatschi, Pakistan, sechs Monate später. Vieles war in den sechs Monaten geschehen; die moslemische Welt war in Wallung geraten. Die amerikanische Botschaft in Teheran war von iranischen Studenten besetzt worden, und mehr als fünfzig Botschaftsangehörige wurden als Geiseln gehalten. In der Moschee von Mekka hatte es eine Belagerung und einen Schußwechsel gegeben, der auf eine Untergrundbewegung im Königreich Saudi-Arabien schließen ließ. Die Russen waren in Afghanistan einmarschiert.

In Pakistan selbst hatte es Veränderungen gegeben. Im August und September hatte man von Wahlen geredet. Diese Wahlen waren abgesagt worden; das Kriegsrecht war verschärft worden; die Zeitungen wurden zensiert; es gab öffentliche Auspeitschungen. Ein bekannter Journalist war verhaftet, in Ketten dem Gericht vorgeführt und für ein Jahr ins Gefängnis gesteckt worden. Menschenmassen – die hinter den Ereignissen in Mekka die amerikanische Hand sahen – hatten in den Städten Islamabad und Rawalpindi im Norden amerikanische Botschaftsgebäude angegriffen. Ein pakistanischer Wissenschaftler, der in Europa lebte, hatte einen Nobelpreis gewonnen, aber er gehörte der verbotenen Ahmadi-Sekte an, die ihren eigenen Verheißenen Messias verehrte, und sein Besuch in Pakistan hatte zu Studentenunruhen geführt.

Es sah aus wie Terror und Despotie. Aber der Staat proklamierte immer noch sein Ziel, den wahren islamischen Weg zu verfolgen. Und das mußte ernst genommen werden. In Indonesien, Malaysia, dem Iran diente der Islam noch anderen Zwecken oder enthielt solche. In Pakistan diente der Glaube – obwohl es unter den Fundamentalisten auch Politiker oder Ehrgeizige gab – sich selbst. In der moslemischen Welt war Pakistan etwas Besonderes, die Schöpfung der Moslems Indiens, einer Minderheit, die nie aufgehört hatten, sich bedroht zu fühlen. Und es gab Menschen in Pakistan, die den Glauben bis an die Grenze getrieben hatten. Für sie war der Islam mehr als das persönliche Seelenheil, mehr als ein Glaubenssystem; er war Land, Kultur, Identität geworden; ihm mußte man dienen, gleichgültig, wie sehr das auf Kosten des Individuums oder des Staats selbst ging. Der Dichter Iqbal hatte 1930, als er seinen Plan für einen separaten indisch-moslemischen Staat darlegte, gesagt: »Es ist keine Übertreibung zu sagen, daß Indien vielleicht das einzige Land der Welt ist, in dem der Islam als volksbildende Kraft sein Bestes erreicht hat.« Und nun, da ich mich dem Ende meiner moslemischen Reise näherte, empfand ich das auch so.

Im August, nach dem Monsun, war Karatschi grün gewesen. Seitdem war kein Regen mehr gefallen, und nun, im Februar, waren die Gärten braun, die Bäume staubig und manche von ihnen ohne Blätter; und bis Juni würde kein Regen fallen.

Es kam mir in den Sinn, Nusrat zu besuchen. Er war der Journalist von den *Morning News*, der mich zum Gericht von Karatschi mitgenommen hatte. Ich erinnerte mich an seine abrupte Art zu sprechen, seine runden Wangen, seinen Walroß-Schnurrbart. Im Gericht hatte er über die Knappheit der Ketten für die Gefangenen gejammert, von denen einige an Seilen geführt wurden, die um ihre Oberarme gebunden waren. Er hatte gesagt, darüber würde er schreiben – die Kettenknappheit, die Laschheit der Gefängnisbehörden. Nusrat hielt immer Ausschau nach Zeitungsgeschichten. Er arbeitete hart, er mochte seine Arbeit, er war von einer Art Ängstlichkeit getrieben. Er war ein Mann des Glaubens. Fast seine ersten Worte an mich waren, daß er ein schlechter Moslem sei – womit er meinte, er sei nicht gut genug: denn für ihn waren, wie er dann sagte, der Islam und das Leben nach dem Tod die wichtigsten Dinge auf der Welt.

Ich war Nusrat gegenüber aggressiv gewesen. Er hatte gesagt, er wolle in die Vereinigten Staaten gehen, um ein Studium für Massenmedien oder Massenkommunikation zu absolvieren, um dann vielleicht eine Stelle bei einer internationalen Körperschaft zu bekommen. Die Annahme, daß die Welt draußen da war, um ausgenutzt zu werden – während Pakistan und der Glaube blieben, was sie waren, nämlich etwas Losgelöstes und Besonderes –, hatte mich verärgert. Ich hatte gesagt, er sei nicht qualifiziert genug, um das zu tun, was er angeblich tun wolle. Und diese impulsive Aggression ihm gegenüber – der so freundlich, offen und bemüht war – hatte mich beunruhigt.

Ich nahm ein Taxi zu den *Morning News*. Auf einer langen Tafel am oberen Stockwerk zog sich der Name der Zeitung hin; zu ebener Erde gab es eine Reihe kleiner Geschäfte. Eine steile Betontreppe führte vom Bürgersteig aus hinauf. Sie sah nicht aus wie der Eingang zu den Büroräumen einer Tageszeitung. Sie wirkte eher wie die Treppe zu einem unwichtigen Regierungsbüro. Und so war es auch oben: ein alter Fliesenboden, dessen Farben verblaßt waren, als hätte Staub sie weggeschliffen; ramponiertes Büromobiliar; alte Leimfarbe an den Wänden; ein paar Männer, die ohne Zeichen von Hast an Tischen saßen.

Es war nicht das Gebäude, das ich suchte, stellte sich heraus: es war nur die Anzeigenannahme. Die Redaktion war im Hinterhaus. Ich ging eine eiserne Wendeltreppe hinunter. Das Eisen der Stufen hatte sich hier und da zu Löchern abgenutzt. Ein Straßenkehrer fegte die Betonstufen an der Seitenwand des Redaktionsgebäudes; er ließ schwarzes Wasser aus einem Eimer über eine Stufe schwappen, rieb das in den Beton ein, ließ Wasser über die nächsttiefere Stufe schwappen: es erklärte die verblaßten Fliesen in der Anzeigenannahme. Er hielt inne; ich drückte mich hinauf.

Es war ein neues Gebäude, aber die Atmosphäre in der Redaktion war zu dieser frühen Morgenstunde wie die Atmosphäre in der Anzeigenabteilung. In einem Raum voller Akten – so staubig, als wäre das einmal Abgeheftete für ewig beiseite gelegt – saß ein Mädchen an einem Schreibtisch. Sie arbeitete für die Kinderseite der *Morning News*. Sie beantwortete Briefe von Kindern und benutzte – als entspräche das der Aufgabe – eine sehr kleine Schreibmaschine. Sie war nicht verschleiert: das kam mir merkwürdig vor. Auf anderen Tischen standen Schreibmaschinen in verschiedenen Stadien des Verfalls – wie die Maschinen, die ich in den Ständen des Basars von Karatschi in der Nähe des Gerichts gesehen hatte, wo man sich etwas tippen lassen konnte (an einem Abend diktierte gerade ein Geschäftsmann in einem der Stände großartig einem Sekretär). Karatschi, wo Eisentreppen abgetreten und Fliesen verblaßt waren, gab Büros seine eigene Atmosphäre: im Redaktionsraum der *Morning News* hatte man dasselbe Gefühl wie in dem Gerichtsarchiv, das ich mit Nusrat besucht hatte.

Das Mädchen rief für mich bei Nusrat zu Hause an. Nusrat war nicht daheim. Er war schon ausgegangen, auf der Jagd nach einer Geschichte. Das war typisch Nusrat. Ich hinterließ bei dem Mädchen von der Kinderseite eine Nachricht für ihn. Er war erpicht auf seine Arbeit, immer unterwegs; es war seltsam, sich vorzustellen, daß dies der Raum war, in den er seine brandaktuelle Story brachte.

Später rief er an.

»Ich bin gerade hereingekommen. Ich habe Sie nicht zurückerwartet. Ich dachte, wir hätten Sie auf immer vergrault. Und nun haben Sie mein Leben geändert.«

Ich erkannte seine sonore Stimme, seinen lebhaften Ausdruck. Die Übertreibung – die Übertreibung der Urdu-Dichtung – war besonders rührend. Denn ich hatte schon eine gewisse Vorstellung von seinem Mißgeschick.

Das Büro sah heruntergekommen aus. Aber erst vor wenigen Monaten hatte sich dort ein Drama abgespielt. Den *Morning News* war ein Schnitzer auf der Frauenseite unterlaufen. Sie hatten aus den *Arab News* einen Artikel über eine große arabische Frau abgedruckt. Die Frau war die Urenkelin des Propheten.

Und der Artikel hatte aus verschiedenen Gründen die Schia-Gemeinde empört. Es hatte Demonstrationen und Drohungen gegeben, und die Regierung hatte eingreifen müssen. Sie hatte die Zeitung für drei Tage geschlossen, sie hatte eine Untersuchung anberaumt.

Es war eine Zeit der Gefahr. Hätten die Behörden nicht gehandelt, wie sie es getan hatten, und hätten die *Morning News* einen schwächeren Herausgeber gehabt, hätte es zu einer Katastrophe kommen können. Ghauri, der Herausgeber, hatte die volle Verantwortung für alles übernommen, was in seiner Zeitung erschienen war; er hatte als ein durch und durch mutiger und ehrenhafter Mann gehandelt. Er war ein sehr kranker Mann. Er war erst Ende Vierzig, sah aber viel älter aus. Er war schon seit Monaten in ärztlicher Behandlung; seine Krankheit ließ ihn nicht regelmäßig schlafen. Als ich ihn besuchte, schien er Schmerzen zu haben und war kaum fähig, aufrecht zu sitzen. Aber er hatte die Kraft gefunden, seine Zeitung durch die vielen schlimmen Wochen zu leiten, bis die Affäre durch die Untersuchung geklärt worden war.

Die Angelegenheit war nun abgeschlossen. Aber für Nusrat war sie noch nicht abgeschlossen. Denn Nusrat kümmerte sich um die Frauenseite. Ihm war der Schnitzer unterlaufen, er hatte den Artikel aus den *Arab News* durchgehen lassen. Wochen- und monatelang hatte Nusrat in Gefahr und Schuld gelebt; der Herausgeber hatte ihn in sich zusammenfallen sehen.

Was hatten die *Morning News* denn so Beleidigendes gedruckt? Um das zu verstehen, mußte man ein wenig die islamische Geschichte erforschen. Für die schiitischen Moslems hätte Ali, der Schwiegersohn des Propheten, der erste irdische Nachfolger (oder Kalif) des Propheten werden sollen. Er wurde dreimal übergangen; er war erst der vierte Kalif und wurde dann (nach nur fünfjähriger Herrschaft) ermordet. Ali hatte zwei Söhne. Keinem von beiden war das Kalifat vergönnt. Der erste wurde vergiftet, der zweite starb im Kampf, als er versuchte, das Kalifat für sich zu beanspruchen. Der zweite Sohn, Hussein, hatte eine Tochter – Alis Enkelin, die Urenkelin des Propheten. Der beleidigende Artikel handelte von ihr.

Zwischen den beiden moslemischen Religionsgemeinschaften besteht so etwas wie eine Kontroverse über diese Frau. Die arabischen (oder orthodoxen) Moslems versuchen, durchblicken zu lassen, daß sie am Anliegen ihres Vaters Hussein oder ihres Großvaters Ali nicht interessiert gewesen sei. Sie sagen, daß sie sich nach dem Tod ihres Vaters glücklich in der arabischen Stadt Medina niedergelassen habe, daß Medina, vom Reichtum der arabischen Eroberungen überschwemmt, im achten Jahrhundert eine Stadt des Luxus und der Kultur geworden sei, mit Musikanten, Sängern, Kurtisanen, Sklaven, exquisiten Freudenhäusern, und daß Husseins Tochter, oftmals verheiratet, die Königin der Stadt gewesen sei.

Für die Schiiten, die um Ali und seine Söhne trauern, fügt diese Geschichte über Alis Enkeltochter dem Unrecht noch die Beleidigung hinzu. Sie weisen sie zurück. Sie sagen, daß das Mädchen nie erwachsen geworden, als Kind gestorben sei. Aber der Artikel auf der Frauenseite in den *Morning News* – aus den *Arab News* abgedruckt – gab die arabische oder orthodoxe Version der Geschichte dieser Frau wieder und machte sie zu einer betörenden, luxusliebenden Kunstgönnerin im Arabien des achten Jahrhunderts.

Der Artikel hätte zu keiner ungelegeneren Zeit erscheinen können. Es war der Monat Muharram, in dem die Schiiten zehn Tage lang den Tod Alis und seiner Söhne betrauern. Unter den Kriegsrechtsbestimmungen in Pakistan waren keine Versammlungen gestattet, aber den Schiiten stand es frei, sich während dieses Trauermonats in Moscheen oder Parks oder auf Spielplätzen zu treffen, und dort wurden sie gegen die *Morning News* aufgewiegelt. Vierzig oder fünfzig Studenten marschierten eines Tages zur Zeitung, es gab Drohanrufe, und man redete davon, eine vierzigtausendköpfige Prozession zu den *Morning News* zu führen und sie niederzubrennen. Auf einer anderen Ebene begann man von einer internationalen Verschwörung gegen die moslemische Welt zu reden. Die Besetzung der Moschee in Mekka hatte gerade stattgefunden, die amerikanische Botschaft in Teheran war gestürmt worden, ein pakistanisches Pilgerflugzeug war nach dem Abflug vom Flughafen in Mekka abgestürzt. Es war eine schlimme Zeit für die Zeitung. Sie hätte für immer geschlossen werden können, und viele Leute hätten ihren Arbeitsplatz verloren. Außerdem drohte körperliche Gefahr von den erzürnten Schiiten Karatschis. Und nicht nur Schiiten: im Monat Muharram erhitzen sich auch die Gemüter der Orthodoxen über Ali und seine Söhne. Nusrat mußte einen Alptraum durchgemacht haben. Er wollte dem Glauben mehr als allem anderen dienen, und er mußte sich recht allein vorgekommen sein im Land des Glaubens. Die Welt mußte sich für ihn geändert haben: das Aussehen der Straßen, der Massen. Jeden Moment hätte man über ihn herfallen können.

Ghauri sagte – war es mit Verzweiflung oder Resignation? –: »Es gibt vier verschiedene Versionen von der Geschichte dieser Dame. Eine Version ist die abgedruckte. Die zweite Version besagt, daß die Dame mit neuneinhalb Jahren starb. Die dritte, daß sie mit elfeinhalb starb. Die vierte und wahrscheinlichste ist, daß es sie nie gegeben hat.«

»Sie haben mein Leben geändert«, sagte Nusrat am Telefon. Aber er meinte etwas ganz anderes.

Und als wir uns trafen, konnte man ihn sofort erkennen. Er trug ein leuchtend kariertes Tweedjackett, sein Tribut an den Winter in Karatschi oder, wie die Briten das nannten, ›das kalte Wetter‹. Ich hatte das Jackett vorher nie gesehen, aber es war typisch, kühn, wie Nusrats runde getönte Brille und sein Walroßschnurrbart.

Er sagte: »Ich bin auf die Minute pünktlich.«

»Sie sind fünf Minuten zu spät.«

»Ja, ich bin fünf Minuten zu spät.«

Wir fuhren mit dem Aufzug nach oben ins Chandni Restaurant auf dem Dach des Intercontinental.

»Was macht die Zeitung?«

»Es läuft nicht so gut. Sie war drei Tage lang geschlossen. Aber Sie müssen davon gehört haben.«

Er sprach schwungvoll. Er hätte von einer Gewerkschaftsunternehmung, einem Sieg über die Geschäftsführung sprechen können. Und ich war bereit, es dabei zu belassen.

Und erst in dem hellen Restaurant auf dem Dach, als wir um das Intercontinental-Buffet, ein wenig magerer, als ich es vom August her in Erinnerung hatte, gingen, erst da – Karatschi wurde überall um uns herum braun, das kalte Wetter dörrte alles schnell aus, der Februarhimmel war schon sehr klar, die Restauranttür offen, die Luft schon warm – sah ich, daß Nusrat grau geworden war. In fünf Monaten hatte er sich verändert.

»Sie sind grau geworden.«

»Sie haben es bemerkt? Es ist einfach so gekommen«, sagte er. »Es gibt keinen Grund. Glauben Sie nicht, daß es einen speziellen Grund gäbe. Ich mag graues Haar. Ich sehe gern grau aus.«

»Es steht Ihnen gut. Wie alt sind Sie?«

»Dreiunddreißig. Ich war schon grau, als Sie mich das erste Mal gesehen haben. Sie haben es vielleicht nicht bemerkt, aber ich war schon damals grau.«

Als wir am Tisch waren, sagte er: »Ich hatte nicht vor, an dem Tag vor vier ins Büro zu gehen. An dem Tag, an dem ich Ihre Nachricht bekam. Deshalb ist es ein bißchen ein Glücksfall, daß ich hier bin. Ich hätte außerhalb Karatschis sein können. Ich hätte Sie verpassen können. Läßt Sie das nicht an eine Verkettung von Zufällen glauben?«

»Sie arbeiten zu hart.«

»Ich arbeite sehr hart. Ich stehe unter Druck. Wissen Sie, was ich neulich auf der Unterhaltungsseite gemacht habe? Ich habe ein Bild von einer indonesischen Schauspielerin in ihrer Nationaltracht hineingenommen. Es wäre in den Druck gegangen, wenn mich nicht jemand darauf hingewiesen hätte. Es enthüllte die Umrisse ihres Körpers. Ich habe das nicht gesehen. Ich habe nur die Tracht gesehen. Was soll ich tun? Ich weiß nicht, wie weit ich auf der Unterhaltungsseite gehen kann. Ich weiß noch nicht einmal, ob eine Unterhaltungsseite in einer islamischen Gesellschaft wünschenswert ist.«

Er brach ab und wartete darauf, daß ich meine Meinung äußerte. Ich sagte nichts.

Er sagte: »Das ist ernst. Das muß in unserer Gesellschaft diskutiert werden. Und was ist mit der Stellung der Frauen? Sollen sie arbeiten gehen? Sollen sie zu Hause bleiben? Sollen Männer Frauen unterrichten? Sollten Frauen Männer unterrichten? Das sind wichtige Fragen.«

»Warum sind sie so wichtig?«

»Weil wir eine islamische Gesellschaft schaffen müssen. Wir können uns nicht auf westliche Art entwickeln. Entwicklung kommt zu uns nur mit einer islamischen Gesellschaft. Jedenfalls sagt man uns das.«

Davon hatten wir schon im August geredet. Er kannte meinen Standpunkt. Ein oder zwei Sekunden lang fragte ich mich, ob er ironisch sprach. Aber er meinte es ernst. Der Schwung, auf den seine runden Wangen, sein Schnurrbart, das flotte Jackett schließen ließen, waren unecht. Er war grau und gequält. In fünf Monaten hatte er sich genauso geändert wie die Landschaft um Karatschi.

Im August hatte ich in den Gärten hinter dem Intercontinental Männer gesehen, die mit einem von Ochsen gezogenen Grasschneider den Rasen mähten. Nun gab es kein Gras zu schneiden, aber die Männer waren immer noch an der Arbeit. Sie zogen eine schwerere Walze über den heidetrockenen Boden.

Ich sagte: »Wann wird es regnen?«

»Im Juni oder Juli. Nächsten Monat fängt es an, heiß zu werden. Dann kommt die Wasserknappheit. Jetzt spricht jeder von Afghanistan. Aber wenn es heiß wird und das Wasser bei uns knapp wird, reden die Leute zuerst davon.«

Das war dem Journalisten, dem Kolumnisten ähnlicher. Aber dann sagte er: »Da ist noch die Frage der Banken und Zinsen. Darüber sollten die Ökonomen nachdenken. Wir müssen herauskriegen, wie man ein Banksystem ohne Zinsen schafft. Wenn ich zur Zeit meine zweihundertvierundachtzig Rupien von der Bank bekomme, bin ich so froh, weil ich dieses Geld für nichts bekomme. Und meine Frau sagt: ›Ich weiß nicht, warum du dich so freuen solltest.‹ Und sie hat recht. Es ist falsch. Meine Frau ist eine gute Mohammedanerin. Und ich bin, wie Sie wissen, ein schlechter Moslem.«

»Das können Sie nicht sagen. Als wir uns kennenlernten, haben Sie gesagt, daß der Islam und das Leben nach dem Tode für Sie das Wichtigste seien. Erinnern Sie sich?«

»Aber ich bin in einer weltlichen Schule erzogen worden. Ich spreche nicht immer meine Gebete.«

Später sagte er: »Ich finde, sie müssen denken, daß bei mir alles in Ordnung ist.«

»Wer sind ›sie‹?«

»Die Beamten, Bürokraten. Sie wechseln, das weiß ich. Aber die Akte bleibt. Ich meinte damit also, daß die Akte – meine Akte – eine gute Akte sein muß. Gott hat seine eigenen Wege, freundlich zu sein. Wenn Ihnen gewisse Dinge zustoßen, müssen Sie glauben. Bedenken Sie mein Glück, daß ich Sie das letzte Mal getroffen habe und diesmal Ihre Nachricht bekommen habe – ich hatte an dem Tag vor, erst am Spätnachmittag ins Büro zu gehen. Und nun esse ich mit Ihnen zu Mittag und unterhalte mich mit Ihnen. Bedenken Sie all die Glieder dieser Kette.«

Ich betrachtete sein gequältes Gesicht. Ich sagte: »Ich glaube, Sie sollten eine Weile wegfahren. Gehen Sie eine Weile in ein anderes Land. Sie fangen an, gegen Gespenster zu kämpfen.«

»Nein, nein. Wenn ich gehe, dann gehe ich für immer.«

»Sie sollten Urlaub nehmen.«

»Sie haben recht. Ich mache zu viel. Erst heute morgen habe ich gedacht: ›Wenn du so weitermachst, wirst du noch krank.‹ Was mich jetzt beunruhigt, ist, daß ich keine Menschen mag. Ich treffe niemanden, stellen Sie sich vor. Ich bin nur hierhergekommen, weil Sie es sind. Ich kann Menschen hassen. Mich von ihnen reizen lassen. Wie neulich, als ich morgens zu einer Slumsiedlung in Clifton, nicht weit von Bhuttos Haus, fuhr. Ich wollte schon lange darüber schreiben. Ich hätte Mitgefühl mit den Leuten haben müssen. Ich wollte Mitgefühl mit ihnen haben, und ich habe Mitgefühl mit ihnen. Aber ich habe gemerkt, wie ich ihnen gegenüber ganz gereizt wurde. Wie konnten sie zweiunddreißig Jahre lang unter diesen Umständen leben? Nur zwei Minuten von Bhutto entfernt. Warum sind sie nicht zu seinem Haus marschiert? Ich habe mich also geärgert und konnte mich selbst nicht leiden, weil ich verärgert war. In der Stimmung war ich, als ich ins Büro kam und Ihre Nachricht erhielt. Deshalb war es so ein Glücksfall für mich, gerade da Ihre Nachricht zu bekommen.«

Er hatte einen Ordner mit den ganzen Kommentaren mitgebracht, die er über die letzten Monate geschrieben hatte. Einmal in der Woche machte er eine Art Klatsch- und Kommentarspalte für die *Morning News*. Er wollte ein Buch aus den Artikeln machen und wünschte, daß ich sie durchsehe. Er fand, sie seien Zeugnis einer wichtigen Periode.

Das waren sie nicht. Aber sie waren das Werk eines Profis. In den Artikeln war nichts, was auf seine Sorgen in dieser Zeit hindeutete. Er schrieb über gesellschaftliche Ereignisse; er schrieb über sein Vergnügen an dem kalten Wetter in Karatschi und daran, sein Tweedjackett hervorzuholen; er schrieb über die Zukkerknappheit. Da war etwas über ›Männermagazine‹ – unpassend in ›diesen wechselvollen Zeiten‹: näher kam er an seine Sorgen nicht heran.

Ein Kommentar, der mit einem Absatz über eine öffentliche Auspeitschung begann, stellte sich als Artikel über die Unzulänglichkeiten des öffentlichen Transports heraus. Die Leute konnten nicht zum Auspeitschen fahren, weil es nicht genügend Busse gab. Ironie war nicht dabei. In Nusrats Artikeln wie in Nusrat selbst gab es trotz seines scheinbaren Schwungs eine gewisse Humorlosigkeit. Das war Teil seiner Redlichkeit, seiner Anziehungskraft. Selbstzensur gab es bei Nusrat nicht. Nusrat nahm alles hin: er lebte mit seinem Land und dem Glauben seines Landes. Pakistan, nun dem Weg des Islams verpflichtet, war ein ideologischer Staat. Nusrat akzeptierte diese Ideologie. Er war ein Bürger eines ideologischen Staates, ein Gläubiger, genau der Mensch, den es gequält haben würde, ausgestoßen zu werden. Das Mißtrauen seiner Mitmenschen mußte für ihn Strafe genug gewesen sein.

Als ich ihn wiedersah, sagte ich ihm, daß ich nicht glaube, seine Zeitungsartikel würden ein Buch hergeben. Das gefiel ihm nicht.

Ich sagte: »Es läßt alles aus.«

»Aber Leute wie Art Buchwald bringen ihre Artikel als Bücher heraus.«

Ich erkundigte mich nach seiner Frau. Ich erinnerte mich, daß es ihr im August nicht gutgegangen war.

Er sagte: »Sie hatte eine Operation wegen einer Geschwulst. Wenn es geht, vermeide ich es, die negative Seite der menschlichen Existenz mit ihr zu diskutieren. Ich würde ihr beispielsweise nicht erzählen, was Sie von den Kommentaren halten.«

»Es sind gute Zeitungskommentare.«

»Wenn mich heute jemand verprügeln sollte, ginge ich nicht nach Hause und würde ihr das erzählen. Natürlich würde ich, wenn ich zusammengeschlagen und blutend nach Hause käme, nicht einfach in einem Sessel sitzen und nichts sagen. Ich müßte irgend etwas sagen. Aber normalerweise würde ich das nicht tun. Sie macht sich wirklich mehr Sorgen als ich.«

Während seiner ganzen Krise hatte er also zu Hause niemanden gehabt, an den er sich wenden konnte. Und doch war er, wie sein Herausgeber bemerkte, nicht zusammengebrochen. Er hatte nicht versucht, irgendwelche maßgeblichen Leute, die er kannte, zu beeinflussen; er hatte weiterhin seine Arbeit getan. Erst ganz zum Schluß war er zusammengebrochen. Nachdem die Regierungsuntersuchung vorüber und die Sache zu den Akten gelegt worden war, hatte Ghauri, der Herausgeber, ihn bei sich zu Hause zum Essen eingeladen.

Ghauri sagte: »Es ist alles vorüber jetzt. Die Zeitung wird weitermachen. Aber sagen Sie mir, haben Sie es absichtlich getan? Ich gebe Ihnen mein Wort, daß ich nichts gegen Sie unternehme, egal, was Sie antworten. Ich möchte es einfach wissen.«

Nusrat begriff nicht, daß die Frage ernsthaft gestellt war. Als er es begriff, brach er in Tränen aus. Die Vorstellung, daß der Herausgeber, der so viel riskiert hatte, um ihn zu verteidigen, auch nur den leisesten Zweifel an ihm haben könnte, war zu viel für ihn. Ghauri bedrängte ihn nicht, seine Frage war beantwortet. Frau Ghauri mußte Nusrat trösten.

Ich sah den anstoßerregenden Artikel. Er war illustriert durch ein Gemälde eines unbekannten Malers aus dem neunzehnten Jahrhundert, das eine nicht verschleierte, aber voll bekleidete Araberin auf einer Liege ruhend zeigte. Die Illustration war mit dem Artikel von den *Arab News* übernommen worden. Aber was in Arabien jetzt durchgehen konnte, war in Pakistan immer noch provozierend. In dem Artikel selbst stand wenig, was man nicht in Philip K. Hittis, *History of the Arabs*, einem Standardnachschlagewerk, finden konnte. Aber die Frau, um die es ging, war die Urenkelin des Propheten, und in Pakistan gab es Menschen – beider Glaubensrichtungen –, die meinten, selbst wenn man sage, daß sie schön sei, zeige man Mißachtung.

Der Glaube trieb Menschen zum äußersten. Da man nur den Koran und die Überlieferungen als Führung hatte, konnte niemand jemals sicher sein, daß er als Moslem gut genug war; niemand konnte jemals sicher sein, daß er sich Allah gänzlich unterworfen hatte und völlig selbstlos war. Männer wie Nusrat stellten immer größere Anforderungen an sich selbst. Für einen Mann, der Wert darauf legte, sich zu unterwerfen, ein reines Herz und einen reinen Geist zu haben, war die Welt voller Fallen: wie Nusrats Freude über seine zweihundertachtundvierzig Rupien Zinsen von der Bank, seine Gereiztheit über seine Glaubensbrüder in der Slumsiedlung.

»Sie sind ein Unglücksrabe, nicht wahr, Nusrat?«

Da hatte ich etwas angerührt. Er sagte: »Letzte Woche bin ich in eine Moschee gegangen, um einer Hochzeit beizuwohnen. Die Schwester eines Freundes. Der Bräutigam kam zu spät. Es war Gebetszeit. So sagte mein Freund: ›Laß uns beten gehen.‹ Ich nahm also die Waschungen vor. Es war ein kalter Abend, und das Wasser war kalt. Ich nahm eine Strohkappe oder Strohhut – einen Tropenhelm – von der Moschee und setzte ihn auf und begann zu beten. Als ich mich nach vorn beugte, fiel der Strohhut hinunter, und ich dachte: ›Gott weiß, daß ich nicht mit dem Vorsatz zu beten gekommen bin.‹ Ich sah, wie sich eine Hand bewegte und dachte, man würde mich gleich unterbrechen. Aber die Hand setzte mir nur den Hut wieder auf den Kopf. Als ich mich wieder nach vorn beugte, fiel er wieder hinunter, und ich sah ihn in die Ecke rollen. Ich sagte zu mir selbst: ›Das Gebet kann auch ohne den Hut angenommen werden, wenn man nur vorhat zu beten.‹ Der Vorfall blieb unbemerkt. Aber warum geschehen diese Dinge mir? Es ist erstaunlich, daß ich noch keinen Verkehrsunfall gehabt habe. Und ich meine, das ist Gottes Barmherzigkeit oder Gnade oder was auch immer.«

Ich fragte ihn nach dem Journalisten in Rawalpindi, der für ein Jahr ins Gefängnis gesteckt worden war.

Er blieb kühl; ich war überrascht.

Er sagte: »Vielleicht hat er es zu oft gesagt. Vielleicht hätte er das nicht in einer ausländischen Zeitung schreiben dürfen. Manche Dinge können in einer Lokalzeitung in Ordnung sein, sind aber in einer ausländischen Zeitung schlimm. Und umgekehrt.«

Er hatte immer noch Pläne, ins Ausland zu gehen und Massenmedien zu studieren. Aber er sprach nun anders darüber. Er war ein Büßer, und er wollte nun seinem Land und seiner Ideologie dienen.

»Wir bauen unsere Gesellschaft neu auf, und dementsprechend müssen wir unsere Medien formen. Wir müssen sehen, wie weit sich, wenn überhaupt, das befreite westliche Konzept der Massenmedien in Entwicklungsländern im allgemeinen und moslemischen Ländern im besonderen integrieren läßt. Vielleicht geht es. Vielleicht auch nicht.«

Aber begraben unter dieser neuen Persönlichkeit war immer noch der Mann, der Art Buchwald las und Bücher wie er herausbringen wollte.

Als wir uns das letzte Mal trafen, sagte er: »Niemand hat bemerkt oder hat es mir gegenüber erwähnt, daß ich ergraut bin.« Und bevor wir uns trennten, sagte er: »Können Sie einen Ort für mich organisieren, wo ich fünf Jahre lang lesen, schreiben und studieren kann? Denn in fünf Jahren, falls Sie mich dann wiedersehen, bin ich vielleicht Zementhändler oder Exporteur für Konfektionskleidung geworden. Dann würde ich nicht mehr die Zeit haben wie jetzt, mit Ihnen zusammenzusitzen und zu plaudern und zu essen.«

2

Islamischer Winter

Im August waren im Londoner Flughafen die iranischen Passagiere nach Teheran mit den Waren Europas beladen gewesen. Später in diesem Monat waren im Teheraner Flughafen die pakistanischen Auswanderer, die nach Hause flogen, mit den Waren Europas und Japans beladen gewesen. Waren: sie bewegten die Welt. Und nun im Februar war im Flughafen von Karatschi die Ergänzung zu sehen: pakistanische Auswanderer und ihre Familien verließen wegen der Länder des Geldes das Land des Glaubens.

Sie hatten ihre ›no-objection‹-Bescheinigungen und ihre Bescheinigungen von der Auswanderungsbehörde. Aber sie waren sich immer noch nicht sicher. Sie wußten nur, daß sie in einer Menge nach vorne drängen mußten oder verloren waren, so drängten sie und hielten ihre kostbaren Papiere ausgestreckt, und die Beamten kontrollierten. Eine Frau nahm fünf ihrer Kinder mit. Viele der Frauen trugen Schleier, manche schmuddelig weiß (mit einer Art Baumwollnetz über den Augen), manche schwarz.

Frauen und Kinder füllten das Nichtraucher-Abteil der Boeing 707 und verbreiteten dort die Atmosphäre der Zenana, des Frauenhauses. Das Raucher-Abteil war praktisch leer. Ich wechselte den Platz.

Aus der Luft waren die Ödländer Belutschistans und des Irans im August braun und schwarz, aber in der Hitze beinah farblos gewesen. Als ich nun in der anderen Richtung reiste, wachte ich auf und sah Schnee. Schnee bedeckte die Berge. Die Ebenen waren kahl, aber jede kleine Erhöhung war mit Schnee bestäubt.

Über schneebedeckte Berge fliegend, erreichten wir Teheran, das im Winter immer noch sandfarben war. Und das Mädchen sagte, draußen sei es null Grad.

Brüder, Gäste, willkommen zur Hedschra (dem neuen Jahrhundert der islamischen Ära) *und der Revolution*, besagte ein handgeschriebenes Schild in der Ankunftshalle. Die großen Fotos persischer Altertümer – sie stammten aus der Zeit des Schahs, die Farben waren verblichen – hingen immer noch da. Ein Farbfoto von Ayatollah Khomeini war am Eingang zur Einreisekabine über eins dieser Fotos geklebt.

Wir waren eine kleine Schlange. Nicht viele von uns waren die ganze Strecke nach Teheran geflogen. Der Japaner vor mir hatte seinen Beruf mit ›Korrespondent‹ angegeben. Das verursachte einige Ungelegenheiten. Er wurde von einem anderen Beamten aus der Kabine gewunken. Und dann saß ich in der Tinte. Ich war ›Schriftsteller‹. Ich brauchte ein Visum, ohne Visum konnte ich nicht bleiben.

Mein Paß wurde mir abgenommen, und ich wurde zu einem kleinen Raum an der Seite der Halle geschickt. Er war voller Beamter, manche in Uniformjacken mit Sternen auf den Schultern, manche in Hemdsärmeln. Sie waren alle freundlich. Mein Paß lag mit drei oder vier anderen auf einem Tisch, und niemand schien sich darum zu kümmern. Beamte mit Jacken und ohne Jacken wirbelten herum; es wurde viel geredet.

Der japanische Korrespondent sagte zu jemandem: »Aber Sie sind doch ein revolutionäres Volk. In Japan sind wir interessiert an revolutionären Völkern.«

Ein großer schnurrbärtiger Mann in einem gelben Pullover sagte zu zwei, drei iranischen Beamten: »Aber Sie können mich nicht nach Syrien schicken. Sie lassen mich in Syrien nicht rein.«

»Mit dem ersten Flugzeug, das hinausgeht«, sagte einer der Iraner. »Die ganze Welt will in den Iran kommen.«

»Aber sie lassen mich in Syrien nicht rein. Sie schicken mich hierhin zurück.«

Eine ungefähr dreißigjährige Frau in engen Jeans und mit kupferfarbener Haut und rötlichem Haar (Haar und Haut deuteten Hennafärbung an) sagte: »Ich bin Türkin. Ich bin Türkin.« Als appelliere sie an die moslemische Solidarität.

Ich war in Gefahr, vergessen zu werden. Ich sprach den Mann an, der mir den Paß weggenommen hatte. Er stand hinter dem Tisch und tat offenbar nichts. Er bat mich – mit einem Lächeln – meine Lark-Tasche aus dem Büro zu schaffen, das in der Tat ein wenig überfüllt war. Ich brachte die Tasche nach draußen und stellte sie auf den nassen Fußboden: ein Mann putzte, und nach allem, was ich über den Iran gelesen hatte, kam das überraschend für mich: daß Leute noch ihre Arbeit verrichteten, noch Dinge in Ordnung hielten.

Ich war wie betäubt, passiv. Die sechsmonatige Reise, die ich hinter mich gebracht hatte, war eine Folge von Wagnissen gewesen; was mir über den Weg gelaufen war, war mir über den Weg gelaufen. Und ich hatte kaum geschlafen. Ich war frühmorgens abgeflogen, und am Abend vorher in Karatschi war es spät geworden. Ich war zufrieden, daß die Reise endete, wie sie zu enden schien.

Der Mann, der mir den Paß abgenommen hatte, folgte mir hinaus. Er sagte: »Mit welcher Fluggesellschaft sind Sie gekommen?«

»PIA.«

Das iranische Mädchen, das die PIA repräsentierte, war mit seinem Klemmblock am anderen Ende der Halle: der Flug hatte ein paar Probleme gebracht.

Der Mann winkte ihr; sie kam herüber; sie redeten.

Sie sagte zu mir: »Sie müssen zurückfliegen.«

»Ich reise ab.«

»Sie sind Schriftsteller, und Sie haben kein Visum.«

»Ich weiß. Können Sie einen Flug nach London für mich buchen?«

»Das geht heute nicht mehr. Sie können nach Karatschi zurückfliegen.«

»Ich will nicht nach Karatschi zurückfliegen. Dort gibt es keine Zimmer. Heute fängt im Intercontinental eine pädiatrische Konferenz an, und alle Zimmer sind belegt.«

Wo konnte ich sonst hinfliegen? Für welche Städte, die angeflogen wurden, brauchte man kein Visum?

»Kann ich nach Athen?«

Ich wollte nicht unbedingt nach Athen. Der Name war mir nur eingefallen, weil Athen nach meiner erzwungenen Lektüre der Werbungen von Fluggesellschaften in den letzten sechseinhalb Monaten eine Stadt zu sein schien, die von vielen Fluggesellschaften angeflogen wurde.

Die Idee mit Athen schien dem Mädchen zu gefallen. Sie drückte ihren Klemmblock gegen die Brust und sagte: »Am Donnerstag gibt es einen Flug der Japan Airlines.«

»Tragen Sie mich für den ein.«

»Das ist aber morgen.«

»Heute ist doch Donnerstag.«

Sie sagte scharf: »Heute ist Mittwoch, der dreizehnte.«

»Wohin kann ich heute fliegen?«

»Heute gibt es keine Flüge. Nur den nach Karatschi jetzt. Sind Sie sicher, daß Sie nicht nach Karatschi wollen?«

Ich sagte und machte damit mein Schicksal rückgängig: »Wissen Sie, ich bin im August auch ohne Visum gekommen.«

Sie benahm sich, als hätte ich ihr Problem gelöst. »Sie sind im August ohne Visum gekommen? Haben Sie ihnen das gesagt?«

»Man kann es in meinem Paß sehen.«

Sie ging in den überfüllten Raum, kam kurz danach heraus und sagte: »Man hat sich geirrt. Sie können herein.«

Und als ich in den kleinen Raum gerufen wurde, schien jeder unendlich froh zu sein, den neuen Ministerialerlaß für Journalisten und Visa umgehen zu können.

»Aber *Sie*«, sagte ein Beamter zu dem japanischen Korrespondenten, der immer noch in dem Zimmer war, immer noch argumentierte, »*Sie* müssen zurück.«

Die rothaarige Türkin durfte auch einreisen. Warum hatten sie bloß gedacht, sie sei Journalistin? Sie stand mit einer ungeheuren

Masse Zeugs an der Zolltheke, Waren aus Taiwan und Japan, viele davon brandneu, noch in Pappkartons und Styroporkästen verpackt.

Ich reihte mich an der anderen Schleuse ein und betrachtete den Rücken der Zollbeamtin, einer jungen Frau in einem schweren Wollrock mit Pullover, ihrer eigenen Kleidung, keiner Uniform. Sie saß leger mit übereinandergeschlagenen Beinen auf der Theke, während sie Stichproben machte. Ihr Pullover war eng, ihr Rock spannte über den Schenkeln; sie hatte Stil.

Ich hatte nur meine Lark-Reisetasche. Ein Mann sprach mit dem Mädchen vom Zoll und schien vorzuschlagen, mich durchzulassen. Das Mädchen drehte sich um – ach, keine Schönheit – und warf einen Blick auf den Paß, den ich hielt. Dann zeigte sie mir wieder ihren Rücken.

Als ich endlich an die Reihe kam, sagte das Mädchen vom Zoll: »Engländer?«

»Nein.«

»Aber Sie haben diesen Paß.«

»Das ist meine Staatsbürgerschaft.«

»Aufmachen!«

Der Anblick meiner halbwollenen Schlafanzüge von Marks und Spencer – des unislamischen Stoffdrucks, den Khairul und seine arabisch eingestellte Gruppe in Kuala Lumpur mißbilligt hatten, als sie mich in meinem Zimmer im Holiday Inn überraschten – erweichte die Tochter der iranischen Revolution, ließ sie möglicherweise an Vater und Brüder denken.

»Ist das alles, was Sie haben?«

»Ja.«

»Kein Wein?«

»Kein Wein.«

»Sie können durch.«

In der kalten Luft draußen warteten die wohlgenährten Banditen des Flughafen-Taxidienstes, dessen Geschäft nun besser lief als im August, seitdem der Iran wieder in den Nachrichten war und Journalisten zu Dutzenden ein- und ausflogen. Sie wollten achthundert Rial für die Fünfhundert-Rial-Fahrt in die Stadt. Ich feilschte, aber ohne viel zu erreichen; sie ließen hundert nach.

Ein Mann sagte: »Das Hotel, zu dem Sie wollen. Es ist geschlossen.«

»Geschlossen!« Es war im August schon ziemlich heruntergekommen, erinnerte ich mich. »Gut, dann fahre ich zum Intercontinental.«

»Haben Sie reservieren lassen?«

»Nein.«

»Dann ist es für Sie geschlossen. Es gibt nur fünf Hotels in Teheran, die für Sie in Frage kommen.« Er schnurrte ein paar Namen herunter.

Ich begriff, daß er ›geschlossen‹ und ›offen‹ in besonderer Weise benutzte, daß er den Verkehr zu gewissen Hotels leitete. Ich hielt an meinem Hotel fest. Es schien ihm nichts auszumachen. Er hatte seine Pflicht mit seinen Hotels getan; es war kalt; er ging in seinen Unterstand zurück.

Dieselben Verkehrsstauungen; dieselbe Abgasglocke; dieselbe verrückte Fahrerei, Autos, die wie Schubkarren behandelt wurden; die Stadt aus Beton und Ziegel, im Sommer wie im Winter sandfarben, die kahlen Bäume so staubig wie die Autos, trocknender Winterschlamm, die Obstauslagen an Ständen und Geschäften – Orangen und blaßgelbe Äpfel –, an denen sich der Blick fing, die vielfarbigen Slogans und Schablonenzeichnungen und Plakate an den Wänden wie Farbmischungen einer Palette, alles Teil des allgemeinen Eindrucks der Trübheit. In einem Verkehrsstau studierte ich einen winterlich gekleideten Mann mit frischer Gesichtsfarbe, der mit einem Reisigbesen den Staub von den Straßen in die Betongosse am Rand fegte: wieder kam dieser Beweis des städtisch verwalteten Lebens überraschend, das anscheinend losgelöst von den Ereignissen weiterlief, die Schlagzeilen machten.

Im August war ich an einem Wahltag, einem Freitag, dem Feiertag, angekommen. Die Straßen waren ohne ihren werktäglichen Verkehr, an den Geschäften waren die Läden heruntergelassen, Teheran hatte wie ein Ort ausgesehen, der für immer geschlossen war; aber am Abend hatte ich gesehen, wie, von Männern mit Gewehren bewacht, Wahlurnen in Autos gebracht wurden. Die Wahl an diesem Tag hatte – nach einem vorausgegangenen Referendum über die islamische Republik – einer Versammlung von Experten gegolten, Leuten, die eine islamische Verfassung ausarbeiten sollten. Khomeini hatte das Volk aufgefordert, für die Geistlichkeit zu stimmen. Und die Geistlichkeit hatte gewonnen.

Die Versammlung der Experten hatte über eine Verfassung beraten, und sie hatte Khomeini einen Platz über jedem anderen eingeräumt, sogar noch über dem Präsidenten. Khomeini war der Regent Gottes geworden, der Stellvertreter auf Erden (oder im Iran) des Zwölften Imams (der tausend Jahre lang verborgen oder ›entrückt‹ war). Dann hatte es ein Referendum zu dieser Verfassung gegeben; Gemeinderatswahlen, Präsidentschaftswahlen. Die Geistlichkeit hatte die Präsidentschaftswahlen verloren. Im August waren die Schablonenporträts auf den Mauern meistens von Khomeini gewesen, jetzt war das Porträt des Mannes hinzugekommen, der vor ein paar Wochen zum Präsidenten gewählt worden war. Und in wenigen Wochen würde noch eine Wahl stattfinden, für die Nationalversammlung.

Zwischen all dieser Wählerei war die amerikanische Botschaft besetzt und der erste Jahrestag der Revolution gefeiert worden: in dem Gedränge und Gewühl dieses Tages waren ein paar Menschen von einem Panzer getötet worden. Das Volk Teherans lebte mit Aufregungen. Nach drei Monaten war die Geschichte der amerikanischen Geiseln wie eine populäre, aber sehr langsame Fortsetzungsserie, der der Mann auf der Straße sich zuwenden konnte, wenn kein größeres Drama da war.

Das Hotel war nicht geschlossen. In der Pförtnerloge waren Leute, auf dem Hotelplatz standen Autos. Der Vorgarten war mit dem Winter braun geworden. Die ovalen Rasenflächen waren braun und hatten unter Sträuchern und Bäumen seltsam an

Schatten erinnernde grüne Flecke. Regen und Schnee und Ruß hatten die Lorbeerbäume und andere immergrüne Pflanzen und die Tannen besudelt, und die Wintersonne und die trockene Luft der Hochebene von Teheran hatten den Schlamm der Stadt in feinen Staub verwandelt. Aber es rührten sich noch Hände zur Arbeit. Die Auffahrt war gefegt, die Rosensträucher waren beschnitten.

Das Foyer war beruhigend warm, und der Fahrstuhl, der mich in den achten Stock brachte, funktionierte besser als im August. Im Gang lag ein umgekipptes Metallbett. Aber kein Zimmermädchen hatte privat für einen Hotelgast gewaschen, wie mein Zimmermädchen das im August für mich gemacht hatte: es hingen keine Kleidungsstücke zum Trocknen an den Türknäufen nichtbelegter Zimmer.

Mein Zimmer war nicht ordentlich saubergemacht. Ein Vorhang hatte ein paar Haken verloren und hing an einer Seite herunter. Es gab keine Aschenbecher, keine Hotelbroschüren, kein Serviceverzeichnis, kein Schreibmaterial, keine Karte auf dem Fernsehapparat, wie im August, die Programmeinzelheiten der schon abgesetzten ›internationalen‹ Sendungen des iranischen Fernsehens bekanntgab. Aber die Möbel waren gut, die Installationen robust. In sechs Monaten war wenig verschlissen.

Der Mann vom Hotel jedoch, mittelalt, groß, dünn und kahl und Brillenträger, war in einem erbärmlichen Zustand. Es war, als sei das leere Hotel und sein Leben darin zuviel für ihn gewesen, als sei er mehr heruntergekommen als das Hotel oder sein Pagenkostüm. Ich gab ihm hundert Rial. Zuviel, aber es beeindruckte ihn nicht. Er sagte: »Geben Sie mir etwas. Mein Kopf tut weh. Geben Sie mir etwas.« Ich gab ihm ein paar Kopfschmerztabletten. Die Verarztung und die Aufmerksamkeit wollte er, das war dringender als die Rial.

Später ging ich in den Teeraum auf dem Zwischenstockwerk. Im August war das ein besonders trostloser Ort gewesen, mit Männern besetzt, die ihres Müßiggangs überdrüssig geworden waren und anscheinend den Glauben an sich selbst verloren hatten. Jetzt war er leer. Einige der vielen Tische waren mit Teetassen und Desserttellern und Papierservietten gedeckt; aber niemand trank Tee oder Kaffee.

An einem ungedeckten Tisch war ein Mann in schwarzer Hose und grauer Jacke offenbar eingeschlafen, den Kopf hatte er über die Arme sinken lassen. Eine Gestalt außergewöhnlicher Verzweiflung schien er zu sein, jemand, dem das Drama Teherans alle Kraft geraubt hatte. War es ein Kellner? Oder ein Gast? Beides war möglich. Die Mitte seines hingesunkenen Kopfes war kahl, seine Koteletten sehr buschig. Die Mischung aus Pathos und Show war rührend.

Er schlief nicht. Er hob den Kopf, seine überraschten, triefenden, geröteten Augen, tief unter einer vorspringenden Stirn, brauchten eine Weile, um mich zu erfassen. Der oberste Knopf seines weißen Hemdes war offen, seine schwarze Krawatte war gelockert. Immer noch auf seine Arme gestützt, sagte er endlich: »Es geht Ihnen gut? Alles in Ordnung? Woher kommen Sie?«

Ich sagte es ihm.

»Sie wollen etwas?«

Das schien eine Zumutung zu sein. Aber er war begierig zu bedienen. Und als der Kaffee kam, war er nicht schlecht.

»Kaffee gut? Bedienung gut?«

»Ja, ja. Aber wie geht es Ihnen?«

»Nicht gut. Erkältung. Ich bin erkältet.«

Er war mehr als erkältet. Er war verzweifelt auf der Suche nach einem zweiten Job, und er dachte, ich könne ihm helfen. Am Ende mußte ich mich vor ihm verstecken.

Im August waren siebenundzwanzig Gäste dagewesen, in einem Hotel, das vierhundert aufnehmen konnte. Jetzt – ich sah es, als ich in die Telefonzelle hinunterging, wo die Mädchen Wassermelonenkerne aus einem rosa Plastikbeutel aßen und versuchten, mit der ITT-Anlage fertig zu werden – waren es zweiundvierzig. Nicht genug, um einen Unterschied zu machen. Aber die Leute vom Hotel strengten sich an. Im Foyer war ein Tisch mit einem frei zugänglichen Telefon unter einem Schild, auf dem stand *Reporter willkommen!* und dann auf englisch, französisch und italienisch *Direktwahl für Journalisten.* Hinter dem Empfang gab es an einer Bar mit einer Espressomaschine (der Teil war im August abgeschlossen gewesen) einen Versuch zur Fröhlichkeit mit kleinen, handbeschriebenen Mobiles, die dort tanzten und *persischen Tee* anboten. Wie die Leute von der Einwanderungsbehörde und das Mädchen vom Zoll im Flughafen machten auch die Leute im Hotel jetzt den Eindruck, als spielten sie ein bißchen mit. Alle waren weniger ruppig, freundlicher, schwungvoller. Im August hatte das Hotel keine Geschäftsführung gehabt, war von einem revolutionären *komiteh* kontrolliert worden. Freitags hatte das Radio im Speisesaal dröhnend die Reden wiedergegeben, die bei den Massenversammlungen zum Gebet an der Universität von Teheran gehalten wurden. Aber mit der Freiheit und dem religiösen Hochgefühl waren materielle Ängste gekommen. Ein Mann vom Empfang – in dem traditionelle persische Fähigkeiten wieder wach wurden – hatte sich dem Handel mit alten Münzen zugewandt. Ein anderer Mann vom Empfang, der immer unhöflich war, hatte eines Tages (als er zusätzlich die Rolle eines Taxifahrers des Hotels übernahm) ganz außer sich von der Zukunft seiner Kinder gesprochen. Er hatte um meinen Rat gebeten, und wir hatten über Universitäten in Indien gesprochen. Als ich das Thema jetzt anschnitt, wehrte er ab. Die Erziehung seiner Kinder war wieder Privatangelegenheit. Im Hotel – das nun nicht mehr von einem *komiteh* beherrscht war – verhielten sie sich wie Menschen, die sich nicht nur an die Krise, sondern auch an die Freiheit gewöhnt hatten, an Freiheit innerhalb des Hotels und auch außerhalb. Sie waren wie Menschen, die wieder zu sich selbst gefunden hatten. Ein Kellner, dem ich fünfzig Rial gegeben hatte, weil er mir eine Kanne Tee aufs Zimmer gebracht hatte, kam mit zwei kleinen Napfkuchen auf einem Teller gleich wieder hoch und sagte auf englisch: »Sie sind mein Gast.«

Im August hatte an der Glastür des Hotels ein revolutionäres Poster gehangen: Yassir Arafat von der Palästinensischen Befreiungsorganisation auf der einen und Kohmeini, der Rächer, auf der anderen Seite. An der Tür hing jetzt kein Plakat mehr. Statt dessen gab es innen große gerahmte Porträts von Khomeini, offizielle Porträts des Mannes, der mehr als ein Staatsoberhaupt war. Seine Augen blickten nicht länger unzuverlässig vor Zorn; in den Augen des alten Mannes stand Sieg. Kein Stirnrunzeln, keine Widerstandsgeste, keine geballte Faust: die Hände waren die Hände eines Mannes des Friedens, eines Mannes, der seinen Frieden gemacht hatte. Sie lagen auf seinen Knien, und die Finger waren lang und zart.

Auf den Bergen im Norden Teherans lag Schnee. Das auf den Schnee fallende Morgenlicht offenbarte Richtung und Verlauf jedes Bergrückens. Dann staute sich der Smog dieser Stadt der Autos und verhüllte die Berge. Im Sommer hatte der Smog die Farbe der Berge gehabt, und es hatte ausgesehen, als verberge bloß der Sommerdunst der staubfarbenen Hochebene die Berge. Nun konnte man den Smog gegen den Schnee wie eine dunkle Wolke aufsteigen sehen. Mittags waren Schnee und Berge nicht mehr zu sehen, bis gegen Ende des Tages die untergehende Sonne ein paar Minuten lang rot auf den Schnee der höchsten Bergrücken fiel und sie wie eine rote Felswand über der bewölkten Stadt hingen, die schnell dunkel wurde und in der hier und da elektrische Lichter hervorstachen und bald Neonlichter ansprangen: das alte Glitzern, bemerkenswert überdauernd.

Die Stadt war frei, aber sie war das Geschöpf des Schahs. Ein Jahr nach der Revolution erwarteten die Leute immer noch ein Ziel. Für viele – wie die Leute im Hotel, die sich für einen Plausch in ungenutzten, erst halb fertig gemachten Räumen versammelten, wie der Mann in der von ITT eingerichteten Telefonzentrale, der wie im Wüstensand auf dem Fußboden schlief, von Kopf bis Fuß in eine Decke eingewickelt –, für viele Leute war die Stadt noch wie ein Lagerplatz.

Hier und da wurde im kleinen Rahmen gebaut. Aber die Kräne auf den hohen unvollendeten Gebäuden rührten sich nicht.

Durch den Regen und den Schnee waren Metallträger gerostet; und unverputzte, schlecht verfugte Ziegelsteinmauern sahen verwittert aus. Die Geschäfte waren voller importierter Waren: dorthin ging das Geld, das Ölgeld, das jeden Tag wie durch Zauberei hervorsprudelte. Plötzlicher großer Reichtum hatte die moderne Stadt geschaffen – importiert – und die Ungleichheiten und Schrecken herangezüchtet, die zur Revolution geführt hatten. Derselbe Reichtum hatte der Revolution Zeit erkauft.

Auf der Revolutionsallee (vormals Schah Reza) im Süden der Universität von Teheran boten die Bilderverkäufer immer noch Ansichten von Schweizer Seen, Wäldern und Bilder von kleinen Tieren an; ein kleiner Junge, der seine Hose zuzog; ein kleines Mädchen, das die Schuhe seiner Mutter anprobierte; Bilder von Kindern und schönen Frauen, denen Tränen die Wangen hinabliefen. Seite an Seite damit gab es immer noch das Thema der Revolution. Kassettenverkäufer spielten Khomeinis alte Reden ab. Manche Leute boten immer noch Fotoalben von der Revolution an: Hinrichtungen, Leichname in Leichenhallen, Blut. Es gab nun auch Bilder von Che Guevara und farbige Poster, die verschiedene Maschinengewehrtypen darstellten. Und alle paar Meter immer noch dicke Stapel russischer kommunistischer Literatur auf englisch und persisch – trotz der Karikatur, die den Iran als robuste bäuerliche Figur zeigte, die zwei Schlangen abwehrte, die eine als Rußland, die andere als Amerika gekennzeichnet; trotz des helmbewehrten Schädels, der in einer anderen Karikatur für den kombinierten Feind stand: Rußland in einer Augenhöhle, Amerika in der anderen, ein Schal unter dem Helm, der an einem Ende den Union Jack und am anderen die israelische Flagge flattern ließ.

Es hätte wie Spiel ausgesehen – wenn es nicht eine Revolution und richtiges Blut gegeben hätte. Blut schien in dieser Atmosphäre des Campus und des winterlichen Straßenjahrmarkts weit weg zu sein. An Straßenecken und auf dem Bürgersteig gab es Stände mit kandierter Roten Beete, an denen es nach heißem Karamel roch: aufgespießte Rote-Beete-Scheiben, die um einen

Kessel kochenden Sirups gelegt wurden. Die Rote Beete wurden ständig übergossen und kandiert und mit dem Sirup heiß gehalten: ein Winteressen, das besser aussah und roch, als es schmeckte, unter dem Karamel war es fast geschmacklos.

Beim freitäglichen Gebetstreffen an der Universität von Teheran gab es immer noch eine Menschenmasse, aber längst nicht mehr die Million oder so, die ich an dem zweiten Freitag im August gesehen hatte, als ich mit Behzad, meinem Dolmetscher und Führer, hingegangen war und wir zwei Stunden lang beobachtet hatten, wie die Männer und schwarz verhüllten Frauen in verschiedenen Kolonnen hinströmten, bis sie das Universitätsgelände gefüllt und die Straßen verstopft hatten, als das Geräusch der marschierenden Füße einen Lärm wie ein Fluß gemacht hatte und Staub aufgestiegen war und über der Menschenmasse an der Universität hing. Diese Art Enthusiasmus – die Perfektion der islamischen Einheit, für die einige sie gehalten hatten – konnte nicht anhalten. Und der vielgeliebte Ayatollah Taleqani, der mit diesen Versammlungen begonnen hatte, war gestorben; und es war Winter und nicht angenehm, da zu sitzen und den revolutionären Reden geringerer Ayatollahs zuzuhören, die Gewehre wie Hirtenstäbe benutzten.

Die revolutionäre Aktivität an diesem Winterfreitag fand vor den Haupttoren der Universität statt, wo Vorräte für die Opfer der Flutkatastrophe in Khusistan, der Ölprovinz im Südwesten, gesammelt wurden. Freiwillige hielten durch Winkzeichen den Verkehr an, andere warteten oder reichten Bündel in Lieferwagen und LKWs, wo andere Freiwillige, viel zu viele, darauf warteten, sie zu stapeln. Es gab überhaupt zu viele Freiwillige, zu viel Geschrei, zu viele Leute, die versuchten, den Verkehr zu regeln, zu viele Leute, die geschäftig waren, aber nichts taten.

Was würde mit dieser Wagenladung persischer Fladenbrote geschehen? Sie hatte Geld gekostet; sie war heiß gebracht worden; sie dampfte, als sie auf den Schultern ins Kalte hinausgebracht wurde; und dann wurde sie in einem wahnsinnigen Tempo – als ginge es um Leben oder Tod – in Plastiksäcke gestopft und auf einen Lastwagen mit Decken und Kleidern geworfen. Würde das Brot nicht steinhart geworden sein, bis es in Khusistan ankam?

Aber das Brot spielte keine Rolle. Die Geste und die Aufregung zählten. Diese Freiwilligen in ihren wattierten khakifarbenen Jacken und Pullovern waren Revolutionäre, die, nachdem ein Jahr vergangen war, immer noch versuchten, die Revolution auszuleben, immer noch begierig den Verkehr regelten (um ihre Solidarität mit der Polizei zu zeigen, die nun aus dem Volk und nicht vom Schah kam), immer noch begierig diese islamische ›Einheit‹ demonstrierten, die ihnen den Sieg gebracht hatte. Sie waren Revolutionäre – wie die, die die Botschaft der Vereinigten Staaten gestürmt und die Geiseln genommen hatten –, deren Sache zusammenschrumpfte.

Behzad hatte im August von dieser großen Gebetsveranstaltung gesagt: »Das ist kein religiöses Ereignis. Das ist ein politisches Ereignis.«

Als kommunistischer Sohn eines verfolgten kommunistischen Vaters hatte Behzad eine eigene Lesart der islamischen Einheit, hatte er den Triumph und die Menschenfeindlichkeit der Schiiten auf eigene Weise interpretiert, hatte eine Revolution gesehen, die in Richtung einer anderen Revolution getrieben werden konnte. Und diese islamischen Revolutionäre in ihrer Che Guevara-Aufmachung sahen sich als Revolutionäre des späten zwanzigsten Jahrhunderts.

Der Schia-Glaube des Iran, nach eintausenddreihundert Jahren noch der verlorenen Sache Alis verpflichtet (dem sein weltlicher Anspruch verweigert worden war, der ermordet wurde und dessen Söhne umgebracht worden waren), war die Religion der Beleidigten und Verletzten. ›Die Bewohner dieser Erde sind nur bellende Hunde und unliebsame Tiere. Die einen heulen gegen die anderen. Die starken verschlingen die schwachen, die großen unterdrücken die kleinen. Es sind Lasttiere, manche angeschirrt, andere in Freiheit.‹ Das stammte aus den *Weisheitssprüchen Alis*, die ich von dem liebenswürdigen schiitischen Arzt in Rawalpindi in Pakistan bekommen hatte. Es war sein Buch des Trostes; er meinte, es könnte auch meines werden.

Ungerechtigkeit, die Verderbtheit der Menschen, die Nichtswürdigkeit der Welt, so wie sie ist, die kommende Rache, die Freude der ›Einheit‹: Behzad war Kommunist, aber die Leidenschaft der Schiiten entsprach seiner eigenen. Und im August sammelte Behzad wie ein Schiite alle Ungerechtigkeiten, die ihm widerfuhren: Khomeinis Revolution hatte begonnen, sich gegen die Männer der Linken zu wenden.

Wir waren zusammen in die heilige Stadt Ghom, hundert Meilen südlich von Teheran gefahren. Wir hatten Theologiestudenten getroffen, wir hatten den islamischen Revolutionsrichter Ayatollah Khalkhalli besucht. Auf der Rückfahrt durch die Wüste nach Teheran hatten wir im Radio gehört, daß die linksgerichtete Zeitung, die Behzad las, *Anyandegan*, geschlossen war und ihre Büroräume von Revolutionswachen besetzt worden waren.

Später waren wir in die heilige Stadt Maschad, weit weg im Nordosten, nahe der afghanischen Grenze, gefahren. Wir waren im Zug zurückgefahren, zusammen mit Behzads Freundin. Auch sie war Kommunistin, die Tochter einer Familie, die einmal viel Land besessen hatte. Auf der Reise hatte sie demonstrativ ein lokales kommunistisches Pamphlet gelesen. Und sie und Behzad hatten Karten gespielt, bis ein Revolutionswächter ins Abteil gekommen war und Behzad informiert hatte, daß Kartenspielen im Monat Ramadan und besonders an diesem Trauertag für Ali verboten sei. Behzad hatte getobt danach. Er hatte den Wächter nicht als Mann des Volkes gesehen; er hatte ihn als Handlanger der unterdrückten Klasse gesehen.

Und in Teheran sollte er zu weiterem Ärger zurückkehren. Revolutionswachen hatten sich der Zentrale von Behzads kommunistischer Gruppe bemächtigt. Später sollte ich den Schauplatz sehen: Sandsäcke, Maschinengewehre, junge Männer, Revolutionäre des Islams in Guerillakleidung, auf der einen Seite der verkehrsreichen Straße; die Hinausgeworfenen, unbewaffnete Männer der Linken, auf der anderen Seite der Straße, gekleidet wie Studenten oder städtische Arbeiter, die einfach warteten. Und Behzad selbst sollte sich den wartenden Männern an jenem Nachmittag anschließen.

Ich hatte als Bild Behzad und seine Freundin auf dem Bahnsteig des Teheraner Bahnhofs nach der nächtlichen Reise aus Maschad mitgenommen. Freunde des Mädchens erwarteten sie, und sie und Behzad gingen vor mir her. Er war groß, schlank und athletisch vom Skilaufen und Bergsteigen. Sie war klein, hatte einen behinderten Fuß, und ihre Hüfte an derselben Seite war zurückgebildet. Sie war die kühnere – trug keinen Schleier und ließ das kommunistische Pamphlet mit dem Umschlag nach oben auf dem Sitz im Zug liegen, so daß jeder auf dem Gang den roten Hammer und die Sichel auf dem gelben Umschlag sehen konnte. Er war der Beschützer, der sich beim Gehen leicht zu ihr hinabneigte, glücklicher in ihrer Gesellschaft, als sie in seiner zu sein schien.

Behzad war umgezogen und mit einem Examen beschäftigt. Als ich ihn endlich telefonisch erreichte und fragte, wie es ihm gehe, begriff er meine Sorge und sagte: »Keine Sorge. Mir ist nichts geschehen.«

Am nächsten Tag, zwei Tage vor einer sechsstündigen Prüfung, kam er ins Hotel, um mich in das Appartement mitzunehmen, das er mit einem Freund teilte. Ich hatte jemand Jungenhaftes in Erinnerung, der in einem Eisenbahnabteil kicherte und mit einem Mädchen ein einfaches Kartenspiel spielte. Der Behzad, der mir im Foyer entgegenkam, war ein Mann und ernst. Er trug ein Jackett; im August hatte er mir erzählt, er besitze kein Jackett. Auch schien er mehr Haare zu haben.

»Haben Sie Ihre Haare gelockt, Behzad?«

»Sie waren immer so.«

»Sie sehen älter aus.«

»Ich bin fünfundzwanzig. Das ist nicht mehr jung.«

Wir gingen hinaus und in Richtung der Allee der Islamischen Republik, vormals Schah.

Ich sagte: »Die Leute im Hotel scheinen viel glücklicher zu sein.«

»Jeder hat angefangen zu begreifen, daß das Leben weitergeht.«

»Ich habe das Gefühl, sie haben sich an ihre Freiheit gewöhnt.«

»Freiheit für sie, vielleicht. Aber nicht für Leute wie uns. Es wird noch eine Revolution geben müssen.«

Wir überquerten die Allee, wobei Behzad mich durch den Verkehr leitete, wie er es im August getan hatte, und warteten auf ein Linientaxi. Diejenigen, die nicht voll waren, fuhren weiter und ließen uns stehen, wenn Behzad ihnen sagte, wohin wir wollten. Es war kalt; ich hatte keinen Pullover oder Überzieher. Wir standen direkt auf der Straße, einen Meter vom Verkehr entfernt, und gleich hinter uns befand sich einer der tiefen Rinnsteine Teherans, in dem nun schlammiges Wasser floß.

Ich sagte: »Lassen Sie uns zurückgehen und einen Hotelwagen nehmen.«

Er sagte: »Das ist das Transportmittel der Leute Teherans. Wir bekommen schon ein Taxi.« Schließlich hielt eins der orangefarbenen Taxis. Eine dicke Frau in Schwarz, die ein Stück vor uns gewartet hatte, rückte vor, um einzusteigen.

Ich sagte: »Wie sollen wir da sitzen?«

»Ich setze mich neben sie.«

Als das Taxi abfuhr, sagte ich: »Wie geht es Ihrer Freundin?«

»Ich treffe sie nicht mehr. Es ist kurz nach Ihrer Abreise passiert. Ich habe sie seitdem nur einmal gesehen.«

»Seit Maschad?«

»Seit ich aufgehört habe, sie zu treffen. Ich habe gehört, sie hat jetzt einen neuen Freund.«

»Aber warum? Was ist passiert?«

»Es war mein Entschluß. Es war eine Frage der Persönlichkeiten. Sie haben nicht zusammengepaßt.«

Wir waren mitten im frühabendlichen Verkehr Teherans. Die Geschäfte waren erleuchtet: ein großstädtisches Glitzern. In Buenos Aires, einer Stadt, die Teheran in mancher Hinsicht glich, hatte ein Argentinier vor acht Jahren im Berufsverkehr mit einiger Schärfe zu mir gesagt: »Man könnte meinen, wir seien in einem entwickelten Land.« An diese Worte dachte ich nun, als ich neben Behzad saß, seinen neuen Ernst spürte und versuchte, die Stadt mit seinen Augen zu sehen.

Er sagte nach einer Weile: »Aber ich liebe sie immer noch. Ich denke immer noch an sie.«

»Wie oft denken Sie an sie? Jeden Tag? Einmal in der Woche?«

»Ich denke an sie, wenn ich einen klaren Kopf habe. Im Augenblick gibt es so vieles. Aber ich denke an sie.«

Wir stiegen aus in der Straße namens Felestin, Palästina, so genannt nach dem Büro der Palästinensischen Befreiungsorganisation, das sich jetzt hier befand. Sie war dunkler, ruhiger und zu beiden Seiten mit Platanen bepflanzt.

Ich sagte: »War sie politisch, diese Unverträglichkeit der Persönlichkeiten?«

»Das auch. Ich wollte mit einer organisierten politischen Tätigkeit anfangen. Das wollte sie nicht. Sie wollte, daß wir weitermachten wie vorher, das Regime bekämpfen, wo immer wir konnten.«

»Guerillaaktivität? Dramatik?«

»So etwas.«

Das paßte: die Revolutionärin, die auch Grundbesitzerstochter war, die gebildete Frau in einem moslemischen Land, die Frau, die aus vielen Gründen getrieben wurde, ihre Position hochzuspielen. Sie würde immer die Gefahr suchen wollen.

Behzad sagte: »Aber nicht das ist zwischen uns getreten. Politisch gibt es keinen Unterschied zwischen uns. Es war das Persönliche – Sie müssen verstehen.«

Wir bogen in eine Seitenstraße ein und dann in eine Gasse. Es war eine Gegend mit niedrigen Appartementblocks. Direkt vor den Gebäuden waren Autos geparkt. Es war ruhig und dunkel, nur wenige Straßenlaternen brannten, und aus den Appartements mit vorgezogenen Vorhängen drang wenig Licht.

Nachdenklich sagte Behzad in der Dunkelheit: »Ich glaube, ich kann meinen Kursus nicht zu Ende bringen. Ich hätte schon aufgegeben, wenn ich Arbeit gefunden hätte. Aber es gibt keine Arbeitsplätze.«

»Wie lange studieren Sie Ihr Fach schon?«

»Fünf Jahre.«

»Wie lange dauert es noch, bis Sie fertig sind?«

»Ein Jahr.«

»Warum dann jetzt aufgeben? Ein Jahr ist nichts.«

»Selbst wenn ich zu Ende studiere, gibt es keine Arbeit.«

»Aber das muß nicht immer so sein. Was auch geschieht, wofür Sie sich auch politisch engagieren, es ist immer besser für Sie, eine bestimmte Qualifikation zu haben.«

»Ja, die fünf Jahre wären verschwendet.«

Es war wie etwas, das er sich schon oft überlegt hatte.

Wir kamen zu Behzads Haus. Ein Appartement auf einem der oberen Stockwerke war hell erleuchtet, die Vorhänge waren aufgezogen, und man hörte Popmusik.

»Was für eine Gegend ist das, Behzad? Mittelständisch?«

»Nein, nein. Wir sind direkt im Zentrum Teherans. Das ist eine Gegend der Oberschicht. Ist es nicht komisch, daß ausgerechnet ich in einer Oberschichtgegend wohne?«

(Aber war es wirklich komisch? Der revolutionäre Sohn eines Lehrers aus der Provinz; die Universität in der Hauptstadt; die Freundin oder frühere Freundin aus einer Grundbesitzer-Familie, der sich ausweitende Bekanntenkreis, die Auslandskontakte: bewegte Behzad sich nicht in der einzigen Richtung, in der er sich bewegen konnte, wenn er mit seinesgleichen verkehren wollte?)

Eine Oberschichtgegend, aber das gemietete Appartement war sparsam möbliert; und es sah aus wie ein Appartement, das sich zwei Junggesellen teilten. Ein Wohnraum in der Mitte schien – trotz der Möbel – darauf zu warten, gefüllt zu werden;

ein Blick auf ein Schlafzimmer – oder ein Zimmer mit einem Bett – auf der einen Seite; die Küche auf der anderen Seite. Ein Schreibtisch, übersät mit Behzads Büchern und Papieren, stand in der gegenüberliegenden Ecke neben einem kleinen Bücherschrank mit vielen dicken Lehr- und Wörterbüchern. Es war nicht warm.

Aus der Küche, in die er gegangen war, um Tee zu machen, sagte Behzad: »Es wurde gestreikt, und wir hatten kein Heizöl. Kein Öl im Iran. Gestern gab es vierundzwanzig Stunden lang keine Heizung. Jetzt ist sie an.«

Aber die Radiatoren waren kalt. Die Musik, die wir in der Gasse gehört hatten, war direkt über uns und laut.

Behzad sagte: »Es ist ein geschiedenes Paar, und sie feiern jeden Abend eine Party.«

»Ein geschiedenes Paar?«

»Sie waren verheiratet. Dann haben sie sich scheiden lassen. Dann sind sie wieder zusammengezogen, und jetzt haben sie jeden Abend eine Party. Das lenkt unheimlich ab.« Er kam aus der Küche und sagte: »Ich hatte so viel zu tun in den letzten Monaten. Es gibt so vieles. Aber ich denke mir nur mein Teil und tue nichts. Ich weiß nicht, was ich tun soll.«

»Sie meinen politisch?«

»Es ist alles so ein Durcheinander. Ich verbringe so viel Zeit damit, darüber nachzudenken, was zu tun ist. Das würden Sie vielleicht keine politische Betätigung nennen, aber es ist eine. Man muß wissen, wohin man geht. Hier hat sich seit dem Schah nichts geändert, wissen Sie. Die Arbeiter und die Unterschicht leben unter denselben Bedingungen. Für sie hat sich nichts geändert. Das iranische Volk wurde zum dritten Mal in diesem Jahrhundert gebrochen. Darüber denke ich jeden Tag nach. Es hält mich manchmal vom Studieren ab. Vor siebzig Jahren wollten wir uns der Dynastie der Kadscharen entledigen. Damals bekamen wir eine Verfassung. Aber sie wurde nie angewendet. Da wurden wir zum ersten Mal gebrochen. Das zweite Mal 1953, als wir uns der Pahlewis entledigen wollten, die auf die Kadscharen gefolgt waren. Der amerikanische Staatsstreich hat alles kaputtgemacht. Und nun beim dritten Mal sehen Sie selbst, was geschieht. Eine Revolution und dann nichts. Khomeini ist ein Kleinbürger. Die ziehen das ganze System wieder von vorne auf, und dann nennen sie es islamisch. Das ist alles.«

Das waren Gedanken, spürte ich, die oft hin und her gewälzt worden waren.

Ich sagte: »Das ist eine merkwürdige Weise, Khomeini zu beschreiben.«

»Er hat zwei Leben geführt. Er war der revolutionäre Führer gegen den Schah. Das dürfen wir ihm nie absprechen. Keiner der amerikanischen Journalisten, die hergekommen sind, hat Khomeini wirklich verstanden, seine Größe als Revolutionär. Aber er hat zwei Leben geführt, vor und nach der Revolution.«

»Der Wasserkessel kocht.« Er röhrte in der Küche.

»Er kocht nicht. Ich kenne diesen Kessel. Er macht ein anderes Geräusch, wenn er kocht. Im Iran und in Ländern wie dem Iran gibt es im großen und ganzen drei Klassen. Die Bourgeoisie, das Kleinbürgertum und das Proletariat. In einer bürgerlich demokratischen Revolution kann das Kleinbürgertum revolutionär sein. Aber wenn es daran geht, das System des Landes wirklich zu verändern, widersetzt diese Klasse, das Kleinbürgertum, sich der Revolution. Khomeini gehört dieser Klasse an. Er ist ein Kleinbürger und kann den Sozialismus nicht hinnehmen.«

»Aber haben Sie das nicht immer so gesehen, Behzad? Als Khomeini von Tyrannei und Brüderlichkeit und Gleichheit sprach, wußten Sie da nicht, daß er vom Islam sprach? Der Islam kann klingen wie eine politische Ideologie. Wußten Sie das nicht?«

»Die Menschen finden verschiedene Wege, das auszudrücken, was sie wollen. Und so sagte das Kleinbürgertum: ›Wir sind Moslems. Der Islam ist nicht für den Sozialismus.‹«

»Lag der Fehler nicht bei Ihnen? Als wir im August zu Taleqanis Gebetsversammlung gingen, haben Sie gesagt, es sei ein politisches Ereignis. Ich habe das nicht so gesehen.«

»Vielleicht sehe ich das jetzt auch nicht so. Aber ich habe es gesagt, weil die Religion überall auf der Welt ausstirbt. Viele Menschen versuchen, sie lebendig zu erhalten, schaffen es aber nicht. Selbst die Amerikaner versuchen sie nun lebendig zu halten, kommen und erzählen uns von Allah. Aber sie schaffen es nicht.«

Er beschloß, daß der Kessel koche, und ich ging mit ihm in die unordentliche kleine Junggesellenküche. Nachdem er den Tee aufgebrüht hatte, benutzte er den Aluminiumkessel als Samowar, drehte den Deckel um und stellte die Teekanne darauf – so wurde man im Iran oft an die Nähe Rußlands erinnert. Wir tranken den Tee aus Gläsern.

Behzad sagte: »Für uns gibt es jetzt keine Freiheit.« Er meinte seine Gruppe. »Sie haben unsere Zeitung geschlossen. Das war im August. Sie erinnern sich, daß wir die Nachricht hörten, als wir aus Ghom zurückkamen? Dann haben sie unsere Zentrale übernommen. Sie erinnern sich an den Morgen, an dem wir aus Maschad zurückkamen? Ein paar Freunde meiner Freundin – meiner ehemaligen Freundin – kamen zum Bahnhof, um sie abzuholen. Sie berichteten ihr die Neuigkeit und nahmen sie mit. Ich habe mich nachmittags der Demonstration gegen die Besetzung angeschlossen.«

»Damals habe ich angefangen, mir Sorgen um Sie zu machen.«

»Die Demonstration hat drei Tage gedauert. Am dritten Tag haben sie zu einer öffentlichen Demonstration gegen uns aufgerufen. Es war eine sehr große, sehr mächtige Demonstration. Ihr konnten wir nicht standhalten. Sie haben uns gebrochen. Und nun können wir nichts machen.«

»Aber die Buchverkäufer vor der Universität bieten jede Menge kommunistische Literatur an. Niemand scheint sie daran zu hindern. Und alle Kinos zeigen russische Filme.«

»Kommunistische Literatur zu verkaufen, ist nichts. Man kann so viel lesen und schreiben, wie man will. Aber sie lassen uns nichts tun. Zwei Monate nachdem sie uns aus unserer Zentrale in Teheran geworfen hatten, gab es Ärger in Kurdistan. Haben Sie davon gelesen? Khomeini trat im Fernsehen auf und sagte, die Armee solle die Bewegung mit aller Macht, die ihr zur Verfügung stehe, niederschlagen. Sie schickten Panzer, Hubschrauber, 106-mm-Geschütze hin. Mindestens fünfhundert Menschen wurden getötet. Dann sagte Khomeini, er habe einen Fehler gemacht, er sei über die Ereignisse falsch informiert gewesen. Wissen Sie etwas von den Exekutionen dort? Soll ich Ihnen die Bilder zeigen?«

»Zeigen Sie sie mir nicht. Ich habe schon zu viele Bilder gesehen im Iran.«

Er hörte nicht. Er ging ins Schlafzimmer – über uns dröhnte immer noch die Popmusik – und kam mit zwei Fotos und einem fotokopierten persischen Flugblatt wieder. Die Fotos waren nicht so grausam, wie ich befürchtet hatte. Ich hatte sie sogar schon vorher gesehen. Es waren offizielle Fotos: zehn Männer mit verbundenen Augen erwarteten ihre Hinrichtung durch Revolutionswachen, die zirka einen Meter entfernt standen. Das Bild war zweimal fotografiert worden, einmal von rechts auf die Männer gerichtet, die exekutiert werden sollten, einmal von links. Auf dem zweiten Foto war ein Mann schon tot und lag auf der Erde, kurz davor hockte der Revolutionswächter mit dem Gewehr in Zielstellung: an diesem Töten war nichts Neutrales. Genauso erschütternd war die Gestalt eines Mannes auf dem Foto von rechts: er trug sein Haupt hoch erhaben. Das war eine gute Art zu sterben. Aber für welchen Zweck? Hatte er seiner Sache überhaupt gedient?

Behzad sagte: »Die Leute, die Sie auf diesen Fotos sehen, sind alles Linke. Manche wurden vier Stunden nach ihrer Verhaftung hingerichtet. Khomeini schickte Khalkhalli hin, und er verhaftete jeden.«

Khalkhalli, der Richter, der Scharfmacher der Revolution; der fette lustige Bauer aus Aserbeidschan, der nie an sich gezweifelt hatte, der vom Hirtenjungen (der sich aber nie für arm gehalten hatte) zur Macht aufgestiegen war und Howeida, den Ministerpräsidenten des Schahs, tötete.

Ich sagte: »Im August haben Sie zu mir gesagt, Khalkhalli sei ein Clown, der keine Macht habe.« Aber das war im August gewesen, als Behzad noch seine eigene Vorstellung von der Zielrichtung der Revolution hatte.

»Ich hatte unrecht. Sie erinnern sich, daß er Ihnen erzählte, er habe das Gewehr, mit dem Howeida getötet wurde. Wissen Sie, wer Howeida tatsächlich umgebracht hat? Ein Mullah, einer dieser Männer mit Bärten und Turbanen. Ein junger Mann um die Dreißig. Man weiß, wer er ist.«

Die Fotos von der Hinrichtung waren offizielle Fotos, aber Behzads Abzüge waren heilige Dokumente, die zu einem zukünftigen Zeitpunkt vielleicht in ein weiteres iranisches Album von Revolution und Märtyrertum eingefügt würden. Auf den offiziellen Fotos waren die Männer anonym, bloß Rebellen. Auf Behzads Abzug stand über jedem der Männer mit verbundenen Augen eine arabische Zahl: sie waren alle bekannt. Es waren Städter der Mittelschicht. Und obwohl Behzad es mir nicht sagte, gehörten sie (wie ich aus anderer Quelle erfuhr) der Abteilung seiner Gruppe an, die für Guerillatätigkeit gestimmt und sich verschiedenen ethnischen Minderheitenbewegungen angeschlossen hatte. Die Führer waren in den Untergrund gegangen; einer davon war eine Frau.

Freunde waren gestorben, und er war – nachdem er mit seiner Freundin gebrochen hatte – in Teheran geblieben und hatte studiert und Geld verdient, soweit er konnte. Seit Oktober zerfleischte Behzad sich wegen seiner Untätigkeit.

Er zeigte auf das persische Flugblatt. »Im Augenblick gibt es im Iran fünfzehnhundert politische Gefangene. Ich sage Ihnen, die kommunistische Literatur zu drucken und zu verkaufen, ist gar nichts.«

Der heiße Tee war in dem kalten Appartement willkommen gewesen. Er ging in die Küche und füllte die Gläser noch einmal. Er warf Zuckerwürfel in seinen Tee und rührte um.

Ich sagte: »Stecken Sie den Zucker nicht in den Mund und trinken den Tee dadurch?«

Er lächelte. »Manchmal.«

»Wie war Ihr Mädchen intellektuell?«

Er machte eine Pause. Es sah so aus, als hätte er nicht begriffen. Aber dann sagte er: »Sie war in Ordnung. Mit uns war alles in Ordnung, in jeder Hinsicht. Es war nur, was ich Ihnen sagte. Die Persönlichkeiten.«

»Sie haben mir erzählt, ihre Familie sei moslemisch.«

»Nur ihr Bruder. Er ist nicht mit mir zurechtgekommen. Er ist ein Geschäftsmann. Aber er hatte nichts gegen mich. Er hat nur gedacht, ich sei langweilig, immer an Politik interessiert.« Seine Miene hellte sich auf, er lächelte. »Ihr Vater aber mochte mich gern. Ich glaube, er mochte mich sehr gern.« Er wies auf ein Büchlein auf dem niedrigen Tisch zwischen uns. »Sie erinnern sich, wie wir über diesen Mann gesprochen haben?«

Das Büchlein war auf persisch geschrieben. Auf dem Schutzumschlag war ein Foto von Stalin, und ein anderes Bild von Stalin, ein russisch-realistisches Bleistiftporträt, war auf dem Vorsatzblatt. Ich hatte die Broschüre gesehen, ohne sie wahrzunehmen: sie sah so sehr wie die Bücher und Broschüren auf der Revolutionsallee gegenüber der Universität aus.

»Wo wurde das gedruckt?«

»Täbris.« In Aserbeidschan, hoch im Nordwesten.

»Was halten Sie nun von ihm?«

»Ich *liebe* ihn!« sagte Behzad. »Je mehr ich von ihm lese, desto mehr liebe ich ihn. Er war einer der größten Revolutionäre. Kennen Sie seine Rede zu Beginn der Krieges?«

»1939 oder 1941?«

»Als die Deutschen Rußland überfallen haben.«

»1941.«

»›Das Vaterland ruft ...‹ Kennen Sie diese Rede nicht?«

»Wieso sagen Sie, daß er einer der größten Revolutionäre war?«

»Weil er den Sozialismus in Rußland aufbaute. Dort fand die erste sozialistische Revolution der Welt statt, und das war der größte Wendepunkt in der Geschichte der Menschheit. Vielleicht hat er ein paar Fehler gemacht. Aber ich kann behaupten, daß er für das, was er getan hat, der am besten geeignete Mann war. Was er in Rußland getan hat, müssen wir im Iran tun. Wir müssen viele töten. Viele.« Er begann zu lächeln, als beunruhige es ihn, daß ich ihn für lächerlich halten könne, in seiner gegenwärtigen Hilflosigkeit von einer so großen Aufgabe zu träumen. »Wir müssen die *ganze* Bourgeoisie töten. Die ganze Bourgeoisie der Unterdrückerklasse.« Und er lächelte, wie er gelächelt hatte, als er sagte, daß der Vater seiner früheren Freundin ihn mochte.

Er konnte nicht mit mir zur Allee der Islamischen Revolution zurückgehen, um mich in ein Linientaxi zu setzen. Er mußte bei seinen Büchern bleiben. Er rief einen Mietwagen für mich.

Er sagte: »Morgen gibt jemand eine Party. Ich weiß, daß meine ehemalige Freundin da sein wird. Und die Frau, die die Party gibt, hat angerufen und mich eingeladen. Ich habe gesagt: ›Aber du weißt doch, daß ich sie nicht mehr treffe.‹ Sie hat gesagt: ›Deshalb lade ich dich ja ein.‹ Was halten Sie davon?«

Ich überließ ihn seinen Büchern und Papieren. Seine mathematische Arbeit war in seiner feinen persischen Schrift geschrieben, mit westlichen (oder arabischen oder indischen Zahlen). Viele seiner Lehrbücher kamen aus Amerika. Er war von so vielen Zivilisationen genährt worden; so vieles hatte ihn zu dem gemacht, was er war. Aber nun, eigentlich erst am Beginn seines intellektuellen Lebens, hatte er sich – wie die Moslems, gegen die er opponierte – abgeschnitten.

Behzad – und die anderen Studenten des Irans und die schätzungsweise dreihunderttausend iranischen Studenten im Ausland – waren in Wirklichkeit alle Kinder des Schahs, die ersten intellektuellen Früchte des Staats, den er aufzubauen versucht hatte. Aber sie waren alle zu ungeübt, zu unerfahren, durch keine intellektuelle Tradition geschützt; es waren zu viele; und weder sie noch der Staat waren in der Lage gewesen, damit fertig zu werden.

Das Royal Teheran Hilton, hoch oben im Norden der Stadt, wo Schnee lag, hieß nun Teheran Hilton International. Im August hatte es bloß aufgehört, Royal zu sein. Das Wort – in Buchstaben orientalischen Stils – war vom Schild über der Auffahrt und an der Marmorwand des Entrees abgenommen worden, aber an beiden Stellen hatten die Buchstaben einen gespenstischen Abdruck hinterlassen. Das war nicht mehr so. Die Marmorwand im Entree war poliert und mit dem neuen Namen ausgestattet worden, und der Winterregen hatte den staubigen Schatten des alten Wortes von dem weißen Schild über der Auffahrt weggewaschen.

Das Hotel hatte ein neues Monogramm. Aber man hatte das THI dem alten RTH so ähnlich gemacht, daß es eine Weile dauerte, bis man sah, daß die Papierservietten in der Cafeteria immer noch Royal waren. Sie mußten zu einem riesigen Vorrat gehören – wie die Banknoten, von denen die meisten immer noch das Bild des Schahs trugen.

Im August hatte das Hilton wie ein Ort des Trübsinns ausgesehen. Nun hatte es sich wiederbelebt. Es warb für einen einstündigen Reinigungsservice. Das Hemd, das ich dort abgab, wurde mir eine halbe Stunde später in der Cafeteria (wo das Geschirr von Rosenthal war) gewaschen, gebügelt und verpackt wiedergegeben.

Behzad hatte mir erzählt, daß die Hoteliers Teherans ängstlich geworden waren, seit Studenten ein allgemein bekanntes Hotel besetzt hatten. Leute, die sich über leere Zimmer beklagt hatten, begannen ein bißchen nervös zu werden, schalteten nachts in leeren Zimmern Licht an und versuchten überhaupt, den Eindruck zu erwecken – wie die Leute in meinem Hotel –, daß bei ihnen alles in Ordnung sei.

Aber in Hotels wie das Hilton war wirkliches Leben gekommen, und zwar durch die Journalisten und Fernsehteams, die wegen der Geschichte mit der amerikanischen Botschaft eingeflogen waren – die amerikanischen Fernsehsender waren besonders verschwenderisch gewesen. Und es war seltsam: in einem

Teil der Stadt wurden Amerikaner als Geiseln gehalten, in anderen Teilen waren sie mehr als willkommen. Und nicht nur die Amerikaner: es gab japanische und französische und britische und spanische Korrespondenten. Einige von ihnen, die Zeitungsleute, waren von der Geschichte zermürbt, die nun kaum von der Stelle kam. Die Fernsehleute mit all ihrem Anhang und ihrer Ausrüstung konnten unter Umständen aufregender sein als die Ereignisse, über die sie berichteten. Wie der französische Korrespondent, den ich eines Tages beobachtete, wie er sein Stückchen vor der Kamera direkt vor dem Intercontinental aufsagte: der Schauplatz schien mir, als ich kurz nach dem Buffet-Mittagessen das Hotel verließ, merkwürdig belanglos zu sein.

Das Drama der besetzten Botschaft und der Geiseln hinter den Mauern war immer verfügbar. Es war nur eine kurze Fahrt entfernt; es standen immer Mietwagen bereit, einen dorthin zu fahren. Und – wie bei einem zu berühmten Touristenpunkt – kam es einem beim ersten Mal ein bißchen beschämend vor. Die Alteingesessenen gingen nicht mehr hin, nach drei Monaten gab es für sie nichts mehr zu sehen.

Eine lange rote Ziegelsteinmauer; die niedrigen Botschaftsgebäude hinter der Mauer; der Hintergrund mit den schneebedeckten Bergen – und hier im Norden der Stadt waren die Berge ziemlich nah, ohne daß Smog oder hohe Häuser die Aussicht versperrten. Die lange Mauer um die Botschaft war mit persischen und englischen Slogans beschmiert, und auf Baumwolltransparenten, nach drei Monaten schmuddelig und grau, standen noch mehr Sprüche. Der Bürgersteig war mit Seilen abgesperrt; das Seil lief von Baumstamm zu Baumstamm, und bewaffnete junge Männer in Khakihosen, schwarzen Stiefeln und wattierten Khakijacken standen an jedem Tor. Vor dem Haupttor machten die Seile einem Gerüst aus Stahlrohr Platz, weniger zur Sicherheit errichtet, schien es, als zur Kontrollierung der Massen.

Am ersten Tag, an dem ich hinging, bei Sonnenuntergang, zur Gebetszeit, war eine kleine Demonstrationsgruppe da, die singend einem Anführer antwortete, wie sie einem Mullah in der Moschee hätten antworten können, und die Antworten mischten sich mit der aus vielen Radios klingenden Übertragung eines Aufrufs zum richtigen Gebet. Die Wächter blieben auch angesichts des indirekten Tributs, den die kleine Gruppe zollte, unbewegt. Abendwolken zogen sich am dunklen Himmel zusammen, das Abendlicht fiel auf die schneebedeckten Berge. Die Demonstration wie auch die Gebete im Radio gingen zu Ende. Die Menge plauderte und trank Tee.

Abgesehen von dem staatlichen Kunstgewerbegeschäft, das seltsamerweise einen einwöchigen Sonderverkauf abhielt, schienen die Geschäfte auf der anderen Straßenseite zugemacht zu haben, und einige Fenster waren auf der Innenseite mit Pappe oder Farbe bedeckt. Auf dem Bürgersteig auf dieser Seite der Straße und teilweise auf der Straße selbst herrschte eine Atmosphäre wie auf einem Jahrmarkt: Bücherstände, Essenstände (meistens mit süßen Brötchen), Teestände (Teebeutel, die in Gläser mit heißem Wasser getaucht wurden).

Jenseits des Gerüstes am Haupttor hing an der Mauer um die Botschaft eine mit Plastikfolie abgedeckte Ausstellung mit Fotos von Revolutionen und Greueltaten: Vietnam, Afrika, Nicaragua: die Bewegungen des späten zwanzigsten Jahrhunderts, an die diese moslemischen Studenten ihre Sache anhängen wollten. An der Ecke der Mauer um die Botschaft lagen Sandsäcke, und der Weg, der an dieser Seite des Botschaftsgeländes verlief, war abgesperrt und bewacht.

Auf der anderen Seite dieses Wegs war noch ein Bücherstand, dann noch ein Bilderstand: die Schönheit der Tränen wieder, unerklärliche Tränen, die über die Wangen schöner Frauen und unschuldiger Kinder liefen. Aber diese persische Sentimentalität, die andere Seite der Menschenfeindlichkeit der Schiiten, diente hier der Revolution: ein Bild, ganz in Braun, stellte ein weinendes zerlumptes Kind dar, dessen Augen in Tränen schwammen, dessen Hemdmanschetten zerfranst und dessen Jackett am Ellbogen zerschlissen waren, es ließ eine kleine Hand auf Khomeinis Schulter ruhen. Er, Khomeini, runzelte die Stirn und schien über das Kind hinauszusehen; er glich einem Mann, der auf Rache sann. Es war ein einprägsames Bild. Eine Frau mittleren Alters in einem schwarzen *Chador*, die es im Halbdunkel erblickte, fuhr zusammen und drückte die linke Hand auf die Brust.

Das Fernsehprogramm endete an diesem Abend mit einer fünfminütigen Kamerastudie ohne Kommentar von Khomeini, der nach seinem Herzanfall in einem Teheraner Krankenhaus lag. Er saß in einem Ruhesessel, seine Beine und Füße waren mit einer gelben Decke zugedeckt. Die Kamera bewegte sich langsam von dem Mann zum Bett und dem einfachen Mobiliar des Raumes und wieder zurück zu dem Mann. Einmal blieb die Kamera auf seiner linken Hand stehen: lange Finger mit einer für einen achtzigjährigen Mann außerordentlich glatten Haut. Ein- oder zweimal hob sich der kleine Finger wie unfreiwillig und fiel dann zurück. Eine andere Bewegung von ihm gab es während der fünf Minuten dieser Kamerastudie nicht, kein Zeichen von Emotion. Er war kein Mann, der auf Rache sann; er war ein Mann, dessen Arbeit getan war. Und die ganze Zeit sang im Hintergrund ein Männerchor ein Lied mit drei Worten: »*Kohmeini e Imam! Khomeini e Imam*!« »Kohmeini ist der Iman.« Der Herrscher, erhaben über jedermann, der Stellvertreter des entrückten Zwölften Imams, der Regent Gottes.

Als ich das zweite Mal bei der amerikanischen Botschaft vorbeikam, war die Menge kleiner, und es gab auch keine Demonstration. In einem grünen Zelt nicht weit vom Haupttor verkauften ein junger Mann und eine junge Frau in wattierter Militärkleidung große vierfarbige Plakate: die Hände des iranischen Volkes um Präsident Carters Kehle, der Mund des Präsidenten war weit geöffnet, um einen kleinen Schah, der sich mit einer Geldtasche in jeder herabhängenden Hand aus dem Mund des Präsidenten lehnte, halb auszuspeien ...

Ein großer ausländischer Fotograf in einer braunen Lederjakke, dessen Ausrüstung über seiner Schulter hing, sprach mit einem Wächter am Haupttor, bat offensichtlich um Einlaß. Das

Tor öffnete sich, aber nur, um einen anderen Wächter hereinzulassen. Kein Drama, mehr war nicht zu sehen.

Das kam später, auf meinem Weg zurück ins Hotel. Auf der Revolutionsallee, eine Querstraße weiter unten, in einem Viertel mit früher einmal eleganten Geschäften, Teil der großartigen mittelständischen Stadt, die der Schah in Nordteheran geschaffen hatte, saß ein kleiner Junge nicht weit von den Plastiksäcken mit Geschäftsabfall auf dem Bürgersteig. Er hatte mitten auf dem Bürgersteig ein Feuer mit Abfall aus den Säcken angezündet.

Das Feuer war frisch. Funken und brennendes Papier wehten auf Passanten. Der Junge, ungefähr zehn, saß gerade aufgerichtet vor seinem Feuer. Aber er wärmte sich nicht. Mit wuterfülltem Gesicht riß er an seinem Hemd, und er war von der Taille ab schon halb nackt. Es war sehr kalt, ein Wind ging. Der Junge, der mit zwei Schachteln Streichhölzern neben sich beinah in seinem Feuer saß, riß immer weiter an seinem Hemd. Seine nackten Füße waren schmutzig, sein Gesicht war schmutzig. Leute blieben stehen, um mit ihm zu reden; er sah auf – starre Augen in einem zarten, schön geschnittenen Gesicht – und riß weiter an seinem Hemd; und die Leute, die stehengeblieben waren, gingen weiter. Ein Buckliger, geistig zurückgeblieben, tauchte aus dem Passantenstrom auf, ging mit baumelnden Händen und offenstehendem Mund um den Jungen herum und ging dann mit unkoordinierten Bewegungen weiter.

Ein Feuer mitten in der Masse des Berufsverkehrs: ein Zeichen von Not, aber niemand war da, der darauf reagieren konnte. Nur auf Bildern waren die Tränen von Kindern schön. Die Hysterie dieses Kindes bis an die Grenze seiner Kräfte entsprach wohl der Stimmung vieler Passanten und war zu erschreckend.

Sie war auch für mich erschreckend. Und ohne Kenntnis der Sprache konnte ich noch weniger tun als die Leute, die anfangs stehengeblieben waren, um mit dem Jungen zu reden. Ich ging auf der Revolutionsallee weiter, bog dann in die Hafiz-Allee ein und umging so den Verkehr auf den Querstraßen (eine hieß früher France und war jetzt umbenannt worden in Neauphle-le-

Château, nach der französischen Stadt, von der aus Khomeini im Exil die Revolution gelenkt hatte); ging an der langen Ziegelsteinmauer der russischen Botschaft vorbei (auf einem modernen Appartementblock wurde so etwas wie ein Wasserturm installiert: das Botschaftsgelände der Mächte im neunzehnten Jahrhundert, Großbritannien, Rußland, Frankreich, die Türkei, nahm von der Stadtmitte Teherans große Stücke in Anspruch); und kam schließlich nach den Boutiquen und Geschäften und Schreibmaschinenläden und der französischen Buchhandlung und dem Geschäft mit dem großen Angebot an Elektrowaren (ein kleines Mädchen, in einem geblümten Chador aus Baumwolle gehüllt, saß im Eingang und verkaufte Kaugummi aus einer kleinen Schachtel) – im Schatten der riesigen Verkehrsüberführung, deren Säulen mitten durch die aufgewühlte Hafiz-Allee stampften, zu meinem Hotel hinter seiner hohen Mauer.

Wäre ich meinem ursprünglichen Plan gefolgt, hätte ich mich nicht durch den Jungen mit dem Feuer aus der Fassung bringen lassen, wäre ich die Revolutionsallee hinunter zur Teheraner Universität gegangen. Und dort wäre ich auf das große Ereignis des Tages gestoßen. Sechzigtausend *Mudschaheddin* hatten sich auf dem Universitätsgelände versammelt. Die *Mudschaheddin*, ›Soldaten des Glaubens‹, waren Moslems, aber sie waren auch Linke und aus diesem Grund nicht jedermann genehm. Elemente des Teheraner Straßenpöbels, ›des Volkes‹, waren über die *Mudschaheddin* hergefallen, und es hatten Kämpfe mit Stöcken und Messern und Steinen stattgefunden. Neununddreißig Menschen waren verletzt worden.

Von diesen großen Unruhen, nur einen kurzen Spaziergang entfernt, war nichts bis zum Hotel gedrungen. Und hätte ich nicht später am Abend von einem ausländischen Korrespondenten darüber gehört, hätte ich vielleicht nie davon erfahren. Der nächste Tag war Freitag, der Feiertag, und die englischsprachige *Teheran Times* erschien an dem Tag nicht.

Ein Jahr nach der Revolution ließ Teheran sich immer noch treiben. Jeder war frei; jeder wartete; jeder war nervös. Die Stadt konnte einem ereignislos vorkommen. Aber sie war ein Schlachtfeld, voller privater Kriege.

Das Drama – der amerikanischen Botschaft – hatte Hunderte von Journalisten nach Teheran gebracht, aber ironischerweise die dortige englische Presse zerschlagen. Wo war *Die Botschaft des Friedens*, die im August noch so kampflustig gewesen war, so erfüllt davon, daß der Glaube recht und alles andere unrecht hatte? Und die *Iran Week* (mit einer Titelschrift wie *Newsweek*) – solch neue Büros und die Leute darin ein wenig eitel wegen ihrer Revolution – warum war die *Iran Week* so schwer zu finden? *The Iranian* (dem *New Statesman* ähnlich) wurde als die bessere Wochenzeitschrift angesehen, aber das Exemplar, das ich kaufte, stellte sich als das letzte heraus. Die Entscheidung zu schließen mußte in aller Eile getroffen worden sein: hinten auf dem Umschlag wurde man zum Abonnement aufgefordert, die halb gefüllte Herausgeberkolumne verabschiedete sich.

Die Tageszeitung *Teheran Times* war geschrumpft. Sie hatte jetzt vier Seiten, ein einziger gefalteter Bogen. Im August war sie eine Zeitung mit acht Seiten gewesen, vielversprechend mit Anzeigen, Autoren und religiösen Artikeln. Sie war eine Zeitung der Revolution und des Glaubens gewesen. Im Büro war viel los gewesen; sogar ein paar Europäer oder Amerikaner halfen aus (ein Amerikaner, angeblich ein zum Schia-Glauben Übergetretener, war schiitischer als sie alle). Herr Parvez, der Herausgeber, der mit seinen Fahnen beschäftigt war, hatte, als ich hinkam, um ihn zu sprechen, gedacht, ich suche Arbeit. Und freundlich, wie er war, schien er bereit, mir welche zu geben.

Ein solcher Irrtum konnte jetzt nicht mehr passieren. Solche Geschäftigkeit herrschte nicht mehr. Herr Parvez saß nicht an einem mit Fahnen übersäten Schreibtisch. Er spazierte lustlos in seinem Büro umher. Er erinnerte sich nicht an mich, schien aber froh zu sein, jemanden zu sehen, froh, zu reden. Er setzte sich an seinen kahlen Schreibtisch und lud mich ein, auf dem Schreibtisch Platz zu nehmen.

Es liefe alles schlecht, sagte Herr Parvez, sehr schlecht. Seit die Studenten die Botschaft besetzt hätten, hätten viele ausländische Firmen zugemacht. Er hatte Anzeigen und Leser verloren. Seine Zeitung hatte nun nur noch eine Auflage von dreizehntausend, und er nahm noch nicht einmal die Druckkosten ein. Mit jeder Ausgabe verlor er dreihundert Dollar. So daß für ihn und seine Geschäftspartner Freitag, der Feiertag, an dem die Zeitung nicht erschien, wirklich ein Tag der Ruhe war.

Ich sagte: »Warum lassen Sie den Druck nicht ruhen, bis die Zeiten sich normalisiert haben?«

»Nein, nein. Ich sage immer, wenn wir *eine* Ausgabe auslassen –«

Er brachte den Satz nicht zu Ende. Vom Unglück zu sprechen, hieß Unglück heraufzubeschwören.

Er war neunundvierzig. Im August hatte ich ihn so verstanden, als sei er ein Iraner aus Indien. Beruflich nun weniger unter Druck, nostalgischer, sagte er, er komme aus Bhopal in Mittelindien. Er hatte seine literarische Laufbahn in diesem Land als Dichter auf Urdu begonnen, der halb persischen, halb indischen Sprache, die indischen Moslems besonders teuer ist. Parvez war sein Schriftstellername aus jener indischen Zeit. Im Iran, wo er naturalisiert worden war, hatte er sich dem englischsprachigen Journalismus zugewandt. Alles Geld, das er mit früheren Unternehmen gemacht hatte, hatte er nach der Revolution in die *Teheran Times* gesteckt. Bis jetzt hatte er von dem Geld noch nichts zurückerhalten. »Ich habe keinen Rial angerührt.« Jetzt zu scheitern hieß, alles zu verlieren.

»Wir werden Geld borgen, irgendwo Geld auftreiben und bis Neujahr weitermachen.«

Das iranische Neujahr, in der dritten Märzwoche, noch fünf Wochen entfernt: es war das magische Datum, von dem viele Leute in Teheran sprachen. An diesem guten Tag, meinte man, könnte sich alles ändern. Es könnte eine Lösung gefunden werden, und die amerikanischen Geiseln könnten freigelassen werden und das Land könnte wieder von vorn anfangen. Die Revolution in der Revolution hatte das Land zum Erliegen gebracht. Die Studenten, die die Geiseln festhielten, waren ihr eigenes Gesetz geworden. Sie nannten sich ›Moslemische Studenten, die der Linie des Imams Khomeini folgen‹, aber man konnte nicht sagen, wer sie kontrollierte und was sie tun konnten. Sie kritisierten jeden, sie benutzten Botschaftsdokumente, um ›Enthüllungen‹ über jeden zu machen, sie hatten sogar ›Enthüllungen‹ über die *Teheran Times* gemacht.

Herr Parvez sagte: »Sie könnten die Geiseln ein Jahr lang festhalten.« Seine Stimme wurde sehr dünn. »Die Geiseln könnten sogar umgebracht werden.«

Er saß still auf seinem Stuhl. Aber in seinem Gesicht, das mir nicht immer zugewandt war, zuckten nervöse kleine Bewegungen: die grauen Augenbrauen, die Augen, die Mundwinkel. Er sprach leise, immer mit Überraschung in der Stimme, als erwache er jede Minute von neuem zu seinem Unglück.

Er sagte: »Wir haben daran gedacht, auf zwölf Seiten aufzustocken. Im Oktober hatten wir ein Treffen. Vom ersten Januar an sollten wir zwölf Seiten haben. Und dann ist das passiert.«

An den Fenstern zur Straße hingen noch Plakate. *Jeder liest die Teheran Times. Fragen Sie jeden Tag und überall nach ihr. Wir haben Neuigkeiten für Sie.*

Auf leeren Schreibtischen standen nicht zugedeckte Schreibmaschinen. Auf der anderen Seite des Raums stand die Standardschreibmaschine, an der im August Herr Jaffrey gearbeitet hatte. An Herrn Jaffrey hatte Parvez mich weitergereicht, als er begriff, daß ich nur mit jemandem reden wollte. Und Herr Jaffrey hatte mir ein wenig Zeit gegönnt, obwohl er einen halbfertigen Artikel in der Maschine hatte.

»Wie geht es Herrn Jaffrey?«

»Ich mußte ihn gehen lassen. Ich mußte sie alle gehen lassen. Wir waren einmal zu zwanzig.«

Wie Herr Parvez war Herr Jaffrey ein Schiite aus Indien. Er war nach Pakistan ausgewandert, bevor er in den Iran, das Kernland der Schia, kam. Herr Jaffrey hatte mich mit der verqueren

Logik der Wiederbelebung des Islams – die mir am Ende meiner Reise genauso verquer vorkam wie am Anfang – bekanntgemacht. Als er von den Ungerechtigkeiten im Iran sprach, hatte Herr Jaffrey gesagt, daß er schon zur Zeit des Schahs empfunden habe, der ›Islam sei die Antwort‹. Das hatte mich verwirrt. Verfechtung des Religiösen als Antwort auf politische Probleme? Wieso nicht für gerechte Löhne und die Herrschaft des Gesetzes arbeiten? Wieso für den Islam und den vollkommenen Glauben arbeiten?

Aber dann hatte Herr Jaffrey seine tieferen Sehnsüchte offenbart, die Sehnsüchte, die unter seiner ursprünglichen politischen Beschwerde lagen. Als Moslem und Schiite, sagte er, habe er sich immer nach dem *jamé towhidi* gesehnt; und er hatte das als ›Gesellschaft der Gläubigen‹ übersetzt.

Diese Gesellschaft war zum Iran gekommen: Ekstase, den wahren Imam nun zu besitzen, Massenversammlungen zum Gebet, die Vollkommenheit der islamischen Einheit. Aber aus dieser Gesellschaft waren weder Recht noch Institutionen erwachsen, diese Dinge waren so fern wie je. Diese Gesellschaft hatte Anarchie, Hysterie und dieses leere Büro gebracht. Und nun stand Herrn Jaffreys Schreibmaschine, aus der islamische Geschichten gekommen waren, still: nicht zugedeckt, schief auf dem leeren Schreibtisch. (Kein Bürobursche, der dem gehetzten Journalisten einen Teller mit Spiegeleiern an den Schreibtisch brachte.) Diese Schreibmaschine, das moderne Büro, Druckmaschinen, Anzeigenkunden, Verteiler, Leser: das verlangte nach der komplexen, ›materialistischen‹ Gesellschaft – zu der Herr Jaffrey unwissentlich gehörte. Diese komplexe Gesellschaft hatte ihre eigenen unumstößlichen Regeln. Sie verlangte mehr als Glauben, sie verlangte zusätzlich zum Glauben noch etwas.

Ich sagte zu Herrn Parvez: »Ist es nun hart für Herrn Jaffrey?«

»Es ist hart für ihn. Es ist hart für jeden.«

»Seine Schreibmaschine ist noch da.«

Herr Parvez betrachtete das Büro. Seine Augenlider zitterten. Er sagte, und seine Stimme brach dabei: »Das – das war ein besonderer Raum.« Mit einer langsamen indischen Bewegung des Kopfes sagte er, als spräche er von einer alten und süßen Erinnerung, die Gegenstand seiner Urdu-Verse hätte sein können: »Es war unsere Lokalredaktion. Und das« – das Zimmer in seinem Rücken – »war unser Reporterraum. Nun sind wir nur noch zu zweit.«

»Wer schreibt die Leitartikel?«

»Ich schreibe sie.«

»Sie sind gut.« Und in dem iranischen Minenfeld waren sie es auch.

»Ich kann mich nicht konzentrieren. Die finanziellen Probleme sind zu groß, zu kompliziert.«

»Da brauchen Sie Ihren Glauben.«

Aber nach drei Monaten war er ausgelaugt. Seit der Besetzung der Botschaft hatte es jeden Tag eine Erklärung oder einen Vorfall gegeben, der ihn in dem Glauben bestärkte, daß die Krise bald vorüber sei; jeden Tag wurde diese Hoffnung enttäuscht. Und familiäre Probleme gab es auch noch. Er hatte einen Sohn, der in den Vereinigten Staaten studierte; glücklicherweise hatte der Junge geschrieben, daß er im Augenblick kein Geld von zu Hause brauche. Ein anderer Sohn war kurz davor gewesen, ein Studentenvisum für die Vereinigten Staaten zu bekommen, als die Botschaft besetzt wurde.

Ich sagte: »Herr Parvez, Sie sind ein guter Moslem und Schiite. Ihre Zeitung war immer voller Kritik an der materialistischen Zivilisation. Warum studieren Ihre Söhne in den Vereinigten Staaten?«

Das war nicht die Zeit, ihn mit dieser Frage zu bedrängen. Er war zu müde. Er sagte und meinte den zweiten Sohn, der das Visum nicht mehr bekommen konnte: »Es ist seine Zukunft. Er studiert Computertechnik. Und Großbritannien – das ist zu teuer.«

Tief innen war er also gespalten. Mit einem Teil seines Geistes war er für den Glauben und widersetzte sich all dem, was außerhalb stand; in einer fremd gewordenen Welt wollte er so lange wie möglich weiterhin sich selbst gehören. Mit einem anderen Teil seines Geistes erkannte er die Welt draußen als überlegen an, als Teil der Zukunft seines Sohnes. In dieser Gespaltenheit des Geistes – genauso wie in den Exzessen des Schahs – hatte die islamische Revolution im Iran begonnen. Und dort endete sie auch.

In der *Teheran Times* vom nächsten Tag stand ein Interview mit einem indischen Moslem, der zu Besuch weilte. Nicht-Moslems, sagte der Besucher, seien immer von dem ›umfassenden System des Islams‹ beeindruckt, wenn es ihnen dargelegt würde, aber dann fragten sie immer, in welchem moslemischen Land das System praktiziert würde. »Die Antwort auf diese wichtige Frage könnte am besten im Iran gegeben werden«, sagte die *Teheran Times*, die Worte des Besuchers zitierend, »denn die iranische Nation hat die einmalige und mutigste revolutionäre Bewegung in der Geschichte der Menschheit in Gang gesetzt, um die Herrschaft des Islams zu errichten.«

Immer noch große Worte, aber im Iran und anderswo würden die Menschen ihren Frieden mit der Welt machen müssen, die, wie sie wußten, jenseits des Glaubens existierte.

Das Leben, das in den Iran gekommen war, war nicht von innen gekommen. Es war durch Ereignisse und Umstände außerhalb, durch die Ausbreitung der Weltzivilisation, gekommen. Das späte zwanzigste Jahrhundert hatte den Islam revolutionär gemacht, den alten islamischen Vorstellungen von Gleichheit und Einheit neue Bedeutung verliehen, statische oder zurückgebliebene Gesellschaften erschüttert. Das späte zwanzigste Jahrhundert – und nicht der Glaube – konnte die Lösungen bieten – in Institutionalisierung, Gesetzgebung und wirtschaftlichen Systemen. Und es war paradox, daß in der islamischen Wiederbelebung, dem islamischen Fundamentalismus, der rückwärts zu schauen schien, in vielen moslemischen Ländern die Idee der modernen Revolution bestehenblieb, mit der ganzen emotionalen Aufladung, die aus dem Glauben des Propheten gezogen wurde. Behzad, der Kommunist (für den eher die russische als die iranische Revolution der ›größte Wendepunkt in der Geschichte‹ war), war mehr vom Islam geprägt, als er wußte. Und in islamischen Ländern würde es nun immer mehr Behzads geben, die, in Umkehrung der islamischen Leidenschaft, die Vision einer gesäuberten und geläuterten Gesellschaft, einer Gesellschaft der Gläubigen, haben würden.

August 1979 – Februar 1981

dtv drei kontinente

Gioconda Belli: In der Farbe des Morgens (11565)
Tochter des Vulkans (11678)
J. M. Coetzee: Im Herzen des Landes (11566)
Bessie Head: Die Schatzsammlerin (11639)
Nâzim Hikmet: Die Luft ist schwer wie Blei (11570)
Ruth Prawer Jhabvala: Eine Witwe mit Geld (11569)
Yasunari Kawabata: Handtellergeschichten (11621)
V. S. Naipaul: An der Biegung des großen Flusses (11694)
Eine islamische Reise. Unter den Gläubigen (11734)
Alifa Rifaat: Erste Liebe – letzte Liebe (11586)
João Guimarães Rosa: Grande Sertão (11598)
Nawal El Saadawi: Hamidas Geschichte (11571)
Eine Frau am Punkt Null (11714)
Ghada Samman: Alptraum in Beirut (11567)
Mit dem Taxi nach Beirut (11646)
José Mauro de Vasconcelos: Meine Brüder, der Wind und das Meer (11572)
Wenn ich einmal groß bin (11736)

Drei Kontinente. Ein Lesebuch aus Lateinamerika, Asien, Afrika und der arabischen Welt (11568)
Die Hälfte des Himmels. Frauen in Lateinamerika, Afrika, Asien und der arabischen Welt (11719)

11568
Erzählungen, Reportagen, Gedichte von Menschen aller Rassen und Religionen aus Lateinamerika, Afrika, Asien und der arabischen Welt.

11569
Von europäischen Selbstverwirklichungs-Touristinnen, von missionarisch angehauchten Wohlfahrtsclub-Memsahibs und natürlich vom Kampf der indischen Frauen gegen die Fesseln der Konvention.

11570 (Sept. '92)
Im poetischen Werk dieses größten türkischen Dichters im 20. Jahrhundert spiegelt sich beispielhaft die Geschichte der Türkei und ihrer Menschen wider, in deren Dienst er sein eigenes Leben stellte.

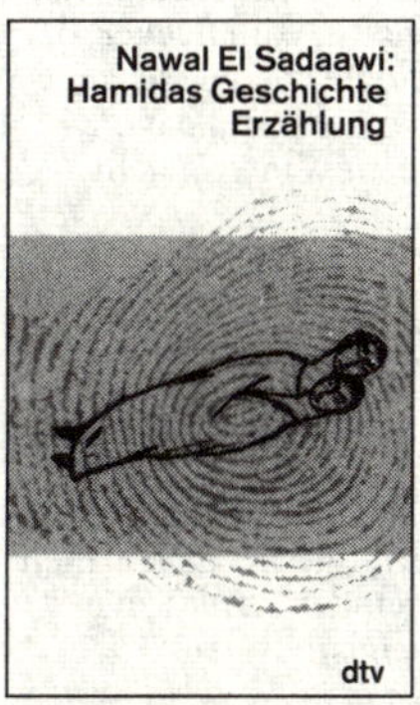

11571 (Sept. '92)
Mit hypnotischer Intensität schildert Nawal El Sadaawi, die ägyptische Vorkämpferin der Frauen aus der patriarchalischen Gewalt, das Schicksal des Mädchens Hamida.

11572 (Sept. '92)
Der Waisenjunge Chicão auf der Suche nach einer »lebenswerten Existenz«. Ein Schicksalsroman und bei aller Sozial- und Gesellschaftskritik eine Liebeserklärung an Brasilien.

Rafik Schami im dtv

Foto: Alexa Gelberg

Das letzte Wort der Wanderratte
Märchen, Fabeln und phantastische Geschichten

Warum verläßt Momo ihren Ehemann Rudolf S. und brennt mit J.R. durch? Wie legt ein kleiner Rabe einen Pfau aufs Kreuz? Was hat eine Wanderratte ihrem Volk oder vielmehr uns zu sagen? Auf solche Fragen weiß Rafik Schami sehr überraschende Antworten.
dtv 10735

Die Sehnsucht fährt schwarz
Geschichten aus der Fremde

Durch seine Märchen ist Rafik Schami berühmt geworden, aber er weiß in den siebzehn Geschichten dieses Bandes auch vom ganz realen Leben zu erzählen, zum Beispiel vom Heimweh und der Diskrimierung der Arbeitsemigranten.
dtv 10842

Der erste Ritt durchs Nadelöhr
Noch mehr Märchen, Fabeln & phantastische Geschichten

Zehn Geschichten entführen in eine bunte und bezaubernde Märchen- und Fabelwelt voller Geister, Könige, Riesen und kluger sprechender Tiere. Doch neben den altgewohnten Märchenfiguren begegnen wir auch dem Zahnarzt, dem kleinen Mädchen von nebenan und dem fremdländischen Jungen, die aus ihrem Alltag heraus eine Reise in das Reich des Phantastischen antreten. dtv 10896

Das Schaf im Wolfspelz
Märchen & Fabeln

Neun neue Märchen und Fabeln – vom Schaf, das so gerne eine Wolfsnatur gehabt hätte, vom Bäcker, der vor lauter Geldgier bereit ist, an Wunder zu glauben, und davon, was die Grille im Winter macht.
dtv 11026

Der Fliegenmelker
und andere Erzählungen

Geschichten aus dem Damaskus der fünfziger Jahre. Im Mittelpunkt steht der unternehmenslustige Bäckerjunge aus dem armen Christenviertel, der Rafik Schami einmal gewesen ist. dtv 11081

Malula
Märchen und Märchenhaftes aus meinem Dorf

Rafik Schami versteht es, in diesen Geschichten den Zauber, aber auch den Alltag und vor allem den Witz und die Weisheit des Orients einzufangen. dtv 11219